DAS REGRAS DA HAIA
ÀS REGRAS DE ROTERDÃO

AS PERSPETIVAS PARA O TRANSPORTE MARÍTIMO
E PARA O TRANSPORTE MULTIMODAL NO SÉCULO XXI

CENTRO DE DIREITO MARÍTIMO E DOS TRANSPORTES
DA FACULDADE DE DIREITO DA UNIVERSIDADE DE LISBOA

III JORNADAS DE LISBOA DE DIREITO MARÍTIMO
(23 e 24 de maio de 2013)

DAS REGRAS DA HAIA ÀS REGRAS DE ROTERDÃO

AS PERSPETIVAS PARA O TRANSPORTE MARÍTIMO
E PARA O TRANSPORTE MULTIMODAL NO SÉCULO XXI

Coordenação
M. Januário da Costa Gomes

ALMEDINA

DAS REGRAS DA HAIA ÀS REGRAS DE ROTERDÃO
AS PERSPETIVAS PARA O TRANSPORTE MARÍTIMO
E PARA O TRANSPORTE MULTIMODAL NO SÉCULO XXI

COORDENAÇÃO
M. Januário da Costa Gomes
EDITOR
EDIÇÕES ALMEDINA, S.A.
Rua Fernandes Tomás, nos 76-80
3000-167 Coimbra
Tel.: 239 851 904 · Fax: 239 851 901
www.almedina.net · editora@almedina.net
DESIGN DE CAPA
FBA.
PRÉ-IMPRESSÃO
EDIÇÕES ALMEDINA, S.A.
IMPRESSÃO E ACABAMENTO

Novembro, 2014
DEPÓSITO LEGAL

Apesar do cuidado e rigor colocados na elaboração da presente obra, devem os diplomas legais dela constantes ser sempre objecto de confirmação com as publicações oficiais.
Toda a reprodução desta obra, por fotocópia ou outro qualquer processo, sem prévia autorização escrita do Editor, é ilícita e passível de procedimento judicial contra o infractor.

 GRUPOALMEDINA

BIBLIOTECA NACIONAL DE PORTUGAL – CATALOGAÇÃO NA PUBLICAÇÃO
III JORNADAS DE DIREITO MARÍTIMO, Lisboa, 2013
org. Centro de Direito Marítimo e dos Transportes da Faculdade de Direito da Universidade de Lisboa. – (Estudos de Direito Marítimo)
I – UNIVERSIDADE DE LISBOA. Faculdade de Direito.
Centro de Direito Marítimo e dos Transportes
ISBN 978-972-40-5761-3
CDU 347

NOTA PRÉVIA

O desafio e as brumas das Regras de Roterdão

1. Um dos grandes desafios com que se depara o Direito Marítimo nos dias de hoje é a Convenção sobre o transporte internacional de mercadorias total ou parcialmente por mar, designada por Regras de Roterdão.

As Regras de Roterdão estão, na realidade, no centro dos grandes debates da atualidade, quer no Direito Marítimo, quer, em geral, no Direito dos Transportes.

A necessidade de uma fase marítima, como requisito de aplicação da Convenção, não obnubila o facto de esta se assumir como um Convenção *door to door* – e não apenas *port to port* – conquanto a multimodalidade pressuponha necessariamente uma *sea leg*.

Olhando para o tempo decorrido desde a sua aprovação, em 2008, e da posterior abertura à assinatura dos Estados, em 2009, não obstante não se poder dizer que o quadro de adesões seja entusiasmante, é mister também acentuar que, bem vistas as coisas, não só está longe de ser tarde para que essas adesões se materializem, como, entendemos até, é cedo para termos uma ideia segura da tendência evolutiva, neste particular.

Diríamos, assim, que estamos ainda nas brumas da manhã das Regras de Roterdão, não só porque a complexidade e extensão das mesmas impõem um tempo de maturação, a nível dos operadores e a nível político, como importa reconhecer que as Regras de Roterdão contêm, elas próprias, algumas opções de regime que, a um primeiro embate, são suscetíveis de gerar reticências.

As razões justificativas da nova Convenção estão sumariamente indicadas no texto da *Resolução* das Nações Unidas A/RES/63/122. É importante recordá-las, até porque as mesmas se mantêm plenamente atuais:

a) Constatação de que o regime jurídico atual aplicável ao transporte marítimo internacional de mercadorias carece de uniformidade e não tem em devida conta as práticas do transporte moderno, designadamente a utilização de contentores, os contratos de *transporte porta a porta* e a utilização de documentos eletrónicos de transporte;

b) Convição de que a adoção de normas uniformes para a modernização e harmonização do regime aplicável ao transporte internacional de mercadorias total ou parcialmente por mar promoveria a segurança jurídica, melhoraria a eficiência e previsibilidade comercial do transporte internacional de mercadorias e reduziria os obstáculos jurídicos ao comércio internacional entre todos os Estados;

c) Esperança em que a aprovação de um regime uniforme aplicável ao contrato de transporte internacional de mercadorias total ou parcialmente por mar possa ser um factor decisivo para o fomento do comércio e do desenvolvimento económico nacional e internacional, na medida em que promove a segurança marítima, melhora a eficiência do transporte internacional de mercadorias e facilita novas oportunidades de acesso a comerciantes e mercados; e ainda

d) Constatação de que os carregadores e os transportadores não beneficiam das vantagens associadas a um regime universal obrigatório e equilibrado (*"binding balanced universal regime"*), que contribua para o bom funcionamento dos contratos de transporte que prevejam a utilização de diversos modos de transporte.

Ilustrativos são também, na mesma linha, os *Considerandos* da própria Convenção:

(*i*) Convição de que a harmonização e unificação progressivas do direito comercial internacional, ao reduzir ou eliminar o número de obstáculos jurídicos que dificultam o curso do comércio internacional, contribuem de modo notável para a cooperação económica universal entre todos os Estados, numa base de igualdade, equidade e interesse comum, assim como para o bem-estar de todos os povos;

(*ii*) Consciência de que, desde a aprovação da Convenção de Bruxelas de 1924 e dos respectivos Protocolos e das Regras de Hamburgo de 1978, ocorreram avanços tecnológicos significativos e que é necessário consolidar e modernizar o regime aplicável;

(*iii*) Constatação de que os carregadores e os transportadores carecem das vantagens associadas a um regime universal obrigatório, que contribua para o bom funcionamento dos contratos de transporte marítimo que prevejam a utilização de outros modos de transporte;

(iv) Consideração de que a aprovação de um regime uniforme aplicável ao contrato de transporte internacional de mercadorias total ou parcialmente marítimo será um factor decisivo para o fomento do comércio e para o desenvolvimento económico, tanto nacional quanto internacional, na medida em que promove a segurança jurídica e melhora a eficiência do transporte internacional de mercadorias, facilitando, ademais, novas oportunidades de acesso a comerciantes e mercados anteriormente remotos.

2. As Regras da Haia têm o mérito de, ao conseguirem um razoável e eficaz compromisso entre interesses de carregadores e transportadores, terem constituído o instrumento de recomposição, a nível internacional, da uniformidade da disciplina da responsabilidade do transportador marítimo, que fora rompida na segunda metade do século XIX.

A chave do compromisso pode ser resumida em dois pontos: (*i*) colocação do transporte marítimo de mercadorias sob *charter parties* fora do regime imperativo das Regras da Haia; e (*ii*) previsão de um regime de responsabilidade do transportador em grande parte assente na diferença entre *falta náutica* e *falta comercial*.

Esta composição entre interesses de carregadores e de transportadores – que não foi quebrada com os Protocolos de Visby (1968) e SDR (1979) – é feita de modo não coincidente nas Regras de Hamburgo de 1978, não obstante poder dizer-se que a disciplina da responsabilidade do transportador marítimo de mercadorias acolhida nas Regras de Hamburgo constitui uma confirmação dos princípios amadurecidos ao longo da aplicação das Regras da Haia. Isto não significa desconsiderar as diferenças de técnica e de regime entre as duas Convenções, designadamente em decorrência do facto de as Regras da Hamburgo terem deslocado o centro de gravidade do regime uniforme do transporte de mercadorias do *conhecimento de carga* para o *contrato de transporte*, aliado também ao facto de, na Convenção de 1978, terem praticamente desaparecido os "excepted perils" e de ter ficado estabelecido que a diligência relativamente ao navio e às condições de navegabilidade devem ser provadas pelo transportador não só relativamente ao momento inicial mas com referência a toda a expedição.

Seja como for, independentemente e sem prejuízo das diferenças entre as duas Convenções, quer uma quer outra constituem instrumentos de direito uniforme visando disciplinar o transporte internacional de mercadorias por mar – e *só por mar*. Nem as Regras da Haia (ou Haia-Visby) nem as Regras de Hamburgo regulam eventuais fases do transporte de mercadorias que se coloquem a montante ou a jusante do *porto*: elas são, neste sentido, convenções *port to port*.

A insuficiência das convenções internacionais moldadas na lógica *port to port* é sentida e conduz à não sucedida Convenção de Genebra de 1980 sobre o transporte internacional multimodal, cujos Considerandos acentuam a "desirability of determining certain rules relating to the carriage of goods for international multimodal transport contracts".

3. Cotejadas com as Regras da Haia, com as Regras da Haia-Visby e com as Regras de Hamburgo, as Regras de Roterdão apresentam uma maior complexidade e extensão: basta salientar os seus 96 artigos face aos 16 das Regras da Haia, aos 17 das Regras da Haia-Visby ou aos 34 das Regras de Hamburgo.

Essa maior extensão e complexidade não surpreendem, de resto. A partir do momento em que as Regras de Roterdão integram – ainda que em termos não plenos – o transporte multimodal, havia que incorporar novas situações e personagens no quadro da Convenção, para além da necessidade de regular situações jurídicas novas, como as decorrentes da utilização de documentos eletrónicos, entre outras.

As Regras de Roterdão mantêm o acento tónico, que vem das Regras de Hamburgo, no *contrato de transporte*. Simplesmente, essa acentuação surge agora amplificada, no sentido de uma regulamentação contratual tendencialmente integral, considerando a lógica *door to door*. Contudo, conforme já se referiu, esta multimodalidade não se apresenta em termos puros, já que, por um lado, a Convenção regula o transporte exclusivamente *port to port* e, por outro, quando *door to door*, o transporte pressupõe necessariamente uma fase marítima.

Como princípio, as Regras aplicam-se a todo o *contrato de transporte* em que o lugar de receção e o lugar de entrega estejam situados em Estados diferentes e em que o porto de carga de um transporte marítimo e o porto de descarga desse mesmo transporte marítimo estejam situados em Estados diferentes, tudo no pressuposto de que, de acordo com o contrato de transporte, algum dos seguintes lugares esteja situado num Estado contratante: *a)* o lugar de receção; *b)* o porto de carga; *c)* o lugar de entrega; ou *d)* o lugar de descarga.

A necessária *internacionalidade* do transporte reporta-se quer ao transporte no seu todo – seja ele *door to door* ou *port to port* – quer também à própria fase marítima, quando se trate de transporte *door to door*. Há, portanto, uma dupla exigência de internacionalidade, uma vez que não basta que se trate de um transporte entre Estados diferentes: é mister que a *sea leg* o seja também.

4. O brevemente exposto evidencia que as Regras de Roterdão protagonizam uma nova era em matéria de convenções sobre transporte internacional de mercadorias. Na verdade, as Regras consubstanciam, após o insucesso da Convenção de Genebra de 1980, um novo paradigma em matéria de regime uniforme sobre transporte internacional de mercadorias: o das convenções multimodais limitadas – no caso, "marítima-plus".

Não obstante ser uma convenção multimodal limitada, as Regras de Roterdão apresentam-se, após dez longos anos de trabalhos, como a convenção possível e como tal continuará a ser, segundo cremos, por vários anos. Os compromissos que foi necessário estabelecer entre os diversos interesses, quer dos Estados quer dos diversos operadores, transformaram as Regras de Roterdão num texto de certa complexidade. Contudo, apesar das reservas dos carregadores, receosos das incógnitas propiciadas pela extensão e complexidade da Convenção, mas, sobretudo, do relevo dado ao princípio da liberdade contratual, *maxime* no contrato de volume, a verdade é que, tanto quanto interpretamos, há uma vontade geral de sair do círculo atual das convenções unimodais, sendo essencial aguardar a posição de países influentes no *shipping* como os Estados Unidos da América ou a China, entre outros.

Uma vez que a ratificação das Regras de Roterdão implica "alijar" as Regras da Haia, as Regras da Haia-Visby e as Regras de Hamburgo, é urgente que também em Portugal, país predominantemente de carregadores, se estudem as Regras de Roterdão, em ordem a uma tomada de posição pensada e esclarecida, o que passa, necessariamente, pela identificação e inventariação dos respectivos "costs and benefits" para o país, para os operadores e para a economia nacional.

É neste quadro que se inserem as III Jornadas de Lisboa de Direito Marítimo.

Sem prejuízo dessa análise e de um debate que se querem profundos, há, na nossa opinião, seis factores de pressão no sentido do sucesso das Regras de Roterdão, factores esses que, de resto, se interpenetram:

 (*i*) a *globalização* do comércio mundial: ela impõe uma Convenção
   sobre transporte internacional de mercadorias por mar, que per-

mita sair do "impasse" atual entre as Regras da Haia, as Regras da Haia-Visby e as Regras de Hamburgo;

(*ii*) a *multimodalidade*: no transporte internacional de mercadorias, o transporte multimodal tem um relevo preponderante – relevo esse que explica também a importância do contrato de "freight forwarding";

(*iii*) a *contentorização*: já é um lugar comum falar na "revolução da contentorização", acontecida na segunda metade do século XX; pois bem, essa revolução "tomou o poder" do transporte internacional de mercadorias;

(*iv*) o extraordinário relevo do transporte *door-to-door*;

(*v*) a *primazia do transporte marítimo*, justificando a "maritimidade" da Convenção; e

(*vi*) a urgência do estabelecimento de um regime uniforme sobre *documentos eletrónicos de transporte*.

Não sendo as Regras de Roterdão bem sucedidas, o quadro pode tornar-se mais confuso do que atualmente: elas poderão passar a fazer parte do problema – agravando-o – que não da solução.

Várias disposições espelham os compromissos possíveis, mas elas são também as matérias onde as dificuldades são patentes:

(*i*) o artigo 19 e seguintes – sistema de responsabilidade;

(*ii*) o artigo 26 – regime *network* limitado. Seria preferível um regime uniforme (*uniform liability system*?) ou até um regime *network* puro?;

(*iii*) o artigo 59 – limites de responsabilidade.

Digamos que, bem ou mal – e aqui as brumas adensam-se – o Adamastor tem sido identificado com o contrato de volume, cujo regime resulta, centralmente, dos artigos 79 e 80: o receio do regresso a antes de 1924, ou seja às vésperas "liberais" do equilíbrio conseguido com as Regras da Haia, então, sob o impulso do *Harter Act*, de 1893.

Homenagem a Mário Raposo

O presente volume integra a maioria das comunicações feitas nas III Jornadas de Lisboa de Direito Marítimo, sendo de destacar o facto de alguns oradores terem, entretanto, optado por introduzir atualizações ou por dar aos respetivos textos desenvolvimentos de maior fôlego, enriquecendo, assim, substancialmente, o presente volume. Esse esforço é patente, em especial, no estudo de J. L. García-Pita y Lastres, quer na sua dimensão quer na inciativa que tomou de atualizar o texto à luz da *Ley de Navegación Marítima* n.º 14/2014.

Numa segunda parte, incluem-se alguns dos textos de suporte de intervenções no âmbito do painel "Sim ou não às Regras de Roterdão?".

Entre os vários trabalhos que integram este livro, permito-me destacar o estudo de Mário Raposo, sem dúvida o *Magister Navis* do Direito Marítimo português, em particular no último quartel do século XX. Conforme informei na abertura dos trabalhos das III Jornadas, Mário Raposo não pôde participar nos mesmos por razões de saúde, tendo, não obstante, enviado um texto, com o qual se inicia este livro, destinado precisamente à publicação nas Atas das III Jornadas de Lisboa de Direito Marítimo.

Nesta data, em que, entretanto, Mário Raposo deixou o navio da vida, é de justiça que, neste encontro de paixões que é o Direito Marítimo, se evoque o seu papel no estudo e na evolução do Direito Marítimo em Portugal, sendo meu dever também deixar registado, enquanto Professor da Faculdade de Direito da Universidade de Lisboa e Coordenador do seu Centro de Direito Marítimo e dos Transportes, o apoio que Mário Raposo deu, desde o início, às Jornadas de Lisboa de Direito Marítimo. Destaco também, reconhecido, o facto de, na sequência de uma doação feita pela sua família ao signatário e que entendemos "canalizar" para a biblioteca da Faculdade, esta ter ficado enriquecida com importantes obras de Direito Marítimo (monografias e periódicos), antes ferramentas de trabalho do grande maritimista que foi – e é – Mário Raposo.

Estas são razões sobejas para que este livro lhe fique dedicado.

M. Januário da Costa Gomes

Professor Catedrático da Faculdade de Direito da Universidade de Lisboa
Coordenador do Centro de Direito Marítimo e dos Transportes
da Faculdade de Direito da Universidade de Lisboa

Faculdade de Direito da Universidade de Lisboa, setembro de 2014

TRANSPORTE MARÍTIMO
DE MERCADORIAS: HOJE E AMANHÃ

MÁRIO RAPOSO[*]

SUMÁRIO: *1.A Convenção de 1924 e a lei interna portuguesa; 2. As Regras de Visby e o Protocolo de 1979; 3. As Regras de Roterdão. 4. O contrato de volume; 5. Transporte no convés (Conv. de 1924); 6. Transporte no convés (Regras de Roterdão); 7. Atraso na entrega das mercadorias transportadas; 8. A entrega das mercadorias sem apresentação do título; 9. Intermodalidade e Regras de Roterdão; 10. Incorporação da cláusula compromissória das cartas-partidas nos contratos de transporte de mercadorias. 11. As Regras de Roterdão e as "anti--suit injunctions"; 12. O Direito Marítimo português: problemas e perspectivas; 13. Um caso exemplar: a lei de salvação "marítima"; 14. Reflexão final.*

1. A Convenção de 1924 e a lei interna portuguesa

1. A Convenção de Bruxelas de 1924 em matéria de conhecimentos de carga ingressou na ordem jurídica portuguesa em 1932, quando a adesão de Portugal produziu efeitos (25.6.1932). Portugal aderira à *Convenção* pelo Dec. n.º 19 857, de 18.5.1931, complementado pela Carta de Lei de 5.12.1931.

Ora, como se sabe, anteriormente à Constituição de 1933 não era controvertida a doutrina da recepção ou incorporação automática plena do

---

[*] Bast. Hon. da Ordem dos Advogados.

direito internacional na ordem jurídica interna, sobretudo no caso dos tratados e Convenções[1].

Pelo entendimento dado ao anfibológico art. 10.º da *Convenção*[2] as normas que a compõem ficaram afectadas apenas aos contratos *internacionais* de transporte marítimo[3].

Por assim ser as normas do Código Comercial (Livro III) continuaram a reger os transportes *internos*, i. e. entre portos nacionais[4].

2. Foi neste contexto que o Governo sentiu a "necessidade urgente" de introduzir em direito interno alguns preceitos da *Convenção* (arts. 1.º a 8.º). Isto mesmo é dito no curtíssimo preâmbulo do diploma (Dec.-Lei 37 748, de 1.2.1950).

Como é óbvio, o que se "aproveitou" para regular os transportes internos foi o conteúdo *material* das normas em causa.

Em 1952, já Ripert se apercebera disto mesmo, dizendo:

---

[1] Cfr., mais desenvolvidamente, MÁRIO RAPOSO, *Sobre o contrato de transporte de mercadorias por mar*, separata do *Boletim do Ministério da Justiça* (B.M.J.) n.º 376, Maio de 1988, p. 5-62, *maxime* p. 6.

[2] Refere FERNANDO SÁNCHEZ CALERO (em *El contrato de transporte marítimo de mercancías...*, 2.ª ed., Thomson-Reuters (Aranzadi), 2010, p. 34) que nos Estados que ratificaram a *Convenção* foram dados pelo menos 8 entendimentos a esse art. 10.º.

[3] Assim também Nuno Castello-Branco Bastos, *Da disciplina dos contratos de transporte internacional*, Almedina, 2004, p. 43.

[4] No mesmo sentido, LUÍS DE LIMA PINHEIRO, *Direito aplicável ao contrato de transporte marítimo de mercadorias*, em *I Jornadas de Direito Marítimo* (Fac. de Direito de Lisboa), Almedina, 2008, p. 163-202, *maxime* p. 170. Sobre os critérios adoptados em diversos Estados no tocante às soluções (alternativas) previstas no *Protocolo de Assinatura* da Convenção, cfr. *Il Diritto Marittimo* (D.M.), 1999, *maxime* p. 7-120 (textos de Ignacio Arroyo, Francesco Berlingieri, Pierre Bonassies, Sergio Carbone, Patrick Griggs e Rolf Herber) e William Tetley, *Marine Cargo Claims*, 4.ª ed., vol. 2, Thomson-Carswell, 2008, contendo súmulas dos direitos nacionais (pp. 2417-2608). É significativo referir que a lei espanhola de 22.12.1949 não se aplica aos transportes *internos* mas apenas aos transportes *internacionais*. Espanha tinha já ratificado a *Convenção* em 2.6.1930. Em 1949 decidiu incorporar na legislação nacional as normas da *Convenção* "de forma apropriada às peculiaridades do Direito espanhol". De qualquer modo, o seu âmbito de aplicação circunscreve-se nos transportes *internacionais*. Só então o fez devido a "los acontecimientos que se han sucedido en nuestra Patria desde 1930" (Exposição de Motivos da Lei). Nesta foram integrados em 1984 as Regras de Visby e o Protocolo de 1979, do que resultou a modificação de vários preceitos. O que nunca aconteceu em Portugal com a Convenção de 1924, *qua tale*.

"La loi portugaise du 1er février 1950 (art. 1) applique les dispositions de la Convention de Bruxelles à tout connaissement émis sur le territoire portugais "quelle que soit la nationalité des parties contractantes". Mais il faut remarquer qu'il s'agit *d'une disposition de droit interne*"[5].

Dos transcritos passos de Ripert decorre, concludentemente, que não foi pretendido introduzir, agora como direito *interno*, a *Convenção* – que desde 1932 entrara em vigor no nosso País. O que aconteceu foi que, por acto do Governo, o regime legal português aplicável aos transportes internos passou a ser o do referido Dec.-Lei 37 748, o qual acolhia, fundamentalmente, "o *disposto* nos artigos 1.º a 8.º da Convenção".

A esta fora já dada força de lei *em 1932*, quando Portugal optara pelo primeiro termo da dualidade de opções proposta no Protocolo de Assinatura da *Convenção*.

Pelo Dec.-Lei 37 748 equiparou-se o regime a vigorar nos transportes entre portos portugueses ao já vigente regime internacional. Tratou-se (*remember* Ripert!) "duma disposição de direito interno", que apenas por interposto diploma (o de 1950) tinha a ver com a *Convenção*[6].

3. Não obstante, a orientação jurisprudencial largamente dominante é a de que o regime da *Convenção* é o aplicável aos transportes internos *nacionais*, designadamente no tocante ao prazo de caducidade. Este é mesmo o mais flagrante "casus belli". E isto porque foi publicado em 1986 o Dec.--Lei 352/86, de 21.10, no qual se estabeleceu um prazo diverso[7].

---

[5] *Droit Maritime*, 4.ª ed., tomo II, Ed. Rousseau, 1952, p. 263, em nota. Na p. 269 da mesma obra Ripert repete: "*Le Portugal, par la loi du 1er février 1950, a introduit le texte des articles 1 à 8 de la Convention de Bruxelles dans la législation interne*".

[6] Que não estava em causa uma re-adesão à *Convenção* mas o aproveitamento de *preceitos* da *Convenção* já ingressada na vida jurídica portuguesa foi intuído por Miguel Galvão Teles, ao sublinhar que o legislador de 1950 "parece ter tido o cuidado de nunca falar da *Convenção*, mas dos preceitos da *Convenção*" (em *Ciência e Técnica Fiscal*, n.º 83, Nov. de 1965, p. 147). Cfr. o meu cit. *Sobre o contrato de transporte de mercadorias por mar*, p. 6 e 7, onde já referia a pertinente observação de Galvão Teles.

[7] De 1 ano na *Convenção* (art. 3.º, 6) mas de 2 anos no Dec.-Lei 352/86. Serão dezenas os Acórdãos dos Tribunais Superiores que neste concreto aspecto (prazo de caducidade aplicável a transportes entre portos portugueses) dão prevalência ao regime da *Convenção*. Assim, por ex., Ac. S.T.J. de 18.9.2007 (Mário Cruz), Ac. Rel. de Lisboa de 27.11.2008 (Vaz Gomes) e Ac. Rel. Lisboa de 14.07.2011 (Maria João Areias).

Firmando uma doutrina global, que abarca esta hipótese e todas as da mesma natureza, é de citar – até por provir de um Magistrado especialmente qualificado (Sebastião Póvoas) o seguinte passo do Ac. STJ de 18.12.2007[8]:

> "Já o transporte internacional de mercadorias por mar (Convenção Internacional para Unificação de Certas Regras em Matéria de Conhecimentos de Carga, assinada em Bruxelas em 25/08/24 – aprovada para adesão por Carta de 05/12/31 (DG, I, 02/06/32) – introduzida pelo Dec.-Lei n.º 37 748, de 01/02/50, e regulamentada (sic) pelo Dec. – Lei n.º 352/86, de 21 de Outubro) é de natureza formal, sujeito a escrito particular (*bill of landing* (sic), conhecimento de embarque ou conhecimento de carga)"[9].

4. De uma reflexão mais atenta da questão concluir-se-á que a orientação dominante na jurisprudência portuguesa não é a mais certa e que o Dec.-Lei 37 748 teve como exclusivo papel o de evitar que aos transportes *internos* se aplicasse o Livro III do Código Comercial de 1888. Não introduziu a *Convenção* na ordem jurídica portuguesa – que já nela estava, desde 1932, como direito *internacional*[10].

---

[8] CJ/STJ (2007), III, 174.

[9] Isto é: o Dec.-Lei 352/86 foi feito para *regulamentar* a *Convenção*, "introduzida" pelo Dec.-Lei 37 748. Noutro aspecto, figura-se que a expressão *bill of landing* tenha advindo de um lapso de escrita, embora a mesma grafia seja usada noutro passo do mesmo aresto e surja também no Ac. Rel. Porto (proc. n.º 7512/2004/6). Ora, como é sabido, para além, da expressão *bill of lading* é apenas (*muito raramente*) usada a expressão *bill of loading*. Cfr. WILLIAM TETLEY, *Marine Cargo Claims*, cit., p. 2289.

[10] Cfr. MÁRIO RAPOSO, *Estudos sobre Arbitragem Comercial e Direito Marítimo*, Almedina, 2006, p. 125. Parece, entretanto, de reconhecer que o art. 2.º do Dec.-Lei 352/86 embora contendo uma fórmula relativamente usual é, na circunstância, um preceito "pouco feliz" (M. JANUÁRIO DA COSTA GOMES, *O ensino do Direito Marítimo*, Almedina, 2005, p. 230). Com efeito, em certa leitura pode apontar para a ideia de que o contrato de transporte de mercadorias por mar é disciplinado pela Convenção de Bruxelas de 1924 e apenas *subsidiariamente* por ele, Dec.-Lei 352/86. O que, como sobejamente está demonstrado na doutrina, não é exacto. Contem uma regra teórica e universal e não um regime aplicável *in casu*. A "infeliz" inclusão do "tabelar" art. 2.º deu causa a afirmações menos certas como a de que a *Convenção* se aplica *imperativamente* ao contrato de transporte de mercadorias por mar sujeito ao regime definido no Dec.-Lei 352/86, i.e., aos transportes entre portos portugueses.

2. As Regras de Visby e o Protocolo de 1979

5. A *Convenção* não dispunha de modo concludente que os transportes marítimos por ela regulados devessem ter um carácter internacional. O seu art. 10.º não continha o requisito da nacionalidade *objectiva*, i.e, o de que os transportes devessem ter lugar entre portos de Estados diferentes. Só o Protocolo de 1968 (*Regras de Visby*) veio assumir esse requisito, ao dar uma nova redacção precisamente ao art. 10.º[11]. A *internacionalidade* dos transportes, no regime do anterior art. 10.º da *Convenção*, advinha, simplesmente, de se tratar de uma Convenção *internacional*. Foi isso, precisamente, o que aconteceu em Portugal e que justificou o tão falado Dec.-Lei 37 748.

6. Esquecida ficou a aprovação das *Regras de Visby*, que viriam superar deficiências graves da *Convenção*. Aprovadas em Fevereiro de 1968, apenas entrariam em vigor em 23 de Junho de 1977. É de crer que muitos Estados, "resolvidas" que tinham sido já as questões de entendimento postas pela *Convenção*, não tivessem manifestado grande urgência na ratificação. Assim, por ex., a Itália (apenas em 1985), a Grécia (1993) e a Rússia (1999).

Aventa Francisco Berlingieri que estando em fase final da preparação as *Regras de Hamburgo*, cujo articulado preparatório denotava uma evidente superioridade técnica sobre a velha *Convenção* (assim também Sánchez Calero, *ob. cit.*, p. 75), melhor seria aguardar pela sua entrada em vigor[12].

7. Mas quem assim pensasse veria lograda a sua expectativa.

As *Regras de Hamburgo* apenas entraram em vigor em Novembro de 1992. E apenas dela fazem parte, como regra, países de escasso significado no "shipping". Com algum relevo serão, por ex., a Áustria (1993) e a República Checa (1995).

---

[11] Francesco Berlingieri (*La disciplina della responsabilità del vettore di cose*, Giuffrè, 1978, p. 9-10). Cfr., também, entre outros, Martine Remond-Gouilloud, *Droit Maritime*, 2.ª ed., Pedone, 1993, p. 335.

[12] Francesco Berlingieri, *Uniformité de la loi sur les transports maritimes*, em *Mélanges Pierre Bonassies*, ed. Moreux, 2001, p. 57-65.

8. Mantemos, no entanto, a ideia de que deverão ser ratificados os dois protocolos (o de Visby e o de 1979). Para além do mais as *Regras de Visby* têm a vantagem de na nova redacção do art. 10.º da *Convenção* esclarecer em definitivo que esta apenas se aplica ao transporte de mercadorias entre portos de Estados *diferentes*. Da *Convenção*, ela mesma, já resultaria isso mesmo, mas apenas com alguma instabilidade exegética. Uma análise relativamente detida da questão está feita na nossa anotação ao Acórdão da Rel. de Évora de 22.10.2001 (R.O.A., 2002, pp. 635-648, *maxime* p. 642)[13].

Por diversas vezes o justificámos[14].

3. As Regras de Roterdão

9. Quem descomprometidamente ler a novíssima *Convenção* esboçará, no percurso, alguns sorrisos, logo seguidos de momentos de tédio. Para quê – dirá – uma definição como a que respeita ao "transporte não regular"[15]. E a generalidade dos preceitos é estirada e densa.

---

[13] Neste sentido cfr. M. JANUÁRIO DA COSTA GOMES: "... sem prejuízo de reconhecermos o carácter polémico desta questão, somos de opinião de que o art. 10.º da CB (Convenção de Bruxelas) impõe, mesmo antes ou independentemente da clarificação resultante do Protocolo de Visby, o carácter internacional objectivo do transporte marítimo, como requisito para a aplicação da Convenção" (*Do transporte "port to port" ao transporte "door to door"*, em *I Jornadas de Direito Marítimo* (Fac. de Direito de Lisboa), Almedina, 2008, *maxime* p. 373.

[14] Acresce que no novo art. 10.º está mais amplamente prevista a cláusula *Paramount*, que, designadamente, pode tornar aplicável a Convenção a casos a que ela normalmente não se aplicaria. Cfr. PAOLA IVALDI, *La volontà delle parti nel contratto di trasporto marittimo: note sulla "paramount clause*, cit. por Carlos Górriz López, *La responsabilidad en el contrato de transporte de mercancías*, ed. *Publicaciones del Real Colegio de España*, Bolonha 2001, p. 62. Como é sabido, a cláusula *Paramount* ou "principal" ou "suprema" – surgiu com o propósito de fazer prevalecer a *Convenção* de 1924 em relação a quaisquer diplomas que existissem respeitantemente ao conhecimento de carga ou documento similar. Esse propósito foi evoluindo sempre nesse sentido – que é o de concludentemente sujeitar o contrato de transporte à *Convenção*. Sobre a cláusula *Paramount*, cfr. Lima Pinheiro, *Direito aplicável ao contrato de transporte marítimo de mercadorias*, cit., *maxime*, p. 187-195.

[15] Art. 8.º, 4: "Por transporte não regular entender-se-á aquele que não seja... de linha regular"...O transporte de linha não regular será o transporte *tramp*. Berlingieri – Zunarelli – Alvisi (*La nuova Convenzione Uncitral sul trasporto internazionale di merci...*, D. M., 2008, p. 1161 s., *maxime* p. 1168) consideram a norma "complessa e force un poco tortuosa".

Transporte Marítimo de Mercadorias: Hoje e Amanhã 19

E é um diploma polémico. Gerou amores e desamores, uns e outros, quase sempre com alguma razão de ser.

Mas o saldo final não deixa de ser significativamente positivo.

Destinam-se as *Regras* a alcançar um regime jurídico uniforme, actualizando o transporte marítimo internacional de mercadorias. Este objectivo consta do texto preliminar apresentado à Assembleia Geral das Nações Unidas, que em 11.12.2008 aprovou a *Convenção*, no qual se distingue como principal inovação a viabilização dos contratos de "porta a porta"[16].

Não sendo tão favoráveis à posição dos carregadores como são as *Regras de Hamburgo* (em termos realísticos definitivamente ultrapassadas) não obstante terem sido ratificadas por 34 Estados (sem relevo no *shipping*) – é de encarar a perspectiva de Portugal poder vir um dia a aderir às novas *Regras*, até como país predominantemente de carregadores que continuará, certamente por alongados anos, a ser[17].

10. Certo é que além de um generalizado reparo quanto aos defeitos de forma[18] formou-se um claro antagonismo de posições entre alguns destacados maritimistas.

O ponto mais significativo das críticas seria alcançado na *Declaração de Montevideu*, de 22.10.2010[19]. Subscrevem-na William Tetley, Jan Ramberg, Svante Johansson, Kay Pysden e outros.

Aderiram depois à *Declaração* algumas dezenas de juristas sul-americanos e espanhóis.

---

[16] RAFAEL ILLESCAS ORTIZ, *El nuevo Convenio sobre el contrato de transporte marítimo de mercancías, na Revista de Derecho de Negocios*, n.º 221 (2009), p. 1 s.

[17] Sobre a nova *Convenção*, cfr. M. JANUÁRIO DA COSTA GOMES, *Do transporte "port to port" ao transporte "door to door"*, em *I Jornadas de Lisboa de Direito Marítimo*, cit. p. 367-405. É o primeiro estudo completo feito em Portugal sobre as *Regras*. Do mesmo Autor cfr., mais desenvolvidamente, *Introdução às Regras de Roterdão – a Convenção "marítima plus" sobre transporte internacional de mercadorias*, em *Temas de Direito dos Transportes*, vol. I, Almedina, 2010, pp. 7-83.

[18] Um dos seus mais declarados defensores, PHILIPPE DELEBECQUE, não deixa de reconhecer: "Sans doute le texte n'est-il pas parfait. Les phrases sont souvent lourdes, parfois redondantes, le style manque souvent d'élégance et le plan suivi n'est pas d'une parfaite rigueur" (*Gazette de la Chambre Arbitrale maritime de Paris*, 2009, n.º 20). Há, realmente, uma quase unanimidade crítica sobre a extensão e a complexidade excessivas das *Regras* (assim IGNACIO ARROYO, *Las Reglas de Rotterdam. Para quê?*, em ADM, vol. XXVII, 2010, pp. 25-43).

[19] Publicada em ADM, vol. XXVIII, 2011, p. 687-691.

Põe-se nela em causa, além do mais:

– a configuração do contrato de volume;
– a eliminação do conhecimento de carga e a sua substituição por um documento de transporte que, designadamente, não constituirá um título de crédito;
– a sua não aplicação a conhecimentos ou documentos de transporte emitidos com base em contratos de fretamento total ou parcial do navio.

11. Entretanto, as *Regras*, depuradas, por via exegética, das dificuldades (por vezes mais de leitura do que de entendimento), poderão constituir um factor determinante da globalização do comércio mundial, agora prejudicada pela dispersão de textos uniformes como as Regras de Haia, as Regras de Haia – Visby e as Regras de Hamburgo.

Daí o apoio que sempre lhes deu Francesco Berlingieri que, logo como presidente do CMI, desde finais dos anos 80 do século passado justificou a necessidade de uma nova lei uniforme e que impulsionou a formação do Grupo de Trabalho que nas Nações Unidas foi criado para a sua preparação[20].

E o certo é que muitas das inovações contidas nas Regras serão marcos significativos na evolução do Direito Marítimo. É o que designadamente se passa com a preocupação de oferecer garantias efectivas no caso de utilização de documentos electrónicos de transporte, no sentido já recomendado anteriormente pela CNUDCI (Uncitral). Desde que produzidos em con-

---

[20] Sobre o acompanhamento por BERLINGIERI dos trabalhos preparatórios das *Regras*, cfr. *Ambito di applicazione del progetto Uncitral sul trasporto door-to-door e libertà contrattuale*, D.M., 2005, pp. 768-786 e STUART BEARE – ANTHONY DIAMOND – FRANCIS REYNOLDS, *Francesco Berlingieri and the Rotterdam Rules*, em *Scritti in onore di Francesco Berlingieri*, D.M., 2010, p. 132-146. Na *sua* D.M., tem publicado importantes estudos sobre a nova *Convenção* (2009, p. 955; 2012, p. 3, por ex.). É fundamental a sua *In difesa delle Regole di Rotterdam* (D.M., 2009, p. 559). Aí responde a algumas das críticas feitas à nova *Convenção*, designadamente pelo *European Shipper's Council*. Cfr. ainda Berlingieri, *Aspects multimodaux des Règles de Rotterdam*, em *Le Droit Maritime français* (D.M.F.), 708, 2009, p. 867 s. e Berlingieri – Delebecque, *Analyse des critiques aux Règles de Rotterdam*, D.M.F., 731, 2011, p. 767 s.. Berlingieri e Delebecque, em conjunto com outros especialistas (como HANNU HONKA, RAFAEL ILLESCAS, TOMOKATA FUJITU, MICHAEL STURLEY e ALEXANDER VON ZIEGLER) tornaram público um novo documento em abono das *Regras* (citado e resumido em ADM, vol. XXVIII, 2011, pp. 213-236).

Transporte Marítimo de Mercadorias: Hoje e Amanhã   21

formidade com as regras exigíveis, os documentos electrónicos equivalem aos documentos escritos[21].

4. O contrato de volume

13. Uma das "pedras de escândalo" assacadas às *Regras* é o regime previsto para o *contrato de volume*, proposto pela Austrália e pela França na 39.ª sessão da Comissão das Nações Unidas. Entretanto, é de lembrar que o regime da liberdade contratual, contrastante com o da imperatividade imposta nas *Regras*, obedece a normas de actuação elencadas no art. 80.º.

Ou seja: decorre da realidade e do art. 80.º que nas *Regras* não está em causa uma liberdade *arbitrária*. A "liberdade contratual" não significa inexistência de uma regulamentação, "mas apenas a possibilidade da sua alteração por vontade das partes, que tendencialmente terão a mesma força negocial"[22]. É o que se vê do art. 80.º, n.º 2, al. c).

14. Acontece que, como é sabido, o contrato de volume não é uma *inovação* das *Regras* mas uma prática perfeitamente caracterizável, embora com diferentes designações[23], desde os anos 80 do século passado.

---

[21] As Regras assumem "uma perfeita da fungibilidade entre os documentos de transporte e os documentos electrónicos de transporte", M. JANUÁRIO DA COSTA GOMES, *ob. cit.* de 2010, p. 37. Para uma análise detalhada da problemática dos *documentos electrónicos*, já com uma larga "história" de aplicação (*Bolero* ou *Atlantic Container Line datafreight system*, cfr. John Wilson, *Carriage of Goods by Sea*, 6.ª ed., Pearson-Longman, 2008, pp. 169--170). É de assinalar que para Jan Ramberg, *Sea Waybill and Electronic Transmission* (em *Hamburg Rules: a choice for the E.C.C.?*, Schulthess, 1994, pp. 103-115), "nem as Regras de Haia nem as de Hamburgo contêm soluções para que os sistemas EDI substituam os conhecimentos de carga". Sobre o regime das *Regras* quanto aos documentos electrónicos, cfr. também ANDRÉS RECALDE CASTELLS, em *Las Reglas de Rotterdam...* (dir. A. Emparanza Sobejano), Marcial Pons, 2010, *maxime*, p. 173.

[22] "Con riferimento ai *volume contracts*, l'esigenza di tutela di uno dei contraenti non sussiste, poiché il pottere contrattuale del caricatore è uguale, se non superiore, a quello del vettore" (SERGIO M. CARBONE, *Contratto di trasporto marittimo di cose*", 2.ª ed., Giuffrè, 2010, p. 167).

[23] Assim, por ex., *contrat de tonnage, volume contract of carriage, quantity contract, shipping contract*, etc.

Já em 1984, em estudo publicado no B.M.J[24], referi com algum detalhe o *volume contract* ou *contrat de tonnage*, que estava a ser usado com bastante frequência em países desenvolvidos (sobretudo nos Estados-Unidos). Através dele um empresário estabelecia com um armador a deslocação, em um ou vários navios, dentro de uma moldura temporal delimitada, mediante o pagamento de um frete, logo determinável, embora só apurado no final.

Desde então o recurso a essa "nova" figura contratual aumentou exponencialmente, dando lugar a profuso entendimento naqueles países, ao ponto de, quando dos trabalhos preparatórios das *Regras*, as delegações da Austrália e da França terem proposto, com dissemos, a sua inclusão no projecto em preparação.

Ao sistema dos formulários sucederá um regime legal estabilizado[25].

15. Tradicionalmente, o que sempre determinou as partes a celebrar o contrato de volume foi o propósito de transportar em sucessivas viagens certas mercadorias suas (matérias-primas ou produtos acabados), em quantidade e preço ainda não determinados. O navio usado em cada viagem não é designado no contrato e poderá não ser um só. É um elemento secundário do contrato, embora, naturalmente, o empresário possa exigir que o ou os navios que vierem a ser usados obedeçam a compreensíveis especificações de segurança e de adequabilidade à mercadoria transportada[26]. Realmente,

---

[24] MÁRIO RAPOSO, *Fretamento e Transporte Marítimo. Algumas questões*, no *Bol. Min. Justiça*, n.º 340, Nov. de 1984, pp. 12-52, *maxime* 27-30.

[25] Nas *Regras de Hamburgo* o tipo contratual já era definido (n.º 4 do art. 2.º) mas sem que a ele se aplicasse um regime especial. Hoje, os formulários mais usados são o INTER-COA/80 (*Tanker Contract of Affreigtment* da *Intertanko*) e os formulários da BIMCO, cuja versão mais actualizada é o GENCOA (López Rueda, *Las Reglas de Rotterdam: un régimen uniforme para los contratos de volume*, em ADM, XXVI, 2009, p. 101 s.).

[26] ALFREDO ANTONINI, *Corso di diritto dei trasporti*, 2.ª ed., Giuffrè, 2008, p. 164-165. É no *slot charter* que o armador transfere temporariamente a disponibilidade (total ou parcial) de um *navio* para transporte de mercadorias (Antonini, *id.*, p. 166). Aí é que se tratará, declaradamente, de um *fretamento*. Para IGNACIO ARROYO (*Curso de Derecho Marítimo*, 2.ª ed., Thomson-Civitas, 2005, pp. 508-509) o contrato de volume é um "verdadeiro contrato de transporte de mercadorias", já que a causa do contrato é a deslocação da mercadoria de um lugar para outro. De fretamento será o *slot charter*. O "slot" é uma unidade de medida equivalente ao espaço ou volume de um contentor-tipo. Pelo contrato o afretador passa a dispor de um *espaço* num navio – embora não de um navio completo. A sua ampla (e recente) difusão levou a BIMCO a aprovar uma fórmula-tipo denominada *Slothire*. No sentido anteriormente apontado pronunciou-se Jan Ramberg: o contrato de volume tem,

o contraente com menor poder impositivo é o transportador. Os carregadores, pelo menos usualmente, são grandes industriais ou grandes comerciantes. Tem razão Carbone (nota 20 supra).

Mas também a quererá ter Hannu Honka quando, referindo-se à moldura do art. 80.º, entende que nela "cabe" "o transporte de apenas dois contentores em duas viagens sucessivas". Isto embora aconteça que tal será difícil de acontecer.

O certo, porém, é que algumas delegações propuseram que deveria ser estabelecido um número mínimo de viagens (possivelmente 5) e uma quantidade mínima de carga (talvez 500 contentores ou 600.000 toneladas) para que fosse aplicável o regime do art. 80.º. Prevaleceu no entanto, a ideia que o qualificativo "sucessivas" neutralizaria o risco que viria depois a ser divisado por Honka[27].

16. As *Regras de Roterdão* definem o contrato de volume como sendo "o contrato de transporte que preveja o transporte de uma determinada quantidade de mercadorias em sucessivas remessas durante o período esta-

---

no essencial, a natureza de um *transporte* (em *New scandinavian maritime codes*, D.M., 1994, p. 1222). No sentido de que é um contrato de transporte cfr. também GABALDÓN GARCIA-RUIZ SOROA, *Manual de Derecho de Navegación Marítima*, 2.ª ed., MARCIAL PONS, 2002, p. 544. MARIA TERESA GÓMEZ PRIETO, *Consideraciones sobre la naturaleza jurídica de una nueva modalidad de contrato de fletamento: el contrato de fletamento por tonelaje*, ADM, XXIV (2007), p. 43 s. caracteriza o contrato de volume como sendo o transporte de uma quantidade determinada ou determinável de mercadorias durante um certo período de tempo e com datas de embarque fixadas com certa precisão (p. 47) – do que parece resultar que é um contrato de transporte. Da mesma autora cfr. *La unidad contratual del fletamento a volumen...*, em ADM, XXV (2008), p. 75 s, onde assinala que a *marca* dominante no contrato de volume é a de assegurar o transporte de mercadorias. Logo diz, porém, que cada viagem é executada nas condições de um fretamento por viagem (p. 92). Ainda desta autora cfr. *El contrato de volumen* (COA), Vitoria, 2008, *maxime* pp. 68 e 177. É de referir que nos referidos códigos escandinavos de direito marítimo (1994) fora já regulado o "contract of affreightment" (*Shipbroking and Chartering Practice*, de Lars Gorton, Rolf Ihre e Arne Sandevarn, 5.ª ed., L.L.P., 1999, p. 296). Os novos Códigos escandinavos advieram da tradicional cooperação legislativa entre a Dinamarca, a Finlândia, a Noruega e a Suécia (Jan Ramberg, loc. cit.).

[27] HANNU HONKA, em *The Rotterdam Rules...*, coord. por Alexander Von Ziegler, John Schalin e Stefano Zuncarelli, Kluwer Law, 2010, p. 338 s. E, realmente, Berlingieri entende que o preceito (art. 80.º) deveria ter sido melhor redigido (D.M., 2012, p. 61). Só que, também a nosso ver, a realidade e a "tradição contratual" corrigirão, por si só a norma.

belecido. Para a determinação da quantidade o contrato poderá desde logo prever um mínimo, um máximo ou uma certa margem quantitativa" (art. 1.º, 2). Não sofrerá dúvida que ele é tido aí como um *contrato de transporte* – e como um contrato *definitivo*. Aliás, as *Regras* excluem do seu âmbito os contratos de fretamento (art. 6, 1, a) e os que tenham como objecto a utilização de um navio ou de qualquer espaço a bordo de um navio (art. 6.º, 1, b).

Do regime especial contido no art. 80.1 das *Regras* resulta que o transportador e o carregador podem estabelecer, com inteira liberdade, um sistema de obrigações e responsabilidades maiores ou menores do que as fixadas nas *Regras*. Isto desde que sejam observados os requisitos previstos no mesmo art. 80.º, 2. Ou seja: (1) que do contrato de volume constem de maneira visível essas condições especiais; (2) que o contrato de volume tenha sido individualmente negociado; (3) que se dê ao carregador oportunidade de obter um contrato de transporte cujas condições sejam conformes ao regime geral das *Regras*[28].

17. Entretanto, a celebração de um contrato que, no âmbito do art. 80.º, 2 não constituirá um "pacto secreto" entre as partes. Vinculará os terceiros que com o contrato tenham a ver (designadamente os destinatários) desde que estes sejam informados do contrato e expressamente aceitem as suas condições.

Entretanto, Anastasiya Kozabouskaya-Pellé interroga-se sobre se o preceito virá a ser "respeitado" *na realidade*. Não se cairá, na prática, num, consentimento meramente tabelar?[29].

5. Transporte no convés (Conv. 1924)

18. Seguindo uma tradição que remontava já ao *Consulado do Mar* e à *Ordenança de Colbert* declarou-se a *Convenção* de 1924 contrária ao transporte no convés. Aí arrumada, a carga afectaria a estabilidade do navio e a sua aptidão para enfrentar o mar. Num convés onde se amontoassem

---

[28] Uma análise equilibrada dos *contratos de volume* é feita por ANASTASIYA KOZUBO-VSKAYA-PELLÉ em *Le contrat de volume et les Règles de Rotterdam*, D.M.F., 712, Março de 2010, p. 715 e *Contractual flexibility in volume contracts...*, D.M., 2013, p. 326.

[29] De qualquer modo deixo aqui a dúvida "para memória futura". Cfr. o estudo da autora de 2013 referido na nota anterior.

Transporte Marítimo de Mercadorias: Hoje e Amanhã

demasiadas mercadorias tornar-se-ia difícil a movimentação dos tripulantes e criar-se-ia mais uma causa de ocorrência de acidentes de trabalho. O que preponderava, no entanto, era a consideração dos interesses dos carregadores, tendo sobretudo em vista o risco de queda ao mar[30].

19. Precisamente porque preponderava o interesse dos carregadores, as soluções legais admitiam que deles fundamentalmente dependesse a *regularidade* desta forma de estiva[31]. Fora este o caso do art. 497.º do nosso Cód. Comercial, que previa no § único que "a simples declaração, exarada nos conhecimentos da carga, de que as mercadorias (iam) no convés (importava) assentimento do carregador".

Numa certa área doutrinal manteve-se esta perspectiva, a par de outras (como se verá), até hoje. Dá-se mesmo o caso de alguns autores, como Carlos Górriz López[32], entenderem considerá-la *absoluta* (sic), face ao advento dos porta-contentores. O transporte no convés é aí sempre *presumidamente* consentido.

Para a mesma solução propende Giorgia M. Boi[33].

20. Nesta linha de entendimento, uma sentença de um tribunal norte--americano (de 1999) decidiu que o transporte no convés de um contentor sem qualquer menção no conhecimento de carga não constitui "unreasonable deviation" se corresponder a uma prática usual dos transportadores[34].

---

[30] MÁRIO RAPOSO, cit. est. de 1984, *maxime* pp. 33-42. Idem, *Estudos sobre o novo Direito Marítimo*, Coimbra Editora, 1999, *maxime* pp. 282-283.

[31] *Estiva* é aqui usada numa acepção ampla, correspondente à expressão francesa "arrimage", que abrangerá a colocação e arrumação no navio da carga embarcada (VICTOR NUNES, *A influência da estiva... na Rev. dos Tribunais*, 1963, p. 342).

[32] *Ob. cit.* (2001), p. 66.

[33] *Il trasporto marittimo a mezzo contenitori...*, D.M., 1994, p. 734 s, *maxime* p. 736--737. A autora refere principalmente sentenças dos tribunais de Milão e de Génova, que decidiram no sentido da *regularidade* da estiva desde que estivessem em causa porta-contentores. Para o Tribunal de Génova (20.7.1991) o consentimento pode ser dado verbalmente desde que a estiva seja efectuada num porta-contentores.

[34] United States District Court-Southern District of New York, 30.12.1998, em D.M., 1999, p. 1376. Tem sido entendido que a *deviation*, em sentido estrito, significa a criação de um risco maior durante a viagem. O tribunal entendeu, pois, que o transporte de contentores no convés em circunstâncias "normais" não dará causa a uma "unreasonable deviation". Entende, aliás, Giorgia M. Boi que a estiva de um contentor "sotto coperta" (i.e. no porão)

26 — Mário Raposo

Em sentido de certo modo idêntico – i.e., numa visão "simplificadora" da questão – é a jurisprudência do Supremo Tribunal do Canadá[35].

21. Para Francesco Berlingieri[36] se o carregador consentir na estiva no convés o transporte é regular. E alguns autores figuram que se o transporte for feito num porta-contentores o *acordo* é *implícito*.

Carlos Górriz López, agora em 2009[37], entende que a alínea c) do art. 1.º da *Convenção* (de 1924) não terá aplicação se o transporte se processar num porta-contentores e a estiva no convés for do conhecimento (e não tiver a oposição do carregador)[38].

22. As várias posições adoptadas nesta sede nem sempre coincidem por completo. Mas tentam sempre *actualizar* o regime preparado numa época em que não havia porta-contentores.

Assim, William Tetley, clarificando a sua posição inicial[39], entende que mesmo que os contentores sejam carregados num porta-contentores e

---

num navio porta-contentores sem autorização do carregador constituirá uma conduta ilegítima do transportador.

[35] Jean Pineau, *Le contrat de transport*, ed. *Thémis* (Fac. Direito de Montréal), 1986, p. 175. Entendia o Supremo Tribunal que se o transportador carregasse a mercadoria no convés (presume-se que num porta-contentores) bastaria uma declaração *formalmente* feita no conhecimento de carga. Jean Pineau entende mesmo que as partes poderão estipular que a mercadoria será transportada no convés mas que a *Convenção* de 1924 se aplicará ao contrato de transporte mesmo que tal não conste do conhecimento de carga, desde que se trate de um porta-contentores. Era a completa "ultrapassagem" do regime da *Convenção*.

[36] *Problemi giuridici del trasporto in container*, D.M., 1971, *maxime* p. 147 s. Para Pierre Bonassies-Christian Scapel (*Traité du Droit Maritime*, 2010, L.G.D.J., p. 692-694) quando no contrato de transporte esteja previsto que o transporte se fará no convés isso significa que "par avance le chargeur donne son autorisation à un tel chargement". Ou seja, o consentimento pode advir da aceitação de uma cláusula do contrato de transporte.

[37] *Contrato de transporte marítimo internacional...*, ADM, vol. XXVI, 2009, p. 25 s., *maxime* p. 41. A posição do autor não é muito concludente. Parece que, na circunstância, o *conhecimento* dessa forma de estiva bastará. O que relevará, em síntese, é que o carregador dela esteja consciente e que a tenha assumido (*sic*).

[38] Aliás, como também lembrava Righetti, em 1988, a estiva de uma mercadoria no porão do navio se estiver em causa um porta-contentores deverá ser expressamente consentida pelo carregador (cit. por Silvio Magnosi, *I trasporto marittimo di merci in container*, em *Trattato breve di Diritto Marittimo*, coord. por Alfredo Antonini, II, Giuffrè, 2008, p. 471).

[39] Que não era muito clara. Por um lado dizia que o contrato de transporte no convés ficava ferido de *nulidade*, segundo a *Convenção* de 1924. Esta apenas não existiria se a

mesmo que sejam assumidas todas as medidas adequadas a assegurar uma boa sistematização da carga, existirão sempre riscos adicionais insuperáveis. E, por assim ser, "carregar contentores no convés sem uma declaração do carregador que o permita constituirá inapelavelmente uma violação da *Convenção*". Mas a autorização do carregador deverá ser dada especificamente no conhecimento. Não será suficiente uma *liberty clause* genérica, impressa no conhecimento. A autorização terá *caso a caso* que ser dada pelo carregador[40].

Esclarece Alfredo Antonini[41] que há quem considere o contentor como uma parte da carga. Mas não é assim. Será um meio usado para o transporte, não assimilável nem ao navio, nem às mercadorias, embora destinado a conservar e a movimentar estas últimas.

Nesta perspectiva, diz Martine Remond-Gouilloud, "le conteneur est lui-même une cale amovible, et la marchandise s'y trouve à l'abri où le conteneur soit placé. Au reste, sur les navires porte-conteneurs, la notion de cale perd son sens"[42].

É, no entanto, óbvio que o risco de queda ao mar dos contentores nunca será superável. E continua a verificar-se. Mas será por certo agravado se a

---

estiva no convés fosse declarada no conhecimento e autorizada pelo carregador. V. *Nullité du contrat suivant les Règles de la Haye* (D.M.F., n.º 194, Fev. de 1965, p. 67). O texto serviu para "promover" a 1.ª ed. de *Marine Cargo Claims*, que seria nesse ano publicado.

[40] TETLEY, *Marine Cargo Claims*, 4.ª ed., vol. 1, Thomson-Carswell, 2008, pp. 1546--1547. No mesmo sentido, John Wilson, *Carriage of goods by sea*, 6.ª ed., Pearson-Longman, 2008, p. 178, que precisa que, quer no caso do transporte de contentores, quer na hipótese de transporte de animais, o acordo das partes deve constar caso a caso de uma declaração específica do carregador depois incluída no conhecimento de carga ("a further clause on the bill") – Wilson, *loc. cit.*. Para Simon Baughen, *Shipping Law*, 3.ª ed., Cavendish Publishing Law, 2004, p. 118, bastará uma *liberty clause* de carácter genérico impressa no conhecimento. Wilson admite que, na prática, isso possa acontecer em certas hipóteses (*id*, p. 180).

[41] Cfr. *Vecchi e nuovo spunti...* referido por SILVIO MAGNOSI, est. cit., p. 461 s.

[42] *Droit Maritime*, cit., 1993, p. 365. De seu lado, CARLOS GÓRRIZ LÓPEZ, em *Contrato de transporte marítimo*, (est. cit. de 2009), entende também que num porta-contentores desaparece o conceito de convés (p. 41). É a "unitarização" do navio, que assim deixa de ter, diferenciadamente, um porão e um convés. Significativamente, e com relevo meramente "histórico", já em 1932 Francesco Berlingieri (avô do actual) realçava que frequentas vezes era difícil apurar o que constituía o *porão* e o que integrava o *convés*. Isto algumas dezenas de anos antes do surgimento dos *contentores*... e dos porta-contentores (assim *La polizza di carico de la Convenzione internazionale di Bruxelles*, Génova, 1932, p. 149-150).

sua colocação nos navios tiver sido defeituosamente efectuada. Uma situação típica será a colocação de contentores mais pesados e de maior dimensão sobre contentores de menor peso e dimensão[43].

23. Face ao que se acaba de dizer teria pertinência questionar se uma mercadoria carregada no convés de um porta-contentores poderá integrar, mesmo que não abonada por alguns (raros) autores, a previsão da al. c) do art. 1.º da *Convenção*. Ou seja, se reconstituindo o pensamento legislativo e as circunstâncias em que a lei foi elaborada, a sua formulação corresponderá às condições específicas do tempo *em que é aplicada*. Realmente, em 1924 não eram configuráveis os *modos* de transporte hoje correntes, i.e., os contentores e os porta-contentores.

Teriam as palavras da lei em 1924 o mesmo sentido que hoje terão, na hipótese, claro está, de transporte de contentores em navios porta-contentores, nos quais, como já foi dito, se esbate a clássica noção de convés?

Consentirá o art. 9.º do Cód. Civil um entendimento por assim dizer *actualizante*?

É de crer que sim: poder-se-á ensaiar uma leitura que aproxime a expressão *formal* da norma dos interesses que lhe foram subjacentes e aos quais as circunstâncias deram uma conformação diferente[44].

24. Demonstrou-se, que é de ter como óbvio que o modo *natural* de carregar contentores será o convés, quando se trate de navios *porta--contentores*.

Constituirá, porém, uma *falta comercial* que não exonera o transportador de responsabilidade uma arrumação no convés *feita deficientemente*. E se dessa má arrumação advier a incapacidade do navio de resistir ao mar ela

---

[43] JEAN-YVES GRONDIN, *Conteneurs à la mer!*, na *Gazette de la Chambre Arbitrale Maritime de Paris*, 2003, n.º 9, pp. 5-7.

[44] Sobre a interpretação jurídica, cfr., em geral, CASTANHEIRA NEVES, *Digesta*, Wolters Kluwer, 2.ª ed., 2010 (reimpressão), p. 337-377. Cfr., também, MENEZES CORDEIRO, *Tratado de Direito Civil Português*, I, Parte Geral, tomo I, 3.ª ed.,, 2005, p. 149 e s, que, desde logo, pertinentemente observa que a maioria dos Códigos Civis "evita quaisquer regras sobre a interpretação e a integração, remetendo-as para o foro doutrinário". Na origem do art. 9.º (e do 10.º) esteve "uma certa preocupação dirigista própria do Estado Novo (que) levou o legislador a aventurar-se em semelhante área, ainda que à custa de ambiguidades". O que não significa que os arts. 9.º e 10.º do nosso Código Civil sejam inúteis. Só que, "sendo úteis", "não correspondem aos actuais conhecimentos no tocante à realização do Direito.

não se converte numa *falta náutica*[45][43]. Isso seria um absurdo. O que estará sempre em causa será uma *falta comercial*, como Rodière veio a entender com peremptoriedade, depois de ter sustentado a opinião contrária[46].

25. Como se sabe, a *falta comercial* não está prevista na *Convenção de Bruxelas*. Mas tem sido geralmente caracterizada desde que foram publicados os primeiros comentários da *Convenção*. Já em 1928 o Tribunal de Apelação de Roma a configurava, dizendo: "Nota è la distinzione ormai universalmente accettata, fra la colpa cosiddette comerciali del capitano (...) e la colpa nautiche". Na culpa (ou falta) comercial incluir-se-ia, precisamente, a má arrumação e guarda da carga[47].

Para Leopoldo Tullio[48] a diferenciação entre culpa (falta) náutica e culpa (falta) comercial teve a sua origem no propósito de limitar a amplitude de "novas" *negligence clauses*, que isentariam de culpa o transportador por qualquer tipo de culpa da tripulação.

A configuração de uma culpa ou falta comercial teve, pois, um objectivo de política legislativa: o de limitar o "poder contratual" dos transportadores.

Assim, a expressão "na administração do navio" ("in the management of the ship") contida na alínea (a) do n.º 2 do art. 4.º da *Convenção* terá a ver com a navegabilidade do navio. A má conservação da carga integrar-se-á na *culpa comercial*, que não isenta o transportador de responsabilidade.

Entretanto Sergio Carbone[49] convoca para a clarificação dos conceitos o princípio da causalidade. Assim, uma errada distribuição do peso da carga, abstractamente idónea para afectar a segurança de expedição, mas que não dá efectivamente causa à inavegabilidade, será uma falta (ou culpa) comercial.

---

[45] A al. (a) do n.º 2 do art. 4.º da Convenção de Bruxelas fala de "actos, negligência ou falta do capitão, mestre, piloto ou empregados do armador na navegação ou na administração do navio".

[46] Sobre essa evolução doutrinal cfr. NICOLAS MOLFESSIS, *Requiem pour la faute nautique*, em *Mélanges Pierre Bonassies*, Ed. Moreux, 2001, p 207 s., *maxime* p. 219-220. Aí se lembra que Rodière viria a sustentar firmemente que a má estiva ("*faute d'arrimage*") deverá ser sempre qualificada de *falta comercial*.

[47] Ap. Roma 30.8.1928, em D.M., 1928, p. 380.

[48] *Responsabilità del vettore sul trasporto marittimo di cose*, em *Trattato* cit., coord. por Alf. Antonini, II, p. 187. Cfr. também HUGO RAMOS ALVES, *Da limitação da responsabilidade do transportador na Convenção de Bruxelas*... Almedina, 2008, *maxime* p. 81.

[49] *Contratto di trasporto marittimo di cose*, cit., p. 332.

26. Aliás, a *faute nautique* caíu por assim dizer "em desgraça" e é hoje encarada numa perspectiva declaradamente *restritiva*. E a sua supressão nas *Regras de Hamburgo* foi tida pelos carregadores como uma "grande vitória".

6. Transporte no convés (Regras de Roterdão)

27. Sem se afastarem muito das Regras de Hamburgo, as Regras de Roterdão (art. 25.°) dizem, em síntese, que o transporte no convés será de admitir se assim o exigir alguma norma aplicável (n.° 1a), se as mercadorias forem transportadas em contentores ou sobre veículos adequados para o seu transporte num convés especialmente equipado para esse tipo de transporte (n.° 1b) ou se o transporte no convés fôr estipulado no contrato de transporte ou em conformidade com usos do comércio ou práticas do tráfico (n.° 1c).

28. Como é óbvio, se as mercadorias forem transportadas em condições diversas das previstas naquele art. 25.° o transportador será responsável pela perda, pelo dano ou pelo atraso na entrega das mercadorias que sejam *exclusivamente* atribuíveis ao transporte no convés. Verificado este condicionalismo, o transportador não poderá invocar qualquer dos casos de exoneração da responsabilidade previstas no art. 17.° das Regras. O regime das *Regras* quanto ao transporte no convés estará próximo do já adoptado nas *Regras de Hamburgo* (art. 9.°)[50].

7. Atraso na entrega das mercadorias transportadas

29. Ao invés do que se passa com a *Convenção de Bruxelas*, as *Regras de Hamburgo* regulam explicitamente o atraso na entrega das mercadorias transportadas.

---

[50] Nas *Regras de Roterdão* é explicitamente mencionado o transporte no convés de *contentores*, já implicitamente subjacente ao art. 9.° das *Regras de Hamburgo*. Questão de forma? Talvez. Ou decorrência do facto de actualmente cerca de 60% do total de toda a carga transportada ser feita em *contentores*?

Transporte Marítimo de Mercadorias: Hoje e Amanhã 31

Dispõem, com efeito, que o transportador será responsável pelos prejuízos causados pelo atraso na entrega das mercadorias, a menos que prove que ele próprio ou os seus mandatários tomaram as medidas razoavelmente exigíveis para evitar o evento danoso (art. 5.º, 1).

Existe atraso na entrega quando as mercadorias não são entregues no porto de descarga no prazo previsto no contrato ou razoavelmente exigível tendo em conta as circunstâncias do caso (art. 5.º, 2).

30. Na mesma linha, as *Regras de Roterdão* encaram o incumprimento em caso de atraso na entrega (art. 17.º, 1). O *atraso* ocorre quando a entrega não seja feita dentro "do prazo acordado" (art. 21.º). Não referem as *Regras*, ao contrário do que acontecia nas *Regras de Hamburgo*, o motivo subsidiário do "prazo razoável" de entrega.

Daí que as novas *Regras* tenham sido criticadas pelo seu carácter neste aspecto restritivas[51].

31. E quanto à *Convenção de Bruxelas*? Comportará ela a responsabilização por atraso na entrega?

É óbvio que a questão estará resolvida se o prazo da entrega estiver fixado, como condição essencial[52], no contrato de transporte, por tal constar do conhecimento de carga ou de qualquer documento similar.

---

[51] Assim José Manuel Martín Osante, *Responsabilidad del porteador por pérdida, daño o retraso en las Reglas de Rotterdam*, em *Las Reglas de Rotterdam...*, dir. Alberto Emparanza Sobejano, cit., *maxime* p. 263. Isto porque raramente é estabelecido o prazo de entrega. Entretanto, Berlingieri, Delebecque e Illescas Ortiz apoiam a supressão do critério do "prazo razoável" por considerarem que ele daria lugar a um aumento de litigiosidade.

[52] Diz-se por vezes que o *prazo* de entrega no transporte marítimo será um elemento *acessório* (Martine Remond-Gouilloud, ob. cit., p. 388). Obrigação essencial do transportador é a da *entrega* de mercadoria à chegada do navio, nos termos previstos na *Convenção* e no contrato de transporte. Ora, como se disse, neste raramente se prevê a *data* da entrega ou a *duração* da viagem marítima (Alain Tynaire, *Réflexions sur le retard*, em *Études Pierre Bonassies*, ed. Moreux, 2001, p. 387 s.). Mas o prazo da entrega será mesmo elemento *acessório*? Duvida-se que assim seja, pelo menos como *regra*. Philippe Delebecque já em 2004 (D.M.F., 2004, p. 363 s), em anotação ao acordão da *Cour de Cassation* de 19.3.2002, afirmou, em síntese: "Le retard est aujourd'hui un type majeur de préjudice, beaucoup plus important en tout cas que les pertes et les avaries".

32. Em escrito de 2008 figurámos que decorrendo do contrato de transporte uma obrigação *de resultado* e vinculando-se o transportador a entregar as mercadorias no prazo razoavelmente pressuposto, mesmo que apenas tacitamente (e não expressamente) previsto, do atraso advirá responsabilidade para o transportador.

Com efeito, deve o transportador proceder de modo apropriado e diligente ao transporte (*Convenção*, art. 3.º, 2). A sua responsabilidade advirá não apenas de perdas e danos fisicamente causados nas mercadorias mas de todos os prejuízos que lhes digam respeito[53] – e que decorrerem do atraso na entrega. Ou seja, por exemplo, o *desvio* não justificável da rota, já que, como referiu Scrutton[54], o transportador está adstrito a fazer com que o navio siga uma "usual and reasonable route".

33. O que referi no aludido estudo de 2008[55] tem, por certo, razão de ser, sendo apoiado por uma significativa orientação doutrinal[56].

Mas não deixará de poder ser adoptada a solução contida nas *Regras de Roterdão* no sentido de apenas ser considerado o atraso na hipótese de o prazo do transporte ser expressamente fixado no conhecimento de carga

---

[53] "Les concernant" (art. 4.º, 5) da *Convenção*.

[54] Em *Charterparties and bills of lading*, 20.ª ed., a cargo de S. Boyd, A. Burrows e D. Foxton, ed. Sweet & Maxwell, 1996, p. 256. *Deviation* será não apenas o clássico *desvio de rota*, mas também a redução deliberada de velocidade durante o percurso. E se ocorrer uma *interrupção prolongada* da viagem? Além de ser causa de resolução do contrato de transporte se o transportador não fizer substituir de imediato o navio em causa, podem o carregador ou o destinatário reclamar uma indemnização significativa (assim arts. 70.º e 71.º da lei francesa de 18.6.1966 e Alain Sériaux, *La faute du transporteur*, 2.ª ed., *Economica*, 1998, p. 20-21).

[55] Mário Raposo *Transporte marítimo de mercadorias. Os problemas*, 1.ªs Jornadas de Lisboa de Direito Marítimo (Centro de Estudos de Direito Marítimo e dos Transportes da Fac. Direito de Lisboa), Almedina, 2008, p. 41 e s. *maxime* pp. 63-64.

[56] Assim Juan Carlos Sáenz Garcia de Albizu, *La responsabilidad del porteador por retraso en el transporte marítimo*, em AA.VV. *Estudios Broseta Pont*, III, ed. Tirant lo Blanch, Valencia, 1995, p. 3355 s., Raymond Achard, *La responsabilité resultant du retard dans le transport international de marchandises par mer*, em *D.M.F.*, 1990, p. 678, Jean Baptiste Racine, *Le retard dans le transport maritime de marchandises*, na *Revue Trimestrielle de Droit Commercial*, 2003, p. 223 s.

ou documento similar e desde que o transportador não possa invocar com êxito uma causa de exoneração[57].

34. E se for feita a prova do atraso culposo na entrega das mercadorias ao destinatário? Quais serão os prejuízos reclamáveis?
Sintetiza John Wilson[58]:

"O destinatário não apenas fica desprovido do uso dos bens durante o tempo do atraso como de uma possível venda dos mesmos. Acresce que as mercadorias transportadas podem deteriorar-se, total ou parcialmente".

Para Tetley, para além destes prejuizos outros podem advir para o destinatário: perda de interesse na mercadoria, perda de reputação comercial ("loss of reputation")[59].

35. Tendencialmente será o destinatário a responsabilizar judicialmente o transportador.
Como é sabido, o destinatário constitui a figura dominante do contrato de transporte, tendo mesmo sido já considerado como parte. Seja ou não seja o contrato de transporte qualificado como um contrato a favor de terceiros não sofre dúvida que ele possui legitimidade plena para demandar o transportador[60].

---

[57] Diz, como referimos, o art. 21.º das novas *Regras*: "Há atraso na entrega quando as mercadorias não tenham sido entregues no lugar do destino indicado no contrato de transporte dentro do prazo estipulado".

[58] *Ob. cit.*, p. 349.

[59] *Marine Cargo Claims*, cit. (2008), p. 789-792. MAURO CASANOVA-MONICA BRIGNARDELLO apontam como exemplos de "economic losses" o atraso na entrega de uma embalagem com um conjunto de vestidos que deveria ser apresentado num desfile de moda ou um quadro que não chega a tempo de ser exposto numa exposição (*Diritto dei Trasporti*, Giuffrè, 2007, p. 241).

[60] Cfr. FRANCISCO COSTEIRA DA ROCHA. *O contrato de transporte de mercadorias...*, Almedina, 2000, p. 151 s. O que aí se pondera mantém plena actualidade e cabimento. COSTEIRA DA ROCHA entende, como DIOGO LEITE DE CAMPOS, que o contrato de transporte não deve ser considerado como um contrato a favor de terceiro (p. 227 s), enquanto outros autores sustentam doutrina diversa (por ex., SÁNCHEZ CALERO, ob. cit., p. 201) – mas ninguém põe em dúvida que o destinatário é o protagonista "pressentido" da relação contratual entre o carregador e o transportador (CARLOS GÓRRIZ LÓPEZ, *La responsabilidad en el contrato de transporte de mercancías*, cit. (2001), p. 165).

E em que prazo?

Afigura-se que a solução não estará muito distanciada da resultante da *Convenção* de 1924 (para os transportes internacionais) e da figurada no Dec.-Lei 352/86, complementado, subsidiariamente, pelo Dec.-Lei 37 748[61].

A diferença estará em que o prazo de propositura de acções na *Convenção* é de 1 ano e nas *Regras de Roterdão*[62] de 2 anos.

36. Entretanto, no sumário do Acordão da Relação do Porto de 10.12.2001 (Fonseca Ramos) diz-se que a "Convenção de Bruxelas de 1924 não prevê a responsabilidade do transportador por atraso na entrega da mercadoria"[63].

Desde logo, como é óbvio, se fôr estipulado entre o carregador e o transportador um prazo para a entrega das mercadorias haverá, fora de qualquer dúvida, não cumprimento de uma obrigação se do atraso (culposo) advierem prejuízos. Reitero, assim, o que disse no aludido estudo de 2008[64].

37. As *Regras de Hamburgo* usam de um critério mais complexo quando tratam da responsabilidade por atraso na entrega da mercadoria transportada. E dizem (art. 5.º, 2):

"Há atraso na entrega quando as mercadorias não são entregues (...) no prazo expressamente acordado ou, na falta desse acordo, no prazo que seria razoável exigir a um transportador diligente, tendo em conta as circunstâncias do caso".

---

[61] Este Dec.-Lei de 1950 não foi totalmente derrogado pelo Dec.-Lei 352/86. Desde logo para efeitos interpretativos aquele Dec. pode actuar como "complemento" *avant la lettre* do diploma de 86. E funciona, quase que "involuntariamente", como *ponte* entre a *Convenção* e este último *Dec.-Lei*, embora sempre com carácter subsidiário (LIMA PINHEIRO, est. cit. de 2008, p. 209).

[62] E nas de *Hamburgo* (art. 20.º).

[63] CJ, 2001, tomo V, pp. 209-216.

[64] O que acontece é que raramente as partes do contrato de transporte fixam um prazo para a entrega da mercadoria transportada.

Para entendimento do regime que deve ser aplicado no âmbito da *Convenção* (1924) qual o que poderá servir de *modelo*: o das *Regras de Hamburgo* ou o das *Regras de Roterdão*?

Realmente, deve o transportador proceder de modo apropriado e diligente no transporte (*Convenção*, art. 3.º, 2). Sendo assim, se o carregador ou o destinatário fizerem prova de que a entrega tardia resultou da preterição desse fundamental dever do transportador, dando causa, com isso, a *prejuízos*, o transportador será, virtualmente, responsabilizável.

Como é óbvio, este poderá invocar uma causa justificativa. Assim o *desvio de rota* legítimo ou razoável.

38. O prazo de propositura da acção tendente a obter a indemnização devida pelo atraso será de 1 ano se ao caso se aplicar a *Convenção* de 1924 e de 2 anos se tiverem aplicação os regimes do Dec.-Lei 352/86 ou das duas restantes *Convenções*.

O que não parece de aceitar é o critério contido no Acordão do S.T.J. de 17.2.2005 (Custódio Montes)[65] no sentido de que apenas nos casos em que a indemnização se funde em *danos* nas mercadorias o prazo de caducidade será de 1(ou 2) anos. Evidentemente que do atraso na entrega a indemnização por perdas e danos não terá de decorrer (pelo menos imediatamente) da ocorrência de *danos* por assim dizer *físicos* nas mercadorias. Com o entendimento sufragado no Acordão será de concluir que a *má entrega* da mercadoria constituiria um *cumprimento defeituoso* – ao qual se aplicaria o prazo *prescricional* de 20 anos (!).

8. A entrega das mercadorias sem apresentação do título

39. No regime da *Convenção de Bruxelas* a entrega da mercadoria transportada pode ser feita se a mercadoria for transportada a coberto de um documento de carga *não negociável*, i.e., de um "straight bill of lading".

---

[65] Proc. 04B4682. A anotação, fortemente (e fundamentalmente) crítica deste Acordão está feita em M. Raposo, *Estudos sobre Arbitragem Comercial e Direito Marítimo*, cit., p. 131-138.

O conhecimento não negociável não é um título de crédito, mas um mero documento probatório do contrato de transporte[66].

40. Os artigos 45.º, 46.º e 47.º das *Regras de Roterdão* fazem com que Sánchez Calero – por regra muito comedido nas suas referências críticas – diga que as eles tratam de modo "excessivamente detalhado" a matéria a que principalmente se referem.

Desde logo, e sintetizando, no caso de ter sido emitido um documento de transporte não negociável o transportador deverá entregar as mercadorias ao destinatário, devendo este, caso isso lhe seja pedido, identificar-se

---

[66] Assim Tribunal Supremo de Espanha, 17.2.1997, D.M., 1999, p. 949, com anotação favorável de Paolo Berlingieri. No mesmo sentido o Tribunal de Génova, 2.8.2005, em D.M. 2007, p. 494. Na anotação a esta sentença Chiara Tuo adverte, no entanto, que a jurisprudência e a doutrina de *common law* consideram que o *straight bill of lading* não exclui a necessidade da sua apresentação no acto da entrega. Assim, Câmara dos Lordes, 16.2.2005 (caso Rafaela S): o conhecimento de carga nominativo deve ser considerado "document of title" sendo a sua apresentação pelo destinatário necessária para a entrega da mercadoria. Cfr. Filippo Lorenzon, *La polizza di carico nominativa nella common law...*, D.M., 2007, p. 750-772 (Ref.ª adicional: a "House of Lords" foi substituída em 1.10.2009 pelo novo "Supreme Court of the United Kingdom"). No direito dos Estados-Unidos o documento chamado de "straight bill of lading" não é considerado um título de crédito, não sendo destinado à circulação (Mario Ricomagno, anotações jurisprudenciais em D.M., 1989, p. 171 e D.M., 2002, p. 1003). É de esclarecer, no entanto, que o "straight bill of lading", criado nos Estados-Unidos (*Pomerene Act*, 1916), é agora legalmente designado por "non-negotiable bill" (Tetley, *Marine Cargo Claims*, vol. 2, 4.ª ed., cit. p. 2293). Mas a anterior designação continua também a ser usada. Aliás, desde finais do séc. XX a utilização de documentos negociáveis está a decrescer de ano para ano. Esse desinteresse advem da necessidade de todos os protagonistas do contrato de transporte marítimo em tornar as operações de transporte e de entrega de mercadorias mais rápidas (Giorgia M. Boi, *La lettera di trasporto marittimo*, Giuffrè, 1995, p. 7). Quatro anos volvidos, Giorgia M. Boi voltaria a insistir no tendencial abandono do conhecimento de carga como título valor, ou seja, como título de crédito (*Profilo evolutivo delle polizza di carico e prospettive di riforma della disciplina uniforme*, D.M., 1999, p. 312). Daí a crescente utilização dos *sea waybills* (ou *waybills*), funcionalmente equivalentes aos *straight bills of lading*. Segundo a doutrina dominante não são também *documents of title* (Wilson, *ob. cit.*, p. 158). Uma alongada análise do "estatuto" dos *waybills* é feita por Tetley (*ob. cit.*, p. 1289 s.). Jan Ramberg, *The vanishing bill of lading*, no *American Journal of Comparative Law*, n.º 27, 1979, p. 391, antevia já a supressão, a médio prazo, dos conhecimentos de carga no transporte de carga geral em linhas regulares (cit. por M. Raposo *Temas de Direito Marítimo*, na R.O.A., Jan. de 1998, *maxime*, p. 580, onde refiro também que há mais de 20 anos apenas 10 a 20% das cargas transportadas no Atlântico Norte eram documentadas por conhecimentos).

Transporte Marítimo de Mercadorias: Hoje e .

e restituir o documento de transporte em seu poder, se isso do documento.

Na hipótese do art. 47.º (entrega em caso de ter sido emitido teor mento de transporte negociável ou um documento electrónico d.1- porte negociável) o possuidor do documento terá uma de duas atitude

– ou restitui o documento cartular[68];
– ou faz a prova do seu direito nos termos do art. 9.º, 1 das *Regras*.

41. Poderá acontecer, no entanto, que do documento de transporte negociável ou do documento electrónico de transporte conste expressamente que as mercadorias poderão ser entregues sem necessidade de que seja restituído o documento que estiver em causa. Aplicar-se-ão nesse caso as regras consignadas nas extensas alíneas a), b), c), d) e e) do n.º 2 desse art. 47.º.

Tratar-se-á de um sistema que, globalmente, "... redundará em maior dificuldade prática da (...) transmissão das mercadorias (transportadas)".

9. Intermodalidade e Regras de Roterdão

42. Na expressiva síntese de Sturley as *Regras* "son *un pò di meno* di una vera e propria convenzione sul trasporto multimodale (...) ma un *pò di più* di una convenzione sul trasporto marittimo"[69].

---

[67] PEDRO BAENA BAENA, *La regulación en Reglas de Rotterdam de la entrega de las mercancías* (...), em ADM, vol. XXIX, 2012, p. 37 s, *maxime* p. 50 e 51. Designadamente a solução encontrada no art. 47.2 é um exemplo acabado de uma desnecessária complexidade normativa, nem lhe valendo a defesa de Berlingieri (cit. D.M., 2009, p. 565).

[68] Sobre a "restituição" do documento electrónico, cfr. BAENA BAENA, *ob. cit.*, p. 44.

[69] Cit. por Carbone, *Trattato*, cit, p. 119. Por outras palavras DÍAZ MORENO – NIEVES LÓPEZ SANTANA, *El tratamiento de la multimodalidad en las Reglas de Rotterdam*, em *Las Reglas de Rotterdam*, dir. Alberto Emparanza Sobejano, cit., p. 220 s dizem: "As Regras de Roterdão não constituem uma convenção geral para o transporte multimodal, uma vez que somente tratam do problema da multimodalidade na medida em que exista uma fase marítima. Daí as expressões como "maritime plus" ou "wet multimodal". O que é natural que aconteça tratando-se, como se trata, de uma convenção de D.M. que, no entanto, implica uma considerável alteração relativamente à Conv. de 1924, que era por completo *unimodal*. A Convenção de Genebra de 1980 não obteve acolhimento e as Regras CNUCED-CCI, tendo mera natureza negocial, apenas serão aplicáveis quando tal for acordado pelas partes.

que, aliás, anuncia o seu art. 1.º, 1: "Por *contrato de transporte* r-se-á o contrato pelo qual um transportador se compromete, ante o recebimento de um frete, a transportar mercadorias de um ar para outro. Esse contrato deverá dizer respeito ao transporte marí-mo das mercadorias, ou, para além disso, ao transporte por outros modos (de transporte)".

43. Concretizando, dispõe o art. 26.º das *Regras*:

> "Quando a perda ou o dano das mercadorias, ou o facto ou circunstân-cia que ocasionou o atraso na entrega, se tiver produzido durante o período de responsabilidade do transportador, mas exclusivamente antes de as mer-cadorias serem carregadas a bordo do navio, ou exclusivamente depois de serem descarregadas do navio, o regime da presente Convenção não impedirá a aplicação das disposições de outro instrumento internacional ("international instrument") que, quando se produziu a referida perda ou dano, ou o facto ou circunstância causador do atraso (se aplicariam – al. a) b) e c)".

Para além disso, o art. 82.º das *Regras* assegura que nada do que nela fica disposto afecta o que consta (ou poderá vir a constar) em matéria de responsabilidade das Convenções aplicáveis a outros modos de transporte.

44. É óbvio que a solução encontrada despontou da vontade de evitar conflitos entre as *Regras* e as Convenções *unimodais* que regem os trans-portes terrestres, aéreos, ferroviários e fluviais.

A "concessão" feita prejudica o sistema preconizado por Berlingieri no decurso dos trabalhos preparatórios no sentido do "uniform liability system"[70]. Relativamente a este e ao *network liability system* equivalem-se as vantagens e as desvantagens.

No primeiro não surge o problema de localizar o local e a causa do dano. E não mescla mais do que um sistema de responsabilidade[71].

---

[70] Cfr. ANDREA LA MATTINA, *Il trasporto multimodale e le Regole di Rotterdam*, em *Scritti in onore de Francesco Berlingieri*, D.M., 2010, p. 643 s., *maxime* p. 655.

[71] Quanto ao regime *fragmentado* (*network liability system* ou de *rede*) depara-se com a indeterminação virtual da causa e do lugar do dano e o consequente aumento de litigio-sidade. Cfr. ANDREA LA MATTINA, *Il trasporto multimodale*, D.M., 2007, pp. 1010-1037 e MONICA BADAGLIACCA, em *Trattato breve de Diritto Marittimo*, coord. Alfredo Antonini, II, Giuffrè, 2008, pp. 442-459.

Transporte Marítimo de Mercadorias: Hoje e Amanhã 39

Veio, entretanto, a optar-se por um sistema de rede (*network*) limitado, que só parcialmente colide com o sistema preconizado por Berlingieri (*uniform liability system*). Como se mostra do referido art. 26.º o que se exclui da aplicabilidade deste sistema, ou seja, da própria *Convenção*, são as fases *externas* (anterior e posterior) à *viagem* de navio[72].

45. É, por vezes, feito reparo ao facto de as *Regras* não terem abrangido todo o trajecto, mesmo que dele não faça parte uma fase marítima. Isso poderá acontecer mas não numa Convenção de D.M. Por isso mesmo se fala aqui em "maritime plus" ou "wet multimodal".

É a 1.ª *Convenção* que dá resposta audível (e efectiva) ao propósito que surgiu logo que o transporte em contentores se difundiu a partir dos anos 60 do século passado. Seria o transporte de carga *door to door* e não o somatório de transportes diversos com rotura de sequência[73].

10. Incorporação da cláusula compromissória das cartas partidas nos contratos de transporte de mercadorias

45. É hoje frequente, em D.M., a referência feita nos conhecimentos de carga à cláusula compromissória constante de uma carta-partida. É assim incorporada no contrato de transporte a convenção de arbitragem prevista no contrato de fretamento. A situação acontece por via de regra nos navios fora de linhas regulares (navios *tramp*).

Essa prática está validada na *Convenção de Bruxelas* (1924), ao dizer no art. 5.º (parte final):

"Nenhuma disposição da presente Convenção se aplica às cartas partidas; mas, se no caso de um navio regido por uma carta-partida forem emitidos conhecimentos, ficarão sujeitos aos termos da presente Convenção".

---

[72] M. JANUÁRIO DA COSTA GOMES, *Introdução às Regras de Roterdão*, em *Temas de Direito dos Transportes* (por ele coordenado) I, Almedina, 2010, *maxime* p. 70.

[73] MAURO CASANOVA – MONICA BRIGNARDELLO, *Diritto dei Trasporti*, Giuffrè, 2007, *maxime* p. 288.

46. A cláusula compromissória do contrato de fretamento incorporada no contrato de transporte marítimo de mercadorias é designada por cláusula arbitral *por referência* ou *per relationem*.

A *Lei-Modelo*, na versão de 1985, universalizou esta realidade normativa, dizendo na parte final do art. 7.º, 2:

> "A referência num contrato a um documento que contenha uma cláusula compromissória equivale a uma convenção de arbitragem, desde que esse contrato revista a forma escrita e a referência seja feita de tal modo que faça da cláusula uma parte integrante do contrato".

Na actual versão do art. 7.º, 6 da *Lei-Modelo* diz-se que "a referência feita num contrato a um documento que contenha uma cláusula compromissória constitui um acordo de arbitragem escrito, desde que essa referência implique que a cláusula passará a fazer parte integrante do contrato".

47. É frequente a incorporação da cláusula compromissória da carta-partida no documento que titula o contrato de transporte marítimo de mercadorias[74].

Como se vê da *Lei-Modelo*, a incorporação da cláusula compromisória noutro documento aplicar-se-á noutras hipóteses, fora do âmbito do D.M. As leis, como norma, estabelecem uma regra com aplicabilidade mais ampla. Assim, por ex., o *Arbitration Act* "inglês" de 1996 (art. 6.º, 1) ao dispor que "uma convenção que faça referência a uma cláusula compromissória estipulada sob a forma escrita, ou a um documento contendo uma cláusula compromissória, constitui uma convenção de arbitragem se a referência for de molde a fazer da cláusula parte da convenção" (art. 6.º, 1). No que quase todas são conformes é com a exigência da forma escrita[75].

---

[74] TETLEY, *Marine Cargo Claims*, vol. 1, (2008) *cit*, p. 1448-1471, CARLOS ESPLUGUES MOTA, *Arbitraje Marítima International*, Thomson-Civitas, 2007, pp. 175-338; MÁRIO RAPOSO, *Arbitragem Marítima*, em *Est. sobre Arbitragem Com. e D.M.*, Almedina, 2006, pp. 69-74; ANDREA LA MATTINA, *L'Arbitrato Marittimo...*, Giuffrè, 2012, pp. 132-139.

[75] PIERO BERNARDINI, *L'arbitrato nel commercio e negli investimenti internazionali*, 2.ª ed., Giuffrè, 2008, p. 104. Assim também na lei portuguesa de arbitragem (2011): art. 2.º, 4: "Sem prejuízo do regime jurídico das cláusulas contratuais gerais, vale como convenção de arbitragem a remissão feita num contrato para documento que contenha uma cláusula compromissória, desde que tal contrato revista a forma escrita e a remissão seja feita de modo a fazer dessa cláusula parte integrante do mesmo".

Transporte Marítimo de Mercadorias: Hoje e Amanhã   41

Reportando-se concretamente à arbitragem *marítima* assinala Francesco Berlingieri que a doutrina dominante em Itália é no sentido de a referência dever ser *específica*. Salienta ainda que deverá ocorrer uma aceitação *expressa* do *destinatário* das mercadorias até ao momento em que estas lhe forem entregues[76].

48. A incorporação da cláusula compromissória por referência tem no D.M. um tão significativo relevo que a lei de arbitragem alemã (§ 1031.4 ZPO) particulariza, no âmbito genérico dessa incorporaçãó, a relativa ao D.M. Com efeito, dispõe:"Uma convenção de arbitragem pode igualmente resultar da transmissão de um conhecimento que faça expressa referência à cláusula compromissória incluída num contrato de fretamento":

49. Como acontece na *Convenção de Bruxelas* de 1924 (art. 1.º, b) e art. 5.º, 2) as *Regras de Hamburgo* excluem expressamente da sua aplicabilidade os contratos de fretamento (art. 2.º, 3).

Diz este preceito:

> "Não obstante (a sua não aplicabilidade aos contratos de fretamento), quando for emitido um conhecimento de carga decorrente de um contrato de fretamento, as disposições da Convenção (Regras de Hamburgo) aplicar-se-ão a esse conhecimento de carga enquanto este regular as relações entre o transportador e o portador do conhecimento, se este não for o fretador".

50. Neste aspecto as *Regras de Hamburgo* mantêm o regime da Convenção de 1924[77].

---

[76] *Trasporto marittimo e arbitrato*, 2004, p. 423 s, *maxime* p. 431. Cfr. ainda Leonardo D. Graffi, *International Arbitration Agreements "by reference": a european perspective*, em *Les Cahiers de l'Arbitrage*, vol. III, 2006, p. 19-26. A solução da actual lei portuguesa (v. nota anterior) é a mais adequada, embora não coincidente com a jurisprudência e a doutrina predominantes em Itália e Inglaterra (Andrea La Mattina, *ob. e loc. cits*). A lei portuguesa recebe – e bem – a posição adoptada por Dário Moura Vicente (*A manifestação do consentimento na convenção de arbitragem*, na *Rev. Fac. Dir. Lisboa*, 2002, p.1000. É, aliás, o que se passa nos Estados-Unidos, onde se tem como válida a referência *implícita* ou *indirecta* ("construtive notice").

[77] Confrontando as *Regras de Hamburgo* com a *Convenção* de 1924 vê-se que aquelas tomam mais em conta o contrato de transporte que o conhecimento (Sánchez Calero, *ob. cit.*, p. 572).

Já as *Regras de Roterdão*, continuando a separar o regime do contrato de fretamento de transporte marítimo de mercadorias, mudam aqui radicalmente de critério.

E assim eliminam a excepção acima referida, constante das *Regras de Hamburgo* (e da *Convenção* de 1924). É o que expressamente consta da alínea b) do n.º 2 do art. 76.º.

Põem assim categórico fim à tão usada incorporação da cláusula compromissória por referência a um contrato de fretamento.

Daí que, neste aspecto, seja de reflectir sobre a crítica feita na *Declaração de Montevideu*:

> "11. (a *Convenção*) não se aplica a conhecimentos ou documentos de transporte emitidos em razão de contratos de fretamento total ou parcial de um navio, modalidade comercial que tem muitos anos de pacífica aplicação"[78].

11. As Regras de Roterdão e as "anti-suit Injunctions"

51. No que agora releva Philippe Delebecque[79] sintetiza:

> "No *shipping*, as *anti-suit injunctions* surgem num contexto muito específico. Tipicamente isso acontece com os litígios baseados num conhecimento emitido com base numa carta-partida. A maioria das cartas-partidas prevê que todas as questões serão resolvidas por arbitragem em Londres".

52. Dir-se-á, *brevitatis causa*, que as *anti-suit* surgem não apenas em Inglaterra mas, embora em menor grau, noutros países de *common law* (USA, Austrália, Canadá).

Deles têm surgido problemas complexos[80].

---

[78] ADM, Vol. XXVIII, 2011, p. 688.

[79] DELEBECQUE, *Anti-suit injunction and arbitration: what remedies?* D. M., 2007, p. 979 s.

[80] REGINA ASARIOTIS, *Anti-suit injunctions...*, em *Scritti F. Berlingieri*, I, D.M. 2010, p. 111, *maxime* p. 121.

A generalidade dos autores "continentais" considera que as *anti-suit* "sono strumenti estremamente invasivi"[81]. Há, no entanto, vozes até certo ponto contemporizadoras, como a de Sylvain Bollée[82]. Mas o certo é que designadamente no caso *Front Comor/West Tankers/Erg Petroli Spa*, para proteger uma arbitragem que se processava em Londres, a *West Tankers* requereu sem sucesso uma *anti-suit* destinada a impedir uma acção judicial proposta em Siracusa.

Sobre a questão há numerosos comentários. Um dos mais recentes propõe novas perspectivas processuais para resolução do problema[83].

53. O caso *West Tankers* é descrito em síntese por Miguel Teixeira de Sousa[84].

O Tribunal de Justiça, em consonância, aliás, com a *House of Lords* considera, como questão prejudicial, que a *anti-suit* é incompatível com o Regulamento (CE) n.º 44/2001, mesmo quando a violação invocada pelo requerente seja uma convenção arbitral.

O que releva é que cada tribunal tem a faculdade de definir qual a sua própria competência (*Kompetenz-Kompetenz*). Ora, foi isto que aconteceu com o Tribunal de Siracusa.

54. Seja como for a questão continua a ocupar páginas e páginas e não é de crer que venha a ser superada em definitivo *pelo menos fora do espaço europeu*[85].

Como as *Regras de Roterdão* vedam a incorporação da cláusula compromissória da carta-partida no documento que titula o contrato de trans-

---

[81] ANDREA ATTERITANO, *Anti-suit in ambito arbitrali: provvedimenti illeciti o semplicemente odiosi?*, na *Riv. dell'Arbitrato*, 2010, p. 441 s., *maxime* p. 237.

[82] *Qualquer remarques sur les injonctions "anti-suit"* (...), na *Revue de l'arbitrage*, 2007, p. 223 s, *maxime* p. 237.

[83] LUCA PENASA, *I giudice inglese statuisce che la sentenza West Tankers non pone ostacolo "alla action for damages for breach of the obligation to arbitrate"*, na *Riv. dell'Arbitrato*, 2013, pp. 158-170.

[84] *A incompatibilidade das "anti-suit injunctions" com o Regulamento (CE) n.º 44/2001...*, na *Revista Internacional de Arbitragem e Conciliação*, II, 2009, pp. 191-204, *maxime* p. 199 s. (anotação).

[85] ALEXIS MOURRE – ALEXANDRE VAGENHEIM, *A propos de l'exclusion de l'arbitrage dans le Règlement 44/2001...*, em *Cahiers de l'Arbitrage*, Pedone, V, 2011, p. 313 s, *maxime* p. 321.

44   *Mário Raposo*

porte marítimo desaparecerá assim uma fonte de virtuais litígios – quase sempre de longa duração. Ou seja: poder-se-á ver aí uma "vantagem" (pragmática) decorrente das novas *Regras*: a eliminação (em parte por via indirecta) das *anti-suit*.

Realmente os documentos que titulam o contrato de transporte raramente contêm uma cláusula arbitral. Estas são quase sempre neles incorporadas por referência a uma carta-partida.

E é nestas que em 80% dos casos se estabelece uma cláusula compromissória, para valer em Londres.

12. O Direito Marítimo Português: problemas e perspectivas

55. Durante algumas décadas, na 2.ª metade do século passado, foi o Direito Marítimo (D.M.) um direito "quase judicial", no sentido de que "a *doutrina* (ia) despontando do somatório de decisões dos tribunais, elas próprias tributárias do esforço pessoal do juízes e do carrear de decisões aduzidas pelas partes".

A Conferência do CMI em Lisboa em Maio de 1985[86], durante uma semana, trouxe até nós 380 delegados ou observadores "de todos os horizontes do mundo marítimo" e marcou o preâmbulo do que se poderá chamar de abertura, entre nós, de um *novo* D.M..

Tive então ocasião de dizer:

> "O Direito Marítimo, em Portugal, nunca teve uma decisiva expressão doutrinal *autónoma*, sobretudo depois dos anos 50. Faltou-lhe o estímulo de uma tradição universitária sistematizada; ora é sabido ser a *Escola* a mais natural fonte de um *escol*. Suprindo este núcleo motivador têm estado, no centro de uma *indirecta* elaboração dogmática, os tribunais. Como algures assinalei, por entre a floresta de dificuldades com que se confrontam, os juízes e os advogados vão modelando soluções, pelo impulso da argumentação destes e do juízo crítico e decisório daqueles"[87].

---

[86] D.M.F., n.º 441, Set. de 1985, p. 524-527. A realização da Conferência em Lisboa teve o significativo apoio logístico da *Comissão de Direito Marítimo Internacional*.

[87] M. RAPOSO, *Em homenagem ao "Comité Maritime International"*, no B.M.J., n.º 346, Maio de 1985, p. 5.

E, realmente, antes da sua introdução como disciplina específica do curso de Direito no ano lectivo de 2001-2002, o D.M. esteve praticamente ausente das preocupações das Faculdades de Direito, embora em Janeiro de 1993 Jorge Miranda tenha proposto ao Conselho Científico da Faculdade de Lisboa a inclusão de novas disciplinas no âmbito da licenciatura, figurando à cabeça o D.M.[88].

A formação e o estímulo decorrentes da intensa actividade universitária que alguns anos depois se consolidaria em Lisboa, conjugada com o surgimento, em Coimbra, de assinaláveis especialistas, como, designadamente, Francisco Costeira da Rocha e Nuno Castello-Branco Bastos, permitirá pensar em promover, finalmente, a feitura de um diploma que torne actual e coerente o nosso Direito Marítimo.

Mas o diploma que assim *saneará* e *condensará* o nosso D.M. deverá ser um *Código ou uma Lei Geral*?

Embora a designação não seja essencial, estou em crer que deverá prevalecer a ideia de uma *Lei Geral*. Um Código será um diploma mais fechado, mais *permanente* – numa área em que a *mudança* sectorial é, não raras vezes, necessária[89].

56. Era premente em 1986 a necessidade de refazer a área mais flagrantemente desactualizada do D.M.: a dos contratos de utilização do navio[90]. Na origem da reforma esteve, até certo ponto, o nosso estudo sobre *Fretamento e Transporte Marítimo* (B.M.J., Nov. de 1984, p. 17 s.). A *Comissão* por mim nomeada manteve, no entanto, plena disponibilidade. Os quatro diplomas de 1986/87, não ficando a coberto de justificados reparos pontuais, representam, no entanto, um passo adequado na evolução recente do nosso D.M. E ao decidir por uma renovação por assim dizer *sectorial* do D.M. não tomei de forma alguma, uma posição *de fundo*. Enfrentei, sim, uma conjuntura que então era francamente negativa.

---

[88] M. Januário da Costa Gomes, *O Ensino do Direito Marítimo...*, Almedina, 2005, pp. 84 e 86.

[89] Cfr. Mário Raposo, *O exercício da função legislativa*, em *Estudos Profs. Paulo Merêa e Braga da Cruz*, Bol. Fac. Direito Coimbra, vol. LVIII, 1982, p. 613 s.

[90] Sobretudo no tocante aos contratos de transporte de mercadorias e ao contrato de fretamento.

57. E, significativamente, nos até agora não logrados tentames para reformular em Espanha o D.M. vigente, o primeiro passo incidiu nos contratos de utilização do navio[91]. Foi esse o tema do 1.º anteprojecto, apresentado pela Comissão Geral de Codificação em Fevereiro de 1994[92].

Pretendia-se então "libertar" a legislação marítima espanhola do Código Comercial de 1885[93]. Entretanto, a Lei Geral de Navegação Marítima continua a não entrar em vigor, embora haja um anteprojecto já aprovado em Conselho de Ministros (3.11.2006) entretanto alvo de significativas dissonâncias doutrinais (assim ADM, vol. XXV, 2008, p. 814). Mas será a metodologia usada em Espanha transponível, *ne varietur*, para a solução portuguesa? De esquecer não será, por certo, que o projecto espanhol se desdobra em... 535 artigos, alguns tendencialmente *regulamentares*.

13. Um caso exemplar: A Lei de Salvação "Marítima"

58. Como, por vezes, se tem legislado em Portugal?

"A lei só depois de publicada na folha oficial é que constitui verdadeiramente um *projecto de lei*, porque é sobre ela que se clama, protesta e representa, e depois se fazem novas publicações da lei, e quando já ninguém a compreende, começa-se de novo – é então revogada a lei".

Isto está escrito *e não agora*. Consta do editorial do ano 51 da *Revista de Legislação e de Jurisprudência* (1918-1919).

Mas as más práticas tendem a manter-se.

---

[91] Espanha contava já com a Lei de 1949 sobre o transporte *internacional* de mercadorias. Aos transportes internos continuou a aplicar-se o Código de Comércio de 1885, manifestamente ultrapassado (IGNACIO ARROYO, *Curso de Derecho Marítimo*, 2.ª ed., Thomson-Civitas, 2005, p. 520).

[92] JOSÉ MARIA EIZAGUIRRE, *III Jornadas de D.M. de San Sebastián: El anteprojecto de contratos de utilización del buque*, Donostia, 1996.

[93] *La reforma de la legislación marítima* (colectânea de estudos dirigida por Ignacio Arroyo e Emílio Beltran Sánchez), ed. Aranzadi (Navarra), 1999. Dizia aí então FERNANDO SÁNCHEZ CALERO (p. 133): "Além da evolução sofrida tanto no Direito nórdico como no alemão, parece digna de atenção a adoptada no D.M. português". Referia-se à legislação de 1986/87, que ombreava com o "excelente Código das Sociedades Comerciais" (também de 1986).

O Código do Registo Comercial de 1986 foi, até 2011, alterado... 27 vezes[94].

59. No D.M. a errática inconstância legislativa atingiu sem dúvida, o apogeu em finais dos anos 90 do século passado. Só que, como regra, as leis, mesmo quando comprovadamente mal feitas, foram apenas "censuradas" pela doutrina – que precisamente nos últimos 20 anos se consolidou. Excepção foi apenas o Dec.-Lei 202/98, que no art. 17.º, n.º 3, mandava que os navios tidos como "abandonados" fossem *sem mais* considerados "património do Estado". A situação, em termos de realidade, correspondia a um verdadeiro "confisco". Face à reacção havida por parte da doutrina[95], o art. 17.º, 1 veio a ser revogado pelo Dec.-Lei 64/2005, de 15.3.

60. De qualquer modo, o mais marcante desacerto legislativo – desde a forma ao significado – é o do Dec.-Lei 203/98, que se ocupa da *salvação marítima*[96].

Pelo que do seu preâmbulo se vê a *ratio essendi* da publicação do diploma legal foi a de sintonizar a disciplina jurídica nacional com a *Convenção sobre Salvação* de 1989, que o Estado português *assinara*... em 28.4.1989.

61. Ora, como tem sido largamente evidenciado, este considerando apontaria para a adesão ou ratificação da *Convenção*. O que antes disso o Estado português teria que decidir é se pretenderia que as suas disposições se aplicariam em *quaisquer* águas ou se apenas nas salsas águas do mar. Se optasse pela 2.ª solução (que não é a da *Convenção*) teria, no momento da ratificação, de dizer isso mesmo, apondo as reservas previstas nas alíneas a) e b) do art. 30.º da *Convenção*. Aliás, para a aplicação desta nem seria exigível qualquer elemento de *internacionalidade*. E aos juízes ou árbitros

---

[94] Cfr. MENEZES CORDEIRO, *De registo de quotas...*, em *Estudos Prof. Carlos Ferreira de Almeida*, IV, Almedina, 2011. p. 15 s., *maxime* p. 27, e J. A. Mouteira Guerreiro, *Registo Predial – ainda existe?*, em *O Direito*, 2008, II, p. 367 s.

[95] MÁRIO RAPOSO, *Estudos sobre o novo D.M..*, 1999, cit, p. 256-261) e *Estudos Prof. Soares Martinez*, I, cit., p. 677-689. Cfr. também, COSTA DIOGO – RUI JANUÁRIO, *Direito Comercial Marítimo*, Quid-Juris, 2008, p. 89.

[96] Para uma análise em detalhe desse Dec.-Lei 203/98, cfr. M. JANUÁRIO DA COSTA GOMES, *O ensino do D.M.*, cit., pp. 177-224, MÁRIO RAPOSO, *ob. cit.* de 1999, pp. 11-59 e 90-107 e NUNO AURELIANO, *A Salvação Marítima*, Almedina, 2006.

caberia uma ampla margem de disponibilidade interpretativa das normas da *Convenção*, podendo mesmo considerar as derrogações que o contrato de salvação previsse no âmbito facultado pelo seu art. 6.°, 1[97]. Foi, ainda aqui, ultrapassado o regime da Convenção de 1910 (à qual Portugal se mantem vinculado)[98].

62. Depois de na al. a) do n.° 1 do seu art. 1.° e no art. 16.° ter (aparentemente) "distinguido" entre *navio* e *embarcação* o Dec.-Lei 203/98 refere-se, invariavelmente, a *embarcação*. Ora, o certo é que a *Convenção*, por ex., na versão (original) francesa, fala apenas em "navio", que para ela é "tout bâtiment de mer, bateau on engin ou tout structure capable de naviguer" (art. 1.°, al. b).

Aliás, é esta a definição contida nos n.° 1 do art. 1.° do Dec.-Lei 201/98 e no al. a) do art. 1 do Dec.-Lei 202/98 – diplomas saídos da voluntariosa "fornada" do Dec.-Lei 203/98 (10 de Julho) não se vendo razões para diversidade de critérios...terminológicos.

63. Ignora por completo o Dec.-Lei 203/98 a arbitragem. Ora, passa como moeda corrente que os contratos de salvação – entre os quais tem não derrogável destaque o LOF (*Lloyd's Standard Form of Salvage Agreement*) – apontam, como invariável regra, para soluções arbitrais[99].

A mais recente edição do LOF é a de 2011 que, significativamente, se refere ao estatuto do *árbitro* e do *árbitro de recurso*[100].

---

[97] PIERANGELO CELLE, *Note sull'applicazione della Convenzione di Londra de 1989...*, em *Scritti in onore Francesco Berlingieri*, I, 2010, cit., p. 328 s., *maxime* p. 335.

[98] "... alors même que la Convention de 1989 ouvre une large place aux contrat – ce que ne faisait pas le texte de 1910 – elle protège du contrat ce qui est au coeur du système: la protection de l'environnement et l'équité de la remunération d'assistance" (PIERRE BONASSIES, *La Convention internationale de 1989 sur l'assistance*, D.M., 2003, p. 361 s, *maxime* p. 367).

[99] GEOFFREY BRICE, *Maritime Law of Salvage*, Sweet & Maxwell, 3.ª ed., 1999, *maxime* p. 550 s. e Jean-François Rebora, *L'Assistance Maritime*, Presses Universitaires d'Aix-Marseille, 2003, p. 314.

[100] D.M., 2012, p. 330. O regime do recurso da decisão dos árbitros para uma instância arbitral de 2.° grau está previsto, para a arbitragem internacional, na Lei 63/2011, de 14.12 (LAV 2011) – art. 53.°. Sobre a sentença arbitral de recurso, cfr. CHARLES JARROSSON, *La spécifité de l'arbitrage maritime international*, D.M., 2004, p. 444 s. *maxime* p. 448 e, quanto ao caso concreto do LOF e da arbitragem de recurso, *Yearbook CMI* 2011-2012, p. 274-275.

Transporte Marítimo de Mercadorias: Hoje e Amanhã 49

64. Como é evidente, os tribunais judiciais são também competentes para as questões de salvação[101].

Alinha o art. 15.º do Dec.-Lei 203/98 os casos em que os tribunais portugueses são internacionalmente competentes para o julgamento de acções emergentes de salvação... marítima. Fá-lo em termos excessivos e por completo inúteis quando Portugal aderir ou ratificar a *Convenção* de 89, como terá por certo que acontecer quando os Orgãos do Estado forem rectamente esclarecidos. Realmente, a *Convenção* tem um carácter "uniformizador e universal"[102], fixando como critério determinante a *lex fori*.

65. É o Dec.-Lei 203/98 um diploma apressadamente feito. Logo no preâmbulo isso se revela. Depois de deixar entrever que o regime do Código Comercial era por ele alterado "em razão da assinatura da Convenção (de 1989)" dela se mantem substancialmente arredia. E o regime do seu art. 10.º, apresentado como sendo a "mais arrojada inovação", faz inapelavelmente recair sobre o Estado uma obrigação que poderia caber a um P&I Club[103].

Regula o art. 13.º do Dec.-Lei o exercício dos direitos decorrentes da salvação marítima. Nos termos do n.º 1 do preceito esses direitos "devem ser exercidos no prazo de dois anos a partir da data da *conclusão* ou *interrupção* das operações de salvação marítima".

Trata-se de um critério *único* em Direito Comparado, alheio, obviamente, à *Convenção* de 1989.

E, vistas bem as coisas, o legislador português adoptou-o provavelmente... por equívoco.

Com efeito, a *Convenção* de 1910, depois de dispor que a acção para pagamento da remuneração devida prescreve no prazo de dois anos a contar do dia em que tiverem *terminado* as operações de assistência ou de salvação, acrescenta:

"As causas de *suspensão* e de *interrupção* desta prescrição serão determinadas pela lei do tribunal que conheceu da acção".

---

[101] Cfr. art. 76.º do actual Cód. Proc. Civil, que ainda se refere a *salvação ou assistência* e al. l do art. 4.º da Lei 35/86 (Tribunais Marítimos).

[102] Lima Pinheiro, *Direito Internacional Privado*, III, Almedina, 2002, p. 194.

[103] M. Januário da Costa Gomes, *O Ensino do D.M.*, cit., p. 204 s.

A *Convenção* de 1989 estabelece um regime mais complexo que, embora sendo de caducidade, pelo menos no tocante ao n.º 1 do art. 23.º, parece consentir uma excepção ao regime da "lex fori", que seria a portuguesa (n.º 2 do art. 298.º do Cód. Civil).

Terá sido, possivelmente, esta alternatividade de critérios que deu causa a que o legislador tenha confundido a interrupção das operações de salvação com o "estranho" regime do art. 23.º, n.º 2, da *Convenção* 1989[104].

14. Reflexão final

66. Dizíamos nas palavras que antecederam, em 1999, os nossos já referidos *Estudos sobre o novo Direito Marítimo*:[105]

> "Publicar leis é afirmar poder e aqueles que o detêm dificilmente se acomodam à moderação e ao realismo (...). O Direito Comercial Marítimo, enjeitado pelas Universidades (e) subalternizado pelos poderes do Estado (...) tem declinado em qualidade e em dignidade doutrinal. Ora, estão em causa no Direito Marítimo relevantíssimos problemas económicos, designadamente em matéria de transportes. Foram os portos de contentores que em 1998 ampararam a crise das economias asiáticas. No topo da movimentação de carga contentorizada estiveram (já estavam) os de Singapura e de Hong-Kong (...)".

67. A mudança mais sensível quanto a este estado de coisas operou-se, fora de dúvida, no ensino universitário, em que o *caso* de Lisboa é exponencial. O seu Centro de Direito Marítimo e de Transportes, coordenado pelo Professor M. Januário da Costa Gomes, alcançou um nível internacional. E a ele se poderá ficar a dever, no plano doutrinal, uma verdadeira *regeneração* do nosso Direito Marítimo.

Tudo estará em que o Estado promova, agora sim, a tão necessária *Lei Geral*.

---

[104] Sobre as dificuldades de exegese do referido art. 23.º, cfr. JEAN-FRANÇOIS REBORA, *ob. cit.*, pp. 387-388.

[105] Ed. Coimbra Editora.

Não será, talvez, uma acção legislativa de réditos imediatos em sede de política "politicienne". Mas será uma lei útil para o País. E isso deverá (ou deveria) bastar[106].

---

[106] Haverá, preliminarmente, que definir em que medida se poderá operar a integração das *Convenções* internacionais nessa *Lei Geral*. O problema está equacionado, com a concludência habitual, por FRANCESCO BERLINGIERI (*È possibile ovviare alla frammentazione del Diritto Marittimo uniforme?*, em D.M., 2013, p. 33). Diversa solução é a do Direito alemão, com a reforma do Direito Marítimo de 20.4.2013 (*Gesetz zur Reform des Seehandelsrechts*), que alterou por completo o Livro V do Código de Comércio. Mas a realidade legislativa é aí diversa da que ocorrerá em Portugal – sendo a nossa semelhante à dos Códigos escandinavos.

O TRANSPORTE MULTIMODAL

António Menezes Cordeiro[*]

Sumário: *I – Aspetos gerais do transporte: 1. Apresentação do tema; 2. Contrato e negócio; 3. O contrato de transporte; 4. A natureza; 5. O transitário; 6. O reboque, a tração e o fretamento. II – O transporte multimodal: 7. A complexidade potencial; 8. Um contrato misto; 9. Uma união de contratos? 10. A Convenção de Roterdão (2009); 11. Um tipo social; 12. A dimensão organizatória.*

I – ASPETOS GERAIS DO TRANSPORTE

1. Apresentação do tema

I. O transporte abrange, em termos genéricos, a deslocação voluntária e promovida por terceiros, em termos organizados, de pessoas e bens, de um local para o outro. Estamos perante um fenómeno do maior relevo demográfico, social, económico e pessoal. Como é de esperar, ele dá azo a complexas projeções jurídicas.

II. O contrato de transporte caracteriza-se, antes de mais, por ter como objeto precisamente a deslocação acima referida. Trata-se de um tipo negocial que não obteve, no atual Código Civil, uma regulação de ordem geral: ele apenas surge, aí, referido ou pressuposto em preceitos dispersos, como

---

[*] Professor Catedrático da Faculdade de Direito da Universidade de Lisboa.

sejam os artigos 46.º/3, 755.º/1, 755.º/2, 797.º e 2214.º a 2219.º. O Código de Seabra, de 1867, mencionava os contratos de recovagem, barcagem e alquilaria, remetendo-os para as leis comerciais, para os regulamentos e para os princípios gerais dos contratos civis.

III. Nas leis comerciais, ocorre uma certa tradição relativa ao contrato de transporte. O Código Comercial de Ferreira Borges (1833) versava a matéria nos seus artigos 170.º e seguintes: ainda com uma linguagem arcaica e de modo a entroncar na cepa românica do mandato. Coube ao Código Comercial de Veiga Beirão, nos seus artigos 366.º a 393.º, prever um esquema mais cabal, quanto ao transporte. Em síntese, versava o seguinte:

– natureza comercial (366.º);
– possibilidade de o transportador usar uma entidade diversa: o expedidor (367.º);
– escrituração do transportador (368.º);
– guia de transporte (369.º a 375.º);
– execução do transporte (378.º a 382.º);
– responsabilidade do transportador (376.º, 377.º e 383.º a 396.º);
– entrega e garantias do transportador (387.º a 392.º).

IV. A estrutura básica de Veiga Beirão levou, pela sua concisão, a que a matéria jurídica dos transportes se viesse a desenvolver em termos periféricos. Vários módulos ou formas de transporte obtiveram, na base de usos, de cláusulas contratuais gerais, de leis específicas e de convenções internacionais, regimes especialmente adaptados às realidades sobre que recaíam. As situações mais complexas foram versadas a propósito do transporte marítimo o qual, por seu turno, serviu de modelo inicial a outras áreas, como a dos transportes aéreos.

V. O transporte multimodal ocorre quando uma situação jurídica de transporte, em regra de base contratual, venha a lidar, pela sua natureza, com vários "módulos" ou subtipos contratuais de transporte. Pense-se, por exemplo, num contrato porta a porta que envolva transporte rodoviário, ferroviário e marítimo. Cada um desses segmentos obtém regras próprias. Como lidar com o conjunto, de modo a que opere como um corpo coerente?

2. Contrato e negócio

I. O Direito lusófono tem, entre as particularidades que lhes conferem uma individualidade própria, a capacidade de lidar, em simultâneo, com a ideia de contrato e com a de negócio jurídico. Retenha-se que o contrato é nuclear para o Direito francês e, mais latamente, para os Direitos de feição napoleónica, enquanto o negócio opera como uma realidade apurada pela pandectística e entronizada pelo BGB alemão.

II. Simplificando, podemos afirmar que o negócio jurídico surge centrado na declaração de vontade e na opção de tipo individual, que ela pressupõe. O negócio jurídico permite aprofundar os meandros ligados à génese, à formação e à exteriorização da vontade. Faculta, ainda, bases analíticas para o estudo da interpretação e da integração.

Por seu turno, o contrato põe a tónica no consenso entre as partes e no conteúdo de regulação que dele resulta. O contrato está como que virado para o exterior, enquanto o negócio aponta para o interior.

III. Esta articulação entre as duas realidades é especialmente enriquecedora. Faz-se apelo ora a um, ora a outro, consoante o problema a enquadrar.

O contrato tem uma aptidão especial para comunicar o conjunto de regras desencadeadas pela sua celebração. Temos regras adotadas pelas partes e regras legais: injuntivas e supletivas. As regras legais modelam o tipo contratualmente considerado.

Os Direitos atuais lidam, ainda, com tipos sociais: conjuntos articulados e coerentes de regras contratuais, ditados pelos usos, por práticas internacionais consagradas e por cláusulas contratuais gerais.

3. O contrato de transporte

I. O contrato de transporte deve ser posicionado dentro da articulação negócio/contrato, acima referida. Como negócio, ele recorda o esforço do Direito na tutela da parte fraca, dos aderentes e dos consumidores. Enquanto contrato, ele vai valorizar o consenso exterior e os rituais que acompanham, documentam e comprovam o referido mútuo consenso.

Tivemos já a oportunidade de o definir: trata-se do contrato que visa assegurar a deslocação de pessoas e de mercadorias de um local para o outro, de modo seguro e eficaz.

II. De acordo com a realidade a deslocar, o transporte diz-se de mercadorias ou de passageiros. Este último abrange, ainda, a bagagem que acompanhe os passageiros em causa.

A via distingue os transportes em terrestres, aéreos e marítimos. Subdistinção nos terrestres é a que contrapõe os rodoviários aos ferroviários. Os transportes fluviais seguem, no essencial, o regime dos terrestres, como se infere do próprio artigo 366.º. Os contratos de transporte marítimo constituem uma disciplina comercial especializada, dispondo o contrato de transporte rodoviário nacional de mercadorias do regime adotado pelo Decreto-Lei n.º 239/2003, de 4 de outubro.

III. O transporte poderá ser interno ou internacional, consoante venha bulir com o Direito de um único Estado ou com os de diversos Estados. Trata-se de uma distinção rica em consequências, dando origem à disciplina de Direito internacional dos transportes.

IV. Como referido, a crescente interação dos transportes leva, muitas vezes, a que qualquer operação de transporte implique a utilização combinada de diversos meios de transporte.

Fala-se, a tal propósito, em transportes multimodais. As Nações Unidas aprontaram, em 24 de maio de 1980, uma convenção sobre o transporte multimodal internacional de mercadorias, a TMI: todavia, esta ainda não entrou em vigor.

Existem certas regras da CNUDCI/UNCITRAL relativas aos documentos de transporte multimodal, de 1975, revistas em 1991. E temos, finalmente, a Convenção de Roterdão.

4. A natureza

I. A natureza do contrato de transporte surge como um tema clássico de discussão, que já aflorámos em termos introdutórios. Nos moldes civilísticos, o contrato de transporte é uma prestação de serviço. Todavia, não é o serviço em si que interessa ao contratante: releva, para este, apenas o resultado, isto é: a colocação da pessoa ou do bem, íntegros, no local do destino. Por isso, o transporte funciona como modalidade de empreitada. Podemos ainda acrescentar que, justamente por relevar o resultado final, o transporte acaba por assumir um conteúdo lato: abrange todas as operações necessárias para que o seu sentido útil possa ser atingido.

II. Um especial problema é posto pela figura do destinatário. Este, como resulta da lógica intrínseca do transporte, pode assumir posições ativas, incluindo direitos. Mas como é isso possível, uma vez que o contrato é celebrado entre o interessado e o transportador? Lado a lado surgem, hoje, duas orientações básicas:

– a teoria do contrato trilateral;
– a teoria do contrato a favor de terceiro.

A primeira, defendida entre nós por Costeira da Rocha, apresenta o contrato de transporte como um negócio a três: o expedidor, o transportador e o destinatário. Este daria o seu acordo num momento ulterior. A segunda, perfilhada pela generalidade da doutrina alemã, descobre, no transporte, um contrato a favor do destinatário, ao qual este pode aderir, nos termos gerais do Código Civil.

III. É exato que, no contrato de transporte, podemos descobrir diversos pontos que se afastam do regime previsto nos artigos 443.º e seguintes do Código Civil. Todavia, a estrutura básica "a favor de terceiro" mantém-se. As especificidades são naturais: embora a favor de terceiro, o contrato de transporte constitui uma indubitável figura especializada, em traços legais específicos. Além disso, devemos ter presente que, ao tempo de Veiga Beirão, a categoria dos contratos a favor de terceiro não havia, ainda, sido dogmatizada, entre nós. Aí radicam diversas "especialidades" do transporte, que poderia hoje ser reescrito, em termos dogmaticamente atualizados.

Em suma: o transporte é uma prestação de serviço tipo empreitada, em regra a favor de terceiro e dotado de um regime mercantil especializado.

5. O transitário

I. O Código Comercial regula o essencial do contrato de transporte. Na prática, haverá que atender às diversas modalidades existentes e às regras – nacionais e internacionais – que se apliquem ao concreto contrato em jogo. Para além disso, deve-se ter presente:

– que o transportador se rodeia, ou pode rodear, dos mais diversos auxiliares, com os quais celebre contratos destinados a assegurar distintas operações materiais por que se pode repartir um concreto transporte;

– que as partes, no exercício da sua autonomia privada, podem concluir contratos aparentados ao transporte mas dele distintos, em pontos essenciais.

Multiplicam-se as figuras afins ao transporte. Elas podem ser usadas pelas partes para evitar a aplicação de regras que lhes não convenham. Caso a caso cumprirá verificar se as regras afastadas estão na disponibilidade das partes.

II. Como figura afim de primeira linha surge o contrato de expedição ou de trânsito, celebrado pelo interessado ou expedidor com um transitário. A lei não regula diretamente o contrato em causa, mas ocupa-se do seu conteúdo. Assim, segundo o artigo 1.º/2 do Decreto-Lei n.º 255/99, de 7 de Julho:

> A atividade transitária consiste na prestação de serviços de natureza logística e operacional que inclui o planeamento, o controlo, a coordenação e a direção das operações relacionadas com a expedição, receção, armazenamento e circulação de bens ou mercadorias, desenvolvendo-se nos seguintes domínios de intervenção:
> a) Gestão dos fluxos de bens ou mercadorias;
> b) Mediação entre expedidores e destinatários, nomeadamente através de transportadores com quem celebre os respetivos contratos de transporte;
> c) Execução dos trâmites ou formalidades legalmente exigidos, inclusive no que se refere à emissão do documento de transporte unimodal ou multimodal.

A noção que aqui surge é ampla. O contrato desenhado é uma figura mista, que envolve elementos de organização, de mediação, de agência e de prestação de serviço.

Em sentido estrito, o contrato de expedição é, simplesmente, um mandato pelo qual o transitário se obriga a celebrar um (ou mais) contratos de transporte, por conta do expedidor.

III. Compreende-se a utilidade da figura. O interessado em determinado transporte poderá desconhecer os operadores. Muitas vezes será necessário associar vários contratos: transporte por terra até ao porto de embarque;

transporte marítimo; transporte ferroviário; transporte rodoviário e todas as inerentes operações de transbordo. A saída mais indicada reside na conclusão, com um especialista – o transitário – de um contrato especial de mandato pelo qual, por conta do interessado, ele conclua os necessários contratos de transporte.

Ainda a esta luz, entende-se o interesse público assumido pelos transitários: um tanto à semelhança do que vimos suceder com a mediação. Em termos práticos, todo o sector dos transportes acaba por ficar na mão dos transitários. O Estado intervém, assegurando-se de que a competente atividade só possa ser exercida por empresas detentoras de alvará emitido pela Direção-Geral de Transportes Terrestres (2.º/1 do Decreto-Lei n.º 255/99, de 7 de Julho), depois de verificados os requisitos de idoneidade legais (*idem*, 3.º e 4.º).

As próprias empresas transitárias podem celebrar contratos de transporte, devendo, então, observar as competentes cláusulas.

IV. O mandato especial subjacente ao contrato de expedição pode, nos termos gerais, ser concluído com ou sem representação. Na interpretação e na execução das suas cláusulas, devemos ter presente o tratar-se de um contrato instrumental: ele faz sentido apenas por via da obtenção de um adequado contrato de transporte.

6. O reboque, a tração e o fretamento

I. Ainda como figuras afins do contrato de transporte surgem-nos, particularmente no sector marítimo, outras figuras negociais.

O artigo 1.º/1 do Decreto-Lei n.º 431/86, de 30 de Dezembro, apresenta como de reboque o contrato pelo qual:

> (...) uma das partes se obriga, em relação à outra, a proporcionar a força motriz de um navio, embarcação ou outro engenho análogo, designado "rebocador", a navio, embarcação ou outro engenho análogo, designado "rebocado", a fim de auxiliar a manobra deste ou de o deslocar de um local para local diferente.

O reboque pode assumir diversas modalidades. Todavia, ele assume uma natureza unitária, devendo ser entendido como uma especial prestação de serviço. Transcende claramente o contrato de transporte, que agrupa muitos outros elementos.

II. O contrato de tração apresenta-se como um "reboque" terrestre. A figura da tração tem sido autonomizada a propósito do risco especial que envolve, com as inerentes consequências no plano do seguro. Conceitualmente e em si, o contrato de tração analisa-se numa prestação de serviço atípica.

III. O contrato de fretamento é, *grosso modo*, um aluguer de navio. Segundo o artigo 1.º do Decreto-Lei n.º 191/87, de 29 de Abril, pelo contrato de fretamento:

> (...) uma das partes (fretador) se obriga em relação à outra (afretador) a pôr à sua disposição um navio, ou parte dele, para fins de navegação marítima, mediante uma retribuição pecuniária denominada frete.

Podem surgir situações de fronteira. No núcleo, porém, não vemos qualquer confusão com o transporte.

II — O TRANSPORTE MULTIMODAL

7. A complexidade potencial

I. O contrato de transporte, pela sua especial aderência às realidades, tem uma apetência de raiz para se desenvolver em múltiplos segmentos. Digamos que dá corpo a uma complexidade potencial.

Pensemos, por exemplo, num comum contrato de transporte porta a porta, isto é: um contrato pelo qual o transportador se obrigue a deslocar mercadorias de uma residência (ou armazém) para outra. Temos as seguintes operações materiais, dotadas de inerente cobertura jurídica: (a) acondicionamento e embalagem da carga; (b) carregamento em camião; (c) transporte, em camião, até ao porto; (d) acondicionamento e carregamento no navio; (e) viagem por mar; (f) descarregamento no porto, com cumprimento de formalidades aduaneiras; (g) acondicionamento e carregamento em combóio; (h) transporte ferroviário até à estação de destino; (i) descarregamento, acondicionamento e carregamento em camião; (j) transporte rodoviário até ao destino; (l) descarregamento, desembalagem e colocação adequada no local acordado.

II. A concretização do transporte referido pressupõe, para além do contrato-base, uma série de subcontratações: transitários, seguros, arrumadores, armazenagens, estivadores, despachantes e múltiplos auxiliares. O cidadão comum não se apercebe da imensa teia jurídica que subjaz a operações aparentemente simples. Tudo isto é tornado viável e acessível mercê da especialização de funções, do uso intensivo de cláusulas contratuais gerais e de níveis jurídicos institucionais, no universo dos transportes.

III. O contrato de transporte, tal como sucede com a empreitada, evolui para um tipo de contrato de organização. Ao contratar um transportador, o particular interessado está, de facto, a acordar a montagem, por um especialista, de uma série de atuações que envolvem múltiplos operadores e outros agentes, de modo a alcançar o resultado pretendido: a deslocação de bens ou de pessoas, de um local para o outro.

Passamos para uma prestação de serviços, próxima do mandato, pela qual o mandatário vai concluir diversos negócios devidamente direcionados. Todavia: toda a atividade jurídica em jogo opera como um conjunto coerente.

8. Um contrato misto

I. Podemos construir o transporte complexo – se se quiser, multimodal – como um contrato misto. Passamos a recordar as regras então aplicáveis.

O regime dos contratos mistos constitui um tema clássico no Direito das obrigações. São apresentadas as suas diversas modalidades e recordadas as três teorias básicas, destinadas a construir um regime coerente:

- a teoria da absorção, segundo a qual o contrato seguiria o regime da parcela dominante; esta como que absorveria as demais;
- a teoria da combinação, pela qual o intérprete-aplicador recorreria a uma articulação dos vários elementos presentes;
- a teoria da analogia que, vendo num contrato misto algo de essencialmente lacunoso, postula a necessidade de uma integração.

II. Todas estas teorias têm momentos de oportunidade: depende do concreto contrato em causa. Não obstante, a moderna civilística tem vindo a salientar o primado da teoria da absorção. Quando celebrem um contrato misto, as partes têm, fundamentalmente, em vista determinados efeitos práticos. No contrato considerado, a parcela do clausulado que defina e que prossiga, de modo mais direto, esses aspetos práticos exerce um papel determinante sobre o conjunto. Trata-se, pela interpretação, de determinar o fim básico prosseguido pelo contrato e os aspetos que o sirvam.

A ideia da absorção fica clara perante dois contratos mistos muito conhecidos: o contrato de porteiro em prédio de habitação e o contrato de lojista em centro comercial.

No contrato de porteiro, um contraente recebe uma casa de habitação, em troca do trabalho como porteiro. Temos um misto de arrendamento com trabalho. Como cessa o contrato: pelos fundamentos de despejo ou pelo do despedimento? O fim do contrato é obter o serviço de porteiro. O arrendamento é, apenas, instrumental. Por isso, aplicam-se, predominantemente, as regras do Direito do trabalho, como hoje é pacífico, nos tribunais.

No contrato de lojista temos um misto de arrendamento com prestação de serviço. Sabe-se, hoje, que um Centro Comercial depende de uma teia de serviços: estacionamento, publicidade, colocação "científica" das lojas, segurança, limpeza, animação e assim por diante. Assim sendo, aplicam-se as regras da prestação de serviço, em detrimento das do arrendamento: um ponto hoje também pacífico, na jurisprudência.

III. Na hipótese de um contrato multimodal, não oferece dúvidas que o centro de gravidade do conjunto reside no contrato de transporte básico. Os demais contratos ou subcontratos que o devam complementar subordinam-se ao contrato pretendido e concluído pelas partes. Digamos que a vertente organizatória, classicamente centrada na figura do expedidor, fica na sombra: será uma decorrência da relação legitimadora de transporte.

9. Uma união de contratos?

I. Queda, ainda, a hipótese de uma união de contratos. Do ponto de vista dos subcontraentes, não é possível referenciar um contrato misto: surgem, naturalmente, tantos contratos quantos os intervenientes. Tais contratos não são estranhos. Podemos falar numa união de contratos, com potenciação e legitimação.

O Transporte Multimodal

II. Na união de contratos, cada negócio "unido" segue o regime que lhe compita. Mas a situação de coligação em que eles se encontram não é indiferente para o seu regime.

Deste modo, no que os contratos coligados permitam, nos planos das remissões, da interpretação e da integração, há que aplicar uma filosofia semelhante à dos contratos mistos. Determinado o centro de gravidade do conjunto, na base das opções e dos fins comuns das partes, este funciona como elemento aglutinador do conjunto.

III. Por esta via colocamos, de novo, o contrato básico de transporte como o grande elemento modelador do conjunto.

10. A Convenção de Roterdão (2009)

I. A Convenção das Nações Unidas sobre o contrato de transporte internacional de mercadorias efetuado inteira ou parcialmente por mar, de 2009, comporta alguns elementos de multimodalidade.

Apesar de o núcleo dessa Convenção, proposta à assinatura dos Estados interessados, não ser objeto da presente intervenção, salientamos a reserva constante do seu artigo 82.º, no sentido de não afetar a aplicação de convenções relativas aos transportes aéreo, rodoviário, ferroviário e por via interior de água.

II. A Convenção de Roterdão, quando aplicável, intervém em diversos segmentos do transporte que operam como elementos acessórios (artigos 27.º e seguintes, por exemplo). Além disso, ela pode intercalar-se com outros instrumentos, exercendo o seu papel de centro de gravidade, dentro da lógica, acima referida, dos contratos mistos e das uniões de contratos.

Compete ao transportador de base, na sua qualidade de "organizador", articular os subcontratos envolvidos.

11. Um tipo social

I. O transporte multimodal, mau grado não dispor, ainda, de uma específica regulação, pode ser apresentado como um tipo social. Com efeito, ele ganha uma autonomia crescente, no domínio das relações mercantis internacionais, obedecendo às convenções do sector.

II. A sua afirmação como tipo social permite complementar o acordado entre as partes. Cumpre, em tal eventualidade, recorrer a regras equilibradas geralmente aceites, que permitam uma composição adequada dos interesses em confronto. Curiosamente, a figura do transitário, acima referida, permitiu antecipar, entre nós, a situação jurídica multimodal.

12. A dimensão organizatória

I. Elemento decisivo na composição do transporte multimodal é a sua feição organizatória. O particular que acorde um transporte de determinadas mercadorias desconhecerá, em regra, todas as articulações e subcontratações necessárias para alcançar o resultado final. E também em regra, apenas este lhe interessará. O transportador assume o resultado, garantindo, caso acordado, a compensação por prejuízos decorrentes do transporte, através de seguro adequado.

II. A dimensão organizatória do transporte multimodal, com as suas regras de responsabilidade e de competência ganha, por esta via, um papel significativo na tutela dos particulares. Estes conservam um direito básico à "legítima ignorância". Torna-se irrealista, através de sobrepostos direitos à informação, imputar-lhes o resultado de decisões que tomaram de forma supostamente livre. Mesmo o jurista experiente hesitará sobre o sentido de muitas cláusulas envolvidas e quanto ao conteúdo de possíveis situações de responsabilidade.

Cabe aos agentes, à supervisão permanente existente e, em geral, aos operadores jurídicos, assegurar um desenvolvimento equilibrado do transporte multimodal.

LA RESPONSABILIDAD DEL PORTEADOR EN LAS REGLAS DE ROTTERDAM[1]

IGNACIO ARROYO[*]

SUMARIO: *1. La evolución de la responsabilidad del porteador en el Derecho Marítimo; 2. El fundamento de la responsabilidad en las Reglas de Rotterdam; 3. Causas de exoneración de la responsabilidad; 4. La prueba; 5. Responsabilidad por hechos ajenos; 6. Responsabilidad de la parte ejecutante marítima y de la parte ejecutante no marítima; 7. Responsabilidad por retraso; 8. Limitación de la responsabilidad; 9. Conclusiones.*

1. La evolución de la responsabilidad del porteador en el Derecho Marítimo

Para comprender el significado de la responsabilidad del porteador hay que hacer una breve referencia histórica. Solo el examen de la evolución, doctrinal y legislativa, permite comprender en sus justos términos *cuándo, cómo, cuánto y por qué* responde el porteador frente al titular de las mercancías, cuando se pierden, se dañan o llegan con retraso al puerto de destino.

En principio parece una cuestión obvia. Si el portador recibe las mercancías en buen estado en el puerto de origen, parece lógico, y justo, que responda de los daños causados durante el transporte. Se entiende por daños, tanto la pérdida total o parcial, como los daños materiales propiamente dichos o averías, sean totales o parciales, y también el daño produ-

---

[*] Catedrático Derecho Mercantil Universidad Autónoma de Barcelona.

cido por el retraso respecto del día fijado para en la entrega de la mercancía en el lugar de destino. Con esta explicación ya se responde a la primera interrogante del *cuándo*.

Y parece igualmente obvio que, ese daño, se traduzca en la obligación de resarcir o indemnizar al titular de la mercancía dañada, que no es otra cosa que colocar a la víctima, o perjudicado, en la misma situación en que se encontraría de no haberse producido el daño. En definitiva, el porteador debe entregar la mercancía en las mismas condiciones en que las recibió, bien porque no hubo daño o bien porque habiéndolo, con el pago de la indemnización se compensa el deterioro del valor de la mercancía en la misma proporción del daño producido. Con esta segunda explicación se responden al *cómo* y al *cuánto*: pagando dinero y por el importe total del daño.

Sin embargo, esas reglas, lógicas y justas, no han sido aplicadas siempre por el derecho que regula el transporte marítimo de mercancías. La explicación obedece a que no siempre se ha sostenido lo mismo respecto del *por qué* de la responsabilidad del porteador. O por decirlo en palabras más técnicas, la doctrina ha ido mutando el denominado *fundamento* de la responsabilidad.

Los cambios han sido los siguientes. Por una parte, la responsabilidad se ha basado en el criterio de la *culpa*. Por tanto, el porteador está obligado a indemnizar los daños solo si fueron causados por su dolo (intención o voluntad), por su culpa o negligencia, o por la acción de un tercero por el que deba responder. Es decir, no responde cuando se prueba que la causa del daño fue la fuerza mayor *(vis maior)*, el caso fortuito, o hecho de un tercero por el que no debe responder (se excluye si el tercero es un empleado)[1].

Por otra parte, la responsabilidad, además de excluir los casos donde no haya culpa o negligencia del porteador, tampoco se va a declarar en todos aquellos supuestos o conductas donde, no obstante la negligencia del porteador, cargador y porteador han convenido en el contrato de transporte la exclusión o exoneración de responsabilidad en los supuestos expresamente mencionados. La libertad contractual y la autonomía de la voluntad, principios clásicos del derecho contractual, van a permitir ese tipo de cláusulas. Por lo demás, ese tipo de pactos fueron tan frecuentes que se llegó a

---

[1] Esa era la posición en el Derecho romano clásico, Cfr. ORTEGA CARRILLO ALBORNOZ, Antonio: *Derecho romano privado*, Málaga (Promotora Cultural Malagueña, SL), 1999.

afirmar que el porteador, en la práctica, se siente seguro, pues gracias a las *cláusulas de exoneración* no responde nunca.

Frente a esa posición, tan favorable al porteador, se produce una reacción que camina en una triple dirección y complementaria.

En primer lugar, la comunidad internacional, alentada principalmente por los Estados Unidos de finales del siglo XIX y principios del XX, ve la necesidad de equilibrar la relación entre porteadores y cargadores y tal efecto, gracias a la intervención del Comité Marítimo Internacional (CMI) redactan lo que se ha venido en llamar las Reglas de Haya, posteriormente incorporadas al archiconocido Convenio de Bruselas de 1924. Su aprobación y ratificación por la inmensa mayoría de los Estados significa, principalmente, la aprobación de un régimen de responsabilidad que responde a tres notas esenciales: uniformidad internacional, limitación de la validez de las cláusulas de exoneración mediante la aprobación de una lista y limitación del quantum resarcitorio.[2] En todo caso, a pesar del carácter impositivo o inderogable del Convenio en beneficio del cargador, solo en la parte que regula pues no es todo el régimen del transporte, el fundamento de la responsabilidad descansa en el criterio de la culpa.

El segundo frente que se abre en favor de una disciplina más equilibrada entre las partes, es de carácter técnico conceptual. Se empieza a abrir paso la inversión de la carga de la prueba. El *onus probandi* no recae siempre en el cargador, que debe demostrar el dolo, la culpa o negligencia del porteador. Por el contrario, probado el daño, se presume que la culpa fue del portador y, por tanto, será este quien deba acreditar que actuó diligentemente, o que la causa fue el fortuito o la fuerza mayor, o imputable al propio cargador. Solo así quedará exonerado de responsabilidad. Naturalmente la carga de prueba juega un papel fundamental en la suerte del litigio pues, al dato técnico de su dificultad, a veces resulta imposible o diabólica, los supuestos de causa desconocida, y naturalmente en esas hipótesis la

---

[2] España lo incorporó a su derecho interno por partida doble. Por un lado, mediante el instrumento de ratificación y posterior publicación del Convenio en la *Gaceta de Madrid*, n.º 212, de 31 de julio de 1930. Por otro lado, y posteriormente, mediante la promulgación de la Ley de 22 de diciembre de 1949, de Transporte Marítimo de Mercancías en Régimen de Conocimiento de Embarque (*BOE*, n.º 358, de 24 de diciembre).

Del mismo modo, el Convenio ha sido ratificado por la inmensa mayoría de países pudiendo decirse, sin hipérbole, que se trata de un instrumento internacional aceptado como norma uniforme. La lista de Estados parte puede verse en COMITÉ MARITIME INTERNATIONAL, *Annuaire*, 2009.

obligación de resarcimiento recae en el porteador. El Convenio de Hamburgo de 1978 es el ejemplo de lo que acabamos de exponer.

El tercer avance a favor del cargador se ha quedado en mera aportación doctrinal pues no ha tenido consecuencias en el plano legislativo. Sin embargo, ha triunfado en otros campos ajenos al transporte marítimo de mercancías, salvo en la contaminación por hidrocarburos. La teoría de la responsabilidad objetiva o por causa hace abstracción de la culpa o negligencia del porteador, e impone la obligación de indemnizar al sujeto que causa el daño. Se dice, en expresión que ha hecho fortuna, "quien contamina paga". Al prescindir de la valoración de la conducta (diligencia vs. negligencia) la responsabilidad es siempre del sujeto agente, de quien con su actividad crea el riesgo del daño. Y lógicamente, desde esa concepción, el daño producido a las mercancías durante el transporte se imputa siempre al porteador. Al margen de otras consideraciones presenta una ventaja indudable. Desde la economía del transporte se ahorran los costes del litigio y el daño se desplaza al seguro de responsabilidad. Que a la postre significaría un aumento del flete; es decir, lo termina pagando el titular de la mercancía. Sea como fuere, es lo cierto que ninguno de los Convenios internacionales que ha regulado el transporte de mercancías en régimen de conocimiento de embarque ha adoptado el sistema de responsabilidad objetiva. Seguimos anclados en la culpa con una cierta (no total) inversión de la carga de la prueba. Más tarde volveré sobre este importante extremo.

2. El fundamento de la responsabilidad en las Reglas de Rotterdam

La responsabilidad del porteador es la parte más importante de las Reglas de Rotterdam[3]. En rigor, en materia contractual el régimen de la responsabilidad es el corazón de la disciplina, y el transporte marítimo no es una excepción. El Convenio afronta el problema en el art. 18 titulado,

---

[3] Las Reglas dedican el Capítulo V. "Responsabilidad del porteador por pérdida, daño o retraso", arts. 17 a 23, ambos inclusive y el art. 62, referido al plazo para el ejercicio de acciones. Los rótulos son los siguientes: Fundamento de la responsabilidad (art. 17); Responsabilidad del porteador por actos ajenos (art. 18); Responsabilidad de la parte ejecutante marítima (art. 19); Responsabilidad solidaria (art. 20); Retraso (art. 21); Cálculo de la indemnización (art. 22) y Aviso en caso de pérdida, daño o retraso (art. 23) y Plazo para el ejercicio de acciones (art. 62).

precisamente, fundamento de la responsabilidad. Nada mejor para entender su alcance y significación que leer el precepto, cuyo texto literal dice lo siguiente.

Art. 18. Fundamento de la responsabilidad

1. El porteador será responsable de la pérdida o el daño de las mercancías, así como del retraso en su entrega, si el reclamante prueba que la pérdida, el daño o el retraso, o el hecho o circunstancia que lo causó o contribuyó a causarlo, se produjo durante el período de responsabilidad del porteador definido en el capítulo 4.

2. El porteador quedará total o parcialmente exonerado de la responsabilidad establecida en el párrafo 1 del presente artículo si prueba que la causa o una de las causas de la pérdida, el daño o el retraso no es imputable a su culpa ni a la culpa de ninguna de las personas mencionadas en el artículo 18.

3. El porteador quedará asimismo total o parcialmente exonerado de la responsabilidad establecida en el párrafo 1 del presente artículo si, en vez de probar que está exento de culpa en los términos previstos en el párrafo 2 del presente artículo, prueba que uno o más de los siguientes hechos o circunstancias causó o contribuyó a causar la pérdida, el daño o el retraso:

a) Fuerza mayor;

b) Riesgos, peligros y accidentes de la mar o de otras aguas navegables;

c) Guerra, hostilidades, conflicto armado, piratería, terrorismo, motines y tumultos;

d) Restricciones por cuarentena; injerencia o impedimentos imputables a autoridades públicas o gubernamentales, a dirigentes o a pueblos, incluida toda medida de detención, embargo o incautación no imputable al porteador ni a ninguna de las personas mencionadas en el artículo 18;

e) Huelgas, cierre patronal, interrupción del trabajo o reducción intencional del ritmo laboral;

f) Incendio a bordo del buque;

g) Vicios ocultos que no puedan descubrirte obrando con la debida diligencia;

h) Acto u omisión del cargador, del cargador documentario, de la parte controladora o de cualquier otra persona por cuyos actos sea responsable el cargador o el cargador documentario conforme a los artículos 33 ó 34;

i) Carga, manipulación, estiba o descarga de las mercancías efectuada con arreglo a un pacto concluido conforme a lo previsto en el párrafo 2 del artículo 13, salvo que el porteador o una parte ejecutante sea quien eje-

cute dicha tarea en nombre del cargador, del cargador documentario o del destinatario;

j) Pérdida de volumen o de peso, o cualquier otra pérdida o daño que sea imputable a la naturaleza o a un defecto, cualidad o vicio propio de las mercancías;

k) Insuficiencia o deficiencias del embalaje o del marcado de las mercancías, siempre y cuando no hayan sido efectuados por el porteador o en su nombre;

l) Salvamento o tentativa de salvamento de vidas en el mar;

m) Medidas razonables para salvar o intentar salvar bienes en el mar;

n) Medidas razonables para evitar o tratar de evitar daños al medioambiente; u

o) Actos del porteador en el ejercicio de las facultades conferidas por los artículos 15 y 16.

4. No obstante, lo dispuesto en el párrafo 3 del presente artículo, el porteador será responsable de la totalidad o de parte de la pérdida, el daño o el retraso si:

a) El reclamante prueba que la culpa del porteador o de alguna de las personas mencionadas en el artículo 18 causó o contribuyó a causar el hecho o la circunstancia que el porteador alega en su descargo; o

b) El reclamante prueba que un hecho o circunstancia no enumerada en el párrafo 3 del presente artículo contribuyó a causar la pérdida, el daño o el retraso y el porteador no puede probar que ese hecho o circunstancia no es imputable a su culpa ni a la culpa de las personas mencionadas en el artículo 18.

5. No obstante lo dispuesto en el párrafo 3 del presente artículo el porteador será también responsable de la totalidad o de parte de la pérdida, el daño o el retraso si:

a) El reclamante prueba que la pérdida, el daño o el retraso fue o es probable que haya sido total o parcialmente causado por: i) el estado de innavegabilidad del buque; ii) las deficiencias o el armamento, el avituallamiento o la tripulación del buque; o iii) el hecho de que las bodegas u otras partes del buque en donde se transporten las mercancías o de que algún contenedor suministrado por el porteador y sobre el cual o en cuyo interior se transportaron las mercancías, no estuviesen en las condiciones debidas para recibirlas, transportarlas y conservarlas; y

b) El porteador no puede probar: i) que ninguno de los hechos o circunstancias mencionados en el apartado a) del párrafo 5 del presente artículo causó la pérdida, el daño o el retraso; o ii) que cumplió con su obligación de obrar con la debida diligencia conforme a lo previsto en el artículo 14.

6. Cuando el porteador quede parcialmente exonerado de su responsabilidad conforme a lo previsto en el presente artículo, deberá responder únicamente de aquella parte de la pérdida, el daño o el retraso que sea imputable al hecho o circunstancia del cual sea responsable con arreglo al presente artículo.

Como puede observarse, la comprensión exige concentración y lecturas reiteradas pues lo primero que destaca es su farragosidad. A nuestro juicio, el precepto se inspira en un sistema "sui generis", mixto y complejo, pues no responde a ninguno de los modelos típicos de responsabilidad objetiva o responsabilidad por culpa. La carga de la prueba tampoco juega de una manera unívoca, pues se impone a ambos contratantes, pero por causas distintas. Con todo, podemos decir que el sistema se orienta más por el sistema de responsabilidad por culpa, con inversión de la carga de la prueba, a favor, primero del cargador, y después del porteador.

Las RR consagran una responsabilidad por culpa presunta del porteador, si se producen determinados hechos, y si quiere liberarse de responsabilidad debe probar la concurrencia de alguno de los supuestos de exoneración o bien que actuó con la diligencia debida[4].

Pérdida, daño y retraso en la entrega son los hechos ilícitos por los que responde el porteador. En relación al último supuesto, el retraso, hay que advertir que el artículo 17 viene a confirmar el criterio sancionado por la jurisprudencia supliendo así el silencio de las Reglas de la Haya Visby, cuya omisión al retraso planteaba dudas sobre ese supuesto de responsabilidad. El citado art. 17 se complementa con el art. 21 que define el retraso, a nuestro juicio de forma incompleta, pues deja sin resolver el problema cuando los contratantes nada pactan sobre el plazo o día de la entrega de las mercancías.[5] Luego volveré sobre este extremo.

---

[4] Vid. GÓRRIZ LÓPEZ, C. "Estudio comparativo de la responsabilidad del porteador en las Reglas de Rótterdam y en el Proyecto de Ley General de la Navegación Marítima", *ADM*, vol. XXVII, 2010, p. 206.

[5] Artículo 21. – Retraso. – *Hay retraso en la entrega cuando las mercancías no se han entregado en el lugar de destino indicado en el contrato de transporte dentro del plazo acordado.*

3. Causas de exoneración de la responsabilidad

La culpa presunta de la responsabilidad del porteador descansa en un doble presupuesto: custodia y daño.

En efecto, por un lado, el art. 12 establece la responsabilidad del porteador en torno al criterio de la custodia, de tal suerte que las mercancías deben encontrarse bajo el cuidado (*rectius*, custodia) del porteador o de aquellas personas (*rectius*, empleados, agentes o partes ejecutantes) por cuyos actos debe responder, en el momento de producirse la pérdida, el daño o el retraso. En definitiva, responde tanto de los actos propios dañosos como de los actos dañosos de ciertos terceros, aquellos por lo que debe responder.[6] Y por otro lado, sin daño, en los términos señalados de pérdida total o parcial, avería o daño parcial, y retraso, el porteador tampoco responde.

Sentadas las premisas anteriores, el porteador que quiera exonerarse de responsabilidad deberá probar bien que no hubo daño o que el daño se produjo fuera de su control o custodia.[7] En rigor, cuando las mercancías están fuera de la custodia del porteador significa que o bien no las recibió o bien que ya las devolvió, por lo que, respectivamente, no empezó o terminó, la relación de transporte.

4. La prueba

La carga de la prueba está minuciosamente disciplinada en las RR. La regulación contiene un escenario, prácticamente completo, de lo que debe acontecer en el proceso. El principio contradictorio se lleva hasta los máximos extremos, convirtiendo la disciplina probatoria en un sistema donde las partes pueden alegar, contestar, duplicar y replicar para probar bien la culpa o negligencia de la adversa o bien el cuidado o diligencia propios.

---

[6] Cfr. art. 18 (*Sujetos por los que debe responder*).

[7] La custodia de las mercancías es una obligación que ya el Derecho Romano imponía al porteador a consecuencia del *receptum*. La recepción o entrega de las mercancías al porteador le convertía, y hoy le sigue convirtiendo, en una suerte de depositario; es decir, tiene la obligación de custodiar o conservar las cosas en las mismas condiciones en que las recibió.

La Responsabilidad del Porteador en las Reglas de Rotterdam 73

Antes de pasar a su explicación quiero denunciar un defecto importante. En sistemas procesales como, por ejemplo, el español, donde está prohibido introducir nuevos hechos, salvo que sean de fecha posterior a la demanda o a la contestación a la demanda, y se prohíbe también practicar pruebas que no hayan sido solicitadas previamente por los litigantes y admitidas por el juez en la audiencia previa, es decir, antes de la celebración de la vista, buena parte del sistema probatorio de las RR está condenado al fracaso.

Por decirlo en otras palabras, el sistema del Convenio está redactado, una vez más, desde la mentalidad procesal anglo norteamericana, que se asemeja a nuestro juicio verbal. En el acto del juicio propiamente dicho, las partes proponen cualquier tipo de prueba y el juez es dueño de admitir o denegar.[8] No hay unos plazos preclusivos, o al menos no hay tantos, que cierran la posibilidad probatoria si no se formularon y admitieron tempestivamente; en nuestro caso, en la audiencia previa. Desde esta perspectiva se comprenderá mejor el sistema ideado en RR y las dificultades que se enfrentarán los litigantes cuando quieran aplicarlo en sistemas como el español.

Al margen de la crítica expuesta, como ya he dicho en otra ocasión, el sistema probatorio ideado por las Reglas de Rotterdam recuerda, si se permite el símil, a un encuentro deportivo que se disputa en cuatro tiempos.[9]

a) En el primer tiempo, alegación, la iniciativa corresponde al actor. En este caso, el cargador o destinatario, debe probar, la pérdida, el daño o el retraso habidos durante el periodo de responsabilidad. El tipo de prueba se rige por el derecho procesal interno donde ejercite la acción. En nuestro

---

[8] La jurisprudencia del TS es muy reacia a admitir el recurso de nulidad por infracción procesal por denegación de pruebas (equivalente a una nulidad del proceso), salvo que se trate de una denegación total, aunque tampoco es un criterio automático, o de alguna prueba que resulte efectivamente esencial y definitiva. Lo que permite concluir que en nuestro sistema procesal el juez *a quo* dispone de una amplia discrecionalidad en materia probatoria, tanto de admisión como de valoración. Vid. Por todos RAMOS MÉNDEZ, Francisco: *Sistema procesal español*, Barcelona (Editorial Atelier), 9.ª edición, 2013.

[9] ARROYO, Ignacio: "Las Reglas de Rotterdam, ¿para qué?", *Anuario de Derecho Marítimo*, vol. XXVII, pp. 25-45.

caso, cualquiera de los medios admitidos en la LEC: documental, testifical, pericial o la prueba de presunciones.[10]

Desde ese punto de vista, la primera lectura del precepto da la impresión que la responsabilidad se impone al porteador objetivamente, sin referencia a su culpa o negligencia. Desde luego no se cita la culpa, y al cargador le basta con probar que la pérdida, el daño o el retraso se produjo cuando la mercancía estaba bajo la custodia del porteador. Sin embargo, el párrafo tercero introduce la culpa o negligencia como criterio de imputación de la responsabilidad, si bien la carga de la prueba es de su incumbencia.

b) En el segundo tiempo, contestación, el demandado, en este caso el porteador, puede contestar y probar la ausencia de su culpa, de la de sus dependientes o auxiliares o que la causa ha sido uno de los peligros exceptuados (art. 17. 3). Repárese que se trata de una lista de 15 supuestos, enumerados de las letras (a) a la (o) siendo alguno de ellos casos fortuitos o fuerza mayor y por definición ajenos a la culpa o negligencia del porteador. Por otro lado, destacan la omisión o supresión del tradicional y polémico supuesto de la culpa náutica y la distinta consideración del incendio: ahora se presume culpa del porteador cuando se produjo a bordo del buque.

Como puede observarse, la posición inicial favorable al cargador, se altera en este segundo tiempo. Se produce una vuelta de tuerca a favor del porteador pues el párrafo 3.º del citado art. 18 mantiene la lista de los llamados peligros exceptuados; es decir, que si el porteador prueba que la causa, total o parcial, fue por alguno de los hechos o circunstancias enumerados legalmente queda exonerado de responsabilidad, sin necesidad de probar su diligencia; es decir, una prueba positiva y directa que explique suficientemente las medidas diligentes que adoptó para evitar el daño y sus consecuencias. Dicho en otras palabras, al porteador le basta con probar alguno de los 15 apartados tipificados en el art. 18.3, numerados alfabéticamente desde las letras (a) a la (o), y que son presunciones legales de exoneración.[11]

---

[10] Sería más correcto y quedaría más clara la norma del fundamento de la responsabilidad si, a nuestro juicio, la referencia a la culpa se introdujera en el párrafo 2.º y no en el 3.º, como hace el citado art. 18.

[11] Las razones alegadas en los distintos períodos de sesiones del Grupo de Trabajo para el mantenimiento de la lista de peligros exceptuados (*excepted perils*) ha sido la rica experiencia de la jurisprudencia interpretando su significado. Argumento ciertamente discutible

Comparando la relación de los casos exceptuados en las Reglas de la Haya-Visby y en las de Rotterdam se observa que la lista se mantiene igual salvo tres diferencias: *a)* La desaparición de la culpa náutica. *b)* El mantenimiento del incendio, pero solo en caso de haberse originado a bordo. *c)* La inclusión de nuevos supuestos de exoneración por motivos medioambientales.

c) En el tercer tiempo, dúplica, la iniciativa vuelve al actor, pudiendo probar por tres cauces distintos su diligencia o, si se prefiere, su ausencia de negligencia, atacando la supuesta diligencia del porteador, quien salió airoso de la prueba en el segundo tiempo. El cargador puede, en primer lugar, probar que el porteador o sus auxiliares fueron negligentes.

En segundo lugar, también puede probar que probablemente el daño, la pérdida o el retraso fue causado por (i) innavegabilidad del buque, (ii) armamento, equipo o mantenimiento del buque inadecuado, (iii) estiba, otras partes del buque o contenedores proporcionados por el porteador no eran adecuados y seguros para recibir, transportar o conservar el cargamento.

En tercer lugar, y alternativamente, también puede probar que el porteador no está en condiciones de probar que: (i) las causas anteriores (esto es, innavegabilidad, armamento y estiba inadecuados) o los contenedores proporcionados por él (porteador) no han causados causado la pérdida, el daño o el retraso; (ii) ha cumplido su obligación de ejercer la diligencia razonable para mantener continuamente el buque en buen estado de navegabilidad (art. 14).

Como puede observarse, la complejidad probatoria del sistema está servida. La posibilidad que se ofrece en este tercer tiempo es manifiesta, pues en virtud del citado art. 18, párrafo 4.º el cargador puede introducir algunos supuestos probatorios contra del porteador. Es decir, de nuevo

---

pues si la unificación jurisprudencial aporta claridad interpretativa y, por tanto, disminución de los costes del litigio, la litigiosidad desaparecería completamente introduciendo un sistema de responsabilidad por causa sin excepciones. Como el porteador respondería siempre, no habría lugar a discusión. Vid. Arroyo, Ignacio: "La distribución del riesgo en el derecho marítimo", *Estudios de Derecho Marítimo*, vol. I, Barcelona (Editorial Alferal, SL), 1985, reimpresión 1993, pp. 229 a 341.

se vuelve al criterio de la culpa con inversión de la carga de la prueba impuesta al cargador[12].

d) El cuarto y último tiempo, réplica, el porteador puede, en todo caso, demostrar su diligencia o la falta de culpa o bien cualquier otra causa contributiva.

Si del resultado de las pruebas practicadas resulta una culpa concurrente, el Convenio deja al criterio del juzgador determinar el grado de culpabilidad de cada parte, que fijará el *quatum* proporcional. El art. 7.6) concede gran libertad al juez en este punto.

5. Responsabilidad por actos ajenos

Ya hemos dicho que el portador no solo responde por actos propios sino también por actos de terceros. De ciertos terceros. Las RR dedican un precepto específico a este tema.

---

[12] Como puede apreciarse en el párrafo 5.º se retoma la responsabilidad del porteador en los supuestos siguientes: a) innavegabilidad del buque; b) deficiencias del armamento, avituallamiento o tripulación y c) mal estado de las bodegas, incluidos los contenedores suministrados por el porteador (*cargoworthiness*). Supuestos, como decimos, que debe probar el cargador.

En definitiva, puede decirse que la novedad del Convenio de UNCITRAL frente al de Bruselas es la desaparición de la culpa o falta náutica. Sin embargo, la doctrina había denunciado la injusticia de la exoneración del porteador por la culpa náutica. De hecho no se entiende como el cargador completamente ajeno a la actividad del transporte, para eso lo confía a un profesional que se dedica habitualmente a esa actividad, deba correr con las pérdidas o daños causados por la negligencia de los dependientes del porteador. Se podrá decir que tampoco es justo imponer una responsabilidad al porteador cuando no existe su culpa personal, pues el daño es obra de sus dependientes, pero más injusto resulta imponerla al cargador que no tiene ninguna relación con esos dependientes, que en cambio los ha elegido el porteador y son sus dependientes (culpa *in eligendo* e *in vigilando*). La responsabilidad vicaria, o por personas por las que se debe responder, es una categoría pacífica en los ordenamientos civilistas, pero fueron las presiones de intereses y la necesidad de avanzar en la regulación uniforme lo que en su día justificó la culpa náutica en las Reglas de la Haya Visby, como hemos explicado anteriormente en la génesis del Convenio. Vid. sobre este aspecto la monografía, todavía vigente a pesar del año de publicación, RICCARDELLI, *La colpa nautica*, Padova, 1972.

Art. 18. Responsabilidad del porteador por actos ajenos

El porteador será responsable de todo incumplimiento de sus obligaciones previstas en el presente Convenio que sea imputable a actos u omisiones de:

a) Cualquier parte ejecutante;

b) El capitán o algún miembro de la tripulación del buque;

c) Los empleados del porteador o de una parte ejecutante, o

d) Cualquier otra persona que ejecute o se comprometa a ejecutar alguna de las obligaciones del porteador con arreglo al contrato de transporte, en la medida en que dicha persona actúe, directa o indirectamente, a instancia del porteador o bajo su supervisión o control.

Se trata de una responsabilidad por hechos de terceros. Pero de ciertos terceros por lo que se debe responder en razón de una especial vinculación o relación con ellos y con el contrato de transporte, que es fundamento de la responsabilidad. Tradicionalmente terceros han sido los denominados auxiliares; es decir, personas (terceros) que ligados con el principal (transportista) por una relación jurídica están, a su vez dotados, de un cierto poder de representación en cuya virtud se relacionan a su vez con terceros (cargador o receptor de las mercancías), asumiendo como propios los actos del principal y, por tanto, produciendo efectos jurídicos en la esfera del representado o principal (el porteador).

El porteador responde por los actos de sus auxiliares, entendido en sentido amplio, para incluir sus empleados o dependientes (colaboradores internos ligados por una relación laboral y con poder de representación) y los colaboradores independientes y los empleados de éstos, en la medida que asumen obligaciones propias del transporte contratado.

En este punto hay que reconocer lo acertado de una redacción tan casuística pues evita problemas de interpretación, que solo la labor jurisprudencial puede corregir[13].

Asimismo, las RR hacen al porteador responsable al cargado de los actos de la "parte ejecutante no marítima", aunque ésta no se encuentre sometida al Convenio.

---

[13] GÓRRIZ LÓPEZ, Carlos: "Estudio comparativo de la responsabilidad del porteador en las Reglas de Róterdam y en el PLGNM", *ADM*, vol. XXVII, 2010, p. 205.

6. Responsabilidad de la parte ejecutante marítima y de la parte ejecutante no marítima

El porteador responde por los actos de la denominada "parte ejecutante" a tenor del art. 19 RR. Se trata de una conquista, que debe ser subrayada, en favor de un mayor equilibrio contractual, que en este caso beneficia al cargador. Es lo cierto que la situación llegó a ser insostenible pues el vacío anterior permitía, según la jurisdicción competente, exonerar de responsabilidad al porteador contractual cuando éste no realizaba materialmente el transporte y el porteador efectivo o ejecutante no podía ser demandado por falta de legitimación formal; en los documentos no aparecía su nombre o ni siquiera era conocido. La redacción actual del artículo 19 no figuraba en los primeros borradores y fue introducido posteriormente a propuesta de algunas delegaciones[14].

La "parte ejecutante marítima" responde directa y solidariamente, aunque no es parte del contrato ex art. 20.[15] Correlativamente, el titular de la mercancía (cargador o receptor) tiene acción contra ambos: contra el porteador y contra la "parte ejecutante marítima". Las RR permiten, lógicamente, a este último, alegar las mismas exoneraciones y límites de responsabilidad.[16]

Cuestión distinta es la disciplina de los porteadores que ejecutan los trayectos por carretera o ferrocarril, fases consideradas complementarios del transporte marítimo. En estos casos, el porteador responde por sus actos a tenor del (art. 18), conforme al régimen que resulte del art. 26, y sin que puedan beneficiarse de las exoneraciones y limites de responsabilidad aplicables al porteador (art. 4).

La lectura de los trabajos preparatorios arroja luz sobre este extremo. Los denominados "partes ejecutantes no marítimas" han quedado fuera del ámbito de aplicación del convenio a tenor del art. 19). Varias fueron las razones esgrimidas a favor de la exclusión. Por un lado, la coexistencia de

---

[14] Fue durante los trabajos preparatorios a propuesta de las delegaciones de Estados Unidos, Holanda e Italia. Vid. "Propuesta de los Estados Unidos de América", *A/CN.9/ WG.III/WP.34*, 7 de agosto de 2003, p. 4; "Report of Working Group III (Transport Law) on the work of its twelfth session (Viena, 6-17 de octubre de 2003)", *A/CN.9/544*, 16 de diciembre de 2003, p. 7.

[15] *The Rotterdam Rules. An attempt to clarify certain concerns that have emerged*, p. 19, en www. comitemaritime. org/draft/pdf/5RRULES.pdf.

[16] Cfr. arts. 4.1 y 19.1.

otros Convenios internacionales aconsejaba dejar fuera aspectos que no siendo propiamente marítimos, o vinculados solo a la fase marítima por asociación o complementariedad impuestas en un transporte multimodal, podían invadir ámbitos de otros Convenios, por lo demás específicos para esos tipos de transporte, léase por carrera (CMR), o por ferrocarril. Y por otro lado, la diferencia era clara frente a los ejecutantes marítimos pues el transporte marítimo es el objeto directo y principal de las RR.[17]

Para concluir este apartado cabe señalar que el titular de la mercancía dañada se puede enfrentar a una doble situación.

Por una pare, puede dirigir su acción directa y solidariamente contra el portador contractual y contra las partes ejecutantes marítimas. A salvo quedan las acciones de repetición del portador contra los ejecutantes marítimos o no.

Por otra parte, si existen partes ejecutantes no marítimas, el titular de la mercancía podrá entablar la acción al amparo de la normativa, nacional o internacional, que rige ese modo de transporte (carretera, ferrocarril, etc.).

Como se ha señalado con acierto, existen dos estructuras jurídicas, la modal y la multimodal, conectadas por la figura del porteador. Las RR serán aplicables, por un lado, al transporte multimodal asumido por el porteador, salvo lo previsto en el art. 26 para los daños localizados en las fases terrestres; y por otro lado, se aplicarán también al tramo o fase marítima del transporte multimodal que hay sido realizado bien por el porteador contractual o por una parte ejecutante marítima. Sin embargo, las RR no se aplican al transporte terrestre subcontratado, que se rige por su normativa modal específica, nacional o internacional.[18]

---

[17] GÓRRIZ LÓPEZ, Carlos: op. ult. cit., y "Propuesta de los Estados Unidos de América", *A/CN.9/WG.III/WP.34*, 7 de agosto de 2003, p. 4.

[18] GORRIZ LOPEZ, op.loco.cit, y a su vez citando a "Report of Working Group III (Transport Law) on the work of its twelfth session (Viena, 6-17 de octubre de 2003)", *A/CN.9/544*, 16 de diciembre de 2003, p. 7; "Relación con otros instrumentos", *A/CN.9/WG.III/WP.78*, 21 de septiembre de 2006, p. 16 ("*En rigor, todo el régimen de la responsabilidad del proyecto de convenio ha quedado ahora circunscrito a la responsabilidad del porteador y de la parte ejecutante marítima, por lo que el proyecto de convenio no se ocupa del régimen jurídico aplicable a todo tramo que el porteador subcontrate por algún medio de transporte no marítimo. El Grupo de Trabajo tal vez estime que no procede que el proyecto de convenio, que define claramente por su ámbito de aplicación, ose determinar cuál es la norma de origen convencional o legal que, a tenor de sus propios términos, será aplicable a las relaciones entre el porteador y una parte ejecutante no marítima*").

7. Responsabilidad por retraso

Ya hemos indicado que las RR regulan expresamente el retraso en el citado art. 21. Por tanto, el porteador responde de los daños y perjuicios que haya causado el retraso. El problema es que el Convenio solo regula la responsabilidad por retraso cuando se haya pactado expresamente; es decir, las partes han indicado a partir de cuando se considera que hay retraso. Pero fuera del pacto expreso, no define que se entiende por retraso. Y hay que recurrir a la interpretación. El examen de otros instrumentos internacionales permite concluir que retraso existe cuando no se entregan las mercancías en un plazo "suficiente" o "razonable".[19]

8. Limitación de la responsabilidad

Pero el daño y la negligencia del porteador no son elementos suficientes para que el perjudicado quede indemnizado completamente. Es más, según las RR nunca será indemnizado íntegramente. Es el principio de la limitación de la responsabilidad, que tradicionalmente distingue al Derecho marítimo. Dicho con mayor rigor, el portador declarado responsable puede limitar la deuda resarcitoria. Su obligación de pagar (sic. indemnizar) se contrae no al importe mismo del daño probado sino a la suma límite que señala la ley, en este caso las RR.

Ya hemos dicho que la unificación internacional del transporte marítimo contó desde el principio con el beneficio de la limitación del *quantum* indemnizatorio. Técnicamente no se trata de compensar el rigor de una responsabilidad objetiva o por causa, sino de una transacción exigida por la negociación en aras de la unificación normativa. En los sistemas modernos de responsabilidad por causa, la obligación de resarcimiento no se iguala al daño efectivamente causado, como exige la tesis indemnizatoria donde la víctima debe quedar en la misma posición, como si el daño no se hubiera producido. Para paliar esa obligación absoluta se modera el importe a una cantidad inferior, fijada legalmente. Pero en las reglas uniformes que rigen el transporte marítimo, además de negarse la responsabilidad objetiva pues ya vimos que se basa en la culpa con inversión de la carga de la prueba

---

[19] Cfr. art. 16.3 CTM; art. 5.3 RH; art. 20.1 CMR; art. 29.1 CIM.

La Responsabilidad del Porteador en las Reglas de Rotterdam

al cargador, al porteador se le concede el beneficio de la limitación de la deuda. Ese fue uno de los pactos para que el Convenio de Bruselas de 1925 pudiera ser aprobado, en compensación a la limitación de los supuestos de exoneración y al carácter imperativo. Y así ha sido sin solución de continuidad en todos los protocolos y Convenios sucesivos. Y naturalmente, las Reglas de Rotterdam no son una excepción. Se mantiene el mismo sistema con la salvedad de los importes que se aumentan ligeramente. La estructura es idéntica: el cálculo se hace en referencia a los derechos especiales de giro y por kilo, bulto o unidad.

Un análisis comparativo entre los tres instrumentos internacionales da el siguiente resultado: Bruselas: 666 DEG por bulto o unidad. Hamburgo: 833 DEG por bulto o unidad. Rotterdam: 875 DEG por bulto o unidad. Si aceptamos que 1 DEG = 1.5.-€, el importe máximo de la indemnización por bulto o unidad, en las reglas de Rotterdam, es igual a 31.125.-€.

Si la carga se transporta por kilos, y no por paquetes (contenedores normalmente), el resultado es el siguiente: Bruselas: 2 DSG por kilogramo de peso bruto. Hamburgo: 2,5 DSG por kilogramo de peso bruto. Y Rotterdam: 3 DSG por kilogramo de peso bruto.

Las cifras permiten comprobar en cada caso y en cada Estado si el aumento de 209 DEG (166.-€ aproximadamente) por bulto o unidad entre Bruselas y Rotterdam, o 42 DEG (32.-€ aproximadamente) por bulto unidad entre Hamburgo y Rotterdam, justifica la ratificación por este capítulo.

Por otra parte, siendo un principio pacífico se mantiene en las Reglas de Rotterdam que el porteador pierde el beneficio de la limitación si existiese dolo o intención, dolo eventual o culpa personal. El Convenio emplea la expresión de "culpa personal intencional o inexcusable".

Contemplando el panorama internacional, la situación resulta altamente compleja y controvertida pues la disparidad observada entre los distintos Convenios hace más difícil la unificación considerando la posición de cada Estado en punto a la ratificación. Como botón de muestra podemos constatar lo siguiente. Los países hispanoamericanos en general son contrarios a la ratificación de las Reglas de Rotterdam porque siendo cargadores preferentemente, no aceptan la limitación de la responsabilidad, o en todo caso, los nuevos límites los consideran insuficientes.

Pero hay más, cada Estado hará sus propios cálculos, en función de su posición del Convenio en el que sea Parte. Por ejemplo, Brasil como no ratificó ningún Convenio, no parece que esté interesado a cambiar su posición introduciendo una limitación cuando no lo reconoce en su derecho interno, el único aplicable, insistimos por no se parte de Bruselas, Hamburgo o Rotterdam. Más curioso resulta el caso de Argentina que siendo parte del Convenio de Bruselas de 1925, pero no habiendo ratificado el Protocolo de Visby de 1968, ni tampoco Hamburgo, la limitación se rige por el patrón oro, es decir, los francos poincaré, y los límites son muy superiores a los previstos en las Reglas de Rotterdam, ya que la referencia al oro es sensiblemente más favorable que los derechos especiales de giro, referenciados al dólar y al euro.

9. Conclusiones

Las RR suponen un avance en favor de un mayor equilibrio entre las partes contratantes. El cargador claramente mejora su posición para obtener satisfacción por los daños causados durante el transporte. El fundamento de la responsabilidad basado en una culpa presunta, la eliminación de la culpa náutica, y las reglas sobre el "onus probandi" son aportaciones en defensa del cargador.

Sin embargo, los tres problemas principales que perseguirán a la disciplina de la responsabilidad en las RR, si es que finalmente entran en vigor, son a mi juicio los siguientes.

El primero y más importante es, quizás, la inutilidad del planteamiento del Convenio en su totalidad. Porque mal que pene a los especialistas en Derecho marítimo, hoy el mercado demanda un transporte puerta a puerta y un régimen único de responsabilidad. Al mundo económico, que debe imponerse al legal, no le interesan las especialidades o diferencias legales, sino la uniformidad legal. Quiere seguridad jurídica, que pasa por tener un régimen uniforme, no dispar. Y por supuesto necesita de un transporte que le lleve la mercancía desde el origen inicial al destino final. Y ambos, inicial y final, se encuentran principalmente en tierra y por eso exige un transporte multimodal o puerta a puerta. Las RR no ha resuelto este problema, mas bien lo agrava al introducir un instrumento internacional más, abandonando el Convenio de transporte multimodal, que por cierto nunca entró en vigor.

El segundo problema deriva de la injusticia que supone el régimen de limitación de responsabilidad, cuestión que sin embargo no hemos tratado en esta ponencia. ¿Por qué el cargador no tiene derecho a ser indemnizado por la totalidad de los daños? El argumento de la inviabilidad del negocio naviero sin límites de responsabilidad es inasumible. Además del esquema del seguro que permite esa cobertura y viabilidad, ya no existen argumentos de antaño que basados en la lejanía e incomunicación justificaban filosóficamente la limitación del resarcimiento.

El tercer y último problema es el de la falta de uniformidad llegado el momento de la verdad; es decir, de la aplicación de las RR al caso concreto. Ya sabemos que no existe un tribunal supranacional que unifique la jurisprudencia. Todo queda a la interpretación del TS de cada uno de los ordenamientos que han introducido el Convenio en su derecho interno. Por esta razón lamentamos que nuestra propuesta de exigir, vía protocolo internacional, el compromiso de los Estados Parte de las RR de enviar las sentencias firmes al depositario (Secretaría de la ONU) y que estas sean tenidas en cuenta por los respetivos TS a la hora de dictar su resoluciones respetivas.

FROM THE HAGUE TO ROTTERDAM:
REVOLUTION OR EVOLUTION?

MARCO LOPEZ DE GONZALO[*]

The title of this paper should perhaps more properly read "From the Hague to Rotterdam, *via Visby and Hamburg*". What I am suggesting is that, in considering whether from the Hague Rules to the Rotterdam Rules there has been a *revolution* or just an *evolution*, we should also take into account what happened in between, namely the Visby Protocol to the Hague Rules and the Hamburg Rules. As a result, some provisions of the Rotterdam Rules, which might look as a revolution if compared with the original text of the Hague Rules, would perhaps be more properly assessed as an evolution, if the comparison includes also the Hague-Visby Rules and the Hamburg Rules.

By the way, one might also wonder: whatever happened to the Hamburg Rules? Whilst the Hague-Visby Rules can reasonably be described as a success, as they have been ratified by a large number of States (although, I understand, not by Portugal), the Hamburg Rules have been a failure and are in force only in a very limited number of States. An enquiry about the reasons why the Hague-Visby Rules were a success, whilst the Hamburg Rules were a failure, could give us some indication in guessing whether the Rotterdam Rules are going to be a success or a failure. Perhaps the Hamburg Rules were (rightly or wrongly) perceived as too much of a revolution in respect of the Hague (or Hague-Visby) Rules and this was fatal to their

---

[*] Professore nell'Università di Milano.

widespread acceptance. Will the Rotterdam Rules also be perceived as a revolution? And how will this impact on their prospects of being ratified by a large number of States?

I have said that in assessing whether the Rotterdam Rules are a revolution, or just an evolution, in respect of the Hague Rules, we should take into account also the Hague-Visby Rules and the Hamburg Rules; I would now add that our exercise in comparison should extend also to international conventions relating to other modes of transport, such as the Geneva 1956 CMR Convention on carriage by road, the Montreal 1999 Convention on carriage by air (incidentally: is it a revolution or an evolution from the Warsaw 1929 Convention?), the Geneva 1980 Convention on multimodal transport (another well known failure and again we should wonder why).

When we compare the Rotterdam Rules to the Hague Rules, the first difference which immediately attracts our attention is a matter of *quantity*. The Hague Rules are made of sixteen articles, which become seventeen by the addition of art. IV bis with the Visby Protocol. The Rotterdam Rules are made by ninety-six articles. Surely something has changed.

How comes that sixteen (or seventeen) articles were considered, for the best part of the XX century (and, to a large extent, today) to be adequate to cover the subject, whilst now ninety-six articles are considered necessary?

The answer can be found in the structure of the Rotterdam Rules. There are in fact some entirely *new chapters*, covering subject matters which were totally absent in the Hague Rules: "Delivery of the Goods" (chapter 9), "Rights of the Controlling Party" (chapter 10), "Transfer of Rights" (chapter 11).

"Jurisdiction" (chapter 14) and "Arbitration" (chapter 15) are also "new" chapters, but perhaps not so much so, if we extend our comparison (as I suggested we should do) to other conventions. The Hague (and Hague-Visby) Rules are notably the only convention on international carriage of goods not having provisions on jurisdiction and arbitration; provisions on these subjects are however to be found in the Hamburg Rules, in the CMR Convention, in the Montreal Convention, so that it should come as no surprise that also the Rotterdam Rules deal with jurisdiction and arbitration.

Other chapters are not "new" but the relevant subject matter is covered in much more detail than it was the case in the Hague Rules: I am thinking in particular of the liability of the shipper (chapter 7) and of the transport documents (chapters 3 and 8).

It seems clear then that it is not just a matter of quantity but, more properly, a matter of *quality*.

Unlike the Hague Rules (or, for that matter, the Hamburg Rules), the Rotterdam Rules are not just a set of rules dealing basically with (almost only) the liability of the carrier; the Rotterdam Rules are (or at least intend to be) a *comprehensive code* on the international carriage of goods (wholly or partly) by sea. The scope of the Rotterdam Rules is certainly much more ambitious than that of the Hague Rules and this is why the text is considerably longer and, inevitably, more complicated.

One further comment is closely linked to what I have just said and it concerns the *drafting technique* of the Rotterdam Rules.

We do not find in the Rotterdam Rules synthetic provisions drafted in general broad language (which in turn reflects general broad principles) as we are used to find in the civil codes of continental European countries. Instead we find many definitions, very detailed provisions, rules which have exceptions and, often, exceptions to the exceptions.

There may be several explanations for this drafting technique. One is that it reflects a common law, rather than a civil law, attitude, with its scepticism towards general principles. Another one may be that the accumulation of details is the result of the sediment of previous case law on the Hague and Hague-Visby Rules. A desire to avoid different interpretations in different States, reducing as far as possible the scope for discretion by the interpreter, may also have played a role (although the idea of achieving certainty by detail may be questionable). Certainly, the final wording is the result of long and difficult negotiations and this is clearly apparent.

Turning now to the contents of the Rotterdam Rules, we should first consider its *scope of application*. Here there is certainly something really *new*. The Rotterdam Rules do not apply to carriage by sea only and instead cover also carriage which includes legs performed by other modes of transport. A significant weakness of the Hague Rules is that they apply only to "port to port" transport; the Rotterdam Rules overcome this weakness and apply to "door to door" transport.

The Rotterdam Rules however are not a convention on *multimodal* transport (like the unfortunate Geneva 1980 Convention); they are rather, as their title itself clearly indicates, a convention on the international carriage of goods "wholly or partly by sea" or, as it is often said, a "*maritime plus*" convention.

The problem of an appropriate regime for multimodal transport as such, in its broad complexity, is therefore left unresolved. More precisely, a limited partial solution is provided in respect of that particular type of multimodal transport which is an extension of international carriage by sea. Other partial solutions for particular types of multimodal carriage can be found in art. 2 of the CMR Convention or in art. 18.4 of the Montreal Convention.

The enlarged scope of application of the Rotterdam Rules, extending to the carriage of goods "wholly or partly by sea" is then perhaps less of a revolution than it might appear at first sight and could instead be viewed as a necessary update, simply acknowledging the reality of technical and commercial changes which make "door to door" carriage the rule, rather than the exception, in liner transport.

Clearly, dictating rules meant to apply (also) to multimodal "door to door" carriage is not without consequences on the structure of such rules. Firstly, more actors come into play and, generally, the level of complexity increases significantly. Secondly, the problem of potential conflicts with other conventions must be tackled and it is certainly not an easy task.

The other provisions defining the scope of application of the Rotterdam Rules can be discussed more briefly.

The geographical connecting factors (art. 5.1) can be read as a logical consequence of the Rotterdam Rules applying to the international carriage of goods "wholly or partly" by sea; having this in mind, they do not substantially differ from those of other conventions (e.g. the Hamburg Rules).

A more significant departure from the Hague-Visby Rules and Hamburg Rules is the disappearance of the parties' autonomy, expressed in the form of a Paramount clause, as a connecting factor, triggering by itself the application of the convention. The reasons for this choice, which brings the clock back to 1924 with the original version of the Hague Rules, are not immediately clear.

The scope of application ratione materiae of the Rotterdam Rules is defined by art. 6 in a rather elaborate way, referring simultaneously to the type of *trade* (liner or non-liner), of *contract* ("contract for the use of a ship or a space thereon"), of *document* (charterparties, transport documents or electronic transport record). The picture is further complicated by the appearance of "volume contracts" (as defined at art. 1.2): a rather mysterious object, at least in European civil law countries. Despite the difficulty of art. 6 of Rotterdam Rules and its departure from the simpler language of the Hague Rules, it might well be the case that, in practical terms, the position will not be much different and the Rotterdam Rules will eventually apply to (almost) the same situations where the Hague Rules applied.

The core of the Rotterdam Rules still remains the *liability of the carrier*. The structure of the Rotterdam Rules shows, in many aspects, elements of continuity with the Hague and Hague-Visby Rules.

Like the Hague Rules, and unlike the Hamburg Rules or conventions relating to other modes of transport (such as the Geneva CMR Convention or the Montreal Convention), before specifying in which circumstances the carrier is or is not liable for loss of or damage to the goods the Rotterdam Rules lay down in positive terms the *duties* of the carrier. Traditionally those duties concerned the seaworthiness of the ship and the care and custody of the cargo; the latter is substantially unchanged; there is instead an important difference in respect of the *seaworthiness* obligation, which is no longer confined to the beginning of the voyage and now extends throughout the voyage.

Art. 11 of the Rotterdam Rules adds a third (rather, a first) obligation of the carrier, i.e. the duty to *deliver* the goods at destination. It may however be assumed that such an obligation was implied in the Hague Rules (as well as in any other international carriage convention).

It is now time to examine in more detail the provisions of the Rotterdam Rules dealing with the liability of the carrier, in order to find out whether and to what extent they depart from the model of the Hague Rules.

Firstly the rules governing the liability of the carrier are (with the exception of volume contracts) of a *mandatory* nature. The position in this respect is therefore the same than under the Hague Rules. It is interesting to note that also the rules applying to the liability of the *shipper* are mandatory rules.

Secondly, the liability of the carrier is not a strict liability. The basis of liability remains *fault*; more precisely "presumed fault", i.e. cargo interests only have to prove that the goods were lost or damaged and then the burden of proof is on the carrier.

Thirdly the proof that the carrier must provide can not consist only in establishing that he exercised due diligence; the carrier must specifically identify the *cause of the damage*, in order to then prove that it was something beyond his control. This has the important consequence that the carrier is liable for the loss of or damage to the cargo when the cause of such loss or damage remains unknown.

So far, the basic principles applying to the liability of the carrier appear to be the same in the Rotterdam Rules as in the Hague Rules.

I have said that, both in Hague Rules and in the Rotterdam Rules, once the cargo receiver has proved that the cargo was lost or damaged, the *burden of proof* is then on the carrier. The Hague Rules stop here. The Rotterdam Rules go somewhat beyond, with what has sometimes been described as the "tennis game" of art. 17. However, the possibility for cargo interests to counter the evidence submitted by the carrier in order to discharge his burden of proof was not unknown under the Hague Rules. The mechanism laid down in considerable detail by art. 17 of the Rotterdam Rules therefore seems to be more elaborate than the one provided by the Hague Rules but not radically different.

Equally the description in terms of *probability* of the burden of proof provided in art. 17.5 of the Rotterdam Rules (which somehow seems to echo art. 18.2 of the Geneva CMR Convention) might look less of a departure from tradition if one thinks that civil cases in European Courts are often decided "on balance of probabilities".

Art. 17 of the Rotterdam Rules also takes into account the possibility of *concurring causes*. The Hague Rules are silent on this issue, but this does not mean that, even when applying the Hague Rules, national courts would not be prepared to acknowledge the existence of concurring causes and apportion liability accordingly.

The circumstances which the carrier must prove in order to avoid liability are set out in the Hague Rules in the form of the well known list of "excepted perils"; this is indeed one of the most notable features of the Hague Rules, due to their historical origin as a series of admissible contractual clauses. In the Hamburg Rules, to the contrary, there is only a general description of the circumstances which the carrier can invoke in order to avoid liability: the carrier must prove "that he, his servants or agents took all measures that could reasonably be required to avoid the occurrence and its consequence". This departure from tradition is often indicated as one of the reasons for the very limited acceptance of the Hamburg Rules.

On this issue, the Rotterdam Rules are certainly much closer to the model of the Hague Rules than to the one of the Hamburg Rules. The list of *excepted perils* is in fact retained and the positioning of the equivalent of letter (q) of art. IV.2 of the Hague Rules at the beginning, rather than at the end, of the list does not seem to make much of a difference.

A difference is certainly made by the (much lamented) departure of the *"fault in the navigation or management of the ship"*. This is not really surprising: "fault in the navigation or in the management of the ship" has often been described as anachronistic, had already disappeared in the Hamburg Rules, its equivalent in carriage by air (i.e. "faute de pilotage") had already been taken out of the Warsaw Convention with the Hague 1955 Protocol. In practical terms, it is also open to question how much of a difference the departure of "fault in the navigation or in the management of the ship" will really make: a review of case law would indicate that in many jurisdictions judges are rather reluctant to uphold defences based on "fault in the navigation or in the management of the ship".

The question eventually is: has the *balance shifted* in favour of cargo interests? I would answer: possibly yes, but not dramatically. I would also add that, in answering the question, we should also take into account the rather rigorous regime which is now provided for the liability of the shipper.

The overall picture of the rules governing the carrier's liability should include also an analysis of how such rules apply to claims in *tort*, claims against the *servants or agents* of the carrier, claims against the *actual carrier* or *performing parties*.

The Hague Rules, in their original 1924 version, are notably silent on this issue and the problem was tackled on a contractual level by means of the Himalaya clauses. The Visby Protocol marked a significant improvement in this respect: as a result of the addition of art. IV bis, the Hague-Visby Rules apply also to claims in tort against the carrier and to claims against the servants or agents of the carrier.

Then, starting from carriage by air, with the Guadalajara 1961 Convention, the notion of "actual carrier" was elaborated and was later imported into carriage by sea with the Hamburg Rules, where the actual carrier was made subject to the same rules on liability provided for the contractual carrier.

Therefore, whilst apparently a significant innovation from the Hague Rules, the provisions in the Rotterdam Rules on the liability of servants or agents and of performing parties are not really something new if considered in the historical perspective I have briefly outlined.

An interesting point to be noted on this subject is, again, the parallelism with the liability of the shipper, which extends also to the *"documentary shipper"*, i.e. "a person, other than the shipper, that accepts to be named as shipper in the transport document or electronic transport record".

If we turn to *limits of liability*, there seems to be nothing new, except an increase in the relevant amounts and a provision in respect of limitation for damages by delay (which is not really new, as there was already something very similar in the Hamburg Rules, as well as in the CMR and in the Montreal Convention). A subtler, but conceptually more significant innovation is in art. 59, where limitation is provided in relation to "the carrier's liability for breach of its obligations", i.e. (at least *prima facie*) for any breach of any obligation, and not just for loss of, or damage to, the goods.

Finally I would like to deal briefly with one more issue, namely *transport documents*. The rules laid down for electronic documents appear to be no more than an obvious and necessary update; the same, in my view, applies to the possibility to issue non-negotiable transport documents (as it has become rather common in liner trades) and not just negotiable bills of lading. The crucial point in relation to transport documents is their *evidentiary value*: although certainly much more detailed than those in the Hague or Hague-Visby Rules, the relevant provisions of the Rotterdam Rules, including those relating to remarks and reservations, do not seem to mark a revolution, especially if we take into account the case law which has accumulated over this subject with reference to the Hague and Hague-Visby Rules.

Coming to the end of this cursory examination, if I have to draw a conclusion, I would say that the Rotterdam Rules, although bringing significant innovations (and hopefully improvements), rather than being a radical departure from tradition, still remain within the conceptual framework of transport law as we presently know and understand it; in a word: an *evolution* and not a *revolution*.

IL CONTRATTO DI VOLUME E LE REGOLE
DI ROTTERDAM

ALFREDO CALDERALE[*]

SOMMARIO: *1. La definizione contratto di volume nelle Regole di Rotterdam e nei testi legislativi; 2. Analisi economica del contratto di volume; 3. Il contratto di volume tra formulari e disposizioni legali negli ordinamenti di* civil law; *4. La natura giuridica del contratto di volume e dei contratti 'applicativi' negli ordinamenti di* civil law; *5. Contratto di volume e* Ocean Liner Service Agreement; *6. Il contratto di volume nelle Regole di Rotterdam.*

1. La definizione di contratto di volume nelle Regole di Rotterdam e nelle leggi nazionali

Della Convenzione sul «Trasporto internazionale di merci completamente o parzialmente via mare», elaborata dalla Commissione delle Nazioni Unite per il Diritto Commerciale e nota anche come «Regole di Rotterdam»[1], l'art. 1 è uno dei pochi testi normativi in vigore o in cantiere a definire il contratto di volume. Secondo tale articolo il contratto di volume è «un contratto di trasporto che prevede il trasporto di una specifica quantità di merci in una serie di spedizioni durante un periodo di tempo

---

[*] Professor da Faculdade de Direito da Universidade de Foggia.

[1] Il 23 settembre 2009 a Rotterdam la Convenzione è stata aperta alla sottoscrizione degli Stati. 15 Stati l'hanno firmata in quella circostanza. Affinché la Convenzione entri in vigore è necessaria l'adesione di 20 Stati.

94 Alfredo Calderale

convenuto. La specificazione della quantità può includere un minimo, un massimo o una forcella>[2]. Un *transport document*[3] o un *electronic transport record*[4] può essere emesso in relazione a ciascun viaggio. La definizione in parola è analoga a quella contenuta nel preambolo del *Decreto-lei* portoghese n. 191 del 29 aprile 1987 sul contratto *de fretamento de navio*[5]; a quelle racchiuse nei codici dei Paesi baltici[6], segnati da un alto grado di omogeneità[7]; a quella dell'*art.* L-4451-2, introdotto in Francia dall'*Ordonnance n.* 2010-1307 del 28 *octobre* 2010, disposizione che si riferisce alla navigazione fluviale[8], e a quella dell'*art.* 258 dell'*Anteprojecto de Ley de Navegación Marítima* attualmente in discussione in Spagna[9]. Essa è inoltre in linea con la definizione legale di *Ocean Liner Service Agreement*

---

[2] Per una sintetica illustrazione della disciplina di questo contratto secondo le regole di Rotterdam, si rinvia a M. JANUÁRIO DA COSTA GOMES, *Introdução às Regras de Roterdão – A convenção "marítima-plus" sobre transporte internacional de mercadorias*, in M. JANUÁRIO DA COSTA GOMES (coord.) *Temas de direito dos Transportes*, Vol. I, Coimbra, 2010, p. 48 ss.

[3] Sulla nozione di *transport document* secondo le Regole di Rotterdam, cfr. l'art. 1(14).

[4] Cfr. l'art. 1(18).

[5] In tale preambolo si legge che « *O núcleo da convenção está em que um empresário (industrial, comercial ou agrícola) estabelece com um armador que este assegurará a deslocação, em um o vários navios, dentro de um certo período, de um volume determinado (ou determinável) de mercadorias, mediante o pagamento de um frete calculado por tonelada ou por qualquer outra unidade de medida*».

[6] Tra questi, la *s.* 362 del codice marittimo norvegese, intitolato *scope of application*, recita che « *The provisions relating to quantity contracts apply to carriage by ship of goods divided into several voyages within a given period*».

[7] GORTON, *Nordic Law in the Early 21st Century Maritime Law*, in *Scandinavian Studies in Law*, Stockholm, 2007, p. 107 ss.

[8] La disposizione in questione dice: «*Le contrat au tonnage est celui par lequel le transporteur s'engage à transporter pendant une période fixée par le contrat un tonnage déterminé contre le paiement d'un fret à la tonne*». Sul codice transalpino dei trasporti, si veda la sintesi di BERLINGIERI, *Il nuovo code des transports francese*, in *Dir. Mar.*, 2011, p. 1044.

[9] l'*art.* 258 recita:« *El contrato podrá referirse al transporte de un conjunto de mercancías en varios barques o varios viajes aplicándose en tal caso las disposiciones referentes al fletamento or viaje a cada uno de los pactados, salvo pacto diverso entre las partes*». Sul punto, LÓPEZ RUEDA, *Las Reglas de Rotterdam. Un régimen uniforme para los contratos de volumen?*, in ARROYO, *Anuario de Derecho Maritimo*, Vol.XXVI, 2009, p. 106.

esistente negli Stati Uniti [10]. Anche alcune sentenze [11] e la dottrina, che ha preso a studiare il contratto di volume negli ultimi trent'anni, si sono espresse in questi termini[12]. Tali definizioni riflettono la prassi negoziale affermatasi negli ordinamenti sia di *civil law*, nei quali l'accordo si chiama *contrat de tonnage* in Francia e contratto di «volume» in Italia, in Spagna e in Portogallo, sia negli ordinamenti di *common law*, dove il contratto prende il nome di *contract of affreightment* (COA) o di *volume agreement* o di *quantity contract*.

Come si evince dallo stesso *nomen*, l'essenza dell'accordo è nell'obbligo del vettore (*owner* o *carrier*) di fornire al caricatore (*charterer* o *shipper*), per un periodo più o meno lungo, una determinata capacità di trasporto navale da utilizzare in più viaggi, e negli obblighi del *charterer* di consegnare al vettore merce da trasportare nella quantità e nei tempi stabiliti e di pagargli il corrispettivo[13]. Nelle stesse definizioni del contratto la parola *quantity* e il modo di definire la quantità delle merci evidenziano la centralità del carico, tradizionale oggetto di disciplina nella storia del diritto dei trasporti via mare[14], e rinviano alla pratica di grossi carichi stipati nella

---

[10] Tale contratto è definito nell' *American Carriage of Goods by Sea Act* nel modo seguente: «*A written contract other than a bill of lading or a receipt, between one or more shippers and an individual ocean common carrier or an agreement between or among ocean common carriers in which the shipper or shippers makes a commitment to provide a certain volume or portion of cargo over a fixed time period, and the ocean common carrier or the agreement commits to a certain rate or rate schedule and a defined service level, such as assured space, transit time, port rotation, or similar service features. The contract may also specify provisions in the event of non-performance on the part of any party*». Cfr. RHIDIAN, *The Enigma of Volume Contracts*, in *The Carriage of Goods by Sea under The Rotterdam Rules*, Lloyd's list, London, 2010, p.18.

[11] Per esempio, in Francia, *CA Paris*, 5 *janvier* 1988, in *DMF*, 1990, p. 570.

[12] TASSEL, *Le contrat de tonnage*, in *Gazette de Chambre Arbitrale Maritime de Paris*, 2005, n.7, p. 3.

[13] Sulla complessità di tali contratti, si veda, sin da ora, MAGNENAT, *Essai sur la nature juridique du contrat d'affrètement*, Lausanne, 1948, p. 15.

[14] Si veda già l'articolata disciplina contenuta nel Consolato del Mare e, tra le diverse disposizioni, alcune di quelle poste a tutela dell'integrità del carico durante il viaggio. Per esempio, era fatto obbligo di tenere gatti a bordo affinché dessero la caccia ai topi che avrebbero potuto rodere il carico sicché « trovandosi guaste da Topi le merci in Nave per mancanza di Gatti, è tenuto il Padrone a rifarne i danni». Cfr. *Consolato del Mare colla spiegazione di* Giuseppe Maria Casaregi, Venezia, MDCCXXXVII.

stiva della nave o contenuti in *containers* [15]. Un contratto di volume può assumere la forma di un *liner contract* [16] o di un *non liner contract*[17]. È anche importante distinguere tra contratto di volume e *rate agreement*. Se in previsione di stipulare un *rate agreement* lo *shipper* chiede il prezzo per la spedizione di una quantità di merce *'estimated, but not guaranted'* e il *carrier* comunica il prezzo, in realtà non si sta per concludere un contratto di volume perché lo *shipper* non garantisce al *carrier* di consegnargli una quantità di merci definita più o meno esattamente[18].

2. Analisi economica del contratto di volume

Il contratto di volume è un importante prodotto della prassi mercantile internazionale affermatasi nel settore del trasporto marittimo di merci nei primi anni del Novecento e consolidatosi negli ultimi decenni del secolo scorso. In Francia, per esempio, esso conobbe una notevole diffusione tra gli anni Settanta e Novanta del secolo scorso in relazione al trasporto di banane, altri frutti tropicali e legumi. Dal 2005 anche le grandi imprese cinesi di *export-import* vi fanno usuale ricorso[19]. La sua recente affermazione nel mondo intero si spiega con la globalizzazione dell'economia che esalta la necessità di collegare i luoghi di produzione ai luoghi di consumo e, più specificatamente, con la crescente industrializzazione dei cicli del trasporto marittimo realizzata mediante l'uso di unità di carico standard,

---

[15] MUKHERJEE & BAL, *A Legal and Economic Analysis of the Volume Contract Concept under the Rotterdam Rules:Selected Issues in Perspective*, in *JIML*, 2010, p. 251.

[16] L'*art*.1(3) delle *Rotterdam Rules* definisce «liner transportation» come « *a transportation service that is offered to the public through publication or similar means and includes transportation by ships operating on a regular schedule between specified ports in accordance with publicly available timetables of sailing dates*».

[17] *L'art*.1(4) delle *Rotterdam* Rules definisce *non-liner transportation* come «*any transportation that is not liner transportation*».

[18] Cfr. MUKHERJEE & BAL, *A Legal and Economic Analysis*, cit., p. 251, i quali sottolineano che la differenza pratica tra i due contratti in questione è che, se un altro *carrier* offre un nolo più basso, lo *shipper* può accettare l'offerta maggiormente vantaggiosa per trasportare il resto del carico slegandosi dal precedente *carrier* proprio perché non si è obbligato verso di lui a consegnargli tutta la merce da spedire.

[19] BONASSIES *et* SCAPEL, *Traité de droit maritime*, Paris, 2006, p. 481.

i *containers*[20], capaci, insieme all'utilizzo di navi di gigantesche dimensioni, di creare economie di scala nel trasferimento di ingenti volumi di merce a grandi distanze[21].

Il contratto conviene all'*owner* perché, nel periodo fissato, gli consente di sottrarsi al rischio del calo dei noli e, magari, destinare gli incassi attesi all'espansione o all'ammodernamento della sua flotta. Almeno in alcuni mercati, come quello statunitense, il trasportatore è spesso una impresa di grandi dimensioni o un gruppo industriale multinazionale che acquista materie prime e rivende il prodotto finito oppure tratta materie prime o prodotti finiti da collocare sul proprio mercato nazionale o su quelli stranieri. In quanto impegnato contrattualmente ad effettuare una serie di trasporti massivi da distribuire in un certo torno di tempo anche lo *shipper* consegue alcuni vantaggi. Il primo è determinare *ex ante* il costo complessivo di questi trasporti evitando il rischio dell'aumento dei noli. Poiché la lievitazione del corrispettivo del trasporto sarebbe inevitabilmente destinata a ripercuotersi sul valore della merce da vendere, la stabilità di questa voce di costo risulta, in definitiva, più appetibile dell'eventuale ribasso dei noli nel periodo dato. Inoltre, l'impresa può giovarsi dello spirito cooperativo che di solito si sviluppa tra contraenti dai rapporti consolidati e che è prezioso per appianare amichevolmente eventuali controversie. Ancora, il trasportatore risparmia i costi transattivi legati alle singole negoziazioni altrimenti necessarie con diversi vettori ed evita l'immobilizzo di merci in magazzino nell'attesa della stipula di ogni contratto. In questo scenario, le grandi imprese o i gruppi tentati dall'idea di dotarsi di una propria flotta possono trovare utile accantonare il progetto e quando anche decidessero di allestirne una, direttamente o tramite una società collegata, sarebbero

---

[20] Sottolinea l'importanza dell'uso dei *containers* CARBONE, *Contratto di trasporto marittimo di cose*, in (già diretto da) CICU, MESSINEO, MENGONI, (continuato da) SCHLESINGER, *Trattato di diritto civile e commerciale*, Milano, 2010, p. 166. In relazione alla diffusione dei *containers* ARROYO, *Curso de derecho marítimo*, Madrid, Barcelona, 2005, p. 500 s. sottolinea la diffusione del contratto di *fletamento por contenidor (slot charter)*. Lo «*slot*» è una unità di misura equivalente al volume di un contenitore tipo. Il contratto in parola ha per oggetto la disponibilità di un numero determinato di *slot* e non dell'intera nave. Sulla natura giuridica del contratto non c'è accordo in dottrina perché alcuni lo qualificano un *arriendamiento de cosas*, altri una *figura mixta*. Dello *short charter* circola lo schema denominato *Slothire* approvato da BIMCO.

[21] LOMBARDI, *Problemi e prospettive del trasporto terrestre-marittimo di merce in container*, in *Trasporti*, 1974, 2, p. 72 s.

in grado di mettere a frutto l'esperienza accumulata per organizzare nella maniera più efficiente il trasporto delle merci e adottare e gestire al meglio modelli contrattuali da tempo noti[22].

Inquadrato nella venerabile e ampia categoria dei contratti di utilizzazione della nave, per usare l'«empirica» espressione del titolo I del Libro terzo del codice della navigazione italiano del 1942[23] e indicato come forma «ibrida»[24] di più risalenti espressioni dell'autonomia privata quali i contratti di trasporto a tempo o a viaggio[25], il contratto di volume ha acquisto «sufficiente specificità e determinatezza»[26] grazie alla diffusione di dettagliati formulari elaborati dalle organizzazioni di categoria[27] e adot-

---

[22] Tratta con grande chiarezza questi punti Righetti, *Trattato di diritto marittimo*, Parte II, Milano, 1990, p. 412 ss.

[23] L'espressione «contratti di utilizzazione della nave» fu coniata da Domenidò, *Sistema dei contratti di utilizzazione della nave*, Milano, 1937. A questo studioso venne affidato il compito di sistemare la materia dei contratti nel codice della navigazione destinato a venire alla luce nel 1942. Innovando rispetto alla logica del codice di commercio del 1881 che poneva al centro del sistema contrattuale il noleggio, figura estremamente ampia e complessa, il nuovo codice articolò un insieme di figure contrattuali (locazione, comprensiva della locazione a scafo nudo e della locazione di nave armata ed equipaggiata; il noleggio distinto nei due tipi di noleggio a tempo e noleggio a viaggio; il trasporto comprensivo del trasporto di carico, del trasporto di cose determinate e del trasporto di passeggeri, una normativa coordinata con quella dettata dal codice civile, anch'esso del 1942, in materia di contratto di trasporto) distinte nella loro causa, come sottolineato da Romanelli, *I contratti di utilizzazione della nave e dell'aeromobile*, in (a cura di) Tullio e Deiana, *Il cinquantenario del codice della navigazione* (Cagliari, 28-30 marzo 1992), Cagliari, 1993, p.221 ss. Tuttavia, considerando che non tutti i suddetti tipi contrattuali, come pure altre figure non espressamente menzionate dal codice della navigazione, come per esempio, il comodato della nave, hanno per causa, appunto, l'impiego della nave (i casi ritenuti classici, oltre al comodato, sono quelli dell'usufrutto e della locazione) una parte della dottrina ha denunziato il carattere meramente empirico della classificazione, tanto più che essa viene collegata «all'equivoca teoria» della c.d. impresa di navigazione. Su questi punti, si rinvia a Righetti, *op. ult. cit.*, p. 275 ss. e Berlingieri, *Armatore ed esercente di aeromobile*, in *Novissimo Digesto Italiano*, Vol. I, 2, Torino, 1957, p. 957.

[24] Gorton and Hire, *Contracts of Affreightment and Hybrid Contracts, Second Edition*, London, New York, Hamburg, Hong Kong, 1990, p. 64 s.

[25] Righetti, *Trasporto marittimo*, voce del *Digesto delle Discipline Privatistiche, Sezione Commerciale*, Vol. XVI, Torino, 1999, p. 109.

[26] Carbone, Celle, Lopez de Gonzalo, *Il diritto marittimo*, Torino, 2006, p. 217.

[27] Boi, *I contratti marittimi. La disciplina dei formulari*, Milano, 2008, p. 3 ss. sottolinea il ruolo positivo svolto dalla contrattazione standardizzata predisposta da più o meno prestigiose organizzazioni internazionali. I numerosi formulari di contratto offrono agli

tati dagli operatori economici. A tali *forms* bisogna riferirsi per individuare precisamente i diritti e gli obblighi delle parti ed esporre correttamente il tema della qualificazione giuridica del contratto negli ordinamenti di *civil law*[28].

3. Il contratto di volume tra formulari e disposizioni legali negli ordinamenti di *civil law*

Dei molti schemi di contratto di volume relativi a numerosi tipi di merci da trasportare se ne prenderanno in considerazione due tra i più utilizzati. Il primo è il formulario chiamato INTERCOA80, *Tankers Contract of Affreightment, nomen* considerato impreciso perché nell'esperienza inglese il termine *affreightment* si riferisce a tutti i contratti di utilizzazione della nave[29]. Esso è stato predisposto dall'*International Association of Indipendent Tankers Owner* (INTERTANKO)[30] ed adottato dalla BIMCO (*The Baltic and International Maritime Council*). A questo schema si fa ricorso

---

operatori una articolata gamma di soluzioni e riflettono la prassi prevalente nel commercio internazionale marittimo, spesso colmando le lacune delle codificazioni o delle normative nazionali. Poiché le convenzioni internazionali pongono sovente un argine al soverchiante potere contrattuale delle associazioni, si ritiene che questo sistema sia, nel complesso, efficiente sicché non converrebbe ai legislatori nazionali alterarne il delicato equilibrio con iniziative legislative in assoluto contrasto con la prassi e così correre il rischio di mettere fuori gioco gli operatori del Paese specialmente se le nuove norme sono state dichiarate inderogabili. In generale, sulla *lex mercatoria*, GALGANO, *Lex mercatoria*, Bologna, 2010.

[28] Sottolinea l'esigenza di seguire questo metodo, TULLIO, *I contratti di charter party*, Padova, 1981, p. 2 ss.

[29] SCRUTTON, *Charterpartiers and Bills of Landing*, XIX *ed.*, London, 1984, p.1 e, più recentemente, nella dottrina spagnola, LÓPEZ RUEDA, *Las regulas de Rotterdam*, cit., p. 105. Negli anni Novanta del Novecento la precisazione di cui si è detto nel testo aveva indotto TULLIO, *I contratti di charter party*, cit., p. 16 a polemizzare con il presidente del *Documentary Council* della BIMCO secondo il quale il termine in parola sarebbe stato raccomandabile in quanto non solo di uso prevalente nei paesi anglosassoni, ma anche perché, per quanto impreciso potesse essere considerato, sarebbe servito a distinguere l'*affrètement* (noleggio) dal *transport*, questione aperta in molti ordinamenti. Tale conclusione, infatti, non pare accettabile a chi ritiene che anche il contratto di noleggio sia, in realtà, un contratto di trasporto.

[30] L'INTERTANKO è un'associazione non governativa costituita nel 1971 a Oslo con lo scopo di tutelare gli interessi delle imprese cisterniere indipendenti.

per il trasporto dei prodotti petroliferi. Il secondo è il *form* denominato VOLCOA ossia *Volume Contract of Affreightment*, *nomen* più puntuale, emesso dallo stesso BIMCO ed usato per il trasporto di rinfuse solide[31].

Si tratta di contratti base (*steering contract*) che disciplinano solo punti generali del rapporto tra *owner* e *charterer* dalla durata più o meno lunga e che vengono integrati da un *charter party standard* o da una polizza di carico chiamati a regolare ogni singolo viaggio. Questa è, infatti, la prassi contrattuale prevalente[32], di recente presa in considerazione in Spagna dall'*Anteproyecto de Ley de Navegación Marítima*. Dal punto di vista formale il collegamento tra contratto di base e disciplina dei singoli viaggi è assicurato da una clausola a tenore della quale i singoli viaggi saranno, appunto, regolati da un *charterparty* «pro-forma allegato al contratto di base» o «scelto dai contraenti» .

Parti del contratto di volume, come degli altri contratti di trasporto di merci, sono l'*owner*, ossia colui che fornisce le navi, e il *charterer* cioè colui che le utilizza per trasferire le sue merci da un porto all'altro. La letteratura più attenta ha seguito l'evoluzione dei mercati, in primo luogo di quello statunitense, registrando il mutamento della forza economica degli operatori e le loro strategie commerciali.

In primo luogo, si è osservato che il *charterer* è, di solito, un «*heavy body*», vale a dire «un'impresa di notevoli dimensioni, pubblica o privata o un'organizzazione di produttori o coltivatori o anche una pubblica ammi-

---

[31] I formulari in parola possono leggersi in CARBONE, CELLE, LOPEZ DE GONZALO, *Il diritto marittimo*, cit., p. 253 ss.

[32] Quando il rapporto tra le parti non si presenta particolarmente complesso e il numero dei viaggi è limitato i contraenti possono utilizzare un formulario standard di *charterparty* nel quale inserire clausole riguardanti questioni generali riponendo la massima attenzione nel chiarire se una clausola si riferisce al contratto nel suo complesso o a un singolo viaggio. Le ambiguità possono causare controversie. Per esempio, nel caso *Compagnie d'Armement Marittime v. Compagnie Tunisienne de Navigation*, [1969], in 2 *Lloyd's Rep.* il formulario *Tank Vassel Voyage Charter Party* conteneva una clausola che rendeva applicabile la legge di bandiera della nave. Poiché nei primi quattro mesi erano state utilizzati navi di differenti nazionalità occorse un giudizio per dichiarare l'applicazione della legge francese.

Infine, le parti possono infine dar vita a un contratto che disciplina unitariamente le questioni generali e i singoli viaggi, minimizzando il rischio di clausole contraddittorie. Su questi temi, FALKANGER, *Quantity Contracts: Transportation by Sea Without Reference to a Named Vessel*, in *Scandinavian Studies in Law*, 1977, p. 73 ss; CARVER, *Carriage by Sea*, XIII *ed.*, a cura di COLINVAUX, London, 1982, p. 725 ss e TULLIO, *Il contract of affreightment*, cit., p. 17 ss.

nistrazione», operatori che spesso controllano il porto o una sua zona[33]. A volte, il *charterer* preferisce non manifestarsi all'*owner*. Ciò accade quando, per agire in certi Paesi, egli si serve di *brokers* che non svelano la sua identità[34] o quando, per concludere il *volume contract*, designa una società del gruppo o incarica una società indipendente di agire come «*agent for the contractual charterer*». Se il *charterer* si è nascosto, il vettore corre un maggior rischio di insolvenza della controparte contrattuale dovuto al fatto che essa, costituita per concludere proprio quel singolo affare, può rivelarsi un guscio più o meno vuoto dal punto di vista patrimoniale. Per ridurre il rischio a un livello accettabile, all'*owner* non resta che investigare sulla identità del «vero» *charterer* per chiedergli di rispondere del formale contraente oppure pretendere che sia una banca a garantirne l'adempimento.

Si è detto che «anche l'*owner* non è di solito l'armatore tradizionale che ha la proprietà e/o l'esercizio di una o più navi» perché attualmente sono presenti sul mercato grandi operatori che dispongono di flotte composte di navi proprie e di navi locate o noleggiate o solo di queste ultime. Esistono anche *pools* di *owners* che utilizzano navi proprie o di armatori estranei al *pool*. In questo scenario può accadere che l'*owner* che ha stipulato il contratto sia diverso da quello chiamato a effettuare il trasporto delle merci. Se si verifica questo caso, il *charterer* ha interesse a evitare il trasferimento della responsabilità per le obbligazioni assunte dal vettore contrattuale al vettore di fatto, il che può avvenire mediante la *demise clause*[35] o la più esplicita *identity of carrier clause*[36], clausole che i giudici di molti

---

[33] GORTON and HIRE, *Contracts of Affreightment*, cit., p. 25; GABALDÓN GARCÍA, RUIZ SOROA, *Manual de derecho de la navigación maritíma*, Segunda edición, Madrid, Barcelona, 2002, p. 544. TULLIO, *op. ult. cit.*, p. 20.

[34] Nella dottrina portoghese evidenzia questo dato JOSÉ M. P. VASCONCELOS ESTEVES, *Contratos de utilização do navio*, Vol. II, Lisboa, 1988, p. 16.

[35] «*If the ship is not owned by or chartered by demise to the corporation by whom this Bill of Lading is issued (as may be the case notwithstanding anything that appears to the contrary) this Bill of Lading shall take effect only as a contract with the Owner or demise charterer as the case may be as principal made through the agency of the said corporation who act as agents only and shall be under no personal liability whatsoever in respect thereof.*».

[36] La clausola dichiara che « *Under the contract evidenced by the bill, the carrier is the shipowner and the time or voyage charterer who issues the bill is only the agent, with no liability*».

Paesi hanno trattato, in più occasioni, come invalidi espedienti col quale l'*owner* tenta di sottrarsi alla responsabilità previste da leggi e convenzioni internazionali[37]. Peraltro, nell'ipotesi in cui il *performing carrier* sia «un guscio vuoto» il *charterer* ha sempre la possibilità di sottoporre a sequestro la nave che è stata utilizzata[38].

Il contratto di volume è un contratto di durata e, nel periodo di tempo stabilito dalle parti, determinate navi devono effettuare un certo numero di viaggi per trasportare una data quantità di merci. Di solito, la durata varia da tre a cinque anni. Poiché in ogni caso si tratta di un periodo di tempo abbastanza lungo e, al momento della stipula, è difficile prevedere tutte le sopravvenienze che possano incidere su punti essenziali dell'accordo quali, per esempio, la retribuzione dell'*owner* e la ripartizione dei rischi, è sovente stabilito che determinate clausole dovranno essere rinegoziate ogni anno o ogni due anni e che, se le parti non saranno state disponibili a nuove trattative, la questione verrà deferita ad un arbitro oppure il contratto verrà risolto.

La data di inizio del contratto corrisponde, in genere, all'inizio del periodo di stallia relativo al primo viaggio, che non può essere anteriore a un certo giorno, come stabilisce, per esempio, la clausola 2 del VOL-COA[39], ponendo una regola comune anche ai contratti di trasporto a tempo e a viaggio.

La scadenza può essere regolata in vario modo: a una certa data che conclude un periodo determinato non rinnovabile tacitamente, oppure tacitamente rinnovabile, salvo disdetta, ovvero rinnovabile su richiesta di una delle parti. Se la scadenza non è stata fissata, essa può essere rimessa alla volontà di uno dei contraenti il quale può essere tenuto a mantenere in vigore il contratto per un dato periodo di tempo non riducibile. Se è prevista la disdetta, può convenirsi che il contratto continuerà ad avere vigore per un ulteriore periodo successivo alla notificazione della disdetta stessa[40]. Di solito, un periodo contrattuale particolarmente lungo è diviso in frazioni, ciascuna delle quali segnata da condizioni diverse. In questa

---

[37] Per una rassegna delle decisioni di giudici di *civil law* e di *common law*, TETLEY, *The Demise of Demise Clause?*, in 44 *McGill L.J.*, 1999, p. 807.

[38] GORTON and HIRE, *Contracts of Affreightment*, p. 26 s.

[39] «*The first layday for the initial vassel shall not be before the commencement of the period stated in Box 8 unless with the Charterers'consent*».

[40] GORTON and HIRE, *Contracts of Affreightment*, cit., p. 30.

ipotesi possono sorgere controversie sulle condizioni applicabili a qualunque fatto regolato che si ponga «cronologicamente a cavallo di due periodi contrattuali». È il caso, per esempio, di un viaggio che, iniziato alla fine di un determinato anno, ha avuto termine all'inizio dell'anno seguente e che l'accordo non specifica chiaramente come dev'essere disciplinato[41].

Incertezze possono manifestarsi anche se non risulta chiaro quando l'ultimo viaggio va completato. Stando al VOLCOA l'ultimo viaggio non deve avere data di cancello successiva a quella stabilita per la scadenza del contratto[42]. Se il punto è stato trascurato, la dottrina italiana ritiene che la soluzione debba essere la stessa adottata per i *time charters* dall'art. 388, secondo comma, del codice della navigazione. Secondo tale disposizione l'*owner* «non è obbligato a intraprendere un viaggio la cui durata prevedibile oltrepassi considerevolmente, in rapporto alla durata del contratto, la scadenza del contratto stesso»[43]. In un recente passato, la medesima regola è stata elaborata dalla *House of Lords* in Inghilterra[44].

I formulari hanno clausole che disciplinano l'ipotesi in cui l'esecuzione del contratto venga compromessa da certi eventi, ne distribuiscono il rischio tra le parti e, quando possibile, favoriscono la conservazione dell'accordo.

Se tali accadimenti sfuggono al controllo dei contraenti, essi si divideranno le perdite, secondo le regole generali che, in ogni ordinamento, disciplinano questo caso. Così, trattando della sospensione del contratto fino a quando l'impedimento non imputabile sarà cessato, la clausola 19.1 del VOLCOA stabilisce che nessuna delle parti verrà ritenuta responsabile e che, conseguentemente, il *charterer* non potrà pretendere che venga caricato o trasportato successivamente il carico che non era stato possi-

---

[41] TULLIO, *Il contract di affreightment*, cit., p. 23 offre l'esempio di un contratto concluso per due anni a partire dal 1° gennaio 1992 nel quale il nolo, la quantità di carico e il compenso di controstallia sono stati determinati in misura diversa per ciascun anno. Se il viaggio ha avuto inizio nel dicembre del 1992 e termine nel gennaio 1993 si applicano le quantità previste nel primo o nel secondo anno? Questo può dipendere dal rilievo attribuito all'ordine di compiere il nuovo viaggio, alla data di emissione della polizza di carico o alla data di scaricazione.

[42] Clausola 2:«*No cancelling date under any individual charterparty shall fall later than the final date of the Contract stated in Box 8 unless with the Charterer's consent*».

[43] TULLIO, *Il contract di affreightment*.cit., p. 23, che rinvia a *I contratti di charter party*, Padova, 1981, p. 102.

[44] Nel caso " *The Gregos*", *in Lloyd's Law Rep.*, 1995, I, p. 1.

bile trasportare a causa della sospensione. La medesima clausola prevede l'interruzione definitiva del contratto per causa di forza maggiore. Essa dispone che l'esecuzione del contratto non sarà più ripresa quando risulta evidente che l'impedimento durerà oltre la data di scadenza del contratto. Nella stessa prospettiva, la clausola 19.2 dice che ciascuna delle parti è legittimata a risolvere il contratto se la sospensione si è protratta per più di sei mesi. Un rilievo particolare è attribuito alla guerra, presa in considerazione, come causa di risoluzione, anche da articolate disposizioni legali, come, per citarne due, la *s.* 38 del codice marittimo finlandese e la *s.* 371 di quello norvegese [45].

In questa materia si devono segnalare le severe pronunce dei giudici inglesi, rese al tempo del primo conflitto mondiale, le quali hanno vanificato i comportamenti opportunistici di una parte[46]. Dal canto loro, i formu-

---

[45] Tale disposizione stabilisce che «*If it appears after the charterparty has been concluded that the voyage might cause damage to the vessel, persons on board or cargo because of any war, blockade, revolution, civil commotions, piracy or other armed violence, or such danger has significantly increased, both the owner and the voyage charterer are entitled to consider the contract as discharged without obligation to pay compensation, also in the case when the voyage has already started. The party who wishes to consider the contract as discharged shall notify the other party within reasonable time. If he does not do so, he is obliged to compensate the damage which could have been avoided had the notification been given in due time.*

If the danger can be averted by discharging or unloading a part of the goods, the contract may be considered as discharged in the case of that part only. However, the owner has the right to consider the contract as discharged in its entirety if compensation is not paid or security furnished for the loss of freight and other damage, provided that this does not cause other charterers essential damage or inconvenience». Di analogo tenore è la disposizione norvegese.

[46] In *Associated Portland Cement Manifactures (1900) Ltd v. Cory (William) & Son Ltd*, in 31 *T.L.R.*, 1915, p.442 fu negata la *frustration* del contratto richiesta dall'*owner* che si era obbligato a trasportare, per un basso nolo, cemento dal Tamigi al fiume Forth in Scozia. L'attore aveva giustificato la sua domanda con la circostanza che, a causa della guerra, erano stati chiusi i porti sul fiume scozzese nei quali usualmente si caricava il carbone. I giudici ritennero che il traffico di carbone non era un elemento del contratto. In *Larrinaga & Co. Ltd, v. Société franco-américane des phoshates de Medulla*, in 16 *Asp.M.L.C.*, 1923, p.133, è stata negata la *frustration* del contratto stipulato nel 1913 nel quale erano stati pattuiti due trasporti all'anno da effettuarsi negli anni 1918, 1919 e 1920. Poiché a causa della guerra tre di questi viaggi non erano stati eseguiti e, alla fine del conflitto, il *charterer* aveva invitato l'*owner* ad effettuarli, quest'ultimo, per rifiutarsi, aveva addotto, la indivisibilità della propria prestazione e aveva chiesto la risoluzione del contratto. I giudici motivarono

lari VOLCOA (clausola 20) e INTERCOA80 (clausola K) stabiliscono che, se è scoppiata una guerra, dichiarata o no, tra grandi potenze (Regno Unito, USA, Francia, Giappone, Cina, Russia) ciascun contraente può risolvere il contratto senza dovere alcuna compensazione all'altra[47]. La medesima facoltà di risolvere il contratto è attribuita alle parti dalle disposizioni legali sopra citate, per le quali è rilevante anche «un significativo incremento del rischio di guerra».

Altre clausole prendono in considerazione l'aumento dei costi dell'*owner* relativi a salari, premi di assicurazione, prezzo del carburante, diritti portuali etc. e tendono a trasferire questo aumento sul *charterer* innalzando il nolo pattuito al momento della stipula. Le tecniche rivalutazione del nolo possono essere assai numerose. La più netta è quella secondo cui il *charterer* rimborserà, in tutto o in parte, gli incrementi dei costi reali subiti dell'*owner*[48]. Tuttavia, questa *escalation clause* è poco frequente perché annulla l'incentivo dell'*owner* a contrastare gli aumenti dei prezzi ed è quindi guardata con giustificata diffidenza dal caricatore. Sono perciò più frequenti numerosi altri patti. Tra essi, vi sono quelli che collegano l'aumento del nolo o di una parte di esso a certi indici, curati da enti nazionali o internazionali e basati, per esempio, sulla variazione del costo di determinate materie prime o dei salari degli equipaggi o dei prezzi al consumo. Se s'incamminano su questa strada, le parti devono porre la massima cura nello scegliere un indice appropriato ed essere disposte ad affrontare il

---

la decisione sostenendo che ciascun viaggio conservava la sua individualità e indipendenza. Queste decisioni sono riportate anche da TULLIO, *Il contratto di affreightment*, cit., p. 27.

[47] Si veda però la clausola più puntuale del *form* di *Time Charter* utilizzato dall' *Association of Ship Brokers and Agent (U.S.A.)* secondo cui il *charterer*, che non ha seguito determinate istruzioni dell'*owner*, continua a essere tenuto a pagargli il nolo. Anche questo *form* può leggersi in CARBONE, CELLE, LOPEZ DE GONZALO, *Il diritto marittimo*, cit., p. 221.

[48] GORTON and HIRE, *Contracts of Affreightment*, cit., p. 67 hanno segnalato una clausola di rivalutazione imperniata sui *real cost increases* suggerita dal BIMCO « *The rate of hire agreed in this Charter is based upon level of Owner 's montlhy operating expenses ruling at the date of this charter as shown in the statement for future comparison atteched hereto, including provisions, stores, master's and crew's wages, war bonus and other remuneration, maintenance and usual insurance premiums.*

By the end of every year of the charter period the average monthly expenses for the preceding year shall be compared with the basic statement attached hereto. Any difference exceeding 5%, to be multilied by 12 and regulated in connection with the next hire payment. The same principle to apply pro rata at the termination of the charter for any part of the year».

rischio che esso cessi di esistere durante la vigenza del contratto o che la sua variazione venga resa nota in un momento troppo distante rispetto ai termini entro i quali è previsto l'aggiustamento del nolo. Scelto come punto di riferimento un indice, l' *owner*, per pretendere la rivalutazione del nolo, non è tenuto a dimostrare l'effettivo incremento dei suoi costi[49].

Se sopraggiunge un evento che rende eccessivamente onerosa la prestazione di una parte, ma il contratto risulta lacunoso su questo punto, la questione sarà risolta secondo le regole vigenti nei vari ordinamenti.

In tempi più recenti, però, è maggiormente frequente il richiamo alle disposizioni dei «Principi dei contratti internazionali » (art. 6.2.3), che mettono in esponente l'obbligo delle parti di rinegoziare l'accordo[50], come previsto, a volte, dalla stessa prassi contrattuale[51] in armonia col principio che le parti devono comportarsi in buona fede.

Le sentenze delle corti in tema di *hardship* non sono numerose. Le corti inglesi, chiamate a pronunciarsi su domande di risoluzione del contratto avanzate dal contraente sorpreso dell'aumento dei costi, hanno deciso valutandone la ripercussione sull'andamento dei noli. In un caso in cui, stipulato nel 1913 un contratto quinquennale per dodici trasporti all'anno di fosfati, le spese dell'*owner* erano, al termine della prima guerra mondiale, lievitate fino a 29.000 sterline a fronte del nolo pattuito di 10.000 sterline, il contratto fu considerato *frustrated*. Il giudice Rowlatt ritenne meritevole di tutela la posizione dell'*owner* perché, mentre il prezzo corrente del nolo era straordinariamente lievitato, se egli fosse stato costretto ad adempiere alle condizioni a suo tempo stabilite, avrebbe accusato una perdita pari a 2/3 delle spese sopportate[52]. Recentemente, in Francia, ambiente giuridico

---

[49] GORTON and HIRE, *op. loc. ult. cit.*

[50] GORTON, *Volume Contract of Affreightment cit.*, p. 89.

[51] GORTON and HIRE, *Contracts of Affreightment*, cit., p.65 riporta questa interessante clausola: «*The agreement is conditional upon the continued ability of the parties to provide services of a least the nature and quality established hitherto, and furthermore on the assumption that the freight rates established by the formula referred to below will in any event remain in substance competitive with bona fides rates obtainable on the market for a similar service.*

If any of the parties maintain the opinion that the conditions for the contract are not prevailing then the parties are to discuss an adjustment to meet the conditions. In failure of an agreement hereupon any of the parties after fair notice to be free to cancel the contract».

[52] *Pacific Phoshate Co.Ltd v. Empire Transport Co. Ltd.* (1920), in 4 *L.L.R.*, p. 189. In *Maskinonge Steamship Co.v. Dominion Coal Co.*(1921), in *L.L.R.*, p. 279, la *frustration* del

segnato da una tradizionale ostilità per la revisione o la risoluzione del contratto per sopraggiunto mutamento delle circostanze, ostilità che recenti progetti di legge tentano di superare[53], la *Chambre Arbitrale Maritime de Paris* ha negato rilevanza agli aumenti sul mercato *spot* denunciati dall'armatore essenzialmente perché, stando alla clausola *hardship* del *contract of affreightment*[54], si poteva sostenere che le parti, esperte di tale tipo di affari, avevano coscientemente accettato di correre il rischio della variazione dei prezzi[55].

Si è detto che il carico assume un ruolo assolutamente centrale nell'economia del contratto. Infatti, è in funzione, appunto, del volume o del peso del carico che si definiscono altri elementi importanti come la durata dell'accordo, il nolo, il programma dei viaggi[56]. Il carico può riguardare un solo tipo di merce o le c.d. rinfuse, cioè tipi diversi di merce, come mine-

---

contratto non fu pronunciata perché, nonostante le perdite dell'*owner*, il prezzo corrente del nolo non divergeva in maniera significativa da quello contrattuale.

[53] Cfr. AA:VV. *La riforma del contratto in Francia: progetti e prospettive* (Atti del Convegno di Foggia 9-10 ottobre 2009), in www.iposoa.it/contratti e Calderale, *Mutamento delle circostanze ed eccessiva onerosità sopravvenuta nel diritto luso-brasiliano*, in *I contratti*, 2012, p. 527 ss.

[54] La clausola di *hardship* è interessante e merita di essere riportata:«*The Parties acknowledge that events not foreseen by them at the date of this Contract may arise during the term of this Contract. Should such events, including, but not limited to events of an economic, monetary, fiscal or political nature affect directly or indirectly the execution of the Contract, creating an unreasonable advantage to one party, or causing serious harm to the other, the injured party shall inform the other Party by written notice.*

The Parties shall meet within 30 (thirty) days after the date of such written notice, in order to seek an appropriate solution for the protection of their respective interests and for the continuation of the Contract.

If the parties are unable to agree on a solution within 60(sixty) days after the date of an written notice, the injured Party shall be entitled to go to arbitration.

For purposes of this section, the Parties agree that fluctuation in the trump freight market shall not constitute a «hardship».

[55] *C.A.M.P. n.*1172, decisione resa il 3 febbraio 2010, sulla quale si leggano le riflessioni di Cachard, *Les clauses de hardship dans les contrats maritimes:prévision et imprévision*, in *DMF*, 2011 p. 399 ss.

[56] Su questo punto tra gli studiosi c'è assoluta concordanza di vedute. Cfr., per tutti, Arroyo, *Curso*, cit., p. 500; Righetti, *Trattato*, cit., p.682; Gorton and Hire, *Contracts of Affreightment*. cit., p. 40.

rali, grano, carbone etc.[57]. La scelta dipende dagli interessi del *charterer*: se egli è un produttore di beni specifici, poniamo di grano, non ha interesse a pagare per avere il diritto di imbarcare anche merce di altro genere[58].

Se dev'essere trasportato un determinato tipo di mercanzia, di solito si specifica la quantità del carico sia in relazione all'intero periodo contrattuale, sia in relazione ai singoli viaggi[59]. Le tecniche per definire la quantità sono diverse. Il modo più limpido è indicarla per «unità di carico», mettiamo, 15.000 automobili. A volte l'indicazione è meno netta perché viene convenuta una quantità approssimativa, per esempio, circa 15.000 auto, o viene prevista una percentuale di variazione – 15.0000 auto, 5% in più o in meno – o una c.d. forcella, tra 12.000 e 15.000 auto. Queste indicazioni più vaghe soddisfano l'interesse del *charterer* che non è in grado di prevedere con precisione né la produzione, né la domanda dei beni da collocare sul mercato. Se l'incertezza è massima, egli può ricorrere al c.d. *requirement contract* nel quale il carico è indicato in maniera estremamente approssimativa con formule tipo «*the yearly exported quantity*». Ciò pone l'*owner* in una posizione sfavorevole perché non gli è garantita la quantità minima di merce e gli è difficile fornire la prova che il *charterer* ha violato l'obbligo contrattuale di consegnargli tutta quella a sua disposizione[60]. Ogni patto impreciso incrementa la possibilità di controversie la cui soluzione, di solito, viene affidata ad arbitri[61]. In questo quadro, i formulari VOLCOA

---

[57] TULLIO, *Il contract of affreightment*, cit., p. 28. Considerando la prassi prevalente negli anni Ottanta del secolo scorso, questo autore osservava che, sotto il profilo dell'indicazione del carico, il *COA* si avvicinava più al *voyage charter*, nel quale il *charterer* non ha normalmente il potere di sostituire la merce indicata con altre, che al *time charter* che, di solito, consente al *charterer* ampia facoltà di scelta delle merci da imbarcare.

[58] GORTON, *Volume Contract of Affreightment*, cit., p. 77, il quale precisa che, in questo caso, l'interesse del *charterer* è che l'*owner* sia in grado di soddisfare la capacità di carico richiesta alle scadenze pattuite.

[59] GORTON and HIRE, *Contracts of Affreightment*, cit., p. 40 avvertono che, in questo caso, può porsi il problema se il *charterer* abbia il diritto o l'obbligo di spedire e, da parte sua, l'*owner* abbia l'obbligo o il diritto di trasportare merce diversa. Essi fanno l'esempio che il COA ha avuto ad oggetto il trasporto di arance, il raccolto è andato perso e il *charterer* dispone di succo di arance. Può egli pretendere di trasportare il succo allo stesso nolo stabilito per le arance? Essi affermano che la soluzione dipende dal modo in cui il carico è stato descritto nel contratto.

[60] GORTON and HIRE, *op. ult. cit.*, p. 44.

[61] GORTON and HIRE, *op. ult. cit.*, p. 42 illustrano il lodo arbitrale reso nel caso *Panocean-Anco et al. v. Esso Chemical Arbitration, New York, 20th March 1981, Society of*

(clausola 2 e box 9) e INTERCOA80 (preambolo) consentono di indicare una quantità minima e massima di merce da trasportare e chi, tra l'*owner* e il *charterer*, ha il potere di precisarla in rapporto sia all'intera durata del contratto, sia al singolo viaggio. L'art. 363 del codice norvegese, invece, indica la parte che ha the «*right to choose quantities*»: il *charterer* se non è stata precisata la quantità totale delle merci da imbarcare, l'*owner* per ogni singolo viaggio.

Se il trasporto riguarda merci di vario genere, i contraenti, per stabilirne la quantità complessiva da trasferire durante la durata del contratto, possono assumere come parametro la capacità di carico della nave e indicare esattamente il numero dei viaggi. A sua volta, la portata della nave può essere compresa tra un minimo e un massimo e il nolo viene fissato in relazione alla portata effettiva, all'interno di tali limiti, e non alla quantità di merce realmente imbarcata.

La quantità di merce per ciascun viaggio è stabilita riferendosi alla quantità totale e al numero di viaggi. Se tale quantità è stata indicata con precisione, insieme al numero dei viaggi e alle date in cui effettuarli, non sono prevedibili controversie. Assai spesso, però, le parti preferiscono regole flessibili, il *charterer* in relazione alla quantità e l'*owner* in rapporto alla capacità di carico della nave. In questo quadro, la soluzione contrattuale più praticata è determinare la quantità di merce per ciascun viaggio con qualche margine e lasciare all'*owner* la possibilità di scegliere entro tali margini per utilizzare la nave dalle dimensioni più idonee. Questa scelta è propria dei formulari VOLCOA e INTERCOA80.

Se i contraenti si sono accordati soltanto su una quantità approssimativa per ciascun viaggio, l'*owner* corre il rischio di dover trasportare, nell'ultimo viaggio, solo un residuo di merce inidonea a riempire la nave in maniera remunerativa. Per questo il VOLCOA, nella clausola n.4, prevede che le parti devono definire una quantità minima per l'ultimo viaggio e che l'*owner* non è tenuto ad accogliere una quantità inferiore.

Può accadere che durante il periodo contrattuale o in un singolo viaggio sia stata trasportata una quantità di merce maggiore o minore di quella pattuita. Questo caso è preso in considerazione dall'INERCOA80. Nell'ipotesi di *overlifting* la clausola C stabilisce che l'eccedenza non ridurrà le

---

Maritime Arbitrators, *No* 1526 che è emblematico delle controversie cui danno origine clausole imprecise sulla quantità di merce da trasportare.

quantità stabilite per i viaggi successivi. Lo *shortlitfing* è legato all'inadempimento di una parte, ossia o del *charterer* che ha consegnato meno merce di qùella stabilita o dell'*owner* che ne ha imbarcata di meno. La clausola C prevede che la parte adempiente ha facoltà di aggiungere la quantità non trasportata alla quantità stabilita nei primi mesi dell'anno successivo e che ha l'onere di esercitare questa facoltà mediante comunicazione scritta indirizzata alla controparte. Se lo *shortlifting* ha avuto luogo nell'ultimo anno, la parte adempiente può pretendere viaggi aggiuntivi nell'anno seguente nei limiti quantitativi minimi e massimi stabiliti dalla clausola A, salva la richiesta di risarcimento dei danni. Il *form* non regola l'ipotesi di *shortlifting* non imputabile ad alcuna delle parti. In tal caso, è opinione corrente che la parte adempiente non possa pretendere né il trasporto aggiuntivo, né il risarcimento del danno [62].

Mentre per altri tipi di contratto di trasporto l'*owner* adempie la sua obbligazione mediante una nave determinata [63], nel contratto di volume la *«basic idea»* è che l'*owner*, al momento della stipula dello *steering contract*, si obbliga solo ad adempiere con un certo tipo di nave. Egli assume, quindi, l'obbligazione generica[64] di fornirne una i cui requisiti sono a volte determinati in dettaglio, come nella clausola E dell'INTERCOA 80[65].

---

[62] GRAM *on Chartering Documents*, II ed. by BONNICK, London, 1988, p. 85 *ss*.

[63] È il caso dei trasporti di linea nei quali, peraltro, la nave è assai raramente menzionata nei *«received for shipment bill of lading»* o in documenti simili che, in realtà, si limitano ad attestare che la merce è stata ricevuta a bordo. Nei *time charterers* la nave che l'*owner* ha designato non può essere sostituita senza il consenso dell'altra parte (cfr., in Italia, l'art. 439 del codice della navigazione). In argomento, GORTON, *Volume Contracts of Affreightment*, cit., p. 71.

[64] TULLIO, *Il contract of affreightment*, cit., p. 34; RAMBERG, *Cancellation of Contracts of Affreightment on Account of War and Similar Circumstances*, Göteborg, 1969, p. 50.

[65] Quali caratteristiche della nave la clausola in parola elenca: l'indicazione del diritto dell'*owner* sulla nave (in proprietà, in gestione, in disponibilità come *charterer*); la bandiera; l'età massima al momento della specifica designazione; la portata; la classe; la dimensione massima; il pescaggio; il grado di temperatura raggiungibile attraverso il riscaldamento delle cisterne; il tipo di rivestimento interno delle .cisterne stesse; la portata e la prevalenza delle pompe misurate alle manichette di bordo; gli organi di sollevamento delle tubazioni di cui sono dotate; altre indicazioni particolari da aggiungersi a cura delle parti. Il formulario VOLCOA, alla clausola 8, si limita invece a stabilire le caratteristiche del tipo di nave che saranno indicate nel box 15, probabilmente dopo una trattativa tra le parti. Al riguardo, RIGHETTI, *Trattato*, cit., 560 nota che non è prevista alcuna *rapresentation* della velocità della nave e dei consumi, garanzie di *performance* tipiche dei contratti

Risponde, infatti, all'interesse del *charterer* che la nave sia adatta a trasportare determinate merci[66]. La nave dalle qualità descritte e comunque in condizioni di navigabilità[67] destinata a viaggiare sarà individuata, *nominated*, in un secondo momento. La designazione avviene di solito mediante «una sorta di avviso»[68] che l'*owner* invia alla controparte prima dell'inizio di ogni viaggio, che è stato già inserito in un programma[69]. In alcuni formulari viene aggiunta una clausola nella quale sono elencate alcune navi dalle date caratteristiche tra le quali l'*owner* sceglierà quella destinata al trasporto. Il quadro può essere complicato dalla presenza di clausole di sostituzione più o meno «aperte». A volte esse prevedono la sostituzione di una nave con un'altra dalle caratteristiche ben definite. Altre volte le clausole si spingono ad avvertire che la sostituzione avverrà «*in owner's option*» o «*in charterer's option*» o che «*owners have the liberty of substituting a choosed vessel... at any time before or during the charterparty*» o, ancora, «*owners reserve the right to substitute*». Data la genericità di tali espressioni, in alcuni casi le corti sono state chiamate a decidere se l'*owner* avesse il diritto o il dovere di cambiare una nave con un'altra[70].

La scelta *dell'owner* non è condizionata al consenso del *charterer*, il quale è legittimato solo a rifiutare una nave dalle caratteristiche difformi da quelle stabilite[71]. Questo punto di vista à stato disatteso in Italia da una decisione arbitrale, la quale, facendo buona accoglienza alla domanda dell'*owner*, ha dichiarato risolto il contratto per tre trasporti di mangimi in sacchi perché il *charterer*, con un comportamento giudicato scorretto e in

---

di *time-charter* che, se lasciate all'apprezzamento delle parti mediante la clausola *about*, danno luogo alle controversia di cui riferiscono Carbone, Celle, Lopez de Gonzalo, *Il Diritto marittimo*, cit., p. 200 ss.

[66] Per tutti, Righetti, *op. ult. cit.*, p. 559.

[67] Tullio, *Il contract of affreightment*, cit., p. 35.

[68] Tullio, *op. ult., cit.*, p.33.

[69] Il formulario VOLCOA recita che «*The owner shall nominate each vessel in the manner stated in the box* 16 *stating reference to the Contract, the vessel's name, approximate quantity of cargo, required and first layday for such vessel*» (Clausola 9).

[70] Si rinvia a Gorton and HIRE, *Contracts of Affreightment* cit., p. 50 s per la lettura di alcuni casi inglesi e statunitensi nei quali le corti si sono ingegnate di interpretare queste espressioni.

[71] Tullio, Il *contract of affreightment*, cit., p. 40.

mala fede, non aveva approvato, benché ne fosse stato richiesto, la designazione della nave destinata a effettuare il secondo viaggio[72].

Nominata la nave, l'obbligazione dell'*owner* di fornirne una al *charterer* da generica che era al momento della stipula dello *steering contract* diventa specifica. Poiché l'obbligazione dell'*owner* è, in prima battuta, generica, in ossequio al principio che *genus numquam perit* egli è tenuto in ogni caso a mettere una nave a disposizione del *charterer* anche a costo di noleggiarne appositamente una se è venuta meno la disponibilità di nave proprie[73]. Nello stesso senso si è espressa la giurisprudenza inglese. I giudici hanno ritenuto illegittima la decisione dell'*owner* di ritenersi svincolato dal contratto perché delle navi di cui disponeva due erano state bloccate nel porto di Amburgo a causa della guerra e le altre erano di stazza ridotta e quindi inidonee a trasportare certe quantità di carbone da New Castle a Cork e lo hanno condannato a eseguire il contratto con navi non sue[74].

La individuazione delle navi è collegata al programma di spedizioni predisposto dal *charterer*, un atto che è considerato «il cuore» del contratto[75]. In effetti, predisposto il programma delle spedizioni, si attiva un circuito di comunicazione tra le parti obbligate a comportarsi secondo i canoni della buona fede nello scambiarsi le informazioni relative alla disponibilità dei carichi della merce, alla scelta delle navi addette al trasporto, alla loro posizione, ai porti di carico e di scarico· Lo scambio di tali informazioni costituisce il fulcro anche delle regole dettate dai codici marittimi dei Paesi nordici, ispirate evidentemente al principio che i contraenti devono agire lealmente e quindi essere precise nello scandire i tempi, le modalità e le conseguenze delle reciproche comunicazioni ed esplicite nell'indicare gli effetti delle violazioni (cfr. le *ss.* 364-369 del codice marittimo norvegese le quali, nella sostanza, possono essere considerate in linea con la disciplina convenzionale che si sta esaminando).

In linea generale, il programma delle spedizioni indica in quanti viaggi una determinata quantità di merce deve essere trasportata. Esistono diversi

---

[72] Lodo arb. 29 marzo 1990, in *Dir. trasp.*1991, II, p. 123. con nota di Bonifazi, *In tema di risoluzione di un contract of affreightment.*

[73] Tullio, *Il contract of affreightment*, cit., p. 34; Ramberg, *Cancellation*, cit., p. 50.

[74] *Cork Gas Consumers Co v.Witherington & Everett*, in 3 *Ll.L.R.*, 1920, p. 194.

[75] Tullio, *Il contract of affreightment*, cit., p. 35.

modelli di organizzazione delle spedizioni[76]. Il più utilizzato è quello denominato «programma trimestrale», secondo cui il *charterer* dovrà informare in anticipo l'*owner* del programma delle spedizioni da effettuarsi per ciascun trimestre affinché quest'ultimo appronti le navi. Esso è stato accolto nel formulario INTERCOA80, che esibisce, alla clausola 5, una disciplina molto precisa basata su un serrato scambio di informazioni[77]. A sua volta, il VOLCOA detta una disciplina tendenzialmente stringata limitandosi a stabilire che, nel corso della vigenza del contratto, le spedizioni verranno fatte *fairly evenly spread*. Salvo che un dettagliato programma sia stato inserito nel Box 11, la genericità o, se si preferisce, la flessibilità[78] della clausola su menzionata è fonte di controversie. Si conosce una decisione della Corte suprema norvegese, la quale ha ritenuto giustificato il rifiuto del *charterer*, che, a un certo punto del rapporto contrattuale, aveva già consegnato per il trasporto 19.245 *fathoms* di legname dei 27.000 previsti perché, secondo un calcolo matematico di distribuzione costante fino

---

[76] Come riferisce TULLIO, *op. ult. cit*, p. 38, la BIMCO ha prospettato quattro alternative. Secondo la prima, l'inizio delle stallie e l'inizio delle date di cancello vengono fissati preventivamente per tutte le spedizioni. Stando alla seconda, sono previsti intervalli minimi e massimi fra le varie spedizioni: il primo viaggio è esattamente determinato, mentre le nomine successive avranno luogo entro un certo numero di giorni in modo da dare all'*owner* maggiore flessibilità. La terza alternativa è il programma trimestrale. L'ultima è detta programma a scorrimento: il *charterer,* a intervalli di tempo regolari, per esempio ogni mese, informerà l'*owner* del programma delle spedizioni dei tre mesi successivi. Il programma sarà definitivo per il primo mese e soltanto indicativo per i restanti due mesi: la conseguenza è che quanto più breve sarà l'intervallo di tempo tra una spedizione e l'altra, nel quale il programma potrà essere cambiato, tanto più onerosa sarà la posizione dell'*owner* tenuto a organizzare riserve di spazio per soddisfare le richieste del *charterer.*

[77] (B) *Shipping programme and Nomination*
When each year the shipment shall be fairly evenly spread...
Quaterly in advance Charterers shall advise owners of their shipping programme and givetheir preferred dates for each loading, which Owners shall use their best endeavours to meet.
Owners shall give Charterers at least...days notice of each loading with estimate cargo intake, with...days spread between layday/cancelling. Such spread shall be narrowed to... days at the latest...days prior to vessel's E.T.A. loading port.
At the same time Owners shall give sufficient information to fill in Part I of Interankoy76 – including the nominated vessel's last two cargoes.In case of vessel will be able to load more than the quantity nominated for the voyage, Owners shall state wheter the extra capacity may be made available to charterers.

[78] TULLIO, *Il contract of affreightment*, cit., p. 37.

a quel momento, ne avrebbe dovuto consegnare solo 16.200, sufficienti a soddisfare, appunto, la *fairly evenly spread clause*[79].

Le conseguenze dell'inadempimento delle parti a questi obblighi sono regolate precisamente dal VOLCOA. Se il *charterer* omette di comunicare il programma delle spedizioni all'*owner*, deve risarcire i danni provocati e non potrà più pretendere che l'*owner* trasporti la merce che non è stata imbarcata sicché essa sarà sottratta dalla quantità totale (clausola 14). Se l'*owner* non nomina la nave, il *charterer* può o dedurre il carico che non si è imbarcato dal totale e non pagare il nolo corrispondente o scegliere che la merce sia inviata in un secondo momento compreso nel periodo contrattuale, comunicando la sua intenzione alla controparte affinché essa possa organizzare il trasporto. Se però l'*owner* per tre volte non ha nominato la nave, il *charterer* ha diritto di cancellare la restante parte del contratto. In tutti i casi suddetti, il *charterer* può pretendere il risarcimento del danno (clausola 15). La clausola 16 tratta il caso in cui il *charter* non fornisce il carico pattuito e volge la regola della clausola precedente alla tutela dell'*owner* [80].

Il nolo, al pari della controstallia, può essere determinato in vari modi: può stabilirsi una somma fissa oppure una somma commisurata alla quantità di merce trasportata o alla portata effettiva della nave, criteri che non differiscono da quelli utilizzati nei *voyage charters*. Il formulario VOLCOA lascia ai contraenti ampia libertà avvertendo che, se non sarà stato raggiunto un accordo, il nolo verrà fissato nel *charterparty* che regolerà il singolo viaggio (clausola 11). L'INTERCOA80 contiene clausole più

---

[79] FALKANGER, *Quantity Contracts*, cit., p. 78.

[80] *Charterers'refusal of tonnage.*

If the Charterers have refused tonnage validly nominated and indue tima, the corresponding quantity shall be deducted from thetotal quantity under this Contract, unless the refusal results from an event which cannot be avoided or guyarded against.

However, the Owners shall have the option to postpone the shipment within the period of the Contract, exercisable by giving notice of their decision not later than one month after the failure and advising the Charterers about adjustment of the programme of shipments.

If the Chartereshave refused duly nominated tonnage more than three times, unless another number of times is provided in Box 23, then the Owners shall have the right of cancelling the remaining part of this Contract. Such right be exercised by written declaration and shall not be applicable to any vessel whic have been nominated.

articolate perché determina il nolo con una percentuale della *Worldscale*[81] (clausola G). L'autonomia delle parti è chiamata anche a definire i termini di pagamento. In pratica, la scelta più frequente è pagare il nolo allo scaricamento delle merci (*collect freight*) o in un momento precedente. *Charterer and owner* possono anche ripartirsi il rischio del nolo stabilendo che esso si considera guadagnato o alla caricazione o *ship and/or cargo lost or not lost* o, ancora, al termine del viaggio[82]. I formulari in parola contengono una dettagliata disciplina degli effetti dell'inadempimento del *charterer*. Se egli è in ritardo nel pagamento del nolo o delle controstallie, dovrà corrispondere gli interessi moratori. Gli interessi moratori sul nolo corrono da quando esso è dovuto. Quelli sulle controstallie maturano più tardi, vale a dire quindici giorni dopo la ricezione della fattura dell'*owner* secondo il VOLCOA (clausola 18.1), dopo due mesi da quel momento per l'INTERCOA80 (clausola H), il che si spiega col tempo necessario a calcolarne l'ammontare. Durante la mora del debitore, l'*owner* può sospendere l'esecuzione del contratto, cioè rifiutarsi di nominare un'altra nave, impedire alla nave di raggiungere il porto di caricazione o scaricazione, di caricare o ricevere il carico, di emettere polizze di carico, di scaricare o consegnare la merce. Moroso il debitore, Il tempo in cui la nave resta inutilizzata mentre viene impiegato dall'*owner* per far valere i propri diritti, è calcolato come tempo di stallia e di controstallia. Inoltre, il *charterer* in ritardo nei pagamenti deve tenere indenne l'*owner* dalle eventuali pretese di terzi danneggiati dalla sospensione del contratto. Infine, l'*owner* può chiedere il risarcimento di ogni danno subito (VOLOCA clausola 18 e INTERCOA80, calusola I).

Per tutelarsi contro la mora del debitore, l'*owner* può pretendere delle garanzie.In caso di controversia sul nolo o sulla stallia Il *Volcoa* impone al *charterer* di fornire una garanzia bancaria il cui costo, alla fine, graverà sulla parte che risulterà essere stata in errore (Clausola 18.1).Nella ipotesi di *collect freight* o di controstallie L'INTERCOA80 stabilisce che l'*owner* ha un *lien* sul carico trasportato. Può essere convenuto che tale *lien* garantisca i crediti maturati in altri viaggi (clauosla I(e)). La disciplina dei

---

[81] L'acronimo *Worldscale* sta per *Worldwide Tanker Nominal Freight* e indica il nolo, fissato annualmente, nel mercato delle cisterne. Tullio, *Il contract of affreightment*, cit., p.45 precisa che questo sistema «consente una protezione automatica da variazioni dei prezzi del carburante o di altri costi del viaggio».

[82] Tullio, *op. loc. ult. cit.*

codici nordici ancora una volta ricalca le linee dei formulari. La *s.* 370 del codice norvegese recita che, a fronte del mancato pagamento dei compensi dovuti, il *carrier* può concedere una dilazione al debitore. Se quest'ultimo, però, non adempie nel nuovo termine, il creditore ha diritto di sospendere l'adempimento del contratto e, se l'inadempimento del *charterer* può essere considerato *a substantial breach of contract*, risolverlo, fermo restando il diritto al risarcimento del danno e a essere tenuto indenne dalle pretese dei terzi danneggiati dalla sospensione dell'esecuzione del contratto. L'ultimo comma attribuisce al *carrier* il diritto di ritenzione sul carico a garanzia dei suoi crediti.

4. La natura giuridica del contratto di volume e dei contratti 'applicativi' negli ordinamenti di *civil law*

Se le parti decidono di scartare un formulario predisposto, hanno piena libertà di stabilire il contenuto del loro accordo e di determinarne quindi la natura giuridica[83], mettendo in difficoltà i giudici abituati a riferirsi ai contratti regolati dalla legge[84]. Dettagliato o stringato[85], il contratto di volume è essenzialmente un « *contat-cadre qui, ensuite, donnera lieu à autant d'applications utiles*»[86]. In altri termini, è un contratto quadro «preparatorio» di altri contratti che, a volte, è stato qualificato come una «promessa» di stipularli dalla giurisprudenza arbitrale francese[87]. Dal canto loro, molti

---

[83] Per tutti, su questo punto, López Rueda, *Las reglas de Rotterdam*, cit., p.108 e Rodière, *Droit maritime*, Paris, 1986, p. 332 e ID., *Le contrat au tonnage*, in *DMF*, 1980, p. 323 ss, che offre una rassegna dei diversi *«arrangements commerciaux»*.

[84] Sottolinea l'inadeguatezza delle corti a trattare questi affari assai complessi Achard, *Exploitation du navire – Affrètement- Règles communes: nature, formation et rupture du contrat* in *Juris-Classeur*, 2004, Fasc. 1215, p. 544.

[85] Negli Stati Uniti la *Federal Maritime Commission, sept.* 2001, *The Impact of the Ocean Shipping Reform Act*, rivelava che il 90% dei *service contracts*, si limitava a disciplinare solo le tariffe, mentre solo il 10% era *all incusive* e regolava tutti gli aspetti del rapporto, compreso il regime della responsabilità.

[86] *Cass.com.22 juin* 1981, in *JCP-CI*, 1981, 1, 1039; Kozubovskaya-Pelle, *Le contrat de volume et le Règles de Rotterdam*, in *DMF*, 2010, 177; Tassel, *Le contrat de tonnage*, in *Gazette de la Chambre Arbitrale Maritime de Paris*, 2005, n.7, p. 3.

[87] Nel caso vagliato da *CAMP n.° 1039, 13 décembre* 2000, *second degré*, in *DMF*, 2001, p.404 il contratto quadro conteneva clausole sulla designazione delle navi, sulla effettuazione dei viaggi, sulla determinazione delle date sotto le quali effettuarli e sulla quantità

studiosi escludono che si tratti di un contratto preliminare perché esistono obblighi e responsabilità «che vengono in esso esclusivamente regolati»[88]. Normalmente i contratti che seguono lo *steering contract* sono contratti di noleggio a viaggio o contratti di trasporto. In altri casi possono essere contratti di *commission de transport* o contratti atipici[89]. Solo con l'attento esame delle clausole contrattuali si può individuare la natura giuridica di tutti gli accordi[90] che, stando a qualche autore, sono tra loro «intimamente collegati, cioè autonomi ed al tempo stesso interdipendenti»[91].

Quando il contenuto del contratto di volume è frutto dell'autonomia negoziale dei contraenti può risultarne un contratto atipico irriducibile ai tipi legali e perciò inqualificabile come noleggio o come trasporto. In questi casi la giurisprudenza ha affermato l'atipicità del contratto e ha individuato le norme applicabili o in disposizioni generali[92] o, con evidente contraddizione, in disposizioni di legge relative a uno dei contratti tipici appena menzionati[93].

A volte i giuristi teorici e pratici hanno ricondotto la fattispecie concreta ad un tipo legale sul presupposto che gli elementi di difformità non siano tali da rendere indifendibile questa operazione. In casi in cui non era stato precisamente determinato il numero di viaggi da effettuare, le navi da utilizzare e i porti che avrebbero dovuto essere raggiunti alcuni studiosi[94] e

---

di merce da trasportare da diversi porti del Nord Europa a un porto sul Reno. Gli arbitri hanno stabilito che un tale contratto quadro era, in realtà, una reciproca promessa formale di sottoscrivere, entro un certo termine, il numero di contratti *d'affrétement au voyage* sufficienti a trasferire la mercanzia.

[88] RIGHETTI, *Trattato*, cit., p. 564.

[89] KOZUBOVSKAYA-PELLE, *Le contrat de volume*, cit. p. 177.

[90] *CAMP n.° 552, 10 décembre 1984, second degré*, in *DMF*, 1985, p. 320. In dottrina, LÓPEZ RUEDA, *Las reglas de Rotterdam*, cit., p. 107.

[91] RIGHETTI, *Trattato*, cit., p. 568; LÓPEZ RUEDA, *op. ult. cit.*, p.108.

[92] La maggioranza del collegio arbitrale che ha emesso il lodo 27 novembre 1993, in *Dir. mar.*, 1994, p.1123, ha deciso di applicare la prescrizione ordinaria decennale.

[93] *Cass.com.*, 22 *juin* 1981, cit., criticata da RODIÈRE, *Droit maritime*, cit., p. 332. Dopo aver dichiarato che, di per se stesso, il contratto quadro di *tonnage* non costituiva «*ni un effrètement, ni un transport*», hanno deciso di applicarvi la disciplina dettata dal *titre* II della *loi* del 18 *juin* 1966 intitolato «*Transport des marchandises*» sul presupposto che, poiché tutti i contratti di *effrètement* sono previsti dal *titre* I, non rimaneva che questa scelta dimenticando che, in realtà, i contraenti possono forgiare schemi contrattuali atipici.

[94] BOULOY, *Le contrat de tonnage*, in *DMF*, 1980, p. 313; RODIÉRE, *Traité général de droit maritime.Affrètements et transports*, *Tome* 3, Paris, 1969, n. 93; RAPOSO, *Fretamento*

giudici[95] hanno ritenuto che il contratto di volume costituiva un tipo particolare di *affrètement au voyage*[96], ossia un *affrètement au tonnage* e hanno precisato che esso si differenzia radicalmente dal *time – charter* quando la durata del contratto non è stato stabilita con esattezza e i contraenti si sono limitati a fissarne la durata massima. In Italia è stata accolta anche dalla giurisprudenza[97] l'idea che si tratti di un appalto di servizi di trasporto il quale, insieme ai singoli e autonomi contratti di *voyage charter*, costituisce le fonti delle obbligazioni dei contraenti[98].

Come si è appena detto, i contratti applicativi possono essere di diverso tipo. Al riguardo la Camera arbitrale di Parigi ha deciso che, se in relazione a un contratto di trasporto è stata emessa una polizza di carico, le cui clausole devono essere conformi a quelle enunciate dal contratto quadro, essa costituirà la fonte della disciplina del rapporto tra l'armatore-trasportatore e il portatore della polizza[99]. Decidere se il contratto applicativo è un contratto di noleggio o di trasporto è un delicato e tradizionale problema di qualificazione.

---

e transporte marítimo.Algumas questões, in *Estudos sobre o novo direito marítimo. Realidades internacionais e situação portuguesa*, Coimbra, 1999, p. 316.

[95] *App.*Aix-en-Provence, 4 maggio 1982, in *DMF*, 1983, p.101 La corte ha giustificato questa teoria con la motivazione che il contratto in parola non ha per scopo la presa in carico delle merci da parte dell'armatore che gestisce una linea regolare, ma la messa a disposizione di navi determinate per il caricatore in vista dell'esecuzione di viaggi successivi.

[96] *App. Paris*, 16 *mai* 1980, in *DMF* 1980, p. 536 ha stabilito che il *contrat de tonnage* si avvicina fondamentalmente all'*affrètemet au voyage* e diventa perfetto quando si determina la nave destinata a effettuare il trasporto.

[97] Trib. Cagliari, 16 aprile 1986, in *Dir. trasp.*, 1988, p.173 ha conseguentemente deciso che le azioni scaturenti dal contratto si prescrivono in dieci anni invece che nei sei mesi dalla consegna delle cose *ex* art. 438 del codice della navigazione in tema di contratto di trasporto. Sulle analoghe posizioni dottrinali si rinvia alla nota 109 e al relativo testo.

[98] ANTONINI, *Corso di diritto dei trasporti*, Milano, 2006, p. RIGHETTI, *Trattato*, cit., p. 565. Essi sottolineano, per esempio, che l'obbligo del vettore di mettere a disposizione navi con caratteristiche determinate e quello del *charterer* di fornire merci in quantitativi e tempi determinati derivano dal *tonnage agreement*, mentre gli obblighi concernenti l'esecuzione del trasporto e la relativa responsabilità derivano dal *voyage charter*.

[99] *CAMP n° 552*, 10 *décembre* 1984, cit.; *Cass. com.*, 29 *janvier* 1985, in *Bull.transp.*, 1985, p. 422, con nota di RÉMOND-GOUILLOUD ha deciso che il contratto applicativo non poteva essere qualificato come contratto di trasporto perché la polizza emessa dal *fréteur* non era stata girata dall'*affréteur*.

Storicamente, il problema della qualificazione formale dei contratti con cui si effettua il trasferimento via mare delle merci è stato affrontato in molti ordinamenti di *civil law* a partire dalla seconda metà del XIX secolo quando il contratto di noleggio è emerso come figura autonoma rispetto al contratto di trasporto nel quadro del complessa evoluzione delle figure contrattuali chiamate a disciplinare l'utilizzazione della nave. La dicotomia contatto di noleggio contratto di traporto pose fine ad una lunghissima fase nella quale era stato abbastanza pacifico che il noleggio, per molto tempo *nomen* non significativo dal punto di vista giuridico[100], era in realtà un contratto di trasporto delle merci «assorbito e compenetrato nel rapporto locatizio»[101]. Questo dato risultava dalla eredità del diritto romano[102], dall'*Ordonnance sur la marine* del 1681 di Colbert[103], da altri testi legislativi in vigore o in cantiere in alcuni stati della penisola italiana del secolo XVIII[104], dal *code de commerce* del 1804[105] e dalla stessa

---

[100] BALDASSERONI, *Noleggiatore*, voce del *Dizionario ragionato di giurisprudenza marittima e del commercio*, Vol. IV, Livorno, 1931, p. 145 osservava che « noleggio è un termine di marina che spiega la locazione portante la locazione della nave, la quale può aver luogo per diversi oggetti, ma ordinariamente è quello di trasportare da un luogo all'altro». Nello stesso senso nella dottrina portoghese, DA SILVA LISBOA, *Principios de direito mercantil e leis de marinha*. *Tratado* VI. *Tomo* VI, *Parte* I e II, Lisboa, 1919, p. 32.

[101] BRUNETTI, *Del commercio marittimo e della navigazione*, Milano, 1920, p. 412.

[102] TULLIO, *I contratti di charter party*, cit., p. 18. Questo autore ha sottolineato che, nel mondo romano, chiunque avesse voluto intraprendere una operazione di trasporto via mare senza possedere una nave propria aveva a disposizione una duplice scelta. Stipulare una *locatio navis* assumendo la figura di conduttore della nave o di alcuni *loca* di essa (cfr., *inter alia*, D.4.93.1; 12.6.55; 13.6.5.15; 14.1.1.3;:14.1.1.12). Stipulare una *locatio vehendarum rerum* (cfr., *inter alia*, D. 4.9.3.1; 14.1.1.3; 14.2.2.pr) assumendo la posizione di locatore delle cose da trasportare che il conduttore avrebbe dovuto riconsegnare alla scadenza del contratto: in questo quadro l'obbligazione di trasferire le cose da un luogo a un altro non era essenziale, ma rappresentava una obbligazione accessoria, rispetto a quella principale di restituzione, espressa dal gerundivo.

[103] L'*Ordonnance* seguiva l'impostazione degli autori dell'epoca che consideravano il *frètement* e l'*affrètement* una forma di *louage*. Cfr. CLIRAC, *Les us et coutmes de le mer*, Rouen, 1671, III, p. 347 e AA.VV., *I contratti di utilizzazione della nave nell'Ordonnance de la marine del 1681*, in *Archivio Giuridico*, 1976, p. 105 ss.

[104] Nel codice per la veneta marina mercantile del 1786 si poteva leggere che « ciò che nel commercio marittimo viene denominato contratto di noleggio si è propriamente l'appigionare o tutto, o una parte del bastimento ad altrui servizio». Su questo codice, CHIAUDANO, *Codice per la veneta mercantile marina*, voce del *Nuoviss. Dig. Italiano*, Vol. III, Torino, 1964, p. 397 ss. Anche il codice marittimo di Michele de Jorio per il Regno di Napoli,

pratica degli affari portoghese del XIX secolo[106]. Questa teoria, di cui si trova qualche eco nella disciplina spagnola, tuttora in vigore, del *contrato de fletamento* dettata dal *código de commercio* del 1885[107], si accordava bene con la prassi commerciale a lungo prevalente. Secondo questa prassi era il padrone della nave a vela che, se non commerciava personalmente, la cedeva ad un mercante affinché egli vi caricasse le merci acquistate a prezzo vantaggioso per trasportarle, accompagnandole spesso di persona, in un mercato lontano dove era possibile trarre profitto dalla loro vendita[108].

La autonoma considerazione del contratto di noleggio rispetto al contratto di trasporto è stata, in primo luogo, frutto di elaborazioni di giuristi teorici apparse nella seconda metà del XIX. Dapprima in Francia alcuni inquadrarono nella locazione comune i casi nei quali la nave non serviva alla navigazione, ma veniva destinata a usi ordinari (per esempio, locazione della nave per tenervi un ricevimento). Poi, tra i contratti commerciali si distinsero, nell'ambito dell'ampia categoria dell'*affrétement*, la locazione della nave a scafo nudo, il trasporto effettuato da navi di linea e, relativamente al trasporto di carichi massivi su navi non di linea, l'*affrétement à temps*, corrispondente al *time charterparty* della prassi inglese, e l'*affrétement au voyage*, corrispondente ai *voyage-charterparty*. Certi studiosi sostennero che l'*affrétement à temps* e l'*affrétement au voyage* erano in realtà una speciale forma di locazione mista di cose (l'intero o il parziale spazio della nave) e di servizi (prestazioni del comandante e dell'equipaggio secondo le istruzioni del noleggiatore) con cui si metteva la nave a

---

redatto nel 1781, ma mai entrato in vigore, conteneva un titolo dedicato alla «locazione e conduzione marittima» che includeva noleggi e trasporti. In questa prospettiva nel L. IV, t. XX si leggeva che « dare in affitto una nave altro non è che dare l'uso per il trasporto delle robe contro una determinata mercede». Sul codice di de Jorio, MOSCHETTI, *Il codice marittimo del 1781 di Michele de Jorio per il Regno di Napoli*, Napoli, 1979.

[105] Cfr. l'*art.* 273 che ricalcava il testo dell'*Ordonnance.*

[106] DA SILVA LISBOA, *Principios*, cit., p. 31.

[107] Sotto la rubrica *Del contrato de fletamento* gli articoli 652-718 disciplinano le quattro forme fondamentali di sfruttamento economico della nave, vale a dire il *time-charter* o *fletamento* in senso stretto; il trasporto sotto polizza e il trasporto di persone. Una legge speciale, la *Ley de 22 de diciembre de* 1949 regola il trasporto di cose determinate con emissione di polizza di carico. Bolla come anacronistica questa impostazione ARROYO, *El contrato defletamento por tiempo en la teoría de los contratos de utilización del buque*, in *Estudos de derecho maritimo*, Barcellona, 2008, p. 81 ss.

[108] Cfr. già PIPIA, *Trattato di diritto marittimo*, Vol. I, Milano, 1900, p. 580 e SUPINO, *La navigazione dal punto di vista economico*, Milani, 1912, p. 211.

disposizione del noleggiatore per un certo tempo o per compiere i viaggi stabiliti[109]. Per ordinare sistematicamente queste figure la *locatio-conductio* romana del settore marittimo fu scomposta in *locatio navis, locatio navis et operarum magistri et nautarum, locatio rerum vehendarum* [110] in armonia con quella pensata dai Pandettisti per la *locatio conductio* in generale. Questa costruzione tenne nel debito conto la maggior articolazione del mercato del trasporto marittimo nel XIX secolo, caratterizzato principalmente dall'ingresso di imprese capaci di offrire servizi di linea, espletati da navi a vapore in grado di imbarcare quantità di merci da trasferire a destinazione e perciò consegnate al capitano da un gran numero di caricatori disinteressati a impegnare «questa o quella stiva del bastimento»[111].

Tuttavia, in molti sistemi giuridici un notevole numero di studiosi ha criticato la scelta «separatista» sostenendo che tutti i contratti di utilizzazione della nave destinati a trasferire merci da un luogo all'altro, emancipatisi ormai dallo schema locativo, erano in realtà contratti di trasporto di merci[112], come si era sostenuto anche in un lontano passato[113]. A livello legislativo sembra aver accolto questa prospettiva il codice marittimo della Repubblica popolare cinese del 1992 perché l'art. 94 assimila il *voyage charter party* al contratto di trasporto. Inoltre, la teoria separatista è stata giudicata non a perfetta tenuta anche dal punto di vista della ricostruzione storica con la quale si cercava di trovarne traccia nel diritto

---

[109] De Valroger, *Commentaire théorique et pratique du livre II. Code de Commerce*, Paris 1883, II, n. 666; Desjardins, *Traité de droit commercial marittime*, III, Paris, 1882, n. 755; Laugagne-Dupont, *Du contrat d'affrètement en droit français*, Paris, 1872.

[110] Secondo Righetti, *Trattato*, cit., p. 406, nota 2, questa tripartizione «posticcia» si deve ad Abbott, *A Traitise of the Law Relating to the Merchant Ship and Seamen*, London, 1881, p. 28 ss.

[111] Righetti, *op. ult. cit.*, p. 413 ss.

[112] Tra i molti autori che hanno sostenuto questo punto di vista ci si limita a segnalare Carbone, Celle, Lopez De Gonzalo, *Il diritto marittimo*, cit, p.196; Righetti, *op. ult. cit.*, p. 408 ss; Brunetti, *La teoria del contratto di noleggio*, in *Riv. dir. comm.*, 1924, I, p. 597; Ripert, *Droit Maritime*, II, 4.ª ed., 1952, p. 247; Rubio, *El fletamento en derecho español*, Madrid, 1953, p. 153; De Lima Pinheiro, *Contributo para a reforma do direito comercial marítimo*, in *Revista da Ordem dos Advogados*, 2000, p. 1079. Nella dottrina portoghese ricostruisce il dibattito tra gli studiosi nei diversi ordinamenti e le soluzioni legislative che sono state adottate, Raposo, *Fretamento*, cit., p. 303 ss.

[113] Per esempio, nel XVI secolo Stracchia, *De nautis, navibus et navigatione tractatus*, Venezia, 1586, p. 126 ss. aveva inquadrato tutti i contratti di utilizzazione della nave nel trasporto.

di tempi remoti[114] e in se stessa fragile perché, esaltando l'obbligo del noleggiatore di mettere la nave a disposizione del noleggiante, occulta il dato evidente che l'essenza dei contratti consiste pur sempre nel trasporto delle merci[115]. Nonostante tali osservazioni, in molti ordinamenti la prospettiva «separatista» è stata sostenuta da molti[116] ed è stata fatta propria dal legislatore. Essa è stata accolta dal codice italiano della navigazione del 1942[117] da leggi speciali in altri ordinamenti[118] come, per esempio, quello

---

[114] Cdr. I rilievi critici mossi da RIGHETTI, *Trattato* cit., p. a TULLIO, *I contratti di charter party*, cit., p. 42 ss e 223 ss. Questo autore aveva sostenuto che nella *locatio navis* in cui il proprietario della nave locata manteneva la qualità di armatore si può intravedere una identità con l'odierno contratto di noleggio «in merito alla gestione della nave» in quanto «in entrambi i casi è il conduttore (noleggiatore) che ordina i viaggi da compiere e le merci da caricare e l'equipaggio, pur mantenendosi alle dipendenze dell'armatore, deve eseguire le istruzioni del noleggiatore sull'impego commerciale della nave», come peraltro dispone l'art. 393 del codice italiano della navigazione. Riassume i termini della questione, ANTONINI, *Il noleggio*, in (coordinato da) ANTONINI, *Trattato breve di diritto marittimo*, Milano, 3008, p. 39 ss.

[115] Si rinvia agli autori citati nella nota 112.

[116] ARROYO, *Estudios de derecho maritimo*; Barcellona, 2008, p.109; VASCONCELLOS ESTEVES, *Contratos*, cit., Lisboa, 1988, p. 16 ss.; RODIÈRE, *Droit maritime*, cit., p. 326 ss; ID., *Considérations sur les affrètemenrs et les transports en droit comparé*, in *DMF*, 1979, p. 387 ss.; TULLIO, *I contratti di charter-party*, cit., p.25 ss.; DOMINEDÒ, *Sviluppi della teoria del noleggio, in Saggi di diritto della navigazione*, Padova, 1951, p.165.

[117] Mentre il codice di commercio italiano del 1882, riproducendo disposizioni legislative precedenti, a partire della Ordinanza francese del 1681, trascurò la locazione di nave pura e concepì il noleggio come una forma di utilizzazione di tutta o di una parte della nave che comprendeva il trasporto di carico, il trasporto sotto polizza di carico e il trasporto di persone, mettendo in secondo piano «uno dei rami più vitali, quello di trasporto di cose singole, di cui si intrattiene quasi per incidenza (artt. 561, 565)», come sottolineava BRUNETTI, *Del commercio marittimo*, cit., 412 ss, il codice della navigazione del 1942 ha seguito una diversa impostazione. La materia dei contratti di utilizzazione della nave, regolata nel titolo I del libro III, esibisce una netta distinzione tra noleggio e trasporto. Perciò dei quattro capi del titolo I, il primo è dedicato alla locazione, il secondo al noleggio, il terzo al trasporto e il quarto a una norma di rinvio relativa ai contratti di utilizzazione della nave nella navigazione interna. Più in dettaglio, il capo II disciplina congiuntamente il noleggio a tempo e il noleggio a viaggio; il capo III, in cinque sezioni, regola il trasporto di persone, il trasporto di cose in generale, il trasporto di carico totale o parziale, il trasporto di cose determinate, i titoli di trasporto. Come strumento di distinzione tra i diversi modi di utilizzazione della nave il legislatore italiano ha utilizzato il riferimento a diverse figure contrattuali, mentre nel commercio internazionale ci si riferisce a diversi tipi di documentazione. Uno dei rilievi critici più pungenti alla normativa del 1942 è quello che essa non ha avuto alcuna

francese (*loi n.° 420 du* 18 *juin* 1966 e *décret* 31 *décembre* 1966)[119], quello portoghese (*Decreto-lei n.° 352/86 de* 21 *de Outubro* sul contratto di trasporto marittimo di merci e *Decreto-lei n.° 191/87 de* 29 *de Abril* relativo al contratto di noleggio)[120], quello argentino (*Ley general de la navigación de* 15 *de enero de* 1973)[121]. Inevitabilmente tale scelta ha costretto i giudici a elaborare criteri non sempre lineari di distinzione dei due contratti[122].

5. Contratto di volume e *Ocean Liner Service Agreement*

Le regole di Rotterdam hanno disciplinato il contratto di volume essenzialmente dal punto di vista dell'autonomia privata. A certe condizioni i contraenti sono legittimati a sottrarsi alla disciplina uniforme, salvo doverne osservare alcune disposizioni inderogabili. Questa impostazione

---

influenza sulla disciplina contrattuale che si è adeguata piuttosto agli schemi negoziali in uso nell'ambiente degli affari internazionali. Questo rilievo vale in special modo per le regole del contratto di noleggio, distanti in molti punti dalla prassi contrattuale utilizzata dagli operatori del settore, come sottolineato, tra gli altri, da RIGHETTI, *Trattato*, cit., p. 466 ss . Più in generale, cfr. BERLINGIERI, *Noleggio di nave*, in (a cura di) DEIANA, *Diritto della navigazione*; Milano 2010, p. 269 ss.

[118] Una vasta panoramica di diritto comparato su questo tema è in RIGHETTI, *op. ult. cit.*, p. 411.

[119] La legge 420 del 1966 distingue, in due separati titoli, *les affrètements* e *le transport maritime*. Secondo RODIÈRE, *Droit maritime*, cit., 329 *les affrètements* hanno per oggetto le navi, le *transport maritime* le merci. Stipulando il contratto di noleggio, il noleggiante promette una certa diligenza; concludendo il contratto di trasporto, un determinato risultato. Per il contratto di *affrètement* l'armatore, il *fréteur*, promette di mettere una nave in buono stato di navigabilità a disposizione del noleggiante, l'*affréteur*, mentre nel contratto di trasporto, l'armatore, *transporteur*, promette al *chargeur* di sistemare le merci sulla nave e di traportarle al porto convenuto. Sul dibattito che ha preceduto l'emanazione di questa normativa, RIGHETTI, *Trattato*, cit., p. 414 ss.

[120] Il legislatore portoghese ha infine seguito l'esempio di quello francese innovando la disciplina del *código comercial* che «*tenha confundido contratos de transporte e de fretamento*» come sottolineato da RAPOSO, *Fretamento*, cit., p. 311 ss.

[121] La legge disciplina il *fletamento a tiempo* distinguendolo dal *fletamento total o parcial*, che corrisponde al trasporto di carico totale, e dal *transporte de cargo geral* che è il trasporto di cose determinate su navi di linea. Cfr. MONTEL, *Curso de derecho de la navegación*, Buenos Aires, 1981, p. 138.

[122] Per un esame puntiglioso della giurisprudenza italiana e francese, TULLIO, *il contract of affreightment*, cit., p. 56 ss.

si deve alla speciale pressione esercitata della delegazione statunitense sulle commissioni al lavoro all'UNCITRAL affinché, nel settore del trasporto merci effettuato da navi di linea, fosse recepito il modello di mercato concorrenziale affermatosi negli USA negli anni Ottanta del Novecento, il periodo della *deregulation* reganiana In effetti, le regole di Rotterdam sono destinate ad applicarsi al traffico di linea e non al traffico *tramp*, cioè, non di linea, con le eccezioni previste dall' art. 6 e basate «sul tipo di documenti adottato dai contraenti»[123]. Durante i lavori preparatori la delegazione statunitense aveva proposto che fossero assoggettati alle regole uniformi anche gli *Ocean Liner Service Agriments* (OLSAs), vale a dire i contratti che, per aver ad oggetto il trasporto su navi di linea di una serie di carichi in una serie di viaggi, possono essere assimilati, pur tenendo conto di alcune differenze, ai contratti di volume, ma, alla condizione, appunto, che la normativa fosse derogabile dalle parti. Tuttavia, poiché disciplinare specificatamente solo gli OLSAs avrebbe alterato l'equilibrio del mercato mondiale, cui sono tendenzialmente rivolte le normative uniformi, i Paesi europei e quelli asiatici si dichiararono aperti alle posizione statunitense a patto che il regime di libertà contrattuale fosse esteso in via generale ai contratti di volume che avrebbero assorbito gli OLSAs. Dopo lunghe riflessioni e trattative l'UNICRAL ha accolto questo punto di vista con molte cautele perché timoroso che l'impostazione suggerita danneggiasse le piccole e medie imprese interessate a trasferire le proprie merci da un luogo all'altro e costrette magari a fronteggiare imprese di trasporto di grandi dimensione e dalla forza contrattuale poderosa[124]. Non erano,

---

[123] Su questo, cfr., per tutti, Kozubovskaya-Palle, *Le contrat de volume*, cit., p. 179.

[124] Durante i lavori preparatori delle Regole di Rotterdam il *Comité Maritime International* (CMI) riconobbe la rilevanza di un certo numero di contratti *'ambiguous'* in uso tra gli operatori e solitamente descritti come *charterparties* quali i *volume contracts*, i *contracts of affreightment*, i *service contracts*, i *towage contracts,* i *non taditional charterparties*. Tuttavia, dopo essersi posto il problema di come disciplinarli, il CMI decise di escluderli dalla Convenzione. Di conseguenza, il CMI *Draft Instrument* conteneva la seguente disposizione:«*The provisions of this instrument do not apply to charter party* [*contracts of affreightment, volume contracts or similar agreements*», regola ribadita poi nel *Preliminary Draft Instrument* WP.21. Mentre il *CMI* stava deliberando in questo senso, nel settembre del 2001 la *National Industrial Transportation League* (NITL) e il *Woorld Shipping Counsil* (WSC), le principali associazioni che rappresentano gli interessi dei vettori e dei caricatori negli U.S., formularono una proposta. Essi suggerirono che le nuove norme avrebbero dovuto regolare i *service contracts* «*on default basis*», ma che i contraenti

infatti, parse del tutto tranquillizzanti le assicurazioni che, nella esperienza statunitense, il mercato concorrenziale si era rivelato, in definitiva, un invidiabile modello di efficienza sicché non c'erano imprese svantaggiate. Secondo questa ricostruzione gli operatori del settore, vantando una lunga esperienza di affari, erano perfettamente in grado di trattare con le imprese di trasporto in modo razionale e consapevole, mentre alla piccole e medie imprese si offrivano valide alternative alla negoziazione con i vettori più forti[125], una rappresentazione di certo edulcorata della realtà, in qualche modo plausibile solo per la presenza e la forza delle grandi multinazionali esportatrici.

---

avrebbero avuto la libertà di derogare alle disposizioni della normativa e si sarebbero sottoposti solo alle disposizioni chiamate a proteggere i terzi (Cfr. *Joint Statement of Common Objectives on the Development of a New International Cargo Liability Instrument* consultabile all'indirizzo *http:www.worldshipping.org/jointstatement*.pdf). Il CMI respinse questo punto di vista. Nell'autunno del 2003 la delegazione statunitense presso l'UNCITRAL fece una proposta molto simile inserendosi nella discussione che il Working Group III aveva aperto, l'anno precedente, sull'autonomia negoziale per certi tipi di contratto. Essa introdusse la nozione di *Ocean Liner Service Agreent* (OLSA), ritagliata su quella di *service contract* creata dallo *Shipping Act* del 1984 e suggerì che la Convenzione avrebbe disciplinato questo contratto *as a default rule*, ma che le parti sarebbero state libere di derogare alle sue disposizioni, deroga che non avrebbe avuto effetti verso i terzi. La proposta venne affinata nell'autunno 2004 in quanto fu presentata una precisa definizione di OLSA e furono introdotte alcune cautele procedurali per la deroga. Da questo momento in poi il tema della libertà negoziale per i contratti soggetti a trattativa individuale fu trasformata nella questione di come la Convenzione avrebbe trattato gli OLSAs o, eventualmente, i contratti di volume. Nella primavera del 2005 l'UNCITRAL convenne di includere gli OLSAs nel raggio di applicazione della Convenzione, le cui disposizioni si sarebbero applicate come *default rules e* di attrarli nella definizione di *volume contracts*, «*more universal concept*» in quanto meno legato alla specifica esperienza statunitense. L'attuale formulazione dell'art.80 è il risultato del compromesso raggiunto nelle riunioni tenutesi nel 2006, 2007 e 2008 e basato sui punti seguenti: (*a*) la definizione di *volume contract* non avrebbe previsto né un periodo di tempo minimo nel quale avrebbero dovuto essere effettuati i trasporti delle merci per nave, né una quantità minima di merci da imbarcare; (*b*) sarebbero stati inseriti due elementi necessari a legittimare la deroga alla Convenzione, ossia sarebbe stata offerta al caricatore la *chance* di stipulare un contratto soggetto alla Convenzione e non sarebbe stato possibile derogarvi per mezzo di contratti di adesione. Per una più particolareggiata descrizione di questa vicenda si rinvia a STURLEY, FUJITA, VAN DER ZIEL, *The Rotterdam Rules. The UN Convention for International Carrige of Goods Wholly or Partly by Sea*, London, 2010, p. 375 ss.

[125] UN Docs A/CN.9WG. III/WP. 40; A/CN.9, 572; A/CN.9WG. III/WP.46; A/CN.9WG. III/WP.51; A/CN.9WG. III/WP.61.

Dal 1875 al 1984 negli Stati Uniti era stato considerato essenziale per il corretto funzionamento del mercato la pubblicità delle tariffe, approvate dalla *Federal Maritime Commission* (FMC) e l'eguale trattamento di tutti i caricatori sicché non veniva consentita la stipula di contratti diversi con operatori nelle medesime condizioni. L'offerta era in gran parte concentrata nelle *liner conferences* [126], ossia raggruppamenti di imprese di trasporto marittimo in grado di gestire numerose rotte e legittimate a determinare l'ammontare dei noli [127]. In questo scenario[128], a chi era desideroso di spedire la sua merce si presentavano tre alternative. Stipulare con una *liner conference* un *loyalty contract* e spuntare un risparmio di circa il 15% in cambio dell'impegno di conferire tutta la merce da trasportare nell'arco di un anno. Affidare tutto o una parte di un carico determinato a una *liner conference* accettando il rischio che la nave designata fosse stata già interamente prenotata con la conseguenza di doverne attendere, per un periodo di tempo non preventivabile, un'altra disponibile. Infine, rivol-

---

[126] Dal punto di vista economico l'esistenza delle *liner conferences* è stata spiegata con i notevoli costi economici che è necessario sostenere per organizzare un servizio di linea, costi notevolmente superiori a quelli che bisogna affrontare per gestire il traffico *tramp*. L'esistenza di questi costi e le struttura peculiare di tale mercato, segnato, per dirne solo una, da basse barriere all'entrata e alte barriere all'uscita, costituiscono, secondo molti autori, le ragioni per cui è assai difficile realizzare un regime di concorrenza perfetta in questo settore. Cfr CARBONE, MUNARI, *Regole e organizzazione dei trasporti marittimi internazionali*, Milano, 1990, p. 25 ss; BENNANTHAN, WALTERS, *Shipping Conferences: An Economic Analysis*, in 4 *Journal of Maritime Law and Commerce*, 1973, p. 93 ss.

[127] LOWENFELD, *To Have One's Cake. The Federal Maritime Commission and the Conferences*, in 1 *Journal of Maritime Law and Commerce*, 1969, p.21 ss. così descrive la natura e l'attività delle *conference*:«*a group of carriers serving the same trade, and by agreement charging the same tariffs for carriage of the same cargo. The conference may do more. For example, it may agree on a sharing of revenues, or a distribution of cargoes, or an apportionment of sailing dates. It may also offer its customers incentives to patronize only member carriers-for instance, by offering a lower tariff scale for those who promise exclusive patronage; or it may seek to punish shippers who do not patronize conference carriers exclusively, or non-conference carriers who seek to compete for the conference's business*».

[128] Come sottolinea MUNARI, *Competition in Liner Shipping*, in BESEDOW et al., *The Hamburg Lectures on Maritime Lectures 2009 & 2010*, Berlin, 2012, p. 9 ss., negli *U.S.* dopo venticinque anni dall'entrata in vigore dello *Sherman Antitrust Act* le *liner conferences* furono considerate un *antitrust problem* sicché lo *Shipping Act* del 1916 contenne alcune specifiche disposizioni che trattavano il caso. Le *liner conferences* non furono vietate come tali ma la loro attività fu regolata da un' agenzia federale.

gersi a un vettore indipendente, cioè non legato ad alcuna *liner conference* pagando la tariffa prevista, immancabilmente più bassa delle altre, ma correndo il rischio, se il vettore non avesse avuto la capacità di trasportare l'intero carico, di doversi rivolgere a una *liner conference* per trasferire quanto non era stato possibile imbarcare e di pagare una tariffa, a conti fatti, più alta di quella che sarebbe stata possibile ottenere praticando la prima alternativa[129].

Dopo lunghi studi e dibattiti la logica monopolistica di questa disciplina fu in parte abbandonata dallo *Shipping Act* del 1984[130], nonostante la opposizione di coloro i quali avevano avvertito che la normativa anticoncorrenziale[131] sarebbe stata necessaria per impedire una guerra delle tariffe che avrebbe abbattuto l'affidabilità e l'efficienza dei servizi di trasporto[132].

---

[129] MUKHERJEE & BAL, *A Legal and Economic Analysis*, cit. p. 257 ss.

[130] Cfr. BUDERI, *Conflict and Compromise:The Shipping Act of 1984*, in 3 *Berkeley Journal of International Law*, 1986, p. 329, il quale osserva che *«the new Act broadens the scope of antitrust immunity for conference activities»*. Si consulti 46 *U.S.C.A.*§1706. Tra le misure adatte a raggiungere questo scopo ci si limita a ricordare le disposizione per cui l'*antitrust immunity* si estendeva agli *approved agreements* (*U.S.C.A.§* 1706(a)(2)) e *«to activity that relates to transportation services within or between foreign countries, wheter or not via the United States, unless the agreement has a direct, substancial and reasonably foreseeable effect on the commerce of the United States»*

[131] Il potere delle *conferences* di alterare la concorrenza si basava, in primo luogo, sul controllo dell'ammissione di nuovi membri. Grazie a questo esse erano in grado di dissuadere gli *outsider* dal competere perché ingeneravano la prospettiva di colpirli col rigetto della domanda di ammissione quando essi avessero chiesto di entrare nell'associazione. Altri strumenti a disposizione erano i *loyalty contracrs* e la possibilità di schierare, su una rotta battuta dal concorrente, una *fighting ship*, ossia una nave pronta ad effettuare il trasporto a noli assolutamente concorrenziali. Se tale strategia avesse comportato perdite economiche, esse sarebbero state ripartite tra i membri della *conference*. [*The Shipping Act* definisce la *"fighting ship" as "a vessel used in a particular trade by an ocean common carrier or group of such carriers for the purpose of excluding, preventing, or reducing competition by driving another ocean common carrier out of that trade."* 46 *U.S.C.A.* § 1702 (10)]. Infine, le *conferences* inibivano la concorrenza interna anche colpendo con sanzioni le imprese che non osservavano le tariffe e i servizi concordati. Sempre al loro interno, le *conferences*, riuscivano ad adeguare l'offerta di cargo al livello della domanda, massimizzando così i profitti. Su questi temi, AGMAN, *Competition, Rationalization, and United States Shipping Policy*, in 8 *Journal of Maritime Law and Commerce*, 1976, p. 9 ss.; BENNATHAN & WALTER, *Shipping Conferences,* cit., p. 95 ss.

[132] LOWENFELD, *To Have One's Cake*, cit., p. 25.

Ponendosi agli antipodi di molti ordinamenti stranieri che considerano del tutto legittime le attività e le pratiche delle *liner conferences*[133], la legge promosse la concorrenza tra i vettori anche all'interno delle associazioni con alcune *pro-competitive provisions* chiamate ad eliminare il loro potere di controllare la distribuzione del carico disponibile tra gli associati e di obbligarli al rispetto dei noli stabiliti.

In primo luogo, la *section* 5 dispose che le *conferences* diventassero organizzazioni aperte. Esse furono tenute a stabilire ragionevoli ed eguali condizioni di ammissione e riammissione per ogni *ocean common carrier* desideroso di operare su una determinata rotta[134] e a permettere *to any member* di abbandonare la *conference membership* senza penalità, dandone soltanto *reasonable notice*[135]. La previsione dell'*open membership* era funzionale all'introduzione del principio della concorrenza tra gli stessi vettori. La *sec.* 5(*b*) 8 concedeva, infatti, a ciascuno di essi il diritto *of independent action*, vale a dire il diritto di stipulare con il caricatore un *service contract* [136]nel quale venivano fissati nolo più basso e servizi diversi da quelli pubblicati dalla *conference* ai sensi della *sec.* 8(a) in cambio della

---

[133] Munari, *Competition*, cit., p. 9.

[134] *Sec.* 5(b) 2.

[135] *Sec.*5(b) 3.

[136] Il *service contract* era menzionato più volte nella legge.

In primo luogo, la *sec.*8(c) stabiliva:

SERVICE CONTRACTS. *An ocean common carrier or conference may enter into a service contract with a shipper or shippers' association subject to the requirements of this Act. Except for service contracts dealing with bulk cargo, forest products, recycled metal scrap, waste paper, or paper waste, each contract entered into under this subsection shall be filed confidentially with the Commission, and at the same time, a concise statement of its essential terms shall be filed with the Commission and made available to the general public in tariff format, and those essential terms shall be available to all shippers similarly situated. The essential terms shall include:*

(1) *the origin and destination port ranges in the case of port-to-port movements, and the origin and destination geographic areas in the case of through intermodal movements;*

(2) *the commodity or commodities involved;*

(3) *the minimum volume;*

(4) *the line-haul rate;*

(5) *the duration;*

(6) *service commitments; and*

(7) *the liquidated damages for nonperformance, if any. The exclusive remedy for a breach of a contract entered into under this subsection shall be an action in an appropriate court, unless the parties otherwise agree.*

promessa di ricevere una certa quantità di *cargo* di un certo tipo per un determinato periodo di tempo[137]. Negoziando in questi termini il vettore non avrebbe compromesso la propria *membership* e avrebbe avuto il solo onere di comunicare le nuove condizioni alla *conference* non più tardi di dieci *calendar days* dal raggiungimento dell'accordo.

Benché la legge non prevedesse esplicitamente che le *conferences* avrebbero dovuto autorizzare gli associati a negoziare individualmente con i caricatori, se esse avessero proibito questa iniziativa, un *conference carrier* avrebbe anche potuto abbandonare l'associazione solo che avesse ritenuto utile questa mossa[138].

Disponendo che i termini e le condizioni del nuovo contratto dovevano essere resi pubblici[139], la legge del 1984 piegava l'impostazione della vecchia normativa, imperniata sulla pubblicità delle tariffe, alla nuova logica concorrenziale. Una volta pubblicate, infatti, le condizioni e le tariffe del contratto avrebbero potuto essere invocate dai *similarly situated shippers*,

---

La legge definiva il *service contract* in questi termini: «*a contract between a shipper and an ocean common carrier or conference in which the shipper makes a commitment to provide a certain minimum quantity of cargo over a fixed time period, and the ocean common carrier or conference commits to a certain rate or rate schedule as well as a defined service level such as, assured space, transit time, port rotation, or similar service features; the contract may also specify provisions in the event of nonperformance on the part of either party*».

Alla centralità dei *service contracts* corrispondeva il ridimensionamento dei *loyalty contracts* da tempo sospettati dal Dipartimento della Giustizia di violare lo *Sherman Act*. Sul punto, BUDERI, *Conflict and Compromise*, cit., p. 337.

[137] La FEDERAL MARITIME COMMISSION, *The Impact of the Ocean Shipping Reform Act*, *September* 2001, p.44 ha sottolineato che i contratti contenevano, oltre alle clausole menzionate nel testo, patti relativi al periodo e alla frequenza dei carichi, ai luoghi di carico e di sbarco, e più raramente, almeno in primo tempo, regole riguardanti la responsabilità del vettore e il limite del risarcimento dei danni per perdita o danno delle cose trasportate.

[138] BUDERI, *Conflict and Compromise*, cit, p. 336.

[139] La *sec* (8) stabiliva che « *any member of the conference may take independent action on any rate or service item required to be filed in a tariff under section 8(a) of this Act upon not more than 10 calendar days' notice to the conference and that the conference will include the new rate or service item in its tariff for use by that member, effective no later than 10 calendar days after receipt of the notice, and by any other member that notifies the conference that it elects to adopt the independent rate or service item on or after its effective date, in lieu of the existing conference tariff provision for that rate or service item*».

desiderosi di stipulare i cosiddetti «*me too contracts*»[140]. La concreta dinamica del mercato avrebbe presto convalidato la previsione che si sarebbero avvantaggiate di questo nuovo sistema essenzialmente le imprese di grandi dimensioni capaci di contrapporsi efficacemente ai vettori perché potevano offrire loro notevoli quantità di *cargo*, sia quelle che, per prime, avrebbero spuntato condizioni contrattuali più vantaggiose, sia quelle che, successivamente, ne avrebbero invocato l'applicazione come *similarly situated shippers*, per quanto la vaghezza di tale nozione potesse favorire l'allargamento della platea dei pretendenti. La legge stessa aveva stabilito dei correttivi a questa prevista distorsione del mercato autorizzando la nascita di «*shippers associations*»[141] affinché, negoziando come gruppo, anche le imprese di minori dimensioni potessero ottenere facilitazioni simili a quelle delle grandi, una prospettiva concretamente resa possibile dalla disposizione che proibiva alle *conferences* di rifiutarsi di trattare con le associazioni dei caricatori[142].

Poiché risultato di questa normativa fu l'*overtonnaging* del carico offerto e la conseguente instabilità dei noli[143], i vettori divennero cauti nello stipulare i *service contract*. Per favorire l'incremento della contrattazione e la stesso sviluppo del mercato concorrenziale che era stato voluto nel 1984, l' *Ocean Shipping Reform Act* del 1998 promosse la *confidentiality*, la riservatezza, delle clausole più sensibili dei contratti negoziati individualmente, prima tra tutte quella riguardante le tariffe concordate, e

---

[140] Mukherjee & Bal, *A Legal and Economic Analysis*, cit., p. 257 ss.

[141] La legge definiva le «*shippers' association*» come «*a group of shippers that consolidates or distributes freight on a nonprofit basis for the members of the group in order to secure carload, truckload, or other volume rates or service contracts*» Cfr. 46 *U.S.C.A.* § 1702(24). Esse erano soggette all'*antitrus laws* e la *Conference Report* incitava le imprese determinate ad associarsi ad ottenere dal *Justice Dipartment* un previo *advice* circa le possibili violazioni delle norme a tutela della concorrenza. Tuttavia, la *Conference Report* aveva stabilito che una *carrier conference* o *carrier* non avrebbe disatteso la disciplina *antitrust* negoziando con una associazione di *shipper* che invece la violava se la negoziazione fosse stata «*within the scope of an effective agreement*» (H.R. REP. No. 600, 9 *8th Cong.2d Sess.* I, 37- 38 *reprinted in* U.S. CODE CONG. & AD. NEWS, 293-294.

[142] *Sec.*10 (b)(13).

[143] Wilson and Casavant, *Some Market Power Implications of the Shipping Act of 1994: A Case Study of the U.S. to Pacific Rim Transportation Market*, in *Western Journal of Agricoltural Economics*, 1991, p. 427-434 riferisce che, nei primi anni di vigenza della legge, furono intraprese 19.000 *independent actions* e che esse « *have probably done more to damage carrier revenues and viability than anything else in recent years*».

rimosse *the me-too requirement*. Nel corso degli anni il mercato ha fatto buona accoglienza alla nuova disciplina ed il numero di *service contract* conclusi si è impennato[144]. In questo quadro dominato definitivamente dalle grandi compagnie, la cura degli interessi delle piccole e medie imprese è stata di fatto consegnata all'azione di importanti *consolidators*, come, per esempio, FedEx, UPS, DHL che, in quanto capaci di spuntare condizioni favorevoli dai vettori, sono disponibili, per accrescere la propria clientela, a trasferire una quota del risparmio conquistato ai loro clienti, ai quali peraltro sono soliti offrire anche una gamma di servizi.

Mostrandosi *not a carrier-oriented country*, gli Stati Uniti hanno ritenuto di privilegiare gli interessi del settore agricolo e industriale di cui gli *shippers* sono portatori, sacrificando, entro certi limiti, quelli delle imprese dei trasporti, che hanno un peso relativamente piccolo nell'ambiente economico[145] e di attendersi, dalla politica adottata, addirittura benefici per i consumatori perché noli più bassi si sarebbero riflessi positivamente sul prezzo finale delle merci importate.

6. Il contratto di volume nelle Regole di Rotterdam

Avendo l'UNCITRAL accolto solo parzialmente la proposta statunitense [146], la disciplina del contratto di volume è risulta calibrata essenzialmente sulla tutela del caricatore, pensato come contraente più debole del

---

[144] FEDERAL MARITIME COMMISSION, *The Impact*, cit., p. 40 ss.

[145] Le *liner conferences* hanno tuttavia un certo peso politico in quanto il declino della marina mercantile statunitense è considerato con preoccupazione dagli ambienti militari perché, a loro parere, gli U.S. rischiano di perdere « *virtually any capacity to provide our traditional armed forces with merchant marine sealift capacity, thus endangering our national security.*» Sul punto, BUDERI, *Conflict and Compromise*, cit, p. 341, nota 189.

[146] 1. *[Notwithstanding art. xx [contract of carriage definition/excluded contracts provision], this instrument applies to an Ocean Liner Service Agreement.*

2. *An Ocean Liner Service Agreement means a contract that is mutually negotiated and agreed to in writing or electronically between one or more carriers and one or more shippers and that provides for the liner carriage of goods by sea in a series of shipments over a specified period of time. Such contract shall obligate the carrier(s) to perform a service not otherwise mandatorily required by this instrument and shall obligate the shipper(s) to tender a minimum volume of cargo and to pay the rate(s) set forth in the contract. The carrier(s) service obligation shall include ocean carriage and may also include carriage by other modes of transport, warehousing, or logistics services, as required by the shipper.*

vettore. Ne è risultato un testo che alcuni hanno definito «enigmatico»[147]. La ragione è che esso, per aver trascurato di trattare alcuni aspetti del *service contract* più legati al libero mercato, è parso un ibrido inidoneo a funzionare compiutamente da perno di un mercato del trasporto marittimo di linea organizzato in chiave concorrenziale, quale, peraltro, la stessa Unione Europea tende a creare[148].

Tale ambiguità ha influenzato la stessa definizione del contratto[149]. Questa definizione, peraltro, non contiene gli elementi che alcune delegazioni avevano suggerito di inserirvi per togliere sicuramente dal giro le imprese incapaci di trattare affari di una certa consistenza e perciò ritenute assolutamente contraenti deboli. La delegazione francese aveva proposto una nozione di *volume contract* nella quale aveva rilievo la durata dell'accordo: il contratto doveva prevedere «il trasporto di una quantità di merci

---

Liner carriage means an advertised maritime transport service for the carriage of general cargo on an established and regular pattern of trading between a range of specified ports.

3. An Ocean Liner Service Agreement may not be (i) a carrier's schedule of prices and services, a bill of lading, or a cargo receipt or similar document, although an Ocean Liner Service Agreement may incorporate such documents by reference; or (ii) a charter of a liner vessel or the charter of space on a liner vessel.

4. Notwithstanding paragraph 1, an Ocean Liner Service Agreement may provide for greater or lesser duties, rights, obligations, and liabilities than those set forth in this instrument. A provision in an Ocean Liner Service Agreement that provides for greater or lesser duties, rights, obligations, and liabilities shall be set forth in the body of the contract and may not be incorporated by reference from another document. Any terms in an Ocean Liner Service Agreement that vary from this instrument shall be binding only on the parties to the contract and any third-party who expressly consents to be bound thereby.

5. If a transport document or electronic record is issued pursuant to an Ocean Liner Service Agreement, then the provisions of this instrument apply to the contract evidenced by or contained in that transport document or electronic record to the extent that the transport document or the electronic record governs the relations between the carrier and any holder or consignor or consignee named in said transport document or electronic record who is not a party to the Ocean Liner Service Agreement, except to the extent that said holder, consignor or consignee expressly consented to be bound by an Ocean Liner Service Agreement or such terms therein that are different from those set forth in the instrument.

[147] THOMAS, *The Carriage of Goods, by Sea Under the Rotterdam Rules*, London, 2010, p. 16.

[148] MALGORZATA NESTEROWICZ, *Union Europea y transporte marítimo de mercaderías*, in *O contrato de transporte marítimo de mercadorias, I Jornadas de Lisboa de Direito Marítimo 6 e 7 Março 2008,* Coimbra, 2008, p. 349 ss.

[149] Si rinvia alla nota 2 e al relativo testo del primo paragrafo.

in più spedizioni durante un periodo di tempo determinato non inferiore a un anno»[150]. La delegazione australiana ne aveva lanciata un'altra ancora più restrittiva, imperniata anche sulla quantità della merce da spedire: il contratto assicurava «il trasporto di almeno 500 containers di merce (o l'equivalente in tonnellate) in una serie di almeno 5 spedizioni nel corso di un periodo non inferiore a un anno[151]. Nonostante abbia scartato queste soluzioni, l'art. 1.2 è stato criticato da chi ritiene che esso può consentire la deroga al regime cogente e, in primo luogo, alle regole sulla responsabilità del vettore, in danno dei caricatori più deboli, persino di quelli che, per esempio, abbiano pattuito la spedizione di due soli containers di merce, uno in un giorno e l'altro nel giorno successivo[152]. In realtà, questa ipotesi estrema è di difficile realizzazione perché, come è stato osservato, è assai improbabile che le parti, per affari di così tenue valore, siano disponibili a sobbarcarsi i costi transattivi della trattativa (art. 80) necessaria a scambiare un nolo assai ridotto per un consistente esonero di responabilità del vettore, vero punto centrale di ogni accordo[153]. Con maggiore realismo si può ritenere che il requisito di «una serie di viaggi», necessario alla qualificazione dell'accordo come contratto di volume, è tale da garantire che le parti siano

---

[150] A/CN/9/612.

[151] A/CN/9/658.

[152] Per tutti, VERNIZZI, *Le future «regole di Rotterdam»: Alcune considerazioni sulla nuova convenzione in materia di trasporto internazionale di merci che si svolga in tutto o in parte per mare*, in *Resp. civ. e prev.*, 2009, p. 115.

[153] BERLINGERI, ZUNARELLI, ALVISI, *La nuova convenzione Uncitral sul trasporto internazionaledi merci "wholly or partly bay sea"(regole di Rotterdam)*, in *Il diritto marittimo*, 2008, p.1221 sottolineano come l'esigenza di proteggere il caricatore e, pertanto, di adottare un regime inderogabile di responsabilità del vettore sussisteva inizialmente nel trasporto merci con navi di linea. Essi ricordano che tale risultato era stato raggiunto dalle regole dell'Aja del 1921, da un lato, limitando l'applicazione delle regole stesse alla polizza di carico, documento emesso solitamente nel traffico di linea, e, dall'altro, ecludendo il carattere vincolante della normativa uniforme per i carichi che non presentavano la caratteristica di carichi commerciali ordinari. Questa impostazione ha soddisfatto le esigenze del commercio marittimo fino a quando il traporto di grandi quantitativi di merci è avvenuto mediante navi adibite al traffico *trump*, ma si è dimostrata insufficiente quando questo tipo di trasporti è stato effettuato anche da navi di linea e hanno cominciato a circolare modelli contrattuali *ad hoc*, come tra gli altri, appunto, i *service contracts*. Sullo specifico tema della responsabilità del vettore in rapporto a questa vicenda si rinvia a COSTEIRA DA ROCHA, *Limitação da responsabilidade do transportador marítimo de mercadorias*, in *O contrato de transporte*, cit., p. 249 ss.

«sofisticate» abbastanza[154] per trattare «ad occhi aperti>, a voler ripetere la felice espressione di una sentenza statunitense chiamata a valutare la capacità di una impresa di concludere accordi rischiosi[155]. Inoltre, se alcune clausole fossero state redatte al solo scopo di sfuggire alle *supermandatory rules* contenute nell'art. 79, una corte potrebbe invalidarle[156].

Chi ha confrontato la definizione di contratto di volume dell'art. 1.2 con quella di contratto di trasporto contenuta nell'art.1.1 e con la definizione di OLSAs, ha ritenuto che la prudenza dell'UNCITRAL ha sortito risultati criticabili. Comparando la definizione di *volume contract* con quella di OLSA che era stata avanzata[157] la distanza tra le due figure è apparsa netta. Nella definizione delle Regole di Rotterdam parti del contratto sono soltanto vettore e caricatore, mentre non v'è menzione di *more carriers* e *more shippers* che, nell'esperienza statunitense, tendono ad assicurare il rafforzamento della posizione contrattuale degli operatori più piccoli nel mercato concorrenziale. Questo approccio ha preparato strumenti di tutela dei contraenti deboli imperniati su specifiche tecniche di contrattazione individuale piuttosto che sul riconoscimento dell'organizzazione dei soggetti più deboli sul mercato. Inoltre, come oggetto del contratto di volume è preso in considerazione soltanto il trasporto del carico, mentre non si trova alcun riferimento ai servizi che nell' *Ocean Sevice Contract* i vettori sono soliti offrire ai caricatori con immediati riflessi sull'ammontare del nolo. Anche per questa ragione il contratto di volume è definito un contratto di trasporto sia pure con un oggetto particolare (art. 1.2). Confrontando poi le definizioni di contratto di volume e di contratto di trasporto di cui all'art.1.1 si è osservato che la differenza consiste in ciò che mentre, stipulando il primo, «il vettore si obbliga a trasportare merci da un luogo all'altro» e cioè fa «una immediata promessa di trasportare», stipulando il

---

[154] STURLEY, FUJITA, VAN DER ZIEL, *The Rotterdam Rules*, cit., p. 379.

[155] *American Bell International v. Islamic Republic of Iran*, in 474 *Federal Supplemt* (*S.D.N.Y.* 1979) p. 420.

[156] HONKA, *Validity of Contractual terms*, in von ZIEGLER, SCHELIN, ZUNARELLI, *The Rotterdam Rules* 2008, *Commentary to the UN Convention on Contracts for the International Carriage of Goods Wholly or Partly by Sea*, Kluwer Law International, 2010, p. 331 ss. Una sintesi di questa relazione può leggersi in BERLINGERI, *An Analysis of Two Recent Commentaries on Rotterdan Rules*, in *Il diritto marittimo*, 2012, p. 61.

[157] Vedi nota 146.

secondo, egli si obbliga a «una serie di spedizioni»[158] che saranno effettuate in un certo arco di tempo [159]. Poiché soltanto questa è la differenza tra i due contratti, essendo state eliminate dalla definizione di *volume contract* le più specifiche caratteristiche dell'OLSA, si è sostenuto che, dal punto di vista della politica del diritto, è difficile giustificare la particolare disciplina del contratto di volume soltanto con il dato del numero dei viaggi[160].

Inoltre, a differenza di quanto previsto nella proposta statunitense[161], nella definizione di contratto di volume manca un articolato riferimento ai documenti di trasporto emessi in occasione di ciascun viaggio in modo da confermarne lo *status* di *service contract*. Ciò ha indotto alcuni a sollevare la questione di come le deroghe validamente apportate dalle parti del *volume contract* alla disciplina uniforme possano essere sicuramente applicate a tali documenti. In mancanza di una disposizione esplicita sul punto s'è detto che bisogna accontentarsi del richiamo all'art. 80.3 stando al quale « il contratto di volume può incorporare *per relationem* tali documenti come termini del contratto» e augurarsi che questa regola verrà interpretata anche nel senso che[162], quando una valida deroga sarà stata creata

---

[158] Secondo Thomas, *The Carriage of Goods*, cit., p. 21, le Regole di Rotterdam non tengono nel dovuto conto la distinzione tra il *volume contract* e i singoli viaggi. La distinzione tra *steering contract* e singoli viaggi era presente già nelle regole de l'Aja e di Amburgo benché esse non disciplinassero il *service contract*.L'art. 4 delle *Hamburg Rukes* recita: « *If a contract provides for a future carrige of goodsin a series of shipmentsduring an agreed period of time, the provisions of this Convention apply to each shipment*» La distinzione tra OLSA e documenti di trasporto era stata tracciata chiaramente dalla delegazione a stelle e strisce già in A/CN.9/WG III/WP.34 al paragrafo 23: «*The United States believes that, as a general matter, all shipments moving under OLSAs should be subject to the Instrument, except to the extent that the parties specifically agree to derogate from all or part of the Instrument's provisions. This will ensure that the majority of traffic moving under OLSAs are subject to the Instrument, unless the contracting parties expressly agree to derogate. Any agreement to derogate from the provisions of the Instrument shall be binding only on the parties to the OLSA. Thus, when bills of lading or other transport documents are issued for OLSA-based shipments, any party to or holder of the bill of lading or transport document that is not also a party to the OLSA would not be bound by any agreement to derogate from the Instrument*». In argomento, cfr. anche Kozubovskaya-Pelle, *Le contrat de volume*, cit., p. 178.

[159] Thomas, *op. ult. cit.*, p. 20.

[160] Thomas, *op. loc. ult. cit.*

[161] Cfr. il punto 5 della proposta statunitense riportata nella nota 146 .

[162] Secondo Sturley, Fujita, Van Der Ziel, *The Rotterdam Rules*, cit., p. 381, l'art. 80(3) delle Rotterdam Rules, che contiene una lista di ciò che non costituisce un *volume*

nel contratto di volume, essa sarà considerata validamente riprodotta anche in ogni *transport document* o *electronic record* a esso collegato[163].

Dalle Regole di Rotterdam il contratto di volume è sottoposto a un regime «parzialmente imperativo»[164] perché, come si è già accennato, le parti, se hanno rispettato determinate procedure nella fase della formazione del contratto, possono usare la loro autonomia per sottrarsi ad alcune disposizioni della normativa unifome. Esse, però, non possono evitarne altre poste a presidio, piuttosto che di una data allocazione dei rischi tra le parti, di interessi pubblici quali la sicurezza della navigazione e la tutela dell'ordine pubblico economico. Inderogabili sono l'art. 14 (a) e (b) per cui il vettore è tenuto a mettere e mantenere la nave in stato di navigabilità, ad armarla, a equipaggiarla, ad approvvigionarla convenientemente e a mantenerla in questo stato durante il viaggio; gli artt. 28 e 32 per i quali, in certi casi, il caricatore deve fornire le informazioni, le istruzioni e i documenti riguardanti le merci ed è obbligato ad apporre su quelle pericolose una etichetta specifica; l'art. 61, stando al quale il vettore e le altre persone menzionate nell'art. 18 non possono giovarsi del beneficio della limitazione della responsabilità se hanno causato un danno mediante una omissione o un atto compiuto con l'intenzione di infliggere tale perdita o temerariamente o con la coscienza che la perdita si sarebbe probabilmente verificata.

Stando così le cose, alcuni hanno sostenuto che «le porte girevoli» costruite dall'UNICITRAL sviliscono la stessa uniformità della disciplina[165].

La legittima manifestazione dell'autonomia privata, desiderosa di stabilire diritti, obbligazioni e responsabilità maggiori o minori di quelli previsti dalla Convenzione (art. 80.1), è legata alla realizzazione di una necessaria fase di trattative, la quale è chiamata a riequilibrare l'eventuale diverso potere contrattuale dei contraenti. Affinché le clausole di deroga alla Convenzione siano «vincolanti» tra le parti (art. 80 (2)), si devono realizzare congiuntamente le quattro condizioni poste dall'art.80.2 alle lettere

---

contract, dev'essere inteso principalmente come una ulteriore antitodo al timore che i *times-volume rates* nelle *public schedule* dei prezzi dei vettori siano interpretati come *volume contract* da qualche giudice malaccorto.

[163] THOMAS, *The Carriage of Goods*, cit., p. 22.

[164] KOZUBOVSKAYA-PELLE, *Le contrat de volume*, cit., p. 180.

[165] ADAMSSON, *The Rotterdam Rules. A Transport Convention for the Future?*, Maalberg, 2011, p. 52.

(*a*), (*b*), (*c*), (*d*), di cui quella *sub* (b) in una delle due varianti possibili. In primo luogo, affinché lo *shipper* abbia una scelta alternativa, è imposto al vettore l'obbligo di informarlo per iscritto[166] della possibilità di stipulare, ovviamente a condizioni diverse, un contratto di trasporto conforme alle Regole di Rotterdam (art. 80, 2(*c*)), il che è stato considerato un efficace strumento per contrastare l'abusivo ricorso al *volume contract*.

Che tra le parti deve svolgersi una trattativa risulta immediatamente evidente nell'art. 80 2 (*b*) *i*, secondo il quale le deroghe sono «vincolanti» quando «il contratto di volume sia stato oggetto di una negoziazione individuale». È meno chiaro, invece, nell'art. 80 2(*b*) *ii*, il quale completa la frase precedente in questi termini «oppure quando specifichi in modo evidente le disposizioni del contratto di volume che contengono la deroga». Benché durante i lavori preparatori alcuni avessero suggerito che l'«*individual negoziation*» e la «*prominent specification*» fossero congiuntamente richiesti[167], questo punto di vista non è stato accolto. Pertanto, per spingere le parti a negoziare anche quando il vettore ha predisposto uno schema di contratto, è stato stabilito, dopo qualche scambio di opinioni[168], che la deroga non avrebbe dovuto essere incorporata per *relationem* ad un altro documento (art. 80 2 (*d*) *i*), né inclusa in un contratto di adesione non soggetto a trattative (art. 80 2(*d*) *ii*). Stipulato il contratto, il testo deve contenere un *prominent statement*, il quale evidenzi che il testo contiene deroghe alla Convenzione (art. 80 2 (*a*)). In altre parole, tale enunciazione dev'essere scritta in caratteri talmente vistosi da far ritenere verosimile che l'attenzione dei contraenti si sia realmente concentrata su questo aspetto.

In caso di controversia circa la validità della deroga, spetta a chi la invoca provare che sono state rispettate le condizioni appena menzionate (art. 80.6). Teoricamente sia il vettore, sia il caricatore possono essere chiamati a fornire questa prova, anche se si prevede che, più di sovente, sarà quest'ultimo a dover fronteggiare l'azione del primo[169]. In futuro si vedrà se il vettore, per munirsi subito di questa prova, inserirà nel testo del contratto di volume una dichiarazione sottoscritta dal caricatore con cui si

---

[166] Come sottolineano BERLINGERI, ZUNARELLI, ALVISI, *La nuova convenzione Uncitral*, cit., p. 11124, la comunicazione di cui al testo dev'essere fatta per iscritto in quanto il termine *notice* è compreso dall'art. 3 tra quelli che devono essere rivestiti di forma scritta.

[167] 15*th Session Report, para* 83; 21*th Session, paras* 240, 246: A/CN.9/*612 para* 15.

[168] 21*th Session, paras* 243-249.

[169] THOMAS, *The Carriage of Goods*, cit., p. 22.

riconosce che le trattative ci sono state, sicché l'atto assumerà un formalismo idoneo a dimostrare che il vettore ha anche compiuto una certa attività pre-negoziale.

Se si instaura un giudizio, il giudice dovrebbe accertare che si sia svolta tra le parti una vera negoziazione delle singole clausole e, di conseguenza, dovrebbe annullarle se è stato provato che la trattativa si era risolta in una specie di pantomima nel corso della quale, per esempio, al diniego del caricatore di aderire alle deroghe in cambio di un certo nolo aveva fatto seguito la proposta del vettore di un contratto conforme alla Convenzione segnato però da un nolo più alto e poi, al rifiuto della controparte, il vettore era subito ritornato sulla prima proposta, questa volta prontamente accettata. Se, infatti, le norme avessero voluto legittimare tale comportamento, come una lettura disinvolta dell'art. 80.2 (c) potrebbe anche suggerire[170], la Convenzione si sarebbe limitata a imporre al vettore la presentazione di due schemi contrattuali lasciando al caricatore la facoltà di sceglierne uno in modo secco.

Dal punto di vista comparatistico si rileva che le regole sulla trattativa evocano non solo la disciplina, comune a molti ordinamenti, compreso quello statunitense, delle particolari forme che devono assumere determinati accordi sui quali è necessario richiamare l'attenzione del contraente più debole o onerato[171] affinché si impegni consapevolmente, ma anche la normativa europea sulla negoziazione di alcune clausole abusive inserite nel contratto stipulato dai consumatori[172].

L'art. 80.5 tratta il caso dell'opponibilità ai terzi[173] delle deroghe alla Convenzione concordate tra vettore e caricatore secondo l'art. 80.2. Affinché il terzo sia vincolato al rispetto di queste clausole, la disposizione in esame stabilisce che egli deve essere stato informato della deroga e deve aver prestato il suo consenso. Inoltre, è necessario che tale consenso non sia soltanto espresso in una tariffa pubblica di prezzi e servizi del vettore,

---

[170] HONKA, *United Nations Convention on Contracts for the International Carriage of Goods Wholly or Partly by Sea*, in *CMI Yearbook*, 2009, p.15.

[171] Si vedano, per esempio, alcune disposizioni dell'*Uniform Commercial Code*.

[172] JANNARELLI, *La disciplina dell'atto e dell'attività: i contratti tra imprese e tra imprese e consumatori*, in LIPARI (a cura di), *Trattato di diritto privato europeo*, Vol. III, Padova, 2003, p. 3 ss.

[173] Per esempio, il giratario del documento di trasporto negoziabile e il terzo avente diritto alla consegna in base a un documento di trasporto non negoziabile. Sul punto, BERLINGERI, ZUNARELLI, ALVISI, *La nuova convenzione Uncitral*, cit., p. 1225.

in un documento di trasporto o in una registrazione elettronica di trasporto. Più in particolare, la informazione deve pervenire al terzo per mezzo di un documento scritto[174] nel quale egli possa leggere a caratteri evidenti che il contratto di volume deroga alla Convenzione. Il terzo deve dichiarare espressamente e per iscritto[175] di consentire: quindi, non è sufficiente un comportamento dal quale si possa dedurre, anche con certezza, che egli è stato d'accordo[176].

L'art. 80.5 non dice nulla sul momento in cui il consenso del terzo deve essere acquisito. Ad alcuni sembra saggio per il vettore assicurarselo nel momento della stipula perché, successivamente, il terzo, libero da pressioni del caricatore, probabilmente lo rifiuterà [177]. Qualche autore è convinto che il requisito del «consenso espresso del terzo» condannerà l'art. 80.5 a svolgere un ruolo marginale. In altre parole, questa disposizione sembra essere destinata ad applicarsi solo quando il terzo è legato da un importante rapporto presistente con il caricatore come nell'ipotesi in cui sia, per esempio, un *affiliated company* che riceve merci da quegli. Perciò circola il sospetto che tale norma macchinosa sia stata emanata, in realtà, per proteggere il terzo mettendolo al riparo della Convenzione[178].

---

[174] Come esattamente sottolineano Berlingeri, Zunarelli, Alvisi, *op. loc. ult. cit.*, la forma esplicita è chiaramente sottintesa dalla norma.

[175] Cfr. art. 3.

[176] Sturley, Fujita, Van Der Ziel, *The Rotterdam Rules*, cit., p. 382 illustrano il seguente esempio. Un terzo riceve un *negotiable transport document* emesso in relazione a un *volume contract* il quale contiene l'affermazione in caratteri evidenti che «*the contract evidenced by this document contains a limitation of liability that is lower than that provided by the Rotterdam Rules*». Ricevuto il documento, l'*holder* lo legge con la dovuta attenzione, controlla i termini e le condizioni del *volume contract* e accetta il *transport document* senza sollevare obiezioni. Benché il terzo fosse stato consapevole della deroga quando ha accettato il *transport document*, la limitazione della responsabilità non gli è opponibile perché egli non ha prestato esplicitamente il suo consenso.

[177] Honka, *United Nations Convention*, cit., p. 16.

[178] Sturley, Fujita, Van Der Ziel, *The Rotterdam Rules*, cit., p. 382.

OS DOCUMENTOS DE TRANSPORTE NAS REGRAS DA HAIA E NAS REGRAS DE ROTERDÃO

ALEXANDRE DE SOVERAL MARTINS[*]

SUMÁRIO: *A) Os documentos de transporte nas Regras da Haia; 1. A posição central do documento de transporte; 2. As Regras de Haia não nos dizem em que consiste o conhecimento de carga nem caracterizam o direito nele mencionado; 3. As Regras de Haia e as reservas; 4. As Regras de Haia e o transporte multimodal; B) As Regras de Roterdão; 1. O contrato de transporte internacional de mercadorias total ou parcialmente por mar; 2. Os documentos de transporte nas Regras de Roterdão e a sistematização; 3. Os documentos de transporte e os documentos eletrónicos de transporte; 4. Os documentos eletrónicos de transporte e os procedimentos a respeitar; 5. Documentos negociáveis e não negociáveis; 6. Documentos eletrónicos negociáveis e controlo exclusivo; 7. A escolha do documento; 8. Elementos que devem constar dos documentos; 9. A identificação do transportador; 10. A falta de elementos e os arts. 38.º e 39.º; 11. O teor dos documentos e a responsabilidade do transportador; 12. Reservas; 13. Os documentos, o exercício de direitos pela parte controladora e a transferência do direito de controlo; 14. A transferência dos direitos incorporados.*

A) OS DOCUMENTOS DE TRANSPORTE NAS REGRAS DA HAIA

1. A posição central do documento de transporte

Nas Regras de Haia o documento de transporte ocupa uma posição central por várias razões.

---

[*] Professor da Faculdade de Direito da Universidade de Coimbra.

Desde logo porque, para as Regras de Haia, *contrato de transporte* designa «somente o contrato de transporte provado por um conhecimento ou por qualquer documento similar servindo de título ao transporte de mercadorias por mar; e aplica-se igualmente ao conhecimento ou documento similar emitido em virtude duma carta partida, desde o momento em que este título regula as relações do armador e do portador do conhecimento»[1].

A Convenção de Bruxelas de 1924 *não se aplica*, em regra, aos casos em que há transporte com recurso a cartas partida, sendo isto o que ocorria então no transporte com fretamento fora de linhas regulares. Mas, *se é emitido um conhecimento de carga ou documento similar*, isso pode alterar as coisas[2]. É o que se passa a partir do momento em que o título regula as relações do transportador com o portador daquele.

Por outro lado, segundo o respetivo art. 10.º, as disposições da Convenção de Bruxelas de 1924 aplicam-se ao conhecimento criado num dos Estados contratantes[3]. Isto sem prejuízo da eventual cláusula *Paramount*.

---

[1] Art. 1.º, *b)*. No entanto, as Regras de Haia não excluem a possibilidade de o contrato de transporte ser celebrado sem emissão de conhecimento. Na Convenção de Bruxelas de 1924 o armador é o transportador: cfr. a versão em francês e NUNO BASTOS, *Direito dos transportes*, IDET/Almedina, Coimbra, 2004, p. 162, nt. 180. Havendo carta partida, o conhecimento ou documento similar emitido vai regular as relações do armador e do portador do conhecimento se o título circulou: SERGIO CARBONE/PIERANGELO CELLE/MARCO DE GONZALO, *Il diritto marittimo attraverso i casi e le clausole contrattuali*, 3.ª ed., Giappichelli, Torino, 2006, p. 269. Para a Itália, defendendo a *aplicabilidade* da Convenção de Bruxelas se as circunstâncias e usos marítimos permitiam dizer que o transportador estava *obrigado a emitir* o conhecimento mas não o fez, bem como se o *carregamento não foi terminado antes de emitido* o conhecimento mas por razões relacionadas com acidentes envolvendo o navio ou a mercadoria, sendo pacífico que as partes tinham previsto a emissão do conhecimento no fim do carregamento, SERGIO CARBONE/PIERANGELO CELLE/MARCO DE GONZALO, *Il diritto marittimo attraverso i casi e le clausole* contrattuali, cit., p. 270.

[2] Cfr. o art. 1.º, *b)*, *in fine*.

[3] Era mesmo duvidoso que na redação de 1924 fosse exigido um transporte internacional. Considerando necessário que o contrato de transporte marítimo seja internacional para que a Convenção seja aplicável, p. ex., MARIO RAPOSO, «Sobre o contrato de transporte de mercadorias por mar», *BMJ*, 376, 1988, p. 7, e MANUEL JANUÁRIO DA COSTA GOMES, «Do transporte "port to port" ao transporte "door to door"», Almedina, Coimbra 2008, p. 373. Contra, defendendo que as Regras de Haia não estão confinadas ao transporte internacional, MARIAN HOEKS, *Multimodal Transport Law*, Wolters Kluwer, Austin-Boston-Chicago-New York-The Netherlands, 2010, p. 311. Também se discutia se a internacionalidade devia ser apenas objetiva (entre portos de diferentes Estados) ou para além disso subjetiva (diferentes nacionalidades do transportador e do destinatário): cfr. SERGIO CARBONE/PIERANGELO CELLE/

O conhecimento de carga desempenha uma função de *prova*. Antes de mais, de prova do *contrato*: o art. 1.º, *b*), considera «contrato de transporte» o «contrato de transporte provado por um conhecimento ou por qualquer documento similar [...]». De prova também da *receção das mercadorias*: no art. 3.º, 4, pode ler-se que o conhecimento referido no n.º 3 «constituirá presunção, salvo a prova em contrário, da recepção pelo armador das mercadorias [...]». E também se retira desse mesmo art. 3.º, 4, que o conhecimento desempenha função de prova das *condições da mercadoria*: da «recepção pelo armador das mercadorias tais como foram descritas [...]».

2. As Regras de Haia não nos dizem em que consiste o conhecimento de carga nem caracterizam o direito nele mencionado

Não obstante essa importância do conhecimento, as Regras de Haia não dizem *em que consiste* um conhecimento de carga ou documento similar. Para além disso, a Convenção de Bruxelas não caracteriza expressamente o direito mencionado no conhecimento como *literal* e *autónomo*[4]. Como não diz expressamente que o conhecimento de carga é *transmissível*[5]. E não diz expressamente que o possuidor do mesmo pode *exigir as mercadorias* no destino. Na verdade, a Convenção de Bruxelas não contém um regime

---

Marco de Gonzalo, *Il diritto marittimo attraverso i casi e le clausole contrattuali*, cit., p. 268. Para uma análise do tema, Nuno Bastos, *Da disciplina do contrato de transporte internacional de mercadorias por mar*, Almedina, Coimbra, 2004, p. 86-87.

[4] Como é sabido, Vivante entendia o título de crédito como um «documento necessário para exercitar o direito literal e autónomo nele mencionado»: cfr. Cesare Vivante, *Trattato di diritto commerciale*, III, 3.ª ed., Vallardi, Milano, 1904, p. 154. Sobre esta e outras noções, Alexandre de Soveral Martins, *Títulos de crédito e valores mobiliários*, Almedina, Coimbra, 2008, p. 9 e ss.. Considerando o conhecimento de carga um título de crédito, para além do próprio Vivante, *ob. cit.*, p. 157, Ferrer Correia, *Lições de direito comercial*, III, Coimbra, 1975, p. 13, Pereira de Almeida, *Direito comercial*, 3.º vol., Lisboa, AAFDL, 1988, p. 9, Pedro Pais de Vasconcelos, *Direito comercial. Títulos de* crédito (reimp.), Lisboa, 1997, p. 8, Nuno Bastos, *Da disciplina do contrato de transporte internacional de mercadorias por mar*, cit., p. 233, Engrácia Antunes, *Os títulos de crédito*, 2.ª ed., Coimbra Editora, Coimbra, 2012, p. 29.

[5] Sobre a circulabilidade (aptidão para circular de acordo com regras próprias que a favorecem) como característica dos títulos de crédito, Alexandre de Soveral Martins, *Títulos de crédito e valores mobiliários*, cit., p. 18.

jurídico completo do conhecimento de carga[6]: é apenas uma convenção «para a unificação de certas regras em matéria de conhecimento»[7].

No entanto, o art. 3.º, 4, não é incompatível com *uma certa literalidade*: «Um tal conhecimento constituirá presunção, salvo a prova em contrário, da recepção pelo armador das mercadorias tais como foram descritas conforme o § 3.º, alíneas *a)*, *b)* e *c)*»[8].

No que diz respeito à *transmissibilidade*, o art. 6.º parece contrapor aos conhecimentos de carga os recibos, considerados documentos *intransmissíveis*[9]. Será um argumento para se dizer que está ínsita a transmissibilidade dos conhecimentos de carga.

Quanto ao direito de o possuidor *exigir as mercadorias* no destino, o art. 3.º, 6, faz menção à pessoa que tem o direito de receber as mercadorias em virtude do contrato de transporte. E, sobretudo, o art. 3.º, 7, alude ao documento recebido pelo carregador antes do carregamento «dando direito» às mercadorias e que pode vir a constituir um conhecimento com a nota de «Embarcado».

O facto de se poder dizer que o documento confere esse direito às mercadorias também não está em contradição com *uma certa autonomia* do direito mencionado no documento.

---

[6] Em grande parte devido também à história do surgimento das Regras de Haia: sobre isto, S. W. MARGETSON, «The History of the Hague (Visby) Rules», AAVV., *Aspects of Maritime Law. Claims under Bills of Lading*, Wolters Kluwer, Austin-Boston-Chicago-New York-The Netherlands, 2008, p. 1 e ss. e em especial p. 12.

[7] M. L. HENDRIKSE/N. J. MARGETSON, «Division of the burden of proof under de Hague (Visby) Rules», AAVV., *Aspects of Maritime Law. Claims under Bills of Lading*, cit., p. 101.

[8] As Regras de Haia não dizem se a prova do contrário pode eficazmente ter lugar perante terceiro portador do título. Sobre as várias posições, NUNO BASTOS, *Da disciplina do contrato de transporte internacional de mercadorias por mar*, cit., p. 240. Como chamam a atenção STEFANO ZUNARELLI/MICHELE PINTO, *Manuale di diritto della navigazione e dei trasporti*, Cedam, Milano, 2009, p. 366, o Protocolo de 1968 (que não vincula Portugal), acrescentou ao art. 3.º, 4, que «proof to the contrary shall not be admissible when the Bill of Lading has been transferred to a third party acting in good faith».

[9] Mas o sentido desse preceito não é fácil de descortinar: cfr. S. W MARGETSON, «The application of The Hague (Visby) Rules», p. 27 e s..

3. As Regras de Haia e as reservas

Vimos que, de acordo com as Regras de Haia, o conhecimento «constituirá presunção, salvo a prova em contrário, da recepção pelo armador das mercadorias tais como foram descritas conforme o § 3, alíneas *a*), *b*) e *c*)». E justamente um dos elementos que deve constar do conhecimento é o relativo ao «estado e o acondicionamento aparentes das mercadorias». Um conhecimento limpo pode causar alguns dissabores ao comprador das mercadorias quando o transportador não cumpre os seus deveres.

O art. 3.º, 3, *in fine*, estabelece que o armador, capitão ou agente do armador *não é obrigado a declarar ou mencionar*, no conhecimento, marcas, número, quantidade ou peso que, por motivos sérios, suspeite não representarem exatamente as mercadorias por ele recebidas, ou que por meios suficientes não pôde verificar. Mas a prática coloca na mesma as menções, acompanhadas de reservas[10].

Lendo o referido art. 3.º, 3, verificamos que as Regras de Haia contêm um regime escasso no que diz respeito às reservas colocadas pelo transportador. Não estão sequer previstas as reservas genéricas (*said to contain* e semelhantes), frequentemente utilizadas na prática[11].

4. As Regras de Haia e o transporte multimodal

As Regras de Haia são ainda criticadas por, diz-se, não serem aptas a lidar com o transporte *multimodal*. Apenas visariam o transporte por mar e estavam pensadas para o transporte em linha regular. Mas talvez se possa dizer que as Regras de Haia não ignoram totalmente o transporte multimodal. Veja-se que no seu art. 1.º, *b)*, é feita referência ao conhecimento ou documento similar «servindo de título ao transporte de mercadorias por mar»: ou seja, não surge dito que o documento em causa tem que servir *exclusivamente* de título ao transporte de mercadorias por mar[12]. O art. 3.º, 7, também prevê a possibilidade de emissão de documentos dando direito

---

[10] Francesco Berlingieri/Stefano Zunarelli/Chiara Alvisi, «La nuova Convenzione UNCITRAL sul Transporto Internazionale di mercy "wholly or partly by sea" (Regole di Rotterdam)», DM, Out.-Dez. 2008, p. 1190.

[11] Stefano Zunarelli/Michele Pinto, *Manuale di diritto della navigazione e dei trasporti,* cit., p. 372.

[12] Marian Hoeks, *Multimodal Transport Law*, cit., p. 350, parece dizer isso mesmo.

146 *Alexandre de Soveral Martins*

às mercadorias que são recebidos pelo carregador antes do embarque, embora o regime de tais documentos seja pouco claro[13].

A prática, aliás, tem inventado conhecimentos multimodais ou combinados[14]. No entanto, a doutrina discute se tais documentos podem ser considerados conhecimentos de carga à luz das Regras de Haia[15]. Além disso, parece adequado afirmar que as Regras de Haia estão pensadas apenas para o segmento marítimo.

B) **AS REGRAS DE ROTERDÃO**

1. O contrato de transporte internacional de mercadorias total ou parcialmente por mar

A Convenção de Roterdão não se preocupa apenas com o conhecimento de carga ou somente com os documentos de transporte, mas também e acima de tudo com o *contrato de transporte internacional de mercadorias total ou parcialmente por mar*. O que não quer dizer que contenha todo o regime desse contrato: muitas matérias são deixadas à lei nacional aplicável.

Mas, por outro lado, a falta de emissão de documento de transporte ou de documento eletrónico de transporte não afasta a aplicação da Convenção. Na definição de contrato de transporte que encontramos no art. 1.°, 1, não é exigido que seja emitido um qualquer documento para que exista contrato de transporte sujeito às Regras de Roterdão[16].

É certo que o documento de transporte e o documento eletrónico de transporte podem provar a celebração do contrato de transporte[17], mas não

---

[13] Marian Hoeks, *Multimodal Transport Law*, cit., p. 316 e s..

[14] Marian Hoeks, *Multimodal Transport Law*, cit., p. 314.

[15] Marian Hoeks, *Multimodal Transport Law*, cit., p. 314.

[16] »Contract of carriage" means a contract in which a carrier, against the payment of freight, undertakes to carry goods from one place to another. The contract shall provide for carriage by sea and may provide for carriage by other modes of transport in addition to the sea carriage».

[17] «Transport document" means a document issued under a contract of carriage by the carrier that: (*a*) Evidences the carrier's or a performing party's receipt of goods under a contract of carriage; and (*b*) Evidences or contains a contract of carriage». Quanto ao documento eletrónico de transporte, cfr. o art. 1.°, 18.

Os Documentos de Transporte nas Regras da Haia... 147

são as únicas provas admissíveis. O que não obsta a que as Regras de Roterdão confiram especial atenção aos referidos documentos.

Com efeito, os documentos são desde logo relevantes na definição do âmbito de aplicação da Convenção. Vejamos.

As Regras de Roterdão têm em conta a distinção entre transporte em linha e o que não é assim realizado e mostram vontade de albergar realidades que foram ganhando aceitação. Há transportadores não regulares que, apesar de serem não regulares, oferecem os seus serviços ao público e emitem conhecimentos de carga.

No art. 6.º, 2, surge dito: «This Convention does not apply to contracts of carriage in non-liner transportation except when: (*a*) There is no charter party or other contract between the parties for the use of a ship or of any space thereon; and (*b*) A transport document or an electronic transport record is issued».

Ou seja, a Convenção ainda vai aplicar-se a contratos de transporte não em linha se houver emissão de documento de transporte ou documento eletrónico de transporte e desde que não esteja em causa um contrato de fretamento (*charter party*) ou um outro contrato para a utilização do navio ou de parte dele, mas sim as mercadorias a transportar[18].

2. Os documentos de transporte nas Regras de Roterdão e a sistematização

A sistematização adotada na Convenção de Roterdão quanto aos documentos deixa alguma coisa a desejar. Dizemos isto porque, para além de várias definições no art. 1.º, no Capítulo 3 surgem tratados os documentos eletrónicos de transporte e o Capítulo 8 é dedicado não apenas a documentos de transporte mas também aos documentos eletrónicos.

Por sua vez, o Capítulo 10 contém regras sobre a transferência do direito de controlo e o Capítulo 11 sobre a transferência de direitos incor-

---

[18] Sem esquecer, obviamente, o teor do art. 7.º, segundo o qual, e apesar do disposto no art. 6.º, a Convenção é aplicável «as between the carrier and the consignee, controlling party or holder that is not an original party to the charter party or other contract of carriage excluded from the application of this Convention. However, this Convention does not apply as between the original parties to a contract of carriage excluded pursuant to article 6».

148   *Alexandre de Soveral Martins*

porados, sem que a Convenção se preocupe com a questão da transferência da propriedade[19].

A dispersão dos temas torna a consulta mais complexa do que o desejável.

3. Os documentos de transporte e os documentos eletrónicos de transporte

A Convenção faz a distinção entre documentos de transporte e documentos eletrónicos de transporte. Na versão em língua inglesa os documentos eletrónicos são designados como *electronic records* (registos eletrónicos). Adotamos, no entanto, a terminologia usada na versão em língua francesa (*document* électronique *de transport*)[20].

O documento eletrónico de transporte é considerado *informação*. É o que se extrai do art. 1.º, 18. É informação contida numa ou mais mensagens emitidas com a utilização de meios de comunicação eletrónica. Serão mensagens emitidas pelo transportador em virtude de um contrato de transporte. E aquela informação prova que o transportador ou uma parte executante recebeu as mercadorias em virtude do contrato de transporte e prova ou contém o contrato de transporte[21].

No documento eletrónico de transporte é usada comunicação eletrónica. O art. 1.º, 17, dá a definição desta última: «"Electronic communica-

---

[19] Salientando isso mesmo, TOMOTAKA FUJITA, «Transport documents and electronic transport records», AAVV., *The Rotterdam Rules 2008*, ed. Alexander von Ziegler/ Johan Schelin/Stefano Zunarelli, Wolters Kluwer, Austin-Boston-Chicago-New York-The Netherlands, 2010, p. 161.

[20] Revelando a mesma preferência, MANUEL JANUÁRIO DA COSTA GOMES, «Introdução às Regras de Roterdão – A Convenção "Marítima-Plus" sobre transporte internacional de mercadorias», AAVV., *Temas de Direito dos Transportes I*, Almedina, Coimbra, 2010, p. 36.

[21] «18. Le terme "document électronique de transport" désigne l'information contenue dans un ou plusieurs messages émis au moyen d'une communication électronique par un transporteur en vertu d'un contrat de transport, y compris l'information qui est logiquement associée au document sous la forme de données jointes ou y est autrement liée au moment de son émission par le transporteur ou ultérieurement de manière à en faire partie intégrante, qui: *a)* Constate la réception, par le transporteur ou une partie exécutante, des marchandises en vertu du contrat de transport; et *b)* Constate ou contient le contrat de transport». Utilizamos aqui a versão em língua francesa porque na inglesa encontramos a designação de "Electronic transport record".

tion" means information generated, sent, received or stored by electronic, optical, digital or similar means with the result that the information communicated is accessible so as to be usable for subsequent reference».

Saliento que está presente na definição a necessidade de uso de *certos meios* para gerar a informação, e para enviar, receber e armazenar a informação. Meios que têm que garantir a *acessibilidade* da informação e a possibilidade de a *usar posteriormente*.

É fácil de ver a utilidade dos documentos de transporte eletrónicos: a informação pode hoje ser transferida com muito maior celeridade quando são usados meios eletrónicos. O que, conjuntamente com a maior rapidez do transporte marítimo, pode trazer muitas vantagens.

Os documentos eletrónicos de transporte colocam desde logo uma dificuldade à doutrina. É que o conhecimento de carga tem uma história longa, que parece recuar pelo menos à Idade Média[22].

O mesmo não se pode dizer do documento eletrónico de transporte. Os registos eletrónicos não têm tanto passado. No entanto, no transporte aéreo o Protocolo de Montreal de 1975 previa, para as mercadorias, a possibilidade de utilização de «any other means which would preserve a record of the carriage to be performed» (*Montreal Additional Protocol Number 4 of 1975* ou *MAP 4 1975*[23]). Quanto ao transporte marítimo de mercadorias, a Convenção de Hamburgo, de 1978, também já previa a utilização de meios eletrónicos na assinatura do conhecimento (art. 14.º, 3).

No Capítulo 3 das Regras de Roterdão é dada especial atenção aos documentos eletrónicos de transporte. O art. 8.º mostra que existe a intenção de estabelecer, na medida possível, uma equiparação entre os documentos eletrónicos de transporte e os documentos de transporte. Fala-se, inclusivamente, num princípio da *equivalência funcional*[24].

---

[22] Stefano Zunarelli/Michele Pinto, *Manuale di diritto della navigazione e dei trasporti*, cit., 2009, p. 365 e s..

[23] *Additional Protocol n.º 4, 1975 signed at Montreal on 25th september, 1975 to amend the Convention for the Unification of certain Rules Relating to International Carriage by Air signed at Warsaw on 12 october, 1929 as amended by the Protocol done at The Hague on 28 september, 1955 (The Montreal Protocol n.º 4, 1975)*.

[24] José Angelo Estrella Faria, «Electronic transport records», AAVV., *The Rotterdam Rules 2008*, cit., p. 60. Referindo-se, entre nós, a uma *«fungibilidade* entre os documentos de transporte e os documentos electrónicos de transporte», Manuel Januário da Costa Gomes, «Introdução às Regras de Roterdão – A Convenção "Marítima-Plus" sobre transporte internacional de mercadorias», cit., p. 37.

Resulta da al. *a*) do art. 8.º que tudo o que puder constar de um documento de transporte deve poder ser registado num documento eletrónico de transporte. É, porém, necessário que a emissão e uso de um documento *eletrónico de transporte sejam consentidos pelo transportador e pelo carregador.*

Além disso, e olhando agora para a al. *b*), equipara-se a emissão, controlo exclusivo e transferência do documento eletrónico de transporte à emissão, posse ou transferência do documento de transporte.

4. Os documentos eletrónicos de transporte e os procedimentos a respeitar

Como facilmente se percebe, a utilização de documentos eletrónicos de transporte levanta problemas de segurança. Sobretudo quando são negociáveis. O procedimento de emissão, o controlo exclusivo e a transmissão devem permitir alcançar aquela segurança.

O art. 9.º contém algumas regras que devem ser cumpridas com esse objetivo. Assim, para os documentos eletrónicos de transporte negociáveis devem ser usados *procedimentos* de *emissão* e *transferência* para um portador, de garantia da *integridade*, de *prova da qualidade de portador*, de *confirmação da entrega ao portador* ou de *perda de validade ou de eficácia* do documento. Esses procedimentos devem ser mencionados nos dados do contrato de transporte e facilmente comprováveis.

O art. 9.º e a Convenção não dizem *quais são* os procedimentos referidos. A evolução da tecnologia encarregar-se-á de os alcançar. Uma coisa é certa: a fraude, a falsificação, também são possíveis com documentos em papel.

No entanto, a utilização de um certo *hardware* e de um certo *software* na criação e utilização de documentos eletrónicos implicará riscos. Desde logo, porque tudo se desatualiza a uma velocidade estonteante[25].

Quanto ao documento eletrónico de transporte negociável, do art. 1.º, 21, retira-se que a emissão daquele deve ter lugar com o cumprimento das exigências procedimentais que garantam o controlo exclusivo desde a

---

[25] Salientando este aspecto, José Angelo Estrella Faria, «Electronic transport records», cit., p. 51.

Os Documentos de Transporte nas Regras da Haia...

criação até ao momento em que deixa de ser válido ou de produzir os seus efeitos.

Acrescenta o art. 1.º, 22, que a transferência de um documento eletrónico de transporte negociável significa precisamente a transferência do controlo exclusivo. E daí a importância das exigências procedimentais que possam garantir esse controlo exclusivo.

5. Documentos negociáveis e não negociáveis

Tanto os documentos de transporte como os documentos eletrónicos de transporte podem ser negociáveis ou não. O conhecimento de carga é abrangido pela referência a documentos de transporte negociáveis[26].

A Convenção de Roterdão reconhece, inclusivamente, os *straight bills of lading*: «non-negotiable transport document [...] that indicates that it shall be surrendered in order to obtain delivery of the goods» (art. 51.º, 2). Há mesmo um conjunto de regras que os têm particularmente em vista: cfr. os arts. 41.º, *b*), ii, 46.º e 51.º, 2[27].

Os documentos *negociáveis* incluem a expressão à ordem, negociáveis ou equivalente segundo a lei aplicável (1.º, 15), podendo ser ao portador

---

[26] A prática tem vindo a pôr de lado o uso de conhecimentos de carga. Em certos tipos de transporte, são mais usados os *sea-waybills*: TOMOTAKA FUJITA, «Transport documents and electronic transport records», AAVV., *The Rotterdam Rules 2008*, cit., p. 164. Sobre os *sea-waybills*, cfr. tb. MÁRIO RAPOSO, «Sobre o contrato de transporte de mercadorias por mar», cit., p. 32 e s., afirmando que, para além de não serem negociáveis, também não representam as mercadorias (ou, diríamos nós, não foram pensados para tal). No entanto, nem todos os autores afastam a possibilidade de «transfer the waybill and by that the goods»: sobre isto, perante as *CMI Uniform Rules for Sea Waybills*, S. W. MARGETSON, «The application of the Hague (Visby) Rules», AAVV., *The Rotterdam Rules 2008*, cit., p. 27, nt. 36. Discute-se igualmente se os *sea-waybills* podem ser considerados documentos similares. Trata-se de uma polémica que, como salienta S. W. MARGETSON, «The application of the Hague (Visby) Rules», cit., p. 26, fica sobretudo a dever-se às diferenças entre as versões da Convenção em língua inglesa e em língua francesa. Com efeito, parece que se pode dizer que uma coisa é o *document of title*, outra é o *titre pour le transport*: TOMOTAKA FUJITA, «Transport documents and electronic transport records», cit., p. 164. Considerando o *sea waybill* documento similar, AURELIO MENÉNDEZ/ÁNGEL ROJO, *Lecciones de derecho mercantil*, 8.ª ed., Civitas/Thomson Reuters, Madrid, 2010, p. 1164.

[27] Chamando a atenção para isto mesmo, TOMOTAKA FUJITA, «Transport documents and electronic transport records», cit., p. 162 e s..

(*to bearer*). Não pode, evidentemente, constar do documento, de forma expressa, que não é negociável.

E aqui identificamos já um problema. Se, por lapso, o conhecimento de carga não contiver uma daquelas expressões, isso pode afastá-lo do âmbito dos documentos negociáveis. Trata-se de algo que tem sido visto como negativo do ponto de vista prático[28]. Daí que parte da doutrina tenha defendido que basta que a negociabilidade resulte do «complessivo contesto del documento»[29].

Os documentos eletrónicos de transporte negociáveis estão definidos no art. 1.º, 19. Também estes terão que conter a menção à ordem ou *negociável*, ou outra equivalente que tenha o mesmo efeito segundo a lei aplicável, de forma a indicar que a mercadoria foi expedida à ordem do carregador ou do destinatário. Não deverão conter a menção não negociável e devem respeitar as exigências que a própria Convenção estabelece (art. 9.º, 1).

6. Documentos eletrónicos negociáveis e controlo exclusivo

A prática já conhece documentos eletrónicos de transporte não negociáveis. Mas a negociabilidade acrescenta dificuldades. O conhecimento de carga em papel serve de *recibo* quanto à entrega da mercadoria ao transportador, de meio de *prova* do contrato, e também para *transmissão* das mercadorias. A *posse exclusiva* do documento está à vista.

Tal não ocorre com o documento eletrónico. Mas em relação a este também é necessário que exista segurança quanto à posse exclusiva do documento: melhor, quanto ao controlo exclusivo. E isso é muito difícil de garantir, pois é preciso que não possa ter sido ou vir a ser emitido ou transmitido *o mesmo documento* a favor de outrem[30]. O que, como se calcula, é de grande importância para terceiros e, em particular, para os credores.

Também são salientados problemas que resultam da falta de *confiança*, dos eventuais *conflitos com leis nacionais* e da falta de *regulamentação*

---

[28] ANTHONY DIAMOND, «The next sea carriage Convention», LMCLM, May 2008, p. 163, considerava por isso mais pragmáticas as Regras de Haia e as de Hamburgo.

[29] FRANCESCO BERLINGIERI/STEFANO ZUNARELLI/CHIARA ALVISI, «La nuova Convenzione UNCITRAL sul Transporto Internazionale di mercy "wholly or partly by sea" (Regole di Rotterdam)», cit., p. 1185.

[30] Cfr. JOSÉ ANGELO ESTRELLA FARIA, «Electronic Transport Records», cit., p. 66.

legal[31]. Em que medida a criptografia assimétrica ou elíptica poderá ajudar, é algo que o futuro revelará.

O que está em causa é garantir que o documento que foi emitido é aquele e que *não foi alterado*. Além disso, é necessário também que fique assegurado o *controlo exclusivo* por parte da pessoa a favor de quem foi emitido ou a quem foi regularmente transmitido por último. A utilização de uma *terceira entidade* distinta do carregador e do transportador pode ser uma possibilidade.

Há já esforços no sentido de arranjar substitutos eletrónicos para os documentos em papel.

As Regras da UNCTAD/ICC para documentos de transporte multimodal preveem a possibilidade de esses documentos serem substituídos por mensagens eletrónicas de transmissão de informações (*electronic data interchange messages* – Regra 2.6).

Por sua vez, o Comité Marítimo Internacional elaborou Regras para Conhecimentos de Carga Electrónicos[32]. Segundo estas Regras, o próprio transportador terá algo de parecido com uma posse em nome alheio sobre o conhecimento eletrónico. O titular do conhecimento recebe uma chave privada e as transmissões efetuam-se por comunicação eletrónica ao transportador, que emite uma nova chave privada a favor do adquirente.

Outra alternativa é o sistema *Bolero*. Neste, o conhecimento eletrónico é mantido por uma terceira entidade. As relações com o *Bolero* são reguladas por um Livro de Regras.

Já o sistema *SeaDoc* não dispensa a existência de um conhecimento de carga em papel, depositado junto da *SeaDocs Registry Ltd*, que o mantém até o mesmo ser necessário para obter a entrega das mercadorias[33].

No âmbito da UNCITRAL há trabalhos muito recentes com estudos sobre documentos eletrónicos negociáveis. Entre 13 e 17 de Maio de 2013, ou seja, a semana passada, o Grupo de Trabalho sobre comércio eletrónico esteve reunido em Nova Iorque, debatendo um texto que contém uma proposta de Lei-Modelo sobre documentos eletrónicos negociáveis.

---

[31] Sobre isto, José Angelo Estrella Faria, «Electronic Transport Records», cit., p. 64.

[32] Consultáveis em http://www.comitemaritime.org/Rules-for-Electronic-Bills-of-Lading/0, 2728, 12832, 00.html.

[33] Sobre as várias alternativas referidas, H. Martius, «The electronic bill of lading», AAVV., *Aspects of maritime law. Claims under Bills of Lading*, cit., p. 312 e s..

7. A escolha do documento

Em princípio, e sempre tendo em conta os acordos, costumes, usos ou práticas existentes, o *carregador* poderá, segundo as Regras de Roterdão, *escolher* qual é o documento que lhe vai ser entregue. É o que resulta do art. 35.º: «Unless the shipper and the carrier have agreed not to use a transport document or an electronic transport record, or it is the custom, usage or practice of the trade not to use one, upon delivery of the goods for carriage to the carrier or performing party, the shipper or, if the shipper consents, the documentary shipper, is entitled to obtain from the carrier, at the shipper's option [...]».

O art. 35.º não é claro, no entanto, acerca do relevo de costumes, usos ou práticas. É reconhecido o valor de costumes, usos ou práticas que *afastem* o uso de documentos de transporte ou de documentos de transporte eletrónicos. Mas, se tais costumes, usos ou práticas se traduzem na utilização de *um certo tipo* de documentos de transporte ou de documentos eletrónicos de transporte, isso *afasta a escolha* do carregador? Parece que sim[34].

Acrescente-se também, relativamente aos documentos eletrónicos, que o art. 35.º, a) e b), faz depender a escolha dos mesmos do disposto no art. 8.º, a). Como já vimos acima, este último preceito determina que é *necessário que a emissão e uso de um documento eletrónico de transporte sejam consentidos pelo transportador e pelo carregador*[35].

8. Elementos que devem constar dos documentos

Os documentos de transporte e os documentos eletrónicos de transporte devem conter vários elementos. No art. 36.º encontramos uma lista mais extensa do que a constante das Regras de Haia e mesmo assim não exaustiva (cfr. p. ex., os arts. 25.º, 1, c) e 59.º, 1). Alguns dos elementos são fornecidos pelo carregador e outros colocados pelo transportador.

---

[34] TOMOTAKA FUJITA, «Transport documents and electronic transport records», cit., p. 164.

[35] Sobre isto, MANUEL JANUÁRIO DA COSTA GOMES, «Introdução às Regras de Roterdão – A Convenção "Marítima-Plus" sobre transporte internacional de mercadorias», cit., p. 38, nt. 98.

Os elementos constantes dos documentos referidos têm especial importância no que diz respeito ao *estado das mercadorias* carregadas. Nesses documentos haverá uma descrição das mercadorias «as appropriate for transport»[36].

A descrição deve conter os elementos relevantes, incluindo a informação necessária para o cumprimento de formalidades alfandegárias ou por questões de segurança[37]. Pretende-se também evitar que o transportador tenha de colocar no documento longas listas de pormenores sem utilidade para o cumprimento do contrato de transporte.

Os documentos conterão, nomeadamente, a referência a marcas, ao número de embalagens, unidades ou as quantidades, o peso, se fornecido pelo carregador, e uma indicação do estado e condição aparentes das mercadorias na receção das mesmas para transporte[38].

A Convenção de Roterdão explica o que significa indicar *o estado e condição aparentes* da mercadoria. Para essa indicação, o que conta é uma *inspeção externa razoável* da mercadoria embalada na altura da entrega pelo carregador ao transportador ou a uma *performing party*, e qualquer *inspeção adicional* antes da emissão do documento[39] realizada pelo transportador ou por uma *performing party*.

Se faltarem elementos sobre o estado e condição aparentes da mercadoria na altura da receção, *presume-se que estava em bom estado e boa condição aparentes* (art. 39.º, 3). Logo, se o transportador recebe mercadorias que não estavam em bom estado e boa condição aparentes tem que fazer constar isso mesmo do documento.

No que diz respeito a marcas, número, quantidade ou peso das mercadorias, o art. 3.º, 3, das Regras de Haia dispõe que «nenhum armador, capitão ou agente do armador será obrigado a declarar ou mencionar, no conhecimento, marcas, número, quantidade ou peso que, por motivos sérios, suspeite não representarem exactamente as mercadorias por ele recebidas, ou que por meios suficientes não pôde verificar».

---

[36] Art. 36.º, 1, *a*). Trata-se de um regime que não encontrávamos nas Regras de Haia mas que já era mencionado na Convenção de Hamburgo.

[37] TOMOTAKA FUJITA, «Transport documents and electronic transport records», cit., p. 168 e s..

[38] Art. 36.º, 1 e 2.

[39] Art. 36.º, 4.

O regime é diferente nas Regras de Roterdão. Com efeito, o art. 40.º faz a distinção entre reservas que o transportador deve colocar e reservas que pode colocar[40]. Uma coisa é *não mencionar*, e outra, bem diferente, *mencionar com reservas*.

Uma palavra ainda para referir o tratamento que é dado nas Regras de Roterdão à emissão de vários originais de um documento de transporte negociável. O art. 47.º, 1, *c*), prevê aquelas situações, dispondo que, estando indicado no documento o número de originais emitidos, a restituição («surrender») de um deles será suficiente para solicitar a entrega das mercadorias ao transportador, perdendo os restantes validade ou eficácia. Isso mostra a importância que tem fazer aquela indicação e controlar a sua inserção em caso de transmissão.

Por outro lado, o art. 51.º, 3, *a*), esclarece que no caso de emissão de mais de um original de um documento de transporte negociável é o portador de todos os originais que é parte controladora.

9. A identificação do transportador

O regime de Haia pode conduzir a dificuldades na identificação de quem é o responsável pelo transporte e entrega[41]. Se quem assina o conhecimento é o capitão, tem sido sublinhado que pode tornar-se difícil saber em nome de quem atua.

O problema na identificação do transportador será menor com o art. 37.º das Regras de Roterdão. O que conta, em primeiro lugar, é a identificação do transportador que consta do documento de transporte, ainda que eletrónico. Evita-se assim o risco envolvido em algo que tem surgido na prática: casos em que os *contract particulars* identificam um transportador e que muitas vezes conflituam com cláusulas contidas nas costas do conhecimento de carga, que contêm referências impressas a outro ou outros transportadores.

A falta de identificação do transportador aumenta a importância das *indicações quanto ao navio* em que as mercadorias foram carregadas.

---

[40] Cfr., sobre isto, Tomotaka Fujita, «Transport documents and electronic transport records», cit., p. 169.

[41] N. H. Margetson, «The identity of the Carrier», AAVV., *Aspects of maritime law. Claims under Bills of Lading*, Wolters Kluwer, The Netherlands, 2008, p. 232.

Os Documentos de Transporte nas Regras da Haia... 157

Nesse caso, presume-se que o *proprietário registado* é o transportador. É certo que essa presunção pode ser afastada, mas apenas dentro de certos limites. E daí que o proprietário registado corra alguns riscos se não é o transportador.

Sendo ilidida a presunção, a Convenção contém regras especiais quanto ao prazo para intentar a ação[42].

10. A falta de elementos e os arts. 38.º e 39.º

A falta de certos elementos do documento de transporte ou do documento eletrónico de transporte não acarreta sempre as mesmas consequências. O art. 39.º procura resolver alguns problemas.

Em primeiro lugar (art. 39.º, 1), surgem os casos em que faltam (ou são inexatos) os elementos referidos no art. 36.º, 1, 2 e 3. Essa falta não afeta a legalidade ou validade dos documentos de transporte ou dos documentos eletrónicos de transporte.

Depois (art. 39.º, 2), encontramos uma norma que estabelece como deve ser interpretada a data incluída no documento de transporte ou no documento eletrónico de transporte, consoante seja ou não indicado que as mercadorias foram carregadas a bordo do navio.

Por fim (art. 39.º, 3), estabelece-se que a falta de indicação do estado e condição aparentes das mercadorias deve ser lida como significando que foi feita a indicação de que estavam em aparente bom estado e condição na altura da receção pelo transportador ou pela *performing party*. A importância deste regime é evidente.

No que diz respeito à assinatura, é o art. 38.º que interessa reter. É aí tornada necessária a assinatura do documento de transporte e do documento eletrónico de transporte, exigindo-se neste último caso uma assinatura eletrónica do transportador ou de alguém que atue em nome daquele.

---

[42] Art. 65.º: «An action against the bareboat charterer or the person identified as the carrier pursuant to article 37, paragraph 2, may be instituted after the expiration of the period provided in article 62 if the action is instituted within the later of: (a) The time allowed by the applicable law in the jurisdiction where proceedings are instituted; or (b) Ninety days commencing from the day when the carrier has been identified, or the registered owner or bareboat charterer has rebutted the presumption that it is the carrier, pursuant to article 37, paragraph 2».

11. O teor dos documentos e a responsabilidade do transportador

Quanto à responsabilidade por perda ou dano, o art. 41.º das Regras de Roterdão mostra que o documento de transporte ou o documento eletrónico de transporte têm grande importância. Desde logo por aquilo que permitem provar. Se o documento de transporte não contém qualquer reserva, os efeitos probatórios do documento são importantes[43].

Nas relações entre carregador e transportador, as Regras de Roterdão consagram uma *presunção ilidível* de que a mercadoria foi recebida pelo transportador nos termos do documento (art. 41.º, *a*)). Assim, naquelas relações o documento de transporte ou o documento eletrónico de transporte constitui *presunção ilidível* de que o transportador recebeu as mercadorias de acordo com o indicado no documento.

E dizemos que isto é assim *nas relações entre carregador e transportador* porque o art. 41.º tem outras normas que mostram que *nas relações com outros sujeitos* as coisas podem ser diferentes.

Com efeito, há casos em que a prova do contrário pelo transportador *não é admissível*. É isso que acontece:

a) Se estão em causa dados contratuais incluídos num documento de transporte *negociável* ou num documento eletrónico de transporte *negociá-*

---

[43] Cfr. o art. 41.º (*Evidentiary effect of the contract particulars*): «Except to the extent that the contract particulars have been qualified in the circumstances and in the manner set out in article 40: (*a*) A transport document or an electronic transport record is prima facie evidence of the carrier's receipt of the goods as stated in the contract particulars; (*b*) Proof to the contrary by the carrier in respect of any contract particulars shall not be admissible, when such contract particulars are included in: (i) A negotiable transport document or a negotiable electronic transport record that is transferred to a third party acting in good faith; or (ii) A non-negotiable transport document that indicates that it must be surrendered in order to obtain delivery of the goods and is transferred to the consignee acting in good faith; (*c*) Proof to the contrary by the carrier shall not be admissible against a consignee that in good faith has acted in reliance on any of the following contract particulars included in a non-negotiable transport document or a non negotiable electronic transport record: (i) The contract particulars referred to in article 36, paragraph 1, when such contract particulars are furnished by the carrier; (ii) The number, type and identifying numbers of the containers, but not the identifying numbers of the container seals; and (iii) The contract particulars referred to in article 36, paragraph 2». Convém salientar que, de acordo com o art. 1.º, 23, «"Contract particulars" means any information relating to the contract of carriage or to the goods (including terms, notations, signatures and endorsements) that is in a transport document or an electronic transport record».

vel que foi *transferido para terceiro de boa fé* – temos assim uma *presun-ção inilidível perante terceiros de boa fé* a quem o documento foi transmi-tido quanto a certos elementos que constem de um documento negociável ou de um documento eletrónico negociável (art. 41.º, b, i));

b) Se estão em causa dados contratuais incluídos num documento de transporte *não negociável* que indica que *tem que ser devolvido para obter a entrega* das mercadorias e que é transferido para um *destinatário de boa fé* – trata-se agora de uma *presunção inilidível perante destinatário de boa fé* a quem o documento foi entregue quanto a certos elementos que cons-tem de um documento *não negociável* que indique que deve ser restituído para se realizar a entrega da mercadoria;

c) Se estão em causa certos dados contratuais incluídos num documento de transporte *não negociável* ou num documento eletrónico de transporte *não negociável*, o destinatário está de boa fé e *atuou confiando* naqueles dados (os referidos no art. 41.º, c), i, ii e iii)[44] – eis uma *presunção inilidí-vel* perante *destinatário de boa fé* quanto a certos elementos que constem de documento não negociável ou de documento eletrónico não negociável nos quais o *destinatário confiou ao atuar*.

Quanto ao frete, o art. 42.º prevê um regime para os casos em que *consta* do documento de transporte que o frete está *pago*. Nesse caso, o transportador não pode exigir o valor do frete a um portador ou destinatário que não seja carregador. E agora já não se exige que estejam de boa fé. Mas

---

[44] É o seguinte o teor do art. 41.º da Convenção de Roterdão: «*Article 41. Evidentiary effect of the contract particulars.* Except to the extent that the contract particulars have been qualified in the circumstances and in the manner set out in article 40: (*a*) A transport document or an electronic transport record is prima facie evidence of the carrier's receipt of the goods as stated in the contract particulars; (*b*) Proof to the contrary by the carrier in res-pect of any contract particulars shall not be admissible, when such contract particulars are included in: (i) A negotiable transport document or a negotiable electronic transport record that is transferred to a third party acting in good faith; or (ii) A non-negotiable transport document that indicates that it must be surrendered in order to obtain delivery of the goods and is transferred to the consignee acting in good faith; (*c*) Proof to the contrary by the carrier shall not be admissible against a consignee that in good faith has acted in reliance on any of the following contract particulars included in a non-negotiable transport document or a non negotiable electronic transport record: (i) The contract particulars referred to in article 36, paragraph 1, when such contract particulars are furnished by the carrier; (ii) The number, type and identifying numbers of the containers, but not the identifying numbers of the container seals; and (iii) The contract particulars referred to in article 36, paragraph 2».

160   *Alexandre de Soveral Martins*

se nada consta quanto ao frete, o portador ou o destinatário podem ter um problema entre mãos se não estavam a contar pagá-lo.

12. Reservas

A Convenção de Roterdão contém no art. 40.º algumas regras importantes relativamente às reservas a colocar no documento de transporte ou no documento eletrónico de transporte. Saliente-se em primeiro lugar a distinção entre reservas que *devem* ser colocadas e as que *podem* ser colocadas.

As reservas que *devem* ser colocadas vêm mencionadas no art. 40.º, 1, e dizem respeito às informações referidas no art. 36.º, 1 (relativas à descrição da mercadoria, às marcas necessárias para identificação das mercadorias, ao número de embalagens ou unidades, à quantidade da mercadoria, ao peso das mercadorias)[45]. O transportador *deve* formular reservas se *sabe* («actual knowledge») que a indicação é falsa ou enganosa ou se tem *motivos razoáveis* («reasonable grounds») para pensar dessa forma[46].

---

[45] Art. 40.º, 1: «The carrier shall qualify the information referred to in article 36, paragraph 1, to indicate that the carrier does not assume responsibility for the accuracy of the information furnished by the shipper if: (a) The carrier has actual knowledge that any material statement in the transport document or electronic transport record is false or misleading; or (b) The carrier has reasonable grounds to believe that a material statement in the transport document or electronic transport record is false or misleading».

[46] No entanto, por vezes o transportador aceita emitir o conhecimento de carga sem reservas e exige uma *letter of indemnity*. Sobre isto, cfr. o art. 17.º, 2, 3 e 4 da Convenção de Hamburgo: «2. Any letter of guarantee or agreement by which the shipper undertakes to indemnify the carrier against loss resulting from the issuance of the bill of lading by the carrier, or by a person acting on his behalf, without entering a reservation relating to particulars furnished by the shipper for insertion in the bill of lading, or to the apparent condition of the goods, is void and of no effect as against any third party, including a consignee, to whom the bill of lading has been transferred. 3. Such letter of guarantee or agreement is valid as against the shipper unless the carrier or the person acting on his behalf, by omitting the reservation referred to in paragraph 2 of this article, intends to defraud a third party, including a consignee, who acts in reliance on the description of the goods in the bill of lading. In the latter case, if the reservation omitted relates to particulars furnished by the shipper for insertion in the bill of lading, the carrier has no right of indemnity from the shipper pursuant to paragraph 1 of this article. 4. In the caseof intended fraud referred to in paragraph 3 of this article, the carrier is liable, without the benefit of the limitation of liability provided for

Os Documentos de Transporte nas Regras da Haia... 161

Quando o transportador tem conhecimento da falsidade e *omite* a reserva *intencionalmente*, pode com isso estar a afastar a limitação de responsabilidade[47]. Além disso, o comportamento do transportador pode ser relevante nas relações com um terceiro portador do título, com bancos e com a entidade seguradora[48].

Temos depois as reservas que *podem* ser colocadas e que mostram também o relevo que a contentorização adquire na Convenção de Roterdão. Se o transportador *não tem conhecimento* de que a indicação relativa aos elementos mencionados no art. 36.º, 1, é falsa ou enganosa *nem motivos razoáveis* para assim pensar, há que distinguir:

a) As mercadorias *não* foram entregues em *contentor* ou *veículo fechado*, ou foram mas *houve inspeção* pelo transportador ou parte executante;

b) As mercadorias *foram* entregues em *contentor* ou *veículo fechado*.

Se as mercadorias *não* foram entregues em *contentor* ou *veículo fechado*, ou *foram* mas houve *inspeção* pelo transportador ou parte executante (art. 40.º, 3), as reservas podem ser colocadas quanto a informações mencionadas no art. 36.º, 1:

a) Se o transportador não teve meios *fisicamente praticáveis* ou *comercialmente razoáveis* de verificar a informação fornecida pelo carregador, podendo indicar qual é que não lhe foi possível verificar[49] (art. 40.º, 3, a)), ou

---

in this Convention, for the loss incurred by a third party, including a consignee, because he has acted in reliance on the description of the goods in the bill of lading». Quanto às cartas de garantia, leia-se Mário Raposo, «As cartas de garantia e o seguro marítimo», *Sc. Iur.*, XX, Set-Dez, 1971, p. 504 e ss., e «Sobre o contrato de transporte de mercadorias por mar», cit., p. 33 e ss..

[47] Tomotaka Fujita, «Transport documents and electronic transport records», cit., p. 180.

[48] Cfr. Maurizio Favaro, *I trasporti internazionali*, IPSOA, 2009, p. 185.

[49] «3. When the goods are not delivered for carriage to the carrier or a performing party in a closed container or vehicle, or when they are delivered in a closed container or vehicle and the carrier or a performing party actually inspects them, the carrier may qualify the information referred to in article 36, paragraph 1, if: (a) The carrier had no physically practicable or commercially reasonable means of checking the information furnished by the shipper, in which case it may indicate which information it was unable to check; or (b) The carrier has reasonable grounds to believe the information furnished by the shipper to

162   *Alexandre de Soveral Martins*

b) Se o transportador tem *fundamentos razoáveis* para acreditar que a informação fornecida pelo carregador não é exata, podendo nesse caso incluir uma cláusula fornecendo o que considera informação exata (art. 40.º, 3, b)).

Se as mercadorias *foram* entregues em contentor ou veículo fechado, é preciso distinguir algumas situações:

a) Quanto a certas informações (as do art. 36.º, 1, *a*), *b*) e *c*)), se o transportador ou a parte executante não pôde verificar, o transportador pode colocar reservas se não tem efetivo conhecimento, antes da emissão do documento, do conteúdo do contentor ou veículo (art. 40.º, 4, *a*));

b) Quanto ao *peso*, o transportador pode colocar reservas se *não pesou* e *não foi acordado* entre o carregador e o transportador, antes da expedição, que seria efetuada a pesagem do contentor ou veículo e que o peso seria incluído no documento (art. 40.º, 4, *b*), i)[50]; o transportador também pode colocar reservas quanto ao peso se não havia meios *fisicamente praticáveis* ou *comercialmente razoáveis* para verificar o peso (art. 40.º, 4, *b*), ii)[51].

---

be inaccurate, in which case it may include a clause providing what it reasonably considers accurate information».

[50] «4. When the goods are delivered for carriage to the carrier or a performing party in a closed container or vehicle, the carrier may qualify the information referred to in: (*a*) Article 36, subparagraphs 1 (*a*), (*b*), or (*c*), if: (i) The goods inside the container or vehicle have not actually been inspected by the carrier or a performing party; and (ii) Neither the carrier nor a performing party otherwise has actual knowledge of its contents before issuing the transport document or the electronic transport record; and (*b*) Article 36, subparagraph 1 (*d*), if: (i) Neither the carrier nor a performing party weighed the container or vehicle, and the shipper and the carrier had not agreed prior to the shipment that the container or vehicle would be weighed and the weight would be included in the contract particulars; or (ii) There was no physically practicable or commercially reasonable means of checking the weight of the container or vehicle».

[51] Isto ainda que tivesse havido acordo no sentido de ser feita a pesagem pelo transportador. Mas, então, o transportador terá de fazer prova de que a impossibilidade de pesagem era imprevisível no momento daquele acordo: Francesco Berlingieri/Stefano Zunarelli/Chiara Alvisi, «La nuova Convenzione UNCITRAL sul Transporto Internazionale di mercy "wholly or partly by sea" (Regole di Rotterdam)», cit., p. 1192.

Os Documentos de Transporte nas Regras da Haia... 163

As reservas podem afastar certos efeitos probatórios do documento de transporte, eletrónico ou não. É o que parece resultar do art. 41.º: «Except to the extent that the contract particulars have been qualified in the circumstances and in the manner set out in article 40 [...]»[52].

13. Os documentos, o exercício de direitos pela parte controladora e a transferência do direito de controlo

Os documentos de transporte ou os documentos eletrónicos de transporte desempenham um papel importante no exercício de direitos pela parte controladora e na transferência do direito de controlo. Vejamos alguns casos.

Nos termos do art. 51.º, 2, a emissão de um documento de transporte *não negociável* que seja *necessário para a entrega* das mercadorias tem consequências. O *destinatário* indicado no documento que não seja o carregador adquire o direito de controlo pela *transferência do documento, sem endosso*. A parte controladora deve sempre apresentar o documento para exercer o direito de controlo, incluindo para obter a entrega das mercadorias.

Por sua vez, o art. 51.º, 3, dispõe sobre os casos em que há emissão de documento de transporte *negociável*. Quando assim seja, a transferência do direito de controlo faz-se pela transferência do documento de transporte nos termos previstos na Convenção (art. 57.º). Para o exercício do direito de controlo, será necessário apresentar o documento ao transportador e em certos casos o portador deverá identificar-se (art. 51.º, 3, *c*)).

Um dos aspetos do regime é particularmente perigoso. No caso de ter havido emissão de documento de transporte negociável *em várias vias*, todos os originais devem ser transmitidos para que haja transmissão do *right of control* (51.º, 3, *b*)). E todos os originais devem ser exibidos para que o *right of control* possa ser exercido (art. 51.º, 3, *c*)). Mas, se apenas

---

[52] Cfr. tb. o art. 40.º, 2: «Without prejudice to paragraph 1 of this article, the carrier may qualify the information referred to in article 36, paragraph 1, in the circumstances and in the manner set out in paragraphs 3 and 4 of this article to indicate that the carrier does not assume responsibility for the accuracy of the information furnished by the shipper».

é transmitido um ou alguns dos originais, parece que ninguém tem o *right of control*[53].

O art. 51.º, 4, tem em vista os documentos *eletrónicos* de transporte *negociáveis*. Determina a norma, entre outras coisas, que a transferência do direito de controlo tem lugar também pela transferência do documento eletrónico de transporte de acordo com os procedimentos previstos no art. 9.º, 1.

14. A transferência dos direitos incorporados

Se foi emitido um documento de transporte negociável, o art. 57.º, 1, prevê em que termos tem lugar a transferência dos direitos *incorporados* fazendo a distinção entre documentos à *ordem* (a), ao *portador* (b i), com *endosso em branco* (b i) e emitidos à *ordem de uma certa pessoa e transferidos pelo primeiro portador a essa pessoa* (b ii).

No que diz respeito aos documentos de transporte à *ordem*, os direitos incorporados são transmitidos mediante endosso a favor de outra pessoa ou em branco.

Tratando-se de documentos de transporte ao *portador*, a transmissão dos direitos incorporados tem lugar com a *entrega* do documento, o mesmo acontecendo com os documentos de transporte com *endosso em branco*.

Relativamente aos documentos de transporte emitidos à *ordem de certa pessoa* e *transferidos pelo primeiro portador a essa pessoa*, é também essa *entrega* que transfere os direitos incorporados. Mas é discutível que neste caso se trate de um documento negociável[54].

Quanto aos documentos *eletrónicos* de transporte (art. 57.º, 2), o seu portador pode transferir os direitos neles incorporados através da transmissão do documento eletrónico de acordo com os procedimentos previstos no art. 9.º, 1, que pouca coisa dispõe. E isto quer seja à ordem, quer seja à ordem de determinada pessoa.

No que respeita à *responsabilidade* que onera o *portador* de documento, o art. 58.º faz a distinção entre o portador que é carregador e o que

---

[53] Chamando a atenção para isto mesmo, FRANCESCO BERLINGIERI/STEFANO ZUNARELLI/ CHIARA ALVISI, «La nuova Convenzione UNCITRAL sul Transporto Internazionale di mercy "wholly or partly by sea" (Regole di Rotterdam)», cit., p. 1203

[54] STEFANO ZUNARELLI, «Transfer of rights», cit., p. 240.

não o é. Quanto ao que não é carregador, ainda trata de uma forma aquele que não exerce direitos no âmbito do contrato de transporte e de outra forma o que os exerce.

Muito obrigado pela atenção.

EM TORNO DA RESPONSABILIDADE CIVIL DAS *PARTES EXECUTANTES* FACE ÀS REGRAS DE ROTERDÃO

CARLOS DE OLIVEIRA COELHO[*]

SUMÁRIO: *1. Observações preliminares; 2. Quadros negociais; outras perspectivas; 3. Parte executante e parte executante marítima; 4. Parte executante marítima; delimitações; 5. As partes executantes no direito internacional dos transportes: Antecipações; 6. Autonomização; 7. A teoria dos grupos de contratos; 8. Regimes jurídicos; 9. Parte executante e responsabilidade civil; 10. Parte executante e responsabilidade por facto de outrem; 11. A parte executante marítima; solidariedade; 12. Natureza jurídica da responsabilidade civil da parte executante marítima; 13. A responsabilidade civil da parte executante marítima e o Receptum; 14. A responsabilidade civil da parte executante marítima e o Código Civil; 15. Notas conclusivas.*

1. Observações preliminares

I. Os quase cem anos decorridos entre a entrada em vigor das *Hague Rules* e o actual momento viram consideráveis transformações nas actividades marítimas e nos olhares do direito sobre estas últimas. Nesse vasto lapso de tempo, o clima económico que rodeia o direito marítimo inspirou consideráveis mudanças no respectivo tecido normativo. Induzido por modificações nas embarcações – mais rápidas e mais potentes – e, bem assim, por técnicas de navegação desconhecidas nesses dias dos anos vinte, o actual mundo dos tráfegos marítimos não tem nada de comum com

---

[*] Advogado.

o do tempo do esplendor do CMI. Os avanços no campos da cartografia, da meteorologia – muito em especial os satélites meteorológicos – e das comunicações, nomeadamente o radar e o sonar, bem como no plano da construção e da reparação de navios de alto mar com a utilização de novos materiais e técnicas de construção naval inovadoras, modificaram os quadros técnicos e económicos da navegação oceânica tal como ocorria até, pelo menos, ao eclodir da II guerra mundial. Dado o exposto, o circunstancialismo mencionado não podia deixar de afectar as múltiplas actividades económicas ligadas aos transportes internacionais marítimos e, com elas, os pertinentes quadros normativos. Diga-se, enfim, que não se trata apenas de progresso material – o que, de resto, já não seria pouco – mas ainda mais importante, do progresso humano que o comércio internacional tanto promove quanto estimula[1]. Assim, creio, admitindo a eventual entrada em vigor das *Rotterdam Rules*, justificar-se uma análise das novidades que o novo articulado nos traz, em que que consistem, o que podem significar, que intenções transportam e como, em suma, se integram no presente estádio do direito vigente. Isso não dispensa, é certo, a experiência da aplicação judicial, afinal de contas, senão o único, pelo menos um dos mais seguros meios de avaliar em que medida as intenções inscritas no preâmbulo da resolução que aprovou as *Rotterdam Rules* foram transpostas para a realidade prática, bem como, em que medida beneficiará o comércio mundial, caso aplicadas.

II. Não menos importantes foram as alterações das técnicas comerciais, de transporte de mercadorias e da concepção do comércio. Entre vários exemplos que podiam dar-se, tome-se o caso do transporte em contentores que, na plena acepção da palavra, revolucionou por completo o comér-

---

[1] "O barco ou o camelo (o barco do deserto) tornam possível uma aproximação por cima destas regiões sem dono e o uso do direito à superfície para um possível tráfico, direito que pertence ao género humano comum", Kant, *A Paz Perpétua*, tradução de Artur Morão, Edições 70, Lisboa, s/d mas 1995, pág. 137. Numa perspectiva hegeliana e em sentido crítico cfr., a respeito deste ponto de vista, Jürgen Habermas, *Kants Idee Ewigen Friedens – aus dem historischen Abstand von zweihundert Jahren*, in Frieden Durch Rechts, herausgegeben von Matthias Lutz-Bachmann und James Bohman, Shurkamp, Frankfurt, 1996, pág. 13. Habermas nota"...daβ die Kapitalische Entwicklung zu einem gegensatz sozialer Klassen führen würde der den frieden und die präsumtive Frieden fertigkeit (...) bedroht".

cio marítimo[2],[3]. Se quisermos um exemplo de como actualmente é vista a actividade mercantil, recorde-se que, ao mesmo tempo que os tratados de comércio[4] que enxamearam no plano bilateral durante os séculos XIX e XX foram desaparecendo, os acordos multilaterais, quase sempre nascidos no quadro de organizações internacionais, assumiam o papel de polarizadores da cooperação jurídica das actividades comerciais internacionais. Trata-se de realidade bem visível no sector do transporte internacional – marítimo ou qualquer outro – de mercadorias.

III. Uma das mais recentes e visíveis manifestações tanto desses esforços, como dessa nova maneira de encarar a dimensão jurídica da actividade humana que é o comércio marítimo é a Convenção Internacional conhecida como *Rotterdam Rules*, em curso de ratificação presentemente. Propondo-se a tarefa de substituir as *Hague/Visby Rules* – substancialmente ainda as *Hague Rules* – bem como as *Hamburg Rules* de 1978 – o que já não seria pouco – a nova convenção aditou a esse objectivo a ambição ciclópica de unificar no plano internacional as normas sobre o transporte marítimo de mercadorias. De caminho, aproveitou-se a ocasião para substituir o sistema do transporte *port to port* pelo de *door to door,* o que quer que isso possa ser. Tudo bem visto, mais que substituição, trata-se de um sistema inteiramente novo que, a nosso ver, só a prática pode mostrar se as vantagens que no plano teórico parece ter, se concretizam[5]. Está-se, pois,

---

[2] Sobre os aspectos económicos do que representou e representa o fenómeno do que poderemos denominar da *contentorização*, cfr. *The Economist*, Volume 407, n.º 8836, 18 a 24 de Maio, pág. 70.

[3] Note-se, contudo, que o contentor teve antecedentes. Durante o século XVIII, no intensíssimo tráfego marítimo atlântico entre a Madeira e as colónias americanas ocidentais (os futuros Estados Unidos), os comerciantes acabaram por aperceber-se que os cascos utilizados no transporte de vinho podiam ser utilizados no regresso por açúcar ou outros líquidos; cfr. David Hancock, *Oceans of Wine, Madeira and The Emergency of American Trade and Taste*, Yale University Press, 2009, pág. 184.

[4] Sobre este tipo de tratados internacionais, cfr. Dieter Blumenwitz, *Treaties of Friendship, Commerce and Navigation*, in: (R. Bernhardt (ed.), *Encyclopedia of Public International Law*, Volume IV, (2000), pág. 953 e segts., em especial, pág. 958.

[5] A figura do transporte *door to door* é conhecida na doutrina portuguesa. Sobre esta faceta do transporte internacional de mercadorias cfr. Manuel Januário da Costa Gomes, *Introdução às Regras de Roterdão – a Convenção "Marítima-Plus" sobre transporte Internacional de Mercadorias*, in Temas de Direito dos Transportes, Almedina Coimbra, 2011, pág. 57.

170 · Carlos de Oliveira Coelho

em face dum labor legislativo de vários anos, que culminou num longo texto de noventa e seis artigos, eixos normativos das soluções contidas nas *Rotterdam Rules*[6].

IV. Estes preceitos têm a ambição de ligar os vários sistemas de transportes internacionais de mercadorias. Em todo o caso, as novas normas não escondem a especial atenção que dedicam ao transporte marítimo internacional de mercadorias. A designação dada às *Rotterdam Rules* – Convention on Contracts for the International Carriage of Goods *wholly* or *partly by Sea* (itálicos nossos) – traduzirá, porventura, o propósito de, sem embargo de prosseguir o objectivo de realizar um transporte *door to door*, conferir à faceta marítima um lugar particular se não mesmo, proeminente.

V. A caminho do seu centenário, as *Hague Rules* não podiam ter em conta técnicas, hoje básicas e incorporadas nas rotinas portuárias, relativas ao modo como se processa o transporte marítimo de mercadorias. Uma das mais importantes, v.g. – a contentorização – incluindo a elaboração da respectiva disciplina jurídica, desenvolveu-se à margem e apesar das *Hague Rules*. De resto, não obstante serem de 1978, também as *Hamburg Rules* são, em muitos aspectos, um documento datado. Assim, no âmbito da UNCITRAL, foi decidido redigir uma convenção que fosse, totalmente, inovadora. Daí nasceram as *Rotterdam Rules* e, bem assim, o seu propósito de refundação do direito marítimo uniforme no campo do transporte internacional de mercadorias. Sem embargo desse desiderato unificador, não pode deixar de se ter em conta – que mais não fosse para fixar pontos de partida – as experiências aplicativas, em especial as jurisprudenciais, adquiridas no quadro da aplicação das *Hague/Visby Rules* como na das *Hamburg Rules*.

---

[6] O texto das Regras de Roterdão (*United Nations Convention on Contracts for the International Carriage of Goods Wholly or Partly by Sea*) foi aprovado na 63.ª sessão (item 74 08-47811), resolução aprovada na base do relatório da sexta comissão [(A/63/438)], Assembleia Plenária de 11 de Dezembro de 2008. Ao longo das páginas subsequentes será esse o texto que será seguido.

2. Quadros negociais; outras perspectivas

I. A negociação das *Hague Rules* decorreu no quadro institucional mas flexível, do CMI. As *Rotterdam Rules* afastam-se deste modelo em vários aspectos. De facto, a sua intenção reguladora vai para além do que a este respeito as *Hague Rules* prevêem, tendo de um modo geral uma postura de cariz demasiado interventor. Em boa parte, isso fica a dever-se à deslocação das tarefas de elaboração internacional do direito marítimo, para organizações internacionais pertencentes à família das Nações Unidas, em especial a IMO ou a UNCITRAL. Nestes organismos, o peso numérico dos membros do chamado grupo dos 77, dada a larga maioria de que dispõe, encontra-se em condições de aprovar as soluções que entende para repor equilíbrios decorrentes de, em seu entender, nas fases anteriores de elaboração do direito marítimo internacional, não terem tido nessa feitura qualquer intervenção, o que impõe pois novas soluções. Estas últimas, porém, segundo um autor, "...não são apoiadas por uma verificação racional precisa...". Além disso, como, logo a seguir o mesmo autor também observa, "...tiveram uma influência significativa na prática relativa ao desenvolvimento do direito uniforme marítimo..."[7].

II. Qualquer juízo sobre a convenção, aliás, ainda a ratificar, terá, pois, sempre muito de provisório. Mas, enquanto este tempo passa lento de esperarmos pela ratificação pelos povos que o desejem, nasce o imperativo – em particular para a doutrina maritimista – do estudo de figuras que a eventual entrada em vigor da convenção em Portugal trará à atmosfera quotidiana da actividade marítima nas suas várias vertentes – portos, navios, transitários, foro, entre muitos outros – exigindo assimilar novas regras, ter em conta novas soluções. Pelo nosso lado, de modo a dar sequência a esse desígnio, escolhemos o exame de duas figuras que, embora, há muito presentes no labor diário dos portos, receberam nas *Rotterdam Rules* novas funções, bem como, um acrescido protagonismo. Queremos com isto aludir à *parte executante* e à *parte executante marítima*, sendo objecto destas notas proceder a uma primeira reflexão sobre o que são, bem como, sobre

---

[7] Sergio M. Carbone, *Conflits de lois en droit maritime*, Les Livres de poche de L'Académie de Droit International de la Haye, Martinus Nijhoff Publishers, 2010, págs. 36/37.

o que trazem de novo para a disciplina jurídica do transporte marítimo de mercadorias.

3. Parte executante e parte executante marítima

I. O leitor das *Rotterdam Rules* depara, entre as normas iniciais, com duas figuras designadas por *parte executante* (*performing party*) e *parte executante marítima* (*maritime performing party*) e definidas nos n.ºs 6 e 7.º do art. 1.º, respectivamente[8]. Não pode considerar-se que sejam verdadeiramente novos nos portos ou áreas que as integram, as entidades passíveis de serem compreendidos nas aludidas categorias. Nestas incluem-se velhos conhecidos dos serviços portuários ou de actividades económicas conexas, caso, v.g. dos transitários, no âmbito do contrato de transporte marítimo internacional de mercadorias. Embora num quadro jurídico seja uma novidade a sua autonomização, era conhecida na actividade transportadora. Esta inserção no novo projecto de convenção fica a dever-se à prossecução do objectivo de reforçar ainda mais a tutela do carregador. Nessa medida, mais do que novos protagonistas são protagonistas renovados no articulado das *Rotterdam Rules* na esfera das quais pretende reconhecer--se-lhes um papel que permita que o carregador os possa responsabilizar, em quase paralelismo com o transportador. Como quer seja, haverá que ter em atenção a possibilidade de, na execução do contrato de transporte marítimo internacional, esses intervenientes, agora autonomizados no quadro jurídico aludido, passarem a ter funções não tanto novas, mas mais visí-

---

[8] A versão francesa fala em *partie executante maritime* e a espanhola em *parte ejecutante marítima,* pelo que é de prever que as traduções portuguesas sejam *parte executante* e *executante marítima.* Sendo, sem dúvida possíveis traduções portuguesas, é, no entanto, muito duvidoso saber se *parte executante* ou *parte executante marítima*, independentemente de saber se, em termos puramente literais, qualquer dessas traduções é correcta, transmite com precisão o que as expressões que constam da versão inglesa – *performing party* e *maritime performing party* – pretendem abranger. Cremos que não. Não obstante, dadas as versões francesas e espanhola, apesar de poder equacionar-se se, numa tradução portuguesa, não seria preferível manter as expressões *performing party* e *maritime performing party*, acabei por, após algumas hesitações, seguindo a versão espanhola, bem como a francesa, perfilhar a visão de que devia haver uma tradução portuguesa próxima das referidas versões. Assim, utilizarei as mesmas, isto é, *parte executante* e *parte executante marítima*, ao longo da subsequente exposição.

Em torno da responsabilidade civil das Partes Executantes...   173

veis e sobretudo mais responsabilizantes. Mostra-o o facto, em especial no que se refere à parte executante marítima, desta última poder ser directamente demandada judicialmente pelo carregador, nos termos e moldes que adiante veremos, dada a disciplina das *Rotterdam Rules*. Nas definições destas categorias profissionais proporcionadas pelas Regras procurou-se, como o que precede, de certo modo, já antecipa, abranger entidades cuja função, não sendo a de intervir directa ou indirectamente no núcleo central do contrato de transporte marítimo, se centra na realização de actos materiais ou jurídicos de relevo, porventura mesmo em certos casos imprescindíveis, na prestação que caracteriza o presente contrato: a deslocação da mercadoria de um local para o outro, através da via marítima.

II. Não pertencendo à parte executante ou à parte executante marítima realizar o que quer que seja em relação às operações técnicas ou económicas do transporte – não são transportadores – não estão impedidas de o fazer. Será tanto mais assim quanto, às tarefas habituais relativas ao transporte marítimo, podem acrescer as que são pedidas pela necessidade de assegurar a ligação entre as várias fases de um contrato que não seja apenas marítimo mas ao qual a uma fase terrestre (por ferrovia ou por rodovia) possam acrescer subsequentes fases marítimas internacionais. Se bem que exteriores ao núcleo central do contrato podem revestir-se de papel indispensável ou, ao menos, útil na execução técnica a bordo, em especial, fora da nave transportadora, caso dos aspectos aduaneiros ou dos portuários. Nessa medida, à semelhança do que já sucedia, embora em menor grau, na Convenção de Hamburgo, a faceta económica relativa à posição dos carregadores foi privilegiada, o que implicou que a disciplina desses intervenientes tivesse tido uma atenção quase que diríamos privilegiada. Assim, na consagração legislativa destas ideias, o importante papel que tais intervenientes desempenham, ao ser reconhecido, foi-o de modo a ligá-lo estreitamente ao do próprio transportador e na óptica de favorecer a posição da carga.

III. As *Rotterdam Rules* desenham a noção de parte executante (*performing party*) e, em seguida, a definição, diferente, de *parte executante marítima* (*maritime performing party*). O art. 1.º/6, alíneas *a*) e *b*), define a parte executante do seguinte maneira.

6. *a*) O termo "parte executante" (*performing party*) designa uma pessoa, diferente da do transportador, que executa ou compromete-se a executar

qualquer das obrigações que a este, ao abrigo de um contrato de transporte (*contract of carriage*) pertence executar, relativas à recepção, carga, manutenção, arrumação, transporte, cuidados, descarga ou entrega da mercadoria na medida em que tal pessoa actue, directa ou indirectamente, a pedido do transportador ou sob a supervisão ou controlo do transportador.

6. *b)* O termo "parte executante" (*performing party*) não inclui uma pessoa que preste serviços, directa ou indirectamente, a um carregador, a um carregador documentário, à parte controladora ou ao consignatário em vez do transportador"[9].

É possível sustentar que esta definição terá de ser completada. Na verdade, o art. 13.º/1, contém a enumeração do que cabe ao transportador levar a efeito. Esta lista segue de perto a enunciação presente no art. 1.º/6, porquanto as actividades da parte executante estabelecem-se em função das do transportador. Logo, se o art. 13.º/1 enunciar algo a realizar, mas não constante do rol do art. 1.º/1, alínea *a*), essas outras tarefas também o serão da parte executante, mesmo que não referidas nesta última disposição legal.

IV. Assim, pertencerá ainda à parte executante proceder à guarda (*keep*) das mercadorias. Ter-se-á a noção da importância de acrescentar às tarefas do art. 1.º/6 as do art. 13.º/1 se nos recordarmos da situação decidida no acórdão do Tribunal da Relação do Porto de 11 de Maio de 2001[10], no qual foi decidido que o contrato de transporte, "...abrange as obrigações de

---

[9] 6. *(a)* "Performing party" means a person other than the carrier that performs or undertakes to perform any of the carrier's obligations under a contract of carriage with respect to the receipt, loading, handling, stowage, carriage, care, unloading or delivery of the goods, to the extent that such person acts, either directly or indirectly, at the carrier's request or under the carrier's supervision or control.

(b) "Performing party" does not include any person that is retained, directly or indirectly, by a shipper, by a documentary shipper, by the controlling party or by the consignee instead of by carrier.

Não deixa de valer a pena notar a que ponto esta definição esta próxima da que o art. 1.º da alínea d) da United Nations Convention on the Liability of Operators of Transport Terminals in International Trade, nos proporciona. De acordo com a mesma, «"Transport--related services" includes such services as storage, warehousing, loading, unloading, stowage, trimming, dunnaging and lashing».

[10] Processo n.º 0250194, in http://www.dgsi.pt.

Em torno da responsabilidade civil das Partes Executantes...   175

carga e descarga, que correm por conta do transportador" e que, "Quando as mercadorias se encontrem depositadas em espaço controlado pela autoridade portuária, na realização de operação portuária a seu cargo, incumbe-lhe a responsabilidade pelos danos causados". Nestes termos, o Tribunal responsabilizou a autoridade portuária pelo extravio de mercadorias que se encontravam na zona do porto entregue à sua guarda para efeitos aduaneiros. A movimentação da carga, de notar ainda, foi considerada como de *interesse público*, podendo, ex art. 3.º/2, alínea *c*) do Decreto-Lei 298/93 de 28 de Agosto, ser exercida por *autoridade portuária*. Na situação do aresto da Relação do Porto citado, a solução judicial decorreu da violação por parte da entidade portuária, dos seus deveres de prossecução do interesse público[11]. A solução, ao prever que, numa situação como esta, o carregador tem o direito de ser ressarcido por quem tem o dever de guarda em terra, antecipa a que resulta das *Regras*. A diferença reside no facto de a fazer decorrer da inobservância dos deveres contratuais que incidem sobre o transportador ex art. 13.º/1 das *Rotterdam Rules*. Para estas, com efeito, a autoridade portuária é uma parte executante, sendo tal circunstância o que determina a sua responsabilidade civil, pelo que, para esta última surgir, não seria, pois, necessária, *summo rigore*, a equiparação da entidade portuária à parte executante. Porém, nem por isso deixa de ter efeitos relevantes ver tal entidade na categoria da parte executante. Neste último caso, a situação jurídica, em termos que veremos, será diferente.

V. Após o art. 1.º/6, o art. 1.º/7 das *Rotterdam Rules* ocupa-se da *parte executante marítima*. Quanto a esta, contudo, o legislador seguiu um método legislativo diverso do usado para a *parte executante*. Relativamente a estas últimas, de forma limitativa, tipificaram-se as suas funções. Em relação à *parte executante marítima*, no entanto, as suas funções são indicadas mediante uma cláusula geral segundo a qual compete-lhe executar *qualquer uma das obrigações do transportador*. Transcreve-se a esse preceito.

7. O termo "parte executante marítima" (*maritime performing party*) designa uma parte executante na medida em que executa ou se compromete a executar qualquer das obrigações do transportador durante o período entre

---

[11] Cfr., v.g. JOSÉ CARLOS VIEIRA DE ANDRADE, *Interesse Público*, Dicionário Jurídico da Administração Pública, Vol. 5, Lisboa, 1995, pág. 275.

a chegada das mercadorias ao *porto de carga* (*port of loading*) de um navio ou à sua partida do *porto de descarga* de um navio (*port of discharge*). Um transportador interno só é uma parte executante marítima se executar ou se comprometer a executar os seus serviços exclusivamente no interior da área do porto[12].

A delimitação da *parte executante marítima*, em relação à parte executante, é efectuada em função de duas precisões. Antes de mais, os limites temporais, pois o preceito aplica-se "...durante o período entre a chegada das mercadorias ao *porto de carga* (*port of loading*) de um navio ou à sua partida do *porto de descarga* de um navio (*port of discharge*). Em seguida, há limites espaciais dos quais nos ocuparemos adiante, a propósito da categoria dos chamados *inland carriers*[13]. Por agora, retenhamos apenas que a palavra *marítima*, não deve levar a pensar que a actividade da *parte executante marítima* se desenrola, unicamente, no mar. O art. 17.º/3, alínea *c*) das *Rotterdam Rules* alude a riscos, perigos e acidentes de mar ou de *outras águas navegáveis* (itálicos nossos). Nessa expressão podem incluir-se águas lacustres ou fluviais. A frase em causa resultará, porventura, da existência de canais navegáveis dentro da área portuária. Terá, também a ver com o caso de portos localizados em rios dotados de estuários de grande extensão, fazendo as águas marítimas sentir a sua influência já muito a montante da foz desses rios ou de portos percorridos por canais interligados. De facto, sendo embora, em tais casos, as águas portuárias águas fluviais, estas, na realidade geográfica, prolongam de forma natural as superfícies aquáticas oceânicas – caso v.g. do porto de Lisboa – de um tal modo que não há quebra de continuidade, no plano náutico, entre umas e outras.

VI. Não se me afigura que a delimitação entre *parte executante* e parte *executante marítima* seja a que se verifica entre género e espécie[14]. Na

---

[12] Art. 1/7: "Maritime performing party" means a performing party to the extent that it performs or undertakes to perform any of the carrier's obligations during the period between the arrival of the goods at the port of loading of a ship and their departure from the port of discharge of a ship. An inland carrier is a maritime performing party only if it performs or undertakes to perform its services exclusively within a port area.

[13] Cfr. *infra*, 4.II. b).

[14] Neste sentido, v.g. JANUÁRIO COSTA GOMES, *Introdução às Regras de Roterdão – A Convenção "Marítima-Plus sobre Transporte Internacional de Mercadorias*", op. cit., pág. 30.

Em torno da responsabilidade civil das Partes Executantes...   177

verdade, devemos considera-las duas figuras diferentes com regimes jurídicos específicos[15]. A *parte executante,* tal como consagrada no art. 18.º das Regras, responde directamente perante o transportador, que assume perante terceiros a responsabilidade dos factos da *parte executante,* ex art. 18.º. No entanto, as coisas passam-se de forma diversa no caso da parte executante marítima, ex art. 20.º. Neste caso, há uma responsabilização solidária da parte executante marítima e do transportador, nos termos que veremos adiante. Por agora, fixe-se apenas a ideia de que os regimes jurídicos da parte executante e da parte executante marítima são entre si divergentes, pelo que não é fácil descortinar entre eles o que quer que seja de *um ar de família* que uma relação género/espécie de algum modo implica. Aliás, não é impossível que a actividade de dada entidade possa configurar-se em dado caso como parte executante e num outro como parte executante marítima.

4. Parte executante marítima; delimitações

I. A definição de *parte executante marítima* que o art. 1.º/7.º nos oferece é tão ampla que cria a necessidade de designar expressamente algumas actividades passíveis de serem enquadradas nesta categoria, apesar de assim não parecer, à primeira vista.

II. (a) Os *empregados do transportador* podem ser considerados como partes executantes *marítimas* dada a forma muito larga como são definidas as funções de parte executante, isto é, nos termos do artigo 1.º/6 (*a*) das *Regras,* "...performing (...) the carrier's responsabilities under a contract of carriage and (...) act under the carrier's supervision or control", nada parece impedir que um empregado seja considerado uma parte executante. Uma tal solução pode ser ter consequências não antecipadas, porquanto o empregado pode ser encarregado dessas tarefas, pela sua entidade patronal ao abrigo do respectivo contrato de trabalho. As *Regras,* ao longo de um conjunto de normas, procuraram eliminar ou, pelo menos, atenuar as facetas mais gravosas da posição do empregado neste campo. Nesta ordem

---

[15] Assim, DAVID MORÁN BOVIO, *Ocean Carrier'Duty of Care to Cargo in Port: The Rotterdam Rules of* 2009, International Law Journal, Volume 22, 4, 2008, pág. 1201 e segts., *passim.*

de preocupações, o art. 19.º/4, exclui, expressamente, a acção directa contra o empregado, o art. 18.º/alínea *c*), considera os actos ou omissões do empregado, imputáveis ao próprio transportador e, por fim, o artigo 4.º/alínea *c*) dá-lhe a importante protecção inerente à chamada *Himalaia Clause*. (b) Um *transportador exclusivamente interno* (*inland carrier*, *transporteur intérieur*), agente a que alude a parte final do art. 1.º/7, pode ser considerado parte executante interno se executar toda a sua actividade numa área do porto. Difícil, contudo, será determinar como proceder à delimitação dessa área, aspecto que acabará por pertencer à actividade judiciária interna – que não será obstaculizada pela eventual presença de uma delimitação administrativa – porquanto, a esse respeito, as *Rotterdam Rules* não se pronunciaram. A questão coloca-se da seguinte forma. Na 16.ª sessão de trabalhos[16], ao colocar-se o problema de saber como encarar os movimentos entre dois portos fisicamente distintos, a opinião geral foi a de que deveriam ser incluídos nas funções das *non-maritime performing parties*. Também se entendeu que um transporte ferroviário, mesmo se efectuado dentro de um porto, deveria ser incluído nessa mesma categoria das *non-maritime performing parties*. Na sequência do deliberado, o texto que saiu da 21.ª sessão de trabalhos[17] suprimiu as chamadas *non-maritime performing parties*, categoria profissional prevista nas anteriores versões. Outrossim, aceitou-se que as deslocações nas vias aquáticas situadas nos portos inseriam-se na actividade dos *inland carriers*. Matéria sempre delicada, mais se agrava com as diferenças linguísticas entre as várias versões. A versão inglesa é mais restrita, pois a sua definição é feita através de uma redacção limitadora. De facto, circunscreve a actuação do *inland carrier* exclusivamente (*exclusively*) à área do porto (*within a port area*), sendo que esta última precisão não é tão clara e inequívoca na versão francesa ou na espanhola. Ao texto inglês (*within a **port area***), contrapõe-se a versão francesa, que utiliza a expressão *dans une **zone portuaire***. É visível que da versão francesa resulta o aumento do espaço portuário e, portanto, o alargamento do estatuto da *parte executante marítima*. O entendimento alargado que a versão francesa propõe é confirmado, aliás, pela versão espanhola que dispõe *dentro de uma **zona portuaria***. Como, com frequência sucede, sob as diferentes versões lê-se o intuito de uns em

---

[16] United Nations Comission on International Trade Law, doc: **A**/CN.9/WG.III/WP.56.

[17] United Nations Comission on International Trade Law, doc: **A**/CN.9/WG.III/WP.101.

Em torno da responsabilidade civil das Partes Executantes... 179

favorecer a posição de carregadores (versão francesa) e de outros de pensar nos interesses do transportador (versão inglesa). (c) Também é incerta a situação do *fornecedor de contentores* ou a do *supervisionador de contentores* quanto à sua eventual inclusão nesta categoria legal[18]. De facto, o transportador responde pela navegabilidade do navio – o que pressupõe cuidados quanto aos porões. Ora, a jurisprudência portuguesa já equiparou o contentor ao porão da embarcação. De facto, no acórdão de 10 de Julho de 1997, do Tribunal da Relação de Lisboa, em que estava em causa um contrato de transporte marítimo em contentores entre Lisboa e Ponta Delgada, sustentou-se que «...os contentores são hoje considerados pela doutrina e jurisprudência como substitutos dos porões dos navios, elementos integrantes dos navios...»[19]. Indo mais longe, a decisão opinou que os contentores são, enquanto substituto do porão, "...parte integrante do navio...". Nesta visão das coisas, não pode, pois, afastar-se a hipótese do fornecedor ou de alguma entidade encarregada de assegurar o bom estado do contentor ser encarada como *parte executante marítima*. (d) Também susceptível de criar dúvidas interpretativas é o caso das *sociedades de classificação*. O art. 1.º/6., como vimos, ao indicar o que cabe à parte executante executar, alude à realização, por parte desta última, das obrigações do transportador, entre as quais se encontra a de assegurar a navegabilidade do navio. Ora, apesar de não desconhecermos o debate doutrinário a este respeito[20], não pode excluir-se que uma sociedade de classificação, ao assegurar a navegabilidade de dada embarcação, colabora, de modo activo, na execução da obrigação do transportador concretizar esse dever.

III. É possível entender-se que, deste modo, está a alargar-se excessivamente o conceito de parte executante marítima. Apesar da pertinência de um eventual reparo nesse sentido, essa possibilidade decorre da própria redacção do art. 1.º/7.º. Por isso, penso que essa redacção ampla se arti-

---

[18] Já neste sentido, embora de forma prudente, FRANK SMEELE, *The Maritime Performing Parties in The Rotterdam Rules 2009*, European Journal of Commercial Contract Law, Março de 2010, pág. 16.

[19] Colectânea de Jurisprudência, Ano XXII, Tomo IV/1997, pág. 93.

[20] Sobre este debate, cfr. MARCO LOPEZ DE GONZALO, *The liability of classification societies*, in II Jornadas de Lisboa de Direito Marítimo, 11 e 12 de Novembro de 2010, O Navio, Centro de Direito Marítimo e dos Transportes da Faculdade de Direito de Lisboa, Coimbra, Almedina, 2012, pág. 129.

cula com o pensamento mais lídimo das *Rotterdam Rules*. Estas, com essa tão lata redacção, pretenderam, porventura, evitar a possibilidade de haver entidades – societárias ou não – que pudessem encontrar-se fora do seu âmbito. Ora, essa eventualidade vai ao encontro dos interesses dos carregadores, os quais, desse modo, vêm o leque de potenciais responsáveis alargado. Também aqui, pois, o labor jurisprudencial será importante para um razoável balizar de fronteiras desta figura. Os trabalhos preparatórios, por um lado, e a própria concepção do equilíbrio geral entre a liberdade contratual e visões que podem resultar do texto das *Rotterdam Rules*, potenciam leituras ampliativas dos elementos definidores da figura. Mais adiante ainda, haverá oportunidade de regressar a esta dimensão.

5. As partes executantes no direito internacional dos transportes: Antecipações

I. Observou-se acima que as *Rotterdam Rules*, mais do que criar personagens novas, deram protagonismo novo, sob um prisma jus-internacional, a entidades que exercem actividades ligadas ao transporte internacional de mercadorias, algumas das quais, aliás, já disciplinadas por convenções internacionais de direito dos transportes[21]. Vejamos.

II. (a) O art. 4.º/2, alínea *q*) das *Hague Rules* prescreve que nem o armador nem o navio respondem por perda ou dano, "...não proveniente de facto ou culpa (...) dos agentes ou empregados do armador...", desde que no âmbito de um contrato de transporte com um carregador (*a contract of carriage with a shipper*)[22],[23]. Fá-lo, porém, de um modo e com um objectivo limitado. A alusão a estes intervenientes – agentes ou emprega-

---

[21] Cfr. *supra*, 2.1.

[22] O texto inglês, note-se, é mais claro. De facto, segundo o mesmo, (*q*), "Any other cause arising (...) without the actual fault or neglect of the agents or servants of the carrier", já que, por um lado, indica que os terceiros para causarem a responsabilidade civil contratual terão de ser entidades com laços de subordinação laboral e, por outro lado, vinca que essa responsabilização só existe em caso de culpa.

[23] O texto inglês deste preceito dispõe que "1. Neither *the carrier* nor the ship shall be liable...", o que significa ter-se considerado que o termo *carrier* deve ser traduzido por armador. Vejamos, contudo, como deve colocar-se a questão. Segundo a alínea *a*) do art. das Hague Rules, «"*Carrier*" includes the *owner* or the *charterer* who enters into a contract

dos (*the agents or servants of the carrier*) – tem o fito de precisar que eventuais incumprimentos do contrato de transporte aos mesmos imputáveis são inoponíveis ao transportador. De facto, a inoponibilidade só se verifica relativamente a entidades com laços de subordinação, laboral ou não, ao armador. Além disso, é facultada ao transportador, sobre o qual recai o respectivo ónus, ex art. 4.º/2, alínea *q*) das *Hague/Visby Rules*, a prova de que a acção dessas entidades não foi causal da perda ou do dano verificados. Além disso, só prevêem a perda e o dano das mercadorias, nada dispondo sobre cumprimento defeituoso, como, v.g., atrasos sobre os quais é omissa. Porventura mais importante ainda, aplica-se só à responsabilidade civil contratual, sendo omissa relativamente à responsabilidade civil extracontratual. Assim, a possibilidade da existência de funções conexas de modo estreito com o contrato de transporte marítimo de mercadorias, sem contudo, confundir-se com ele, possui um alcance algo limitado. (b) As definições do art. 1.º das *Hamburg Rules*, depois de indicarem o que têm em vista como *transportador* (n.º 1), ocupam-se do *transportador de facto (actual carrier)* percepcionado como "...qualquer pessoa a quem é confiada pelo transportador a execução do transporte de mercadorias ou de uma parte do transporte, e inclui qualquer outra pessoa a quem for confiada tal execução" (art. 1.º/2). A noção de contrato de transporte marítimo foi ampliada, pois determinou-se que "...um contrato que implique, além de um transporte por mar, um transporte por qualquer outro modo não é considerado contrato de transporte por mar para a presente Convenção senão na medida em que se reporte ao transporte por mar" (art. 1.º/6, 2.ª parte). A combinação da noção de *transportador de facto (actual carrier)* com uma visão temporal mais alargada do contrato de transporte marítimo, reforçava o papel atribuído ao mencionado *actual carrier*, relativamente à execução do contrato de transporte marítimo internacional de mercadorias. Esta regulamentação traduzia o reconhecimento, de uma maneira mais intensa, do relevo conferido à posição do carregador, cujos interesses no âmbito do comércio marítimo obtinham nas *Hamburg Rules* uma protecção acrescida, muito em particular se contraposta à que lhes era conferida pela inicial versão das *Hague Rules*. (c) No que respeita ao direito marítimo português, não pode dizer-se que se desconhecesse a proximidade destas actividades.

---

of carriage with a shipper» (itálicos nossos). Assim, o preceito estende a sua eficácia ao transportador, ao proprietário e ao afretador.

Na verdade, o art. 7.º do Decreto-lei n.º 352/86, de 21 de Outubro, alude ao "...operador portuário..." bem como a "...outro agente em qualquer *operação relativa à mercadoria...*" (itálicos nossos). Creio, no entanto, que ao não ter sido definido, para efeitos da disposição, o que deveria entender-se por *operação relativa à mercadoria* – também aqui o papel concretizador da jurisprudência pode revelar-se determinante – pode ter-se reduzido o alcance da disposição citada. Com efeito, ou pode atribuir-se à disposição em causa uma extensão tão ampla – e nesse caso tudo ou quase tudo pode caber nela – ou utilizar a referência a operador portuário de modo restrito, fazendo compreender nela apenas o que ocorre no estrito e limitado âmbito da actividade portuária – mas, nesse caso, cai-se na situação diferente de reconhecer à disposição referida uma eficácia bastante limitada. (d) Esta mesma ideia está presente no direito dos transportes aéreos, no âmbito dos quais a Convenção de Guadalajara (relativa ao transporte aéreo), de 18 de Setembro de 1961 – em vigor desde 1 de Maio de 1964, no plano internacional. Portugal, é verdade, não é parte nesta convenção. Não obstante, isso não significa que as suas disposições não possam ser aplicadas em Portugal[24]. Nesta convenção, os arts. I e II responsabilizam o transportador e o transportador efectivo (*the actual carrier*) e bem assim, art. III, os seus empregados (*servants and agents*) – todos eles respondendo solidariamente em termos que evocam, fortemente, nesta matéria, normas das *Rotterdam Rules,* porquanto o art. III da Convenção de Guadalajara consagra a responsabilidade objectiva do transportador contratual pelos actos ou omissões do *transportador efectivo* e, da mesma forma, a responsabilidade objectiva do *transportador de facto* (*operating carrier*) pelos actos ou omissões do transportador contratual[25]. No caso dos transportes aéreos internacionais, os acordos de *code sharing*, *wet leasing*, *fretamento* e *transporte sucessivo* multiplicaram as possibilidades de dissociação entre o *contracting carrier* e o *actual* carrier. Esta contraposição, consequentemente, foi objecto de grande atenção, recebendo, pois, um relevo jurídico que este momento

---

[24] Sobre toda esta questão, cfr. CARLOS ALBERTO NEVES ALMEIDA, *Do contrato de transporte aéreo e da responsabilidade civil do transportador aéreo*, Almedina, Coimbra, 2010, págs. 58/59.

[25] Assim, CARLOS ALBERTO NEVES ALMEIDA, *Do contrato de transporte aéreo ...*, cit., pág. 57.

o direito marítimo desconhece[26]. Enfim, estas disposições acabaram em seguida por ser transpostas para a Convenção de Montreal[27].

III. Nas *Regras*, porém, assumir-se-á esta problemática plenamente, tendo-lhe sido conferida plena dimensão normativa. Tendo muito em especial presente o contrato de transporte marítimo de mercadorias – quer isolada, quer, mais latamente no âmbito de um contrato de transporte multimodal – legislou-se de modo a ampliar o número de entidades que se considerou que deveriam ser submetidas a esse regime. Ao mesmo tempo, entendeu-se elaborar normas relativas às relações entre o transportador e essas entidades, agora trazidas para o proscénio da actividade económica do transporte marítimo internacional de mercadorias. Ter-se-á, assim, uma visão mais alargada deste contrato de transporte, potenciada pela introdução no seu âmbito, de aspectos, mesmo que não centrais no contrato, importantes na sua execução. Houve, inequivocamente, uma tomada em conta de todo o contexto económico do contrato de transporte marítimo, cuja globalidade procurou reconstituir-se no âmbito normativo. Nesta ordem de ideias, descreveu-se um conjunto de tarefas, ligadas ao referido contrato de transporte mas sem se confundir com ele. Procedeu-se, assim, à individualização jurídica de tarefas cuja prestação não possuía um estatuto jurídico próprio e independente, em especial no plano jurídico-internacional, mesmo que pudesse dizer-se que já estava presente no quotidiano das actividades portuárias e de uma forma mais geral, do comércio marítimo, internacional ou não. Estas actuações, de acordo com as *Rotterdam Rules*, são pois realizadas por operadores jurídicos ou materiais que, embora já anteriormente existentes, foram, no domínio das *Rotterdam Rules,* individualizados com a designação de *partes executantes* ou de *partes executante marítimas*, nos já indicados termos. Bem vistas as coisas, precisando e ampliando a noção de *actual carrier* das *Hamburg Rules*, procura-se, assim, refazer no plano jurídico o ciclo económico do transporte marítimo, ou predominantemente marítimo, *port to port* senão mesmo *door to door*, objectivo por excelência das *Rotterdam Rules*. Estas vão assim ao encontro

---

[26] Assim, Carlos Alberto Neves Almeida, *Do contrato de transporte aéreo* ..., cit., pág. 644.

[27] Aprovada pelo Decreto n.º 39/2002, de 27 de Novembro, DR, n.º 274, de 27 de Novembro.

184   *Carlos de Oliveira Coelho*

de preocupações cujo reconhecimento, de resto, nos parece importante mas que já se haviam manifestadas no plano doutrinal[28].

6. Autonomização

I. A colocação do acento tónico na intervenção do *actual carrier*, pode, porventura, constituir um começo de resposta à interrogação sobre quais as razões que podem ter levado o legislador internacional à atribuição de um estatuto próprio, no plano internacional, a intervenientes já reconhecidos e, como tal aceites na rotina de uma dada tarefa diária da vida portuária, caso, v.g., da realidade do direito português.

II. Creio que isso resultará de dois factos. Por um lado, a circunstância de, tendo as *Regras* o objectivo de terem presentes as várias fases de transporte multimodal, caso não se incluíssem esses intervenientes no longo e demorado *iter* do transporte marítimo, poderia assistir-se ao aparecimento de momentos de descontinuidade nesse processo. A possibilidade disso suceder é, de resto, bem documentada nos acórdãos de 15 de Março de 1978 e de 25 de Julho de 1978, do Tribunal da Relação de Lisboa e do Supremo Tribunal de Justiça, respectivamente[29]. No contexto de um transporte combinado – fase ferroviária entre Aviz e Lisboa, *rectius*, porto de Lisboa, e fase marítima entre o porto de Lisboa e dado porto inglês – parte da mercadoria perdeu-se durante a fase do carregamento. Perante esta situação, debateu-se se o transporte marítimo apenas se iniciava com a recepção da mercadoria no navio transportador ou se era suficiente o início do carregamento no molhe do cais, solução final dada ao diferendo. Esta questão só muito dificilmente surgiria no contexto das *Rotterdam Rules*. Nestas, uma vez terminada a fase da ferrovia, logo interviria a parte executante, evitando, pois, momentos de descontinuidade e, portanto, controvérsias sobre se a mercadoria se avariara antes ou depois da fase marítima. Neste contexto não seria muito difícil apurar quem era civilmente responsável pela perda da mercadoria. A determinação do momento em

---

[28] Cfr. *infra*, 7.

[29] Acórdão de 15 de Março de 1978 do Tribunal da Relação de Lisboa: Colectânea de Jurisprudência, 1978, pág. 455; Acórdão do Supremo Tribunal de Justiça de 25 de Julho de 1978: Boletim do Ministério da Justiça, 229, pág. 225.

que se inicia a fase marítima de um dado transporte, não obstante o esforço de clarificação agora levado a cabo, irá continuar a alimentar diferendos judiciais e a perturbar o comércio internacional. Mas o facto da questão ter sido deslocada para o plano de saber quando se iniciou o transporte, retira--lhe a decisiva importância que tem no âmbito das *Hague Rules*. Como quer que seja, os mesmos poderão afectar com um menor frequência os carregadores e, ao mesmo tempo, poderão proporcionar-lhes pistas que lhes possibilitem mais seguros e mais previsíveis juízos de prognose e, sobretudo, mais ajustados a essas eventualidades. Por outro lado, agora já fora do contexto do transporte combinado, constituirá mais uma disposição que traduz a preocupação de acautelar as dificuldades que podem surgir no transporte *door to door*, no qual a posição jurídica do carregador perante a do transportador pode configurar-se ainda com maior delicadeza.

III. Na verdade, quer através da criação de uma responsabilidade por facto de outrem no caso das partes executantes, quer mediante a instituição de uma responsabilidade solidária, procura-se associar os vários partici- pantes no complexo processo em terra que precede ou segue a fase marí- tima propriamente dita. Em suma, procura-se que a autonomização jurídica dos vários participantes permita que surjam espaços vazios de disciplina, isto é que os carregadores vejam a sua álea negocial, que neste caso é agravada por se deparar com uma multiplicidade de transportadores ou de formas de transporte, ser tão previsível quanto possível, quer em relação aos riscos quer relativamente às respectivas soluções. Assim, pois, a única e real novidade estará não tanto na criação destas figuras – pois as mesmas já existem no campo dos factos, podendo encontrar-se devidamente estru- turadas nos respectivos sistemas jurídicos internos – mas na atribuição às mesmas de um *nomen juris* que as conecte, estreita e indissociavelmente, ao transportador e que, muito em especial, permita transformá-las num como que prolongamento – jurídico ou material – do transportador. De qualquer das maneiras, ter-se-á de descrever qual o estatuto que, no seu âmbito normativo específico, as *Rotterdam Rules* lhes conferiram, tendo em consideração os propósitos que presidiram a essa espécie de novo olhar lançado sobre as realidades em causa e muito particularmente no que tem a ver com o regime de responsabilidade civil instituído, em caso de incumprimento, ou de cumprimento defeituoso, das obrigações das partes executantes.

7. A teoria dos grupos de contratos

I. Antes de vermos o estatuto que, no seu âmbito normativo específico, as *Rotterdam Rules* conferiram à parte executante e à parte executante marítima, cabe, num breve parêntesis, examinar um instituto que, de certa forma, pode ser visto como uma construção que, procurando acompanhar a realidade económica do contrato no seu todo, opta pela junção, de um modo muito estreito, das prestações a cargo da parte executante ou da parte executante marítima às que pertencem ao transportador no âmbito do contrato de transporte marítimo, vendo-o, pois, na totalidade que alia a faceta económica à jurídica. Aludo à chamada *teoria dos grupos de contratos*, criação da jurisprudência francesa no campo do direito marítimo. Esta ideia, observa um ilustre maritimista, coloca-se neste campo, "... com uma particular acuidade, porque o contrato de transporte inscreve-se, ele mesmo, no prolongamento de um contrato comercial e exige por sua vez a conclusão de numerosas operações: manutenção, consignação, rebocagem..."[30]. Nesta ordem de ideias, um aresto da secção comercial da *Cour de Cassation* francesa, partindo do reconhecimento desta situação, veio afirmar que "o transporte sob conhecimento implicava pela sua própria natureza o direito para o destinatário de se prevalecer da convenção celebrada entre o transportador e o empresário de manutenção para fins de entrega da mercadoria"[31]. Sem embargo do que havia de inovador e de abertura a uma consideração integrada jurídica e económica – do transporte marítimo internacional, a verdade é que, Delebecque assinala-o, esta visão do direito marítimo – que mais tarde e sob outros pressupostos Carbone retomaria[32] – não foi consagrada na grande reforma do direito marítimo francês dos anos sessenta (1966/1969), acabando por ser posta de lado.

---

[30] PHILIPPE DELEBECQUE, *Le droit maritime français à l'aube du XXIe*, in Études Offertes à Pierre Catala (Le droit privé français à la fin du XXe Siécle), Litec, Paris, 2001, pág. 940.

[31] Trata-se do aresto de 4 de Março de 1964 no qual se decidiu que o afretador "...é responsável de mercadoria a partir da entrega no cais, que lhe pertencia fazer ele mesmo as verificações no momento da *prise en charge* e que resulta das próprias constatações do aresto que a Societe Marselha-Frete tinha provado que a avaria preexistia ao carregamento".

[32] SERGIO CARBONE, *La Réglementation du transport et du Trafic Maritimes dans le Développement de la Pratique Internationale*, Recueil des Cours, Vol. 166, págs. 316 e segts.

Em torno da responsabilidade civil das Partes Executantes...   187

II. Não obstante, creio ser possível ver nesta elaboração jurisprudencial a afloração das ideias subjacentes à associação das tarefas executadas
nos portos e antecedentes do transporte, ao próprio transporte. Delebecque parece inclinar-se para a aceitação desta construção ao afirmar que a
mesma "Consistia em ter em conta a realidade económica"[33]. Com o aparecimento das chamadas *parte executante* e, bem assim, *parte executante
marítima*, parece estar de retorno esta perspectiva, há muito presente no
direito aéreo[34]. A prática dirá se a inovação merecerá aplauso. Por nós, as
hipóteses em que a deficiente execução, ou mesmo inexecução, do contrato de transporte marítimo de mercadorias fica a dever-se a uma das entidades que actuam nos portes antecipando e preparando o contrato, cremos
que poderiam ser superadas através da figura do contrato com eficácia de
protecção de terceiros. Isto evitaria um excessivo alongamento do contrato de transporte o que não nos parece desejável, não valendo contra isso
eventuais justificações como, v.g., a tutela do carregador, cuja posição,
aliás, não é a única presente no contrato e, portanto, a única a assegurar
no plano de visão que encare o contrato de transporte marítimo na sua
totalidade jurídica[35]. Isto dito, não pode desconhecer-se que a experiência
aplicativa desta figura no direito aéreo não pode ser considerada negativa, o que nos leva a pensar que o sucesso da sua introdução no âmbito
do direito marítimo ficará, em substancial parte, dependente da, mais ou
menos criteriosa, forma como, jurisprudencialmente, o novo instituto vier
a ser aplicado.

III. Fechemos, pois, este parêntesis, afinal de contas a crónica de uma
tentativa fracassada – mas resgatada pela posterior evolução documentada
pelas *Rotterdam Rules* – para uma consideração integrada do contrato de
transporte marítimo – incluindo, pois, a sua dimensão económica – sem
prejuízo de deixarmos em aberto a questão de saber se há razões para a
retomar e, em especial, a levar a cabo através das citadas *parte executante*

---

[33] PHILIPPE DELEBECQUE, *Le droit maritime français à l'aube du XXIe*, cit., pág. 940.
[34] Cfr. *supra*, 5.II, d).
[35] Esta perspectiva de solução mostrar-se-ia particularmente adaptada à decisão da
COUR DE CASSATION de 7 de Setembro de 2010. Neste caso, já após o fim do carregamento
de um navio, um empregado do empresário de manutenção danificou parte da carga. Inicialmente responsabilizado o transportador, a *Cour de Cassation*, concedendo o *pourvoi
en cassation*, anulou o julgamento da Cour de Lyon que responsabilizara o transportador.

188   *Carlos de Oliveira Coelho*

e *parte executante marítima*, interrogação a que, pela nossa parte, responderíamos afirmativamente. Por agora vejamos, apenas, de que modo as *Regras* procuraram realizar um objectivo há muito, jurisprudencialmente, proposto.

8. Regimes jurídicos

I. Realce-se de novo que a *parte executante* e a *parte executante marítima* não mantêm entre si uma relação de género/espécie em que se hierarquizariam numa relação de tipo vertical. Diferentemente, situam-se lado a lado, em relações de ordem horizontal, sendo pois desse modo que as tarefas que, respectivamente, lhes cabe realizar deverão ser encaradas na esfera técnico-portuária. Resta, no entanto, ver de que maneira o regime jurídico que lhes foi conferido as estruturou no âmbito normativo.

II. Ao delinear estes institutos, a lei dotou-os de disposições próprias de cada uma delas e, ao que nos quer parecer, inconciliáveis entre si, como a sua análise mostrará. O desenho genérico do regime jurídico presente nas *Rotterdam Rules* relativamente a estas matérias encontra-se disciplinado nos seus arts. 18.º a 20.º sendo, em suma, o seguinte: (a) Fazer recair os efeitos do incumprimento da *parte executante* exclusivamente sobre o transportador, mediante um regime jurídico de responsabilidade civil por facto alheio; (b) Construir a responsabilidade civil da parte executante marítima como responsabilidade civil solidária com a do transportador, de uma maneira que recorda o que ocorre no direito aéreo, através de um regime de solidariedade passiva, ex. art. 20.º; (c) Alargar, total ou parcialmente, o regime jurídico da responsabilidade civil do transportador à parte executante marítima, quer no caso de responsabilidade contratual quer no de índole extracontratual, ao abrigo do no art. 4.º/1, *a*) das *Rotterdam Rules*.

III. Não obstante a diferença de regimes jurídicos, o que desde logo salta à vista é o facto de, qualquer que seja o instituto que esteja em causa, ter-se tornado agora impossível seccionar a responsabilidade do transportador pela criação dum espaço jurídico em que o mesmo não pode ser responsabilizado. Seja através da responsabilidade por facto de outrem, seja mediante o regime da solidariedade passiva, está-se perante um regime jurídico cujos objectivos prosseguem o fito, creio que intencional, de, respectivamente, *alargar a responsabilidade civil do transportador* – caso da parte executante – e, pela adjunção de um outro responsável – hipótese da parte executante marítima – *aumentar o número de responsáveis civis perante o carregador*. Pormenorize-se o que precede, notando, desde já, que, em qualquer dos casos, houve o objectivo de tutelar a posição do carregador, considerado como a parte mais fraca no contrato. A protecção contratual do carregador, por um lado, foi reforçada e, por outro lado, alargou-se a atenção ao carregador pela introdução, no novo texto legal, da possibilidade de juntar à protecção contratual a que, eventualmente, possa decorrer de situações de responsabilidade civil delitual, solução inovadora não prevista nas *Hague/Visby Rules*. O resultado assim conseguido é um sistema omnicompreensivo e híbrido, susceptível de numerosas dificuldades interpretativas, como teremos oportunidade de mostrar. Cremos, de resto, que torna, tanto o título da convenção, "United Nations Convention on *Contracts...*", como o conteúdo material que pode ser retirado do 6.º Considerando da Convenção ao aludir às normas necessárias "...para reger os *contratos* de transporte internacional...", incompleto (itálicos nossos).

9. Parte executante e responsabilidade civil

I. A intervenção da *parte executante* na parte que lhe cabe na execução do contrato de transporte não é autónoma em relação à do transportador, no sentido do transportador não poder alhear-se dos efeitos dos incumprimentos causados pela parte executante. As acções ou omissões deste último determinam a responsabilidade civil do transportador, que responde perante o carregador por perdas, danos ou atrasos que o lesem, constituindo o transportador na obrigação de indemnizar. Quanto à responsabilidade civil própria da parte executante pelos seus incumprimentos para com o transportador só em momento posterior e fora do âmbito do contrato de transporte, é susceptível de surgir e na esfera das respectivas relações jurídicas com o transportador. Assim, tendo presente esta dimensão, as *Rotterdam Rules*, no que tem a ver com a parte executante, determinam que o transportador pode ser civilmente responsável por acções ou omissões imputáveis às *partes executantes*, ex. art. 18.º/alínea *a*) ou aos *empregados das partes executantes*, ex. art. 18.º/alínea *c*), parte final. Haverá, ainda, que acrescentar as hipóteses que, porventura, venham a caber na cláusula geral do art. 18.º/alínea *d*).

II. Posta a questão desta forma, dir-se-á que a necessidade de disciplinar esses aspectos, cuja importância é desnecessário sublinhar, legitima o recurso ao direito português, enquanto *lex fori*, para dar resposta a essa dúvida. O que precede suscita a questão de, tendo em conta os traços da *parte executante*, saber como regular as relações entre a parte executante e o transportador que satisfez as obrigações resultantes do incumprimento da *parte executante*. O instituto da *parte executante* é uma realidade própria do universo normativo do direito marítimo, ainda que só agora ingresse no seu âmbito. Por consequência, tratar-se-á de encontrar um instituto de direito privado português – porquanto esta dúvida não é resolvida pelas *Rotterdam Rules* – cujos traços próprios permitam acolher uma figura com as características funcionais específicas da *parte executante*, tal como delineadas nas *Rotterdam Rules*. A interrogação a formular será, por conseguinte a seguinte: Qual o instituto jus-privatístico português mais apropriado a enquadrar a presente situação?

III. A epígrafe do art. 18/alínea *c*), parte final, das *Rotterdam Rules*, coloca a questão no âmbito da *responsabilité du transporteur pour fait d'autrui* fortemente o art. 1384.º do *Code Civil français*. Segundo este: *"On est responsable non seulement du dommage que l'on cause par son propre fait, mais encore de celui qui est causé par le fait des personnes dont on doit répondre..."*. Depois disto, o n.º 4 do preceito acrescenta: *Les maîtres et les **commettants**, du dommage causé par leurs domestiques et préposés dans les fonctions auxquelles ils les ont employés"*. O preceito encontra-se no título IV, capítulo II, ostentando este último, como epígrafe, "Dos delitos e quase delitos", categorias jurídicas que, há muito, deixaram de figurar no direito legislado português[36]. A este respeito, nota Antunes Varela que "...a distinção entre os *delitos* e os *quasi-delitos* (...), embora compreensível no plano naturalístico das ciências psicológicas, pouco interesse oferece no campo normativo da *tutela* dos valores jurídicos" (itálicos de Antunes Varela). Não há, pois no direito português, qualquer norma equivalente à do art. 1384.º do *Code Civil*. Como categoria operatória, Antunes Varela antes preferia "...a distinção entre a responsabilidade proveniente da prática de factos ilícitos e a responsabilidade baseada no risco"

---

[36] ANTUNES VARELA, *Das Obrigações em Geral*, vol. I, 9.ª edição, Almedina, Coimbra, 1996, pág. 219 (itálicos de Antunes Varela).

(itálicos de Antunes Varela). Pensamos, assim, que será na categoria dos actos ilícitos que devem ser enquadradas as normas da alínea *a*), da parte final da alínea *c*) e da alínea *d*), todas do art. 18.º das *Rotterdam Rules*.

IV. Esta última com efeito, tem um equivalente no CCivil que é art. 491.º, segundo o qual "As pessoas que, por lei ou negócio jurídico, forem obrigadas a indemnizar outras (...) são responsáveis pelos danos que causem a terceiro...". Ao justificar esta solução observou-se em direito português: "Trata-se de uma socialização do risco, tanto mais que há seguros especializados de responsabilidade civil"[37]. Neste caso, a solução, ao que cremos, assenta em razões ligadas à tutela do carregador como a parte mais fraca. Além disso, liga-se à tradição jurídica do instituto do *receptum*, que remonta ao direito romano, de fazer recair o ónus da prova sobre o transportador. Na verdade, o carregador está longe do teatro dos perigos que é o mar, sendo que, dessa circunstância decorre a dificuldade quase insuperável de fazer a prova da culpa do transportador único a bordo, por si ou pelo comandante da nave, sendo que a tripulação, dados os laços de dependência laboral, pode ser suspeita de parcialidade, mesmo de modo inconsciente. Além disso, ao prolongar em terra a execução do transporte, assegura ao carregador a tutela da fase marítima. Simultaneamente, esta solução evita querelas e controvérsias sobre se a fase marítima já terminou ou não. Nesta medida, beneficia também os carregadores ao evitar litígios a esse respeito. Chegados aqui, haverá que equacionar como regular, à luz da *lex fori* portuguesa, se um litígio surgir em Portugal, as relações entre transportador e parte executante, dado o silêncio das *Rotterdam Rules* neste ponto.

V. Os dados proporcionados pelas *Rotterdam Rules*, de que partiremos, permitem constatar que, no plano das relações que se estabelecem entre transportador e carregador, o transportador responde pelo incumprimento, gerando-se a sua responsabilidade civil, ex. art. 18.º/alínea *a*) e alínea *c*) parte final. A sua responsabilidade civil inclui também a dos actos ou omissões da parte executante. Para compreender, no plano jurídico, o que sucede, terá de encontrar-se um instituto cuja disciplina possa explicar qual

---

[37] ANTÓNIO MENEZES CORDEIRO, *Tratado de Direito Civil Português*, II, *Direito das obrigações*, Tomo III, Almedina, Coimbra, pág. 578.

192   *Carlos de Oliveira Coelho*

o motivo das *Rotterdam Rules* fazerem recair a responsabilidade sobre o transportador. Neste quadro, podemos alinhar três, neste momento, ainda hipotéticas soluções de índole puramente explicativa perante o direito português. Em primeiro lugar (a) tratar-se-á de um *auxiliar* do transportador. Em segundo lugar (b) estar-se-á em face dum caso de *substituição*. Enfim (c) poderá encontrar-se nesta situação um evento gerador de *responsabilidade civil do comitente* por actos do comissário. Vejamos, portanto.

VI. (a) Ver na parte executante um auxiliar do transportador pode justificar a responsabilidade do *transportador* por actos praticados ou omitidos pela parte executante. Nesta visão, outrossim, encontrar-se-ia a explicação para o facto de poder ver-se no erro da *parte executante* erro do próprio transportador. Porém, a autoria ou a omissão da parte executante pode ser-lhe totalmente imputável. Só é auxiliar em sentido económico. Aliás, a figura do auxiliar surge em sede de responsabilidade contratual, o que não é aqui o caso necessariamente. A acção da parte executante decorre de uma actuação feita a pedido do transportador e que afecta toda a operação de transporte, sem embargo do grau de autonomia jurídica e técnica que o transportador entender, de acordo com o seu próprio critério conceder-lhe. Consequentemente, não será fácil ver as acções da parte executante serem perspectivadas como iniciativas do transportador[38]. (b) Em segundo lugar pode ver-se aqui um caso de *substituição*. De facto, parte das tarefas exigidas ao transportador marítimo seriam objecto de realização por parte de uma entidade terceira, também habilitada para isso. Em direito português, Antunes Varela define a substituição como a possibilidade da prestação ser feita por terceiro, vendo a sede legal do instituto no art. 767.º/1 do CC[39]. Entre os vários contratos em que pode ocorrer a substituição, Antunes Varela inclui o contrato de prestação de serviços, no qual se integra o contrato de transporte[40]. A questão que a integração deste instituto no

---

[38] O acórdão do STJ de 15 de Maio de 2013 confirma ser assim. Na situação *subjudice*, o expedidor de dada mercadoria – depois de ter sido considerado responsável pelo extravio de dada mercadoria e, em consequência, condenado a indemnizar o dono (o carregador) da mercadoria transportada – propôs uma acção, que veio a ser julgada procedente, contra o transportador. Esta separação de acções judiciais significa que o carregador é alheio às relações que se estabeleçam entre partes executantes e transportadores.

[39] Antunes Varela, *Das Obrigações em Geral*, Vol. II, 7.ª edição, Almedina, Coimbra, 1997, p. 26.

[40] Pires De Lima, Antunes Varela, *Código Civil Anotado*, Volume II, cit., pág. 784.

âmbito da *substituição* coloca não é muito diversa da que o seu enquadramento como auxiliar já suscitava. Na verdade, pese embora a integração no todo económico que o transporte pode postular, ao prestar as actividades enunciadas no art. 1.º/6, alínea *c*), a parte executante não *substitui* o transportador, pois executa tarefas próprias, o que dificulta ver aqui uma manifestação da *substituição*. Aliás, a figura da substituição surge em sede de responsabilidade contratual, o que, tal como com o *auxiliar*, não será o caso. (c) Enfim, poderia ver-se aqui um caso de relações comitente/comissário. Estar-se-ia então perante a execução pelo *comissário*, a pedido do *comitente*, de uma tarefa própria deste último – que pode ser qualquer um dos interessados no transporte, caso, v.g., do transportador ou mesmo do carregador – sendo a parte executante, numa tal hipótese, o *comissário* (*latu sensu*) do transportador. Assim, segundo cremos, será no contexto de uma relação de *comissão*, entendida esta como serviço ou como direcção[41], que terá de colocar-se a relação jurídica estabelecida entre o transportador e a parte executante.

10. Parte executante e responsabilidade por facto de outrem

I. As obrigações que, segundo as Regras de Roterdão, incumbem à parte executante, constituem obrigações do transportador (*any of the carrier's obligations under a contract of carriage*). O cumprimento destas obrigações pela parte executante cria entre ela e o transportador laços de comitente/comissário pois a *comissão* implica que alguém realize um serviço ou actividade por conta e sob a direcção de outrem. O estatuto da *parte executante* compreende uma multiplicidade de tarefas que, de resto, podem incluir o próprio transporte, mesmo no sentido técnico-jurídico do termo. A parte executante não auxilia ou não substitui o transportador. Na realidade, encontra-se-lhe subordinado e é, enquanto tal, que a sua actividade irá desenrolar-se. Por ser assim, justifica-se que a lei disponha que o incumprimento ou cumprimento defeituoso do contrato de transporte seja suportado pelo próprio transportador. Isso leva-nos a pensar que o art. 18.º vê a responsabilidade civil do transportador como a do comitente sendo a parte executante o comissário. Segundo Antunes Varela, "só essa possibi-

---

[41] Neste sentido, cfr. ANTUNES VARELA, *Das Obrigações em Geral*, Vol. I, cit., pág. 662.

lidade de direcção é capaz de justificar a responsabilidade do primeiro [o comitente] pelos actos do segundo [o comissário] "[42]. De facto, segundo o disposto na alínea *a*) do art. 18.º, "O transportador responde pelo incumprimento das suas obrigações ao abrigo desta convenção por actos ou omissões de (...) (alínea a) *parte executante*", e à luz da parte final da alínea *c*), "dos seus prepostos ou dos de uma *parte executante*" (nosso, este último itálico).

II. Aliás, a ideia já se encontrava no precedente artigo 17.º/4, alínea *b*), ao impor ao transportador que, caso a perda, o dano ou o atraso ficassem a dever-se a qualquer facto que não um dos que constam nas várias alíneas do art. 17.º/3, deve provar que o evento não lhe é imputável nem, entre outros, à parte executante, sendo sua obrigação evitá-lo. A não ter isso ocorrido, gerou-se a responsabilidade civil própria do transportador como responsável por facto alheio, não sendo, ex. art. 18.º, nem a *parte executante* (alínea *a*)), nem o *empregado da parte executante* (alínea *c*) da mesma norma) civilmente responsáveis[43]. Ponto central nesta matéria é a identificação do que na doutrina portuguesa se denomina de "*relação de comissão*"[44]. Ao concluir o exame deste assunto – a dita relação de comissão – Maria da Graça Trigo nota: "*Quer dizer que é o facto de o comitente dispor da faculdade de controlar a actuação dos seus comissários, através da emissão de ordens ou instruções, que constitui como*

---

[42] Assim, ANTUNES VARELA, *Das Obrigações em Geral*, Vol. I, cit., pág. 663.

[43] Na sua intervenção, no contexto dos Trabalhos Preparatórios da Convenção Internacional para a unificação de algumas regras relativas a conhecimentos de carga, tal como alteradas pelos protocolos de 2 de Fevereiro de 1968 e de 21 de Dezembro, Francesco Berlingieri aceitou a aplicação no campo contratual das disposições relativas às relações jurídicas comitente/comissário que, no campo da responsabilidade civil extra-contratual, se estabelecem entre transportador e os seus empregados são enquadráveis no âmbito das relações comitente/comissário; cfr. Intervenção de Francesco Berlingieri, na sessão plenária de 14 de Junho de 1963, in A.A., V.V., in *The Travaux preparatoires of the Hague Rules and of the Hague-Visby Rules*, CMI, 1997, pág. 170. A intervenção do ilustre autor surge no contexto do debate suscitado pela delegação inglesa que pretendia exonerar o transportador quando a reparação de um navio tivesse sido confiada a um estaleiro naval reputado. O debate tinha a ver com a matéria da obrigação de assegurar a navegabilidade. Ora, presentemente, esta é também uma obrigação que pode recair sobre a parte executante.

[44] MARIA DA GRAÇA TRIGO, *Responsabilidade civil delitual por facto de terceiro*, Coimbra Editora, Coimbra, 2009, pág. 266.

que o "eixo" da sua responsabilidade" (itálicos da autora")[45]. A alínea *d)* do art. 18.º, ao procurar numa cláusula geral abarcar as situações que não são abrangidas pelas alíneas precedentes, proporciona-nos o critério que o legislador, ao que se nos afigura, tem em mente. A referida alínea *d)*, com efeito, determina que essa responsabilidade verifica-se, também quando, qualquer outra pessoa, violou qualquer das obrigações do transportador ao abrigo do contrato de transporte, "...na medida em que actua, directa ou indirectamente, a *pedido* deste último [o transportador] ou sob o seu *controle"*, segundo prescreve a parte final da referida alínea *d)* do art. 18.º das *Rotterdam Rules*. Encontramos pois, agora no plano normativo, o que já era defendido no plano doutrinário. É verdade que o preceito nada diz a respeito da exigência ou dispensa da responsabilidade do comissário. No entanto, embora o art. 500.º/1 do CCivil determine que o comitente res-ponde "...pelos danos que o comissário causar, desde que sobre este recaia também a obrigação de indemnizar", a doutrina portuguesa está muito dividida a este respeito. Não é este o local indicado para examinar este debate doutrinário, tarefa que, aliás, outros já levaram a efeito[46]. Mas, no nosso contexto, não custa admitir que, dada a intensa preocupação das *Rot-terdam Rules* com a protecção do carregador, a tutela deste último, melhor assegurada, a nosso ver, ficará pela aceitação de uma ampla possibilidade de accionar o transportador, não tendo em conta se houve ou não culpa por parte do comissário. Um litígio a esse respeito deverá conter-se, exclusiva-mente, no domínio das relações transportador/comissário.

III. Esta visão das coisas permitirá ainda, ao invés das anteriores, inte-grar eventuais situações de responsabilidade extracontratual. Com efeito, as *Rotterdam Rules*, dominadas pela preocupação de ter em conta múl-tiplas facetas normativas, não são, de modo algum, um documento de irrepreensível feitura técnica. Assim, v.g., o art. 4.º/1 mostra que, apesar da Convenção dizer-se aplicável ao *contrato* de transporte marítimo, admite pedidos de ordem delitual, ao prescrever que "Qualquer disposição da pre-sente Convenção que afaste ou limite a responsabilidade do transportador aplica-se numa acção judicial ou arbitral, quer seja baseada na responsa-bilidade contratual, na responsabilidade extracontratual ou em qualquer

---

[45] MARIA DA GRAÇA TRIGO, *Responsabilidade civil delitual* ..., cit., pág. 269.
[46] MARIA DA GRAÇA TRIGO, *Responsabilidade civil delitual*..., cit., págs. 301 e segts., *passim*.

outra" (*otherwise* na versão inglesa e *autrement* na versão francesa). Além disso, possibilitará desligar a acção da *performing party* da do transportador, *maxime*, para efeitos de responsabilidade civil. O transportador, enquanto *comitente*, responderá, por conseguinte perante terceiros pelos actos da parte executante, esta última enquanto *comissária*, de acordo com o preceituado no art. 500.º do CCivil.

IV. O papel da parte executante, na prestação que lhe cabe na execução do contrato de transporte, não é autónomo em relação ao do transportador, pois este último não é imune relativamente aos efeitos do incumprimento por parte da parte executante. Isto significa que não é indiferente ao transportador a inexecução contratual ou material do que pertence à parte executante prestar. Esta circunstância permite traçar a fronteira entre a *parte executante* e a *parte executante marítima*, figura de que nos passaremos a ocupar.

11. A parte executante marítima; solidariedade

I. Voltemo-nos agora para a *parte executante marítima*. Ao invés do que sucede com a parte executante, a parte executante marítima, segundo o estatuído nas Regras, tem um estatuto próprio no sentido da sua actuação não depender necessariamente da do transportador. Ao lado do transportador contra o qual podem ser propostas, ex. art. 60.º das *Rotterdam Rules*, acções judiciais, é possível propor acções directas contra a parte executante marítima que responde perante o próprio carregador pelos efeitos de acções ou omissões suas e não, caso da parte executante, perante o transportador/comitente como comissário. Esta constatação suscita a interrogação sobre qual o momento em que deve ter-se por iniciada a realização da respectiva prestação a seu cargo pela parte executante marítima no contrato de transporte.

II. Segundo o art. 7.º/1 das *Regras*, o período de responsabilização da parte executante marítima situa-se no período que se inicia com a chegada das mercadorias ao porto. O legislador, ao fixar o prazo "a quo" do início do contrato, estava perante a alternativa recebimento/ carregamento da carga. Dado o paralelismo dos regimes jurídicos do transportador e da parte executante marítima, ex. art. 19.º/1 das *Regras* e dado ainda que o art. 12.º/1 dispõe que "O período de responsabilidade do transportador (...) começa quando o transportador (...) recebe as mercadorias para efeitos de transporte ...", deve reconhecer-se como o mais relevante, para este efeito, o momento da recepção. Não pensamos, porém, que esse momento – o da recepção – seja imperativo e, logo insusceptível de ser fixado por acordo das partes. De facto, a regra geral do corpo do art. 12.º/3 permite às partes acordar no *momento* e *lugar* da recepção...". A única restrição presente nas *Regras* é a desse momento não ser posterior ao do "...início do carregamento inicial ao abrigo do contrato de transporte", ex art. 12.º/3, alínea *a*). A leitura proposta significa não tanto ver no art. 12.º/1uma regra imperativa, mas antes que se está diante duma norma de âmbito supletivo. Portanto, a aplicação só se verifica, se, porventura, as partes no contrato, nada disserem a este respeito.

III. Como quer que seja, creio que o critério do art. 12.º/1 é extensível ao caso do art. 19.º/1. Ao reportar o início da responsabilidade ao recebimento, isto é, ao momento em que a *parte executante marítima* "recebe as mercadorias", as *Regras* pressupõem – se é que não postulam mesmo – ver o início *natural* do contrato de transporte não apenas nesta fase mas ainda nas anteriores quando já estão em curso operações ligadas por razões técnicas – não necessariamente náuticas – quaisquer que estas sejam, ao transporte propriamente dito. Assim, as *Regras* transpõem para o estatuto da *parte executante marítima*, através da aplicação do art. 12.º – não esquecendo, contudo, que é necessário conciliar entre si os arts. 12.º/1 e 12.º/3, 1.ª parte, nos termos acima sugeridos – duas facetas do estatuto do transportador marítimo, já presentes nas *Hague/Visby Rules*: (a) Por um lado, vincam que a responsabilidade civil da *parte executante marítima* é uma responsabilidade *ex recepto*, (b) por outro lado, encerram a vontade das partes em limites imperativos, de modo a proteger o carregador de eventuais cláusulas abusivas.

IV. A disciplina da responsabilidade civil da *parte executante marítima* dir-se-á, concluindo, decorre, pois, da equiparação ao transportador marítimo em sede de operações ligadas à carga. Ao mesmo tempo, alargam-se à nova entidade os específicos direitos e obrigações fixados nas *Regras* para o transportador, logo também os indicados nos vários números do artigo 17.º, embora circunscritos à fase ou fases em que intervier. Assim, será pelas grandes linhas do estatuto da responsabilidade civil do transportador que se molda a da *parte executante marítima*. Em síntese, a repercussão da intervenção da *parte executante marítima* relativamente ao transporte marítimo pode ser no sentido de diminuir ou de alargar, segundo o estipulado entre transportador e parte executante marítima, quer no âmbito espacial quer no temporal, mas sempre na estrita observância do permitido pelas *Rotterdam Rules*, o âmbito do contrato de transporte marítimo de mercadorias. Em suma, a sombra do carregador que já pairava sobre o transportador, irá agora, pelos vistos, passar a aparecer igualmente à parte executante marítima...

V. As *Rotterdam Rules* ocupam-se da responsabilidade solidária do transportador e da parte executante marítima no art. 20.º/1, em particular na primeira parte. O preceito dispõe: "Se o transportador e uma ou várias partes *executantes marítimas* forem responsáveis pela perda, pelo dano ou pelo atraso sofrido com a entrega das mercadorias, assumem uma responsabilidade solidária...". Questão, porém, é saber o que se tem em vista com o preceito que, sob a epígrafe *responsabilidade solidária*, parece só respeitar às relações entre transportador e a parte executante marítima. Pensado na faceta da solidariedade passiva, não vejo, porém, razões a obstar à sua aplicação a outras eventuais situações, caso, v.g., de um litígio entre várias partes executantes marítimas. Fixemo-nos, porém, no objectivo central da norma em causa: relações entre transportador e parte executante marítima.

VI. Evocou-se mais acima a difícil conciliação entre os arts. 12.º/1 e 12.º/3. A questão, recorde-se, gira em torno da possibilidade de alterar, por via convencional, o momento em que se inicia o contrato de transporte. Não se justificando voltar ao assunto, recorde-se, contudo, que o artigo 12.º/1 parece proibir a modificação, sendo que o art. 12.º/3 a permite. Nesta última interpretação, o art. 12.º/3 legitimaria as cláusulas *Free/in Free/out*, o que significaria a possibilidade de encurtar o período de responsabilidade de quem detém a mercadoria. Nesse caso, só haveria responsabilidade de quem pactuara tal cláusula pois esta, dada o mimetismo dos regimes jurídicos do transportador e da parte executante marítima, tanto podia ter sido celebrada conjunta como isoladamente. Se esta última hipótese fosse a que tinha ocorrido, creio que a regra da solidariedade não se aplicaria, devendo a responsabilidade recair sobre o signatário da cláusula. Em todo o caso, se, ao invés, se perfilha a ideia da imperatividade do art. 12.º/1 a sobrepor--se à norma permissiva do art. 12.º/3, limitando, portanto, a celebração de cláusulas *Free/in Free/out*, penso que a regra da solidariedade retomará a respectiva aplicabilidade.

VII. Mais do que uma vez acentuámos que as *Regras* autonomizaram os estatutos jurídicos do transportador e da parte executante marítima, ainda que o desta última siga o primeiro de muito perto. A situação de colaboração das duas entidades pode originar a execução simultânea ou sucessiva de dada obrigação em termos do cumprimento de uma delas depender ou poder repercutir-se na execução de outra. Daí ter sido instituído um regime de solidariedade apesar das várias obrigações poderem, ocasionalmente, não coincidir nem no tempo nem no espaço, mesmo que reunidas por ocasião e com o objectivo de realizar *um transporte de mercadorias door-to--door*. A obrigação da *parte executante marítima* centra-se no encargo de executar uma multiplicidade de tarefas, em especial no interior do espaço portuário, no qual tem uma limitada capacidade de acção independentemente de uma eventual tipificação ausente nas Regras. O transportador, por sua vez, vê a sua acção concentrada, sobretudo, nas tarefas náuticas, às quais a parte executante marítima, em regra, é alheia por carência das indispensáveis habilitações técnicas e profissionais. Contudo, tudo, sempre sem prejuízo da regra da solidariedade.

VIII. Na verdade, embora nada impeça que os incumprimentos ocorram no espaço portuário/marítimo e não apenas nos espaços oceânicos, o certo é que não se nos afigura que não sejam aí tão pertinentes os motivos que, porventura, justificaram olhares diferentes sobre o contrato de transporte, em especial no que respeita aos que têm a ver com a natureza protectora e tuteladora da posição jurídica do carregador. Para explicar esta última, notou-se, com efeito, que o navio era o "…teatro do acidente (ou pelo menos do desenvolvimento do acidente) que provocou o dano"[47]. Acrescenta-se, por esse motivo que, sendo assim, o mesmo "…é dificilmente acessível à parte interessada na carga que se encontra sob o controlo exclusivo do transportador que pode alterar e obter testemunhos falsos, eventualmente com a cumplicidade do "pessoal", para se exone-

---

[47] Sergio Carbone, *La Réglementation du transport et du Trafic Maritimes*, cit., pág. 294.

rar de quaisquer responsabilidades[48]. Ora, a actividade da parte executante marítima, relevante a este respeito, desenvolve-se no porto, que é o verdadeiro "teatro do acidente" (para utilizar a expressão de Carbone) ou, pelo menos, só parcialmente, no navio que, de resto, na ocasião da descarga, encontra-se atracado nos molhes do porto. A isto acresce que as Regras, ex art. 4.º/1, prevêem uma noção mais ampla de prejuízo indemnizável – que inclui o dano, a perda ou o atraso – sendo que, quanto a este último tipo de prejuízo, os testemunhos do carregador perdem grande parte da sua força, dada a natureza objectiva desse tipo de incumprimento. Ao invés, a prova das consequências do atraso, a nosso ver, já incidirá sobre o carregador que no âmbito probatório está em posição superior à do transportador, pelo que não se justifica colocar a parte executante marítima na posição do transportador em relação ao carregador no que tem a ver com a prova dos danos devidos ao atraso.

IX. Caso a *parte executante marítima* leve, eventualmente, a efeito dadas tarefas – v.g. a recepção da mercadoria no porto – as mesmas não o serão pelo transportador. Caso este conduza o navio, essa tarefa não será realizada pela parte executante marítima. Ou seja, as múltiplas tarefas, a executar, respectivamente por transportador ou por parte executante marítima, ainda que sejam complementares – o que, em todo o caso, não é seguro – não decorrem em tempos sincrónicos, antes diacrónicos. Ainda que convirjam no cumprimento do mesmo contrato de transporte, sucedem-se umas às outras, em momentos temporais diversos na execução do transporte e, sobretudo, sem a possibilidade da parte executante marítima, quanto a algumas dessas obrigações, as poder influenciar, tanto no que respeita à sua execução como, sobretudo e muito em especial, no que tem a ver com o próprio processo decisório. Entre vários exemplos susceptíveis de serem dados, relembre-se o caso do art. 17.º/3, da alínea *l*) das *Regras*, que se refere ao "salvamento ou a tentativa de salvamento de vidas no mar". Isto, no entanto, não interferirá com a regra da solidariedade entre estas duas entidades. De resto, será mesmo altamente problemático que as normas relativas a este assunto sejam susceptíveis de ser objecto de derro-

---

[48] Sergio Carbone, *La Réglementation du transport et du Trafic Maritimes*, cit., pág. 294.

Em torno da responsabilidade civil das Partes Executantes...

gação por estipulação das partes, qualquer que seja o plano que se tenha em conta, isto é no plano das relações internas como no das externas.

12. Natureza jurídica da responsabilidade civil da parte executante marítima

I. Na procura de qual a natureza jurídica da responsabilidade civil da parte executante marítima, devemos ter presente, dado o estatuído no art. 19.º das *Regras*, que o modelo seguido foi o constante das disposições relativas à do transportador. Nesta ordem de ideias, o modo como pode a parte executante marítima ser civilmente responsável é, em parte substancial, ainda que não totalmente, igual ao do transportador. O facto da responsabilidade da parte executante marítima seguir de muito perto o regime da do transportador, vem na linha lógica da autonomização da parte executante marítima. Se, na verdade se desejava estruturar a posição jurídica do carregador de modo tal que pudesse responsabilizar, solidariamente, a parte executante marítima, o passo a dar nesse tal rumo seria o de criar um regime de responsabilidade civil comum à parte executante marítima e ao transportador. Um regime jurídico do transporte marítimo de mercadorias integrado e completo, só muito dificilmente, deixaria de implicar uma tal consequência.

II. Sem prejuízo de desenvolvimentos posteriores, esboce-se, pois, o regime jurídico da responsabilidade do transportador, tal como consagrado nas *Rotterdam Rules*. Estas, nos seus grandes travejamentos, estabelecem um regime jurídico da responsabilidade do transportador marítimo que não se afasta muito do das *Hague Rules*. No topo do sistema está a obrigação de assegurar a navegabilidade do navio transportador sobre o qual recai o ónus da prova de que fez o que estava ao seu alcance para cumprir essa obrigação. Isso feito, abre-se o caminho para a exoneração do transportador através da técnica dos chamados *excepted perils*. Nota-se, pois, uma linha de continuidade em relação às *Hague Rules*, mantendo-se o fiel da balança dos interesses em presença, voltado – senão mesmo reforçado – decididamente na direcção dos do carregador.

III. Acabamos de escrever, *senão mesmo reforçado*. Com efeito, penso, a obrigação do transportador de assegurar a navegabilidade do navio foi alargada ao começo e, bem assim, a toda a viagem, ex art. 14.º, e não apenas no seu começo, como sucede nas *Hague Rules*. Além disso, foram eliminados alguns dos *excepted perils*. É, v.g., o caso da supressão do *excepted peril* do *incêndio* e, ainda mais importante a este respeito, o desaparecimento da lista desses *excepted perils* da excepção da *falta náutica*, a que alude o art. 4.º/2, alínea *a*) das *Hague Rules*, situação não contemplada nas *Rotterdam Rules*, das quais desapareceu a possibilidade de "provar o facto ou culpa do armador" da Convenção de Bruxelas, como modo do transportador obter a exoneração. Numa espécie de concessão a preocupações dos nossos dias, na lista dos *excepted perils* foi incluído uma norma – art. 17.º/3, alínea *n*) – contendo "Medidas razoáveis para evitar ou tentar evitar danos ao ambiente". Recai sobre a parte executante marítima, pois, como meio de se libertar da presunção de culpa, uma vez provado que cumpriu a obrigação de colocar o navio em estado de navigabilidade, o dever de provar a falta de culpa, ex. art. 17.º/2 das *Rotterdam Rules* ou que o incumprimento do contrato proveio da ocorrência dos chamados *excepted perils*. Sendo este, nas suas linhas gerais o sistema da responsabilidade civil do transportador, será este, consequentemente, do mesmo modo, nos seus traços fundamentais, o da *parte executante marítima*.

IV. Há pontos de contacto entre o direito português e o sistema das *Rotterdam Rules*, aspecto que deveríamos agora examinar. Porém, encontrando-se no centro do contrato de transporte marítimo de mercadorias a ideia da responsabilidade do transportador uma responsabilidade *ex recepto*, sendo neste aspecto possível detectar alguma certa continuidade entre as *Hague Rules* e as *Rotterdam Rules*, justifica-se abrir um parêntesis neste ponto e alinhar algumas notas a esse respeito. Aliás, justifica-se, tanto mais quanto o *receptum*, concebido desde sempre em função das especiais obrigações do transportador marítimo, por virtude do disposto no art. 9.º/1 das Regras, abrangerá, doravante, também a parte executante marítima.

13. A responsabilidade civil da parte executante marítima e o *Receptum*

I. O frequente uso na doutrina da expressão *ex recepto* no exame da presente temática, traduz a tendência para justificar as soluções consagradas no direito marítimo após o trabalho codificador das *Hague Rules*. Desde então, as soluções então consagradas, seja nas, também vigentes,

Hamburg Rules, seja nas, neste momento ainda a aguardar a ratificação, *Rotterdam Rules*, não se afastaram desse ponto de partida no que respeita à responsabilidade civil do transportador. Ao fazer-se tal opção, tinha-se presente o direito romano, ao qual se faz remontar tal visão dizendo-se a respeito da mesma que era "...inspirada em modelos que remontavam ao direito romano..."[49],[50].

II. Desejava-se dessa forma significar que a liberdade das partes – nomeadamente a dos transportadores, tal como entendida no século XIX e que lhes permitia impor aos carregadores que suportassem o risco contratual – não poderia fazer esquecer princípios base "...do regime geral do transporte que assimilavam tradicionalmente a responsabilidade geral do transportador à do depositário ou do segurador da carga"[51]. Desta maneira, conseguia traduzir-se, perfeitamente, a ideia de acordo com a qual o risco no contrato de transporte marítimo é, fundamentalmente, um risco próprio do transportador. Questão, porém, era apurar o que tinham os juristas romanos em mente quando aludiam à responsabilidade *ex recepto*. Isto sem esquecer que a "...decisão pretória em torno do *receptum* enquadrar-se-ia nas numerosas providências pretórias dirigidas ao estímulo do comércio, mais concretamente, o comércio em grande escala"[52].

III. O nosso problema estará, pois, em determinar em que se baseia a ideia de responsabilidade civil *ex recepto*, dado não ser fácil a conceptualização do *receptum* em direito romano. Daí a dificuldade de apreender o seu sentido, em especial, se, em face da alternativa contrato de depósito/

---

[49] SERGIO CARBONE, *La Réglementation du Transport et du Trafic Maritimes*, cit., pág. 294.

[50] Segundo observa PAOLO FREZA, tratava-se de "...prática provinha do mundo helénico no qual uma responsabilidade análoga fundava-se na mesma situação mediante ἀυαδοή (=receptum) ", artigo "Receptum", Novissimo Digesto Italiano, XIV, pág, 1026.

[51] SERGIO CARBONE, *La Réglementation du Transport et du Trafic Maritimes*, cit., pág. 294.

[52] "...la decision pretoria en torno del receptum, se, encuadraria dentro de las numerosas providencias pretorias dirigidas a estimular el comércio, en concreto, o comércio em grande escala", MARIA SALAZAR REVUELTA, *Relaciones Contractuales atinentes a la navegacion romana y su proyeccion actual en el derecho privado español*, in O Sistema contratual romano: de Roma ao Direito actual, Faculdade de Direito da Universidade de Lisboa, Coimbra Editora, 2010, pág. 776.

204 Carlos de Oliveira Coelho

contrato de seguro, qual destes dois institutos deveremos escolher[53]. Apesar de ser assim, sempre se dirá que em direito romano havia uma série de situações em que, falando-se de responsabilidade por *recipio*, se assumia, nas palavras de um autor, "...a estrita obrigação de cumprir a obrigação assumida..."[54]. Nas mesmas, além do *receptum arbitri* e do *receptum argentarii*,[55] encontra-se o *receptum nautarum*. Trata-se, pois, de uma responsabilidade civil por culpa tipificada.

IV. Não reconduzamos, porém, o *receptum* às duas opções que acabamos de referir, apesar de pensarmos que, de facto, a figura do *receptum* está na base da forte responsabilização do transportador no direito romano, influenciando o posterior desenvolvimento dogmático nesta matéria. Maria Salazar Revuelta nota que poderá encontrar-se a origem do *receptum nautarum* na presença de um pacto entre as partes. Observa a autora: "Dito pacto encontra uma particular sanção jurídica no *ius praetorium* em D. 4., 9., 1., pr."[56]. Segundo observa a ilustre romanista, "...mediante a atribuição pelo pretor de uma *actio in factum* específica, adquire força jurídica o *pactum* pelo qual o armador (...) assume a responsabilidade de salvaguardar as mercadorias recebidas para ser transportadas por mar..."[57]. Ao reflectir sobre aspectos do regime deste instituto, precisando-os, afirma ainda Maria Salazar Revuelta que "Estamos portanto em presença de uma responsabilidade absoluta (*omnimodo qui recepit tenetur*) e objectiva (*sine culpa*) das pessoas que estão de transporte e alojamento, pela não restituição das

---

[53] PATRÍCIO-IGNACIO CARVAJAL, *El receptum nautarum" y el Papiro Grenf. II 108.* ver. estud. Hist.-juríd., Valparaiso, n. 28, 2006, http://www, scielo.cl/scielo.php.?script=sci_artt ex&pid=S0716-54552006000100003).

[54] PAOLO FREZZA, "Receptum", cit. pág. 1026.

[55] PAOLO FREZZA, "Receptum", cit., pág. 1026.

[56] MARIA SALAZAR REVUELTA, *Configuracion juridica del* receptum nautarum, cauponum et stabulariorum *y evolucion de la responsabilidade receptícia en el* Derecho Romano, Anuário da Faculdade de Direito da Universidade da Corũna, Revista Interdisciplinar internacional 10 (2006), pág. 1083; sobre a questão da formação do *receptum* a partir de uma estipulação expressamente aposta no contrato e, paulatinamente considerada independente de uma estipulação expressa, cfr. PAOLO FREZZA, *Receptum...*, cit. págs 1026 e segts.; cfr. supra nota 51.

[57] MARIA SALAZAR REVUELTA, *Configuracion juridica del* receptum nautarum..., cit., pág. 1085.

Em torno da responsabilidade civil das Partes Executantes...

mercadorias entregues pelos seus clientes"[58]. Enfim, é esta mesma autora a notar que "... se trata de um critério objectivo de imputação de responsabilidade que faz o titular da empresa responder pelos furtos e danos produzidos nas coisas dos cliente, não por ter havido um comportamento negligente seu mas antes pelo facto destes eventos terem ocorrido no âmbito da sua actividade comercial"[59], [60]. O regime descrito era, portanto, muito exigente para com os transportadores.

V. Assim, ao elaborar-se no âmbito das *Rotterdam Rules* um novo regime jurídico relativo à responsabilidade civil do transportador, as características de rigor contidas no mesmo situavam-se numa linha intelectual que remonta a um longínquo passado. Não nos pode, pois, surpreender o regime jurídico das novas *Regras* que se situam na linha jurídica, já presente no direito romano, de responsabilização do transportador, faceta a que, de resto, Sergio Carbone já aludira, ao referir-se a "...modelos que remontavam ao direito romano "[61], que as *Rotterdam Rules* nos fazem ter presentes. Estas últimas, assim, neste aspecto nada inovam. Pioneiro nesta via fora o *Harter Act*, depois seguido pelas *Hague Rules*, que não hesitavam em assumir de modo explícito que mais não faziam que aceitar a herança do direito romano. Assim, na sessão de abertura da sexta sessão plenária a 24 de Outubro de 1922, o presidente da conferência – o ilustre jurista que foi Louis Franck – após notar que concordava com a nova legislação, justificava-a dizendo que a mesma, "...regressa pura e simplesmente ao que sempre foi o direito relativo à responsabilidade, ao longo do mundo, desde

---

[58] Maria Salazar Revuelta, *Configuracion juridica del* receptum nautaruam...cit., pág. 1086.

[59] Maria Salazar Revuelta, *Configuracion juridica del* receptum nautarum...cit., pág. 1087.

[60] Como, de resto, bem pertinentemente, teve oportunidade de observar na romanística portuguesa António Santos Justo, relativamente a toda esta temática, "...a extensão desta *exceptio* dita *labeoniana* a danos ocorridos em pousadas e estábulos atribuídos a força maior (*vis maior*) mostra que a doutrina de Labeo se tinha afirmado na *iurisprudentia* romana, retirando ao *receptum* o seu carácter de contrato de seguro, como observa Van Oven, para quem "dorénavant il était plutôt un contrat de transport pur et simple", *Contrato de transporte marítimo (direito romano)*, in Nos 20 anos do Código das Sociedades Comerciais, Homenagem aos Profs. Doutores A. Ferrer Correia, Orlando de Carvalho e Vasco Lobo Xavier, Volume II, Vária, Coimbra Editora, Ld.ª, Coimbra, 2007, págs. 32 e 33.

[61] Sergio Carbone, *La Réglementation du Transport e Trafic maritime*...,cit., pág. 294.

o direito romano. A pessoa que se compromete a transportar as mercadorias tem de provar que realizou a sua prestação e, por conseguinte, entregar as mercadorias nos mesmos termos em que as recebeu"[62].

VI. A questão é que esse regime jurídico não foi pensado para a *parte executante marítima*, ainda que, quanto a esta última, possa, porventura, dizer-se, tal como em relação aos transportadores, que se trata de algo que apenas tem a ver com a respectiva actividade comercial. Não será, no entanto, só assim no caso das partes executantes marítimas cuja actividade é levada a cabo no quotidiano dos portos. Além disso, dada a necessidade de garantir a realização de fins de interesse público, é acompanhada por estrita fiscalização de entidade pública que fiscalize a observância das disposições tuteladoras da posição negocial do carregador perante o transportador.

VII. No decurso dos trabalhos no âmbito dos quais foram aprovadas as *Hague Rules*, o delegado Richter (delegação alemã) "…queria que a acta dissesse que as palavras *négligence* e *faute* são sinónimas, dos termos do direito romano de "*dolus*" e "*culpa*"[63]. A questão suscitou-se a propósito do art. 3.º/8 das, nessa ocasião, ainda em projecto, *Hague Rules*. O texto francês do preceito referido dizia: "Toute clause, convention ou accord dans un contrat de transport exonérant le transporteur ou le navire de responsabilité pour perte ou dommage concernant les marchandises provenant de négligence, faute ou atténuant cette responsabilité…". A proposta não suscitou objecções, pelo que foi aceite. Ao aceitá-la, porém, o presidente determinou o aditamento da seguinte expressão: "…manquement aux devoirs ou obligations édictées dans cet article", o que, de facto, foi feito, obtendo-se, assim, a actual versão do preceito. O que, literalmente, parece decorrer do texto aditado é a limitação a este preceito das noções do direito romano de *négligence* e de *faute*, respectivamente, enquanto sinónimas dos termos *dolus* e *culpa*. Comprova ser assim a frase final de aditamento, "…dans cet article". A aceitação deste esclarecimento, mesmo

---

[62] Louis Franck, in *The Travaux Preparatoires of The Hague Rules And of The Hague--Visby Rules*, CMI, s/d, mas 1997, pág. 48.

[63] Nas actas dos trabalhos das *Hague Rules*, Segunda Sessão Plenária – 6 de Outubro de 1923, lê-se: "Mr. Richter wanted the proceedings to say that the words "*négligence*" (négligence) and "*faute*" (fault) were synonymous with the Roman Law terminology "dolus" and "culpa"; in *The Travaux Preparatoires of The Hague Rules And of The Hague--Visby Rules*, CMI, s/d, mas 1997, pág. 359.

com a precisão de que estava em causa a responsabilidade civil contratual, parece traduzir uma intenção de encontrar uma linha de continuidade jurídica das disposições da Convenção de Bruxelas, relativamente à tradição romana. De certo modo, isso era desnecessário. De facto, as *Hague Rules*, mesmo sem atingirem, no que tange à posição do transportador, o grau de severidade do direito romano, procuraram renovar a vigência desses princípios que, embora aparentemente extintos, de facto, só o estavam na prática comercial através do proliferar de *negligence clauses*, prática a que as *Hague Rules* procuraram por termo.

VIII. Por tal motivo, no âmbito dos trabalhos preparatórios da Convenção de Bruxelas de 1924, a renovação das ideias tradicionais a este respeito não foi difícil, contando, além disso, com uma atmosfera jurisprudencial favorável a uma clarificação nesse sentido. Não deixa, contudo, de haver algo de ambíguo no pedido de precisão que acabamos de referir pois, no caso do transporte marítimo, as noções de culpa são objecto de especial conformação. O facto do comportamento do transportador ser negligente ou culposo releva em muito pouco em direito romano, como consequência do *receptum*.

IX. Como há pouco dizíamos, citando Maria Salazar Revuelta, "... existência da responsabilização apesar de não ter havido uma conduta negligente do transportador não dependia pois da sua acção, mas sim pelo próprio facto de estes eventos terem ocorrido no decurso da sua actividade comercial"[64]. Trata-se, em suma, segundo a autora, "...de um critério objectivo de imputação da responsabilidade". Neste campo, a culpa ou a negligência manifestam-se num quadro jurídico especial que afasta as linhas gerais do direito romano em sede de culpa contratual. Nesta medida, a questionação terminológica da delegação alemã acabou por ver-se desprovida de quaisquer reais efeitos jurídicos. O que, porventura, a justificava era o facto de, aparentemente, querer ser fiel às linhas gerais do direito romano em sede de responsabilidade contratual[65], conclusão que só

---

[64] Maria Salazar Revuelta, *Configuracion juridica del* receptum nautarum..., cit., pág. 1087.

[65] Max Kaser, *Direito Privado Romano*, tradução de Samuel Rodrigues, Ferdinand Hämmerle, revisão de Maria Armanda de Saint-Maurice, Fundação Calouste Gulbenkian, Lisboa, 1999, págs. 215/6.

208   *Carlos de Oliveira Coelho*

seria possível se não relevasse que, em sede de direito marítimo, as coisas surgem doutro modo, mesmo à luz das fontes romanísticas. A precisão de redacção que se seguiu à anuência à solicitada clarificação mostra a forte determinação existente em retomar a tradição do *receptum*. Com efeito, essa tradição não mais foi posta em questão depois da entrada em vigor das *Hague Rules* e desde então, não mais disputada, passou a guiar a consideração normativa desta problemática. Foi assim, na ocasião em que foi negociado o Protocolo de Visby. Assim, igualmente, se passaram as coisas com as *Hamburg Rules*.

14. A responsabilidade civil da parte executante marítima e o Código Civil

I. Notemos, desde já, que a responsabilidade civil da *parte executante marítima*, tal como consagrada nas Regras de Roterdão, difere da correspondente disciplina jurídica do CCivil. É verdade, dir-se-á, em primeiro lugar, que segundo o disposto no art. 342.º/2 do CCivil, o ónus da prova dos factos extintivos da obrigação de cumprimento – sem pretender entrar neste momento na questão de saber se as diversas alíneas do art. 17.º das *Regras* integram causas de exoneração da responsabilidade do transportador ou, diferentemente, constituem hipóteses legais de inversão do ónus da prova[66] – recai sobre o devedor, aqui a *parte executante marítima*. E também é certo, acrescentaremos, que só se o incumprimento decorrer da verificação de algum desses *excepted perils* – que, bem vistas as coisas, integram situações do mundo marítimo tipificadas como as únicas que podem relevar em sede de impossibilidade de cumprimento não imputável ao devedor – é que ocorrerá um caso de extinção legal da prestação, ex art. 790.º do CC. De notar, em todo o caso, que não se fala em extinção da obrigação mas em facto exonerador da responsabilidade. Isto, a nosso ver, fica a dever-se à técnica processual que rodeia nas *Rotterdam Rules* esta matéria. O que, porém, não é demais sublinhar, tudo no pressuposto de que o transportador cumpriu aquilo a que se vinculara pelas novas disposições, caso, v.g., do dever, fundamental e inarredável, de assegurar a navegabi-

---

[66] Parecendo inclinar-se para a segundo alternativa, observa Sergio Carbone que o princípio da responsabilidade *ex recepto*, "...deslocou-se, progressivamente, para o plano probatório", *La Réglementation du Transport et du Trafic Maritimes*, cit., pág. 295.

lidade da nave transportadora. É tão central este dever que sem a prova de que o transportador assegurou, de modo diligente, a navegabilidade da nave, não é concedida a possibilidade de uma eventual invocação dos *excepted perils* ter qualquer efeito jurídico, seja material ou adjectivo. Isto é, as *Rotterdam Rules* – mas já presentemente, mesmo nas *Hague Rules*, as coisas passam-se assim com o transportador – impõem à parte executante marítima que, antes de invocar dado *excepted peril*, prove o cumprimento da obrigação de garantir a navegabilidade. Quando muito, precisar-se-á, fê-lo, de uma maneira um pouco mais assertiva como, de resto, mais acima procurou mostrar-se[67].

II. Em direito civil português, após transcrever o art. 799.º do CCivil, observa Menezes Cordeiro: "O devedor que queira exonerar-se da "presunção de culpa" não irá aduzir causas de excusa: estas, aliás, teriam sempre de ser provadas por quem as invoque", notando depois: "Normalmente, o devedor irá provar a licitude da sua conduta ou a ausência de nexo de causalidade"[68]. As coisas passam-se de outra maneira no quadro das *Regras*. Nestas, a situação jurídica do aí devedor – seja o transportador, seja a parte executante marítima – desenha-se de outro modo. Antes de mais, e, também aqui, as coisas nas *Hague Rules* não são diferentes, a actuação do responsável terá de ser mesmo *sua*[69] o que significa um regime mais gravoso do que o do art. 800.º do CCivil, pois não admite qualquer excepção à regra da pessoalidade. Depois, ocorrido dado dano (*latu sensu*), a responsabilização – contratual ou delitual – da parte executante marítima decorre apenas pelo facto do dano ter ocorrido no período da execução do contrato, pelo que, para exonerar-se, terá de provar a licitude da sua conduta – provar que colocou o navio em estado de navegabilidade, ex art. 14.º (complied with his obligation to exercise *due diligence* pursuant to article 14)[70] e que, além de ter agido desse modo, ocorreram factos que

---

[67] Cfr. *supra*, 12. III.

[68] MENEZES CORDEIRO, *Tratado de Direito Civil Português*, II *Direito das Obrigações*, T. III, *Gestão de Negócios, Enriquecimento sem causa, responsabilidade civil*, Almedina, Coimbra, 2010, pág. 378.

[69] Verdadeiramente *sua* porque, segundo a lição do caso *Muncaster Castle*, não delegável.

[70] *Razoável diligência* no texto português que segue a versão francesa, *diligence raisonable*. Cremos que esta versão não possui a exigência do texto inglês.

lhe permitirão a sua exoneração. Assim, transforma-se o direito do carregador de lhe ser proporcionada um navio em estado de navegabilidade na obrigação da parte executante marítima provar que fez o que estava ao seu alcance (*due diligence* não delegável) para assegurar a navegabilidade do navio. Isto, outrossim, mostra que as ondas de choque do caso *Muncaster Castle*, há tantos anos afundado, mais de cinquenta anos decorridos, continuam a sentir-se, agora, porém, mais agravadas porque alargadas à *parte executante marítima* e porque a necessidade de assegurar a navegabilidade do navio foi alargada a toda a viagem (e não apenas antes e no início). Mais importante, fulcral mesmo, a prova da ocorrência de causas de justificação da impossibilidade de cumprir, mas apenas as constantes das *Rotterdam Rules*, só determinarão a extinção da prestação – na terminologia destas últimas, a exoneração da responsabilidade – se previamente a parte executante marítima tiver provado a licitude da sua conduta, isto é, que colocou o navio em estado de navigabilidade nos termos exigidos por esta convenção internacional.

III. Procuremos expor o extremamente complexo sistema presente nas *Regras*, de forma a reconstituir a sua unidade sistemática dentro das categorias civilísticas aplicáveis. Tomemos, como ponto de partida, o reconhecimento de que no texto do art. 17.º das *Regras* uma expressão que surge com frequência é *faute du transporteur*, aqui a entender como *faute de la partie executante*. Em face desse reconhecimento, dir-se-á que o sistema criado baseia-se na responsabilidade contratual por culpa, afinal de contas, pensar-se-á ainda, o sistema do CCivil português. Contudo, cremos que as coisas, por um lado, revestem-se de uma muito maior complexidade do que precede e que, por outro lado, a ideia de culpa – o momento da culpa – está longe de ter o papel que deveria ter, considerando o citado art. 17.º das *Regras*, quer quanto à responsabilidade civil aquiliana quer em relação à contratual. Como quer que seja, a culpa nunca terá aqui o papel que assume no direito contratual do CCivil o que, bem vistas as coisas, não nos pode surpreender num sistema dominado pelo princípio do *receptum*. Vejamos, pois.

A regra geral nesta sede é a do art. 17.º/1 das *Regras*: "O transportador [a parte executante marítima] é responsável (...) se o titular provar que a perda, o dano ou o atraso ou o acontecimento ou a circunstância que o causou ou contribuiu ocorreu durante o período da sua responsabilidade...". A ideia base é, pois, a da responsabilidade civil da parte executante marítima que responde pelos danos (*latu sensu*) ocorridos, pelo só facto de ter cumprido ou prometer cumprir alguma das obrigações do transportador. Neste princípio base, a culpa não tem qualquer lugar e apenas comparece de modo secundário e através de uma formulação negativa. Em suma, a parte executante marítima será responsabilizada só pelo facto de ter causado danos ou atrasos no lesado, isto é, em princípio o carregador, sendo que, em tudo isto, o papel da culpa, enquanto modo da parte executante marítima exonerar-se, é diminuída, invariavelmente, subordinada à ideia de ressarcir *the claimant*, quase sempre o carregador. Em síntese, como acima observámos, cremos ser inequívoca a presença do *receptum*.

IV. A regra geral de responsabilização da parte executante marítima nos termos indicados tem duas limitações: (a) não atribuição da responsabilidade à parte executante marítima se não tiver tido qualquer tipo de intervenção nas excepcionais e apertadíssimas condições em que as *Rotterdam Rules* possibilitam a prova dos factos exoneradores e, (b) enumeração – exaustiva, saliente-se – dos ditos *excepted perils*.

V. A situação da alínea (a) aparece descrita no n.º 2 do art. 17.º e nas alíneas *a*) e *b*) do 4.º do mesmo preceito. Nestes três preceitos não há responsabilização se houver prova da falta de culpa da parte executante marítima. Esta última entidade, mesmo que tenha feito a prova que lhe compete, pode, contudo, ser responsabilizada se o titular dos direitos lesados provar que houve realmente culpa da parte executante marítima (alínea *a*) do n.º 4.). O preceito não é claro a este respeito, mas a sua colocação sistemática sugere que se essa última prova for feita, a parte executante marítima não evitará a responsabilização. A alínea *b*) do n.º 4 mostra que se ocorrerem danos resultantes de qualquer facto, para além dos *excepted perils*, a responsabilidade volta a ser da parte executante marítima. A esta caberá então provar que não houve culpa sua. A situação da alínea (a), isto é, os chamados *excepted perils* consiste num conjunto de situações cuja verificação em princípio dá lugar à exoneração da responsabilidade da parte executante marítima. Em todo o caso, o efeito exoneratório desaparece caso não tenha sido assegurada a devida apreciação da navegabilidade do navio. Assim sendo, esta obrigação – já enunciada em termos gerais – ressurge no âmbito dos *excepted perils*, porventura com fins restritivos da sua eficácia exoneratória. Pode, pois, afirmar-se que o art. 17.º das *Rotterdam Rules* obriga o devedor, aqui a parte executante marítima, a provar não apenas a licitude da sua conduta mas, também, a sua não intervenção na causação ou no agravamento dos efeitos dos factos exoneratórios.

VI. Mesmo uma disposição legal como a do art. 799.º do CC, apta a reunir em si mesmo o momento da ilicitude (falta de navegabilidade) e o da culpa no sentido psicológico (*faute*), está, pois, muito aquém do que exigem as *Rotterdam Rules* ao, desde logo, criarem a responsabilidade pelo próprio facto, instituindo uma presunção legal de ilicitude a ser ilidida mesmo devedor. Contudo, só o pode fazer nos casos indicados nas *Rotterdam Rules* e de modo a fazer incidir o ónus da prova sobre quem pretende prevalecer-se delas, isto é, no nosso caso, a parte executante marítima[71]. É fácil reconhecer no que precede a presunção de culpa do lesante que a lei portuguesa estabeleceu quanto às actividades perigosas, ex. art. 493.º/2 do CCivil. Não custa admitir que a actividade de transporte marítima e, bem assim, de actividades conexas – caso do operador portuário[72], uma verdadeira parte executante marítima – é uma actividade perigosa como, de resto, é pacífico na doutrina portuguesa, a propósito das actividades compreendidas no art. 493.º/ 2 do CCivil[73]. Esta norma, porém, situa-se no plano da responsabilidade civil extra-contratual e não da contratual e, menos ainda, entre as partes no âmbito e ao abrigo de contratos celebrados[74]. Aliás, a aproximação da responsabilidade civil contratual à extra-contratual transparece também quando são propostos graus de culpa, situação ignorada no CCivil quanto à responsabilidade civil contratual, embora presente na responsabilidade extracontratual. A importância desse facto decorre dos graus de culpa fixados nas *Rotterdam Rules* poderem relevar quanto aos valores indemnizatórios a atribuir aos lesados.

VII. Um juízo sobre o regime da responsabilidade civil presente nas *Rotterdam Rules* deve ter em conta que as suas soluções têm, sob o ponto

---

[71] As *Regras* procuraram evitar os debates sobre o momento da culpa. A questão do elemento psicológico, designadamente da parte executante marítima, na violação contratual apenas surge nos casos em que estão em causa: (a) a perda do direito de invocar de modo relevante os *excepted perils* e, (b) a perda do direito à limitação da indemnização.

[72] Assim, JOSÉ CARLOS BRANDÃO PROENÇA, *A conduta do lesado como pressuposto e critério de imputação do dano extracontratual*, Almedina, Coimbra, 1999, pág. 246.

[73] PIRES DE LIMA, ANTUNES VARELA, *Código Civil Anotado*, Vol. I, cit., pág. 495.

[74] Justificando a presunção de culpa a partir da ideia de responsabilidade *ex recepto*, cfr. SERGIO CARBONE, *La Réglementation du Transport e du Trafic...*, cit. pág. 295.

Em torno da responsabilidade civil das Partes Executantes... 213

de vista dogmático, uma índole heteróclita. Não nos parece que essa circunstância seja de somenos ou indiferente a uma aplicação fácil e livre de controvérsias jurisprudenciais ou doutrinárias dos textos em questão. Mas, porventura mais importante, o regime de responsabilidade civil descrito altera o equilíbrio estabelecido nas *Hague Rules*, entre os direitos do *carregador* e os deveres do *transportador*. De facto, nas *Rotterdam Rules*, através do ecrã da parte executante marítima, ampliam-se os direitos do *carregador* já beneficiados com um regime de responsabilidade civil *ex recepto* consagrado nas *Hague Rules*. Mesmo que o ónus da prova da ocorrência de algum dos *excepted perils* sempre tivesse de recair sobre quem os invoca, neste caso a *parte executante marítima*, não pode dizer-se que fosse solução idêntica à do direito interno. De facto, provando a parte executante marítima a licitude da sua conduta, aqui deveriam esgotar-se os seus deveres, independentemente dos exigidos ao transportador. Como se viu, porém, as *Regras* vão para além desse ponto para já não falar nas constantes no CCivil. Há, aliás, importantes categorias profissionais – caso dos transitários – cuja actividade profissional, regendo-se, presentemente, por estipulações das partes e por normas internas de fiscalização da entidade portuária de índole jus-pública, dificilmente poderão conciliar o regime interno, de resto, imperativo – que desconhece o regime jurídico de *receptum* – com o que as *Regras*, neste ponto igualmente imperativas, impõem.

15. Notas conclusivas

I. Com a entrada em vigor das *Hamburg Rules*, o campo normativo do transporte marítimo internacional de mercadorias ficou fracturado. As *Hague Rules*, na sua inicial redacção ou na posterior versão das *Hague/Visby Rules*, continuaram a reger a maior parte do tráfego marítimo internacional. As *Hamburg Rules* passaram a disciplinar uma outra, ainda que a menor. Daqui veio a resultar que duas convenções internacionais respeitantes à mesma matéria encontram-se neste momento, simultaneamente, em vigor. A entrada em vigor das *Rotterdam Rules* pode agravar a mencionada segmentação.

II. Esse risco a partir do início da vigência da nova convenção agravou-se. Esperemos, contudo, que à já existente, não venha a acrescer outra fractura que seria a que decorreria de uma entrada em vigor das *Rotter-*

dam Rules mantendo-se a vigência das duas referidas convenções. A vir a suceder tal facto, a cisão já hoje existente aumentaria, desfazendo ainda mais a unidade desta disciplina. Se, eventualmente, isso ocorrer com as *Rotterdam Rules*, falar em unificação jurídica internacional perde sentido, não obstante não ser algo de impensável ou insusceptível de suceder. As *Hamburg Rules*, aprovadas a 30 de Março de 1978, só entraram em vigor a 1 de Novembro de 1992. Não ratificada por nenhum dos grandes Estados marítimos (v.g. Estados Unidos, Inglaterra, França, Países Baixos, etc.), a maioria do tráfego internacional marítimo continuou submetido às *Hague Rules* – na sua versão inicial ou na que veio a resultar do *Protocolo de Visby* – ou diplomas nelas inspiradas, caso das COGSA de figurino anglo-saxónico.

III. A cisão referida trouxe, outrossim, outras duas consequências, igualmente não antecipadas e, também, inconvenientes. Com efeito, a partir da entrada em vigor das *Hamburg Rules*, os tribunais viram acrescer à tarefa de aplicar as *Hague Rules* o encargo de, por um lado, aplicar também as *Hamburg Rules* e, por outro lado, em conjunto ou não com as *Visby Rules*, proceder à delimitação do âmbito de aplicação dos dois documentos, se estiverem presentes no mesmo litígio facetas que suscitem a necessidade de saber por qual, de entre as duas convenções aplicáveis potencialmente (*Hague* ou *Hamburg Rules*), optar[75]. Ora, como as linhas gerais de ratificação criaram uma divisão legislativa, esta última projectou-se no plano jurisprudencial. Pensamos que estes riscos espreitam a aplicação das *Rotterdam Rules* que, na realidade, de modo algum está imune aos mesmos. Mas, se, porventura, vier a ocorrer – e é hipótese a equacionar[76] – não é difícil imaginar que ressurgiriam todas as dificuldades decorrentes da pulverização de soluções jurídicas. Nesse caso, o longo trabalho de unificação jurídica no século XX com o inerente esforço de superação de várias tradições jurídicas e dos múltiplos interesses em presença será perdido. No plano do instituto em estudo, ver-se-ia uma entidade ser vista

---

[75] A respeito desta problemática, cfr. SERGIO CARBONE, *Conflits de Lois en droit maritime*, cit. págs. 133 e segts., *passim*.

[76] O que precede não evoca um horizonte de meras hipóteses sem possibilidades de concretização. Com efeito, um grupo de individualidades ligadas ao direito marítimo subscreveu um documento, a chamada Declaração de Montevideu, contendo uma visão crítica sobre a nova Convenção.

Em torno da responsabilidade civil das Partes Executantes...

uma parte executante ou parte executante marítima em dado Estado, estatuto que perderia em Estado não aderente às *Regras* ou vice-versa. Esperemos, pois, que o sucedido com as *Hamburg Rules* não se repita com as *Rotterdam Rules*, evitando os inconvenientes de uma disciplina fragmentada, ainda que o fenómeno já se verifique, dada a actual simultânea vigência das *Hague Rules*, das *Hague/Visby Rules* e das *Hamburg Rules*. Aliás, por si só, os efeitos da cumulação deste excesso de regulamentações internacionais – para mais trazendo implícitas formas diferentes de encarar o transporte marítimo internacional de mercadorias – já visíveis, a todos os títulos desencorajam a repetição desse facto.

A ENTREGA DAS MERCADORIAS NAS REGRAS DA HAIA E NAS REGRAS DE ROTERDÃO

FRANCISCO COSTEIRA DA ROCHA[*]

SUMÁRIO: *1. Introdução; 2. A entrega das mercadorias nas Regras da Haia e nas Regras de Hamburgo; 3. A entrega das mercadorias nas Regras de Roterdão; 3.1. Considerações gerais; 3.2. A obrigação de aceitar a entrega das mercadorias transportadas; 3.3. O direito à quitação; 3.4. A entrega das mercadorias no caso de não ter sido emitido um documento de transporte negociável ou um documento eletrónico de transporte negociável; 3.5. A entrega das mercadorias no caso de ter sido emitido um documento de transporte não negociável que deva ser restituído; 3.6. A entrega das mercadorias no caso de ter sido emitido um documento de transporte negociável ou um documento eletrónico de transporte negociável; 3.7. Mercadorias pendentes de entrega; 3.8. O direito de retenção sobre as mercadorias transportadas; 4. Considerações finais.*

1. Introdução

O contrato de transporte de mercadorias pode ser definido (atendendo, designadamente, à definição apresentada no n.º 1, do artigo 1 das Regras de Roterdão[1] – a seguir identificadas pela sigla RR – e ao disposto no artigo

---

[*] Juiz de Direito.

[1] A *Convenção das Nações Unidas sobre o contrato de transporte internacional de mercadorias total ou parcialmente por mar* foi aprovada pela Assembleia Geral das Nações Unidas, em 11 de dezembro de 2008, em Nova Iorque. Esta Convenção foi aberta à assinatura, em 23 de setembro de 2009, em Roterdão, passando a ser conhecida por *Regras de Roterdão*, como foi recomendado no ponto 3 da própria Resolução A/RES/63/122 que

218 *Francisco Costeira da Rocha*

11 das mesmas Regras) como o contrato pelo qual uma das partes – o transportador – se obriga, mediante retribuição, a deslocar determinadas mercadorias de um local para outro e a entregá-las pontualmente ao destinatário.

Muito embora se destaque nesta definição a *obrigação de deslocar*, pois aí reside o núcleo caracterizador do instituto[2], não é menos verdade que, na definição apresentada, a entrega das mercadorias surge também – e bem – com especial relevo[3].

A entrega das mercadorias é um momento crucial do contrato de transporte – como decorre da simples leitura de vários preceitos das RR, por exemplo, dos artigos 11, 12, 21, 23, 43-49, 50, n.º 2 e 62, n.º 2.

A entrega das mercadorias transportadas ao destinatário constitui uma obrigação essencial do transportador, será porventura – em certo sentido – a obrigação essencial do transportador – como expressamente resulta do já referido artigo 11 das RR[4].

---

aprovou a Convenção. As várias versões autênticas (em árabe, chinês, inglês, francês, russo e espanhol) poderão ser consultadas no sítio www.uncitral.org.

Até à presente data (23/05/2013), a Convenção foi assinada por 24 Estados, mas só dois a ratificaram: a Espanha (em 19 de janeiro de 2011) e o Togo (em 17 de julho de 2012) – cfr. http://treaties.un.org/pages/ViewDetails.aspx?src=TREATY&mtdsg_no=XI-D-8&chapter=11&lang=en.

A Convenção entrará em vigor no primeiro dia do mês seguinte ao do fim do prazo de um ano após o depósito do vigésimo instrumento de ratificação, aceitação, aprovação ou adesão (cfr. o artigo 94, n.º 1).

Sobre as Regras de Roterdão, cfr., na doutrina nacional, Gomes, Manuel Januário da Costa, *Introdução às Regras de Roterdão – A Convenção "Marítima-Plus" sobre transporte internacional de mercadorias*, in Gomes, Manuel Januário da Costa (coord.), *Temas de Direito dos Transportes I*, Almedina, Coimbra, 2010; Martins, Alexandre de Soveral, *As "Regras de Roterdão"*, in AAVV., *Novos caminhos para o direito dos transportes*, Almedina, Coimbra, 2012.

[2] Cfr., nomeadamente, Illescas Ortiz, Rafael, *Obligaciones y responsabilidad del porteador*, in Illescas Ortiz, Rafael/Alba Fernández, Manuel (coord.), *Las Reglas de Rotterdam y la práctica comercial internacional*, Civitas, 2012, pp. 153-155.

[3] Nas palavras de Von Ziegler, "there is now an explicit mention of a cardinal obligation for the carrier, so obvious that we tend to forget it (as it was forgotten in all other transport conventions): the duty of the carrier to deliver the cargo to the consignee at destination (Article 11 RR)". Cfr. Von Ziegler, Alexander, *Main concepts of the new Convention: its aims, structure and essentials*, in TranspR 9-2009, p. 350.

[4] Neste sentido, cfr., *inter alia*, Delebecque, Philippe, *Le chapitre 9 des Régles de Rotterdam: la livraison*, in *Uniform Law Review*, 2009, pp. 857-858 e Januário da Costa Gomes, *Introdução às Regras de Roterdão – A Convenção "Marítima-Plus" sobre trans-*

O transportador cumpre o que lhe impõe o contrato de transporte entregando pontualmente as mercadorias ao destinatário[5].

E dizemos *pontualmente* no sentido de que a entrega deve consubstanciar o cumprimento do contrato *ponto por ponto*, não só quanto às circunstâncias de tempo e lugar convencionadas para a entrega (no *momentum* na aceção latina de local e tempo), mas também quanto a tudo o mais que foi acordado, designadamente quanto à entrega das mercadorias nas condições em que o transportador as recebeu.

O cumprimento do contrato só pode, pois, ser aferido tendo por referência a entrega. Por essa razão, hoje em dia, atribui-se mais importância à *entrega* do que à própria *deslocação* da mercadoria.

Com a entrega termina o período de responsabilidade do transportador. Esse período tem início no momento da receção das mercadorias, pelo transportador ou por uma parte executante, e termina no momento da sua entrega (artigo 12); coincidindo o período de responsabilidade do transportador com o período em que as mercadorias estão sob a sua guarda ou de uma parte executante[6] [7].

---

porte internacional de mercadorias, cit., p. 27, nota 60, e doutrina aí citada. Quanto ao contrato de transporte em geral, cfr. Rocha, Francisco Costeira da, *O contrato de transporte, Contributo para o estudo da posição jurídica do destinatário no contrato de transporte de mercadorias*, Almedina, Coimbra, 2000, pp. 55-56, 65 e segs. e 167 e segs..

[5] Assim resulta, nomeadamente, do artigo 11 das RR. Cfr., também, o artigo 383.º do Código de Comércio, quanto ao transporte em geral, o artigo 3.º, §6 da Convenção de Bruxelas de 1924 e os artigos 4.º e 5.º, n.ºs 1 e 2 das Regras de Hamburgo, quanto ao contrato de transporte marítimo de mercadorias. Cfr., ainda, o artigo 406.º do Código Civil, bem como a respetiva anotação de Pires de Lima/Antunes Varela, *Código Civil Anotado*, Volume I, 4.ª ed., com a colaboração de M. Henrique Mesquita, Coimbra Editora, Coimbra, 1987, p. 373.

[6] Cfr., entre outros, Morán Bovio, David, *El periodo de la responsabilidad del porteador: Extremos e interacción con la transmisión del riesgo en la compraventa (I)*, in Illescas Ortiz, Rafael/Alba Fernández, Manuel (coord.), *Las Reglas de Rotterdam y la práctica comercial internacional*, Civitas, 2012, pp. 197 e segs; Januário da Costa Gomes, *Introdução às Regras de Roterdão – A Convenção "Marítima-Plus" sobre transporte internacional de mercadorias*, cit., pp. 29, 56-57; e Illescas Ortiz, *Obligaciones y responsabilidad del porteador*, cit., pp. 166 e segs..

[7] Importa sublinhar que *entrega* e *descarga* são realidades distintas. A *entrega* é um ato jurídico (podendo decompor-se em dois momentos, a apresentação da mercadoria ao destinatário e a sua aceitação), enquanto a descarga é uma operação material. Sobre este tema e sobre a norma imperativa vertida no n.º 3 do artigo 12 das RR, cfr. Morán Bovio, *op. cit.*, pp. 201-204 e Illescas Ortiz, *op. cit.*, pp. 167-168.

220   *Francisco Costeira da Rocha*

Refira-se, ainda, que o momento da entrega definido por acordo entre as partes é decisivo para aferir se há atraso no cumprimento do contrato de transporte[8].

É a partir do momento da entrega (momento a partir do qual o destinatário está em condições de verificar o estado das mercadorias) que começa a contar-se o prazo para o destinatário apresentar reclamações em caso de perda, avaria ou atraso, nos termos do artigo 23; reclamações que serão relevantes para depois exigir do transportador o ressarcimento dos danos sofridos[9].

É, também, a partir do momento da entrega que começa a contar-se o prazo para a propositura das ações relativas ao contrato, nos termos previstos no artigo 62 das RR[10].

O lugar da entrega pode ser relevante para determinar o tribunal competente para julgar as ações instauradas contra o transportador (artigo 66, alínea *a)*, iii)[11]. Veja-se, também, o artigo 75, n.º 2, alínea *b)*, iii) que lhe é semelhante, mas agora relativo à arbitragem[12].

---

[8] De acordo com o artigo 21, há atraso na entrega quando as mercadorias não tenham sido entregues, no local de destino, dentro do prazo acordado no contrato de transporte. Assim, resulta do artigo 21 que só há atraso se as partes tiverem convencionado um prazo para a entrega. Sobre esta questão, ALBA FERNÁNDEZ, Manuel, *Las obligaciones y responsabilidad del porteador en las Reglas de Rotterdam*, in ILLESCAS ORTIZ, Rafael/ALBA FERNÁNDEZ, Manuel (coord.), *Las Reglas de Rotterdam desde la perspectiva del contrato de seguro*, Editorial Española de Seguros, Madrid, 2010, pp. 19-22; ILLESCAS ORTIZ, *Obligaciones y responsabilidad del porteador*, cit., pp. 171-172; e LANNAN, Kate, *Behind the numbers: the limitation on carrier liability in the Rotterdam Rules*, in *Uniform Law Review*, 2009, p. 924. Sobre o atraso na entrega nas Regras de Roterdão, cfr. VON ZIEGLER, Alexander, *Delay and the Rotterdam Rules*, in *Uniform Law Review*, 2009, pp. 997 e segs.. Sobre o atraso na entrega no Direito dos Transportes em geral, cfr. a doutrina citada por JANUÁRIO DA COSTA GOMES, *Introdução às Regras de Roterdão – A Convenção "Marítima-Plus" sobre transporte internacional de mercadorias*, cit., p. 58, nota 170.

[9] Cfr. ILLESCAS ORTIZ, *Obligaciones y responsabilidad del porteador*, cit., pp. 172-173.

[10] Cfr. JANUÁRIO DA COSTA GOMES, *Introdução às Regras de Roterdão – A Convenção "Marítima-Plus" sobre transporte internacional de mercadorias*, cit., pp. 76 e segs..

A este propósito, cfr., no mesmo sentido, o artigo 3.º, §6, n.º 3 das Regras da Haia e o artigo 20.º, n.º 2 das Regras de Hamburgo. Na doutrina, *vide*, por todos, RÈMOND-GOULLIOUD, Martine, *Le contrat de transport*, Dalloz, Paris, 1993, p. 18.

[11] Sobre a jurisdição e a arbitragem no âmbito das Regras de Roterdão, cfr. JANUÁRIO DA COSTA GOMES, *op. ult. cit.*, pp. 78-79.

[12] Sobre as limitações ao acordo das partes quanto ao lugar da arbitragem no âmbito das Regras de Roterdão, cfr. PERALES VISCASILLAS, Maria del Pilar, *El arbitraje en las Reglas*

2. A entrega das mercadorias nas Regras da Haia e nas Regras de Hamburgo

Decorre das precedentes referências introdutórias que a entrega das mercadorias transportadas é uma matéria essencial no contexto do contrato de transporte.

Todavia, apesar da importância fulcral da entrega no âmbito do contrato de transporte, poucas referências encontramos a esta matéria nas Regras da Haia[13], seja na sua versão original, seja após as alterações introduzidas pelos Protocolos de 1968 (Protocolo de Visby) e de 1979 (Protocolo SDR), bem como nas Regras de Hamburgo[14].

Nas Regras da Haia, a entrega apenas é referida no parágrafo 6 do artigo 3.º a propósito do prazo para apresentar "ao armador ou ao seu agente no porto de desembarque, um aviso, por escrito, da existência e da natureza de quaisquer perdas e danos" e a propósito do prazo para instaurar ações com vista a exigir do "armador" ou do "navio" a sua "responsabilidade por perdas e danos"[15].

Independentemente das razões pelas quais as Regras da Haia não regulam a entrega e não se referem ao atraso na entrega[16], certo é que persis-

---

de Rotterdam, in ILLESCAS ORTIZ, Rafael/ALBA FERNÁNDEZ, Manuel (coord.), *Las Reglas de Rotterdam y la Práctica Comercial Internacional*, Civitas, 2012, pp. 456 e segs..

[13] *Convenção Internacional para a Unificação de Certas Regras em Matéria de Conhecimentos de Carga* (assinada em Bruxelas, a 25 de agosto de 1924). Para uma sintética caraterização desta Convenção e do conexto em que surgiu, cfr., por exemplo, ALVES, Hugo André Ramos, *Da limitação da responsabilidade do transportador na Convenção de Bruxelas de 1924*, Almedina, Coimbra, 2008, pp. 30 e segs..

[14] *Convenção das Nações Unidas sobre o Transporte Marítimo de Mercadorias* Convenção das Nações Unidas (assinada em Hamburgo, a 31 de Março de 1978). Sobre o conexto em que surgiu esta Convenção e para uma sintética caraterização da mesma, cfr., por exemplo, HUGO RAMOS ALVES, *op. cit.*, pp. 34 e segs..

[15] Cfr. MORÁN BOVIO, David, *Extremos del periodo de aplicación mínimo de la CB-PV (Convención de Bruselas-Protocolo de Visby sobre transporte de mercancías bajo conocimiento de embarque)*, McGraw-Hill, Madrid, 1998, pp. 75 e segs.; HUGO RAMOS ALVES, *op. cit.*, pp. 133-134; e JANUÁRIO DA COSTA GOMES, *Introdução às Regras de Roterdão – A Convenção "Marítima-Plus" sobre transporte internacional de mercadorias*, cit., pp. 76-77.

[16] Cfr., *inter alia*, VON ZIEGLER, *Delay and the Rotterdam Rules*, cit., p. 997; ESCUÍN IBÁÑEZ, Irene, *La limitación de la deuda indemnizatoria del porteador marítimo*, Comares, Granada, 2006, p. 46; BASTOS, Nuno Manuel Castello-Branco, *Da Disciplina do Contrato de Transporte Internacional de Mercadorias por Mar. Apontamento sobre as regras inter-*

222   *Francisco Costeira da Rocha*

tem as dúvidas, as discussões doutrinais e os litígios, em torno do regime jurídico aplicável às situações de atraso na entrega e a outras situações de incumprimento ligadas à entrega das mercadorias transportadas[17].

Nas Regras de Hamburgo, é dedicada maior atenção à entrega[18]. Mas, ainda assim, as referências à entrega vertidas nestas Regras são referências algo dispersas. E, por outro lado, impõe-se sublinhar que, apesar de as Regras de Hamburgo terem entrado em vigor em 1992, os países que as ratificaram ou a elas aderiram[19] são pouco representativos do comércio marítimo, continuando os países mais relevantes no âmbito do comércio marítimo fiéis às Regras da Haia.

Resulta da análise dos preceitos das Regras de Hamburgo, onde encontramos expressa menção à entrega das mercadorias transportadas, o seguinte: que o conhecimento de carga é definido como um documento que serve de recibo das mercadorias, faz prova do contrato, e pelo qual o transportador se compromete a *entregar as mercadorias* contra a restituição desse documento (artigo 1, n.º 7), devendo constar do conhecimento de carga a data ou o prazo para a *entrega das mercadorias*, caso tenham sido expressamente acordados entre as partes (artigo 15, n.º 1, alínea n); a *entrega* é apresentada como o momento em que termina o período de responsabilidade do transportador (artigo 4, n.º 2, alínea b); a responsabilidade do transportador pode resultar de atraso na *entrega* (artigo 5, n.ºs 1 e 2); a *entrega* marca o início da contagem do prazo para apresentar recla-

---

nacionais uniformes da responsabilidade do transportador marítimo e sobre o seu âmbito de aplicabilidade, Almedina, Coimbra, 2004, p. 341.

[17] Cfr., *inter alia*, Raposo, Mário, *Transporte marítimo de mercadorias. Os problemas*, in *I Jornadas de Lisboa de Direito Marítimo, O contrato de transporte marítimo de mercadorias*, Almedina, Coimbra, 2008, pp. 63-64 e 65; MORÁN BOVIO, *Extremos del periodo de aplicación mínimo de la CB-PV*, cit., pp. 163 e segs; id., *Mercancías en la fase portuária: problemas y soluciones*, in *Derecho uniforme del transporte internacional: cuestiones de actualidad*, Agustín Madrid Parra (coord.), MacGraw-Hill, Madrid, 1998, pp. 193 e segs.; ESCUÍN IBÁÑEZ, *op. cit.*, pp. 46 e segs.; NUNO CASTELLO-BRANCO BASTOS, *op. cit.*, pp. 336 e segs.; KATE LANNAN, *Behind the numbers: the limitation on carrier liability in the Rotterdam Rules*, cit., pp. 920-921, 922; e VAN DER ZIEL, Gertjan, *Chapter 9 of the Rotterdam Rules: Delivery of the Goods*, disponível em http://www.shhsfy.gov.cn/hsinfoplat/platformData/infoplat/pub/hsfyenglish_42/docs/200911/18.doc, p. 1.

[18] Vejam-se, nomeadamente, os artigos 1, n.º 7, 4, n.º 2, alínea b), 5, n.ºs 1 e 2, 15, n.º 1, alínea n), 19 e 20, n.ºs 1 e 2.

[19] Cfr. http://www.uncitral.org/uncitral/en/uncitral_texts/transport_goods/Hamburg_status.html.

A Entrega das Mercadorias nas Regras da Haia... 223

mações e para instaurar ações relativas ao contrato de transporte (artigos 19 e 20, n.ºs 1 e 2).

3. A entrega das mercadorias nas Regras de Roterdão

3.1. *Considerações gerais*

As Regras de Roterdão, ao invés das precedentes Convenções sobre o contrato de transporte marítimo de mercadorias, consagram de forma inequívoca que a entrega das mercadorias constitui uma obrigação essencial do transportador (artigo 11) e dedicam todo um capítulo, um capítulo específico, à entrega das mercadorias. Trata-se do capítulo 9, que integra sete artigos, os artigos 43 a 49. Estes artigos referem-se, sucessivamente, à obrigação de aceitar a entrega das mercadorias transportadas (artigo 43); à obrigação de confirmar a receção das mercadorias (artigo 44); à entrega das mercadorias no caso de não ter sido emitido um documento de transporte negociável ou um documento eletrónico de transporte negociável (artigo 45); à entrega das mercadorias no caso de ter sido emitido um documento de transporte não negociável que deva ser restituído (artigo 46); à entrega das mercadorias no caso de ter sido emitido um documento de transporte negociável ou um documento eletrónico de transporte negociável (artigo 47); às mercadorias pendentes de entrega (artigo 48); e, finalmente, ao direito de retenção sobre as mercadorias transportadas (artigo 49).

A temática da entrega das mercadorias relaciona-se intensamente com outras matérias, por exemplo, com o regime dos documentos de transporte[20], com o direito de controlo[21], com a natureza jurídica da posição do destinatário/natureza jurídica do contrato de transporte[22].

---

[20] Cfr. *infra* 3.4, 3.5 e 3.6.

[21] Refira-se, por exemplo, o artigo 53 das RR. Segundo este artigo, as mercadorias que sejam entregues em cumprimento das instruções recebidas pelo transportador da parte controladora consideram-se entregues no lugar de destino e ser-lhe-ão aplicáveis as disposições do capítulo 9 relativas à entrega. Sobre o direito de controlo, cfr. Januário da Costa Gomes, *O direito de variação ou de controlo no transporte de mercadorias*, in "Temas de Direito dos Transportes", II (coord. Januário da Costa Gomes), Almedina, Coimbra, 2013, pp. 7-96.

[22] Cfr. *infra* 3.2.

No entanto, esta exposição circunscrever-se-á à análise dos artigos que integram o capítulo 9 das RR dedicadas à entrega das mercadorias.

3.2. A obrigação de aceitar a entrega das mercadorias transportadas

O artigo 43 das RR, sob a equívoca epígrafe "obrigação de aceitar a entrega", abre o capítulo dedicado à entrega das mercadorias.

Estando o contrato de transporte dirigido à entrega das mercadorias ao destinatário, bem se compreende que este, em regra, se apresente para recebê-las[23]. Na generalidade dos casos assim acontecerá; constituindo a atitude inversa uma situação excecional, um *"evento patologico"*[24].

Porém, como afirmava com acerto Cunha Gonçalves, já há um século, "o transportador não pode constranger o destinatário, nem a comparecer, nem a receber as cousas transportadas"[25].

Por isso, a epígrafe do artigo 43 é equívoca; porque, ao contrário do que dá a entender, o destinatário não é obrigado, sem mais, unicamente por força do contrato de transporte celebrado inicialmente entre carregador e transportador, a aceitar a entrega das mercadorias[26-27].

---

[23] Nas palavras de Illescas Ortiz: "dicho destinatario, en efecto, estará incluso deseoso de recibirlas en la generalidad de los casos" (*Obligaciones y responsabilidad del porteador*, cit., p. 172)

[24] Biase, Donata Maria. *Brevi considerazioni sul soggetto legittimato ad agire contro il vettore per perdita o avaria delle cose trasportate*, in *Riv. dir. comm.*, Anno LXXVIII, 1980, I, p. 246.

[25] Gonçalves, Luiz da Cunha, *Comentário ao Código Comercial Português*, volume II, Empresa Editora José Bastos, Lisboa, 1916, p. 455, § 579. Cunha Gonçalves cita em seu apoio Vivante. No mesmo sentido, *inter alia*, cfr. Brunat, *Droits et devoirs du destinataire dans le contrat de transport*, in *BT*, 1983, p. 18.

[26] Cfr., por exemplo, Pulido Begines, Juan Luis, *Elementos personales del contrato de transporte total o parcialmente marítimo de mercancías: porteador, cargador, parte ejecutante y destinatario*, in Illescas Ortiz, Rafael/Alba Fernández, Manuel (coord.), *Las Reglas de Rotterdam y la práctica comercial internacional*, Civitas, 2012, p. 106; Sánchez Calero, Fernando, *El contrato de transporte marítimo de mercancías (Reglas de La Haya-Visby, Hamburgo y Rotterdam)*, Aranzadi, 2.ª edición, 2010, p. 702-703.

[27] Estamos a referir-nos, como é evidente, à situação normal em que não há coincidência entre carregador e destinatário. No caso inverso, há todo um acervo de questões que não se coloca, a problemática da entrega reduz-se a um feixe mais circunscrito. Cfr. Costeira

A posição extrema defendida por algumas delegações de que o destinatário teria sempre uma obrigação de receber as mercadorias transportadas (ainda que fosse um contentor cheio de lixo, mesmo sem qualquer atitude de aproximação do destinatário ao contrato de transporte, mesmo que não houvesse qualquer contrato subjacente entre ele, destinatário, e o carregador) é inaceitável[28]. E não veio a ser consagrada nas RR. No entanto, a epígrafe subsistiu.

O que agora consta do artigo 43 – depois de grandes discussões em sede de trabalhos preparatórios – é a obrigação de o destinatário aceitar a entrega das mercadorias transportadas, mas só depois de estas terem chegado ao destino – o que também implica que o transportador proceda à notificação da sua chegada – e de o destinatário solicitar a sua entrega.

Ou seja, se o destinatário solicitar a entrega das mercadorias transportadas, fica obrigado a aceitar tal entrega.

Independentemente da posição adotada quanto à natureza jurídica do contrato de transporte[29]; a *fase da entrega das mercadorias*, a *fase da consumação do transporte*, remete-nos para uma estrutura triangular do contrato de transporte, na medida em que é chamado ao contrato o destinatário, um personagem que não interveio na estipulação inicial entre carregador e transportador, mas a ela insitamente ligado[30]. E é nesta *fase da entrega* que o destinatário assume a sua posição jurídica no contrato de transporte[31].

DA ROCHA, *O contrato de transporte, Contributo para o estudo da posição jurídica do destinatário no contrato de transporte de mercadorias*, cit., pp. 156-157.

[28] VAN DER ZIEL, *Chapter 9 of the Rotterdam Rules: Delivery of the Goods*, cit., p. 4.

[29] Cfr., nomeadamente, COSTEIRA DA ROCHA, *O contrato de transporte, Contributo para o estudo da posição jurídica do destinatário no contrato de transporte de mercadorias*, cit., pp. 143 e segs.; bem como a síntese apresentada por CORDEIRO, António Menezes, *Introdução ao Direito dos Transportes*, in *I Jornadas de Lisboa de Direito Marítimo, O contrato de transporte marítimo de mercadorias*, Almedina, Coimbra, 2008, pp. 35-36.

PULIDO BEGINES considera paradoxal que as RR não tenham dedicado a sua atenção à posição jurídica do destinatário, "limitándose a establecer, en los arts. 43 y 44, que es la persona sobre la que recae la obligación de aceptar la entrega y confirmar la recepción de las mercancías" (*Elementos personales del contrato de transporte total o parcialmente marítimo de mercancías: porteador, cargador, parte ejecutante y destinatario*, cit., p. 108).

[30] Cfr. COSTEIRA DA ROCHA, *op. ult. cit.*, pp. 65-68.

[31] Em nosso entender, o destinatário, ao aderir ao contrato, passa a ser titular de um feixe de direitos e obrigações que só pode ser cabalmente explicado se se considerar o destinatário como parte do contrato de transporte; o contrato de transporte é, pois, um contrato

226 *Francisco Costeira da Rocha*

A *entrada* do destinatário no contrato de transporte pressupõe e é sequente a uma manifestação de vontade do destinatário em *aderir* ao contrato, revelando-se, normalmente, no pedido de entrega das mercadorias transportadas[32].

Em síntese, resulta do artigo 43 das RR que o destinatário tem "obrigação de aceitar a entrega" das mercadorias transportadas, se tiver aderido ao contrato solicitando essa entrega[33].

3.3. *O direito à quitação*

O artigo 44 das RR trata do *direito à quitação* ou, dito de outro modo, recorrendo à sua epígrafe e adotando a perspetiva do destinatário, este artigo trata da obrigação que incide sobre o destinatário de confirmar a receção das mercadorias que lhe são entregues pelo transportador ou por uma parte executante[34].

---

trilateral assíncrono, sendo o destinatário parte no contrato de transporte. Cfr. COSTEIRA DA ROCHA, *op. ult. cit.*, *passim* e, em especial, pp. 236 e segs..

[32] Cfr. COSTEIRA DA ROCHA, *op. ult. cit.*, pp. 166-177 e 240-243.

[33] Perante o disposto no artigo 43 das RR (ou, dito de outro modo, perante a redação *final* desse artigo), a doutrina tem questionado a utilidade prática do mesmo. Cfr. VAN DER ZIEL, *Chapter 9 of the Rotterdam Rules: Delivery of the Goods*, cit., p. 5.

[34] A quitação ou recibo é «uma simples declaração de ciência, certificativa do facto de que a prestação foi realizada e recebida pelo credor. Mas não é uma declaração de vontade, significativa de que o credor quer aceitar a prestação recebida como satisfação do seu direito. Essa declaração estará por via de regra – mas não direta nem necessariamente – subjacente ao documento de quitação (*vide* Larenz, *Lehrbuch des Schuld*, I, 12.ª ed., § 18, III)» (PIRES DE LIMA/ANTUNES VARELA, *Código Civil Anotado*, volume II, 3.ª edição, Coimbra Editora, Coimbra, 1986, p. 39). No entanto, como também referem os Autores ora citados, «a quitação é muitas vezes, como Carbonnier (*Droit civil*, 4, 1982, n.º 129, pág. 538) justamente observa, não uma simples declaração de recebimento da prestação, mas a ampla declaração de que o *solvens* já nada deve ao *accipiens*, seja a título do crédito extinto, seja a qualquer outro título (*quittance pour solde de tout compte*)» (PIRES DE LIMA/ANTUNES VARELA, *op. ult. cit.*, p. 40).

A Entrega das Mercadorias nas Regras da Haia...

É um princípio generalizadamente aceite que «*quem cumpre a obrigação tem o direito de exigir quitação [ou recibo] daquele a quem a prestação é feita*»[35].

O artigo ora em análise mais não é do que a consagração desse princípio estabilizado e generalizadamente aceite nos vários ordenamentos jurídicos; por isso este preceito não gerou controvérsia no decurso dos trabalhos preparatórios.

A primeira frase do artigo 44 estabelece que a correlativa obrigação de dar quitação depende de solicitação nesse sentido do transportador ou da parte executante que entregue as mercadorias. Além disso, quanto à forma, determina essa primeira frase do artigo que a quitação deverá ser dada na forma habitual no lugar da entrega[36].

Já a segunda frase do artigo determina que o transportador pode recusar a entrega se o destinatário se recusar a dar quitação[37].

Para alguma doutrina[38], decorre desta segunda frase do artigo 44 que tendo o transportador procedido à entrega das mercadorias e recusando-se

---

[35] Transcrevemos aqui a fórmula vertida no artigo 787.º, n.º 1 do Código Civil.

As duas frases do artigo 44 têm, de certa forma, uma redacção próxima dos dois números do artigo 787.º do Código Civil.

Na subsecção dedicada à prova do cumprimento, o artigo 787.º do Código Civil consagra o direito à quitação nos seguintes termos: "1. Quem cumpre a obrigação tem o direito de exigir quitação daquele a quem a prestação é feita, devendo a quitação constar de documento autêntico ou autenticado ou ser provida de reconhecimento notarial, se aquele que cumpriu tiver nisso interesse legítimo. 2. O autor do cumprimento pode recusar a prestação enquanto a quitação não for dada, assim como pode exigir a quitação depois do cumprimento".

[36] Afirmava CUNHA GONÇALVES que a "prova completa da boa entrega da remessa a quem de direito" deveria envolver "a assinatura do destinatário reconhecida por notário ou autenticada pela firma e carimbo de qualquer casa comercial acreditada" (*Comentário ao Código Comercial Português*, volume II, cit., p. 453). Mas o ritmo atual do comércio não se compadece, normalmente, com estas cautelas.

Entre nós, estabelece a parte final do n.º 1 do artigo 787.º do Código Civil que a quitação deve "constar de documento autêntico ou autenticado ou ser provida de reconhecimento notarial, se aquele que cumpriu tiver nisso interesse legítimo". Como sublinha a doutrina, é necessário que quem cumpre tenha *interesse legítimo*, um interesse especial em que a quitação se consubstancie num documento com maior formalidade, não bastando que esteja disposto a suportar os custos inerentes. Cfr. PIRES DE LIMA/ANTUNES VARELA, *Código Civil Anotado*, volume II, cit., p. 39.

[37] DELEBECQUE, *Le chapitre 9 des Régles de Rotterdam: la livraison*, cit., p. 860.

[38] SÁNCHEZ CALERO, *El contrato de transporte marítimo de mercancías (Reglas de La Haya-Visby, Hamburgo y Rotterdam)*, cit., p. 704.

o destinatário a dar quitação, o transportador poderá solicitar a devolução das mercadorias entregues. Todavia, não parece que seja esta a solução mais correta. Depois de entregar as mercadorias transportadas, depois de cumprir, não assiste ao transportador o direito a exigir do destinatário a restituição da prestação. Pode é exigir o pagamento do frete, se ainda não tiver sido pago; e pode – ainda – exigir o recibo (como se prevê na parte final do n.º 2 do artigo 787.º do Código Civil português[39]).

Com frequência, a quitação concretiza-se através da assinatura do destinatário aposta no verso do documento de transporte que é restituído ao transportador (não sendo de confundir esta assinatura com um endosso em branco)[40].

Se o destinatário se recusar a dar quitação, o transportador pode recusar a entrega e, neste caso, as mercadorias ficarão sujeitas ao regime das *mercadorias pendentes de entrega* (artigo 48, n.º 1, alínea c)[41].

3.4. *A entrega das mercadorias no caso de não ter sido emitido um documento de transporte negociável ou um documento eletrónico de transporte negociável*

Um primeiro aspeto a destacar (e que resulta da conjugação dos artigos 45, 46 e 47) é o seguinte: o regime do artigo 45 aplica-se a todos os contratos de transporte aos quais são aplicáveis as RR, salvo se tiver sido emitido um documento de transporte não negociável que deva ser restituído ao transportador (caso em que é aplicável o regime do artigo 46); ou se tiver

---

[39] Em anotação ao artigo 787.º, PIRES DE LIMA/ANTUNES VARELA referem que, apesar da hesitação de alguma doutrina, deve ser reconhecida a possibilidade de o devedor, ou o terceiro que cumpre, exigir a quitação depois do cumprimento, pois (citando VAZ SERRA, *Do cumprimento como modo de extinção das obrigações*, in *BMJ*, n.º 34) «não parece razoável que o pagador perca o direito de exigir quitação depois de realizado o cumprimento, dado que ainda pode conservar interesse em a obter, e o facto de cumprir sem a exigir não significa, só por si, renúncia a esse direito». Cfr. PIRES DE LIMA/ANTUNES VARELA, *Código Civil Anotado*, volume II, cit., p. 40.

[40] VAN DER ZIEL, *Chapter 9 of the Rotterdam Rules: Delivery of the Goods*, cit., p. 5.

[41] No nosso ordenamento, se não for dada quitação ao devedor, este pode recusar a prestação (artigo 787.º, n.º 2 do Código Civil) e consignar em depósito a coisa devida, nos termos do art. 841.º, n.º 1, alínea *a*) do Código Civil. Neste sentido, PIRES DE LIMA/ANTUNES VARELA, *Código Civil Anotado*, volume II, cit., p. 39.

A Entrega das Mercadorias nas Regras da Haia... 229

sido emitido um documento de transporte negociável ou um documento eletrónico de transporte negociável (caso em que é aplicável o regime previsto no artigo 47)[42].

Dito de outro modo: o artigo 45 apresenta-se como regra geral e os artigos 46 e 47 apresentam-se como regras especiais[43], aplicáveis apenas aos casos aí previstos, sendo certo que o artigo 47 regula a situação mais tradicional, ou seja, o caso do contrato de transporte no âmbito do qual é emitido um conhecimento de carga.

Além disso, convém sublinhar que o artigo 45 é aplicável quando não tiver sido emitido qualquer documento de transporte, ou quando tiver sido emitido um documento de transporte, em papel ou eletrónico, que as RR não qualifiquem como tal (*v. g.*, que não cumpra os requisitos do n.º 14, do artigo 1 das RR).

De acordo com a alínea *a)* do artigo 45 das RR, quando não tiver sido emitido um documento de transporte negociável ou um documento eletrónico de transporte negociável, o transportador deverá entregar as mercadorias ao destinatário no momento e lugar indicados no artigo 43. O transportador poderá recusar a entrega das mercadorias se a pessoa que alega ser o destinatário não se identifica devidamente como tal.

O transportador pode e deve exigir ao destinatário que se identifique. Perante tal solicitação, o destinatário tem o dever de satisfazer tal exigência. Se o não fizer, o transportador pode, legitimamente, recusar a entrega.

Decorre da alínea *b)* do artigo 45 que se o nome e a direcção do destinatário não figurarem nos dados do contrato, a parte controladora deverá facultar esses elementos ao transportador antes da chegada das mercadorias ao lugar de destino ou à chegada a esse lugar.

Tendo sido emitido um documento de transporte (*i. e.*, um documento de transporte diferente dos referidos nos artigos 46 e 47), normalmente o nome e morada do destinatário constarão do documento. Mas como o

---

[42] A propósito da redação do artigo 45, adverte DELEBECQUE que "le texte est lourdement rédigé et entre dans trope de détails" (*Le chapitre 9 des Régles de Rotterdam: la livraison*, cit., p. 863, nota 8). E continua o mesmo autor: "au demeurant, les arts. 45, 46 et 47, si utiles et importants soient-ils, sont certainement les dispositions les plus laborieuses des RR. Ces textes seront certainement l'occasion de contentieux" (*ibidem*).

[43] Neste sentido, VAN DER ZIEL, *Chapter 9 of the Rotterdam Rules: Delivery of the Goods*, cit., p. 6.

artigo 45 também se aplica quando não há qualquer documento de transporte, a alínea *b*) justifica-se.

O princípio aí estabelecido é o de que é a parte controladora que decide – ao indicar o nome e a morada do destinatário – a quem as mercadorias deverão ser entregues[44].

A parte controladora pode ser o carregador, mas sendo o direito de controlo transferível[45], também poderá ser outra pessoa, devendo a transferência ser notificada ao transportador para surtir efeito perante este.

A informação sobre o nome e morada do destinatário terá de ser transmitida ao transportador em tempo útil, como exige a parte final da alínea *b*).

As alíneas *c*) e *d*) do artigo 45 estabelecem um regime que visa enfrentar certos impedimentos à entrega e permitir que a entrega aconteça, ou melhor, que aconteça uma entrega alternativa, mas liberatória.

Este regime vale, *mutatis mutandis*, quer tenha ou não sido emitido um documento de transporte e qualquer que seja o tipo de documento de transporte emitido; quer dizer, o disposto no artigo 45, alíneas *c*) e *d*) é, *mutatis mutandis*, retomado, respetivamente, no artigo 46, alíneas *b*) e *c*) e no artigo 47, n.º 2, alíneas *a*) e *b*).

Para que possa ocorrer a entrega alternativa é necessário que a entrega originária não se possa realizar por 3 motivos[46]: o transportador não consegue, depois de um esforço razoável, localizar o destinatário, a fim de lhe pedir instruções para a entrega das mercadorias[47]; o destinatário, tendo sido notificado da chegada das mercadorias ao lugar de destino, não reclama ao transportador a sua entrega no momento ou dentro do prazo indicado no artigo 43[48]; e o transportador recusa a entrega, porque a pessoa que alega ser o destinatário recusa a identificar-se devidamente como tal[49].

---

[44] Cfr. Van Der Ziel, *Chapter 9 of the Rotterdam Rules: Delivery of the Goods*, cit., p. 7.

[45] Artigo 51 das RR.

[46] Apesar da extensão do texto da alínea *c*), apenas aí são referidos alguns dos casos de impedimentos à entrega. Por exemplo, não é referida a possibilidade de o transportador conseguir localizar o destinatário, mas este recusar-se a receber as mercadorias e não dar quaisquer instruções ao transportador.

[47] Subalínea iii), da alínea *c*) do artigo 45 das RR.

[48] Subalínea i), da alínea *c*) do artigo 45 das RR.

[49] Subalínea ii), da alínea *c*) do artigo 45 das RR.

A Entrega das Mercadorias nas Regras da Haia...

O regime das RR, nesta matéria, teve em consideração a prática, problemas surgidos na prática, e, na prática, confrontando-se com impedimentos à entrega, o transportador procura obter instruções para a entrega.

Assim, não logrando o transportador proceder à entrega das mercadorias ao destinatário, devido às razões mencionadas na alínea *c*), o transportador poderá dirigir-se à parte controladora, expor o sucedido e solicitar instruções para a entrega[50].

Subjaz a esta solução a circunstância de a parte controladora ser uma pessoa interessada nas mercadorias[51] e ser conhecida do transportador[52].

Mas, pode acontecer que o transportador não consiga encontrar a parte controladora. Ou pode também acontecer que a parte controladora se recuse a dar instruções para a entrega.

Então, o transportador deverá avisar o carregador e pedir-lhe instruções.

Finalmente, se depois de um esforço razoável, o transportador não conseguir localizar e obter instruções da parte controladora ou do carregador, poderá dirigir-se ao carregador documentário, caso exista, informando-o do sucedido e solicitar-lhe instruções para a entrega das mercadorias.

Segundo alguma doutrina, o mecanismo previsto na alínea *c*) aplica-se a todos os casos de impedimentos à entrega[53], pois, com esta alínea *c*), pretendeu-se elencar uma série de pessoas a quem o transportador se deve dirigir com vista a encontrar solução para as dificuldades encontradas e a ordem pela qual essas pessoas poderão ser interpeladas pelo transportador (caso o transportador não consiga encontrar certa pessoa, ou esta não forneça instruções adequadas).

O procedimento da alínea *c*) não é de sucesso garantido. Por um lado, as pessoas aí mencionadas podem não ser encontradas e o transportador não é obrigado a desenvolver uma investigação profunda para as localizar. É lhe exigido um esforço nesse sentido, mas sendo suficiente um "esforço razoável". Por outro lado, pode acontecer que nenhuma das pessoas con-

---

[50] DELEBECQUE critica a redação da alínea *c*) do artigo 45, porque, em seu entender, essa "simples faculdade" de o transportador poder solicitar instruções "n'est guère compatible avec la disposition finale de l'art. 43 aux termes de laquelle la livraison des marchandises conformément aux instructions reçues "libère" (*"discharges"*) le transporteur" (*Le chapitre 9 des Régles de Rotterdam: la livraison*, cit., p. 863).

[51] Artigos 50, n.º 1 e 54, n.º 1 das RR.

[52] Artigo 51 das RR.

[53] VAN DER ZIEL, *Chapter 9 of the Rotterdam Rules: Delivery of the Goods*, cit., p. 8.

232 *Francisco Costeira da Rocha*

tactadas pretenda ter qualquer envolvimento na superação dos problemas surgidos, por exemplo, porque as mercadorias já pouco ou nada valem (pense-se num carregamento de produtos eletrónicos que, entretanto, ficaram obsoletos).

Nesse caso, o transportador deverá ter em consideração o regime das mercadorias pendentes de entrega (artigo 48 das RR).

A alínea *c)* do artigo 45 começa por ressaltar que o estabelecido nessa alínea é aplicável "sem prejuízo para o disposto no primeiro parágrafo do artigo 48". Daqui resulta que, face aos impedimentos à entrega mencionados nessa alínea *c)*, o transportador poderá optar entre o regime do artigo 48 – relativo às mercadorias pendentes de entrega – ou seguir previamente o procedimento previsto na alínea *c)*. É de referir que num e noutro caso, o transportador deverá tentar estabelecer contacto com o destinatário, a parte controladora ou o carregador, tendo em vista a entrega alternativa, no caso do artigo 45, alínea *c)*, ou a tomada das medidas previstas no artigo 48.

O transportador que entregue as mercadorias em conformidade com as instruções recebidas da parte controladora, do carregador ou do carregador documentário, nos termos da alínea *c)*, cumpre a sua obrigação de entrega das mercadorias. É o que dispõe a alínea *d)* do artigo 45. Por isso, o transportador tem um estímulo para seguir o procedimento da alínea *c)*, em vez de considerar logo as mercadorias como estando pendentes de entrega.

3.5. *A entrega das mercadorias no caso de ter sido emitido um documento de transporte não negociável que deva ser restituído*

O artigo 46 das RR estabelece que no caso de ter sido emitido um documento de transporte não negociável, que deva ser restituído[54], o transpor-

---

[54] Compreende-se que no artigo 46 das RR não haja qualquer referência ao equivalente eletrónico do documento de transporte *em papel* (aliás, é o único artigo das RR onde tal sucede), pois um documento de transporte não negociável que deva ser restituído não é concebível em ambiente eletrónico. Cfr. VAN DER ZIEL, *Chapter 9 of the Rotterdam Rules: Delivery of the Goods*, cit., p. 6, n. 2.

Sobre o paralelismo entre os documentos de transporte *em papel* e eletrónicos, cfr. ALBA FERNÁNDEZ, Manuel *The Use of Electronic Records as Collateral in the Rotterdam Rules: Future Solutions for Present Needs*, in *Uniform Law Review*, 2009, pp. 803-804 e *passim*; MADRID PARRA, Agustín, *Regulación uniforme de UNCITRAL del uso de medios electrónicos en la relación con los contratos de transporte de mercancías*, in *Derecho*

A *Entrega das Mercadorias nas Regras da Haia...* 233

tador deverá entregar as mercadorias ao destinatário, no momento e lugar indicados no artigo 43, desde que o destinatário se identifique devidamente e restitua ao transportador o documento de transporte não negociável[55]-[56].

A norma visa principalmente aqueles documentos que na prática são designados por "straight bills of lading". Uma questão que tem gerado grande controvérsia a propósito deste tipo de documentos é a questão de saber se é necessária a restituição do documento ao transportador para obter a entrega das mercadorias.

As RR respondem a esta questão, na primeira parte da alínea *a)*, do artigo 46, afirmando que a restituição do documento de transporte não negociável só é necessária para obter a entrega das mercadorias quando resulte do próprio documento que o mesmo deve ser restituído. A exigência de restituição do documento deverá constar do mesmo de forma expressa e clara.

Apesar de nos trabalhos preparatórios se ter entendido que as funções deste tipo de documentos poderiam ser preenchidas, por exemplo, por simples documentos de transporte não negociáveis ou por documentos de transporte negociáveis endossados a determinada pessoa, o artigo 46 foi introduzido na Convenção por se reconhecer que tais documentos existem e são usados na prática; e por se entender que a Convenção, em vez de tentar mudar certas práticas, deveria regulá-las e, assim, contribuir para a uniformização[57].

---

uniforme del transporte internacional: cuestiones de actualidad, Agustín Madrid Parra (coord.), MacGraw-Hill, Madrid, 1998, pp. 90 e segs. e *passim*.

[55] Cfr. RAMOS HERRANZ, Isabel, *La noción de documento de transporte en el Convenio. Los documentos de transporte negociables y no negociables*, in ILLESCAS ORTIZ, Rafael/ALBA FERNÁNDEZ, Manuel (coord.), *Las Reglas de Rotterdam y la práctica comercial internacional*, Civitas, 2012, p. 354.

Caso a pessoa que alega ser o destinatário não se identifique devidamente, o transportador *poderá* recusar a entrega, mas se o destinatário não restituir o documento de transporte não negociável, o transportador *deverá* recusar a entrega. Como sintetiza DELEBECQUE, esta solução «paraît parfaitement justifié» (*Le chapitre 9 des Régles de Rotterdam: la livraison*, cit., p. 864).

[56] Tendo sido emitido mais de um original do documento de transporte não negociável, a restituição de um deles é suficiente e os demais perderão a sua validade ou eficácia (artigo 46, alínea *a), in fine*).

[57] Cfr. VAN DER ZIEL, *Chapter 9 of the Rotterdam Rules: Delivery of the Goods*, cit., p. 11.

As alíneas *b)* e *c)* do artigo 46 reproduzem, *mutatis mutandis*, o disposto nas alíneas *c)* e *d)* do artigo 45.

Sublinhe-se, tão só, que tal como no âmbito do artigo 45, o procedimento a seguir pelo transportador ao abrigo da alínea *b)* do artigo 46 é facultativo, é a alternativa à aplicação direta do artigo 48.

Além disso, esclarece a alínea *c)* do artigo 46 que a entrega das mercadorias em conformidade com as instruções recebidas pelo transportador da parte controladora, do carregador ou do carregador documentário, é liberatória, independentemente de ter ou não ter sido restituído o documento de transporte não negociável.

3.6. *A entrega das mercadorias no caso de ter sido emitido um documento de transporte negociável ou um documento eletrónico de transporte negociável*

O artigo 47 das RR regula a situação que a doutrina qualifica como sendo a "mais clássica", ou seja, regula a situação em que é emitido um conhecimento de carga (à ordem ou ao portador)[58].

Estabelece o n.º 1 do artigo 47 que quando tiver sido emitido um documento de transporte negociável ou um documento eletrónico de transporte negociável, o portador desse documento estará legitimidado para obter do transportador a entrega das mercadorias, uma vez chegadas ao lugar de destino, caso em que o transportador as deverá entregar ao portador, no momento e lugar indicados no artigo 43 (ou seja, no momento e lugar convencionados no contrato de transporte ou em que seria razoável esperar a entrega).

Para esse efeito o portador do documento de transporte negociável deverá restituir o documento ao transportador (ou seja, o dever de entrega depende da restituição do documento); e, tratando-se de um documento à ordem, deverá identificar-se como portador legítimo (subalínea i). Tendo sido emitido um documento eletrónico de transporte negociável, o portador desse documento terá de demonstrar a sua qualidade de portador, em conformidade com o previsto no parágrafo 1 do artículo 9 (subalínea ii)[59].

---

[58] DELEBECQUE, *Le chapitre 9 des Régles de Rotterdam: la livraison*, cit., p. 864.

[59] A este propósito importa ter em consideração a definição de "portador" apresentada pelas próprias RR. Assim, de acordo com o número 10, do artigo 1.º das RR, o "portador" é

A *Entrega das Mercadorias nas Regras da Haia...* 235

De acordo com a alínea *b*) do n.° 1 do artigo 47, o transportador deverá recusar a entrega se não se verificarem os requisitos enunciados nas subalíneas i) ou ii), da alínea *a*) do n.° 1 do artigo 47[60]; ou seja, se o portador do documento não o restituir ou se não se identificar devidamente.

Tendo em consideração a legitimação pela detenção do título, característica dos títulos representativos de mercadorias, a entrega das mercadorias ao legitimado pelo título depende da prévia restituição do mesmo (*i. e.*, do documento de transporte negociável) ao transportador, pois só com a restituição do documento é possível impedir a sua posterior circulação, evitando a sua aquisição por um terceiro de boa fé (desconhecedor da entrega das mercadorias sem restituição do documento de transporte negociável)[61].

Face ao disposto na alínea *c*) do n.° 1 do artigo 47, tendo sido emitido mais de um original do documento de transporte negociável e constando nesse documento o número de originais emitidos, a restituição de um deles será suficiente e todos os demais originais perderão a sua validade ou eficácia[62]. Dito de outro modo, não se exige que o transportador resgate todos os exemplares emitidos[63]. Tendo sido utilizado um documento eletrónico de transporte negociável, esse documento perderá toda a sua validade ou

---

a) a pessoa que está na posse de um documento de transporte negociável; e, i) caso o documento tenha sido emitido à ordem, esteja identificada nesse documento como carregador ou destinatário, ou como a pessoa a quem o documento tenha sido devidamente endossado; ou ii) no caso de se tratar de um documento à ordem endossado em branco ou tendo sido emitido ao portador, seja o seu portador; ou *b*) a pessoa a quem tenha sido emitido ou transferido um documento eletrónico de transporte negociável, de acordo com os procedimentos previstos no número 1, do artigo 9 das RR.

[60] Januário da Costa Gomes, *Introdução às Regras de Roterdão – A Convenção "Marítima-Plus" sobre transporte internacional de mercadorias*, cit., p. 32.

[61] Jiménez Sánchez, Guillermo Jesús, *Títulos-valores y documentos del transporte*, in *Derecho uniforme del transporte internacional: cuestiones de actualidad*, Agustín Madrid Parra (coord.), MacGraw-Hill, Madrid, 1998, *passim*.

[62] Como refere Baena Baena, a emissão de vários exemplares do documento de transporte não negociável não levanta tantas dificuldades, pois sendo designado nominativamente quem é o tomador, só este poderá exigir a entrega das mercadorias e só será liberatória a entrega realizada à pessoa designada no título (Baena Baena, Pedro Jesús, *La regulación en las Reglas de Rotterdam de la entrega de las mercancías en caso de haberse emitido un documento de transporte negociable*, in *Anuario de Derecho Marítimo*, n.° 29, 2012, p. 40, n. 9).

[63] Delebecque, *op. ult. cit.*, p. 864.

eficácia ao efetuar-se a entrega das mercadorias ao portador, nos termos previstos no n.º 1 do artigo 9.

O n.º 2 do artigo 47 prevê e regula a possibilidade de entrega das mercadorias, sem restituição do documento de transporte, no caso de ter sido emitido um documento de transporte negociável ou um documento eletrónico de transporte negociável[64].

Este regime só é aplicável se os documentos de transporte negociáveis em causa expressamente admitirem a entrega das mercadorias sem restituição do documento[65] e se tiverem sido respeitadas as regras estabelecidas nas cinco alíneas do n.º 2 do artigo 47.

Trata-se, uma vez mais, de um mecanismo que o transportador poderá utilizar para que aconteça uma entrega alternativa, sem prejuízo para o disposto no artigo 48[66].

Com o regime do n.º 2 do artigo 47, as RR procuram dar resposta a situações, algo frequentes na prática[67], em que as mercadorias chegam ao destino e o destinatário não dispõe do documento de transporte para com base nesse documento exigir a entrega[68].

O preceito em análise, suscita questões delicadas, no caso dos documentos de transporte negociáveis que circularam – em que é transmitido a um terceiro o direito à entrega das mercadorias, legitimando-o para recla-

---

[64] A primeira parte do n.º 2 do artigo 47 refere-se à não restituição do documento de transporte ou do documento de transporte eletrónico. Todavia, as RR não esclarecem como se procede à restituição de um documento eletrónico. Sobre esta questão, cfr. BAENA BAENA, *La regulación en las Reglas de Rotterdam de la entrega de las mercancías en caso de haberse emitido un documento de transporte negociable*, cit., p. 44, n. 17.

[65] Nas palavras de DELEBECQUE, trata-se de um documento "d'un nouveau type" (*Le chapitre 9 des Régles de Rotterdam: la livraison*, cit., p. 864).

[66] E, a final, caso não seja possível localizar o portador do documento de transporte negociável, o carregador ou o carregador documentário; ou quando, depois de localizados, nenhum deles der instruções para a entrega das mercadorias, então as mercadorias não são entregues, havendo que ter em consideração o disposto no artigo 48. Cfr. BAENA BAENA, *La regulación en las Reglas de Rotterdam de la entrega de las mercancías en caso de haberse emitido un documento de transporte negociable*, cit., p. 49.

[67] Cfr. VAN DER ZIEL, *Chapter 9 of the Rotterdam Rules: Delivery of the Goods*, cit., p. 17. De acordo com o autor, no transporte marítimo de certas mercadorias ("oil and related trades") a respetiva entrega acontece, quase sempre, sem a apresentação do conhecimento de carga.

[68] As razões pelas quais o destinatário não dispõe do documento de transporte podem ser muito variadas. Cfr. VAN DER ZIEL, *op. ult. cit.*, pp. 16-17.

mar a entrega ao transportador[69] (que, entretanto, poderá ter já entregue as mercadorias sem exigir a restituição do documento).

Para que ocorra a entrega das mercadorias sem restituição do documento de transporte, em conformidade com o regime estabelecido nas RR, é necessário, em primeiro lugar, que a entrega não se possa realizar por 3 motivos (artigo 47, n.º 2, alínea *a*): o transportador não consegue, depois de um esforço razoável, localizar o portador do documento de transporte, a fim de lhe pedir instruções para a entrega das mercadorias (iii); o portador, depois da chegada das mercadorias ao lugar de destino e apesar de ter sido notificado dessa chegada, não reclama ao transportador a entrega das mercadorias no momento ou dentro do prazo indicado no artigo 43 (i); o transportador recusa a entrega porque a pessoa que alega ser portador nega identificar-se devidamente como uma das pessoas mencionadas na primeira parte do n.º 10 do artigo 1 (ii).

Nestas três situações de impossibilidade de entrega, o transportador poderá pedir instruções ao carregador e, se depois de um esforço razoável, não conseguir localizar o carregador, o transportador poderá informar o carregador documentário do sucedido e pedir-lhe instruções para a entrega das mercadorias.

A segunda regra (alínea *b)*, do n.º 2, do artigo 47), diz-nos que o transportador que entregue as mercadorias em conformidade com as instruções recebidas do carregador ou do carregador documentário, com observância do estabelecido na alínea *a)*, do n.º 2 do artigo 47, fica desvinculado da obrigação de entregar as mercadorias ao portador do documento de transporte, quer lhe tenha ou não sido restituído o documento de transporte negociável, ou que a pessoa que reclame a entrega em virtude de um documento eletrónico de transporte negociável tenha ou não demostrado pelos procedimentos mencionados no n.º 1 do artigo 9 a sua condição de portador.

Quer isto dizer, *a contrario*, que se o transportador não proceder em conformidade com o estabelecido na alínea *a)*, do n.º 2 do artigo 47, terá

---

[69] Cfr. Baena Baena, *La regulación en las Reglas de Rotterdam de la entrega de las mercancías en caso de haberse emitido un documento de transporte negociable*, cit., pp. 43 e segs.; Delebecque, *Le chapitre 9 des Régles de Rotterdam: la livraison*, cit., p. 865; Sánchez Calero, *El contrato de transporte marítimo de mercancías (Reglas de La Haya-Visby, Hamburgo y Rotterdam)*, cit., pp. 668 e segs.; e van der Ziel, *Chapter 9 of the Rotterdam Rules: Delivery of the Goods*, cit., pp. 17 e segs..

de responder perante o portador de boa fé do documento de transporte negociável não restituído[70].

Estabelece a terceira regra (vertida na alínea *c*) que a pessoa que deu instruções ao transportador (ou seja, o carregador ou o carregador documentário) deverá indemnizar o transportador pelo prejuízo que este sofra, caso seja responsabilizado perante o portador nos termos da alínea *e*), do n.º 2, do artigo 47. E estabelece ainda esta terceira regra que o transportador poderá negar o cumprimento das instruções se o carregador ou o carregador documentário não prestar uma garantia adequada que, nesse âmbito, seja razoavelmente pedida pelo transportador.

De acordo com a quarta regra (alínea *d*), do n.º 2, do artigo 47), a pessoa que adquirir a condição de portador de um documento de transporte negociável ou de um documento eletrónico de transporte negociável, depois de o transportador entregar as mercadorias nos termos previstos na alínea *b*), do n.º 2, do artigo 47, mas, por efeito de um acordo anterior à entrega, adquire os direitos resultantes do contrato de transporte, com exceção do direito à entrega das mercadorias.

A quinta regra, plasmada na alínea *e*), estatui que, apesar do disposto nas alíneas *b*) e *d*) do n.º 2 do artigo em análise, o portador do documento de transporte negociável que adquirir essa condição de portador depois de o transportador entregar as mercadorias nos termos previstos na alínea *b*), do n.º 2, do artigo 47, e que não teve nem poderia razoavelmente ter conhecimento da mencionada entrega, no momento em que adquiriu a condição de portador, adquirirá os direitos incorporados no documento de transporte negociável ou no documento eletrónico de transporte negociável. A segunda parte da alínea *e*) consagra a seguinte presunção[71]: quando os dados do contrato incluam o momento previsto para a chegada das mercadorias, ou indiquem como obter informação sobre se a entrega foi ou não realizada, presumir-se-á que o portador teve ou poderia razoavelmente ter tido conhecimento da entrega das mercadorias.

---

[70] Sobre a questão de saber se o transportador, neste contexto, poderá ou não beneficiar da limitação de responsabilidade, cfr. BAENA BAENA, *La regulación en las Reglas de Rotterdam de la entrega de las mercancías en caso de haberse emitido un documento de transporte negociable*, cit., p. 47, n. 29.

[71] Para alguma doutrina, trata-se de uma presunção *iuris tantum*, cfr. BAENA BAENA, *La regulación en las Reglas de Rotterdam de la entrega de las mercancías en caso de haberse emitido un documento de transporte negociable*, cit., p. 49, n. 34.

O regime estabelecido no n.º 2 do artigo 47, quanto à possibilidade de entrega das mercadorias, sem restituição do documento de transporte, no caso de ter sido emitido um documento de transporte negociável, tem merecido comentários divergentes da doutrina, havendo quem o qualifique como uma solução realista[72], enquanto outros defendem que se trata de um regime inaceitável[73].

Apesar das diferentes leituras que podem ser feitas do n.º 2 do artigo 47, é de realçar que estamos perante a primeira tentativa de uniformização do regime aplicável à entrega sem restituição do documento de transporte negociável e que o regime consagrado procura conceder proteção ao portador de boa fé.

Na difícil tarefa de procurar um equilíbrio entre os vários interesses envolvidos, o regime vertido no preceito em análise parece favorecer o transportador[74], facultando-lhe a possibilidade de realizar uma entrega alternativa, sem que lhe seja restituído o documento de transporte negociável, mas que é liberatória para o transportador, exceto quanto ao portador de boa fé do documento de transporte negociável (e, mesmo neste âmbito, as RR preveem, nomeadamente, que o transportador pode acautelar a sua responsabilidade exigindo garantias ao carregador ou ao carregador documentário que lhe deu instruções sobre a entrega). Além disso, importa sublinhar que é reconhecida ao portador de boa fé do documento de transporte negociável que circulou a titularidade dos direitos resultantes do contrato de transporte, mas com exceção do direito à entrega das mercadorias; ou seja, o portador de boa fé pode ver-se privado das mercadorias por quem lhe transmitiu o documento de transporte ou pela pessoa designada pelo carregador ou pelo carregador documentário, sem que a pessoa que recebeu as mercadorias estivesse legitimada pela posse do documento que as representa (ou o seu correspondente eletrónico).

---

[72] DELEBECQUE, *Le chapitre 9 des Régles de Rotterdam: la livraison*, cit., p. 865.

[73] JOHANSSON, Svante O./OLAND, A. Barry/PYSDEN, Kay/RAMBERG, Jan/SCHMITT, Douglas G./TETLEY, William, *A Response to the Attempt to Clarify Certain Concerns over the Rotterdam Rules Published 5 August 2009*, disponível em https://www.mcgill.ca/maritimelaw/sites/mcgill.ca.maritimelaw/files/Summationpdf.pdf, p. 8.

[74] Cfr. BAENA BAENA *La regulación en las Reglas de Rotterdam de la entrega de las mercancías en caso de haberse emitido un documento de transporte negociable*, cit., p. 50. Defende este autor que o regime do artigo 47, n.º 2 favorece *injustamente* o transportador (*op. cit.*, p. 54 e *passim*).

240 *Francisco Costeira da Rocha*

Este regime poderá conduzir a uma maior dificuldade na transmissão destes documentos de transporte (e na transmissão das mercadorias pelos mesmos representadas), bem como poderá dificultar a sua utilização em operações de crédito.

3.7. *Mercadorias pendentes de entrega*

No âmbito das RR, a entrega constitui o momento em que termina o período de responsabilidade do transportador[75], significando, por isso, a transferência da responsabilidade pelas mercadorias do transportador para o destinatário.

Normalmente, o destinatário apresenta-se ao transportador, solicita a entrega das mercadorias e a entrega acontece.

No entanto, poderá também acontecer que as mercadorias, depois de chegadas ao lugar de destino, não podem, por variadas razões, ser entregues ao destinatário[76].

Para efeitos do artigo 48, as mercadorias consideram-se pendentes de entrega quando, depois da sua chegada ao destino: *a)* o destinatário não aceita a entrega das mercadorias, nos termos previstos no capítulo 9 das RR, no momento e lugar indicados no artigo 43; *b)* não é possível localizar a parte controladora, o portador, o carregador ou o carregador documentário, ou nenhum deles dá ao transportador instruções adequadas nos termos previstos nos artigos 45, 46 e 47; *c)* o transportador pode ou deve negar a entrega nos termos do disposto nos artigos 44, 45, 46 e 47; *d)* o transportador não está autorizado a efetuar a entrega das mercadorias ao destinatário, por força do disposto na lei ou em regulamentos aplicáveis no lugar onde se solicite a entrega; ou *e)* por qualquer outro motivo, torna-se impossível para o transportador entregar as mercadorias.

As situações referidas nas alíneas *a)*, *b)* e *c)* do n.º 1, do artigo 48 são situações já anteriormente referidas nas RR.

---

[75] Artigo 12 das RR.

[76] Sobre o conceito de impedimentos à entrega e sobre as diversas situações de impedimentos à entrega, embora no âmbito do contrato de transporte rodoviário de mercadorias, cfr. JUAN Y MATEU, Fernando, *Los impedimentos para la entrega en el transporte de mercancías por carretera*, Comares-CEDIT, Granada, 2005, pp. 9 e segs. e 27 e segs., respetivamente.

Mas como os impedimentos à entrega podem ser muito variados e extravasam o âmbito das regras relativas à entrega estabelecidas nas RR, foram acrescentadas as alíneas *d)* e *e)*.

No caso da alínea *d)*, o destinatário pretende aceitar a entrega, mas não está autorizado a fazê-lo devido, por exemplo, a restrições legais no lugar de entrega da mercadoria[77].

A situação em que o destinatário pode receber as mercadorias, mas já não está interessado nelas e rejeita-as, enquadra-se na alínea *e)*.

A alínea *e)* revela que a enumeração apresentada é meramente exemplificativa. Apesar do seu teor literal muito amplo, entendemos que face à sua integração sistemática, na sequência das alíneas anteriores, e à teleologia do preceito esta alínea deve ser interpretada restritivamente, referindo-se a motivos que impossibilitam a entrega das mercadorias que não são imputáveis ao transportador[78].

Ocorrendo impedimentos à entrega não imputáveis ao transportador, o que poderá o transportador fazer?

De acordo com o estabelecido no n.º 2 do artigo 48, "sem prejuízo para qualquer outro direito que o transportador possa exercer perante o carregador, a parte controladora ou o destinatário", o transportador poderá adotar, por conta e risco da pessoa que tenha direito a obter a entrega das mercadorias, todas as medidas que as circunstâncias possam razoavelmente exigir, nomeadamente: *a)* armazenar as mercadorias em lugar adequado; *b)* desembalar as mercadorias que estejam em contentores ou veículos, ou tomar outro tipo de medidas, mesmo que impliquem a deslocação das mercadorias; e *c)* vender as mercadorias ou destruí-las em conformidade com as práticas ou com os requisitos legais ou regulamentares que sejam aplicáveis no lugar onde as mercadorias se encontrem[79].

O preceito concede ampla margem de manobra ao transportador que, involuntariamente e por tempo indefinido, fica responsável pelas mercado-

---

[77] As chamadas *restrições à importação* são, pois, um exemplo da situação prevista na alínea *d)* do n.º 1 artigo 48.

[78] DELEBECQUE afirma, embora de uma forma sintética, que as mercadorias pendentes de entrega ("marchandises en souffrance") são "marchandises qui sont biem arrivées à destination, mais dont personne n'a pris livraison" (*Le chapitre 9 des Régles de Rotterdam: la livraison*, cit., p. 865).

[79] Cfr., também, o regime estabelecido no artigo 19.º (que tem por epígrafe "recusa de receber a mercadoria") do Decreto-Lei n.º 352/86, de 21 de outubro.

rias pendentes de entrega, mas estabelecendo que o transportador deverá tomar as medidas que "as circunstâncias possam razoavelmente exigir".

As circunstâncias podem ser muito variáveis, pelo que as medidas a adotar também poderão ser muito diversas.

Os exemplos vertidos nas 3 alíneas do n.º 2 do artigo 48 foram retirados de cláusulas de conhecimentos de carga e de disposições legais e correspondem a medidas que na prática são adotadas nestes casos[80].

O transportador só poderá tomar as medidas adequadas nos termos do n.º 2 do artigo 48 depois de ter enviado um aviso razoável da medida prevista, à pessoa indicada nos dados do contrato como a pessoa a notificar da chegada das mercadorias ao lugar de destino, caso tenha sido indicada, assim como a uma das seguintes pessoas e pela seguinte ordem, desde que o transportador conheça a sua identidade: o destinatário, a parte controladora ou o carregador.

O objetivo do n.º 3 do artigo 48 é evitar, dentro do possível, que a "pessoa que tenha direito a obter a entrega das mercadorias" seja confrontada com medidas irreversíveis tomadas pelo transportador, por exemplo, a destruição das mercadorias.

Apesar de a norma em análise se referir em primeiro lugar, como destinatária do aviso a remeter pelo transportador, à "pessoa indicada nos dados do contrato como a pessoa a notificar da chegada das mercadorias ao lugar de destino", caso tenha sido indicada, o aviso aqui em questão já nada tem a ver com a notificação de chegada das mercadorias ao destino.

O que agora se transmite é um aviso comunicando as medidas que o transportador irá adotar na sequência da impossibilidade da entrega e, por isso, é posterior e independente da notificação de chegada das mercadorias ao destino.

O que seja "um aviso razoável da medida prevista" também depende das circunstâncias.

O aviso deverá especificar, descrever claramente a medida prevista e, se possível, deverá ser remetido com a antecedência necessária para o notificando poder atuar com vista a evitar a concretização de tal medida.

---

[80] Cfr. Van Der Ziel, *Chapter 9 of the Rotterdam Rules: Delivery of the Goods*, cit., p. 29.

De acordo com o n.º 4 do artigo 48, o produto da venda das mercadorias pendentes de entrega deverá ser conservado pelo transportador, ficando à disposição da pessoa que tenha direito à entrega das mercadorias.

No entanto, ao valor obtido com a venda, o transportador poderá deduzir as despesas relativas à venda e qualquer outra quantia que lhe seja devida relacionada com o transporte das mercadorias vendidas.

A primeira parte do n.º 5 do artigo 48 estabelece que "o transportador não será responsável pela perda ou dano que as mercadorias sofram enquanto permaneçam pendentes de entrega nos termos previstos neste artigo".

Justifica-se esta regra porque o artigo 48 regula situações em que ocorreram impedimentos à entrega não imputáveis ao transportador.

Normalmente, a impossibilidade de entrega aqui em causa é imputável ao carregador, ou numa formulação mais ampla, à pessoa que tinha direito à entrega da mercadoria.

Sendo assim, o risco e os custos (por exemplo, de conservação) inerentes às mercadorias pendentes de entrega não recaem, em última linha, sobre o transportador.

No entanto, a regra estabelecida na primeira parte do n.º 5 do artigo 48 poderá ser afastada se o lesado provar que a perda ou dano resultou de o transportador não ter adoptado as medidas que seriam razoáveis, dadas as circunstâncias e que o transportador sabia ou deveria saber que a perda ou dano se produziria no caso de não adotar tais medidas.

A fórmula aqui utilizada é diferente da vertida no artigo 61 das RR, artigo esse relativo à perda do benefício da limitação da responsabilidade do transportador, mas num e noutro caso a intenção é a mesma: afastar uma regra sobre a responsabilidade favorável ao transportador quando o transportador adote uma conduta antijurídica.

O regime de responsabilidade do transportador por perda, dano ou atraso estabelecido no capítulo 5 das RR (artigos 17-23) não se aplica a partir do momento em que ocorre o impedimento à entrega não imputável ao transportador[81].

---

[81] Cfr. DELEBECQUE, *Le chapitre 9 des Régles de Rotterdam: la livraison*, cit., p. 867; e VAN DER ZIEL, *Chapter 9 of the Rotterdam Rules: Delivery of the Goods*, cit., p. 30.

Refere VAN DER ZIEL que ocorrendo impedimentos à entrega, não imputáveis ao transportador, podem distinguir-se duas espécies de responsabilidade do transportador. Uma diz respeito ao período de responsabilidade durante a execução do contrato até à chegada das

244   *Francisco Costeira da Rocha*

Assim, por exemplo, a responsabilidade solidária do transportador e de uma ou mais partes executantes marítimas (artigo 20) não é aplicável no âmbito do artigo 48, pelo que as atividades da parte executante restringem--se à fase de execução do contrato de transporte até à entrega ou, no caso, até à ocorrência do impedimento à entrega.

3.8. *O direito de retenção sobre as mercadorias transportadas*

A encerrar o capítulo 9 das RR, capítulo dedicado à entrega das mercadorias, encontramos o artigo 49, que versa sobre a "retenção das mercadorias" transportadas.

De acordo com este preceito, nenhuma das disposições das RR afeta o direito de retenção do transportador ou de uma parte executante sobre as mercadorias transportadas, para garantia do pagamento das somas que lhes sejam devidas[82].

O texto que agora consta do artigo 49 está muito distante do artigo equivalente do projeto inicial da Convenção, que era um artigo detalhado sobre o direito de retenção do transportador. No decurso dos trabalhos preparatórios foi decidido alterar radicalmente esse artigo por "razões práticas": para não sobrecarregar – ainda mais – o texto da Convenção e porque as diversas perspetivas nacionais sobre o direito de retenção exigiriam um largo tempo de discussão que não estava disponível[83].

---

mercadorias ao destino, ou melhor, até ocorrer o impedimento à entrega. Outra, é relativa ao período seguinte, ao período posterior à chegada das mercadorias ao destino e à ocorrência do impedimento à entrega.

O artigo 48 das RR visa esta segunda espécie de responsabilidade do transportador, estabelecendo algumas regras aplicáveis ao período que se segue à ocorrência de um impedimento à entrega não imputável ao transportador. O artigo ora em análise não qualifica esta responsabilidade e não apresenta um regime exaustivo, limitando-se – como afirma a doutrina – a apresentar algumas regras práticas.

[82] Designadamente, para garantir o pagamento do preço do transporte.

Segundo alguma doutrina, o artigo em análise também se refere à possibilidade de uma parte executante exercer o direito de retenção face ao transportador, impedindo assim a entrega das mercadorias ao destinatário. Cfr. Van Der Ziel, *Chapter 9 of the Rotterdam Rules: Delivery of the Goods*, cit., p. 31.

[83] Cfr. Van Der Ziel, *Chapter 9 of the Rotterdam Rules: Delivery of the Goods*, cit., p. 31.

A Entrega das Mercadorias nas Regras da Haia...

Assim, a propósito do direito de retenção, decidiu-se incluir um artigo visando clarificar – tão só – que o transportador ou uma parte executante dispõem da faculdade de não entregar as mercadorias, enquanto não forem pagas as quantias que lhes sejam devidas por causa do contrato de transporte[84].

Repare-se que este preceito não atribui qualquer direito de retenção ao transportador ou à parte executante, limitando-se a reconhecer que tal direito de retenção poderá existir. E poderá existir, não por força do estabelecido nas próprias RR, mas porque resulta do estipulado no contrato de transporte ou da lei aplicável[85].

A nível nacional, o direito de retenção está previsto, nomeadamente, nos artigos 754.º e segs. do Código Civil, referindo-se o artigo 755.º, n.º 1, alínea a) ao direito de retenção do "transportador, sobre as coisas transportadas, pelo crédito resultante do transporte".

Entre nós, no âmbito do contrato de transporte, o direito de retenção do transportador é aceite pacificamente e tem consagração legislativa não só no Código Civil, mas também no artigo 390.º do Código Comercial e, por exemplo, no artigo 21.º do Decreto-Lei n.º 352/86, de 21 de outubro (quanto ao transporte marítimo de mercadorias) e no artigo 14 do Decreto-Lei n.º 239/2003, de 4 de outubro (quanto ao transporte rodoviário de mercadorias)[86].

---

[84] Cfr. VON ZIEGLER, *Main concepts of the new Convention: its aims, structure and essentials*, cit., p. 354.

[85] Trata-se de um aspeto expressamente referido no artigo 49.

[86] E estava também consagrado, embora em termos não muito claros, no revogado art. 561.º do Código Comercial.
O Decreto-Lei n.º 255/99, de 7 julho, que disciplina o acesso e o exercício da actividade transitária, estabelece que as "empresas transitárias" gozam do direito de retenção nos termos do artigo 14.º desse diploma (o Decreto-Lei n.º 255/99, de 7 julho foi alterado pela Lei n.º 5/2013, de 22 de janeiro, que – entre o mais – simplifica o acesso à atividade transitária, introduzindo alterações aos artigos 3.º, 9.º e 11.º daquele Decreto-Lei e revogando os artigos 4.º e 5.º, a alínea c) do n.º 1 e o n.º 3 do artigo 8.º, o n.º 2 do artigo 10.º e o artigo 25.º do mesmo Decreto-Lei). Segundo o citado artigo 14.º: "as empresas transitárias podem exercer o direito de retenção sobre mercadorias que lhes tenham sido confiadas em consequência dos respectivos contratos, pelos créditos deles resultantes, salvo estipulação expressa em contrário". No Acórdão do Supremo Tribunal de Justiça de 29/03/2007, processo n.º 07B584 (disponível em www.dgsi.pt), é equacionada a aplicação do artigo ora transcrito.

O artigo 49 refere-se à lei aplicável, ficando em aberto a questão da sua determinação[87]. Ora, esta questão é muito relevante, pois o direito de retenção não é consagrado com o mesmo recorte nas várias legislações[88].

4. Considerações finais

Entre as Regras da Haia e as Regras de Roterdão passaram mais de 80 anos. E, como facilmente se observa, a realidade do transporte de mercadorias de então é muito diferente da realidade de hoje, bastando referir, por exemplo, a contentorização, o intensificar da globalização no comércio internacional e, mais recentemente, a utilização de documentos eletrónicos.

As Regras de Roterdão procuram dar resposta aos problemas que a realidade atual suscita e procuram um equilíbrio entre os diversos interesses quer dos Estados, quer dos diferentes intervenientes nas operações de transporte.

Por isso, não deve surpreender, nem deve ser sobrevalorizada a circunstância de as Regras de Roterdão serem extensas e complexas (por comparação com as Regras da Haia: estas, na sua versão originária, integram 16 artigos e 3268 palavras; as Regras de Roterdão contêm 96 artigos e 17.053 palavras). Para ser parte da solução, ou seja, para contribuir para a uniformização do regime jurídico aplicável ao transporte marítimo internacional de mercadorias e ao transporte porta-a-porta, as Regras de Roterdão teriam de ser necessariamente mais complexas e extensas do que as precedentes Convenções sobre o transporte marítimo internacional de mercadorias.

Decorridos 4 anos sobre a respetiva assinatura, o futuro das Regras de Roterdão parece incerto, embora ainda seja cedo para tirar conclusões sobre a sua possível entrada em vigor.

Na doutrina nacional, sobre o direito de retenção no âmbito do contrato de transporte, cfr., PIRES DE LIMA/ANTUNES VARELA, *Código Civil Anotado*, Volume I, cit., pp. 774 e 775--776; MENEZES CORDEIRO, *Introdução ao Direito dos Transportes*, cit., p. 31; e COSTEIRA DA ROCHA, *O contrato de transporte, Contributo para o estudo da posição jurídica do destinatário no contrato de transporte de mercadorias*, cit., pp. 176-177.

[87] Cfr. DELEBECQUE, *Le chapitre 9 des Régles de Rotterdam: la livraison*, cit., p. 862.

[88] Por exemplo, não é reconhecido em todos os ordenamentos que o direito de retenção atribui ao retentor preferência para ser pago antes dos demais credores do devedor. Cfr. PIRES DE LIMA/ANTUNES VARELA, *Código Civil Anotado*, Volume I, cit., p. 781.

No entanto, como acertadamente afirmou Ignacio Arroyo Martínez, "la utopía de un Derecho Marítimo uniforme puede hacerse realidad si sabemos conjugar el pesimismo de la inteligencia con el optimismo de la fuerza de la voluntad"[89].

---

[89] Arroyo Martínez, Ignacio, *Por qué me he dedicado al Derecho Marítimo y su uniformidad*, in *Anuario de Derecho Marítimo*, n.º 29, 2012, p. 35.

FLETAMENTO, TRANSPORTE MARÍTIMO Y RESPONSABILIDAD CONTRACTUAL

[Influencia de las "Reglas De Rotterdam" sobre la tipología de los contratos de utilización del Buque, en el Derecho Español]

José Luis García-Pita y Lastres[*]

Sumario: I – Introducción: Planteamiento del Problema; II – Las *"Reglas de Rotterdam"*: Naturaleza y Objeto; III – Las *"Reglas de Rotterdam"* Consideradas desde la Perspectiva del Derecho Comparado; III.1. *Consideraciones generales;* III.2. *El sistema angloamericano de fletamentos y contratos de transporte. Especial referencia al Derecho norteamericano*; III.3. *Los sistemas del "Civil Law", en materia de fletamentos y contratos de transporte: la heterogeneidad de regímenes;* III.3.1. Ordenamientos con separación sustantiva entre Fletamento y transporte; III.3.2. Ordenamientos con asimilación del Fletamento y el Transporte; III.4. *La solución de las "Reglas de Rotterdam": un criterio semi-amplio y funcional*; IV – Fletamento y Contrato de Transporte, en el Derecho Marítimo Español: Entre el Código de Comercio y la Nueva Ley de Navegación Marítima n.º 14/2014, de 24.07.2014; IV.1. *Sistema del Código de comercio*: IV.2. *Sistema de la LNM./2014*; V – Responsabilidad del Porteador y Responsabilidad por el Transporte: Del Contrato, a la Institución; V.1. *Responsabilidad y Contrato, en los contratos náuticos, de explotación o de utilización del Buque: especial referencia al tema del interés*. V.2. *Libertad contractual y responsabilidad por el cargamento, en los contratos náuticos, de explotación o de utilización del Buque: la "institucionalización" de la finalidad de transporte*; VI – Influencia de las "Reglas de Rotterdam" Sobre la Tipología de Los Contratos de Utilización del Buque, en el Derecho Español.

---

[*] Catedrático de Derecho Mercantil de la Universidad de La Coruña.

I – INTRODUCCIÓN: PLANTEAMIENTO DEL PROBLEMA

Parafraseando al Maestro Joaquín GARRIGUES, se podría afirmar que *"el tema de nuestro tiempo, en Derecho marítimo y Derecho del transporte, son las Reglas de Rotterdam y la Responsabilidad del Porteador"*, aunque España – lo mismo que en la crisis económica que nos afecta – tiene sus propios *"temas"* fundamentales, que han conducido a la culminación del proceso de reforma de nuestro Derecho marítimo, con la nueva Ley n.° 14/2014, de 24.07.2014, de Navegación Marítima (LNM./2014); un proceso largo y pleno de dificultades, que – supuestamente – habrá de determinar la estructura del sistema de contratos de utilización o explotación del Buque, que yo – por mi parte – prefiero calificar como *"contratos náuticos"*, y que tiene su eje central – y su núcleo problemático – en la regulación del **Contrato de Transporte marítimo de mercancías...** *"también denominado Fletamento"*. Un proceso – digo – cuyo curso no fue lineal y unidireccional, y que tampoco se desarrolló a un ritmo constante. Todo lo contrario: las propuestas, los borradores, anteproyectos y proyectos se sucedían, y – cuando parece que se iba a llegar a la culminación del proceso –, éste se detenía, se invitaba a los sectores más afectados, a presentar nuevas propuestas, alegaciones, enmiendas, etc.... y todo volvía a quedar paralizado, hast que – por fin – se promulgó la LNM./2014. Si ya en 1999 se editó una obra colectiva en la que se recogían una serie de estudios doctrinales de los más prestigiosos maritimistas españoles[1], en trono a los textos ya conocidos en aquellas fechas, publicados en el B.O. del entonces Ministerio de Justicia e Interior con el título de *"Materiales para la reforma del Derecho Marítimo"* y que – además de un *"Anteproyecto de Ley de Contrato de Seguro Marítimo"* – se centraban básicamente en otro denominado *"Anteproyecto de Ley de Contratos de Utilización del Buque"*, de 1994 [Antep.LCUB./1994], que proponía una nueva regulación en materia de arrendamiento de buques, fletamentos, contratos de

---

[1] CORRALES ELIZONDO, A.: "EL Proyecto de Ley de Navegación marítima y las competencias de la Armada", p. 7 de 36, en <www.asesmar.org/conferencias/documentos/doc_semana25/PL_NAVEGACI%C3%93N.doc – – >, quien tiene la amabilidad de incluirme, junto a Ignacio ARROYO, Fernando SANCHEZ CALERO, Juan Luis IGLESIAS PRADA – ambos desgraciadamente fallecidos, cuando escribo estas líneas –, Aurelio MENENDEZ, José Luis GABALDON e Isabel MARTINEZ JIMENEZ.

pasaje y remolque[2], apenas seis años más tarde – señala CORRALES ELIZONDO –, es decir: entre 2004 y 2005, *"se hizo pública de forma también un tanto discreta – aunque se publicó y distribuyó el texto en sedes administrativas, empresariales y académicas – como suele ocurrir con los tanteos más o menos definitivos que cubren las etapas prelegislativas en las grandes normas de interés general, una* '**Propuesta de Anteproyecto de Ley General de la Navegación Marítima' [P.A.L.G.N.M./2004]**"[3], que – a decir verdad – apenas aportaba modificación sustancial alguna al Antep. LCUB.[4], y que – como dije – en materia de contratos de utilización del Buque, seguía fielmente al viejo Anteproyecto de 1994.

Aprobado por la Secretaría General Técnica del Ministerio de Justicia, el 25.06.2006, el texto de la citada P.A.L.G.N.M./2004, el Ministro titular de dicha cartera presentó un Informe al Consejo de Ministros de 25.08.2006, donde se acordó someter el texto – ya Anteproyecto – a dictamen del Consejo General del Poder Judicial, y a consulta formal de las organizaciones más representativas del sector afectado, para elevarlo después al Consejo de Ministros a efectos de su aprobación como *"Proyecto de Ley General de Navegación Marítima"* [Proy.LGNM./2006], y de su ulterior remisión a las Cortes Generales, a donde llegó luego de ciertas modificaciones, publicándose en el BOCG., de 10.11.2006[5]. Posteriormente, agotada la legislatura, el Proy.LGNM./2006 dejó paso a un nuevo *"Proyecto de Ley General de Navegación Marítima"* que fue **publicado en el BOCG., Serie A, Congreso de los Diputados de 19.12.2008 [Proy. LGNM./2008]**, que – como el Proy./LGNM./2006 y los textos anteriores – recogía cuatro grandes tipos distintos de contratos de utilización del buque: una vez más, el contrato de arrendamiento de buques y embarcaciones, el

---

[2] VV.AA.: *"La Reforma de la Legislación marítima"*, **edit. Aranzadi, S.A./ Instituto Europeo de Estudios Marítimos/Universidad "San Pablo" C.E.U., 1999.**

[3] CORRALES ELIZONDO, A.: "El Proyecto de Ley...", cit., p. 7 de 36. FERNÁNDEZ QUIRÓS, T.: "El Proyecto de Ley General de Navegación Marítima", en *"Actualidad Jurídica Uría Menéndez"*, 2007, n.º 16, p. 79, quien señala cómo *"[e]l Ministerio de Justicia publicó en noviembre de 2004 la Propuesta de Anteproyecto de Ley General de Navegación Marítima («ALGENMAR»). Esa Propuesta de Anteproyecto fue el fruto los trabajos de la Sección Especial para la Reforma del Derecho de la Navegación, de la Sección de Derecho Mercantil de la Comisión General de Codificación, presidida por el Profesor Justino Duque"*.

[4] CORRALES ELIZONDO, A.: "El Proyecto de Ley...", cit., ps. 7/8 de 36.

[5] FERNÁNDEZ QUIRÓS, T.: "El Proyecto...", cit., p. 82.

de fletamento – figura central de su regulación, que abarca al conocimiento de embarque –, el contrato de pasaje y el de remolque. Y es que el Proy. LGNM./2008 reproducía – cási hasta la identidad absoluta – los contenidos del Proy.LGNM./2006, salvo escasísimas diferencias, apenas sólo de numeración. Así pues; el Proy.LGNM./2008, en cuya elaboración colaboraron activamente los sectores afectados [navieros, cámaras de comercio, transitarios y despachos o bufetes especializados, entre otros], no fue sino el trasunto de un mismo texto original: la P.A.L.G.N.M./2004, que había aprobado una sección especial de la Comisión General de Codificación. Mas, como ya tuve ocasión de señalar, todos estos textos son – al parecer – tributarios del Antep.LCUB./1994, que en nada más y nada menos que 115 artículos, contemplaba los siguientes – y conocidos – tipos contractuales *"de utilización del Buque"*: el **Arrendamiento de buque**, el **Fletamento**, el **Contrato de Pasaje** y el **Contrato de Remolque**[6]: los **mismos** tipos que aparecían en el Proy.LGNM./2008 y, antes, en los textos precedentes… y que volverían a aparecer en una ***"Proposición de Ley n.º 122/000068, de Ley General de Navegación Marítima"*, presentada por el grupo parlamentario socialista, con fecha 28.06.2012 [Prop.Gpsoc./LGNM./2012].** Pero lo verdaderamente relevante era que todos estos textos configuraban al fletamento como genuino contrato de transporte, llegando a su práctica equiparación, con la consiguiente negación de la autonomía del aludido *"fletamento"*[7]. La razón aducida era la de *"superar la tradicional discu-*

---

[6] Saenz García de Albizu, J.C.: "El contenido del Contrato de Fletamento en el Anteproyecto de Ley sobre Contratos de Utiilzación del Buque", en VV.AA.: *"III.ºs Jornadas de Derecho marítimo de San Sebastián (Jornadas de estudio y análisis del Anteproyecto de Contratos de Utilización del Buque, de febrero de 1994)"*, edit. Librería Carmelo, Donostia/San Sebastián, 1996, ps. 19 y s. Goñi Etchevers, J. L.: "La identificación del Porteador marítimo conforme al Anteproyecto de Ley sobre Contratos de Utiilzación del Buque", en VV.AA.: *"III.ºs Jornadas de Derecho marítimo de San Sebastián (Jornadas de estudio y análisis del Anteproyecto de Contratos de Utilización del Buque, de febrero de 1994)"*, edit. Librería Carmelo, Donostia/San Sebastián, 1996, ps. 46 y ss. Illescas Ortiz, R.: "La responsabilidad del Porteador marítimo en el Anteproyecto de Ley sobre Contratos de Utiilzación del Buque", en VV.AA.: *"III.ºs Jornadas de Derecho marítimo de San Sebastián (Jornadas de estudio y análisis del Anteproyecto de Contratos de Utilización del Buque, de febrero de 1994)"*, edit. Librería Carmelo, Donostia/San Sebastián, 1996, ps. 74 y s.

[7] Arroyo Martínez, I.. "El régimen jurídico del Transporte marítimo de mercancías en España. Líneas generales", en VV.AA.: *"I.ºs Jornadas de Lisboo de Direito Marítimo. 6 e 7 de Março de 2008. O Contrato de Transporte Marítimo de Mercadorias"*, edit. Centro de Direito Maritimo e dos Transportes da Facultades de Direito da Universidades de Lisboa/

sión doctrinal sobre si el fletamento es o no una figura autónoma del contrato de transporte, decantándose por la segunda postura, esto es, la que identifica contrato de fletamento y contrato de transporte"[8]. Realmente, más que "superar", de lo que se trataba era de **tomar partido** por una de las diversas posturas doctrinales – y por uno de los diversos sistemas nacionales de regulación –, abandonando, de modo casi absoluto, las demás, lo cual – en mi opinión – es un **error**, o – en el mejor de los casos – si no es un error, al menos sí que me parece obvio que la forma en que se ha procedido es harto desafortunada, con lo que me sumo a las críticas que, ya en 2008, dirigió a estos textos el Prof. Ignacio ARROYO[9].

A la vista de todo lo expuesto – y como habría dicho el francés Paul CHAUVEAU[10] –, cabe[11] afirmar, del estado del Derecho Marítimo español, que desde hace ya casi veinte años – quizá incluso más – se encuentra *"en révolution"*, y sucede que este proceso revolucionario, de raigambre interna, coexiste con **otro proceso** que, por el contrario, presenta un carácter **internacional** – y, por tanto, **externo**; es decir: exterior al que se produce en España –, ya que está guiado por un propósito unificador, pero que – además – presenta varios rasgos muy característicos y que resultan problemáticos, si se consideran desde la perspectiva de nuestro proceso *interno*: para empezar, se caracteriza por venir circunscrito a los **contratos** de *transporte* marítimo [uni – o multimodal], en el sentido más estricto del término. En segundo lugar, realmente no hay un proceso único, sino – más bien – dos procesos de reforma-unificación internacional, que – por si fuera poco – responden a **filosofías diferentes**. Uno, de clara raigambre anglosajona, promovido o propiciado por la *"International Law Association"* [ILA.] y por el "Comité Marítimo Internacional"

Edições Almedina, Coimbra, 2008, ps. 118 y s. FERNÁNDEZ QUIRÓS, T.: "El Proyecto...", cit., p. 82.

[8] FERNÁNDEZ QUIRÓS, T.: "El Proyecto...", cit., p. 82. Igualmente, ARROYO MARTÍNEZ, I.. "El régimen jurídico del ...", cit., p. 119.

[9] ARROYO MARTÍNEZ, I.. "El régimen jurídico del ...", cit., ps. 118 y ss.

[10] CHAUVEAU, P.: "Le Droit maritime en révolution", en VV.AA.: *"Estudios Jurídicos en Homenaje a Joaquín Garrigues"*, t. II, edit. Tecnos, S.A., Madrid, 1971, ps. 173 a 183.

[11] GARCÍA-PITA Y LASTRES, J. L.: "Naviero y Armador, en el marco de la Reforma del Derecho de la navegación marítima", en VV.AA.: *"La nueva Legislación portuaria y marítima"*, editores E.Beltrán Sánchez, R.Lobeto Lobo y A.B.Campuzano Laguillo, edit. Autoridad Portuaria de Santander, Santander, 2007, p. 67.

[CMI./IMC.], a través de sucesivas conferencias[12], pretende unificar el régimen de los **conocimientos de embarque**, más que – propiamente – el de los contratos de transporte, habiéndose plasmado en el **Convenio de Bruselas de 25.08.1924, sobre Unificación internacional de ciertas reglas en materia de Conocimientos de embarque**, también conocido como las *"Reglas de La Haya"* [C.Brus.C.Emb./1924], sucesivamente modificadas en 1968 [*"Reglas de Visby"*] y 1979 [*"Reglas de La Haya-Visby"*][13] [C.Brus.C.Emb./1924/1968/1979]. En cambio, el segundo – más moderno – se caracteriza, contrariamente, por venir inspirarse en, o responder a, una filosofía algo más alejada de la filosofía *"anglicizante"* del proceso de reforma español, así como también ajena a la filosofía *"anglicizante"* del *otro* proceso internacional de unificación, ya que en vez de pretender unificar el régimen de los conocimientos de embarque, se intenta una unificación desde la perspectiva del **contrato** de transporte. Este segundo proceso, propiciado o promovido, no por el CMI., sino por la ONU., se vio reflejado, en su día, por el **Convenio internacional de las Naciones Unidas sobre el Transporte marítimo de mercancías, hecho en Hamburgo, el 31.03.1978**: las llamadas *"Reglas de Hamburgo"*, cuya inspiración – en buena medida – resurge en **Convenio**

---

[12] Sánchez Calero, F.: *"El Contrato de Transporte marítimo de mercancías según la Ley de 22 de diciembre de 1949, que introduce las normas del Convenio de Bruselas de 1924"*, edit. Consejo Superior de Investigaciones Científicas, Delegacion de Roma, Roma/ Madrid, 1957, ps. 2 y ss. [En adelante: Sánchez Calero/TMM./1], da cumplida cuenta del proceso que condujo a la elaboración de las *"Reglas de La Haya"*, luego convertidas en el aludido Convenio de Bruselas de 25.08.1924: el proceso, como se verá, parte de la *"Harter Act"* norteamericana y de su influencia en el mundo anglosajón, posteriormente – en 1921 – la ILA. preparó una Conferencia internacional, en La Haya, donde se aprobaron las *"Reglas de La Haya"*, de orientación plenamente inglesa. Más tarde, tomó las riendas el CMI./IMC., que organizó una Conferencia internacional en Londres, seguida – en 1922 – por otra, de nuevo organizada por la ILA., en Buenos Aires. Todas estas medidas se movían en el ámbito estrictamente privado; circunstancia que les auguraba escaso éxito. De ahí que se diese el paso a una vía de índole *pública u oficial*, con la Conferencia *diplomática* de Bruselas, que fue la que aprobó el Convenio de 25.08.1924, firmado por importantes Estados [Alemania, Bélgica, Dinamarca, Egipto, España, EE.UU., Finlandia, Francia, el Reino Unido y las Colonias, Hungría, Italia, Mónaco, Noruega, Polonia, Portugal, Rumanía, Suecia...].

[13] Myburgh, P.: "'All That Glisters': The Gold Clause, the Hague Rules and Carriage of Goods by Sea", en NZBLQ., 2002, n.º 8, p. 260 [1 de 7], en <http://www.maritimelaw. org.nz/myburgh/Gold.pdf>

de las Naciones Unidas sobre el Contrato de Transporte Internacional de Mercancías Total o Parcialmente Marítimo, de 11.12.2008 [Las *"Reglas de Rotterdam"*[14] o **Reg.Rott.**], que es de raigambre no tan británica o anglosajona como el C.Brus.C.Emb./1924/1968/1979, pero que no ha dejado de suponer un importante avance unificador y – como veremos, posteriormente – sanamente **ius-comparatista**, que llega a soluciones ya ampliamente sentidas, en materia de responsabilidad por el transporte.

Pero el hecho de que estos procesos internacionales coincidan en referirse – y limitarse o circunscribirse – a los contratos de transporte, en sentido estricto, no impide que hagan referencias a la figura de los *"contratos de fletamento"*. Así, p.e., el **art. 1.º, apdo. b)** de las *"Reglas de La Haya-Visby"* dispone que el término "contrato de transporte":

> *"... se refiere únicamente al contrato de transporte documentado por un conocimiento de embarque o cualquier documento de título similar, en la medida que tal documento se refiera a un transporte de mercancía por mar; incluyendo cualquier conocimiento de embarque o documento similar emitido*

---

[14] ILLESCAS ORTIZ, R.: "Lo que cambia en el Derecho del Transporte internacional tras las Reglas de Rotterdam", en VV.AA.: *"El Derecho mercantil en el umbral del siglo XXI. Libro Homenaje al Prof.Dr. D. Carlos Fernández-Nóvoa en su octogésimo cumpleaños"*, edit. Marcial Pons, Ediciones Jurídicas y Sociales, S.A., Madrid/Barcelona/Bs.Aires, 2010, ps. 591 y ss. EMPERANZA SOBEJANO, A.: "Presentación", en VV.AA.: *"Las Reglas de Rotterdam. La regulación del Contrato de Transporte Internacional de mercancías por Mar"*, edit. Marcial Pons, Ediciones Jurídicas y Sociales, S.A., Madrid/Barcelona/Bs.Aires, 2010, *passim.* LÓPEZ SANTANA, N.: "Ámbito de aplicación del Convenio", en VV.AA.: *"Las Reglas de Rotterdam. La regulación del Contrato de Transporte Internacional de mercancías por Mar"*, edit. Marcial Pons, Ediciones Jurídicas y Sociales, S.A., Madrid/Barcelona/Bs.Aires, 2010, ps. 20 y 41. SÁNCHEZ CALERO, F. Y SÁNCHEZ-CALERO GUILARTE, J.: *"Instituciones de derecho mercantil"*, t. II, 36.a ed. [9.a en Aranzadi], Cizur Menor (Navarra), 2013, p. 719, señalan que la AG.ONU., en su sesión de 11.12.2008, aprobó el texto del "Convenio de las Naciones Unidas sobre transporte internacional de mercancías total o parcialmente marítimo", que quedó abierto a la firma de los Estados, a partir de la sesión del 23.09.2009, en Rotterdam, habiéndose recomendado – en consecuencia – que sus normas se denominasen "Reglas de Rotterdam". RUIZ SOROA, J.M.ª.: "La Responsabilidad del Transportista...", cit., p. 14. GARCÍA ÁLVAREZ, B.: "Las operaciones de carga y descarga en las Reglas de Rotterdam", en *"Revista de Derecho del Transporte terrestre, marítimo, aéreo y multimodal"* [RevDTransp.], 2009, n.º 3, p. 12. LLORENTE GÓMEZ DE SEGURA, C.: "Las Reglas de Rotterdam (I)", en *"Cuadernos de Derecho Transnacional"* (Marzo 2010), Vol. 2, N.º 1, ps. 165 y s., y en <http://kusan.uc3m.es/CIAN/index.php/CDT/article/viewFile/978/449>

*en virtud de un contrato de fletamento, desde el momento que tal conoci-
miento de embarque o documento de título similar, regule las relaciones entre
el transportador y el tenedor del mismo".*

Así pues, el precepto habla – al menos, formalmente – de **dos** tipos
o figuras, que no sabemos – si solamente atendemos al referido texto
internacional – hasta qué punto coinciden o divergen: el *"contrato de
transporte"* y *"un contrato de fletamento"*. Y al hacer esta mención, las
"Reglas – por entonces – *de La Haya"*, llegaron más lejos que nuestra
**Ley de 22.12.1949, del Contrato de Transporte marítimo internacio-
nal de mercancías, en régimen de Conocimiento de embarque** o bien
**de unificación de reglas en los conocimientos de embarque en buques
mercantes** [LTM. o LTM./1949], actualmente derogada por la Disp. Dero-
gatoria Única, LNM./2014, con la que España pretendió introducir en su
ordenamiento jurídico interno el régimen del citado C.Brus.C.Emb./1924,
y cuyo **art. 2.º** decía que:

> *"Por contrato de transporte, a los efectos de la presente Ley, ha de enten-
> derse únicamente el contrato de porte formalizado en un conocimiento o en
> cualquier documento similar que sirva como título para el transporte de mer-
> cancías por mar, aplicándose igualmente al conocimiento o documento simi-
> lar emitido en virtud de una póliza de fletamento, a contar desde el momento
> en que este documento regula las relaciones por porteador y del tenedor del
> conocimiento... Y «porteador» el naviero, armador o fletador comprometido
> en un contrato de transporte con un cargador".*

El texto ya no hablaba de dos contratos, sino de dos documentos... o de
un contrato y un documento: ya no había un *"contrato"* de fletamento, sino
una *"póliza de fletamento"*, aunque – a la hora de definir al *«porteador»*,
hacía referencia a un personaje denominado *"fletador"*, que luego definía
– **art. 3.º, LTM.** – como *"el que fleta un buque por tiempo o por uno o
varios viajes"*.
Por su parte, el **art. 2.º, n.º 3, Reg.Hamb./1978** establece que:

> *"3. Las disposiciones del presente Convenio no se aplicarán a los contra-
> tos de fletamento. No obstante, cuando se emita un conocimiento de embarque
> en cumplimiento de un contrato de fletamento, las disposiciones del Convenio
> se aplicarán a ese conocimiento de embarque si éste regula la relación entre
> el porteador y el tenedor del conocimiento que no sea el fletador"*

Este será, pues – como viene sucediendo últimamente –, el *"tema de mi tiempo"*: determinar **qué es el Fletamento**; en qué ha venido a parar este *"nomen iuris"*, **y qué tipo de relación mantiene con el Contrato de Transporte Marítimo – lo que, en cierto modo, equivale a tanto como a plantear si el Naviero o Fletante asumen la responsabilidad de un porteador, o no – ... y qué trascendencia tendría la entrada en vigor, como parte del Ordenamiento jurídico español, de dos instrumentos normativos de orientación** – aparentemente – **tan distinta como las denominadas *"Reglas de Rotterdam"* y la LNM./2014**, surgida – y modelada a la manera – de todos los textos pre-legislativos que he mencionado, con anterioridad. Y he de decir que cada vez es menor el miedo que siento – que sentí, en un principio – de estar repitiéndome constantemente, sin aportar nada nuevo... no, ciertamente, al estado general de la Doctrina científica en la materia – cosa que descarto, ya, desde ahora mismo –, sino a mis propias opiniones, ya reiteradamente manifestadas, pues he de reconocer que los textos legales – vigentes, derogados o en proyecto – siempre suscitan nuevos problemas o sugieren nuevos enfoques de un mismo problema, por más que uno ya los haya analizado con anterioridad.

Otro hito en el proceso de Reforma del Derecho marítimo español, fue el **Anteproyecto de Ley general de Navegación Marítima, de 29.10.2012 [Proy.LGNM./2012]**, que había ido precedido, muy poco antes – apenas cuatro meses –, de la Prop.Gpsoc./LGNM./2012, lo que revela que esta reforma era algo que, al menos aparentemente, interesaba a los dos grandes partidos del panorama político español. Por lo demás, a los efectos que aquí interesan, las diferencias entre ambos textos, en principio, parecen menores, por no decir ínfimas... y aún inexistentes, ya que siguen adoptando el mismo criterio en cuanto a todo lo relativo a la regulación de los contratos de explotación o de utilización del Buque, y – más precisamente – siguen el mismo criterio en punto a la cuestión Fletamento/Transporte.

Pues bien; la nueva **LNM./2014**, surgida de los textos anteriores y básicamente fiel a éllos, **ha derogado** – por completo – el **Lib. III.o** de nuestro **Código de comercio de 22.08.1885 [Cco./1885]**, incluyendo las disposiciones sobre los denominados *"contratos especiales del comercio marítimo"* [arts. 652 al 805], entre los cuales se encuentra el **Contrato de Fletamento**, regulado en los **arts. 652** al **718**, así como otras disposiciones que – pese a no encontrarse entre estas últimas, como las que contienen el régimen del Capitán del Buque [arts. 609 y ss.] – contienen reglas directamente referidas al régimen sustantivo del Contrato de Fletamento.

Consecuencia de esta derogación/sustitución, es que estos antiquísimos y arcaicos preceptos, que no contemplan más que un único[15] tipo contractual – el Contrato de Fletamento –, como paradigma de los contratos de navegación, bien que incluyendo algunas alusiones, de pasada, y algunas escasas disposiciones, a contratos como el de Transporte en Conocimiento de Embarque y el de Pasaje, y que, por si fuera poco, de ese único tipo contractual, sólo parecen atender a una de sus dos modalidades principales – el Fletamento por Viaje –, mientras que el Fletamento por Tiempo queda reducido a un simplísimo apunte de su posibilidad; que esos preceptos – digo – dejan paso a una regulación más moderna y, sobre todo, más diversa y completa, que comprendería la regulación de un número más elevado de tipos contractuales de *"utilización"* del Buque, que incluirían los siguientes tipos: a) el arrendamiento de buques; b) el Contrato de Fletamento; c) el Contrato de Pasaje y d) el Contrato de Remolque.

No aparece, en cambio, por ninguna parte, **el *"nomen iuris"* del Contrato de Transporte Marítimo de Mercancías**; es decir: **no aparece** – al menos, *"nominatim"* – **entre el elenco de los contratos** de utilización del buque que contiene la LNM./2014, lo que diferencia netamente a dicha Ley, de otros textos legales – algunos, vigentes – que existen en el Derecho comparado… Y, entre éllos, la distingue del Convenio internacional de las Naciones Unidas, de 2008, sobre contratos de transporte internacional de mercancías, total o parcialmente marítimo, más conocido como las *"Reglas de Rotterdam"* – que analizaré seguidamente –, donde no solo aparece el *"nomen iuris"* del Contrato de Transporte [de mercancías, total o parcialmente marítimo]… sino que, de hecho, es el *"nomen iuris"* de la institución en torno de la cual gira la regulación contenida en el citado Convenio. Por el contrario, en dicho Convenio internacional, los otros contratos que aparecen en el Tít. IV, LNM./2014, o no aparecen en absoluto, o aparecen únicamente mencionados… y lo que es más, aparecen solamente – o esa es, al menos, la primera impresión que se puede extraer – al objeto de declararse su **exclusión** del régimen convencional: el **no sometimiento** a las disposiciones de las *"Reglas de Rotterdam"*. Así, concretamente, el Contrato de Fletamento aparece mencionado **tres veces** en los preceptos de las *"Reglas de Rotterdam"*; para ser más precisos, en sus **arts. 6.º y 7.º**.

---

[15] Por razones obvias, no incluyo los preceptos sobre el Préstamo a la Gruesa y sobre el Seguro marítimo.

Fletamento, Transporte Marítimo y Responsabilidad Contractual 259

Pero la clave de todo el problema se encuentra en el tema de la **responsabilidad**; una responsabilidad que – en teoría – podría expresarse o calificarse como *"responsabilidad del porteador"*, *"responsabilidad del fletante"*, *"responsabilidad del naviero"* o *"responsabilidad por el transporte"*. En torno a éllas, se suscitan interesantes y trascendentales cuestiones. La primera cuestión que podría plantearse es: **¿se trata de nociones sinónimas?** Y, en segundo lugar, cabría plantear otra tan importante como la primera… o más: **¿responsabilidad** *de quién, frente a quién* **y** *por qué* *conceptos* **o de qué conductas y daños, o respecto de** *cuáles intereses***?**

Es evidente que quienes emplean estas diversas nociones o conceptos pretenden describir una misma realidad: la **responsabilidad civil, frente a los cargadores y/o los destinatarios, por la correcta ejecución de las obligaciones derivadas de un contrato de transporte** – en este caso, marítimo o multimodal – **de mercancías.** La noción de *"responsabilidad civil"* constituye un sustantivo compuesto que designa una obligación; un *"iuris vinculum"* como los descritos en el art. 1088 del Código civil español, de 1889 [CC./1889]., pero muy particular, ya que se trata de una obligación indemnizatoria o resarcitoria; se trata de la *obligación* de *indemnizar* **los daños causados** por un sujeto, en la persona o los bienes de otro[16]. Así; quien se vea comprometido en un contrato de transporte, habrá de responder frente al Cargador o, en su caso, frente al Destinatario, por los daños derivados de una mala ejecución del citado transporte; es decir: por la falta de cumplimiento o el cumplimiento defectuoso de las obligaciones derivadas del contrato, en la medida en que lesionen los intereses contractuales de los sujetos con una posición jurídico-patrimonial activa… Pero, **¿en qué situación se halla aquél que** *ejecute materialmente* **las prestaciones propias del transporte,** *sin haber tomado parte*, **propiamente,** *en dicho contrato*, **sino en** *otro* **distinto, orientado a la disponibilidad del buque? ¿Responderá frente a su contraparte… o también frente a cargadores y destinatarios, con los que no le vincula contrato alguno, … por daños pertinentes, exclusivamente, la órbita obligacional del**

---

[16] Larenz, K.: *"Lehrbuch des Schuldrechts"*, t. I, *"Allgemeiner Teil"*, edit. C.H.Beck'sche Verlagsbuchhandlung, 12.ª ed., Munich, 1981, p. 22. Lopez-Cobo, C.I.: *"El Seguro de Responsabilidad civil. Fundamentos y modalidades"*, Madrid, 1988, p. 37, quien define, en términos generales, la Responsabilidad civil, como la *"obligación legal que tiene una persona de satisfacer o reparar cualquier menoscabo, daño o pérdida causados a un tercero, por culpa o negligencia"*.

Transporte? Y, cualquiera que sea la conclusión a la que se llegue... ¿cuál será la explicación o el fundamento jurídico sobre el que dicha conclusión – verdadera consecuencia legal – se sustente?

Finalmente, la tercera *"gran cuestión"* que suscita el tema de la Responsabilidad civil por el transporte marítimo de mercancías, como piedra de toque de la distinción – si cabe – entre Fletamento y Contrato de Transporte, tiene que ver con los límites de la **autonomía privada**, en el marco de los contratos de utilización o de explotación del Buque; es decir: **en qué medida cabe a la autonomía de los operadores del comercio marítimo, configurar un negocio contractual – calificable, eventualmente, como *"contrato de fletamento"* – que libere al denominado *"Fletante"*, de todos o parte de los compromisos y responsabilidades asociados a la conducción y custodia de las mercancías.**

II – LAS *"REGLAS DE ROTTERDAM"*: NATURALEZA Y OBJETO

Los problemas y cuestiones a los que acabo de hacer referencia se encuentran estrechamente relacionados con las previsiones de los **arts. 6.º y 7.º**, y también los **arts. 79 y 80, Reg.Rott.**, aunque – por el momento – habré de limitar mi atención a los dos primeros. Dos preceptos que, para una cabal comprensión de su contenido, deben ser analizados enmarcándolos en su contexto general: ambos forman parte del contenido del **Convenio de las Naciones Unidas sobre el Contrato de Transporte Internacional de Mercancías Total o Parcialmente Marítimo, de 11.12.2008** [Las *"Reglas de Rotterdam"* o **Reg.Rott.**], adoptado por la Asamblea General de la ONU., el **11.12.2008** y **firmado en fecha 23.09.2009**, entre cuyos signatarios se encuentra – precisamente – **España**. Más en concreto, los dos susodichos artículos se encuentran situados en el **Cap. 2.º, Reg. Rott.**, referido al *"ámbito de aplicación"* de las mismas, cuyo capítulo da comienzo con el **art. 5.º**, titulado *"ámbito de aplicación general"*, que dice lo siguiente:

> *"1. A reserva de lo dispuesto en el artículo 6, el presente Convenio será aplicable a todo contrato de transporte en el que el lugar de la recepción y el lugar de la entrega estén situados en Estados diferentes, y en el que el puerto de carga de un transporte marítimo y el puerto de descarga de ese mismo transporte estén situados en Estados diferentes, siempre y cuando, de acuerdo*

con el contrato de transporte, alguno de los siguientes lugares esté situado en un Estado Contratante:

a) El lugar de la recepción;

b) El puerto de carga;

c) El lugar de la entrega; o

d) El puerto de descarga.

2. El presente Convenio será aplicable sea cual fuere la nacionalidad del buque, del porteador, de las partes ejecutantes, del cargador, del destinatario o de cualquier otra parte interesada".

El artículo en cuestión delimita el ámbito de aplicación de las *"Reglas de Rotterdam"* recurriendo a un conjunto de criterios diversos, que deben darse: cumulativamente, unos, y los otros, alternativamente, además de existir un último criterio que, aunque cuando se menciona, sin embargo, en cierta medida, se considera innocuo o irrelevante, y que se menciona, sólo, precisamente con el propósito de poner de manifiesto esa *"irrelevancia"*, y zanjar *"a limine"* cualquier duda o cuestión interpretativa que pudiera suscitarse al respecto. Hay que tener en cuenta que las *"Reglas de Rotterdam"* constituyen una manifestación de Derecho internacional convencional y *"de armonización"*; es decir: se trata de un tipo de instrumento normativo que es **internacional** por razón de su origen; **convencional**, por razón de su fuente o fundamento… y **de armonización**, en lo que atañe a su objeto y contenido[17]. Y es que la transnacionalidad y extraterritorialidad de la navegación marítima pone de manifiesto, también, las inconveniencias y disfunciones ocasionadas por las diferencias entre regímenes legales nacionales o internos, dado que es consustancial – o siquiera connatural – a las relaciones socioeconómicas regidas por el Derecho marítimo, la frecuente presencia de algún elemento extranjero, consecuencia de su transnacionalidad. Y es que, parafraseando al ilustre internacional-privatista español, D. Adolfo Miaja De La Muela[18], se podría decir que las materias típicamente

---

[17] Roca López, M.: "Capítulo 3. Las Reglas de Rotterdam", en VV.AA.: *"Estudios de Derecho Marítimo"*, dir. por J.L.García-Pita y Lastres, edit. por A.Díaz de La Rosa y M.ª.R.Quintáns Eiras, edit, Gobierno de España, Ministerio de Ciencia e Innovación/ Thomson-Reuters-Aranzadi, S.A., 1.ª ed., Cizur Menor (Navarra), 2012, p. 606.

[18] Miaja De La Muela, A.: *"Derecho internacional privado"*, t. II, *"Parte especial"*, 7.ª ed., Madrid, 1977, p. 339.

contenidas en los ordenamientos marítimos[19] plantean problemas conflictuales con mucha más frecuencia que las puramente terrestres; razón – entre otras – que motiva la creciente importancia del Derecho internacional privado, en el Derecho marítimo[20].

La circunstancia que se acaba de señalar explica que el art. 5.°, Reg. Rott. centre su atención en resaltar o enfatizar la **transnacionalidad** o **extraterritorialidad** de las relaciones socioeconómicas que se regulan; una transnacionalidad y/o una extraterritorialidad, en principio, fundamentalmente referidas al factor **geográfico-local**. Por este motivo, el art. 5.° polariza la atención y sitúa el eje central de sus reglas de aplicación… en el hecho – insisto, territorial, local o geográfico – de que *"el lugar de la recepción y el lugar de la entrega estén situados en Estados diferentes, y en el que el puerto de carga de un transporte marítimo y el puerto de descarga de ese mismo transporte estén situados en Estados diferentes, siempre y cuando, de acuerdo con el contrato de transporte, alguno de los siguientes lugares esté situado en un Estado Contratante: a) El lugar de la recepción; b) El puerto de carga; c) El lugar de la entrega; o d) El puerto de descarga"*. La segunda exigencia se orienta al propósito de **atraer las relaciones jurídicas… asociándolas al hecho de que exista cierta conexión con un Estado-Parte.**

Por consiguiente; si el *"lugar de la recepción; el puerto de carga; el lugar de la entrega o el puerto de descarga"* se hallan situados en Estados diferentes… se habrá planteado, ya, suficientemente, la problemática de la

---

[19] Me he permitido [GARCÍA-PITA Y LASTRES, J. L.: "Vigencia de los convenios internacionales sobre limitación de la responsabilidad civil de los navieros y propietarios de buques. Coexistencia de sus disposiciones con el regimen del Codigo de comercio", en *"Cuadernos de Derecho Pesquero"*, edit. Fundación Pedro Barrié De La Maza, n.° 1, La Coruña, 1999, p. 192] poner la palabra *"marítimos"* donde el Prof. MIAJA DE LA MUELA decía *"mercantiles"*, y la palabra *"terrestres"* donde el Prof. MIAJA DE LA MUELA decía *"civiles"*, mas la conclusión sigue siendo – de hecho, con mucho mayor motivo – perfectamente asumible y predicable del problema que ahora nos interesa, como puso de manifiesto SÁNCHEZ CALERO, F.: "Noción y caracteres generales del Derecho marítimo", BAEDM., n.° 3, 1984, p. 24, quien señala que los conflictos de leyes surgen con mayor frecuencia, en el Derecho marítimo, que en otros campos.

[20] GABALDÓN GARCÍA, J.L.: *"Curso de Derecho Marítimo Internacional. Derecho marítimo internacional público y privado y contratos marítimos internacionales"*, edit. Marcial Pons, Ediciones Jurídicas y Sociales, S.A., Madrid/Barcelona/Bs.Aires, 2012, p. 41. BONASSIES, P y SCAPEL, Chr.: *"Droit Maritime"*, edit. Librairie Général de Droit et Jurisprudence, 2.ª ed., Paris, 2010, ps. 10 y ss.

Fletamento, Transporte Marítimo y Responsabilidad Contractual 263

presencia de **elemento extranjero**, en las relaciones de transporte, que – de este modo – se habrán convertido en relaciones jurídicas internacionales y en las que se daría, potencialmente, una situación de **concurrencia y conflicto entre legislaciones nacionales**. Pero si, además, ese *"lugar de la recepción; el puerto de carga; el lugar de la entrega o el puerto de descarga"* se hallan situados en un Estado-Parte, entonces lo que tendremos será, ya, el punto de conexión o *"Anknüpfungspunkt"* que determina la aplicación genérica del Convenio.

La primera de las exigencias mencionadas es la que justifica la aplicación de las *"Reglas de Rotterdam"*... en cuanto **normas de armonización legislativa internacional**: es preciso que exista el componente, ya mencionado, de transnacionalidad o extraterritorialidad de las relaciones socioeconómicas que se regulan, porque semejante circunstancia imbuye a la relación jurídica de transporte de un elemento extranjero, que podría – eventualmente – suscitar el conflicto de leyes que constituye el factor problemático que justifica la existencia del propio Derecho internacional privado. Esa transnacionalidad/internacionalidad podría determinar que hubiera que recurrir a la selección de un ordenamiento jurídico nacional o interno, de entre varios concurrentes en el caso concreto, mediante a aplicación de la correspondiente norma de conflicto... pero no es así, porque las propias *"Reglas de Rotterdam"* pretenden **sustituir la solución jus-conflictual, por la solución material directa**, unitaria o **armonizada**.

Y es que, si bien el instrumento tradicional y prototípico – si se quiere – del Derecho Internacional privado, para resolver los problemas que suscitan las relaciones jurídicas con elemento extranjero, fue y sigue siendo, en buena medida, la *"Norma de conflicto"*[21]-[22], como certeramente señaló

---

[21] BONASSIES/SCAPEL: *"Droit Maritime"*, cit., 2.ª ed., p. 14, quienes comienzan su estudio de las fuentes del Derecho marítimo señalando que *"a pesar del marcado carácter internacional del derecho marítimo, la norma marítima se desarrolla a dos niveles: el de las fuentes internacionales y el de las fuentes nacionales"*, lo que indefectiblemente comporta conflictos de normas, que deben solventarse – en primer término – mediante normas de conflicto. ARROYO MARTÍNEZ, I.: *"Curso de Derecho marítimo"*, edit. J. M.Bosch, Editor y Alferal, S.L., Barcelona, 2001, p. 65, quien señala que *"las normas de conflicto, que integran una parte importante del denominado Derecho Internacional privado, son expresión del método seguido para la regulación del tráfico externo, que naturalmente se aplica en defecto de normas uniformes"*. GABALDÓN GARCÍA, J. L.: *"Curso de Derecho Marítimo Internacional..."*, cit., ps. 68 y ss. ECHEVARRIA RIVERA, L. E.: *"El Transporte marítimo.*

DASSER[23], resulta que el Derecho Internacional Privado conflictual adolece de varios defectos congénitos; a saber: en primer lugar... que cada posible ordenamiento jurídico nacional vinculado con la relación jurídica, también posee sus propias normas de conflicto, y de uno a otro ordenamiento, esas normas de conflicto también difieren[24], ya que los puntos de conexión pue-

---

Enciclopedia sucinta de la Ramas del Derecho que lo regulan", edit. Aranzadi, 2.ª ed., Zaragoza, 1983, ps. 15 y 21.

[22] Existen normas de conflicto en materia de contratos de transporte internacionales, entre las que destacarían los preceptos del Regl.CE. n.º 593/2008 del Parlamento Europeo y del Consejo, de 17.06.2008, sobre la ley aplicable a las obligaciones contractuales [Roma I], al que se refiere GABALDÓN GARCÍA, J.L.: *"Curso de Derecho Marítimo Internacional..."*, cit., p. 72. Como, antes que él, el Convenio de Roma de 19.06.1980, sobre Ley aplicable a las Obligaciones contractuales. De conformidad con el art. 24, Reglamento ROMA I, dicho Reglamento *"sustituirá al Convenio de Roma de 1980 en los Estados miembros, miembros, salvo en lo que respecta a los territorios de los Estados miembros comprendidos en el ámbito de aplicación territorial de dicho Convenio y a los que no se aplica el presente Reglamento en virtud del* [art. 299, TCE.]*"*, si bien, en la medida en que el Reglamento sustituya a las disposiciones del ConvR./1980, se entenderá que toda remisión a dicho Convenio se refiere al Reglamento. Así, el régimen de los contratos internacionales de transporte, tanto de mercancías o cosas, como de personas; es decir: de los todos los contratos de transporte que contengan elementos de tráfico externo, viene establecido en el art. 5.º, que parte de la base de atribuir preferencia al criterio de la *"elección"*. Por eso el art. 5.º, n.º 1, comienza diciendo *"[e]n defecto de elección de la ley aplicable al contrato para el transporte de mercancías de conformidad con el artículo 3, ..."*, lo que demuestra que el criterio preferente es aquel que, en este caso, falta. Acto seguido, y con carácter subsidiario, se recurre al criterio de la *residencia* habitual del *porteador*, pero sin abdicar del principio de que los vínculos más estrechos son aquellos en los que coinciden *localmente* las *dos* partes contratantes. Por este motivo, para que rija esa preferencia de la *"lex utentis"*, es preciso que exista una cierta presencia local de los clientes [que tanto pueden serlo el cargador, como el destinatario o consignatario de la carga], representada bien por el hecho de que el lugar de recepción o por el hecho de que el lugar de entrega, o la residencia habitual del remitente, también estén situados en ese país [Nuevamente, GABALDÓN GARCÍA, J.L.: *"Curso de Derecho Marítimo Internacional..."*, cit., p. 73]. Si no se cumplen estos requisitos, se aplicará la ley del país donde esté situado el lugar de entrega convenido por las partes.

[23] DASSER, F.: *"Internationale Schiedsgerichte und 'lex mercatoria'. Rechtsvergleichender Beitrag zur Diskussion über ein nicht-staatliches Handelsrecht"*, Zurich, 1989, p. 386.

[24] Así lo advierte y denuncia BONELL, M.J.: *"Le regole oggettive del commercio internazionale. Clausole tipiche e condizioni generali"*, edit. Dott.A.Giuffrè, Editore, S.p.A., Milán, 1976, p. 5.

den ser diversísimos, con lo que al conflicto de normas materiales se une un **conflicto entre normas de conflicto**.

En segundo lugar, las normas de conflicto **no ofrecen ninguna solución jurídico-material inmediata** al conflicto surgido de la relación con elemento extranjero, sino que se limitan a prever la remisión a un concreto Ordenamiento estatal interno, lo que ocasiona una gran **inseguridad** jurídica[25].

Y, por fin, sucede que tradicionalmente venía aplicando a cada relación jurídica con elemento extranjero; a cada relación jurídica de tráfico externo, un único ordenamiento jurídico nacional, y – para hacer tal cosa – operaba partiendo de la ficción de que un supuesto internacional puede ser equiparado o asimilado a un supuesto de hecho *"nacional"*, al que cabe aplicar normas materiales estatales, de modo que, con dichas normas de conflicto, se llega siempre a una **solución unitaria, única y unilateral**, consistente en que – determinado, merced al punto de conexión, cuál será el Derecho nacional aplicable – la relación jurídica queda sometida exclusivamente a ese Derecho, en tanto que la realidad jurídica más reciente propende a un fraccionamiento de la relación jurídica (p.e. del Contrato), que facilita la solución a los problemas que suscite, porque permite un análisis autónomo de cada uno de sus elementos, que podrían quedar regidos por distintos Derechos. En consecuencia se hace preciso buscar otros procedimientos para dar satisfacción a las necesidades del comercio transnacional, basados – a grandes rasgos – en la redacción de normas sustantivas uniformes[26], bien

---

[25] Del Derecho internacional, en materia de conocimientos de embarque, decía – parafraseando a Shors – Benito y Endara, L.: *"La Conferencia Internacional de Derecho Marítimo de Bruselas-1922"*, edit. Editorial Reus, S.A./Publicaciones de la Real Academia de Jurisprudencia y Legislación, LXVIII, Madrid, 1924, p. 63, que era *"el más arbitrario, el más incierto en sus principios y el más fértil en sorpresas"*. Vid. asimismo, con carácter general, Gondra Romero, J.M.ª.: "La moderna *Lex Mercatoria* y...", cit., ps. 7 y ss., Carrillo Salcedo.: *"Derecho internacional privado"*, Madrid, 1971, ps. 129 y ss. Frignani, A.: "Il Contratto Internazionale", en VV.AA.: *"Trattato di Diritto commerciale e di Diritto pubblico dell'Economia"*, dir. por F.Galgano, t. XII, edit. CEDAM., Padua, p. 9. Loussouarn/Bredin.: *"Droit du commerce international"*, París, 1969, ps. 8 y ss. Kegel.: "The crisis of Conflict of Laws", en *"Recueil des Cours de l'Academie de Droit international"*, vol. 112, II, ps. 237 y ss., entre otros.

[26] Schmitthoff, C.M.: "International Trade and Private International Law", en VV.AA.: *"Vom deutschen zum europäischen Recht. Festschrift für Hans Dolle"*, t. II, Tubinga, 1963, p. 265, quien aconsejaba combinar el método "cíclico" de la norma conflictual del Derecho internacional privado, con el método preventivo, de armonización y unificación gradual de las normas de fondo, con objeto de eliminar la posibilidad misma de conflictos de leyes, o

a través de unos cauces privados o bien públicos. En este sentido, la uniformidad internacional del Derecho marítimo – *"especialmente necesaria, ya que los navieros de un determinado Estado operan constantemente fuera de él, y porque en la actualidad la mayor parte del comercio se efectúa a través de transportes marítimos caracterizados como internacionales"*[27] – se puede alcanzar por varios cauces[28]: sea por medio de la celebración de

---

minimizar sus consecuencias prácticas. BENITO y ENDARA, L.: *"La Conferencia Internacional..."*, cit., p. 62, quien señalaba, allá por 1924, que *"una convención internacional que reduzca a unidad estas divergencias es de necesidad absoluta en los tiempos actuales, ya que no bastan para ello los principios del Derecho internacional..."*.

[27] ÁLVAREZ RUBIO, J.J.: *"Derecho marítimo y Derecho Internacional Privado: algunos problemas básicos"*, edit. Servicio Central de Publicaciones del Gobierno Vasco, Vitoria-Gasteiz, 2000, ps. 21 y s. LEFEBVRE D'OVIDIO, A., PESCATORE, G. y TULLIO, L.: *"Manuale di Diritto della navigazione"*, edit. Dott. A.Giuffre, Edizioni, S.p.A., 9.ª ed., Milán, 2000, p. 25. MAKINS, B.: "Uniformity of the law of the carriage of goods by sea in the 1990s: The Hamburg Rules – a casualty", (1991) 8 MLAANZ Journal – Part 1, p. 35, y en <http://www.austlii.edu.au/au/journals/ANZMLJ/1991/4.pdf>, quien señala que, *"desde tiempos antiguos, los hombres y mujeres dedicados al comercio y el intercambio entre estados nacionales han reconocido el valor, en términos de eficiencia económica, de contar con un marco legal de referencia uniforme, para imputar o distribuir las responsabilidades y riesgos, en sus relaciones contractuales, y así, promover la predecibilidad, certeza y estabilidad que constituyen los fundamentos del comercio marítimo internacional"*, añadiendo que esta imperativa necesidad de armonización es algo que reconocen, tanto los *"Civil"* como los *"Common lawyers"*.

[28] MYBURGH, P.: "Uniformity or Unilateralism in the Law of Carriage of Goods by Sea?", en VUWLR., 2000, n.º 31, p. 1, y en <www.upf.pf/IMG/doc/4Myburgh.doc>, quien señala que la importancia de alcanzar un sistema harmonizado o uniforme de Derecho mercantil transnacional ha demostrado ser uno de *leitmotifs* legales dominantes desde fines del siglo xix y en el siglo xx. Durante casi una centuria, los grupos industriales globales, las agencias encargadas de las tareas de reforma legislativa, los institutos de Derecho comparado, los gobiernos, las organizaciones regionales y los entes internacionales han elaborado una plétora de formularios standarizados de condiciones generales, principios harmonizados, leyes modelo, leyes uniformes, "restatements" y convenios internacionales, todo éllo en aras de alcanzar ese ideal. Hoy, tales instrumentos influyen o rigen casi todos los aspectos de las transacciones comerciales transnacionales, cualquiera que sea el lugar en el que se conciertan o en el que se ejecutan o consuman, o incluso cualquiera que sea el lugar donde tienen su establecimiento las partes. ZAPHIRIOU, G.A.: "Unification and Harmonization of Law Relating to Global and Regional Trading", N. Ill. U. L. Rev., 1994, n.º 14, Primavera, p. 407, y en <https://litigation-essentials.lexisnexis.com/webcd/app?action=DocumentDisplay&crawlid=1&crawlid=1&doctype=cite&docid=14+N.+Ill.+U.+L.+Rev.+407&srctype=smi&srcid=3B15&key=9d02634f884920941c7b124a0997f642>

Convenios internacionales que establezcan normas uniformes sobre ciertas materias, para eludir los conflictos de leyes; o bien por la introducción de normas uniformes, en el Derecho sustantivo interno de los diferentes Estados[29], o por medio de la formación y difusión de reglas y usos uniformes[30], propiciados o sustentados sobre la base o con el apoyo de la jurisprudencia arbitral y de la actividad de organizaciones marítimas de carácter privado [nueva *"Lex mercatoria"* internacional][31]. En este sentido, cabe señalar como último cauce y como una especie de super-instrumento, que permite llevar a cabo las otras tres medidas armonizadoras, la **existencia de organizaciones públicas o privadas, nacionales o internacionales**[32].

Por consiguiente, con independencia de nuestro propio proceso interno de reforma del derecho de la navegación marítima, existe otro proceso – paralelo o periférico, según se mire – de unificación normativa internacional, en materia de transporte marítimo o multimodal, representado por las citadas **"Reglas de Rotterdam"**, que tratan de establecer un régimen uni-

---

[29] LEFEVBRE D'OVIDIO/PESCATORE/TULLIO.: cit., 9.ª ed., p. 25, quienes aluden a *"la conclusión de convenios internacionales denominados de Derecho uniforme, que tienen por finalidad estableer una regulación uniforme de aquellas relaciones en materia de navegación que tan frecuentemente presentan elementos de extranjería, logrando, al propio tiempo, una reducción de los conflictos de leyes"*. GARRIGUES DÍAZ-CAÑABATE, J.: *"Curso de Derecho mercantil"*, t. II, 8.ª ed., p. 559. SÁNCHEZ CALERO, F.: *"Instituciones de Derecho mercantil"*, t. II, edit. Editorial Revista de Derecho Privado/Editoriales de Derecho Reunidas, 17.ª ed., Madrid, 1993, p. 495. SÁNCHEZ CALERO/SÁNCHEZ-CALERO GUILARTE.: *"Instituciones..."*, cit., t. II, 36.ª ed. [9.ª en Aranzadi], p. 669 y s. GONZÁLEZ LEBRERO, R.: *"Curso..."*, cit., ps. 43 y s.

[30] LEFEVBRE D'OVIDIO/PESCATORE/TULLIO.: cit., 9.ª ed., p. 25, quienes señalan que *"además de la conclusión de convenios internacionales, la exigencia de uniformidad viene, en ocasiones, plasmada mediante la redacción de reglas uniformes adoptadas voluntariamente por parte de los grupos de interesados. Siendo de señalar – al respecto – las "Reglas de York y Amberes sobre Avería Común" nacidas durante el siglo pasado* [se refiere al siglo XIX] *y actualizadas periódicamente, que han alcanzado un nivel incomparable de generalidad en su aplicación"*. GARRIGUES DÍAZ-CAÑABATE, J.: *"Curso..."*, cit., t. II, 8.ª ed., p. 559. SÁNCHEZ CALERO/SÁNCHEZ-CALERO GUILARTE.: *"Instituciones..."*, cit., t. II, 32.ª ed. [5.ª en Aranzadi], p. 631. GONZÁLEZ LEBRERO, R.: *"Curso..."*, cit., ps. 43 y s.

[31] Fuentes específicas de la *"Lex Mercatoria"* los *usos* internacionales, la jurisprudencia *arbitral* y, eventualmente, los *principios* generales del Derecho, Como la buena fé, el principio *"pacta sunt servanda"*, etc. [FRIGNANI, A.: cit., ps. 17 y ss. OSMAN, F.: *"Les principes généraux de la 'Lex Mercatoria'. Contribution à l'étude d'un ordre juridique anational"*, París, 1992, ps. 260 y ss. y 310 y ss.].

[32] QUERCI, F.A.: cit., p. 32.

forme, moderno y ampliamente consensuado – pues en su elaboración se intentó atender a las más diversas sensibilidades[33] –, formado por noventa

---

[33] BEARE, S.N.: "A Brief History of the Involvement of the CMI.", en *"UNCITRAL Draft Convention on contracts for the international carriage of goods wholly or partly by sea"*, en *"CMI. Yearbook/Annuaire 2009. Athens II. Documents of the Conference"*, ps. 251 y ss., en <http://www.comitemaritime.org/year/2009/pdffiles/YBK_2009.pdf>, quien señala que los trabajos del CMI. en relación con esta materia se habían iniciado en abril de 1988, cuando la Asamblea del CMI. confió al Prof. Francesco BERLINGIERI el encargo y la facultad de "investigar la cuestión de si la uniformización del Derecho en materia de transporte marítimo de mercancías, debería incluirse en la agenda de la Conferencia de París, del CMI., de 1990, así como la manera en que el problema debía ser afrontado". El Informe de BERLINGIERI se publicó en el Anuario del CMI., de 1991 [Paris II, ps. 104-176]. En abril de 1994, el Consejo Ejecutivo del CMI. instituyó un grupo de trabajo formado por los Profs. BERLINGIERI, William TETLEY, Rolf HERBER y Jan RAMBERG, para analizar los problemas derivados de los diversos regímenes en materia de transporte marítimo de mercaderías, y elaborar y presentar un Informe, en la siguiente sesión, en Sydney. Allí, el Grupo de Trabajo recibió el encargo de considerar la posible elaboración de un cuestionario para su distribución entre las distintas asociaciones nacionales de Derecho marítimo. Se elaboró debidamente un cuestionario que fue distribuido y, en una segunda reunión del Consejo Ejecutivo, en Sydney, se constituyó un segundo grupo de trabajo, bajo la dirección del Prof. BERLINGIERI, formado por David ANGUS, Jean-Serge ROHART, Ron SALTER y Frank WISWALL. Posteriormente – en 1995 – se publicó un sumario de las respuestas recibidas, y – además – se creó un Subcomité Internacional ["ISC"], igualmente presidido por el Prof. BERLINGIERI y Frank WISWALL como ponente o informador. Los informes de las cinco reuniones del ISC. sobre la "Uniformidad del Derecho del Transporte marítimo de mercancías" fueron publicados en 1995 y 1997.

En su reunión de junio de 1997, el Consejo Ejecutivo del CMI. creó tres grupos separados: el primero, para continuar el trabajo sobre el transporte de mercancías y preparar las bases para una posible revisión de eseárea del Derecho. El segundo, para estudiar el intercambio electrónico de datos ["Electronic Data Interchange"], y el tercero para embarcarse en una más amplia investigación sobre la funcionalidad del Conocimiento de Embarque. El Consejo Ejecutivo también decidió crear un comité formado por Alexander VON ZIEGLER, George CHANDLER, Frank WISWALL, Karl-Johan GOMBRII y el Prof. BERLINGIERI, bajo la presidencia de Patrick GRIGGS, cuyos primeros trabajos quedaron recogidos en un informe publicado en 1997.

Por parte de la ONU., UNCITRAL consideró, en su 29.ª sesión, en 1996, una propuesta para incluir en su programa de trabajo, una revisión de las prácticas usuales en el área del transporte internacional de mercancías por mar; circunstancia que, cuando llegó a conocimiento del CMI., dio lugar a una reunión, en Viena, de su presidente – en aquel momento, Allan PHILIP – y el Prof. BERLINGIERI, con el Secretario de UNCITRAL, al objeto de debatir sobre una futura colaboración entre el CMI. y UNCITRAL. Sucesivamente, un grupo de trabajo sobre Derecho del Transporte fue nombrado por la Asamblea del CMI. de y seis [96] artículos, ordenados y distribuidos en dieciocho [18] capítulos, que regula los derechos y obligaciones de los cargadores, porteadores y destinatarios sujetos a un contrato de transporte de puerta a puerta que comprenda un tramo internacional por vía marítima; es decir: un **transporte que, o bien es íntegramente *marítimo* o bien es *multimodal* o *combinado*, pero siempre incluye un tramo o segmento marítimo**[34].

1998/1999, bajo la presidencia de Stuart BARE y del Prof. Michael STURLEY como relato. Dicho Grupo de Trabajo elaboró otro cuestionario que fue remitido a todas las asociaciones nacionales de Derecho marítimo, en mayo de 1999, y un nuevo Subcomité – ISC. – fue constituido en noviembre de 1999, en cuyo seno se elaboró un Proyecto ["draft Instrument"], que fue sometido a la consideración de la Conferencia del CMI., en Singapur, en Febrero de 2001. Tras ulteriores enmiendas, recibió la aprobación del Consejo Ejecutivo del CMI., y dicho Proyecto fue remitido a UNCITRAL, en Diciembre de 2001.

En su 34.ª Sesión, en 2001, UNCITRAL decidió establecer un Grupo de Trabajo en materia de Derecho del Transporte, para analizar su propio Anteproyecto ["preliminary draft Instrument"] sobre régimen del Transporte marítimo de mercancías, y los comentarios hechos por otros organismos como UNECE y UNCTAD. El objetivo que guiaba al Grupo de Trabajo era poner fin a la multiplicidad de regímenes de responsabilidad y actualizar el Derecho del Transporte marítimo internacional, para que pudiera hacer frente a las necesidades y realidades de las modernas prácticas de la industria marítima. Stuart BEARE fue nombrado observador del CMI. en el Grupo de Trabajo III, presidido por el Prof. Rafael ILLESCAS. El Proyecto final de Convenio de dicho Grupo de Trabajo fue completado en Enero de 2008, siendo distribuido entre todos los Estados miembros de la ONU.

La Comisión de UNCITRAL se reunió en N.York, entre los días 16 y 26, del mes de Junio de 2008, introduciendo algunas enmiendas que respondían a los deseos de ciertos Estados. Al dar su aprobación al Proyecto de Convenio, la Comisión de UNCITRAL expresó su reconocimiento al CMI., por su colaboración y consejo. Y el resto de la historia ya lo conocemos.

[34] TOBÍO RIVAS, A.M.ª.: "Capítulo 4. De nuevo sobre el transporte multimodal: algunos apuntes sobre la actual regulación nacional e internacional", en VV.AA.: *"Estudios de Derecho Marítimo"*, dir. por J.L.García-Pita y Lastres, edit. por A.Díaz de La Rosa y M.ª.R.Quintáns Eiras, edit, Gobierno de España, Ministerio de Ciencia e Innovación/Thomson-Reuters-Aranzadi, S.A., 1.ª ed., Cizur Menor (Navarra), 2012, p. 630. LÓPEZ RUEDA, F.C.: "Capítulo I. Noción de Contrato de Transporte y aplicación del Convenio a los contratos de transporte por más de un modo", en VV.AA.: *"Las Reglas de Rotterdam y la práctica comercial internacional"*, dir. por R.Illescas Ortiz y M.Alba Fernández, edit. Universidad *"Carlos III.º"*/Civitas-Thomson Reuters/Aranzadi, S.A., Cizur Menor (Navarra), 2012, ps. 25 y ss. LÓPEZ SANTANA, N.: "Ámbito de aplicación ...", cit., ps. 28 y ss. MARTÍN CASTRO, M.ª.P.: "La regulación del Transporte Multimodal internacional de mercancías. Alternativas legales y prácticas", en Rev.D.Transp., 2008, n.º 1, p. 275.

Las *"Reglas de Rotterdam"* constituyen una manifestación de la celebración de convenios internacionales[35] que establecen normas uniformes, en materia de transporte internacional de mercancías, para – de este modo – eludir o, siquiera, reducir los conflictos de leyes. Incluso es posible que su aplicación llegue a suponer – en un momento dado – la introducción de normas uniformes, en el Derecho sustantivo interno de los Estados-partes. En este sentido, la Exposición de Motivos de la nueva LNM./2014 española, manifiesta que *"[l]a Ley ha tenido en cuenta los últimos convenios en esta materia, especialmente las conocidas Reglas de Rotterdam, previendo así ulteriores modificaciones de su articulado cuando entren en vigor"* y que *"[l]as disposiciones finales vienen, por último, a atender las necesidades de armonización con otras normas de la nueva Ley de Navegación Marítima, como ocurre con cuestiones de consumo, contratación electrónica, buques de guerra o la protección de los buques históricos como parte del patrimonio cultural de España. A tal fin resultan también modificados la Ley 1/2000, de 7 de enero, de Enjuiciamiento Civil y el Texto Refundido de la Ley de Puertos del Estado y de la Marina Mercante, aprobado por el Real Decreto Legislativo 2/2011, de 5 de septiembre. E, incluso, de cara al futuro se prevén las modificaciones que pueda requerir la entrada en vigor de las Reglas de Rotterdam"*. En consecuencia, la Disposición Final Primera, LNM./2014, establece que:

> *"En caso de que el Convenio de las Naciones Unidas sobre el Contrato de Transportes Internacional de Mercancías Total o Parcialmente Marítimo, firmado el 23 de septiembre de 2009 (Reglas de Rotterdam) entre en vigor, el Gobierno remitirá a las Cortes Generales un proyecto de ley para introducir las modificaciones necesarias en esta ley"*

Además, se trata de unas normas de Derecho internacional *convencional*, elaboradas – precisamente – en el seno de una *organización internacional*; más bien, en el marco de la colaboración entre distintas organizaciones de este tipo.

---

[35] AGUIRRE RAMÍREZ, F.: "Reglas de Rotterdam", en p. 1 de 3, <http://www.google.es/url?sa=t&rct=j&q=&esrc=s&source=web&cd=6&ved=0CD4QFjAF&url=http%3A%2F%2Fwww.audea.org.uy%2Farticulos%2Freglas_rotterdam.pdf&ei=eG6BUPCDFcqShgeo roCwBA&usg=AFQjCNGwQgv8QqQrG1GY7c7k6W8BctIygQ>

Ahora bien; si las *"Reglas de Rotterdam"* pretenden ofrecer una solución a los problemas suscitados por el transporte internacional de mercancías, lo lógico será que en el núcleo de la propia delimitación de su **ámbito de aplicación**, sitúen un **paradigma internacional**; es decir: definan qué circunstancia es la que determina que el supuesto de hecho constituido por una relación jurídica de transporte de mercancías, sea un transporte *"internacional"*, cuya internacionalidad precisa de este régimen armonizado que las propias Reglas ofrecen... Y sucede que, en el régimen de las *"Reglas de Rotterdam"*, esa transnacionalidad consiste – como se vió – en el hecho de que *"el lugar de la recepción y el lugar de la entrega estén situados en Estados diferentes, y en el que el puerto de carga de un transporte marítimo y el puerto de descarga de ese mismo transporte estén situados en Estados diferentes"*: no importa la nacionalidad/extranjería de los elementos personales – los contratantes; es decir: el porteador, el cargador, e incluso el destinatario –, ni del elemento instrumental característico – el Buque –, ni siquiera el lugar de celebración del contrato: **lo determinante es la extraterritorialidad del espacio geográfico-funcional de la conducción**. Por este motivo, el art. 5.°, n.° 2, Reg.Rott. establece que el citado Convenio – las Reglas – *"será aplicable sea cual fuere la nacionalidad del buque, del porteador, de las partes ejecutantes, del cargador, del destinatario o de cualquier otra parte interesada"*.

Semejante regla tiene una eficacia – digamos – bidireccional: por una parte, sirve a una **finalidad de inclusión de supuestos extranjeros**, de forma que aunque el buque, el porteador, el cargador, etc. fueran de una nacionalidad ajena a los Estados-parte, pese a todo, se aplicarían las *"Reglas de Rotterdam"*, con tal que *"el lugar de la recepción y el lugar de la entrega* [estuviesen] *situados en Estados diferentes, y en el que el puerto de carga de un transporte marítimo y el puerto de descarga de ese mismo transporte* [estuviesen] *situados en Estados diferentes"*, y que *"de acuerdo con el contrato de transporte, alguno de los siguientes lugares* [estuviese] *situado en un Estado Contratante: a) El lugar de la recepción; b) El puerto de carga; c) El lugar de la entrega; o d) El puerto de descarga"*.

Mas, por otra parte, **si** la susodicha regla tiene una eficacia – digamos – bidireccional: es porque también, sirve a una **finalidad de inclusión de supuestos meramente internos**, de forma que si *"el lugar de la recepción y el lugar de la entrega* [están] *situados en Estados diferentes, y ... el puerto de carga de un transporte marítimo y el puerto de descarga de ese mismo transporte* [están] *situados en Estados diferentes"*, y – además

– *"de acuerdo con el contrato de transporte, alguno de los siguientes luga-res* [está] *situado en un Estado Contratante: a) El lugar de la recepción; b) El puerto de carga; c) El lugar de la entrega; o d) El puerto de descarga"*, aunque el buque, el porteador, el cargador, etc. fueran todos éllos de una misma nacionalidad – y no hubiera en éllos ningún elemento de extranje-ría, con la excepción de la estricta navegación de cabotaje –, pese a todo, se aplicarían las *"Reglas de Rotterdam"*.

Pero aún queda la cuestión de la delimitación **objetiva** o material; la identificación del tipo de relaciones socioeconómicas – y jurídicas – que las *"Reglas de Rotterdam"* están llamadas a regir. Todos los demás facto-res y criterios delimitadores son, en cierta medida, accesorios o periféricos, por lo que todavía es preciso delimitar el objeto nuclear de la Norma. Y esa delimitación la lleva a cabo el citado – y reproducido – art. 5.º, n.º 1, cuando dice: *"A reserva de lo dispuesto en el artículo 6, el presente Con-venio será aplicable a todo contrato de transporte en el que…"*. Por consi-guiente, la delimitación objetiva del ámbito de aplicación de las *"Reglas de Rotterdam"* se centra en torno al **Contrato de Transporte**; un contrato al que las propias *"Reglas de Rotterdam"* dotan de ese mismo *"nomen iuris"* – *"contrato de transporte"* –, y no de otro distinto, pero supuestamente sinónimo, y que – además – se ocupan de definir, pero no en el art. 5.º, sino en su **art. 1.º**, que lleva por título – precisamente – el de *"Definiciones"*.

Pues bien; dado que España suscribió las *"Reglas de Rotterdam"*, estas se han convertido en un nuevo factor a tener en cuenta, en el proceso de reforma del Derecho de la Navegación marítima, que está llevándose a cabo en nuestro país, y que – por el momento – ha culminado en la promul-gación de la LNM./2014; una Ley – en cierto sentido – dinámica y malea-ble, abierta, ya desde un primer momento, a ulteriores modificaciones y, concretamente, a *"introducir las modificaciones necesarias"* en su texto, para dar entrada a las *"Reglas de Rotterdam"*, puesto que la suscripción de éstas, por parte del Estado Español, suscitaba el problema de qué influen-cia podrían tener, el uno sobre el otro, estos dos procesos normativos – no se sabe a ciencia cierta si convergentes, paralelos o divergentes –, a la hora de conformar la **tipología** de los contratos **náuticos**, pues los ámbitos obje-tivo-materiales de las *"Reglas de Rotterdam"* y del Tít. IV, LNM./2014 no pueden ser más diversos. Así, lo que importa, ahora, es exponer qué visión ofrecen las *"Reglas de Rotterdam"*, del conjunto de los tipos contractua-les que podemos calificar de *"náuticos"*, y que la LNM./2014 y, antes que élla, el Proy. LGNM./2012, la Prop.Gpsoc./LGNM./2012, los Proys.

LGNM./2006 y /2008, y todos sus textos antecedentes, describen como contratos *"de utilización"* de buques. Y sucede que las citadas *"Reglas de Rotterdam"* mencionan varios tipos o modalidades contractuales de esta índole, si bien hay que advertir que la enumeración no puede ser exhaustiva; ni siquiera general o panorámica, porque el objeto de las citadas *"Reglas de Rotterdam"* se circunscribe al fenómeno socioeconómico – y también jurídico – del transporte de mercancías[36], que el **art. 1.º – *"definiciones" –*, n.ºs 1 y 2, Reg.Rott.** definen como sigue:

> *"A los efectos del presente Convenio:*
>
> *1. Por "contrato de transporte" se entenderá todo contrato en virtud del cual un porteador se comprometa, a cambio del pago de un flete, a transportar mercancías de un lugar a otro. Dicho contrato deberá prever el transporte marítimo de las mercancías y podrá prever, además, su transporte por otros modos.*
>
> *2. Por "contrato de volumen" se entenderá todo contrato de transporte que prevea el transporte de una determinada cantidad de mercancías en sucesivas remesas durante el período en él convenido. Para la determinación de la cantidad, el contrato podrá prever un mínimo, un máximo o cierto margen cuantitativo.*
>
> *3. Por "transporte de línea regular" se entenderá el servicio de transporte que se ofrezca al público mediante anuncios o medios similares de publicidad y que incluya el transporte en buques que navegan con regularidad entre puertos determinados y conforme a un calendario de fechas de navegación a disposición del público.*

---

[36] LLORENTE GÓMEZ DE SEGURA, A.: "Las Reglas de Rotterdam", cit., p. 171, en <http://www.google.es/url?sa=t&rct=j&q=&esrc=s&source=web&cd=6&ved=0CD4QFjAF&url=http%3A%2F%2Fwww.audea.org.uy%2Farticulos%2Freglas_rotterdam.pdf&ei=eG6BUPCDFcqShgeoroCwBA&usg=AFQjCNGwQgv8QqQrG1GY7c7k6W8BCtIygQ>. Las "Reglas de Rotterdam" regulan el Transporte marítimo de mercancías; no se limitan a regular la responsabilidad del porteador, sino que profundizan, aún más, incluyendo una serie de cuestiones adicionales, atinentes al régimen jurídico del Contrato de Transporte marítimo, como las obligaciones del Cargador, además de ocuparse de una cuestión novedosa en estos convenios: la documentación electrónica de estos contratos. Mas, pese a todo, las "Reglas de Rotterdam" no agotan la materia mencionada, ya que no regulan la absoluta toalidad de los aspectos del régimen del Contrato de Transporte marítimo, dejando importantes aspectos a la regulación por la Ley nacional [RUIZ SOROA, J.M.ª: "La Responsabilidad del Transportista...", cit., ps. 15 y ss.].

4. Por "transporte no regular" se entenderá todo transporte que no sea de línea regular.

5. Por "porteador" se entenderá la persona que celebre un contrato de transporte con un cargador.

6. a) Por "parte ejecutante" se entenderá la persona, distinta del porteador, que ejecute o se comprometa a ejecutar alguna de las obligaciones del porteador previstas en un contrato de transporte respecto de la recepción, la carga, la manipulación, la estiba, el transporte, el cuidado, la descarga o la entrega de las mercancías, en la medida en que dicha persona actúe, directa o indirectamente, a instancia del porteador o bajo su supervisión o control.

b) El término "parte ejecutante" no incluye a persona alguna que sea directa o indirectamente contratada por el cargador, por el cargador documentario, por la parte controladora o por el destinatario, en lugar de por el porteador.

7. Por "parte ejecutante marítima" se entenderá toda parte ejecutante en la medida en que ejecute o se comprometa a ejecutar alguna de las obligaciones del porteador durante el período que medie entre la llegada de las mercancías al puerto de carga de un buque y su salida del puerto de descarga de un buque. Un transportista interior o terrestre sólo será considerado parte ejecutante marítima si lleva a cabo o se compromete a llevar a cabo sus actividades únicamente dentro de una zona portuaria.

8. Por "cargador" se entenderá la persona que celebre un contrato de transporte con el porteador.

9. Por "cargador documentario" se entenderá la persona, distinta del cargador, que acepte ser designada como "cargador" en el documento de transporte o en el documento electrónico de transporte.

10. Por "tenedor" se entenderá:

a) La persona que esté en posesión de un documento de transporte negociable; y, i) en caso de que el documento se haya emitido a la orden, esté identificada en dicho documento como el cargador o el destinatario, o como la persona a la que el documento haya sido debidamente endosado; o ii) en caso de que el documento sea un documento a la orden endosado en blanco o se haya emitido al portador, sea su portador; o

b) La persona a la que se haya emitido o transferido un documento electrónico de transporte negociable con arreglo a los procedimientos previstos en el párrafo 1 del artículo 9.

11. Por "destinatario" se entenderá la persona legitimada para obtener la entrega de las mercancías en virtud de un contrato de transporte o en virtud de un documento de transporte o de un documento electrónico de transporte.

12. Por "derecho de control" sobre las mercancías se entenderá el derecho a dar instrucciones al porteador respecto de las mercancías en el marco del contrato de transporte, conforme a lo previsto en el capítulo 10.

13. Por "parte controladora" se entenderá la persona que con arreglo al artículo 51 esté legitimada para el ejercicio del derecho de control.

14. Por "documento de transporte" se entenderá el documento emitido por el porteador, en virtud de un contrato de transporte, que:

a) Pruebe que el porteador o una parte ejecutante ha recibido las mercancías con arreglo a un contrato de transporte; y

b) Pruebe o contenga un contrato de transporte.

15. Por "documento de transporte negociable" se entenderá el documento de transporte que indique mediante expresiones como "a la orden" o "negociable", o mediante alguna otra fórmula apropiada a la que la ley aplicable al documento reconozca el mismo efecto, que las mercancías se han consignado a la orden del cargador, a la orden del destinatario o al portador del documento, y que no indique expresamente que se trata de un documento "no negociable".

16. Por "documento de transporte no negociable" se entenderá el documento de transporte que no sea negociable.

17. Por "comunicación electrónica" se entenderá la información generada, enviada, recibida o archivada por medios electrónicos, ópticos, digitales u otros medios análogos, con el resultado de que la información comunicada sea accesible para su ulterior consulta.

18. Por "documento electrónico de transporte" se entenderá la información consignada en uno o más mensajes emitidos por el porteador mediante comunicación electrónica, en virtud de un contrato de transporte, incluida la información lógicamente asociada al documento electrónico de transporte en forma de datos adjuntos o vinculada de alguna otra forma al mismo por el porteador, simultáneamente a su emisión o después de ésta, de tal modo que haya pasado a formar parte del documento electrónico de transporte, y que:

a) Pruebe que el porteador o una parte ejecutante ha recibido las mercancías con arreglo a un contrato de transporte; y

b) Pruebe o contenga un contrato de transporte.

19. Por "documento electrónico de transporte negociable" se entenderá el documento electrónico de transporte:

a) Que indique, mediante expresiones como "a la orden" o "negociable", o mediante alguna otra fórmula apropiada a la que la ley aplicable al documento reconozca el mismo efecto, que las mercancías se han consignado a la orden del cargador o a la orden del destinatario, y que no indique expresamente que se trata de un documento "no negociable"; y

b) Cuyo empleo satisfaga los requisitos enunciados en el párrafo 1 del artículo 9.

20. Por "documento electrónico de transporte no negociable" se entenderá el documento electrónico de transporte que no sea negociable.

21. Por "emisión" de un documento electrónico de transporte negociable se entenderá su emisión por medio de procedimientos que aseguren que el documento es susceptible de permanecer bajo control exclusivo desde su creación hasta que pierda su validez o eficacia.

22. Por "transferencia" de un documento electrónico de transporte negociable se entenderá la transferencia del control exclusivo sobre el documento.

23. Por "datos del contrato" se entenderá la información relativa al contrato de transporte o a las mercancías (incluidas las condiciones, anotaciones, firmas y endosos) que figure en un documento de transporte o en un documento electrónico de transporte.

24. Por "mercancías" se entenderán los géneros, los productos y los artículos de todo tipo que el porteador se comprometa a transportar en virtud de un contrato de transporte, incluido el embalaje y todo contenedor o equipo auxiliar no facilitado por el porteador, o en su nombre.

25. Por "buque" se entenderá cualquier embarcación utilizada para transportar mercancías por mar.

26. Por "contenedor" se entenderá todo tipo de contenedor, plataforma o tanque portátil y cualquier otra unidad de carga similar utilizada para agrupar mercancías, así como todo equipo auxiliar de dicha unidad de carga.

27. Por "vehículo" se entenderá todo vehículo de transporte por carretera o ferroviario.

28. Por "flete" se entenderá la remuneración que ha de pagarse al porteador por el transporte de las mercancías con arreglo a un contrato de transporte.

29. Por "domicilio" se entenderá:

a) el lugar donde una sociedad o cualquier otra persona jurídica o asociación de personas físicas o jurídicas tenga i) su sede estatutaria, el lugar de constitución o su domicilio registral, según cuál resulte aplicable, ii) su administración central, o iii) su establecimiento principal, y

Fletamento, Transporte Marítimo y Responsabilidad Contractual 277

b) el lugar donde una persona física tenga su residencia habitual.

30. Por "tribunal competente" se entenderá todo tribunal de un Estado Contratante que, conforme a la normativa aplicable en ese Estado para el reparto interno de la competencia entre sus tribunales, goce de competencia para conocer de la controversia".

Se trata de un precepto larguísimo que contiene una lista con numerosas definiciones funcionales; definiciones *"ad hoc"*, que facilitan la interpretación y aplicación del propio régimen convencional. Entre las definiciones, destacan – en primerísimo lugar, y por razones obvias – las que tienen por objeto definir *"el"* **contrato o** *"los"* **contratos de transporte**, comenzando por dejar bien claro que se trata de *"contratos"*. Mas, si tratásemos de establecer un paralelismo o una correspondencia o correlación perfecta entre los transportes y los contratos de transporte, en seguida percibiríamos que de los distintos tipos de transporte que se definen en el art. 1.º, unos de éllos son *"contratos"*, mientras que los otros no se definen como *"contratos"*, sino como *"servicios"*. Así, mientras que el precepto define los conceptos de *"contrato de transporte"* y de *"contrato de volumen"*, y los define – insisto– como *"contratos"*, en cambio utiliza el sustantivo *"servicios"*, para definir el concepto de *"transporte de línea regular"*, e – implícitamente y por una interpretación *"a contrario sensu"* – el concepto de *"transporte no regular"*.

Por *"contrato de transporte"*, el art. 1.º, n.º 1, apdo. 1.º, Reg.Rott. establece que *"se entenderá todo contrato en virtud del cual un porteador se comprometa, a cambio del pago de un flete, a transportar mercancías de un lugar a otro"*. Acto seguido, el mismo precepto añade que "[d] *icho contrato deberá prever el transporte marítimo de las mercancías y podrá prever, además, su transporte por otros modos"*, pero esto ni quita ni añade nada a la definición de transporte... solamente pretende circunscribir el ámbito material de las *"Reglas de Rotterdam"*, aquellos contratos de transporte de mercancías que sean, o bien marítimos o bien multimodales. En este sentido, se detecta una evidente influencia de las *"Reglas de Hamburgo"*, ya que el **art. 1.º, n.º 6** define el *"contrato de transporte marítimo"* diciendo que por tal:

> *"... se entiende todo contrato en virtud del cual el porteador se compromete, contra el pago de un flete, a transportar mercancías por mar de un puerto a otro; no obstante, el contrato que comprenda transporte marítimo*

y también transporte por cualquier otro medio se considerará contrato de transporte marítimo a los efectos del presente Convenio sólo por lo que respecta al transporte marítimo".

Ahora bien; con el propósito u objetivo fundamental de tender un puente que supere la sima existente entre las *"Reglas de La Haya"* y *"de La Haya-Visby"*, y las *"Reglas de Hamburgo"*[37], la *"Reglas de Rotterdam"* centran su atención en la regulación de una modalidad – no se si decir de élla que es *"especial"*, o, lo que probablemente, resultase más acertado: una modalidad *"total"* – del Contrato de *Transporte marítimo* de mercancías: el Contrato de Transporte, *total o parcialmente* marítimo, de mercancías, viniendo así a responder a la cuestión de si el Convenio Internacional debería extenderse, o no, más allá de la estricta regulación de un mero transporte de mercancías por vía marítima, llegando a **abarcar el llamado Transporte *"Maritime Plus"***; una cuestión en torno a la cual se había suscitado un debate que ha exigido seis años de deliberaciones[38],

---

[37] RAMBERG, J.: "UN. Convention on contracts for international carriage of goods wholly or partly by sea", en "UNCITRAL Draft Convention on contracts for the international carriage of goods wholly or partly by sea", en *"CMI. Yearbook/Annuaire 2009. Athens II. Documents of the Conference"*, p. 276, en <http://www.comitemaritime.org/ year/2009/ pdffiles/YBK_2009.pdf>.

[38] RAMBERG, J.: "UN. Convention...", cit., ps. 277 y s., en <http://www.comitemaritime.org/year/2009/pdffiles/YBK_2009.pdf>. VAN DER ZIEL, G.: "Multimodal aspects of the Rotterdam Rules", en "UNCITRAL Draft Convention on contracts for the international carriage of goods wholly or partly by sea", en *"CMI. Yearbook/Annuaire 2009. Athens II. Documents of the Conference"*, p. 300, en <http://www.comitemaritime.org/year/2009/pdffiles/YBK_2009.pdf>, quien señalaba que una respuesta afirmativa a esta cuestión era considerada, por algunos delegados como un serio obstáculo a la consecución de su ideal multimodal: una régimen uniforme en materia de responsabilidad que se aplicase a todos los modos de transporte. Para otros, era una prueba de que el Derecho marítimo se introducía – como un intuso – en áreas en las que no debiera estar presente: en tierra se sitúa el ámbito de normas como los convenios CMR, COTIF-CIM y el Convenio de Budapest. Otras delegaciones se mostraban decididas a incluir en las "Reglas de Rotterdam", las fases terrestre o interiores de un transporte marítimo, cuando estas fases se hallasen cubiertas por el mismo contrato de transporte, ya que – en su opinión – carecería de sentido restringir el ámbito del Convenio solamente al transporte *"puerto-a-puerto"* [*"port-to-port"*]. Una actitud semejante habría equivalido, simplemente, a sumar otro nuevo convenio, a los tres ya existentes, siendo así que – como se reconoce universalmente – el moderno contrato maritimo es multimodal.

y que las *"Reglas de Hamburgo"*, no solucionaron o, mejor dicho, que solucionaron en sentido negativo.

La nueva solución al problema ha sido la de optar por el *"Maritime Plus approach"*, de forma que, si bien las *"Reglas de Rotterdam"* regulan una relación jurídica de transporte en la que existe un **núcleo** esencial de **maritimidad**; un nucleo duro que consiste en que cuando menos una parte de las fases de la conducción debe ser por vía marítima [regulación del transporte *"port to port"* o *"tackle to tackle"*[39]], ello no empece a que puedan existir **segmentos o fases *no marítimos***, de tal modo y manera que las normas del – por entonces – Proyecto de Convenio se habrán de aplicar, no solamente al segmento marítimo del transporte marítimo, sino también – aunque esto sea algo voluntario – a las fases o segmentos accesorios del transporte, previo o sucesivo a la conducción por vía marítima[40]. Que esto

---

[39] DA COSTA GOMES, M.J.: "Capítulo 5. Sobre a Responsabilidade do transportador nas Regras de Rotterdão: Breves notas", en VV.AA.: *"Estudios de Derecho Marítimo"*, dir. por J.L.García-Pita y Lastres, edit. por A.Díaz de La Rosa y M.ª.R.Quintáns Eiras, edit, Gobierno de España, Ministerio de Ciencia e Innovación/Thomson-Reuters-Aranzadi, S.A., 1.ª ed., Cizur Menor (Navarra), 2012, p. 644. Idem: "Do transporte *'port to port'* ao transporte *'door to door'*"", en VV.AA.: *"I.ªs Jornadas de Lisboa de Direito Marítimo. 6 e 7 de Março de 2008. O Contrato de Transporte Marítimo de Mercadorias"*, edit. Centro De Direito Maritimo e dos Transportes da Facultades de Direito da Universidades de Lisboa/ Edições Almedina, Coimbra, 2008, p. 401. RUIZ SOROA, J.M.ª.: "La Responsabilidad del Transportista...", cit., ps. 16 y s.

[40] RUIZ SOROA, J.M.ª.: "La Responsabilidad del Transportista...", cit., ps. 16 y s. BERLINGIERI, F.: "A Comparative Analysis of The Hague-Visby Rules, the Hamburg Rules and the Rotterdam Rules (Paper delivered at the General Assembly of the AMD, Marrakesh 5-6 November 2009)", p. 2, en <http://www.uncitral.org/pdf/english/workinggroups/wg_3/ Berlingieri_paper_comparing_RR_Hamb_HVR.pdf>, quien señala que en las *"Reglas de Hamburgo"* y en las *"Reglas de Rotterdam"* existe una definición del Contrato de Transporte, pero entre ambas existe una fundamental diferencia respecto de la descripción de la obligación del Porteador, que en las *"Reglas de Hamburgo"* se limita a la conducción de la mercancía, *"de puerto a puerto"*, mientras que en las *"Reglas de Rotterdam"* la conciben como *"de lugar a lugar"*. Las *"Reglas de Hamburgo"* expresamente excluyen de su ámbito de aplicación los transportes por modos distintos del transporte por mar, cuando el conrato incluya esos otros modos, mientras que las *"Reglas de Rotterdam"* extienden su ámbito de aplicación al transporte por otros modos, si las partes así lo han pactado. VAN DER ZIEL, G.: "Multimodal aspects of the Rotterdam Rules", cit., p. 300, en <http://www.comitemaritime. org/year/2009/pdffiles/YBK_2009.pdf>. ROJAS, H.: "Transporte Internacional: Las Reglas de Rotterdam están listas para su firma", en <http://www.eltiempo.com/participacion/ blogs/default/un_articulo.php?id_blog=3826213&id_recurso=450018508 >, quien señala

es así, lo refleja el propio título del Convenio: *"Convenio de las Naciones Unidas sobre el Contrato de Transporte Internacional de Mercancías Total o Parcialmente Marítimo"* [*"United Nations Convention on Contracts for the International Carriage of Goods Wholly or Partly by Sea"*, *"Convention des Nations Unies sur le contrat de transport international de marchandises effectué entièrement ou partiellement par mer"*]. Por consiguiente, se **deberá** prever que una **parte**, cuando menos, del transporte; que una parte – cuando menos – de la conducción o desplazamiento geográfico-funcional de las mercancías, sean **marítimos**, mas – al propio tiempo – se *podrá* **prever** que **otra parte** de la conducción se efectúe *"por otros modos"*. Como consecuencia de ésto, el **art. 14** prevé, junto a las obligaciones generales, propias de todo contrato de transporte – que paradójicamente vienen calificadas como *"obligaciones específicas"*, sin otra cualificación [por el art. 13, Reg.Rott.] –, unas denominadas *"obligaciones específicas aplicables al viaje por mar"*, que están referidas, principalmente a la navegabilidad y acondicionamiento del Buque, a su armamento y dotación, etc. Posteriormente, el **art. 19** trata de la **responsabilidad de la** *"parte ejecutante marítima"*, luego de que el art. 18 tratase de la *"responsabilidad del Porteador por actos ajenos"*, con mención expresa de los actos de diversas *"partes ejecutantes"*, marítimos o no, y – por fin – el **art. 26** trata del **Transporte** *precedente o subsiguiente* **al transporte por mar**[41], disponiendo que, cuando la pérdida o el daño de las mercancías, o el hecho o circunstancia que haya ocasionado el retraso en su entrega, se haya producido durante el período de responsabilidad del porteador, pero exclusivamente antes de ser cargadas las mercancías a bordo del buque, o exclusivamente después de ser descargadas las mercancías del buque, el régimen del presente Convenio no impedirá la aplicación de las disposiciones de otros instrumentos internacionales[42].

---

que las Reglas de Rotterdam no solo se ocupen de cubrir únicamente los trayectos *port to port* sino que tienen una aplicación en los contratos *House to House*. Esta amplitud en su aplicación resulta plenamente ajustada a las necesidades actuales del comercio y la logística internacional, que cada día busca soluciones integrales para sus distintas operaciones.

[41] VAN DER ZIEL, G.: "Multimodal aspects of the Rotterdam Rules", cit., p. 302, en <http://www.comitemaritime.org/year/2009/pdffiles/YBK_2009.pdf>.

[42] BERLINGIERI, F., DELEBECQUE, Ph., FUJITA, T., ILLESCAS ORTIZ, R., STURLEY, M., VAN DER ZIEL, G., VON ZIEGLER, A. y ZUNARELLI, S.: "The Rotterdam Rules. An Attempt to clarify certain Concerns that have emerged", paper, en <http://www.mcgill.ca/files/maritime-law/Rotterdam_Rules_An_Attempt_To_Clarify_Concerns.pdf>.

Pero hay que insistir en que las *"Reglas de Rotterdam"* lo que pretenden es – directamente – regular, con un conjunto de normas jurídico-sustantivas – y no meramente conflictuales –, el régimen jurídico de los contratos internacionales de transporte de mercancías, por vía marítima o multimodal, aunque en este último caso siempre debe existir un segmento marítimo; el régimen jurídico de unos contratos que lo son **"contratos"** y **"de transporte"**, digamos que – aparentemente – en el sentido más clásico, pero también más convencional. Así; lo que regulan las *"Reglas de Rotterdam"* no es otra cosa que un verdadero **contrato – puro – de** *transporte* **de mercancías**[43]; ese supuesto concreto de la tradicional *"locatio-conductio operis vehendarum mercium"*[44], que se halla recogida – p.e. – en los arts. 1601 a 1603, CC.[45], o que se deduce o induce a partir de éllos, y que se podría definir como aquel contrato por el cual:

> *"... el porteador se obliga, a cambio de un precio, a trasladar bajo su responsabilidad las mercancías confiadas por el cargador"*[46].

De este modo, la *"Reglas de Rotterdam"* no hacen sino recoger lo que – desde la *"Harter Act"* norteamericana, de 1893 – Ley federal promulgada a instancia del senador M.D.Harter[47] –, ha sido un verdadero princi-

---

[43] ILLESCAS ORTIZ, R.: "Capítulo 4. Obligaciones y responsabilidad del Porteador", en VV.AA.: *"Las Reglas de Rotterdam y la práctica comercial internacional"*, edit. Universidad "Carlos III.º" De Madrid/Thomson-Reuters-Civitas/Aranzadi, S.A., Cizur Menor (Navarra), 2012, p. 153.

[44] IGLESIAS, J.: *"Derecho Romano. Instituciones de Derecho privado"*, edit. Ariel, 5.º ed., Barcelona, 1965, p. 407.

[45] CHABAS, V.: *"El Contrato de Transporte por ferrocarril según el Código de comercio"*, Libreria General de Victoriano Suarez, Madrid, 1925, p. 25, consideraba que – efectivamente – nuestro CC./1889 ofrecía una definición del Contrato de Transporte.

[46] SÁNCHEZ GAMBORINO, F.M.: *"Doctrina Jurisprudencial sobre el Contrato de Transporte terrestre"*, edit. Aguilar, Madrid, 1957, p. 22. EMPARANZA SOBEJANO, A.: *"El concepto de Porteador en el Transporte de mercancías"*, edit. Comares, Granada, 2003, p. 25. JUAN y MATEU, F.: *"Los impedimentos para la entrega en el transporte de mercancías por carretera"*, edit. Comares/Centro de Derecho del Transporte Internacional (CEDIT.), Granada, 2005, p. 1.

[47] SANCHEZ CALERO/TMM./1: cit., p. 2. SÁNCHEZ CALERO/TMM./2: cit., p. 31. GÓMEZ SEGADE, J.A.: "El Transporte marítimo de mercancías: de las Reglas de La Haya a las Reglas de Hamburgo", en en VV.AA.: *"VIas. Jornadas de Derecho Marítimo de La Rábida"*, edit. Excma. Diputación Provincial De Huelva-Instituto De Estudios Onubenses, La Rábida,

pio general del Derecho del Transporte Marítimo: me refiero al principio de **protección del** *Cargador* **y del** *Destinatario*[48], mediante la imposición de un régimen de **responsabilidad** *inderogable*, aunque en las disposiciones precedentes, ello iba acompañado de la obligación de emitir un **conoci-**

1982, ps. 38 y s. MORÁN BOVIO, D.: *"Extremos del período de aplicación mínimo en la CB-PV (Convención de Bruselas-Protocolo de Visby sobre transporte de mercancías bajo conocimiento de embarque)"*, edit. McGraw.Hill, Madrid, 1998, p. 26. MATILLA ALEGRE, R.: *"Contrato de utilización..."*, cit., p. 103. VIDAL SOLÁ, A.: *"El Conocimiento de Embarque en el Transporte internacional"*, impr. Talleres Gráficos Vergé, Barcelona 1955, ps. 8 y s. RUIZ SOROA, J. Mª, ZABALETA, S y GONZALEZ RODRIGUEZ, M.: *"Manual de Derecho del Transporte Marítimo"*, edit. Servicio Central De Publicaciones Del Gobierno Vasco [Eusko Jaurlaritzen Argitalpen Zerbitzu Nagusia], 2ª ed. corregida y aumentada, Vitoria [Gasteiz], 1997, p. 364. HILL, Ch.: *"Maritime Law"*, cit., 6.a ed., p. 269. MYBURGH, P.: "Uniformity or Unilateralism...", cit., p. 5 de 34, y en <www.upf.pf/IMG/doc/4Myburgh.doc>.

[48] SÁNCHEZ CALERO, F.: *"El Contrato de Transporte Marítimo de Mercancías. Reglas de La Haya-Visby, Hamburgo y Rotterdam"*, edit. Thomson-Reuters/Aranzadi, S.A., 2.ª ed., Cizur Menor (Navarra), 2010, p. 603 [En adelante: SÁNCHEZ CALERO/TMM./3]. MYBURGH, P.: "Uniformity or Unilateralism...", cit., p. 5 de 34, y en <www.upf.pf/IMG/doc/4Myburgh. doc>. HONKA, H.: "Scope of Application, Freedom of Contract", en "UNCITRAL Draft Convention on contracts for the international carriage of goods wholly or partly by sea", en *"CMI. Yearbook/Annuaire 2009. Athens II. Documents of the Conference"*, p. 258, en <http://www.comitemaritime.org/year/2009/pdffiles/YBK_2009.pdf>. Por su parte, RAMBERG, J.: "UN. Convention on contracts for international carriage of goods wholly or partly by sea", en "UNCITRAL Draft Convention on contracts for the international carriage of goods wholly or partly by sea", en *"CMI. Yearbook/Annuaire 2009. Athens II. Documents of the Conference"*, p. 276, en <http://www.comitemaritime.org/year/2009/pdffiles/YBK_2009.pdf>, señala que la lista de exenciones se ha tomado de las *"Reglas de La Haya-Visby"*, junto con la remoción de las excepciones de *"error en la navegación y manejo del buque"* y de *"incendio"*. Y el deber continuado de ejercer la diligencia debida para mantener el buque navegable y garantizar el cuidado de la mercancía hacen que la responsabilidad del Porteador resulte muy similar a la establecida en las *"Rglas de Hamburgo"*. PONTOPPIDAN, K.: "Shipowners'View on the UNCITRAL Convention on contracts for the International Carriage of Goods wholly or partly by Sea", en "UNCITRAL Draft Convention on contracts for the international carriage of goods wholly or partly by sea", en *"CMI. Yearbook/Annuaire 2009. Athens II. Documents of the Conference"*, p. 281, en <http://www.comitemaritime.org/year/2009/pdffiles/YBK_2009.pdf>. PARE Jr., A. M.: "Charter party symposium: the burden of proof in cases of cargo loss and damage where the u.s. carriage of goods by sea act has been incorporated into a charter party", en 25 Tul. L. Rev., 2001, verano, p. 491, en <https://litigation-essentials.lexisnexis.com/webcd/app?-action=DocumentDisplay&crawlid=1&doctype=cite&docid=25+Tul.+Mar.+L.+J.+491&s rctype=smi&srcid=3B15&key=7f462f895bdae7c74f70261d4e52ecfa>.

Fletamento, Transporte Marítimo y Responsabilidad Contractual   283

miento de embarque o un recibo, con un contenido mínimo[49]. Ahora bien; a diferencia de textos precedentes, como la *"Harter Act"* o las *"Reglas de la Haya-Visby"*, la condición de tal *"contrato"* y su índole *"de transporte"* se conciben – por así decirlo – como cualidades **inmanentes o endógenas**; es decir: que no vienen determinadas por el uso de conocimientos de embarque u otros documentos similares[50], de manera que nos hallamos ante una regulación que – conceptualmente – se sitúa en la línea de los

---

[49] SÁNCHEZ CALERO, F.: *"El Contrato de Transporte Marítimo de Mercancías. Reglas de La Haya-Visby"*, edit. Aranzadi, S.A., 1ª ed., Elcano (Navarra), 2000, p. 603 [En adelante: SÁNCHEZ CALERO/TMM./2]. SÁNCHEZ CALERO/TMM./1, cit., p. 31. GÓMEZ SEGADE, J.A.: "El Transporte marítimo...", cit., ps. 38 y s. MATILLA ALEGRE, R.: *"Contrato de utilización..."*, cit., p. 103. RUIZ SOROA/ZABALETA/GONZALEZ RODRIGUEZ.: cit., p. 363, quienes señalan que el movimiento de reforma internacional de la legislación en materia de transportes marítimos y conocimientos de embarque *"se inicia en los Estados Unidos, cuyo comercio exterior se llevaba a cabo preferentemente en buques ingleses y noruegos y en que predominaban los intereses de los cargadores"*, con la promulgación de la *"Harter Act"*, de 13.02.1893. HE JING.: *"L'Identification du Transporteur maritime en cas d'Affrètement. Mémoire de DESS de Droit Maritime et des Transports. Sous la direction de Maître Christian SCAPEL et Pierre BONASSIES"*, edit. Université De Droit, D'Economie et des Sciences D'Aix-Marseille Faculté de Droit et de Science Politique D'Aix – Marseille [Centre De Droit Maritime et des Transports], Marsella, 2005, p. 12, en <http://junon.u-3mrs.fr/ad210w00/memoires/2005/m05heji.html>.

[50] Como señala SALINASC.: *"¿*Son incompatibles las Reglas de Rotterdam con el Proyecto de Ley General de Navegación Marítima?", en *"Legaltoday.com"*, <http://www.legaltoday.com/practica-juridica/mercantil/maritimo/son-incompatibles-las-reglas-de-rotterdam-con-el-proyecto-de-ley-general-de-navegacion-maritima> 18 de Marzo de 2010, es cierto que, las *"Reglas de Rotterdam"* tienen importantes defectos: su oscuridad y complejidad, su defectuosa técnica jurídica, con lagunas y errores. **Pero tienen más virtudes que defectos: entre éllas, que se l**ibera al contrato de transporte de la dependencia del conocimiento de embarque [El *"Bill of Lading"* es un engorro en muchos casos en la práctica (entrega sin los originales y con firmas de letters of indemnity) y se usa por mera inercia frente a otras figuras como *"seawaybill"* (con el handicap de nuestra jurisprudencia del TS sobre la no aplicabilidad "Reglas de La Haya/Visby" a esta figura)]. BERLINGIERI, F.: "A Comparative Analysis...", cit., p. 2, en <http://www.uncitral.org/pdf/english/workinggroups/wg_3/Berlingieri_paper_comparing_RR_Hamb_HVR.pdf>, quien señala que, *"[n]ormalmente, un contrato se define sobre la base de las obligaciones de las partes. Las, empero, no contienen ninguna definicion, sino que simplemente se limitan a conectar la noción de "contract of carriage", al documento emitido, el "bill of lading". Por esta razón, se ha dicho que esas "Reglas de La Haya-Visby" adoptaron el un "documentary approach". Por el contrario, en las "Reglas de Hamburgo" y en las "Reglas de Rotterdam" existe una definición del Contrato de Transporte"*.

ordenamientos **con códigos** de Derecho privado, en los que la delimitación del tipo-Transporte se lleva a cabo por definición genérica y abstracta del contenido fundamental del contrato[51], y donde en esa definición subyacen los conceptos de la Doctrina romanística del arrendamiento de obra [*"locatio-conductio operis vehendarum mercium"*].

Por consiguiente, se trata de una definición *"dogmáticamente correcta"*[52], que se ajusta a las raíces romanísticas de la figura como *"locatio conductio operis"*; como ***"locatio-conductio rerum vel mercium trans mare vehendarum"***: un contrato bilateral perfecto; plenamente sinalagmático, por el que una de las partes – Porteador – se obliga, a cambio de un flete, a transportar mercancías de un lugar a otro. La atención se polariza, así, sobre el contrato y – por tanto – sobre la sustancia del consentimiento – o la sustancia del objeto y la causa, sobre los que recae el consentimiento –, y no, en cambio, sobre la documentación de ese consentimiento en forma de conocimiento de embarque, lo que – ciertamente – supone un apartarse de la óptica anglosajona, que impregna las *"Reglas de La Haya"* y las *"Reglas de La Haya-Visby"*[53], en cuanto prefirieron atender al hecho de que

---

[51] BERLINGIERI, F.: "A Comparative Analysis...", cit., ps. 2 y 4, en <http://www.uncitral. org/pdf/english/workinggroups/wg_3/Berlingieri_paper_comparing_RR_Hamb_HVR. pdf>, quien señala que el enfoque que sea dopta es contractual, y no documental, aunque se combina con ciertos factores de índole documental y de relación con los tipos de tráfico [de línea y no regular].

[52] LLORENTE GÓMEZ DE SEGURA, A.: "Las Reglas de Rotterdam", cit., p. 171, en <http:// www.google.es/url?sa=t&rct=j&q=&esrc=s&source=web&cd=6&ved=0CD4QFjAF&ur l=http%3A%2F%2Fwww.audea.org.uy%2Farticulos%2Freglas_rotterdam.pdf&ei=eG6B UPCDFcqShgeoroCwBA&usg=AFQjCNGwQgv8QqQrG1GY7c7k6W8BCtIygQ>, o – desde otro punto de vista – clásica [LÓPEZ RUEDA, F.C.: "Capítulo I. Noción de Contrato de Transporte y ...", cit., p. 27].

[53] LLORENTE GÓMEZ DE SEGURA, A.: "Las Reglas de Rotterdam", cit., p. 171, en <http:// www.google.es/url?sa=t&rct=j&q=&esrc=s&source=web&cd=6&ved=0CD4QFjAF&ur l=http%3A%2F%2Fwww.audea.org.uy%2Farticulos%2Freglas_rotterdam.pdf&ei=eG6B UPCDFcqShgeoroCwBA&usg=AFQjCNGwQgv8QqQrG1GY7c7k6W8BCtIygQ>, quien señala que las "Reglas de Rotterdam" entienden, simplemente, que hay contrato cuando se produce un acuerdo oneroso ("a cambio del pago de un flete") entre el porteador y su contraparte, cuyo objeto es el traslado de mercancías de un lugar a otro. Lo cual no quiere decir, como veremos en su momento, que los aspectos formales del contrato no sean importantes. Simplemente, se subraya el hecho de que para la aplicación del Convenio no es necesario que se emita un documento de transporte determinado, sino, sin más, que exista un contrato de transporte, tal y como éste aparece definido en el art. 1.º, n.º 1, Reg.Rott.

se haya emitido, o no, un documento de transporte [P.e., un conocimiento de embarque][54]. En este sentido, cobran importancia fundamental las tres referencias conceptuales que se contienen en el art. 1.°, n.° 1, Reg.Rott; es decir, las referencias a los conceptos de: *"porteador"*, *"flete"* y *"mercancías"*, que también aparecen definidos, igualmente, en el art. 1.°, Reg. Rott.[55]. Así, el *"porteador"* se define de un modo muy sencillo y – sobre todo – clásico, entendiendo por tal que se ajusta a las categorías del *"Civil Law"*: *"Por "porteador" se entenderá la persona que celebra un contrato de transporte con un cargador"*. Así pues, al Porteador – de acuerdo con una concepción *amplia* – se le caracteriza por ser una de las partes del contrato de transporte; por haber celebrado dicho contrato con un *cargador*, y por su consiguiente compromiso – obligación – de transportar mercancías de un lugar a otro a cambio de una contraprestación [flete][56], lo cual – por fin – comporta o conlleva a la correspondiente **responsabilidad** – contractual, pero también extracontractual – **por las pérdidas, daños y retrasos**.

Frente a este personaje y dialécticamente enfrentado a él, como su indispensable complemento, se halla la figura del *"Cargador"*, que el art.

---

[54] LLORENTE GÓMEZ DE SEGURA, A.: "Las Reglas de Rotterdam", cit., p. 171, en <http://www.google.es/url?sa=t&rct=j&q=&esrc=s&source=web&cd=6&ved=0CD4QFjAF&url=http%3A%2F%2Fwww.audea.org.uy%2Farticulos%2Freglas_rotterdam.pdf&ei=eG6BUPCDFcqShgeoroCwBA&usg=AFQjCNGwQgv8QqQrG1GY7c7k6W8BCtIygQ>.

[55] LLORENTE GÓMEZ DE SEGURA, A.: "Las Reglas de Rotterdam", cit., p. 171, en <http://www.google.es/url?sa=t&rct=j&q=&esrc=s&source=web&cd=6&ved=0CD4QFjAF&url=http%3A%2F%2Fwww.audea.org.uy%2Farticulos%2Freglas_rotterdam.pdf&ei=eG6BUPCDFcqShgeoroCwBA&usg=AFQjCNGwQgv8QqQrG1GY7c7k6W8BCtIygQ>.

[56] ILLESCAS ORTIZ, R.: "Capítulo 4. Obligaciones y responsabilidad ...", cit., ps. 153 y ss. LÓPEZ RUEDA, F.C.: "Capítulo I. Noción de Contrato de Transporte y ...", cit., p. 27. LLORENTE GÓMEZ DE SEGURA, A.: "Las Reglas de Rotterdam", cit., p. 171, en <http://www.google.es/url?sa=t&rct=j&q=&esrc=s&source=web&cd=6&ved=0CD4QFjAF&url=http%3A%2F%2Fwww.audea.org.uy%2Farticulos%2Freglas_rotterdam.pdf&ei=eG6BUPCDFcqShgeoroCwBA&usg=AFQjCNGwQgv8QqQrG1GY7c7k6W8BCtIygQ>, quien señala que se acoge una concepción amplia de la figura del porteador, que es unánime en la doctrina y que ha venido recibiendo la debida atención en otros instrumentos internacionales (y nacionales) reguladores del transporte desde hace tiempo. Esta concepción amplia supone que lo realmente importante para delimitar jurídicamente al porteador no es que sea éste quien realice materialmente el transporte. Basta con que se comprometa a conseguir el resultado del transporte (porteador contractual) y encargue (subcontrate) a otro porteador (efectivo) la ejecución material del mismo. Yo creo – por el contrario – que es una concepción estricta, precisamente porque lo que hace de alguien un porteador no es que transporte... sino que asume personalmente el compromiso de efectuar la conducción.

1.º, n.º. 8, Reg.Rott. define en los siguientes términos: *"Por "cargador" se entenderá la persona que celebre un contrato de transporte con el porteador"*. De este modo, se recoge la consideración tradicional del contrato de transporte como contrato celebrado entre dos partes, porteador y cargador, las cuales asumen obligaciones de carácter sinalagmático [Se trata de un contrato bilateral perfecto].

En una primera aproximación estrictamente fenomenológica, el Transporte se muestra como una **operación** *económico-técnica* **consistente en la** *traslación geográfica*; **el** *desplazamiento local,* **de** *cosas* **o** *de personas*[57]. Estamos, por consiguiente, en presencia de una mera realidad económica. Pero esa realidad socioeconómica que es el transporte requiere de un instrumento jurídico de carácter negocial: requiere de un negocio jurídico de índole contractual, por cuya virtud un sujeto – el porteador – lleve a cabo el transporte en interés o para otro o, mejor, al servicio de otro – el cargador, el destinatario, el pasajero-. Mas, **¿cuál es ese negocio jurídico?** Ciertamente, se trata de un **contrato**, pero **¿cuál?** O, tal vez, sería mejor preguntarse: **¿cuántos?** ¿Cuántos contratos podrían ser los instrumentos jurídico-negociales que sirvieran para vertebrar, en el plano jurídico, la realidad socioeconómica y técnica del transporte?

Hay que tener en cuenta que, cuando el art. 1.º, n.º 1, Reg.Rott. ofrece su propia definición funcional – *"ad hoc"* – de *"contrato de transporte"*, dice que por tal *"se entenderá todo contrato en virtud del cual un porteador se comprometa, a cambio del pago de un flete, a transportar mercancías de un lugar a otro"*. No dice *"el contrato"*, ni siquiera dice – tampoco – *"aquel contrato"*, sino que dice *"todo contrato"*, lo que bien podría sugerir que hay más de uno, y que esto es así parece que se adivina – también – por el mero hecho de que, a continuación, se defina el *"contrato de volumen"*, y – una vez más – se vuelva a utilizar una expresión idéntica – *"todo contrato"* –, aunque ahora con la particularidad de que se dice, expresamente, que se trata de todo contrato *"de transporte"*, lo cual supone que – *"prima facie"* – los contratos de volumen son considerados contratos de transporte, a pesar de que el art. 80, Reg.Rott. los somete a un régimen de tan amplia libertad de pactos... que creo que difícilmente se

---

[57] Pendón Meléndez, M.A.: "IX. El Transporte mercantil", en VV.AA.: *"Nociones de Derecho mercantil"*, coord. por G.J.Jiménez Sánchez, edit. Marcial Pons, Ediciones Jurídicas y Sociales, 4.ª ed., Madrid/Barcelona, 2009, p. 129.

podría mantener que algunos contratos de volumen mereciesen ser calificados como contratos *"de transporte"*.

En este sentido, lo que a las *"Reglas de Rotterdam"* les interesa es el objeto y contenido del contrato: que, en su virtud, ***"un porteador se comprometa, a cambio del pago de un flete, a transportar mercancías de un lugar a otro"***. Es un dato positivo... pero quizá no limitativo, porque el hecho de que, en virtud del contrato en cuestión *"un porteador se comprometa, a cambio del pago de un flete, a transportar mercancías de un lugar a otro"*, **¿acaso significa que no puede asumir ningún otro tipo de compromiso; p.e., ceder el control comercial del Buque, por un tiempo; efectuar viajes – predeterminados o a instancia del Fletador-cargador –, etc...?** Y, a la inversa – o desde otro punto de vista –, **si un naviero cede a un fletador el control comercial del Buque, por un tiempo, o se compromete a efectuar viajes predeterminados o a instancia del Fletador, ¿podríamos considerarlo, también, como un responsable por la conducción y custodia de las mercancías embarcadas? ¿Podríamos considerar que esto es, también, un *"contrato de transporte"*, y que el naviero-fletante *"se compromet[ió], a cambio del pago [del] flete, a transportar mercancías de un lugar a otro"*?**

Cuando se distingue entre transporte en sentido *económico* y transporte en sentido *jurídico*, en seguida se percibe que existen supuestos **dudosos** o intermedios, en los que las partes interesadas pueden celebrar *un contrato* que *económica* y *técnicamente* pueda *servir a los fines del transporte*, **aunque – propiamente – no sea un contrato *"de transporte"*, en sentido jurídico, ora por defecto, ora por exceso**; es decir: un contrato que *económicamente* pueda *servir a los fines* del transporte, aunque – por exceso – presente un contenido y se refiera a un objeto más amplio, como – p.e. – la puesta del buque a disposición de la otra parte, o la realización de puras prestaciones de navegación, aunque asumiendo – igualmente – compromisos relacionados con la conducción geográfica y la custodia de un cargamento: unos contratos complejos de fletamento-transporte; de fletamento con fines de transporte o de fletamento con adición de prestaciones típicas del transporte... O bien, igualmente, un contrato que *económicamente* pueda *servir a los fines* del transporte, aunque – esta vez, por defecto – presente un contenido y se refiera a un objeto que *no incluya esas prestaciones de custodia y conducción* de las mercancías, limitándose a proporcionar los servicios del Buque y el compromiso de iniciar, proseguir y concluir unas determinadas singladuras navegatorias, lo mismo que el Banco que arrienda una caja de seguridad, cuya integridad protege, pero sin hacerse cargo de los objetos que el cliente introduzca en élla. En el Derecho marítimo y aeronáutico, los ejemplos son muy claros: están los contratos de **arrendamiento** y de **fletamento** de buques y aeronaves. Y en el ámbito terrestre no cabe duda de que pueden darse contratos de arrendamiento de vehículo automóvil, que – conforme a los arts. 132 y 134 de la Ley n.º 16/1987, de 30.07.1987, de Ordenación de los Transportes terrestres [LOTT.] – tanto pueden celebrarse con, como sin conductor. Pues bien; en estos contratos, el contratante que arrienda el vehículo, buque o aeronave, **¿arrienda o cede en arrendamiento una cosa, o – por el contrario – transporta u obtiene servicios de transporte?** Pero, sobre todo, **¿qué actitud adoptan las *"Reglas de Rotterdam"*, ante una cuestión como ésta?**

III – LAS *"REGLAS DE ROTTERDAM"* CONSIDERADAS DESDE LA PERSPECTIVA DEL DERECHO COMPARADO

III.1. Consideraciones generales

A la vista de lo expuesto, parece que la cuestión es – en otras palabras – cómo conciben las *"Reglas de Rotterdam"*, esos *"contratos de fletamento"*, a los que aluden en sus arts. 6.º y 7.º, porque lo que parece evidente – en una primera aproximación – es que estas conciben al Transporte... no en un sentido económico, sino jurídico; no como una operación económica vertebrada sobre cualquier tipo de contrato, sino como un contrato de rasgos muy concretos e – insisto – clásicos, de influencia continental. Pues **¿quién define y *cómo* se *delimita* lo que sea un contrato *"de transporte"*?** La cuestión es importante porque, si el transporte en sentido *económico* – no jurídico –, también incluye otros supuestos de traslación geográfica de cosas o personas, que se llevan a cabo por cuenta *ajena*, como un servicio prestado a otro, pero sobre la base de contratos que *no son*, propiamente, *"de transporte"*, entonces es evidente que cabría imaginar situaciones en las que una determinada relación jurídica, en la que tiene lugar la conducción de cosas o de personas, se situase en los límites entre el transporte en sentido *económico* y el transporte en sentido *jurídico*: es – precisamente – el caso de los distintos contratos náuticos; más concretamente, los fletamentos con *fines* de *transporte*[58] o simplemente los fletamentos de buques que reciben carga a bordo, y los arrendamientos de buque para uso en el transporte. En este sentido, podemos señalar que una situación intermedia entre el transporte en sentido *económico* y el transporte en sentido *jurídico*, la ocuparían, acaso – en función de que se tenga una concepción u otra, acerca de la figura del Fletamento marítimo –, aquellos contratos de fletamento o de arrendamiento de buques, en los que el fletamento o el arrendamiento se llevaran a cabo con *fines* de *transporte*, ya para sí o para otros. **¿Es ésto, también, transporte *en sentido jurídico*, o lo es solo en sentido *económico*?**

La respuesta a esta interrogante, que atañe a una cuestión o a una materia *jurídica*, solo puede ser – igualmente – *jurídica*; más, aún: *"jurisdicente"*, si se me permite la expresión. Es algo que corresponde a quienes tienen el poder de *"decir"* el Derecho; **a quienes tienen el poder de establecer y aplicar las normas jurídicas**, pues – en definitiva – **son las normas jurídicas las que *pueden* establecer lo que sea un contrato *"de transporte"***. Mas, si la delimitación jurídica de lo que sea un contrato de transporte es algo que el Ordenamiento lleva a cabo, porque quiere y puede hacerlo, parece oportuno aclarar que, cuando lleva a cabo esa *acción* de definir, la misma puede llevarse a cabo desde un doble plano:

A) *Normativo*: el titular del poder normativo *establece* – porque *puede* – a qué actos o negocios jurídicos hay que calificar como contratos *"de transporte"*, *expresando* su criterio – su *decisión*, que ya no mera opinión – *a través del sistema de fuentes del Derecho objetivo*; básicamente, mediante leyes parlamentarias.

B) *Ejecutivo*: el Ordenamiento *reconoce* – ahora, porque *debe* – a qué actos o negocios jurídicos hay que calificar como contratos *"de transporte"*, expresando esta decisión a través de resoluciones judiciales – *autos, sentencias* [incluso, en su caso, *laudos arbitrales*] – o administrativas, *como consecuencia de la resolución*

---

[58] A este supuesto se refieren autores como ESTEVES, V.: "Fretamento de navio para transporte de mercadorías", en VV.AA.: *"1.ªs Jornadas de Lisboa de Direito Marítimo. 6 e 7 de Março de 2008. O Contrato de Transporte Marítimo de Mercadorias"*, edit. Centro de Direito Maritimo e dos Transportes da Facultades de Direito da Universidades de Lisboa/ Edições Almedina, Coimbra, 2008, ps. 307 *passim*. SÁNCHEZ CALERO, F. y SÁNCHEZ-CALERO GUILARTE, J.: *"Instituciones de Derecho mercantil"*, t. II, edit. Thomson-Aranzadi, S.A., 35.ª ed. [8.ª en Aranzadi], Cizur Menor (Navarra), 2012, p. 723.

judicial de una pretensión declarativa o como consecuencia de la resolución de expedientes administrativos y de sus propios recursos contra éllos. En este plano, la libertad o la discrecionalidad del Ordenamiento se reduce ostensiblemente porque *los órganos del Poder quedan sometidos al Derecho positivo*, y si la ley ha fijado, ya, previamente, a qué actos o negocios jurídicos hay que calificar como contratos *"de transporte"*, *expresando* su criterio – su *decisión*, que ya no mera opinión – *a través del sistema de fuentes del Derecho objetivo*, a los Tribunales de Justicia, notarios y funcionarios públicos y demás operadores jurídicos, ya no les quedará otra opción – en el caso concreto – que reconocer o negar que se está ante un contrato *"de transporte"*, según concurran o no los requisitos legales.

Esto que acabo de exponer, en modo alguno tiene carácter excepcional y exclusivo del problema del *Transporte*, sino que se extiende a todas las materias jurídicas, como – p.e. – el reconocimiento de la Personalidad jurídica de las sociedades, fundaciones, etc. Mas, a diferencia de en el caso de esta última cuestión, respecto de la cual la posibilidad de reconocerla o atribuirla, en el plano *normativo*, corresponde en exclusiva al Poder Legislativo, con el carácter de un verdadero monopolio decisorio-constitutivo, manifestación de la *Potestad legislativa*, de modo que ni los demás Poderes públicos, ni los particulares, tienen un poder semejante. En cambio, en el caso de los contratos de transporte, y – en general – de la delimitación de las modalidades contractuales de toda índole, también hay que tener en cuenta – aunque eventualmente sea para negarla – la virtualidad del principio de **autonomía negocial privada**.

Ahora bien; que sean las *normas jurídicas* las que *pueden* establecer lo que sea un contrato *"de transporte"*, y que esta posibilidad corresponda, *"prima facie"*, al Poder legislativo, al Parlamento, en ejercicio de la potestad *legislativa*, no significa que necesariamente el Parlamento haya de hacer uso irrenunciable de esa potestad, de esa prerrogativa suya: **puede suceder que *el Poder Legislativo renuncie* o que *se abstenga* de delimitar normativamente lo que sea un *"contrato de transporte"***, en cuyo caso semejante vacío; semejante laguna legal, si no viene cubierta por los **usos** normativos, podría serlo por la **Jurisprudencia**, entendida como verdadero Derecho – incluso *objetivo* – de *creación judicial*, o por la **autonomía privada**, esta vez sin pretensión de validez universal y objetiva, aunque con una innegable capacidad para perpetuarse y evolucionar desde las meras cláusulas de estilo, a los usos.

Pues bien; así las cosas, la visión amplia y economicista del Transporte, como descriptivo de aquella conducta o acción humana, u operación económica consistente en, o que tiene por objeto, la *traslación geográfica*, el *desplazamiento local*, de *cosas* o de *personas*[59], es el sistema que, frecuentemente, prevalece en ordenamientos jurídicos en los que *el Poder Legislativo* ha *renunciado* a, o *se ha abstenido* de, delimitar normativamente lo que sea un *"contrato de transporte"*; unos ordenamientos cuyo Derecho patrimonial privado; cuyo Derecho de obligaciones y contratos es un Derecho **no codificado**, y donde – precisamente debido a la inexistencia de instituciones-molde; de tipos contractuales proporcionados por códigos –, a la hora de establecer la tipología contractual de la explotación de buques, se debe atender – fundamentalmente – a factores o **criterios socio-económicos** y/o *técnicos*, cuando no a criterios que pueden ser calificados de *jurídicos*, sí, pero que – desde la perspectiva socioeconómica – responden a circunstancias históricas y sociales muy diferentes de las actuales y, también, de las españolas. De este modo, el hecho de que la contratación náutica siempre dé lugar – de un modo u otro – al fenómeno económico de la traslación geográfica de mercancías o de personas, cuya traslación tiene lugar bajo el control náutico de un naviero, calificado – a veces – como *"fletante"*, justifica el que, liberados de los moldes que representan los *"tipos"* contractuales, toda esa plétora de contratos de explotación o utilización del Buque sea objeto de una consideración y de un tratamiento jurídico – relativamente – unitarios, polarizados en torno a la idea del transporte, atribuyendo a los navieros-fletantes, precisamente como consecuencia de su participación en esa conducción material de los objetos o personas, el calificativo de *"porteadores"*.

Mas, en realidad, pudiera ser que la actitud de las *"Reglas de Rotterdam"* se hubiese decantado, a este respecto, por **una visión** *"semiamplia"*. Me explico: ante todo, quiero insistir en que de lo que se trata – ahora – es de una cuestión de **conceptos**, no de ámbito de aplicación; no de inclusiones y exclusiones, sino – insisto – estrictamente de conceptos; de delimitación de tipos – lo que *es* transporte, y lo que *no es* trans-

---

[59] Pendón Meléndez, M.A.: "IX. El Transporte mercantil", en VV.AA.: *"Nociones de Derecho mercantil"*, coord. por G.J.Jiménez Sánchez, edit. Marcial Pons, Ediciones Jurídicas y Sociales, 4.ª ed., Madrid/Barcelona, 2009, p. 129.

porte –, y ni siquiera de delimitación de todos esos tipos: solamente de uno [El Contrato de Transporte de mercancías, sea total o parcialmente marítimo]. Y cuando digo que se ha optado por una visión *"semi-amplia"* o intermedia, lo que quiero decir es que, para las *"Reglas de Rotterdam"*, el concepto del Contrato de Transporte de mercancías, sea total o parcialmente marítimo abarca *"todo contrato"* que incluya en su objeto y contenido, necesariamente, el **compromiso de *"transportar mercancías de un lugar a otro"*, a cambio de un flete. Mas ¿por qué se dice – y en qué sentido o con qué propósito se dice – *"todo contrato"*? ¿Acaso es una referencia cuantitativa o es cualitativa? ¿Decir *"todo contrato"* significa – quizá – *"todo tipo de contrato"*?** Si así fuera, la calificación jurídica como *"contrato de transporte"* podría extenderse a negocios jurídicos contractuales pertenecientes, en sí mismos, a *"tipos"* diferentes del Contrato de Transporte, propiamente dicho, como el caso de ciertas modalidades del Fletamento, tal como las reconocen los ordenamientos positivos de países que han suscrito las *"Reglas de Rotterdam"*.

Desde luego, queda claro que resulta absolutamente imprescindible; esencial y característico, a los efectos de definir el *"Contrato de Transporte de mercancías, sea total o parcialmente marítimo"*, que una de las partes de ese contrato – aquella que se identifica como *"porteador"* [y ya el calificativo resulta harto revelador y significativo] – asuma un compromiso vinculante de transportar mercancías, de un lugar a otro. Ahora bien; lo que no dice el art. 1.º, n.º 1, Reg.Rott. es que ese compromiso vinculante sea el único que deba asumir el Porteador, de modo que dicho sujeto podría haber asumido **otros compromisos y obligaciones**; unos compromisos y obligaciones que – en su caso – podrían referirse a lo que describen los arts. 6.º y 7.º, Reg.Rott., cuando hablan de **contratos *"para la utilización de un buque o de cualquier espacio a bordo de un buque"***; de contratos en los que, al parecer, el objeto fundamental; el núcleo esencial del objeto del contrato no es, o no se agota en, la conducción de mercancías, sino que gira en torno a la **disponibilidad – total o parcial – de un buque**. Por consiguiente, el concepto de *"Contrato de Transporte de mercancías, sea total o parcialmente marítimo"*, tal como lo conciben las *"Reglas de Rotterdam"*, bien podría extenderse a estos contratos de fletamento, en los que el objeto consiste, típicamente, en la puesta del buque a disposición del fletador y en la realización de viajes o la disponibilidad temporal del control comercial sobre el buque... **con tal que incluyan ese compromiso – adicional o natural – de *"transportar mercancías de un lugar a otro"*.**

Ahora bien; una cosa es que las *"Reglas de Rotterdam"* pudieran incluir estos contratos de fletamento-transporte, en el ámbito del propio concepto del *"Contrato de Transporte de mercancías, sea total o parcialmente marítimo"*, ... y otra – distinta – es que los sometan a la misma regulación: muy por el contrario, lo que hacen a este respecto, es **declararlos excluidos**. Mas, **¿por qué?** En mi opinión, caben varias explicaciones; a saber: o porque se considera que, en definitiva, los contratos de fletamento son contratos diferentes de los contratos de trasporte, o bien porque se considera que los contratos de fletamento son, éllos mismos, contratos de trasporte, pero que no deben ser regulados por las *"Reglas de Rotterdam"*, acaso por inadecuación de sus preceptos – como si los fletamentos fuesen transportes *"intuitu navis"* [por eso se documentan en póliza o *"charterparty"*], y las Reglas prefiriesen ocuparse de los transportes *"intuitu mercium vel operis"* [que por ese motivo se documentan en conocimientos de embarque o *"bills of lading"*] –, o – incluso – precisamente porque, dada la pluralidad de regulaciones nacionales sobre los contratos de fletamento y sus relaciones con los contratos de transporte, se han temido las consecuencias de esa disparidad – tan profunda – de concepciones positivas, y se ha "solucionado" el problema, *"a limine"*, por el simple expediente de no ocuparse de él. En este sentido, piénsese que las *"Reglas de Rotterdam"* han sido suscritas por los siguientes países: Armenia, Camerún, Congo, Dinamarca, Madagascar, Nigeria, Noruega, España, EE.UU., Francia, Gabón, Ghana, Grecia, Guinea, Países Bajos, Polonia, Senegal, Suiza y Togo... Y sin conocer, por supuesto las peculiaridades legislativas y normativas de estos distintos países, en torno al problema de las relaciones entre Fletamento y Transporte, ya puedo decir, desde este momento y con total seguridad, que existen en esta lista países que siguen criterios muy distintos, en su Derecho nacional, en torno al problema mencionado.

En este sentido, las *"Reglas de Rotterdam"* pueden – y deben – ser analizadas, no ya desde la perspectiva del Derecho Marítimo o del Derecho del Transporte; ni siquiera desde la perspectiva del Derecho Internacional... sino desde la perspectiva del **Derecho Comparado**; es decir: de la aplicación del método comparativo, a las ciencias jurídicas[60]. Así, el – mal

---

[60] DAVID, R.: *"Tratado de Derecho civil comparado. Introducción al estudio de los Derechos extranjeros y al Método comparativo"*, trad. esp. por J.Ossey, edit. Editorial Revista de Derecho Privado, Madrid, 1953, p. 5. Por su parte, ESCARRA, J.: *"Cours de Droit commercial"*, nueva ed., París, 1952, p. 33, denomina al Método comparativo: "prolon-

llamado – "Derecho" Comparado no es sino *un método susceptible de las más diversas aplicaciones*[61]; un método que puede ser utilizado por los juristas – o por los operadores jurídicos, e incluso por los propios titulares del Poder normativo – con los fines más diversos, comenzando por el de *"buscar una aportación de mejoras a su Derecho nacional"*[62] y siguiendo – porque es difícil afirmar que una de esas finalidades sea la última – por la de *"descubrir las reglas según las cuales nacen, se transforman y mueren las instituciones jurídicas"*[63].

Pues bien; insisto en que las *"Reglas de Rotterdam"* pueden – y deben – ser analizadas desde la perspectiva del Derecho Comparado o, mejor, desde la perspectiva de la **utilización de la metodología** jus-comparatista, porque acaso este enfoque podría permitirnos descubrir, en ellas, aspectos que, de no ser así; de no utilizar ese otro enfoque, quizá pudieran pasar desapercibidos.

Me imagino que los redactores de las *"Reglas de Rotterdam"* actuaron – acaso inadvertidamente o involuntariamente – como jus-comparatistas, cuando hubieron de elaborar unas reglas que pudieran ser aceptadas por los diferentes países – desde Armenia a Togo, pasando por los EE.UU., Dinamarca o España[64] –, a pesar de las diferencias[65], incluso muy profun-

---

gación de la Historia en el espacio", añadiendo que sirve, no sólo a los fines de la política legislativa, sino también como instrumento de conocimiento científico del Derecho. Vid., igualmente, GLENDON, M.A., GORDON, M.W. y OSAKWE, Chr.: *"Comparative Legal Traditions in a Nutshell"*, edit. West Publishing Co., St.Paul (Minn.), 1982, ps. 1 y ss. GLENDON, M.A., CAROZZA, P. y PIKER, C.B.: *"Comparative Legal Traditions. Text, Materials and Cases on Western Law"*, edit. West Publishing Co., 3.ª ed., St.Paul (Minn.), 2007, ps. 1 y ss. CASTÁN TOBEÑAS, J.: *"Reflexiones sobre el Derecho comparado y el Método comparativo"*, Discurso leído en la solemne apertura de los Tribunales celebrada el 16 de septiembre de 1957, edit. Instituto Editorial Reus, Centro de Enseñanza Y Publicaciones, Madrid, 1957, p. 53. DE LOS MOZOS, J.L.: *"Derecho Civil. Método, sistema y categorías jurídicas"*, edit. Civitas, S.A., Madrid, 1988, ps. 189 y ss.

[61] DAVID, R.: *"Tratado ..."*, cit., p. 6.

[62] DAVID, R.: *"Tratado ..."*, cit., p. 6.

[63] DAVID, R.: *"Tratado ..."*, cit., p. 6.

[64] ROCA LÓPEZ, M.: "Capítulo 3. Las Reglas de Rotterdam", cit., p. 605, quien señalaba que "[a]*l momento de entregar el presente capítulo de esta obra, España ya ha ratificado el Convenio"*.

[65] Diversidad que se aprecia en la propia multitud de convenios internacionales sobre las mismas materias. Vid. MORÁN BOVIO, D.: "Capítulo 2. Las Reglas de Rotterdam (RR): génesis", en VV.AA.: *"Estudios de Derecho Marítimo"*, dir. por J.L.García-Pita y Lastres, edit. por A.Díaz de La Rosa y M.ª.R.Quintáns Eiras, edit, Gobierno de España, Ministerio

das y hondamente enraizadas en su Historia, que median entre sus diferentes ordenamientos jurídicos, sin que el propio Derecho marítimo, que siempre ha mostrado una vocación claramente universal y unificadora, pudiera escapar a ese fenómeno de particularización; de nacionalización[66]. En este sentido[67], si los redactores de las *"Reglas de Rotterdam"* no hubieran actuado – acaso inadvertidamente o involuntariamente – como juscomparatistas, **¿hubiera sido posible lograr adhesiones de países con sistemas jurídicos tan diversos?** Uno de los principales paladines del Método Comparatista o comparativo; del – mal, pero vigorosamente – llamado Derecho Comparado – René DAVID – ya puso de manifiesto que uno de los fines prácticos al que podía – puede – servir la comparación de los Derechos es *"realizar la unificación o armonización de los diversos Derechos que se comparan"*[68], y es que – continuaba diciendo el Autor – *"la unificación propiamente dicha de las leyes es, en ciertos casos y por sí sóla, insuficiente"*[69], puede conducir a una incrustación de normas e instituciones extrañas, en ordenamientos jurídicos que no se hallan preparados para éllo, y que terminan sufriendo las consecuencias de esa hibridación extraña.

Lo que con esto se quiere decir es que, si se pretende llevar a cabo una armonización legislativa, comprometiendo en el proceso a países cuyos sistemas jurídicos son – tan – profundamente diferentes como los

---

de Ciencia e Innovación/Thomson-Reuters-Aranzadi, S.A., 1.ª ed., Cizur Menor (Navarra), 2012, p. 589. ROCA LÓPEZ, M.: "Capítulo 3. Las Reglas de Rotterdam", cit., p. 606 y s.

[66] Ya HERNÁNDEZ GIL, A.: "Prólogo" a DAVID, R.: *"Tratado de Derecho civil comparado. Introducción al estudio de los Derechos extranjeros y al Método comparativo"*, trad. esp. por J.Ossey, edit. Editorial Revista de Derecho Privado, Madrid, 1953, p. xiii, allá por el año 1953, criticaba cómo *"[l]os nacionalismos, los movimientos codificadores, la erección de la Ley en cási única fuente del derecho, la consideración de la actividad jurídica como un proceso exclusivamente lógico y la exagerada sumisión de los juristas a estas ideas trajeron como consecuencia un empequeñecimiento – en lo cuantitativo, y en lo cualitativo – del Derecho, de su noción y de la ciencia a él consagrada"*.

[67] ILLESCAS ORTIZ, R.: "Lo que cambia en el Derecho del ...", cit., p. 592, señala que – a partir del texto de las *"Reglas de Rtterdam"* – ya nunca más será posible formular parcialmente instrumentos jurídicos de alcance global, para ese transporte global, ni su régimen podrá verse limitado a aspectos parciales del contrato.

[68] DAVID, R.: *"Tratado ..."*, cit., p. 137. GLENDON/GORDON/OSAKWE: *"Comparative Legal Traditions in ..."*, cit., p. 3. CASTÁN TOBEÑAS, J.: *"Reflexiones sobre el Derecho comparado ..."*, cit., p. 65. DE LOS MOZOS, J.L.: *"Derecho Civil. Método..."*, cit., p. 190.

[69] DAVID, R.: *"Tratado ..."*, cit., p. 137.

de EE.UU. y Francia o España, es preciso no limitarse a una mera comparación formal de leyes, códigos o jurisprudencia, sino que es preciso algo más profundo: la **aplicación del** *"método"* **comparativo**. En este sentido, partiendo de la base de que el Derecho es, el propio tiempo ciencia y arte, dos de las primeras manifestaciones de esta su segunda dimensión – según VALLET DE GOYTISOLO – serían las siguientes: *"legislare"* – crear las normas – y *"iudicare"*: resolver conflictos jurídicos entre opiniones o intereses encontrados[70], y una traslación pura y simple de las categorías del Derecho extranjero, al Ordenamiento nacional podría suscitar graves peligros en el desarrollo de ambas funciones, porque aquellas se sustentan sobre la base de un Derecho positivo que puede diferir notablemente del español, siendo así que el caso más grave es el de las instituciones provenientes del Derecho anglosajón, que resulta notablemente exótico para nosotros[71]. En consecuencia, para que el análisis del Derecho extranjero sea útil, es preciso haberlo llevado a cabo... **sirviéndose del método** – del *"Derecho"* – **comparado**, que es el que permite – y se basa en – comprobar si las relaciones jurídicas a las que se aplica la solución ofrecida en el Derecho extranjero son equiparables a las que existen en nuestro país, o no, si las valoraciones jurídicas que han orientado al Legislador extranjero son compatibles con las que inspiran nuestro Ordenamiento y, por último, si las instituciones reconocidas en el Derecho extranjero son congruentes con nuestro Sistema Jurídico, o no lo son.

Esto resulta particularmente evidente en el caso de las relaciones entre Fletamento y Transporte, como ya he señalado en reiteradas ocasiones.

Pero la aplicación del Método Comparativo tiene algo de *"efecto boomerang"*, porque – y lo digo refiriéndome, ya, a las *"Reglas de Rotterdam"* –, si la redacción de un texto legal positivo, ya interno, ya internacional, requiere de una primera aplicación del método comparativo, para lograr el éxito de esa producción normativa... Posteriormente, **el texto resultante también resulta susceptible – y necesitado – de un** *"approach"* **juscomparatista**, porque es preciso conocer en qué términos se produjo, en nuestro caso, esa armonización normativa internacional, por vía convencional; es decir: si se produjo, o no, el predominio de este o el otro sistema jurídico, o en qué términos se pudo conseguir alguna suerte de transacción

---

[70] VALLET DE GOYTISOLO, J.: *"Metodología jurídica"*, edit. Civitas, S.A., Madrid, 1988, p. 72.

[71] DE LOS MOZOS, J.L.: *"Derecho Civil. Método..."*, cit., ps. 189 y ss.

entre éllos, y – sobre todo – cómo se aplicará la nueva normativa en cada uno de los ordenamientos a los que su contenido se haya incorporado. Y es que, insisto, países pertenecientes a los más diversos sistemas jurídicos identificados por los estudiosos del Derecho Comparado – Europeo continental, angloamericano, musulmán, nórdico...[72] – se han visto comprometidos en las *"Reglas de Rotterdam"*; países pertenecientes a sistemas jurídicos cuya concepción de los contratos de fletamento y de transporte de mercancías son diversas, y habrán de enfrentarse con la interpretación y aplicación de preceptos como los arts. 6.°, 7.° u 80, Reg.Rott.

III.2. El sistema angloamericano de fletamentos y contratos de transporte. Especial referencia al Derecho norteamericano

Entre los países signatarios de las *"Reglas de Rotterdam"* existen algunos claramente pertenecientes a uno de los varios sistemas jurídicos fundamentales, existentes: concretamente, al círculo jurídico **angloamericano**; están presentes – pues – **países del** *"Common Law"*, como es el caso de los **EE.UU.**, cuyo Derecho resulta **extraordinariamente exótico**[73] y extraño para los juristas del *"Civil Law"*; es decir: para quienes nos movemos en el contexto de ordenamientos basados en el *"Ius Commune"*, que bebió de las fuentes del Derecho romano tardío, del Derecho germano y del Derecho Canónico, y que se formó como fruto de una elaboración doctrinal resultante del empleo de métodos científicos de razonamiento inductivo y deductivo, que terminarían – luego – por extenderse al Derecho Mercantil... y también al Derecho Marítimo. En este sentido, para comprender las características del sistema norteamericano de los contratos de fletamento y transporte, hay que partir de la **diversidad estructural** de los sistemas jurídicos continentales [*"Civil Law"*] y ese sistema inglés de **creación judicial del Derecho**, que se denomina *"Common Law"*: el primero de ambos, basado en la ley escrita[74], resulta de – y muestra una clara tendencia a – la elaboración de principios generales y conceptos doctrina-

---

[72] DAVID, R.: *"Tratado ..."*, cit., ps. 205 *passim*.

[73] PUIG BRUTAU, J.: "La aplicación del método de comparación en el estudio del Derecho", en *"Medio siglo de estudios jurídicos"*, edit. Tirant Lo Blanch, Valencia, 1997, ps. 25 y ss. DE LOS MOZOS, J.L.: *"Derecho Civil. Método..."*, cit., p. 189.

[74] DE LOS MOZOS, J.L.: *"Derecho Civil. Método..."*, cit., p. 204.

les, derivados de la aplicación de un razonamiento científico metódico, que considera – sí – la finalidad última de aplicación práctica, pero que **confía en que la seguridad jurídica se verá siempre bien servida por la finura de la elaboración dogmática**.

En cambio, el sistema del *"Common Law"* se caracteriza por el hecho de que las **decisiones jurisprudenciales** constituyen verdaderas **fuentes jurídico-objetivas formales**; verdaderas y propias fuentes del Ordenamiento jurídico – inglés, australiano o norteamericano... –, porque **crean** el Derecho[75]. Cuando un tribunal superior del *"Common Law"* decide sobre un litigio, su decisión y los razonamientos judiciales son recopilados y se convierten en un *"precedente autorizado"*, que se aplica a la resolución de futuras controversias. En este sentido, se afirma que uno de los puntos básicos del sistema es su fidelidad al principio de vinculación por el precedente judicial [*"stare decissis"* o *"binding precedent doctrine"*][76], en el que un rasgo fundamental del proceso decisorio de contiendas judiciales, es la **coherencia**, ya que los casos similares deben ser tratados de modo análogo. Esta idea puede encontrarse acertadamente expresada en la opinión de PARKE J, en la sentencia pronunciada en el **Caso *Mirehouse* c.**

---

[75] DAVID, R. y BRIERLEY, J.E.C.: *"Major legal systems in the World today. An Introduction to the Comparative Study of the Law "*, edit. Stevens & Sons, 3.ª ed., 1985, ps. 366 y ss. y 424 y ss. DETMOLD, M.J.: *"The Unity of Law and Morality. A Refutation of Legal Positivism"*, Londres/Boston/Melbourne/Henley, 1984, ps. 174 y ss. SMITH, P.F. y BAILEY, S.H.: *"The Modern English Legal System"*, edit. Sweet & Maxwell, Londres, 1984, ps. 278 y ss. DE LOS MOZOS, J.L.: *"Derecho Civil. Método..."*, cit., ps. 201 y ss., quien prefiere caracterizarlo, no como un Derecho *"jurisprudencial"*, sino como un Derecho *"judicial"*, enfatizando las diferencias entre el Derecho romano y el Derecho anglosajón.

[76] Sobre el papel – tal vez, hoy claudicante y en retroceso – de la Jurisprudencia como fuente del Derecho objetivo, en el sistema del *"Common Law"*, se ha dicho que, en él, el precedente judicial hace mucho más que "enseñar" al Juez: se convierte en Fuente del Derecho con existencia separada de otras fuentes, debiendo ser obedecido [SÉROUSSI, R.: *"Introducción al Derecho inglés y norteamericano"*, versión de E. Alcaraz Varó, edit. Ariel, S.A., Barcelona, 1998, ps. 7, 11, 19, 21 y 26, respecto del Derecho inglés. DAVID/ BRIERLEY: *"Major legal Systems ..."*, cit., 3.ª ed., ps. 358 y 376 y ss. SMITH/BAILEY, S.H.: cit., ps. 278 y ss. Y – por lo que hace al Derecho norteamericano, vid. ps. 91, 105 y 106, señalando que la *"Rule of precedent"* parece tener un menor vigor en los EE.UU. que en Inglaterra. GLENDON, M.A., GORDON, M.W. y OSAKWE, Ch.: *"Comparative Legal Traditions in a nutshell"*, edit. West Publishing Co., St.Paul, Minn., 1982, ps. 233 y ss. MARÍN GONZÁLEZ, J.C.: "Notas sobre la tutela provisional en el Derecho inglés: especial referencia a la *Mareva Injunction"*, en D.N., 2002, mayo, n.º 140, p. 2).

Rennell (1833) 1 Cl & Fin 527; 6 E.R. 1015, cuando se describía el sistema jurídico del *"Common Law"* señalando que consiste en la aplicación a nuevas combinaciones de circunstancias, de aquellas reglas de Derecho, que derivan de los principios legales y del precedente judicial, y en que – por respeto a la uniformidad, coherencia y certeza – se deben aplicar tales reglas, careciendo los Tribunales de libertad para rechazarlas.

El *"Common Law"*, por otra parte, se caracteriza por *"el empirismo de las soluciones y la ausencia de pretensión generalizadora fuera de los límites del caso concreto"*[77], además de por el hecho de que no existe dualidad de códigos de Derecho privado, entre los que se distribuya y separa la materia mercantil del Derecho privado común[78]: de hecho, **el Derecho privado patrimonial no está codificado**, porque no ha sido recogido en fuentes formales escritas. En estas circunstancias no puede sorprender que se considere, como característica del Derecho inglés y como rasgo relevante de su Derecho mercantil y marítimo, la **trascendental importancia del *Procedimiento Judicial***[79]. Y es importantísimo – de hecho, resulta esencial – aclarar que, cuando hablamos de la trascendental importancia del Procedimiento Judicial, como característica del Derecho inglés y como rasgo relevante de su Derecho mercantil y marítimo, no queremos aludir – simplemente – a la idea del *"due Process of Law"*, como garantía de los derechos individuales... Algo de éso hay, pero – en realidad – existe otro aspecto mucho más profundo: cuando se afirma que el sistema jurídico angloamericano o anglosajón – sea general, mercantil o específicamente marítimo – presenta unas características muy llamativas – exóticas, si se consideran desde la perspectiva de un *"civil lawyer"* –, es preciso no perder de vista que lo verdaderamente importante y característico del sistema anglosajón; del *"Common Law"*, frente al Sistema de la Europa Continental, no es que los creadores del Derecho fueran los jueces y Tribunales, sino algo mucho más profundo: **que el Derecho procesal precedía al Derecho sustantivo**.

En este sentido, el Derecho anglosajón o angloamericano – basado en el Derecho inglés de la Edad Media – es un sistema en el que el contexto, no solo **judicial**, sino también **jurisdiccional** resulta de trascendental

---

[77] ARROYO MARTÍNEZ, I.: *"Curso..."*, cit., p. 7. En términos generales, DE LOS MOZOS, J.L.: *"Derecho Civil. Método..."*, cit., ps. 206 y s.

[78] GORINA YSERN, M.: cit., p. 15, nota <1>.

[79] ARROYO MARTÍNEZ, I.: *"Curso..."*, cit., p. 7.

importancia, ya que no cabe ninguna aproximación al sistema angloamericano de contratos de explotación del Buque; al sistema angloamericano de contratos de fletamento y transporte marítimo de mercancías, que no tenga en cuenta los siguientes factores:

1. La formación del Derecho sustantivo, sobre la base de los cauces procesales
2. La raigambre consuetudinaria y práctica... es decir: no científica; no dogmática, de las reglas y principios aplicados
3. La coexistencia y el conflicto de distintas Jurisdicciones, que condujo – finalmente – a la absorción de la Jurisdicción marítima – *"Admiralty"* – y de la *"Equity"*, por las *"Common Law Courts"*
4. La impronta *"jurisdicente"* y empírica con la que las *"Common Law Courts"* marcarían las instituciones jurídico marítimas; entre éllas los contratos de fletamento y transporte marítimo de mercancías.

Cuando me refiero a la formación del Derecho sustantivo, sobre la base de los cauces procesales, quiero señalar que no basta con decir que el Derecho anglosajón o angloamericano es un Derecho de cración judicial, sino que es preciso entender clara y profundamente lo que significan estas palabras: los jueces del *"Common Law"* no se dedicaban, como juristas científicos, a elaborar construcciones doctrinales o conceptos jurídicos de las instituciones materiales... que luego vertían en sus sentencias y, por consiguiente, convertían en *"binding precedents"*; cual si se tratase de que el Juez sustituyera al legislador, utilizando la Sentencia, en lugar del Código. Esta idea es falsa y nos confundiría irreparablemente, a la hora de comprenden el proceso de formación de las instituciones elaboradas en – o recogidas y asumidas por – el *"Common Law"*, incluyendo las propias del Derecho marítimo. Lo que verdaderamente sucedió fue algo muy distinto; algo que no se veía en Europa... desde el Derecho romano más antiguo: inicialmente, el sistema jurídico romano se basaba en el Proceso, antes que en las instituciones jurídico-materiales. De ahí que el primer Derecho romano fuese un Derecho primitivo basado en las ***"legis actiones"***; **un sistema donde el Derecho procesal precedía al Derecho sustantivo**[80]. Incluso en la fase ulterior, en la que el sistema de las *"legis actio-*

---

[80] DAVID/BRIERLEY: *"Major legal Systems ..."*, cit., 3.ª ed., p. 316, quienes señalan que *"los aspectos precedimentales, ..., tuvieron una importancia primordial en el desarrollo del Derecho inglés. Mientras que los juristas del Continente proyectaban su atención princi-*

nes" dejó paso al sistema del **Procedimiento formulario** – *"per formulas"* –, el papel del Magistrado romano – *"Prætor"* – seguía siendo el mismo: no diseñar científica o metódicamente instituciones jurídicas genéricas, sino – como declaraba a través de los edictos pretorios – indicar a qué tipos de pretensiones depararía su tutela o que *"actiones"* reconocería y concedería, previendo unos cauces procesales y rituarios – inicialmente muy formalistas y rígidos[81]; luego, algo más flexibles –, que tenían que ser utilizados por los justiciables... si querían obtener justicia del Magistrado. Sólo después, a través de un proceso que primero sólo pudo ser inductivo, y que mucho más tarde daría paso a la posibilidad de aplicación de razonamientos deductivos, fueron consolidándose instituciones jurídicas dotadas de estabilidad y genericidad.

Lo que sucedió en **Inglaterra** fue algo parecido, aunque sin duda no idéntico ni mucho menos[82]: el Derecho material o sustantivo – incluidos el *"Contract Law"* y el *"Tort Law"* – se fue *"segregando gradualmente entre los intersticios del procedimiento"*. Lo decían, allá por el siglo XIX, SUMMER MAINE y MAITLAND[83]... Y lo decían en presente, porque a pesar del mucho tiempo transcurrido desde la conquista por GUILLERMO de NORMANDÍA [GUILLERMO *"El Conquistador"*]; desde las obras de GLANVILL o desde precedentes como el caso *Buckton* vs. *Townsende*, etc., pasando por los *"Commentaries"* de BLACKSTONE, de mediados del siglo XVIII, si hay un rasgo que – ciertamente – fue y sigue siendo característico del Derecho inglés, es que – a lo largo de tantos siglos – viene manteniéndose fiel al mismo criterio; al mismo sistema, descrito anteriormente. De ahí su carácter de Derecho de creación jurisprudencial. Así; si las *"forms of action"* eran los **diferentes tipos de procedimientos [*"procedures"*] a través de**

---

palmente sobre la determinación de los derechos y deberes de los indivíduos (es decir: las reglas sustantivas o materiales), los juristas ingleses se concentraron en materias de forma y de procedimiento".

[81] IGLESIAS, J.: *"Derecho Romano..."*, cit., 5.º ed., ps. 49 y 181 y ss.

[82] El propio DE LOS MOZOS, J.L.: *"Derecho Civil. Método..."*, cit., p. 204, nos pone en guardia frente a la tentación de imaginar el Derecho angloamericano o anglosajón, como una recreación del Derecho romano.

[83] SUMMER MAINE, H.: *"El Derecho Antiguo..."*, cit., t. II, *"Parte especial"*, p. MAITLAND, F.W.: *"Las 'formas de acción' en el* Common Law. *Lecciones de un curso"*, traducción, trabajos preliminares y notas de Ignacio Cremades Ugarte, edit. Marcial Pons, Ediciones Jurídicas y Sociales, S.A., Madrid/Barcelona, 2005, p. 55.

los cuales podía llevarse a cabo una reclamación legal – judicial-[84] en los primeros momentos de la Historia del *"Common Law"* inglés, en la Alta Edad Media, **el eje se centraba en el procedimiento utilizado**, mientras que el Derecho sustantivo subyacente venía a quedar situado en un segundo plano, a diferencia de lo que sucede en el Derecho inglés moderno, lo mismo que en los restantes sistemas jurídicos, donde la atención se centra en los aspectos sustantivos subyacentes en las acciones judiciales, tales como la existencia, o no, de un derecho subjetivo, más que en el procedimiento. En las diferentes *"forms of action"* resultaba fundamental el uso del correspondiente *"writ"* o escrito de demanda; de hecho – como señala MAITLAND – *"la clave de la 'forma de acción' es dada por el 'original writ', el 'writ' por el que resultaba iniciada la acción. De antiguo la regla ha sido que nadie puede ejercitar una acción en los tribunales reales del* Common Law, *sin el 'writ' del Rey"*, y – citando a BRACTON – manifiesta que *"non potest quis sine brevi agere"*[85]; es decir: *"nadie puede reclamar judicialmente sin atenerse al formulario escrito correspondiente"*.

El *"writ system"* surge en el marco de la pluralidad – inicialmente, dualidad – de Jurisdicciones civiles[86] entre los Tribunales *locales* y los Tribunales *centrales* del *"common Law"* [*"Court of the King's Bench"*, *"Court of Common Pleas"* y *"Court of Exchequer"*], para extendarse – luego – a jurisdicciones especiales como, p.e., la *"Chancery"*, dotados de un propio procedimiento judicial especial, a cuya competencia se trataba de atraer casos y controversias, inicialmente sometidos a la cognición de los Tribunales locales, ya que desde la Conquista Normanda – 1066 – se había conformado en Inglaterra, un Estado único con un gobierno centralizado[87]. Mas, en esa Monarquía única, centralizada, el acceso a los Tribu-

---

[84] MAITLAND, F.W.: *"Las 'formas de acción' en el* Common Law...", cit., ps. 56 y ss.

[85] MAITLAND, F.W.: *"Las 'formas de acción' en el* Common Law...", cit., p. 59.

[86] De hecho, FURMSTON/SIMPSON, en FURMSTON, M.P.: *"Cheshire, Fifoot and Furmston's Law of Contract"*, con una *"Historical Introduction"* por A.W.B.SIMPSON, edit. Butterworths, 11.ª ed., Londres, 1986, p. 2, señalan que el *"Common Law"* evolucionó en una sociedad en la que existía una enorme diversidad de tribunales y jurisdicciones: *"county courts"*, *"borough courts"*, *"courts of markets and fairs"*, *"copurts of universities"*, incluso tribulaes situados en lugares jurídicamente privilegiados como las *"courts of the Cinque Ports"*.

[87] FURMSTON/SIMPSON, en FURMSTON, M.P.: *"Cheshire, Fifoot and Furmston's Law of Contract"*, cit., 11.ª ed., p. 2, señalan que *"la historia del desarrollo y crecimiento del 'common law' en materia de Derecho de contratos y en otros ámbitos jurídicos, es la historia de la expansión de la jurisdicción de los tribunales del 'common law' ['common law*

Fletamento, Transporte Marítimo y Responsabilidad Contractual   303

nales reales no era un derecho de los ciudadanos – de todos los ciudadanos, por el mero hecho de serlo; de ser subditos del Rey-... sino una concesión graciosa del monarca, cuyos funcionarios podían otorgar – graciosamente –, o no[88].

Así pues; para que los justiciables pudieran acceder a los Tribunales reales, y dichos órganos jurisdiccionales centrales pudieran conocer de las controversias antes aludidas, en la **forma de emanación de unos** *"writs"*, documentos escritos emitidos con el sello real – a cambio de una suma que debía pagar el solicitante adquirente – por funcionarios de la *"Chancellor's Office"*, era **preciso** que **las reclamaciones adoptasen la forma específica correspondiente, adecuada para poder entablar un procedimiento judicial civil ante alguno de los Tribunales reales**, ya que – originalmente – un *"writ"* no era sino un documento escrito, emitido por un órgano judicial – *"court"* – ordenando a alguien que llevase a cabo una determinada acción u observase una determinada conducta o comportamiento, o bien prohibiéndole llevar a cabo un acto específico. El *"writ"* tenía un contenido esencialmente preceptivo: p.e., mandaba al Tribunal hacer algo; es decir: le ordenaba entrar a conocer y resolver la pretensión deducida[89]. De ahí que solamente podía emitirse un *"writ"* por alguna autoridad que ostentase poderes jurisdiccionales, y que – a su vez – obraba sobre la base de una *"writ petition"* formulada por el Justiciable interesado.

En cada uno de los correspondientes *"writs"* **se especificaba la** *pretensión* **o la** *queja* **del Demandante** [*"Plaintiff"*], **al tiempo que se instaba la comparecencia del Demandado** ante el Tribunal, **para que se defendiera** [de ahí que se le denomine *"Defendant"*], respondiendo a la queja – verdadera *"querella"*, en sentido amplio – del Demandante. Inicialmente, el sistema se parecía algo al de las *"legis actiones"*, ya que **cada**

---

courts'], *y del consiguiente desarrollo – ya por invención, ya por recepción – del* 'common law' *con el que se regulaban los nuevos asuntos y materias a los que alcanzaba la jurisdicción de aquellos tribunales"*. Cooke/Oughton: *"The Common Law of Obligations"*, cit., 2.ª ed., p. 7.

[88] David/Brierley: *"Major legal Systems ..."*, cit., 3.ª ed., p. 315.

[89] Wild, Ch y Weinstein, S.: *"Smith and Keenan's English Law. Text and Cases"*, edit. Longman-Pearson Education Limited, 16.ª ed., Harlow (Essex), 2010, p. 8. Furmston/Simpson, en Furmston, M.P.: *"Cheshire, Fifoot and Furmston's Law of Contract"*, cit., 11.ª ed., p. 2, quienes señalan que *"el Derecho medieval era un sistema formulario, desarrollado en torno a los* 'writs' *que el litigante podía obtener de la* 'chancery' *para iniciar el pleito ante los tribunales reales"*.

"writ" se refería a un particular y específico tipo de situación – existía el *"writ of debt"*, para reclamar el pago de una suma de dinero debida, el *"writ of covenant"*, para hacer valer la exigencia de cumplimiento de una promesa, y el *"writ of detinue"*, para exigir la devolución de una propiedad personal[90] –, y era preciso elegir el adecuado, so pena de que la petición se desestimara[91]. Ciertamente estas acciones, que podían tener su origen, ya en el contrato, ya en el ilícito civil – *"tort"* –, rara vez eran enjuiciadas en los Tribunales del Rey, aunque de la *"action of debt"*, sí que existía un reconocimiento de la competencia de los Tribunales eclesiásticos[92].

En este punto, aún hay que aclarar que, de todos modos, el Proceso no hubiera podido crear, por sí sólo, todo un sistema de Derecho sustantivo, sustentado en el aire, como una especie de BARÓN DE MÜNCHAUSEN, el personaje literario de Rudolf Erich RASPE – basado en un personaje real – que era capaz de **sacarse a sí mismo de una ciénaga tirando de su propia coleta**. Bien por el contrario, la creación del *"Common Law"* sustantivo o material no es sino la consecuencia de la **procedimentalización y formalización de reglas consuetudinarias de la Inglaterra sajona... por los invasores normandos**. Mas, como cabrá imaginar esas reglas consuetudinarias eran harto primitivas y por completo ajenas al mundo de lo comercial y de la navegación y el transporte marítimos. Por eso, el maridaje entre Costumbre y Proceso que tuvo lugar en la Inglaterra medieval, sólo podía dar como fruto un Derecho sustantivo **absolutamente ajeno a la especulación científica y a la sistematización y categorización dogmática**. Así, como los justiciables querían acceder a los Tribunales reales y como – a su vez – éstos tenían que utilizar ese Derecho Consuetudinario primitivo, inorgánico y asistemático... aquéllos se veían obligados a reducir los términos de sus pretensiones materiales, a los márgenes y estructura del *"writ"* más parecido, con lo que – de hecho – *"tergiversaban"* – aunque sería más justo y menos malsonante, decir que *"amoldaban"* – **el contenido y causa de su pretensión, para que pudiera *"caber"* dentro**

---

[90] FURMSTON/SIMPSON, en FURMSTON, M.P.: *"Cheshire, Fifoot and Furmston's Law of Contract"*, cit., 11.ª ed., p. 2. COOKE/OUGHTON: *"The Common Law of Obligations"*, cit., 2.ª ed., p. 7.

[91] WILD/WEINSTEIN: *"Smith and Keenan's English Law..."*, cit., 16.ª ed., p. 8. FURMSTON/SIMPSON, en FURMSTON, M.P.: *"Cheshire, Fifoot and Furmston's Law of Contract"*, cit., 11.ª ed., p. 2. COOKE/OUGHTON: *"The Common Law of Obligations"*, cit., 2.ª ed., p. 7.

[92] MAITLAND, F.W.: *"Las 'formas de acción' en el* Common Law...", cit., p. 115.

del ámbito material del correspondiente *"writ"*, y – en consecuencia – del correspondiente *procedimiento judicial...* **Y** los *jueces*, a su modo, hacían *otro tanto*, cuando admitían a trámite las pretensiones formalizadas en los *"writs"*, aunque se hubiera "tergiversado" el objeto y causa o fundamento de la pretensión. Por este motivo, los juristas ingleses – jueces y abogados – no pensaban en términos de compraventa o de préstamo, etc., sino que debían orientar su actuación a la **defensa de la** *"paz del Rey"*, y considerar los incumplimientos contractuales como atentados contra élla. Claro que, desde este punto de vista, se hacía preciso que la conducta ilícita se llevase a cabo *"vi et armis"* – por la fuerza y con armas –, lo cual, ciertamente, era difícil que se diera, realmente, en el caso de incumplimientos de obligaciones. Por este motivo, las primeras fuentes de obligaciones en el Derecho inglés – en el *"Common Law"* – no fueron contractuales, sino delictuales[93].

Por eso, el *"trespass"* – el ilícito – hubo de convertirse en algo formal; en una suerte de cláusula de estilo, dando paso a los *"trespasses on the case"*, que eran supuestos en los que – realmente – no concurría el factor del *"vi et armis"*. Entre esas *"actions on the case"* surgió la *"action of Assumpsit"*, que era el cauce por el que se reconocía la posibilidad de reclamar judicialmente, en caso de *incumplimiento de deberes asumidos por la vía de acuerdos informales*; de acuerdos meramente consensuales y verbales (*«by parol»*), y – si se me apura– incluso atípicos. El objeto de la pretensión de *"assumpsit"* era una reclamación de cantidad: la **indemnización de daños y perjuicios** causados por el incumplimiento o no ejecución de un contrato, ya expreso o implícito, y tanto verbal como escrito, en cuanto constituía un **engaño o defraudación**. Su origen, derivado del *"trespass on the case"*, curiosamente – o no tanto – fue el de una acción por responsabilidad extracontractual – "actio in tort" –, hasta que, en la **Sent.Exchqr.Chmbr. de noviembre de 1602**, en el **Caso** *Slade* **c.** *Morley*[94], se estableció que la *"action of assumpsit"* podía utilizarse para reclamar daños y perjuicios, incluso aunque también fuera apropiada la *"action*

---

[93] PUIG BRUTAU, J.: "Los conceptos fundamentales del Derecho civil, a través del derecho Comparado", en *"Medio siglo de estudios jurídicos"*, edit. Tirant Lo Blanch, Valencia, 1997, p. 79.

[94] *Slade* c. *Morley* (1602) 4 Co Rep 92b (1602) 76 ER 1074; *Slade* c. *Morley* 21, 80 ER 15, MooKB 433, 72 ER 677.

of debt", que – hasta entonces – era la única que podía usarse y cuyo conocimiento correspondía a la *"Court of Common Pleas"*.

Por si fuera poco – y como otra consecuencia de lo expuesto – esos Tribunales reales tenían limitadas las modalidades de tutela material que podían deparar – resulta paradigmático que, en caso de incumplimientos contractuales, no se reconociera la ejecución forzosa o la condena *"in specie vel natura"*, sino que solamente se preveía la **indemnización de daños y perjuicios** [*"damages"*] –, por lo que, junto al sistema del *"Common Law"* fue surgiendo otro sistema jurídico, inicialmente, distinto: la *"Equity"*; un sistema paralelo de creación/aplicación del Derecho que consistía – o que se basaba – en que **el Rey y su Consejo** ejercieran **un** *poder residual* **de hacer justicia**, cuando por los medios ordinarios – judiciales y procesales – no se lograba una solución plenamente justa[95]. Con este fin, se encargó a la **Cancillería** (*Chancery*); dependencia del Consejo presidida por el *Lord Chancellor*, desempeñar esta función.

Ambos sistemas de *"[Common] Law"* y *"Equity"* evolucionaban – evolucionaron – como **sistemas judiciales separados y distintos, cada uno con sus propios procedimientos y** *"remedies"*[96], y como – a lo largo del proceso histórico de formación del Ordenamiento jurídico inglés [*"English legal system"*] – el elenco de diferentes tipos de acciones ejercitables y susceptibles de conocimiento por los Tribunales se vió – drásticamente – limitado, vino a ser cosa frecuente que las pretensiones [*"claims"*] que podrían haber resultado admisibles para el sentido de la justicia de los órganos jurisdiccionales, siempre en curso de evolución, no se ajustasen perfectamente a ninguno de los procedimientos judiciales establecidos, de modo que los juristas y abogados hubieron de desplegar un notable ingenio

---

[95] DAVID/BRIERLEY: *"Major legal Systems ..."*, cit., 3.ª ed., ps. 339 y ss., quienes comienzan confrontando, si no enfrentando, la dicotomía típica del Derecho continental – Derecho público vs. Derecho privado –, con la que era típica del Derecho inglés: *"Common Law"* vs. *"Equity"*, siendo cada una de éllas, recíprocamente desconocida en el otro ámbito, y viceversa. La *"Equity"* consistía en un conjunto de remedios judiciales, evolucionados principalmente a partir de los siglos XV y XVI, que se aplicaban por la *"Court of Chancellor"*, para completar e incluso para corregir el *"Common Law"*, cuando 'ñeste se demostraba insuficiente para dar una solución justa a la controversia. Farnsworth, E.A.: *"Introduzione al sistema giuridico degli Stati Uniti d'America"*, trad. por Renato Clarizia, edit. Dott.A.Giuffrè Editore, Milán, 1979, p. 96.

[96] WILD/WEINSTEIN: *"Smith and Keenan's English Law..."*, cit., 16.ª ed., ps. 9 y ss.

para ajustar las pretensiones de sus clientes a los procedimientos judiciales existentes.

Pues bien; ciertamente, los viejos *"writs"* medievales desaparecieron o evolucionaron, a veces de tal modo, que también experimentaron una forma muy particular de desaparecer... Mas, como decía MAITLAND[97]: *"Las 'formas de acción'* [Es decir, los viejos *"writs"*] *las hemos enterrado, pero todavía nos gobiernan desde sus tumbas"*.

Claro que, con el paso del tiempo, las *"Common Law Courts"* terminarían por absorber las competencias de las Jurisdicciones especiales, que terminarían por desaparecer, de modo que sus funciones pasaron a ser desarrolladas por las aludidas *"Common Law Courts"*... Pero, para entonces, **el Derecho que se aplicaba, ya tuviera su origen en el** *"common law"* **o en la** *"Equity"*, **se aplicaba con los mismos criterios y conceptos desarrollados por las** *"Common Law Courts"*, que carecían – cási por completo – de toda pretensión sistematizadora y conceptual, de modo que – p.e. – una misma conducta podía, teóricamente, dar lugar a **acción por responsabilidad contractual [***"in contract"***] o bien extracontractual [***"in tort"***]**; un problema de profundo calado dogmático que no podía ser fácilmente resuelto en la Inglaterra del momento, precisamente porque el *"writ system"* impidió el desarrollo de *categorías dogmáticas* de Derecho de Obligaciones, tales como el *"contract"* y el *"tort"*[98], que no lograban diferenciarse netamente, entre sí. Un buen ejemplo lo constituiría el **Caso Buckton c. Tounsende**, nada menos que del año **1348**[99], relativo a un transporte por vía acuática, fluvial: un barquero [*"ferryman"*] había aceptado transportar una yegua, en su embarcación, a través de un río. Como quiera que dicho barquero había sobrecargado la balsa o embarcación donde iba a efectuar el transporte, se produjo un accidente y la yegua se perdió. El demandante recurrió al *"writ of trespass"*, mientras que el Demandado alegó que lo procedente era el *"writ of covenant"*, pero el Tribunal desestimó este último razonamiento. Ciertamente, había existido un incumplimiento de contrato [*"breach of contract"*], dado que la yegua no llegó a ser debidamente transportada hasta su destino, pero – además – el barquero

---

[97] MAITLAND, F.W.: *"Las 'formas de acción' en el* Common Law...*"*, cit., p. 59.

[98] COOKE/OUGHTON: *"The Common Law of Obligations"*, cit., 2.ª ed., p. 7.

[99] Caso *Buckton* c. *Tounsende* (1348) YB 22 Ass, p. 141, y en COOKE/OUGHTON: *"The Common Law of Obligations"*, cit., 2.ª ed., p. 8, n. <3>.

debía ser considerado responsable *"in tort"*, por cuanto la muerte de la yegua había ocasionado un daño económico[100].

En estas condiciones, llegó a a Inglaterra, el *"Ius Commune"* ... pero se topó con *"la preexistencia de un Derecho común autóctono* [El "Common Law" que se acaba de describir], *superador de los particularismos feudales, desarrollado consuetudinariamente por la monarquía inglesa a partir de la conquista normanda de 1066, que constituía una variedad del Derecho feudal existente en el continente antes de la difusión del Derecho "culto", y que suponía una imponente barrera a la penetración del Derecho romano, en la medida en que hacía innecesaria la introducción de un* ius commune *distinto de aquél que integrara las lagunas de los ordenamientos territoriales, conduciendo así a Inglaterra a una* "noble isolation from Europe" *desde el punto de vista jurídico"*[101], como consecuencia – ya lo anticipé – del papel desempeñado por los Tribunales de Justicia y por la práctica judicial, sobre todo como consecuencia de un factor adicional: me refiero al empleo del sistema de juicio por **Jurado** [*"Jury"*] en las **causas civiles** [*"civil cases"*][102], y no sólo penales.

Y, cuando – por fin – Inglaterra se da cuenta de que precisa de un haz de instituciones jurídicas de Derecho de Contratos, mínimamente estructuradas desde el punto de vista dogmático, y pretende *"importarlas"* del Derecho Continental – más desarrollado, a estas alturas de la Historia –, lo hace sólo hasta cierto punto y, además, *"injertándolas"* en el *"writ system"*[103];

---

[100] COOKE/OUGHTON: *"The Common Law of Obligations"*, cit., 2.ª ed., p. 9.

[101] COOKE/OUGHTON: *"The Common Law of Obligations"*, cit., 2.ª ed., p. 11. ANDRÉS SANTOS, F.J.: *"'Ius commune'* vs. *'Common Law'* ..."*, cit., p. 65. Igualmente, ROBLES VELASCO, L.M.: "El futuro Código Europeo...", cit., ps. 59 y s., quien – de todos modos – hace notar la paradoja del origen continental del Derecho común inglés, pues si bien el *Common Law* ha sido desarrollado a través de los siglos como un fenómeno particularmente inglés, "[s] *in embargo, la historia demuestra que en su origen era un Derecho feudal administrado por los tribunales reales ingleses del Rey Enrique II... Solo que este Derecho feudal había sido importado a Inglaterra por los conquistadores normandos desde el continente donde se había desarrollado desde los días de Carlomagno"*. El mismo autor – ibídem – reproduce unas palabras de MAITLAND: «*El Derecho que prevaleció en Inglaterra en el final del siglo XII, especialmente en el campo del Derecho privado, era en algún sentido algo muy francés. Era un Derecho pensado por hombres que hablaban en francés, muchos de ellos de raza francesa, si bien algunos habían empezado ya a considerarse a sí mismos como ingleses. En algunos aspectos es muy similar al que prevaleció en Francia*».

[102] COOKE/OUGHTON: *"The Common Law of Obligations"*, cit., 2.ª ed., p. 11.

[103] COOKE/OUGHTON: *"The Common Law of Obligations"*, cit., 2.ª ed., p. 11.

un sistema que llega hasta la actualidad, en Inglaterra, donde se conocen las siguientes modalidades de acciones [*"Common law actions"*]: *"Trespass"*, *"Trespass on the case"*, *"Trover"* [Para casos de apropiación indebida de bienes muebles], *"Ejectment"* [Para casos de usurpación inmobiliaria], *"Detinue"*, *"Replevin"*[Para casos de reivindicación o apropiación indebida mobiliaria], *"Debt"*, *"Covenant"*, *"Account"*, *"Special Assumpsit"*, *"General Assumpsit"*

Ahora bien; el proceso histórico que se acaba de describir, en términos extremadamente genéricos – pues mayor detalle obligaría a una extensión inadmisible –, tuvo lugar **también**, acaso con algunas particularidades de interés, en el ámbito del Derecho Marítimo. De forma similar al fenómeno y a los acontecimientos que acabo de exponer, al *"maremagnum"* inicial de los diferentes agregados normativos y ordenamientos que compitieron, durante la Edad Media, para convertirse en el Derecho *común* de las distintas naciones y reinos de Europa, había que sumar las especialidades del **Derecho Marítimo,** siempre internacional, en sí mismo, y con una inicial vocación de **uniformidad**. En este sentido, Inglaterra no fue siempre la potencia económica y política que hoy es, en el mundo marítimo, ni sus instituciones jurídico-marítimas fueron, siempre, tan propias y exclusivas de élla, como llegaron a serlo con el tiempo. Por consiguiente, o en este sentido, **el Derecho Marítimo angloamericano** – tal como hoy lo conocemos – **no pudo escapar de los antecedentes históricos comunes de todo el Derecho Marítimo, en su momento influído por el propio Derecho Civil** [es decir: por el Derecho codificado de raigambre romana][104]. En este

---

[104] ADIL, H.: *"Le régime juridique international de la responsabilité du transporteur maritime de marchandises sous connaissement: un échec?"*, Thèse présentée à la Faculté de Droit en vue de l'obtention du grade de doctorat en droit Option droit des affaires, Universidad de Montreal, Montreal, diciembre de 2009, ps. 14 y s., en <https://papyrus. bib.umontreal.ca/jspui/bitstream/1866/4790/2/Adil_Hind_2010_these.pdf>, quien señala que el Derecho civil jugó un importante papel en la construcción del Derechot maritima del "common law", y – al respecto – reproduce unas palabras de William TETLEY, en este sentido [*"What cannot be denied, however, is the role played by the civil law in the early stages of English maritime law. The civil law provided the codal authorities which English judges consulted, as the only comprehensive sources of written maritime law available; and when it was necessary, the judges of the Admiralty courts could supplement the codes, as well as the common law, with civil law principles and established mercantile customs"*. Vid. TETLEY, W.: *"International Maritime and Admiralty Law"*, edit. Éditions Yvon Blais, Montréal, 2002, p. 40, nota <23>].

sentido, suele afirmarse que el *"Admiralty Law"* fue introducido en Inglaterra por la Reina LEONOR DE AQUITANIA o DE GUYENA, Madre de RICARDO *"Corazón de León"*, mientras ejercía de regente por su hijo. Ya con anterioridad, la misma reina había establecido el Derecho marítimo en la Isla de Olerón, en su propio Reino, habiéndolo aprendido en el Mediterráneo Oriental, durante una de las Cruzadas, a la que había acudido su primer marido, el Rey LUIS VII.º de Francia. Tal vez esto explique que – inicialmente – **las *"Admiralty Courts"* inglesas no aplicaban el *"Common Law"*, sino el *"Civil Law"*, basado en el Derecho Justinianeo [*"Corpus Iuris Civilis"*]**, cuyo elemento más representativo – supuestamente – habría sido la figura de las *"in rem actions"*, asociadas a los privilegios marítimos, materia muy importante, desde la perspectiva del Derecho marítimo inglés y angloamericano, pero que no interesa al objeto de esta reflexión.

Mayor importancía tendría la existencia de una **Jurisdicción especial marítima**: la *"Admiralty Jurisdiction"* que elaboraría un *"Admiralty Law"* formado por un conjunto de normas consuetudinarias y preceptos diversos que aplicaba el *"Lord"* del Gran Almirantazgo [*"Lord High Admiral"*], al resolver asuntos sometidos a su jurisdicción[105], la cual – a su vez – venía determinada por factores preferentemente locales-geográficos: *"only a thing done upon the sea"*. Así fue como, ya en el siglo XV, se publicó el *"Black Book of Admiralty"* que constituye la base del moderno Derecho marítimo inglés[106]. Pero insisto en que esa afirmación de que la *"Admiralty Jurisdiction"* elaboró ese *"Admiralty Law"* hay que entenderla de modo muy cuidadoso. De hecho, se ve desmentida o contradicha por sí misma, cuando se dice que ese Derecho marítimo estaba formado por un conjunto de normas consuetudinarias y preceptos diversos que aplicaba el *"Lord High Admiral"*. **¿En qué quedamos: era un Derecho consuetudinario... o fue un Derecho creado por los jueces?** Depende del punto de vista: los jueces más bien contribuyeron a su fijación inicial... recibiendo el acervo del Derecho Marítimo procedente de la Cuenca del Mediterráneo – incluyendo España –, que era de neta influencia romana, como se reconoce en la **Sent.*U.S.* Pennsylvania *Dstrct.Ct.*, de 1795**, en el caso ***Thompson* c. *"The Catharina"***[107]. Y es que los antiguos jueces ingleses del *"High Court*

---

[105] ARROYO MARTÍNEZ, I.: *"Curso..."*, cit., p. 8.

[106] ARROYO MARTÍNEZ, I.: *"Curso..."*, cit., ps. 9 y 11.

[107] LUCAS, J.D.: *"Admiralty. Cases and Materials"*, edit. Foundation Press, 5.ª ed., N.York, 2003, ps. 350 y ss.

of Admiralty" tenían una amplia formación de Derecho civil romano, del que probablemente recibieron la rica variedad de modalidades de arrendamiento, que – aplicadas a los buques – servirían para configurar la Doctrina y la Jurisprudencia anglosajona sobre los fletamentos y transportes marítimos.

Pero esa formación romana de los jueces ingleses del *"High Court of Admiralty"* entró en colisión con los procesos históricos que contribuyeron a crear el *"Common Law"*, y que – políticamente – estuvieron marcados por la constante reducción de poderes y **privación de competencia** de la *"Admiralty Jurisdiction"*, y de otras jurisdicciones especiales – la mercantil, la canonica y la de Equidad –, en favor de las *"Common Law Courts"*, y por la **transformación de las** *normas e instituciones jurídico-marítimas* **de procedencia romana,** *al ser aplicadas por otros jueces***, los de las** *"Common Law Courts"***, y, además, desde el punto de vista material,** *con los criterios del "Common Law"*. En este sentido, el Derecho Marítimo de raiz universal y de influencia romana solo pudo subsistir en la Inglaterra del *"Common Law"*, a costa de transformarse profundamente; a costa de someterse al *"Common Law"* inglés.

En opinión de TETLEY y de ADIL, *"[l]a ruptura con la tradición romano-germánica del Derecho marítimo en Inglaterra se dejó sentir en 1660, con el movimiento de las juridicciones de Derecho común que aspiraba a restringir o limitar las competencias de la 'Admiralty Court'"*. Y este propósito se alcanzaría definitivamente en 1669-1670, *"cuando se abandonó el Derecho Civil* [entiéndase en el sentido que le dan los ingleses: como *"Civil Law"*; es decir: el *"Ius Commune"*] *que todavía influía, de un modo menor, sobre el Derecho marítimo inglés, aunque – pese a todo – continuaba siendo el fundamento de este último"*[108]. Leyendo estas palabras da la impresión de que asistimos a la crónica de una ruptura anunciada: ciertamente, el Derecho marítimo inglés se había formado, en buena parte, sobre la base del Derecho Civil [entiéndase, del Derecho continental, codificado y de influencia romana], pero los materiales que formaban esa base, sobre la que se apoyaba el Derecho marítimo inglés, *nunca* habrían llegado a ser *exclusivamente* civilistas: **debió haber existido, ya desde un primer momento, un componente más típicamente inglés**; un componente de

---

[108] TETLEY, W.: *"International Maritime and Admiralty Law"*, cit., ps. 16 y s. ADIL, H.: *"Le régime juridique international ..."*, cit., p. 15, en <https://papyrus.bib.umontreal. ca/jspui/bitstream/1866/4790/2/Adil_Hind_2010_these.pdf>.

"common law", que las *"Common Law Courts"* aplicaban con comodidad, porque era el elemento que mejor dominaban, y que – conforme fue creciendo la presión sobre (y contra) la *"Admiralty Jurisdiction"* – fue prevaleciendo y desplazando al elemento de *"civil law"*. Así, aun cuando TETLEY y ADIL sitúan la ruptura definitiva en 1670, parece obvio que los precedentes y las semillas de la ruptura venían de mucho antes: no olvidemos que el Caso *Buckton* c. *Tounsend* data de ¡**1348**!

Mas en este momento no me interesa el caso de Inglaterra, como no sea en la medida en que me puede ilustrar sobre la situación en los **Estados Unidos de Norteamérica**, que – a diferencia del Reino Unido – sí que son parte signataria de las *"Reglas de Rotterdam"*. Pues bien; a este respecto debo comenzar señalando que, **el ordenamiento jurídico norteamericano – o estadounidense – heredó o recibió, en un primer momento, el** *"writ system"* **inglés**, aunque hay que explicar bien cómo tuvo lugar esa recepción, para no incurrir en graves equivocaciones y suposiciones erróneas.

El ordenamiento jurídico norteamericano o estadounidense tiene una história caracterizada por la **convergencia – y el conflicto – entre dos tradiciones jurídicas diversas: el** *"Common Law"* **y el** *"Civil Law"*, que – a su vez – viene determinada por el hecho histórico de la Independencia, y la lógica tensión entre crear un sistema propia, distinto del Inglés, y asumir la tradición Inglesa. Pues bien: finalmente, triunfó la fuerza de la tradición y – por eso – los EE.UU. terminaron en la órbita del *"Common Law"*[109]... pero con una innegable influencia continental europea, caracterizada – p.e. – por una mucho mayor apertura – de mente – a la promulgación de legislación escrita, e incluso a una eventual codificación de inspiración francesa.

Sea como fuere, insisto en que los EE.UU. terminaron en la órbita del *"Common Law"* y que, más precisamente y como una de las manifestaciones de esa adscripción, recibieron el *"writ system"*. Así, en los EE.UU., todas las *"Writs Acts"* autorizaron a los Tribunales federales – *"federal courts"* – del país, a emitir todos aquellos *"writs"* que resultasen necesarios para servir de instrumento de su jurisdicción y competencia. Sin embargo, es preciso señalar que, en los EE.UU., el *"writ system"* experimentó una evolución distinta a la que tuvo en Inglaterra, y – así –, **en 1938, las** *"Federal Rules"* **y los procedimientos civiles abolieron ciertos**

---

[109] DAVID/BRIERLEY: *"Major legal Systems ..."*, cit., 3.ª ed., ps. 399 y ss., en esp. p. 402.

"writs", que – en la actualidad – resultaron o se vieron **sustituidos por** *"lawsuits"* y *"motions"* **judiciales** del Tribunal, en los casos pendientes. Sea como fuere, **una buena parte del contenido del Derecho estadounidense sigue estando gobernado por el** *"Common Law"*[110], entendiendo por tal ese agregado de normas jurídicas de producción judicial, cuyos orígenes – como ya se ha indicado – pueden remontarse a la Inglaterra de la Edad Media. Así, el Derecho estadounidense comparte con el Derecho inglés categorías, conceptos e instituciones como los de *"Common Law"*, *"Equity"*, *"torts"* o *"bailments"*[111], de tanta trascendencia para su aplicación al Derecho marítimo y a los contratos de fletamento y transporte.

Y es que los EE.UU., igual que otros muchos países de la *"Commonwealth"* son herederos de la tradición jurídica del *"Common Law"* Inglés[112], lo cual no ha impedido que la Constitución estadounidense declarase ilegales ciertas prácticas del *"Common Law"* Inglés, como los *"bills of attainder"*[113] y los *"general search warrants"*. Al igual que las *"Common Law Courts"*, los Tribunales estadounidenses, heredaron el principio *"stare decisis"*[114]. Y los jueces norteamericanos, como los jueces del *"Common Law"* de todas partes, no se limitan a aplicar el Derecho, sino que también lo crean, al menos en la medida en que sus decisiones en los casos que resuelven, se convierten en un precedente para las decisiones en casos futuros.

La sustancia material del Derecho Inglés fue formalmente "recibida" en EE.UU. a través de varios cauces: primero, todos los Estados de la Unión, excepto Louisiana, promulgaron *"reception statutes"*, que con carácter general establecen que el *"common law of England"*, en particu-

---

[110] CLARK, L.S., KINDER, P.D. y HOTCHKISS, C.: *"Law and Business"*, edit. McGraw-Hill, 2.ª ed., N.York/St.Louis/S.Francisco, 1988, p. 7. KERSHEN, D.L.: "Commercial Laws in the United States Relating to Bailments", en *"The National Agrigultural Law Center"*, 2004, agosto, p. 3, en <http://nationalaglawcenter.org/assets/articles/kershen_bailments.pdf>, quien señala que *"common law refers to the body of case decisions rendered by courts which serve as precedents to resolve similar legal disputes in the future"*.

[111] DAVID/BRIERLEY: *"Major legal Systems ..."*, cit., 3.ª ed., ps. 402 y 404.

[112] FRIEDMAN, L.: *"A History of American Law"*, edit. Touchstone, 3.ª ed., N.York, 2005, ps. 67 y ss. DAVID/BRIERLEY: *"Major legal Systems ..."*, cit., 3.ª ed., ps. 404 y 407.

[113] HUGHES, G.: "Common Law Systems," en *"Fundamentals of American Law"*, edit. por A.B.Morisson, 9-26, edit. Oxford University Press, N.York, 1996, p. 33.

[114] DERNBACH, J.C. y WHARTON, C.S.: *"A Practical Guide to Legal Writing & Legal Method"*, edit. William S. Hein Publishing, 2.ª ed., Buffalo, 1994, ps. 34 y ss.

lar el Derecho de creación judicial – *"judge-made law"* – es el Derecho del Estado, en la medida en que no repugne al Derecho domestico o a las condiciones particulares del lugar. Algunos *"reception statutes"* establecieron una fecha específica máxima para la recepción – es decir: una fecha hasta la cual, como máximo, se tendría por recibido y por asumido el Derecho inglés –, tal como la fecha de fundación de la colonia, pero otros fueron redactados en términos deliberadamente ambiguos, por lo que no quedaba claro…cuánto del Derecho inglés, incluso posterior a la Independencia, debería tenerse por asumido. Como consecuencia de esa recepción, **los Tribunales norteamericanos citan, frecuentemente, precedentes – *"cases"* – ingleses, de épocas anteriores a la Independencia**[115], cuando se hallan discutiendo la evolución de un principio del antiguo *"common law"* de creación judicial, a su forma actual, **tal como la reforzada obligación de diligencia que tradicionalmente se impuso a los porteadores públicos (*"common carriers"*).**

En segundo lugar, **una pequeña serie de importantes leyes escritas británicas, que se hallaban en vigor en el momento de la Revolución** – como es el caso del *"Statute of Frauds"* –, **fueron *"re-promulgadas"* [*"re-enacted"*] por varios Estados de los EE.UU.** Sin embargo, es importante tener presente que – a pesar de la existencia de los *"reception statutes"* –, mucho del actual *"common law"* norteamericano se ha ido alejando significativamente del *"common law"* inglés, ya que los Tribunales norteamericanos rara vez siguen las decisiones judiciales de países de la *"Commonwealth"*, posteriores a la Revolución, salvo que no exista un precedente norteamericano en la materia, que los hechos y el Derecho en cuestión sean cási idénticos y que la argumentación legal resulte muy convincente. De todos modos, en un primer momento, los Tribunales estadounidenses, incluso con posterioridad a la Revolución, citaban con frecuencia precedentes judiciales ingleses, debido a que las decisiones en apelación de muchos Tribunales norteamericanos no fueron regularmente recopiladas hasta mediados del siglo XIX. Abogados y jueces – criaturas de costumbres – se servían de materiales jurídicos ingleses para cubrir las lagunas de su propio Ordenamiento.

Pero las citas de precedentes jurídicos ingleses fueron desapareciendo gradualmente durante el siglo XIX, a medida que los Tribunales estadouni-

---

[115] DAVID/BRIERLEY: *"Major legal Systems …"*, cit., 3.ª ed., ps. 402 y 404.

Fletamento, Transporte Marítimo y Responsabilidad Contractual 315

denses iban desarrollando sus propios principios para resolver las controversias judiciales y los problemas jurídicos. Y, así, en la actualidad – y como señala Lawrence FRIEDMAN – *"las decisiones de los Tribunales norteamericanos* ["American cases"] *raramente citan materiales extranjeros. Dichos Tribunales –* "Courts" *– citan ocasionalmente uno o dos casos británicos clásicos o un famoso caso antiguo o alguna cita de Blackstone –, pero prácticamente ninguna mención se hace del Derecho Inglés actual"*, mientras que el Derecho extranjero – no inglés, se entiende – nunca ha sido citado como un procedente vinculante, aunque acaso haya sido tenido en cuanta como una suerte de expresión de los valores compartidos por la civilización anglosajona o incluso de la civilización occidental, en general[116]. De hecho, **este panorama** que se acaba de describir podría ser – en parte – la **situación del Derecho Marítimo norteamericano**, como reflejaría la **Sent. *U.S. Supreme Court*, Período de Octubre de 1815**, en el **Caso *De Lovio* c. *Boit***, de la que me ocuparé seguidamente.

En este sentido, está plenamente justificado hablar de un Derecho Marítimo norteamericano [*"United States admiralty and/or maritime law)"*], en cuyo desarrollo histórico cabe distinguir **tres etapas** de duración temporal muy dispar: primeramente, la denominada **Etapa Colonial**, que habría de durar desde la llegada de los ingleses y la formación de las colonias, hasta el año 1787. Una segunda etapa que se desarrollaría a partir de poco tiempo después de la Independencia, se desarrollaría – precisamente – **desde 1787** [elaboración de la Constitución de los EE.UU.] **a 1966**, año en que daría comienzo esa **tercera** etapa o fase. En un primer momento – y luego, incluso una vez que ya se había producido la Independencia –, la situación del Derecho marítimo norteamericano vino marcada por la condición de colonias inglesas; por la influencia del **Derecho inglés**, a través del cual llegó a los EE.UU., el Derecho Marítimo[117]. Por este motivo, en el desarrollo histórico del Derecho marítimo norteamericano también desempeña un papel harto relevante el **aspecto procesal-jurisdiccional**. En un primer momento, las controversias surgidas de las relaciones jurídico-marítimas caían dentro de la competencia de unos **Tribunales locales** [*"Local Courts"*], cuyos Tribunales **ejercían una Jurisdicción**

---

[116] FRIEDMAN, L.M.: *"American Law in the Twentieth Century"*, edit. Yale University Press, New Haven, 2004, p. 575.

[117] MARAIST, F.L.: *"Admiralty in a Nutshell"*, edit. West Publishing Co., 2.ª ed., St. Paul (Minn.), 1988, p. 2.

concurrente **con la de las** *"Common Law Courts"* y con la del **Gobernador y su** *"Court of assistants"*, siquiera cuando se trataba de *"in personam actions"*[118]. Mas, aunque las cuestiones procesales no eran especialmente importantes, estos órganos jurisdiccionales – las *"Local Courts"* – conocían y aplicaban las *"in rem actions"*[119]. Algún tiempo después – entre finales del siglo XVII y principios del siglo XVIII –, la Corona británica quiso incrementar su control político sobre las colonias, promulgando **leyes de restricción del comercio**, para cuya aplicación se crearon – en el año **1700** – unos denominados **Tribunales Coloniales del Vicealmirantazgo** [o *"Vice Admiralty Courts"*][120]; es decir: un sistema de *"Courts of Admiralty"* **especiales** [y propias de la colonias norteamericanas], que subsistió durante todo el tiempo que Inglaterra colonizó Norteamérica. Estas *"Colonial courts"* fueron establecidas bajo dependencia del Vicealmirantazgo – *"Vice-Admiralty"* –, en la Norteamérica británica, confiriéndoseles unas amplias competencias jurisdiccionales para conocer de asuntos civiles y penales que involucrasen a ciudadanos de las colonias, y llegando a estar en funciones hasta el año **1787**, nada menos: cuando los EE.UU. llevaban más de una década siendo independientes[121]. Las *"Vice Admiralty Courts"* gozaban de mayor independencia y actuaban con mayor flexibilidad que en la metrópoli, porque no estaban sometidas a la presión cercana de los jueces del *"Common Law"*[122]. Como consecuencia de esto, su **competencia** objetiva resultaba **muy amplia**, ya que no derivaba de las leyes de la Corona relativas a la *"High Court of Admiralty"*, sino de las **concesiones o delegaciones** que la Corona confería **a los tribunales coloniales**, lo cual se tradujo en que los mismos tenían una competencia que abarcaba *"todos los contratos marítimos* ["maritime contracts"], *así como la responsabilidad civil por daños y lesiones* ["torts and injuries"], *acaecidos tanto en*

---

[118] SCHOENBAUM, T.J.: *"Admiralty and Maritime Law"*, edit. West Publishing Co., St. Paul (Minn.), 1987, p. 16.

[119] SCHOENBAUM, T.J.: cit., p. 16.

[120] MARAIST, F.L.: *"Admiralty in a..."*, cit., 2.ª ed., p. 2. COVER, M.: "Cases of Admiralty and Maritime Jurisdiction", en <http://law.onecle.com/constitution/article-3/25-admiralty-maritime-jurisdiction.html>, quien señala que *"con anterioridad a la independencia, se habían establecido* "vice-admiralty courts" *en las Colonias por comisiones de la* 'High Court of Admiralty' *inglesa"*. SCHOENBAUM, T.J.: cit., p. 16.

[121] SCHOENBAUM, T.J.: cit., p. 16.

[122] ARROYO MARTÍNEZ, I.: *"Curso..."*, cit., p. 12.

los puertos, como en alta mar" [**Sent.*US.Sup.Ct.*, de 1815**, en el **Caso** *De Lovio* **c.** *Boit*. 7 Fed.Cas. 418, 442 (C.C.D.Mass.1815)(N.° 3776)].

Cuando en **1776** se declaró la **independencia** de las llamadas "Trece Colonias", éstas, convertidas en estados confederados y puesto que se carecía de una Jurisdicción Federal, incorporaron o adoptaron el sistema judicial inglés, si bien hubo que crear **unos propios** *"Tribunales* [**estatales**] *de Almirantazgo"*, dedicados – por lo general – a resolver cuestiones de *"presas"* o apresamientos de buques[123], por lo que, dado que uno de los objetivos de la *"Convención de Philadelphia"* era la promoción del comercio a través de la remoción de obstáculos derivados de las diferencias normativas locales de cada Estado, la única vía lógica era elaborar un cuerpo uniforme de normas marítimas, a través del establecimiento de un sistema de *"federal courts"*, a las que se confiaba jurisdicción *"over admiralty and maritime cases"*[124].

Ya en **1787**, se promulgó la *"Constitution of the United States"*, cuyo **art. III** establece que:

> *"El Poder Judicial federal se extenderá... a todos los casos del almirantazgo y de la jurisdicción marítima"*[125],

iniciando un período de 179 años, caracterizado por la delimitación de la Jurisdicción marítima – o de Almirantazgo – y, por ineludible consecuencia, la delimitación del propio *"concepto"* del Derecho marítimo, que la Jurisprudencia de los tribunales norteamericanos llevó a cabo **en función de la materia**; es decir adoptando como criterio o como factor determinante, la naturaleza misma de las relaciones y de los hechos o actos – ello resulta evidente en el caso de los *"maritime contrcats"* –, que pertenecen a la *"Admiralty Law and Jurisdiction"*, por sí mismos, y no – como en Ingla-

---

[123] Arroyo Martínez, I.: *"Curso..."*, cit., p. 12. Cover, M.: "Cases of Admiralty and Maritime Jurisdiction", en <http://law.onecle.com/constitution/article-3/25-admiralty-maritime-jurisdiction.html>. Maraist, F.L.: *"Admiralty in a..."*, cit., 2.ª ed., p. 2. Schoenbaum, T.J.: cit., p. 16.

[124] Cover, M.: "Cases of Admiralty and Maritime Jurisdiction", en <http://law.onecle.com/constitution/article-3/25-admiralty-maritime-jurisdiction.html>.

[125] Arroyo Martínez, I.: *"Curso..."*, cit., p. 12. Mangone, G.J.: *"United States Admiralty Law"*, cit., p. 39. Schoenbaum, T.J.: cit., p. 16.

318 *José Luis García-Pita y Lastres*

terra – en función del **lugar** – *"things done upon the sea"* – de celebración del contrato[126].

La referida Constitución de los EE.UU., junto con la ***"Judiciary Act"***, **de 1789**, confiaron al Poder Judicial Federal la competencia para el conocimiento de materias que se incardinaban dentro de la del *"British Admiralty"*. Este sistema de *"admiralty courts"* especiales, separadas, con procedimientos judiciales separados, subsistió en los EE.UU. hasta **1966**, cuando **los Tribunales fueron unificados**.

El hito fundamental fue la – ya citada – **Sent. *U.S. Supreme Court*, Período de Octubre de 1815**, en el **Caso *De Lovio* c. *Boit***, en la que el magistrado Joseph STORY J – a quien, dicho sea de paso, se cita como uno de los principales adalides de la adscripción del Derecho estadounidense, al *"Common Law"*[127] – resolvió que los contratos de seguro marítimo pertenecen a la Jurisdicción del Almirantazgo, aunque – a decir verdad – lo verdaderamente esencial fue la motivación; fueron los argumentos del Juez; su *"ratio decidendi"* – que analizaba todos los precedentes históricos ingleses para interpretar los términos de la Constitución norteamericana – según la cual la Jurisdicción Marítima comprende *"... todos los contratos marítimos, la responsabilidad extracontractual y los daños personales* ["injuries"]*"*, pero advirtiendo que:

> *"El último apartado* [se refiere a los daños] *requiere el vínculo territorial o geográfico* ["bounded by locality"]*, el primero se extiende – con independencia del lugar de celebración o cualquiera que sea la forma de las estipulaciones – a todos los contratos referidos a la navegación, los negocios o el comercio marítimo"*[128].

Por consiguiente, la Constitución norteamericana no pretendió crear ni una Jurisdicción, ni un Derecho marítimo sustantivo, sino que *asumió* **su [pre-]existencia y su contenido material**; reconoció que existía un agregado normativo centenario, que se había **desarrollado a través de prácticas y reglas observadas comunmente entre las distintas naciones**, en relación con las materias marítimas, **que habrían de incorporarse al Derecho norteamericano** [Tal es la doctrina de la **Sent.*US.Sup.Ct.*,**

---

[126] Arroyo Martínez, I.: *"Curso..."*, cit., ps. 12 y s.

[127] David/Brierley: *"Major legal Systems ..."*, cit., 3.ª ed., p. 402.

[128] Arroyo Martínez, I.: *"Curso..."*, cit., p. 13.

del Período de Octubre de 1874, recaída en el **Caso** *"The Lottawanna"*; 88 U.S. 558, 22, L.Ed. 654 (1874), donde el Derecho marítimo general de los EE.UU. aparece configurado como **una rama del** *"common law"* **federal**, pero que se caracteria por el rasgo especial de su origen **internacional y consuetudinario**, que habría sido asumida y desarrollada por las *"federal courts"*][129]. En este sentido, cuando la **Sent.***US.Sup.Ct.***, de 1815**, en el **Caso** *De Lovio* **c.** *Boit.* 7 Fed.Cas. 418, 442 (C.C.D.Mass.1815) (N.° 3776) se enfrenta con la cuestión de qué debe entenderse por *"maritime contracts"*, no solamente incluye, *"entre otras cosas, fletamentos documentados en póliza o cartas partidas* ["charter parties"], *contratos de fletamento para el transporte de carga* ["affreightments"], *hipotecas navales* ["marine hypothecations"], *contratos para el servicio marítimo de buques en construcción, reparación, aprovisionamiento y navegación; contratos entre co-propietarios de buques, contratos y cuasicontratos referidos a averías, contribuciones echazones y...pólizas de seguro"*, sino que – además – hace referencia al hecho de que:

> *"... Como cuestión de puro hecho, los tribunales marítimos de otras naciones extranjeras han ejercido su competencia sobre las pólizas de seguro, como contratos marítimos, y una petición análoga ha sido atendida, de modo uniforme, por parte de la jurisdicción marítima de Inglaterra".*

Y no sólo ésto, sino que – de manera mucho más explícita y pormenorizada – otro de sus párrafos dice:

> *"En todas las grandes naciones marítimas de Europa, los términos 'jurisdicción marítima'* ['admiralty jurisdiction'] *se aplican de modo uniforme a los Tribunales que ejercen su competencia sobre contratos y asuntos marítimos. Encontraremos esos mismos términos conocidos tan exacta y familiarmente entre los juristas de Escocia, Francia, Holanda y España, como de Inglaterra, y aplicados a aquellos de sus propios tribunales que ejercen la misma competencia, que la que ejercía la Jurisdicción marítima inglesa, en tiempos del reinado de EDUARDO III.°"*.

---

[129] MANGONE, G.J.: *"United States Admiralty Law"*, cit., p. 39. ROBERTSON, D.W., FRIEDELL, S.F. y STURLEY, M.F.: *"Admiralty and maritime Law in the United States"*, edit. Carolina Academic Press, Durham (N.Cna.), 2001, p. 3. SCHOENBAUM, T.J.: cit., ps. 16 y 121.

Así pues; el Tribunal Supremo de los EE.UU. reflejó, ya en 1815, la raigambre internacional – y no, o no solamente, inglesa – del Derecho marítimo recibido en los propios EE.UU.

Posteriormente, el **art. 28, U.S.C. § 1333** vino a desarrollar el art. III, US.Const., estableciendo que las *"Federal Courts"* ejercen una jurisdicción exclusiva sobre la mayor parte de las reclamaciones jurídico marítimas, comenzando por las *"Federal District Courts"*, que tienen atribuída esa competencia originaria sobre reclamaciones jurídico-marítimas, aunque **reservando a los demandantes o a los justiciables el derecho de interponer sus reclamaciones ante una *"State Court"* [La llamada Cláusula *"saving to suitors"*]**, aunque existe un cierto tipo de acciones judiciales marítimas que, a pesar de la "savings to suitors clause", solamente pueden ser ejercitadas *"in admiralty"*, ante una *"federal court"*: todas las acciones jurídico-marítimas *"in rem"* [embargos ejecutivos sobre buques – *"forfeiture of ships"* –, acciones hipotecarias marítimas, limitación de responsabilidad del naviero al valor del buque, y acciones de división del condominio naval]. Sin embargo, la mayoría de las reclamaciones jurídico-marítimas, incluyendo las *"suits for damage to cargo"*, pueden interponerse, indistintamente, bien en una *"federal court"* o bien en una *"state court"*, en virtud de la *"savings to suitors clause"*, en cuyo caso es muy posible que – como consecuencia de la legislación particular del Estadi de que se trate – los justiciables tengan **derecho a un juicio con Jurado** [*"Jury trial"*], que – por el contrario – resulta excepcional en las *"Federal Courts"* en materias jurídico-marítimas.

Ahora bien; si la propia Inglaterra se vio en la necesidad de *"injertar"* las instituciones jurídico-marítimas, especialmente, las de naturaleza contractual, en el *"writ system"*, donde se conocen las siguientes modalidades de acciones [*"Common law actions"*]: *"Trespass"*, *"Trespass on the case"*, *"Trover"* [Para casos de apropiación indebida de bienes muebles], *"Detinue"*, *"Replevin"* [Para casos de reivindicación o apropiación indebida mobiliaria], *"Debt"*, *"Covenant"*, etc., en los **EE.UU.**, que inicialmente **habían importado el *"writ system"***, sucedió algo parecido, hasta que, por fin, las ***"Rules of Civil Procedure"***, aplicables ante las *"Federal Courts"* y en muchos tribunales estatales, solamente conocen una: la ***"Civil Action"***. Por este motivo, cuando en **1966** se **reformó el *"Federal Code of Civil Procedure"***, terminando con la separación formal de la Jurisdicción del Almirantazgo, dentro de las *"District Courts"*, desaparecieron las salas especiales jurídico-marítimas. Una consecuencia de lo relatado fue que las *"maritime claims"* devinieron **acciones ordinarias** [*"civil actions"*], además de establecerse la aplicación general de las normas procesales del *"Federal Code"*, salvo con una excepción importantísima: la de las acciones *"in rem"*, vinculadas a *"maritime liens"*[130]. Y es preciso tener en cuenta que el Sistema Norteamericano, en la materia, se caracteriza por el reconocimiento de un *número muy amplio* de privilegios marítimos, hasta el punto de que reconoce familias enteras de privilegios marítimos que no se hallan reconocidos en otros países, y que en esos otros países solamente se tutelan a través de acciones *"in personam"*[131]. Pero el Derecho marítimo que recibieron los EE.UU., de Inglaterra... **ya no era un Derecho marítimo puramente *"juscivilistico"*, sino un Derecho marítimo *"anglicizado"*, imbuído del *"Common Law"*,** por consecuencia de los años pasados desde el momento en que las *"Common Law Courts"* lograron prevalecer sobre las *"Admiralty Courts"* e imponer su propia visión "inglesa" de las instituciones jurídico-marítimas. Así, si los *"reception statutes"* establecieron, con carácter general, que el *"common law of England"*, era el Derecho de los Estados, en la medida en que no repugnase al Derecho domestico o a las condiciones propias del lugar, esa asunción incluyó, en particular, el Derecho de creación judicial – *"judge-made law"* –, lo que abarcaba, también, el *"Maritime Common Law"*, cuya presencia se detecta en importantes precedentes de la Jurisprudencia norteamericana como la **Sent.*U.S.Circ.Ct.* de Maryland, de 1865**, recaída en el **Caso *"The Sea Gull"*** [1865 Chase C.C.Rep. 145, 21, F.Cas. 909] **o** la **Sent.*U.S. 3rd Circ.Ct. of App.*, de 1986**, recaída en el **Caso *De Loach* c. *Companhia de Navegaçao Lloyd Brasileiro*** [782, F.2d 438, 1986, AMC. 1217], aunque es preciso reconocer que la cuestión de cuáles son las fuentes del **Derecho marítimo norteamericano** en el plano **sustantivo** o material *"es conocidamente elusiva, porque la cuestión, en sí misma, es genuinamente difícil de responder"*[132]. No cabe duda, sin embargo, de que una *"State Court"* que esté conociendo de una controversia jurídico-marítima – *"an admiralty or maritime case"* –, se verá obligada a **aplicar el Derecho marítimo – *"federal admiralty Law"* –, incluso aunque**

---

[130] ARROYO MARTÍNEZ, I.: *"Curso..."*, cit., ps. 16 y s.

[131] SHARPE, J.: "Maritime Liens and rights *in rem* in United States Law", en VV.AA.: *"New Directions in Maritime Law 1984"*, edit. por D.J.Sharpe y W.Wylie Spicer, edit. Carswell/Stevens, Toronto/Londres, 1985, p. 146.

[132] ROBERTSON/FRIEDELL/STURLEY: *"Admiralty and ..."*, cit., p. 131.

contradiga la legislación interna del Estado en cuestión, por aplicación de una doctrina jurisprudencial denominada *"reverse-Erie doctrine"*, así denominada precisamente porque es la inversa – que no contraria – a la doctrina sentada por la **Sent.U.S.Sup.Ct., de 31.01/25.04.1938** en el caso *Erie Railroad c. Tompkins* [304 U.S. 64 (1938)], según la cual los tribunales federales que estén conociendo de reclamaciones de naturaleza estatal, deben aplicar la Ley estatal. Esto puede llegar a tener importantes consecuencias porque – p.e. – no todos los Estados de la Unión reconocen el principio de responsabilidad solidaria por daños [*"joint and several liability among tortfeasors"*], que impregna el Derecho marítimo.

En julio de 1934, el Demandado – Harry Tompkins – fue a visitar la casa de su suegra en Pennsylvania, y decidió recorrer una parte del camino, caminando junto a las vías ferroviarias de la Actora. Un tren pasó y una puerta abierta del vagón frigorífico golpeó a Tompkins, y lo lanzó bajo las vías por lo que perdió el brazo derecho. Consiguientemente, el Demandado entabló una acción judicial contra el ferrocarril – *"Erie Railroad Company"*; sociedad constituída y domiciliada en el Estado de N.York –, ante la *"Federal District Court for the Southern District of New York"*. De acuerdo con la Ley del Estado de Pennsylvania, el ferrocarril solamente habría resultado responsable por dolo o imprudencia temeraria – *"wanton negligence"* –. Sin embargo, en vez de aplicar la Ley de Pennsylvania, el "District Judge", a petición del Demandado, aplicó el *"general law"* de que el Ferrocarril sería responsable incluso por *"ordinary negligence"*, y el Tribunal del Jurado falló a favor de Tompkins. El Ferrocarril – Actor o *"Plaintiff"* – apeló, pero la Federal Second Circuit Court confirmó el fallo de instancia, por lo que el Ferrocarril solicitó un "certiorari" de la Corte Suprema de los EE.UU., que – en una decisión cuyo ponente fue el Juez Louis D.BRANDEIS, con el apoyo del Juez Stanley REED – resolvió que en las controversias en las que se ven involucradas partes litigantes de diferentes Estados o incluso extranjeras – las "actions in diversity" –, a excepción de las cuestiones reguladas por la U.S, Constitution o por leyes del Congreso, las "federal courts" deben aplicar – además del Derecho legislado ["statutory law"] – el Derecho jurisprudencial estatal – "state common law" – tal como haya sido declarado por la más alta Corte o Tribunal Estatal – "the highest state court"-. No existe un "common law" federal general, pues el Congreso no tiene poder para declarar reglas materiales de *"common law"* [*"substantive rules of common law"*] aplicable en un Estado y la U.S.Constitution no confiere un poder semejante a los tribunales federales.

Pues bien; si esto es así, entonces la *"reverse-*Erie *doctrine"*, consiste – a la inversa, que no al contrario – en que los tribunales estatales que estén conociendo de reclamaciones que, por su naturaleza, estén atribuídas a la competencia federal, deben aplicar la Ley federal: por consiguiente, las "state courts" que estén conociendo controversias jurídico-marítimas – *"admiralty cases"* –, deberán aplicar el Derecho marítimo sustantivo o material, federal, aunque se les permite aplicar el Derecho procesal estatal.

El Derecho marítimo norteamericano se centra en la **regulación de la actividad – *"business"* – consistente en transportar bienes o personas por vía acuática**[133]. De ahí la importancia de los *"maritime contracts"* como fuente – p.e. – de las denominadas *"cargo claims"*; es decir: las acciones judiciales por daños ocasionados en el cargamento o mercancías objeto de transporte [*"Claims for damage to cargo shipped in international commerce"*], que en los EE.UU. se rigen por la *"U.S. Carriage of Goods by Sea Act"* [US. COGSA.], que es la transposición al Derecho norteamericano de las *"Reglas de La Haya"*, y que establece la responsabilidad del naviero-porteador por daños en la carga desde el momento de la carga, hasta el de la descarga de las mercancías [*"hook to hook"*], salvo que pueda ampararse en alguna de las 17 causas de exoneración, como las de *"acts of God"* [fuerza mayor], naturaleza propia de las cosas o falta náutica.

Por lo demás y en términos generales, los *"maritime contracts"* incluyen diversas figuras cuyas denominaciones, frecuentemente, son intercambiables y pueden mover a confusión. En este sentido, algunos autores suelen hacer referencia – principalmente – a los denominados *"affreightment contracts"*; término utilizado expresamente en la **Sent. US.Sup.Ct.**, de **1815**, en el **Caso *De Lovio* c. *Boit*.** 7 Fed.Cas. 418, 442 (C.C.D.Mass.1815)(N.º 3776), pero que resulta ser **polisémico**. Frecuentemente, el término se utiliza para describir el contrato entre un naviero y otra persona – denominada fletador o *"charterer"* –, por cuya virtud el

---

[133] Así, p.e., Force, R.: *"Admiralty and Maritime Law"*, edit. Federal Judicial Center, 2004, ps. 41 y ss., en <https://public.resource.org/scribd/8763552.pdf>, quien señala que *"[h]istóricamente y continuando hasta el presente, el corazón del Derecho marítimo, en su contexto internacional, se halla en el transporte de mercancías y pasajeros, a cambio de una remunenración"*. Maraist, F.L.: *"Admiralty in a..."*, cit., 2.ª ed., p. 1.

Naviero se obliga a transportar o conducir mercancías del Fletador, en su buque, o bien a conceder al Fletador el uso de la totalidad o de parte de la capacidad de carga del buque, para el transporte de sus mercancías, en uno o más viajes específicos... o durante un período de tiempo determinado, mientras que – por su parte – el Fletador se obliga a para, en contraprestación, un flete, por el transporte de sus mercancías o por el uso del buque. De este modo, sería posible considerar que – en el Derecho marítimo norteamericano – el término *"affreightment contracts"* fue utilizado en algún momento – y probablemente – lo sea todavía con el carácter de una suerte de **referencia general a una vasta categoría de contratos**, más que como alusivo a algún tipo concreto de ellos. Mas insisto en que es preciso ser cuidadosos con los términos, porque la noción *"contract of affreightment"* es **anfibológica**: por una parte, podría significar lo que etimológicamente sugieren sus términos literales; su propia etimología – el Contrato [o *los* contratos] de *Fletamento*[134] –, mas, en segundo lugar, se trata de una expresión que se utiliza para designar una modalidad contractual muy concreta, que se conoce como **contrato de *volumen*** o **contrato de *tonelaje*** [*"Mengevertrag"*, *"contrat au tonnage"*, *"tonnage agreement"*, *"contract of affreightment"*, o C.O.A.][135].

---

[134] Allsop, J.: "Carriage of Goods by Sea", N.º 4, en <www.fedcourt.gov.au/...a/ admiralty_papersandpublications16.ppt>, quien señala que la expresión *"contract of affreightment"*, como equivalente a transporte marítimo de mercancías representa *"el sentido amplio y generalmente utilizado de dicha expresión, aunque existe otra acepción estricta y acaso más usual"*. Luxford, D.: "Arrest, Insolvency and Pre-emptive Remedies in a Global Shippng Crisis. An Australian Perspective", presentación para *"2nd Asian Maritime Law ConferenceSingapore 24 April 2009"*, diapositiva n.º 5, en <www.seatrade-downloads.com/AMLC_2009/.../Derek_Luxford.PPT >. Zock, A.N.: "Charter parties in relation to Cargo", en Tul. L. Rev., 45 733 (1970-1971), en <http://heinonline.org/HOL/Lan dingPage?collection=journals&handle=hein.journals/tulr45&div=36&id=&page=>, quien señala que *"todo contrato por el cual un naviero se obliga a poner a disposición su buque, para transportar mercancías perteneciente a otra u otras personas se denomina contrato de fletamento* ['affreightment']*"*. Anónimo.: "Law of Carriage of Goods", en *"Indian Institute of Materials Management"*, en <http://www.iimm.org/knowledge_bank/10_law-of-carriage-of-goods.htm>

[135] Cooke/Kimball/Young/Martowski/Taylor/Lambert.: *"Voyage Charters"*, cit., 2.ª ed., p. 3. Lefevbre D'ovidio/Pescatore/Tullio.: cit., 9.ª ed., p. 541. Lopuski, J.: "Time Charter under Polish Maritime Law: Some Questions of its juridical nature", en VV.AA.: *"Derecho de la Navegación en Europa. Homanaje a F.Valls i Taberner"*, Prólogo y edición a cargo de M.J.Peláez, edit. Promociones Publicaciones Universitarias, Barcelona, 1987,

Cierto que – precisamente – en los EE.UU., el problema de la polisemia de expresiones como *"affreightment contracts"* y/o *"contracts of affreightment"* resulte menos grave que en otros países, porque en los EE.UU. se utiliza **otra expresión muy distinta**, para referirse al **Contrato de** *Volumen* o **Contrato de** *Tonelaje*; que en otros países y lenguas es denominado *"Mengevertrag"*, *"contrat au tonnage"*, *"tonnage agreement"*: me refiero a la expresión *"service contracts"*, lo que podría sugerir que, en realidad, cuando la Jurisprudencia y la Doctrina norteamericanas hablan de *"contract of affreightment"*, realmente quieren hablar de lo que podríamos describir como **contratos de fletamento** *"lato sensu"*. Sea como fuere, en la medida en que se deseen eludir los citados riesgos de confusión, acaso resultase más útil hablar de *"ship chartering"* o de *"charterparties"* [en singular: *"Charter-Party"*][136].

Sea como fuere, llámense *"affreightment contracts"* o bien ya se denominen *"charterparties"*, lo cierto es que se trata de contratos, y por esa misma naturaleza suya contractual, se ven **sometidos**, ante todo – y con independencia o sin perjuicio del Derecho marítimo –, **al Derecho general de obligaciones y contratos**, del que constituyen una rama [*"The Law with regard to a contract of affreightment is, of course, a branch of the general law of contract"*]. Los derechos y obligaciones del naviero-fletante y del fletador dependen, al igual que sucede en el caso de cualesquiera otros sujetos que sean partes en cualesquiera otros contratos –, de los términos, cláusulas y pactos del contrato que se celebra entre éllos.... De todos modos, el *"Admiralty Law"* proporciona un amplio abanico de derechos y acciones – *"rights and remedies"* –, que pueden variar de acuerdo con la condición del Justiciable demandante. Incluso puede suceder que el *"Admiralty Law"* permita hacer uso de la oposición de excepciones desconocidas en el *"Common Law"*, y también – a la inversa – que el *"Admiralty Law"* excluya la posibilidad de oponer ciertas – otras – excepciones, que – por el contrario – se admiten, tradicionalmente y desde hace mucho tiempo, en el *"Common Law"*.

---

ps. 1820 y s., quien señala – por lo demás – que en la moderna Doctrina anglosajona, sobre todo norteamericana, se va produciendo un proceso de apreciación de la diversidad entre los *"affreightments"* que se contratan "por tiempo" y los que se conciertan "por viaje", hasta el punto de que incluso se está llegando a un rechazo del término *"affreightment"*.

[136] Así, p.e., FORCE, R.: *"Admiralty and Maritime Law"*, edit. Federal Judicial Center, 2004, ps. 52 y ss., en <https://public.resource.org/scribd/8763552.pdf>

Pero, por lo demás, ya sabemos que **si el *"General Law of contracts"* anglosajón, es muy distinto del Derecho de obligaciones y contratos de la Europa Continental, su especialidad se agrava o** – al menos – **gana en matices, cuando se trata de los *"maritime contracts"*,** porque – como ya tuve ocasión de anticipar – no debemos perder de vista el hecho de que el Derecho Marítimo que recibieron, primero Inglaterra, y luego los EE.UU., se había visto sometido a una **doble** – por no decir que múltiple – **influencia**: originalmente, la del Derecho marítimo antiguo – romano, p.e. – y medieval, que les llegó de la Europa continental, coexistiendo con el *"Common Law"*, pero luego sobre esa base se depositó el **elemento anglo-sajón**, porque durante varios siglos los jueces y tribunales del *"Common Law"*, hostiles a la forma de elaborar y aplicar el Derecho – cartesiana, racionalista, metódica y dogmática[137] –, propia de la Europa Continental, asumieron la aplicación del Derecho marítimo, por sí decirlo, *"their way"*: a su manera; a la manera de los *"common lawyers"*. En este sentido, cuando las *"Admiralty Courts"* medievales inglesas vieron reconocida su competencia sobre los contratos de fletamento, recibieron algo así como – si se me permite la expresión – el *"acquis affrétementaire"*; el **acervo – doctrinal – fletamentario** preexistente, acaso representado por las *"Leyes de Olerón"* [Rls./Ls.Olrn][138]. De ser cierto, estas *"leyes"*, que no eran – *"stricto sensu"* – una elaboración propia de los ingleses, reflejaban, claramente, una visión del Fletamento como **contrato de *disponibilidad del buque* con *fines* de *transporte***.

Como prueba de lo dicho, obsérvense las dos versiones de los **arts. 29 y 30, Rls./Ls.Olrn**: A) *"Item. Est estably pour coustume de la mer, que se ung marchant a fretté une nef pour chargier vins à Bordeaux ou ailleurs, le marchant puet bien chargier toute la nef à sa droite charge, sans ce que le maistre de laditte nef ou autre personne quelconque, sans la voulenté dudit marchant, n'y puet riens mettre ne chargier, forspris et excepté les vitailles nécessaires à laditte nef pour faire son voyage. Et ce*

---

[137] De Los Mozos, J.L.: *"Derecho Civil. Método..."*, cit., ps. 206 y s.

[138] Según Schoenbaum, T.J.: cit., ps. 11 y s., durante la Edad Media, los ingleses no eran conocidos como un pueblo navegante *"y el desarrollo del Derecho marítimo se había quedado por detrás del Continente. Sólo en el siglo trece surgió la necesidad de aplicación del Derecho marítimo"*, que comenzó en las *"courts of the seaports"*. Tales Tribunales – situados en Yarmouth, Ipswich, Rochester, Southampton, etc. – *"aplicaban principalmente las leyes de Olerón, como la base del Derecho consuetudinario vigente entre distintas ciudades portuarias"*.

est le jugement en ce cas" y **B)** *"Item. Il est établi comme coutume de la mer, que si un marchand a frété un navire pour charger des vins à Bordeaux ou ailleurs, il a droit d'occuper le navire en entier jusqu'au lieu de sa décharge, sans que le patron ou autre personne quelconque puisse, si ce n'est avec le consentement de ce fréteur, y charger rien autre chose que les victuailles nécessaires pour le voyage. C'est le jugement en ce cas"* [art. 29]. Y – por lo que hace al **art. 30, Rls./Ls.Olrn: A)** *"Item. Ordonnancé est et estably pour coustume de la mer, se ung marchant charge vins en une nef, il peut bien mettre toute de hularge comment le feroit le maistre resonnablement et en barelles dedans ladite nef, sans ce que le maistre ou autre personne quelconque y puet riens mettre ne faire nul empeschement, c'est à savoir dex tonnels J. p. p. et à l'avenant du surplus. Et ce est le jugement en ce cas"*, y **B)** *"Item. Il est ordonné et établi pour coutume de mer, que, si un marchand charge des vins sur un navire, il a droit d'y mettre une aussi grande quantité de choses que le patron pourroit en mettre lui-même raisonnablement dans toute la capacité du navire, sans que le patron ni aucune antre personne puissent s'y opposer, c'est à savoir ..... et à l'avenant pour le surplus. C'est le jugement en ce cas"*[139]. Se trata, pues, de disposiciones que nos muestran un fletamento de buque por entero, en el que el **Fletador** claramente parece tener un cierto poder de disposición sobre el buque, para introducir en él su cargamento; poder que – de hecho – conllevaba **su presencia a bordo**, como lo demuestra el **art. 33, Rls./ Ls.Olrn: A)** *"Item. Ordonné est et estabiy pour coustume de la mer, que se ung marchant frette une nef, le maistre doit donner au marchant chascun jour ung esquisine se le marchant le demande au maistre; et plus, si la nef est chargée de vins, le maistre lui doit ballier ung page pour regarder ez vins du marchant aussi bien et si souvent comme s'ilz feussent au maistre. Et ce est le jugement en ce cas"* y **B)** *"Item. Il est ordonné et établi, comme coutume de la mer, que, si un marchand a frété un navire, le patron doit lui fournir chaque jour la nourriture suffisante. De plus, si la nef est chargée de vins, le patron doit fournir un homme pour garder les vins aussi bien et avec autant de soin que s'ils appartenoient à lui-même. C'est le jugement en ce cas"*. Como el Comerciante-fletador viajaba a bordo del propio buque fletado[140], el capitán estaba obligado a procurarle manutención.

---

[139] En <http://www.histoirepassion.eu/spip.php?article746#art30>.

[140] PORRAS ARBOLEDAS, P.A.: "El Derecho Marítimo en el Cantábrico durante la Baja Edad Media: Partidas y Rôles D'Olèron", en VV.AA.: *"Ciudades y villas portuarias del*

Esto era algo que procedía de los mismos orígenes del Derecho marítimo y que se hallaba amplísimamente extendido[141]-[142]; es decir: que procedía de una época en la que, por una parte, el desarrollo *"científico"* de las instituciones y conceptos jurídicos era escaso, y – por otra – la función económica de conducción de mercancías; la **función económica** de **transporte**, se vertebraba jurídicamente **a través de** *contratos* **que, en sí mismos,** *versaban* – más bien – *sobre la disponibilidad de los buques*[143].

Atlántico en la Edad Media. Encuentros Internacionales del Medievo, Nájera 27-30 de julio de 2004", coord. por B.Arizaga Bolamburu y J.A.Solórzano Telechea, edit. Instituto De Estudios Riojanos, Logroño, 2005, p. 243, quin señala lo siguiente: *"en esta época que estamos considerando, los cargadores o mercaderes que depositaban sus mercancías en ls bodegas de una nave, solían viajar con éllas, con la finalidad de beneficiarlas en los puertos de destino"*.

[141] PORRAS ARBOLEDAS, P.A.: "El Derecho Marítimo en...", cit., ps. 231 y ss., quien llega a señalar que los "Rôles D'Olèron" eran *"un Derecho consuetudinario, extendido desde Sevilla hasta el Báltico"*, que había recibido numerosas influencias, incluso del Derecho mediterráneo a través del Derecho romano.

[142] Nuevamente, PORRAS ARBOLEDAS, P.A.: "EL DERECHO MARÍTIMO EN...", CIT., Ps. 238, NOTA <21>, Y 239, LLEGA A SEÑALAR QUE LOS PRECEPTOS de los "Rôles D'Olèron" incluídos en los arts. 28 al 35, que se refieren – precisamente – al transporte de mercancías; concretamente, al transporte de vinos, parecen provenir del *"Black Book of Admiralty"*, pero precisamente el art. 35, Rls./Ls.Olrn., concluye con una referencia a su proveniencia del Derecho romano.

[143] PORRAS ARBOLEDAS, P.A.: "El Derecho Marítimo en...", cit., ps. 243, refiriéndose a los *"Rôles D'Olèron"* califica a estos contratos como *"fletamentos"*. HE JING.: *"L'Identification du Transporteur maritime en cas d'Affretement. Mémoire de DESS de Droit Maritime et des Transports. Sous la direction de Maître Christian SCAPEL et Pierre BONASSIES"*, edit. Universite de Droit, D'economie et des Sciences D'aix-Marseille Faculte de Droit et de Science Politique D'aix – Marseille [Centre de Droit Maritime et des Transports], Marsella, 2005, p. 8, en <http://junon.u-3mrs.fr/ad210w00/memoires/2005/ m05heji.html>, quien señala que *"los primeros transportes marítimos eran transportes privados* [N.p: es decir: transportes *"propios"*]. *Se trata de una manera de explotar un buque mercante, según la cual el proprietario del buque puede servirse de él para desplazar las mercancías que le pertenecen o que sirven a la explotación de su empresa. En la Edad Media, no existían más que esos transportes privados o propios. Es en los siglos XVII y XVIIIe cuando cabe constatar la evolución desde los transportes privados, a los transportes públicos modernos. Es el surgir del transporte marítimo y del fletamente. En esa época, no existía más que el Fletamento. Cuando el comerciante no transporta sus propias mercancías a bordo de sus propios buques, concluye con un naviero un contrato según el cual este le cede o alquila su buque para un viaje determinado, o por una duración*

Y cuando en la Europa continental estas categorías fueron sometidas a una reflexión científica o dogmática, por los *"juristas universitarios"*, abriendo una senda que – algunos siglos más tarde – conduciría a la Codificación, Inglaterra se apartó de ese proceso; se aisló, y tomó un rumbo propio, que afectó al Derecho marítimo. Por este motivo, **siguió pesando en el ánimo de los** *"common lawyers"*, **a la hora de aplicar el** *"Admiralty and Maritime Law"*, la idea – ya profundamente enraizada – de que la **función económica** de **transporte**, se vertebraba jurídicamente **a través de** *contratos* que, en sí mismos, *versaban* – más bien – *sobre la disponibilidad de los buques*. Y, así, precisamente debido a esa inexistencia de instituciones-molde; a esa inexistencia de tipos contractuales proporcionados por códigos – debido a la inexistencia de los propios códigos –, a la hora de establecer la tipología contractual de la explotación de buques, se debe atender – fundamentalmente – a criterios o **factores socioeconómicos y técnicos**. Así; el hecho de que la contratación náutica siempre dé lugar – de un modo u otro – al fenómeno económico de la traslación geográfica de mercancías o de personas, cuya traslación tiene lugar bajo el control náutico de un naviero, calificado – frecuentemente – como *"fletante"*, justifica el que, "liberados" de los moldes que son los *"tipos"* contractuales, toda esa plétora de contratos de explotación o utilización del Buque sea objeto de una consideración y de un tratamiento jurídico – relativamente – unitarios, polarizados en torno a la idea del **transporte**, atribuyendo a los navieros-fletantes, precisamente como consecuencia de su participación en esa conducción material de los objetos o personas, el calificativo de *"porteadores"*. Desde esta perspectiva, en el sistema angloamericano, incluido el Derecho norteamericano[144], etc. se habla, sin más del *"ship chartering"* o de los *"affreightment contracts"* o incluso, directamente, del *"carriage of goods by sea"*; expresiones, unas y otras, que – de un modo u otro – resultar ser inclusivas, así de los fletamentos propiamente dichos, documentados en póliza [*"charterparties"*], como de los contratos de transporte marítimo [*"carriage by sea"*], documentados en un conocimiento de embarque [*"Bill of lading"*]. En este

---

determinada. Hasta el siglo XIX, todo transporte de mercancías por mar daba lugar a un contrato de fletamento".

[144] ROBERTSON/FRIEDELL/STURLEY: *"Admiralty and ..."*, cit., p. 315. Voz "Law of Canada", en *"Wikipedia. The free Encyclopedia"*, en <http://en.wikipedia.org/wiki/Law_of_Canada#Legal_traditions>.

330 José Luis García-Pita y Lastres

sentido, resultan enormemente significativas las palabras de cierto autor norteamericano cuando señala que *"[l]os contratos que versan sobre la gestión operativa de los buques mercantes y el transporte de mercancías y pasajeros por vía acuática quedan sometidos al Derecho marítimo* ['fall within admiralty'] *y se hallan regidos por un vasto agregado de normas, tanto legales como jurisprudenciales. Tales contratos incluyen el arriendo* ['lease'] *de un buque (charter party), el transporte de mercancías en régimen de conocimiento de embarque* ['carriage of goods under a bill of lading']*..., y la prestación de servicios, reparaciones y la realización de suministros a los buques"*, para añadir – posteriormente – que *"un comerciante que embarque grandes volúmenes de mercancías puede fletar un buque para el transporte de las mismas"*, de modo que la póliza de fletamento da lugar a *"un contrato entre el cargador y el porteador"*[145]. No se puede decir con mayor claridad[146]. Así, la Doctrina anglosajona pone de relieve que *"el propósito principal de la navegación comercial es el porte de carga, de un lugar a otro, por precio"*, de forma que *"la relación jurídica y comercial más importante, en la navegación marítima, es la que media entre el propietario de las mercancías y el naviero que las transporta: el "Contrato de Fletamento"* ["contract of affreightment"]*"*[147],

---

[145] Maraist, F.L.: *"Admiralty in a..."*, cit., ps. 46 y ss., quien inicia – con estas palabras – el Cap. IV de su obra, titulado: *"Derecho marítimo sustantivo: contratos para el transporte de mercancías"*, y – luego – cuando define las distintas modalidades de *"charterparties"* incluye menciones alusivas a la finalidad de efectuar transportes de mercancías. Robertson/Friedell/Sturley: *"Admiralty and ..."*, cit., p. 315, quienes señalan que *"existen dos tipos rincipales de clontratos para el transporte de mercancías por mar: el conocimiento de embarque – 'Bill of lading' – y la póliza de fletamento – 'Charterparty'-..."*.

[146] O sí: Gabaldón García/Ruiz Soroa: *"Manual..."*, cit., 3.ª ed., p. 452, señalan que *"el Derecho inglés no manifiesta... ningún interés en una cuestión tan acusadamente dogmática como la de conceptuar y clasificar los diversos contratos de explotación. Puede señalarse en su ámbito una vaga posición doctrinal favorable a considerar un tronco común de* contracts of affreightment *que se caracteriza por su finalidad de transporte"*.

[147] En este sentido, nos remitimos a la obra de T.E. Scrutton. Vid. Mocatta/Mustill/Boyd: *"Scrutton on Charterparties and Bills of Lading"*, cit., 19.ª ed., ps. 1 y ss., quienes señalan que cuando el propietario de un buque, o la persona que en ese momento tiene, frente al propietario, el derecho de concluir un contrato semejante, *consiente en transportar mercancías por mar, o en proporcionar un buque para el propósito de transportar mercancías, a cambio de una suma de dinero*, llamada flete, tal contrato se denomina *"contract of affreightment"*. Y, dependiendo de la manera en que el buque sea utilizado, el contrato puede documentarse en una *"charterparty"*, o documentado en un *"bill of lading"*. Una

aunque, insisto en que – por las razones anteriormente expuestas – acaso resultase más útil hablar de *"ship chartering"* o de *"charterparties"* [en singular: *"Charter-Party"*].

---

visión muy clásica de la cuestión se aprecia en la obra de MACLACHLAN, D., St. CLAIR PILCHER, G. y BATESON, O.L.: *"A Treatise on The law of Merchant Shipping"*, edit. Sweet & Maxwell/Carswell Co. Ltd./The Law Book Co. Of Australasia, 7.ª ed., Londres/Toronto/ Sydney/Melbourne/Brisbane, 1932, p. 270, cuando definen el *Affreightment* en los siguientes términos: *"Contrato en forma escrita por el que el Buque por entero o alguna parte principal del mismo se deja o cede ["let"] para los propósitos específicos del Fletador, durante un período determinado de tiempo o para un determinado viaje, a cambio ["in consideration of"] de una cierta suma de dinero por tonelada, por mes o por ambos, o por el total lapso de tiempo que dure la aventura"*, para añadir – acto seguido – que este contrato puede adoptar tres modalidades o tres tipos: *"Locatio navis"*, *"Locatio operis vehendarum mercium"* y *"Locatio navis et operarum magistri"* . WILSON, J.F.: *"Carriage of Goods by Sea"*, edit. Pitman Publishing, 2.ª reimp. de la 1.ª ed., Londres, 1988-1992, p. 3, así como en WILSON, J.F.: *"Carriage of Goods by Sea"*, edit. Pearson & Longman, 5.ª ed., Harlow (Essex), 2004, p. 3, quien señala que *"cuando un naviero, sea directamente o bien a través de un agente, se compromete a transportar mercancías por mar, o a proporcionar un Buque para tal propósito, el convenio se conoce como* "Contrato de Fletamento" [*"Contract of Affrightment"*] *"*, añadiendo – acto seguido – que *"tales contratos adoptan una variada gama de formas, aunque la división o clasificación más importante, tradicionalmente, es la que distingue entre: contratos documentados en* 'charterparties' *y contratos documentados en* 'bills of lading' *"*. SCHOENBAUM, T.J.: cit., ps. 278, 279 y 383, quien habla, indistintamente de *"contract of carriage or affreightment"*, añadiendo que las mercancías pueden embarcarse para su transporte, bien sea en régimen de *"charterparty"*, o bien en régimen de *"Bill of Lading"*, o bien cabe la emisión de ambos documentos. Asimismo, respecto de los *"voyage charterparties"* [fletamentos por viaje], el citado autor norteamericano señala que se trata decontratos en los que las partes se involucran *"con el propósito de transportar mercancías para el fletador"*, concluyendo que – en tales circunstancias – el contrato se convierte en un verdadero fletamento-transporte [*"affreightment"*]. GRIME, R.: *"Shipping Law"*, edit. Sweet & Maxwell, 2.ª ed., Londres, 1991, p. 120. ALLSOP, J.: "Carriage of Goods by Sea", N.° 4, en <www.fedcourt.gov.au/...a/admiralty_papersandpublications16.ppt>, quien señala que, *"cuando un naviero o propietario de buque* ["owner"] *desea emplear su buque para el transporte de mercancías, puede hacer tal cosa de diversas maneras. Una forma de aludir al contrato para transportar mercancías es la de* 'contract of affreightment'.

A decir verdad; esto era algo que procedía de los mismos orígenes del Derecho marítimo y que se hallaba amplísimamente extendido[148]-[149]; es decir: de una época en la que la función económica de conducción de mercancías; **la función económica de transporte**, se vertebraba jurídicamente **a través de** *contratos* **que, en sí mismos,** *versaban* – más bien – *sobre la disponibilidad de los buques*[150]. Y, con toda probabilidad, un proceso idéntico o – siquiera – muy similar tuvo lugar en el resto del Continente Europeo... Solo que en otros países – Francia, Italia, España, Alemania... –, siglos después, la **Codificación** iba a dar lugar a un proceso de diversificación; de fractura, cuyos efectos no fueron perceptibles al principio, si bien, partiendo de una clara *diferenciación* **entre arrendamientos de** *cosas* **y arrendamientos de** *obras y servicios***, y llegando a incluir el** *tipo* **contractual del** *Transporte*, dicho proceso codificador – finalmente; quizás, muy al final – conduciría a una **neta distinción entre** *Fletamento, Arrendamiento* **[de buques] y** *Transporte* **marítimo de mercancías**... Pero esto es algo que no sucedió, ni en Inglaterra, ni en

---

[148] PORRAS ARBOLEDAS, P.A.: "El Derecho Marítimo en...", cit., ps. 231 y ss., quien llega a señalar que los "Rôles D'Olèron" eran *"un Derecho consuetudinario, extendido desde Sevilla hasta el Báltico"*, que había recibido numerosas influencias, incluso del Derecho mediterráneo a través del Derecho romano.

[149] Nuevamente, PORRAS ARBOLEDAS, P.A.: "El Derecho Marítimo en...", cit., ps. 238, nota <21>, y 239, llega a señalar que los preceptos de los "Rôles D'Olèron" incluídos en los arts. 28 al 35, que se refieren – precisamente – al transporte de mercancías; concretamente, al transporte de vinos, parecen provenir del *"Black Book of Admiralty"*, pero precisamente el art. 35, Rls./Ls.Olrn., concluye con una referencia a su proveniencia del Derecho romano.

[150] FORCE, R.: *"Admiralty and Maritime Law"*, cit., p. 41. PORRAS ARBOLEDAS, P.A.: "El Derecho Marítimo en...", cit., ps. 243, refiriéndose a los *"Rôles D'Olèron"* califica a estos contratos como *"fletamentos"*. HE JING.: *"L'Identification du Transporteur maritime en cas d'Affretement. Mémoire de DESS de Droit Maritime et des Transports. Sous la direction de Maître Christian SCAPEL et Pierre BONASSIES"*, edit. Universite de Droit, D'economie et des Sciences D'aix-Marseille Faculte de Droit et de Science Politique D'aix – Marseille [Centre de Droit Maritime et des Transports], Marsella, 2005, P. 8, En <Http://Junon.U-3Mrs.Fr/Ad210w00/Memoires/2005/M05heji.Html>, quien señala que *"los primeros transportes marítimos eran transportes privados* [N.p: es decir: transportes *"propios"*]. *Se trata de una manera de explotar un buque mercante, según la cual el proprietario del buque puede servirse de él para desplazar las mercancías que le pertenecen o que sirven a la explotación de su empresa.*

EE.UU., que en tales condiciones llegaron a la elaboración de las *"Reglas de Rotterdam"*.

Allí donde estos fenómenos no se produjeron – Inglaterra, Australia, EE.UU... –, la evolución del *"Admiralty Law"*, en el plano de los contratos de utilización de buques, hubo de discurrir por el cauce del casuismo, de la libertad contractual, de la ausencia – o, cuando menos, escasez – de figuras contractuales arquetípicas, de contornos jurídicos bien nítidos, cuyo *"nicho ecológico"* – por así decirlo – venía ocupado por otras especies enormemente diversas; principalmente – por lo que a este análisis interesa – la figura del ***"Bailment"***, para llegar a un nivel en el que las verdaderas diferencias entre fletamentos y transportes, cuando se reconocen, se hallan en factores tales como la ***documentación* del contrato**, el ***clausulado* contractual** y – lógicamente – la **inclusión de *cláusulas limitativas* de la responsabilidad**, que terminan convirtiéndose – *"de facto"* – en cláusulas **delimitadoras del *objeto/contenido* contractual**. En este sentido, la Doctrina maritimista angloamericana pone de relieve que *"el propósito principal de la navegación comercial es el porte de carga, de un lugar a otro, por precio"*, de forma que *"la relación jurídica y comercial más importante, en la navegación marítima, es la que media entre el propietario de las mercancías y el naviero que las transporta: el "Contrato de fletamento"* [*"contract of affreightment"* en sentido amplio]. Hay quienes señalan que la Póliza de Fletamento por viaje [*"Voyage charterparty"*] es *"uno de los formularios más antiguos elaborado para el transporte de mercancías"*, añadiendo – consiguientemente – que, en un fletamento por viaje, el flete se paga por el fletador como contraprestación por el transporte de sus mercancías en un viaje, que es la prestación que lleva a cabo el Fletante: tenemos, así, un **Fletante/Porteador** y un **Fletador/Cargador**. E incluso cuando se trata de un *"Time-Charter"* o Fletamento por tiempo, y no por viaje, dicho contrato debe ser incardinado entre los contratos de transporte, porque – igualmente – el Fletante asume **obligaciones propias de *un porteador***, tanto respecto de la traslación, como incluso – aunque en este ámbito sean frecuentes las cláusulas de exoneración de responsabilidad y distribución de riesgos y costes – en materia de custodia de las mercancías. Y esto, tanto en el *"Time-Charter"* sin emisión de conocimientos de embarque [*"Bills of lading"*], como cuando se emiten éstos, tanto frente al Fletador, como incluso frente a los terceros, a los que algunas pólizas tratan de reconocer una acción directa contra el Fletante, sin que importe que se diga que dichos conocimientos fueron emitidos por el Capitán, **en ejecución de las** *instrucciones* **impartidas por el** *Fletador*[151].

Una explicación histórico-jurídica de este fenómeno podría ser, muy bien, la de que, como la Doctrina anglosajona trasladaba al ámbito marítimo la visión romanística de la *"locatio conductio"*, no le resultaba difícil aglutinar o englobar en un único conjunto las figuras de la *"locatio operis vehendarum mercium"*, la *"locatio navis"* y la *"locatio [navis et] operarum magistri et nautarum"* [MACHLACHLAN *et alii*][152]. Dicho de otro modo: aparentemente, la naturaleza de ambos contratos sería la misma: contratos de **transporte**, si bien se me antoja que los mismos autores anglosajones no dejan de advertir que el *"Charter-party"* comporta un elemento arrendaticio o **locativo**, en que el objeto y elemento real fundamental es el propio **buque**, aunque – a pesar de todo – terminen por atribuir preponderancia al elemento o factor **económico** de la traslación geográfica de las mercancías[153]. A decir verdad, los formularios de Fletamento al uso; principalmente, cuando se trata de un *"time-charter"*, llegan incluso a referirse a los términos *"arrendador"* y *"arrendatario"* [Tal sucede con la Póliza *BALTIME*.]. Por este mismo motivo, la Doctrina maritimista anglosajona señala que **el Fletamento [***"Charter-party"***] es un contrato para el** *"alquiler"* **de un buque,** cuyo contrato puede adoptar las siguientes modalidades:

---

[151] TETLEY, W.: "Charterparties and Choice of law" en Il Dir.mar., 1992, fasc. IV, octubre-diciembre, p. 1152, quien señala que los conocimientos de embarque, los *"waybills"* y las *"charterparties"*, son – todos éllos – contratos de *transporte*. GRIME, R.: *"Shipping law"*, edit. Sweet & Maxwell, 2.ª ed., Londres, 1991, p. 120. YATES, D., TODD, P., CLARKE, M., GASKELL, N., GLASS, D. A., HUGHUES, N. M .L., HIGGS, A., HUMPHREYS, G., BAATZ, Y. y ASARIOTIS, R.: *"Contracts for the Carriage of Goods by Land, sea and Air"*, edit. LLOYD'S PRESS, Londres/Hong-Kong, 1993, parágrafo 1.1.1.1.1., p. 1-19. GONDRA ROMERO, J. M.a.: "El *"Time-Charter"* en el Sistema de los Contratos de utilización del Buque", en VV.AA.: *"Ier Congreso Nacional de Derecho Marítimo. 1983"*, patroc. por Dirección General de Universidades de la Consejería de Educación y Ciencia de la Junta de Andalucía/Monte de Piedad y Caja de Ahorros de Sevilla/Asociación Nacional de Empresas Estibadoras y Consignatarias de Buques (Anesco.), impr. Imprenta Grafimar, Sevilla 1985, ps. 93 y ss.

[152] ROMANELLI, G.: *"La Locazione di Nave e di Aeromobile"*, edit. Dott.A.Giuffrè, Editore, Milán, 1965, ps. 14 y s., quien elude a la citada tripartición entre la *"locatio navis"*, la *"locatio navis et operarum magistri"* y la *"locatio operis vehendarum mercium"*, operada por el derecho inglés, pero que proyectó su influencia sobre el Derecho italiano.

[153] MARAIST, F.L.: *"Admiralty in a nutshell"*, cit., 2.ª ed., ps. 46 y ss. SCHOENBAUM, T.J.: cit., ps. 279 y 381. TETLEY, W.: "Waybills...", cit., en JMLC., 1983, p. 465.

Fletamento, Transporte Marítimo y Responsabilidad Contractual 335

1. **Fletamento** *"a casco desnudo"* [*"Bareboat charter"*], que comporta la *"demise of the ship"*; es decir: la cesión de la posesión inmediata de la nave, por un período de tiempo determinado y por precio cierto, calculado en razón del tiempo de disposición.

2. *"Time charter"*: fletamento por tiempo; contrato en el cual, a pesar de que se pone un buque a disposición del Fletador, por un período de tiempo determinado, empero no puede identificarse o confundirse con el anterior, porque el verdadero factor cualificador o identificador del Arrendamiento de Buque reside en la cesión de la posesión del Buque, que los Fletadores, en sentido propio, nunca adquieren[154] y[155].

Y es que, aun cuando – desde la perspectiva dogmática, y a la vista de los preceptos de nuestro CCo. – podría **darse un arrendamiento de buque armado**, posiblemente – *"de lege ferenda"* – sería aconsejable, por motivos prácticos, su inclusión dentro del ámbito del *Fletamento*, lo que abonaría una regulación global del Fletamento, dentro de la cual estuviera, también, incluido el *arrendamiento de buques sin armar ni equipar*[156].

3. *"Voyage charter"*: fletamento por viaje[157]; modalidad que – como la inmediata anterior – no conllevan la *"demise"* del Buque, de

---

[154] MANGONE, G.J.: *"United States Admiralty Law"*, cit., p. 75. RODRÍGUEZ GAYÁN, E.M.: *"Los contratos internacionales de "Fletamento" y de Transporte marítimo"*, edit. Eurolex Editorial, Madrid, 1999, p. 30.

[155] Desde una perspectiva similar, HERNÁNDEZ BORONDO, F.: *"Cuestiones de Derecho mercantil marítimo"*, edit. "Instituto Editorial Reus" Centro de Enseñanza y Publicaciones, S.A., 2.ª ed., Madrid, 1940, p. 69. VIGIER DE TORRES, A.: *"Derecho marítimo"*, edit. Subsecretaría de La Marina Mercante-Inspección General de Enseñanzas Marítimas y Escuelas, 3.ª ed., Madrid, diciembre de 1977, p. 534. GÓMEZ CALERO, J.: *"El Transporte internacional de mercancías"*, edict. Civitas, S.A., Madrid, 1984, ps. 91 y s., nota <268>, llega a la conclusión de que el arrendamiento de buque armado y equipado es, en realidad un fletamento, de tal modo y manera que la calificación de *"arrendamiento"* debería quedar circunscrita al arrendamiento *"a casco desnudo"*. En términos parecidos, aunque no idénticos, vid. ESPINOSA CALABUIG, R.: *"El Contrato internacional de Transporte marítimo de mercancías: cuestiones de Ley aplicable"*, edit. Comares, Granada, 1999, p. 292 o MOLINS FERNÁNDEZ, A.: *"El Conocimiento de Embarque"*, edit. Comares, Granada, 2000, p. 10.

[156] SÁNCHEZ CALERO/SÁNCHEZ-CALERO GUILARTE.: *"Instituciones..."*, cit., t. II, 36.ª ed. [9.ª en Aranzadi], p. 705 y s.

[157] MANGONE, G.J.: *"United States Admiralty Law"*, cit., p. 75. WILSON, J.F.: *"Carriage of Goods by Sea"*, cit., 5.ª ed., p. 4.

modo que en ambos casos, el **Fletante** conserva la **dirección náutica** y el control del Buque, bien que con la especialidad o la diferencia de que el segundo se aproxima más al **transporte**, ya que *"el Fletamento por viaje se utiliza, normalmente, con el propósito de efectuar el transporte de mercancías por cuenta del Fletador"*[158], lo cual supone que no es un *"hiring contract"*, sino un *"affreightment contract"*, que – por regla general – afecta **al Buque por entero** y se considera como un **contrato de transporte** *privado*, que no se encuentra sometido a las leyes que regulan los contratos de transporte en régimen de conocimiento de embarque[159].

Sin embargo, creo que existe una razón más importante, que tiene que ver – como ya dije, en varias ocasiones – con la institución inglesa del *"Bailment"*, verdadero "sosias" anglosajón del *"receptum"* romano, originaria del *"common law"*[160], que consiste o que se basa en la idea de que un sujeto recibe la posesión de un bien ajeno, para un determinado fin, obligándose a restituirlo o a entregarlo a otra persona que no tiene por qué ser quien le entregó el bien de que se trate[161]. La expresión – que parece provenir del verbo francés *"bailler"* (lit.: entregar) – pone de manifiesto o revela la idea de **la separación** – escisión o segregación – **de la posesión**

---

[158] SCHOENBAUM, T.J.: cit., ps. 381 y ss.

[159] SCHOENBAUM, T.J.: cit., p. 383. LEFEVBRE D'OVIDIO/PESCATORE/TULLIO.: cit., 9.ª ed., p. 483 y ss., quienes se plantean la duda de hasta qué punto se corresponderán los *"charterparties"*, con el Fletamento [*"Noleggio"*], regulado en el *"Codice della navigazione"* italiano. Al parecer, la clasificación – y la propia institución – anglosajona, atienda, más que nada, a la circunstancia de que los *"charterparties"* son más propios del tráfico marítimo "no de línea".

[160] KERSHEN, D.L.: "Commercial Laws in the United States Relating to Bailments", cit., p. 3, quien señala que *"el Bailment es una relación que las* 'common law courts' *reconocieron como idónea para crear una relación jurídica –* 'legal relationship' *– hace ya mucho, mucho tiempo. Por consiguiente, existe un antiguo y relevante cuerpo de doctrina jurisprudencial referida al* 'bailment', *que proporciona los fundamentos para comprender la institución de los* 'commercial bailments'".

[161] BLACKSTONE, W.: *"Commentaries on the Laws of England in four Books"*, adaptado al Derecho vigente por R.M.Kerr, t. II, *"Of the Rights of Things"*, edit. John Murray, 3.ª ed., Londres, 1862, p. 462. ADAMS, J.N., GLYNN, J.J., PRICHARD-JONES, K.V., MACDONALD, G., RENTON, D. y RILEY, J.: *"Commencial Hiring and Leasing"*, edit. Butterworths, Londres/Edinburgo, 1989, p. 4.

de bienes, respecto de un derecho posesorio definitivo[162], lo cual – evidentemente – conlleva importantes consecuencias jurídicas, en forma de compromisos y responsabilidades de quien posee lo ajeno, frente al titular de lo poseído, respecto de los mismos objetos ajenos que se poseen, su destino y su conservación. Una definición clásica del *"Bailment"*, debida originalmente a POLLOCK y WRIGHT, de acuerdo con la cual: *"una persona se considera "bailee" cuando, en una calidad distinta de la de empleado* ["servant"], *recibe la posesión de una cosa de otro, o consiente en recibir o tomar posesión de una cosa por cuenta de otro, asumiendo el compromiso de conservar y restituir o entregarle la cosa específica, o de aplicar esa cosa específica de acuerdo con las instrucciones antecedentes o futuras impartidas por la otra persona"*[163], revela que la institución posee unos contornos tan amplios que no podría ser encerrada dentro de los límites de ninguno de los tipos contractuales del Derecho Continental, pues engloba y reúne dentro de su ámbito, figuras tan diversas com el Depósito gratuito [*"Deposit"*], el Mandato (*"Mandate"*), el Comodato o Préstamo de Uso [*"Gratuitous Loan for Use"*], el Depósito retribuido [*"Custody for Reward"*], el Arrendamiento [*"Hire"*], el Hospedaje [*"Inkeeping"*] o incluso como la Prenda [*"Pledge"*][164].

Es más; a decir verdad, ni siquiera se puede definir el *"Bailment"* como *"un"* contrato – entiéndase, como un *"tipo"* contractual definido [Y no ya porque el Derecho inglés sea un Derecho *"sin códigos"*, sino porque ni siquiera por medio de la tipicidad *"social"* se puede identificar, exclusivamente, el *"Bailment"* con un contrato determinado, distinto de otro similar (A las pruebas me remito)] –, ni tampoco como un *"contrato"*: aquí, las comillas encierran, no el adjetivo numeral, sino el sustantivo [*"contrato"*], porque no todos los *"bailments"* surjen por obra de la

---

[162] ADAMS, J.N., GLYNN, J.J., PRICHARD-JONES, K.V., MACDONALD, G., RENTON, D. y RILEY, J.: *"Commencial Hiring and Leasing"*, edit. BUtterworths, Londres/Edinburgo, 1989, p. 4.

[163] POLLOCK y WRIGHT.: *"Possession in the Common Law"*, Londres, 1888, p. 163, así como HARRIS, D.R.: "Bailment", en VV.AA.: *"Chitty on Contracts. The law of Contracts"*, t. II, *"Specific Contracts"*, edit. Sweet & Maxwell, 27.ª ed., Londres, 1994, p. 99. SEALY, L.S. y HOOLEY, R.J.A.: *"Texts and materials in Commercial Law"*, edit. Butterworths, Londres/Dublín/Edinburgo, 1994, p. 58.

[164] HARRIS, D.R.: "Bailment", en VV.AA.: *"Chitty on Contracts. The law of Contracts"*, t. II, *"Specific Contracts"*, edit. Sweet & Maxwell, 27.ª ed., Londres, 1994, ps. 101 y ss.

voluntad negocial privada: hay que distinguir entre *"voluntary"* e *"invo-luntary"* *"bailments"* [O, quizá – para ser más exactos – entre *"voluntary bailees"* e *"involuntary bailees"*]. De acuerdo con el *"Common Law"*, existe un *"bailment"* cuando una parte (A) – *"bailor"* – entrega un bien suyo [*"his property"*] o un cargamento, a la otra parte (B) – *"bailee"* –, con una finalidad específica y determinada [*"for a specified purpose"*], bajo la condición de que el cargamento deberá ser entregado o restituido, tan pronto como sea posible a A [o a aquella otra persona que determinen las instrucciones de "A"], una vez que se haya alcanzado el propósito que se lleva a cabo. Si la relación de *"bailment"* se crea por contrato, B será un *"contractual bailee"*; un *"bailment voluntario"*. Mas también existen *"involuntary bailments"* e *"involuntary bailees"*; es decir: personas que, como consecuencia de actos suyos no intencionales o no voluntarios, son instituidos *"bailees"* ["is made a bailee"]. Así, por ejemplo, si alguno recibe un objeto que en realidad estaba destinado a ser entregado a otra persona, se convierte en un *"unintentional bailee"*, ya que no ha realizado ningún acto intencional; ningún acto voluntario o negocial, con objeto de convertirse en *"bailee"*.

Pues bien; el **Derecho norteamericano** también conoce la figura del *"Bailment"*[165], y por lo que se refiere al ámbito de los contratos náuticos; de los contratos marítimos de fletamento y de transporte, tal como se conciben en el Derecho angloamericano – concretamente, estadounidense –, dado que el cargamento se envía, por el cliente, al porteador, con el propósito de que se le entregue al consignatario, resulta obvio que **el Porteador** que se halla en posesión de los bienes de su cliente – el Cargador o el Destinatario –, **es un *"bailee"* contractual**, siendo así que los derechos y obligaciones de un *"contractual bailee"* se hallan, generalmente, reguladas por el *"bailment agreement"*, una de cuyas modalidades es el Contrato de *Transporte* [**también,** *marítimo*] **de mercancías**, regulado – en el caso del Derecho estadounidense – por la **U.S. *"Carriage of Godds by Sea Act"*,**

---

[165] KERSHEN, D.L.: "Commercial Laws in the United States Relating to Bailments", cit., passim, aunque – p. 1 – tiene una concepción mucho más contractualística, que la de los autores ingleses: *"A bailment exists whenever one person delivers personal property in trust to another person under a contract, express or implied, for a specific purpose. The person who receives the personal property promises to redeliver, or to account for, the personal property to the person who delivered the property when the special purpose has come to an end".*

Fletamento, Transporte Marítimo y Responsabilidad Contractual   339

la *"Harter Act"* o la *"Pomerene Act"*[166]. En este sentido, Colinvaux/ Carver[167] señalan que:

> *"Cuando, pues, un naviero recibe mercancías para ser transportadas a cambio de una remuneración, ya en un buque de carga general, con mercancías de otros cargadores, o en un buque fletado cuyos servicios se hallan totalmente a disposición de un único fletador* ["freighter"], *el* 'common law' *establece de forma implícita, en ausencia de contrato expreso:*
>
> *Que deberá transportar y entregar las mercancías en condiciones de seguridad, respondiendo por cualquier pérdida o avería que pueda sobrevenirles mientras se hallan en su poder como porteador...."*,

y – luego de estas palabras – las refieren a la institución del *"Bailment"*. Y no son los únicos: Glass/Cashmore vinculan el contrato de Transporte [*"Carriage"*] con la institución del *"Bailment"* y – consiguientemente –, en el ámbito marítimo, unifican todos los contratos bajo la noción de *"affreightment contract"*, que – a su vez – puede adoptar varias modalidades: *"Bill of Lading"* y *"Charterparties"*, dentro de las cuales – a su vez – todavía cabe distinguir entre *"time or voyage charterparties"* y *"bareboat charterparties"*[168], lo mismo que Grime ([169]), cuando afirma que:

> *"Un porteador de mercancías es un* 'baillee'. *Un* 'bailment' *es la relación que existe cuando el propietario de las mercancías permite a otro ostentar una posesión temporal de éllas. Los almacenistas y los depositarios son* 'baillees', *lo mismo que los porteadores. Los* 'baillees' *contractuales,* 'baillee' *remunerados* ['baillees for reward'], *se hallan, como cabía esperar, sometidos a un deber general de cuidar de las mercancías"*,

---

[166] Kershen, D.L.: "Commercial Laws in the United States Relating to Bailments", cit., ps. 2 y 5, donde señala que muchos *"commercial bailments"* surgen en el ámbito del transporte, concretamente en el transporte en buques de navegación marítima. Wong, B.: "Carrier as Bailee", en <www.seatransport.org/seaview_doc/Ed_61/Law%20Column. doc>.

[167] Colinvaux, R.: *"Carver's Carriage by Sea"*, t. I, edit. Stevens & Sons, 13.ª ed., Londres, 1982, p. 20.

[168] Glass, D. A. y Cashmore, Ch.:: *"Introduction to the Law of Carriage of Goods"*, edit. Sweet & Maxwell, Londres, 1989, *passim.*

[169] Grime, R.: *"Shipping Law"*, cit., 2.ª ed., ps. 158 y s.

340 José Luis García-Pita y Lastres

y aprovecha para citar – como autoridad – la doctrina sentada en el precedente del **Caso *Coggs* c. *Bernard***, de 1703 [2 *Ld. Raym. Rep.* p. 911], en el que se reconoció la existencia de hasta seis tipos de *"bailment"*, el primero de los cuales sería el *"depositum"*, pero que incluiría – precisamente – el **transporte marítimo de mercaderías**[170], pues – en palabras de HOLT J:

> *"La Ley imputa a esta persona, a la que así le son confiadas las mercancías para su transporte, contra todos los eventos excepto los 'actos de Dios y de los enemigos del Rey'..."*.

En la misma línea de vinculación entre fletamento en *"charterparty"* y *"bailment"* respecto del cargamento confiado al *"shipowner"*, por el *"charterer"*, cabe mencionar la **Sentencia de la *"United Kingdom Supreme Court"*, de 02.05.2012**, última de las recaídas en el **Caso *"The Kos"***[171]_[172].

Y que esto es un común denominador entre los fletamentos en póliza y los contratos documentados en *"bills of lading"*, se percibe en la propia **Jurisprudencia estadounidense**, como demuestra – p.e. – la **Sent. *U.S. Dstrct. Ct. for the Southern District of N.York*, de 24.01.2011**, pronunciada en el **Caso *Man Ferrostaal, Inc.*, c. M/V *AKILI*, sus motores, calderas, aparejo, etc.,** *Akela Navigation Co., Ltd., Almi Marine Management S.A., SM China Co. Ltd.* **[*"The* M/V AKILI"]**[173], en la que la *"District Court"* manifestó que *"an action for bailment can coexist with one under COGSA, but a maritime bailment is created only when a vessel*

---

[170] GRIME, R.: *"Shipping Law"*, cit., 2.ª ed., ps. 158 y s.

[171] Sent.UKSC., de 02.05.2012, [2012] UKSC 17 recaída en el Caso *"The Kos"*, en apelación de la Sent.EWCA. Q.B (Civ.), de 06.07.2010, [2010] 2 CLC 19, [2010] 2 Lloyd's Rep 409, [2010] EWCA Civ 772, que – a su vez – conoció en segunda instancia el recurso contra la Sent.EWHC. DE 23.07.2009, recaida en el Caso *E.N.E. Kos* c. *Petroleo Brasileiro (Petrobras)*, 2009 I Lloyd's Rep Plus 95 and LMLN 775.

[172] GLICKSMAN, B.: ""The Kos" – effects of exercise of withdrawal under time charterparty [English law – High Court decision reversed by Court of Appeal]", en *"Nordisk Medlemsblad"*, 2010, febrero, n.º 570, p. 6184.

[173] Sent. *U.S. Dstrct. Ct. for the Southern District of N.York*, de 24.01.2011, pronunciada en el Caso *Man Ferrostaal, Inc.*, c. M/V *AKILI*, sus motores, calderas, aparejo, etc., *Akela Navigation Co., Ltd., Almi Marine Management S.A., SM China Co. Ltd.* ["The M/V AKILI"], 763 F. Supp. 2d 599.

Fletamento, Transporte Marítimo y Responsabilidad Contractual

owner has exclusive possession of a shipper's freight. Here, it could not be said that Akela was in sole possession of Ferrostaal's cargo". Por consiguiente, habrá esa coexistencia – caso del Contrato de Transporte estricto – cuando, por hallarse documentado en un *"bill of lading"*, el referido contrato quede sometido a la COGSA., de forma que concurrirán – aquí – las acciones derivadas del contrato o del documento propios del Transporte, con la responsabilidad propia del *"Bailment"* que, al parecer, **no exige que se haya concertado un contrato de este tipo, ni emitido un conocimiento de embarque, bastando con que** *"el naviero reciba la exclusiva posesión de la mercancía de un cargador"*[174]. Asimismo, la posibilidad de coexistencia de una **obligación contractual y una relación de** *"bailment"* se ha extendido, en la Jurisprudencia norteamericana, a contratos de fletamento, documentados en póliza – "charterparties" –, como refleja la **Sent. U.S. Dstrct. Ct. for the Eastern District of Virginia, Norfolk Division**, de **22.05.1995**, recaída en el **Caso** *Dow Chemical Co. c. Texaco Refining & Marketing*[175], que se refería a un contrato de remolque.

Sea como fuere, cabría afirmar que el Derecho angloamericano ha optado por una asimilación entre el fenómeno económico del transporte marítimo de mercancías, y el fenómeno jurídico de este transporte; es decir: una **asimilación entre** *fletamentos* **y** *transporte*[176] – reflejada en

---

[174] BLOCK, S.: "The impact of a complex charter party arrangement on cargo liability", en <http://www.forwarderlaw.com/library/view.php?article_id=756>.

[175] Sent. *U.S. Dstrct. Ct. for the Eastern District of Virginia, Norfolk Division*, de 22.05.1995, recaída en el Caso *Dow Chemical Co. c. Texaco Refining & Marketing*, 887 F.Supp. 853 (1995), en <http://www.leagle.com/xmlResult.aspx?page=11&xmldoc=19951 740887FSupp853_11610.xml&docbase=CSLWAR2-1986-2006&SizeDisp=7>.

[176] GLASS/CASHMORE: *"Introduction to the Law of Carriage of Goods"*, cit., *passim*, vinculan el contrato de Transporte [*"Carriage"*] con la institución del *"Bailment"* – vid. infra – y, en el ámbito marítimo, uni- fican todos los contratos bajo la noción de *"affreightment contract"*, que – a su vez – puede adoptar varias modalidades: *"Bill of Lading"* y *"Charterparties"*, dentro de las cuales – a su vez – todavía cabe distinguir entre *"time or voyage charterparties"* y *"bareboat char- terparties"*. En el mismo sentido, vid. GRIME, R.: cit., 2.a ed., ps. 120 y s., quien señala que *"el principal interés de un naviero reside en la explotación continuada de su buque. Una forma muy simple de llevarla a cabo es hallar un exportador con un gran volumen de carga para un particular destino. El buque puede ser proporcionado con este propósito o para servir a esa finalidad, siendo alquilado ["hired"] para una tarea concreta y particu- lar. Tal es el fletamento por viaje ["voyage charrterparty"]"*. Mas, cuando un comerciante está *"interesado en un particular tipo de tráfico o área geográfica del mundo"*, enton- ces – como precisa de la disponibili-

la intercambiabilidad (si se me permite expresarlo así) de las expresiones y términos: *"contracts of carriage [of goods and/or passengers]"*[177], que parece ser la expresión de mayor amplitud y genericidad, frente a otras como las de *"ship chartering"*, *"charterparties"*, etc. –, aunque no es fácil saber hasta dónde se ha llegado en esta asimilación, pues hay que reconocer que existen precedentes judiciales, como la **Sent.U.S.Sup.Ct.**,

---

dad del buque, por un determinado período de tiempo – recurre al Fletamento por tiempo [*"time charterparty"*]. HARDY IVAMY, E.R.: *"Payne & Ivamy's Carriage of Goods by Sea"*, edit. Butterworths, 13.a ed., Londres/Edinburgo, 1989, ps. 1, 5, 8 y s. YATES/TODD/CLARKE y otros.: cit., *passim.* COOKE, J., KIMBALL, J. D., YOUNG, T., MARTOWSKI, D., TAYLOR, A y LAMBERT, L.: *"Voyage Charters"*, edit. Lloyd's of London Press, 2.ª ed., Londres, 2001, p. 3, quien diferencia hasta cuatro tipos de *"charterparties"*: *"bareboat"*, *"time-charters"*, *"voyage charters"* e incluso los *"slot charters"*. LOPUSKI, J.: "Time Charter under ...", cit., ps. 1820 y s. ZOCK, A. N.: "Charter parties in relation to Cargo", en Tul. L. Rev., 45 733 (1970-1971). En la Doctrina española, pero con referencia al Sistema anglosajón, vid. GONDRA ROMERO, J.M.ª.: "El *"Time-Charter"* en ...", cit., ps. 90 y ss. Asimismo, pero refiriéndose, sólo, al Derecho español, MARTÍNEZ JIMÉNEZ, M.a.I.: *"Los contratos de explotación del Buque. Especial referencia al Fletamento por tiempo"*, edit. J. M. Bosch, Editor, S.A., Barcelona, 1991, ps. 211 y 224, citando las opiniones de SCRUTTON o CARVER, aunque advirtiendo que existe alguna opinión dis- cordante, como la de Per GRAM, en relación con el *"Time-charter"*. Así, con esta salvedad, la autora señala que en el Derecho anglosajón, la distinción verderamente relevante es la que distingue entre fletamentos *"by demise"* y fletamentos *"without demise"*, y que éstos últimos – sean *"voyage charters"* o *"time charters"* – son contratos de o para el transporte. FERNÁNDEZ RODRÍGUEZ, A.: "El Contrato de Fletamento y sus modalidades en la Doctrina del tribunal Supremo", en BAEDM., 1984, n° 3 (especial "Jornadas de derecho Marítimo" celebradas en Madrid los días 5 y 6 de octubre de 1984), p. 107, quien se pronuncia en estos términos: *"el contrato de fletamento, consistente en que se asume el compromiso de transportar mercancías por mar o poner el buque, total o parcialmente, a disposición de los fletadores para este objeto, contra pago de un cierto tipo de flete mútuamente convenido previamente, determina los derechos y obligaciones de las partes, pudiendo tomar la forma de un contrato de fletamento nominado* "Charter-Party", *de conocimiento de embarque, nombrado* "Bill of Lading", *o apalabramiento, designado* "Booking note"".

[177] COLINVAUX, R.: *«Carver's Carriage by Sea»*, 2 vols., edit. Stevens & Sons, 13.ª ed., Londres, 1982. GLASS/CASHMORE: *"Introduction to the Law of Carriage of Goods"*, cit., p. 1. IVAMY, E.R.H.: *"Payne & Ivamy's Carriage of Goods by Sea"*, cit., 13.ª ed., p. 1, o YATES/TODD/CLARKE/GASKELL/GLASS/HUGHES/HIGGS/HUMPHREYS/BAATZ/ASARIOTIS: ibídem, aunque ni siquiera hace falta abrir los libros de estos autores: sus propios títulos [*"res ipsa loquitur"*] ya reflejan – confrontados con sus contenidos – que, bajo la denominación común de *"carriage of goods"* se engloba el tratamiento de absolutamente todas las modalidades fletamentarias: por tiempo, por viaje, e incluso a casco desnudo, así como de los transportes documentados en *"bills of lading"*. GRIME, R.: cit., 2.ª ed., p. 120.

de **22.03.1915** recaída en el **Caso *U.S.* c. *Hvoslef*** [178], en que la *"Supreme Court"*, que debía decidir si existía el derecho a reclamar al Gobierno de los EE.UU., el reembolso de impuestos de timbre pagados sobre conocimientos de embarque emitidos con ocasión de operaciones de exportación, se refirió al Contrato de Fletamento en póliza [*"Charterparty contract"*], en los siguientes términos: una póliza de fletamento puede ser un contrato

---

[178] Sent.U.S.Sup.Ct. 22.03.1915, en el Caso *United States c. Hvoslef* 237 U.S. 1, (1915), Harv.LR., 1916, vol. XXIX, n.° 5, marzo, ps. y en <http://www.duhaime.org/legaldictionary/C/Charterparty.aspx>. Se trataba de una decisión jurisprudencial en materia constitucional-tributaria, que planteaba la cuestión de la competencia federal para obtener recursos tributarios, via impuesto de timbre, aplicado a ciertas pólizas de fletamento. De acuerdo con el párr. 20, de la § 24, del *"Judicial Code"*, la *"Court of Claims"* tenía jurisdicción para conocer de una acción – *"suit"* – contra los EE.UU. para recuperar el dinero abonado por timbres móviles ["documentary stamps"] adheridos a *"charterparties"* de acuerdo con la § 25 de la *"War Revenue Act"*, de 1898, y la "District Court" del distrito correspondiente tiene una jurisdicción concurrente sobre reclamaciones – *"claims"* – de dicha naturaleza, que no excedan de 10.000 U.S.$. De acuerdo con diversas leyes refundidas, que culminaron con la Ley de 27.07.1912, c. 256, 37 Stat. 240, tales reclamaciones se basan en una Ley del Congreso, de conformidad con la *"Tucker Act"*. Aunque la pendencia de una clase de reclamaciones puede haber inducido la aprobación de una Ley del Congreso de los EE.UU. para su liquidación, la ley puede abarcar otras reclamaciones si sus términos son suficientemente amplios.

Mientras que, de acuerdo con la § 297 del "Judicial Code", la § 5 de la *"Tucker Act"* se hallaba exceptuada de la derogación y la *"District Court"* que tenía jurisdicción sobre una reclamación contra los EE.UU. era la del distrito de residencia del Demandante, tal requisito podía ser excluido, y el caso podía prosperar.

De acuerdo con la *"Refunding Act"*, de 27.07.1912, formular protesta en el momento de adjuntar timbre móvil [*"documentary stamps"*] no resultaba esencial para reclamar la devolución de tasas. El derecho a reclamar la devolución de tasas existe si el expediente muestra que las sumas reclamadas no resultaban legalmente exigibles y si la reclamación se presentaba debidamente, dentro del plazo legalmente prescrito.

La exención constitucional de gravamen sobre las importaciones, asegurada por la § 9, Art. I, *U.S.Const.* significa más que una mera exención de tributos impuestos específicamente sobre las propias mercancías: significa que el proceso de exportación no debe ser obstruido por ninguna clase de carga o gravamen tributario.Así, cuando una póliza de fletamento – *"charter party"* – representa prácticamente un conocimiento de embarque – *"bill of lading"* – sobre el cargamento en su totalidad, del buque, y es esencial para la exportación en embarques marítimos, un tributo sobre la póliza de fletamento equivale, substancialmente, a un impuesto sobre la exportación y, como tal, un impuesto sobre las exportaciones, y, si se impone sobre pólizas de fletamento de buques exclusivamentel destinados a puertos extranjeros, resulta invalido, de conformidad con la § 9, del Art. I, *U.S.Const.*

para el arriendo de un buque o para la prestación de un especial servicio, que ha de ser prestado por el naviero del buque [*"A charter party may be a contract for the lease of the vessel or for a special service to be rendered by the owner of the vessel"*], para concluir con una referencia a los contratos de fletamento [*"affreightment contracts"*], que los consideraba como contratos de transporte, cuyos contratos difieren de los *"charterparties"*, que localizan en el *"Fletador"* ["Charterer"] un mucho mayor control sobre el buque y sobre las particularidades del contenido del transporte, para terminar reconociendo que, sin embargo – a pesar de esa original distinción entre el *"affreightment contract"* y la *"charterparty"* –, ahora las *"Courts"* norteamericanas se refieren a la *"Charterparty"*, como una modalidad de los contratos de Fletamento [*"contracts of affreightment"*], para acabar con la siguiente afirmación: *"En la industria de transporte marítimo, la mayor parte de contratos de* charterparty *dejan el buque bajo la guardia y el control del propietario o el operador, de tal modo que el fletador sólo escoge o establece qué bienes o qué personas serán transportados y a donde se dirigirá el buque, para detenerse"*[179]. La consecuencia era que establecer un impuesto de timbre sobre conocimientos de embarque, equivalía a hacerlo, igualmente, sobre pólizas de fletamento; criterio que ya se había seguido en la **Sent**. *U.S.Sup.Ct.*, **del período de diciembre de 1860**, recaída en el **Caso** *Almy* **c.** *California*[180]. Estas son, quizá, las decisiones donde más evidente se hace el modo en que fletamentos y transportes se identifican; la forma o los términos en que se lleva a cabo la identificación Fletamento [*"Charterparty"*]/Transporte [*"affreightment"*]: una identificación donde – al parecer – priman los factores técnicos y socioeconómicos, sobre los estrictamente jurídicos. Y, sin embargo, **tampoco han faltado, entre la Doctrina anglosajona, quienes advirtieron que existen** *fletamentos* **que**

---

[179] Por su parte, MANGONE, G.J.: *"United States Admiralty Law"*, cit., p. 75, señala que *"aunque los propietarios de los buques* [de los buques *'tramp'*] *pueden contratar el transporte de mercancías, una gran parte del comercio oceánico depende de los fletamentos en póliza* ['charters']*"* a los que califica como arriendos [*"The owner may charter ('lease') his vessel"*].

[180] Sent. *U.S.Sup.Ct.*, del período de diciembre de 1860, recaída en el Caso *Almy* c. *California*, 65 U.S. 24 How. 169 169 (1860), según la cual un impuesto de timbre [*"stamp duty"*] establecido por el Poder Legislativo del estado de California sobre cconocimientos de embarque – *"bills of lading"* – relativos a cargamentos de oro o plata, transportados desde tal Estado a cualquier puerto o lugar fuera de dicho Estado, constituye un impuesto sobre las exportaciones, y la ley de ese Estado es inconstitucional y nula.

Fletamento, Transporte Marítimo y Responsabilidad Contractual   345

no son **contratos de** *transporte*[181], aunque el alcance de esta afirmación pueda ser mucho menos trascendente o decisivo del que cabría suponer, ya que responde a una visión expansiva de los fletamentos, que abarca modalidades meramente arrendaticias o locativas [*"demise charters"*]. En otras ocasiones, los autores anglosajones trazan algún tipo de límites – aparentemente, claros y nítidos – entre fletamentos y contratos de transporte, basados en la circunstancia de que los fletamentos – *"charterparties"* – son contratos para el **arrendamiento** *"lato sensu"* **de buques**, mientras que el **transporte**, en sentido propio, constituye un contrato **diferente**, si bien lo cierto es que las *"charterparties"* pueden – mediante las cláusulas *"paramount"* – someter el contrato de fletamento, a las disposiciones de las leyes reguladoras de los contratos de transporte [COSGAs.][182].

Quienes asumen o se adhieren a la línea doctrinal/jurisprudencial de asimilación – entre fletamento y transporte – incluyen en la definición que ofrecen del Contrato de Fletamento – *"Charter-Party"* – una referencia a la **obligación de** *traslación/conducción* **de cosas**; configurándola, incluso, como elemento caracterizador y relevante, en cuanto a la propia **causa** del contrato, como demostraría, p.e., la **Sent.***U.S. 2nd Circ. Ct. of App.*, de **22.09.2003**, en el **Caso** *Astra Oil Co., Inc.* [*Petitioner-Appellant*] *c. Rover Navigation, Ltd.*, como propietaria del M/V EMERALD [*Respondent-Appellee*], relativa a un contrato de transporte de crudos petrolíferos instrumentado mediante un *"tanker voyage charter party contract"* [contrato de fletamento por viaje de buque tanque, documentado en póliza], en el que supuestamente se había producido un incumplimiento contractual por demora, a la par que la controversia involucraba la existencia y alcance de una cláusula de arbitraje, que la Apelante – *"Astra"* – no había suscrito[183].

---

[181] Colinvaux, R.: *«Carver's Carriage by Sea»*, t. I, edit. Stevens & Sons, 13.ª ed., Londres, 1982, p. 582, señalando que *«all charterparties are not contracts of carriage»*. Mas, en realidad, el supuesto mencionado es el de los *«bareboat or demise charterparties»*, pues se indica claramente que se trata de casos en los que *«the ship itself, and the control over her working and navigation, are transferred for the time being to the persons who use her»*.

[182] Maraist, F.L.: *"Admiralty in a nutshell"*, cit., 2.ª ed., p. 54. Mangone, G.J.: *"United States Admiralty Law"*, cit., p. 75, según ya fue citado en la nota <62>.

[183] 182 Sent.U.S. Ct. of App., 2nd Distrct, de 22.09.2003, en el Caso *Astra Oil Co., Inc.* [*Petitioner-Appellant*] *c. Rover Navigation, Ltd.*, como propietaria del M/V Emerald [*Res- pondent-Appellee*], ante Jacobs y Sotomayor, *Circuit Judges*, en <caselaw.lp.findlaw.com/ data2/circs/2nd/029388p.pdf>. La Sentencia resuelve un recurso de apelación contra

346 *José Luis García-Pita y Lastres*

También se planteaba una cuestión de vinculos de grupo entre sociedades[184]. Mas, por lo que a mi estudio interesa, lo importante era que las reclamaciones deducidas por *"Astra"* se centraban en que *"Rover"* había infringido sus compromisos en cuanto a velocidad y navegabilidad del buque – el M/V *"Emerald"* –, conforme al contrato de fletamento en póliza [*"warranties of speed and seaworthiness under the charter party"*], cuyos compromisos surgían de que – dice literalmente la Sentencia – *"Under the charter party entered into on November 10, 2000 between Rover and AOT, Rover agreed to transport gasoil for AOT from Taiwan to a designated port in the United States"*. Se trataba, pues, de un compromiso de transportar un determinado cargamento.

Por lo demás, no es que el Derecho estadounidense desconozca la diferencia entre comprometerse a poner un buque a disposición de otro – *"with"* or *"without demise"* –, y comprometerse a conducir unas mercancías, de un lugar a otro... solo que se trata de una distinción a la que se le atribuye, quizá, un papel menor; secundario, excepto cuando se trata de un simple arrendamiento de buque, con cesión plena de la posesión del buque [*"demise charterparties"*]. Así, el Derecho norteamericano – lo mismo que el inglés – prefiere situar el eje de la cuestión – y de la distinción – en otro punto: **la distinta forma de documentar la relación... y el diverso régimen jurídico, en materia de autonomía de la voluntad**. Así las cosas, la distinción entre contratos en régimen de *"charterparty"* y en régimen de *"bill of lading"* queda reducida, no a un problema de naturaleza jurídica,

---

una sentencia previa dictada por la U.S.Distrct Ct. for the Southern District of N.York (Laura Taylor Swain, *District Judge*) denegando al Apelante – Astra Oil Company, Inc. – su peti- ción de compeler a la Apelada – Rover Navigation, Ltd. – a someter a arbitraje las reclama- ciones deducidas por Astra, que derivaran de la supuesta demora en la entrega, por Rover, del cargamento de Astra. Aunque Astra no era parte del contrato que contenía la Cláusula de Arbitraje que, entonces, trataba de hacer valer, la *"Court of Appeal"* consideró que la soli- citud debía ser admitida y estimada, porque las reclamaciones de Astra surgen del incum- plimiento de obligaciones creadas por el contrato que contenía la Cláusula de Arbitraje, cuya cláusula había suscrito Rover, y las relaciones entre las partes eran suficientemente estrechas como para que, consiguientemente, se aplique a Rover la doctrina de los actos propios ["estoppel"], impidiéndole eludir la obligación de someter a arbitraje.

[184] Si bien *" Astra"* no era parte del contrato que contenía la Cláusula de Arbitraje, ello era debido a que quien había firmado la *"tanker voyage charterparty"* con la fletante/ porteadora – *"Rover"* – había sido la mercantil *"AOT. Trading, AG."*, sociedad matriz, de la que *"Astra"* era sociedad *filial*, subsidiaria o participada.

sino a una cuestión de **mayor o menor ámbito de libertad contractual**, relacionada estrechamente con las condiciones económicas de la actividad del naviero, porteador o fletante; concretamente, según se tratase de un *"common carrier"*, que podríamos traducir por porteador o transportista dedicado al transporte público... o bien de un *"private carrier"*[185]. En este sentido, se afirma que los contratos de *"charterparty"* están presididos por el principio de autonomía de la voluntad [aunque – como habremos de ver – haya que reconocer que, en la mayoría de los casos, se emplean formularios contractuales estandarizados][186], mientras que los contratos en régimen de conocimiento de embarque [*"Bills of lading"*] se encuentran minuciosamente regulados por leyes – de carácter netamente imperativo – como la *"Carriage of goods by sea Act"* inglesa [COGSA.], de 1971[187] o la U.S. *"Carriage of Goods by Sea Act"*, la *"Harter Act"* o la *"Pomerene Act"* **norteamericanas**[188].

III.3. El sistema del "Civil Law", en materia de fletamentos y contratos de transporte: la heterogeneidad de regímenes

A diferencia del Derecho inglés – y también, aunque con un alcance menor, del Derecho norteamericano –, los ordenamientos de los países de la Europa Continental – acaso, con excepción de los países nórdicos –, de Iberoamérica, e incluso también de cierto número de países de Asia y Africa, se caracterizan por la existencia de **códigos** de Derecho privado, civiles y/o mercantiles... ocasionalmente acompañados de **leyes** *"de navegación"*, *de navegación marítima"* o *"de comercio marítimo"*, e incluso de *"códigos marítimos"*, en cuyos códigos de Derecho privado vinieron a quedar plasmados – por influencia del *"Ius Commune"* – los resultados de la elaboración de unas determinadas estructuras; de unos **tipos** contrac-

---

[185] Lucas, J.D.: *"Admiralty. Cases and Materials"*, cit., 5.ª ed., ps. 594 y s.

[186] Schoenbaum, T.J.: cit., p. 383.

[187] Schmitthoff, C.M. y Adams, J.: *"Schmitthoff's Export Trade. The Law and Practice of International Trade"*, cit. 8.ª ed., p. 467. Bonnick/Gram: *"Gram on Chartering documents"*, cit, 2.ª ed., p. 1. Gómez Prieto, M.ª.T.: *"El Contrato de Volumen (C.O.A.)"*, cit., p. 38.

[188] Force, R.: *"Admiralty and Maritime Law"*, cit., ps. 54 y ss. Kershen, D.L.: *"Commercial Laws in the United States Relating to Bailments"*, cit., ps. 5 y s.

tuales, mediante los cuales se pretendió proporcionar cauces para lograr finalidades económicas diversas y, sobre todo, plurales y matizadas[189]. En este sentido, el Derecho crea instituciones para la prestación de servicios, por responder a fines diferentes, son objeto de regulaciones también diversas. Así, p.e., piénsese en la finalidad económica de traslación geográfica de cosas o de personas: se trata de una actividad de *"facere"*, que – en una primera aproximación – podría incardinarse dentro de los contratos de arrendamiento de obras, o de servicios, o dentro del Contrato de Fletamento, aunque la **causa** *específica* o – lo que es lo mismo – la finalidad económica **de** *conducción*; el **servicio** de conducción o transporte, también podría haber dado lugar a una institución jurídica **específica**; a saber: el **Contrato de** *Transporte*, que se ha separado – o, mejor dicho, debería separarse – del Fletamento.

Así; lo mismo que en el caso del Derecho angloamericano, hablar de un Sistema latino o italo-francés, en materia de tipología de los contratos náuticos, es un empeño que se ve afectado por un cierto nivel de relativismo: en realidad, ese *"Sistema"* latino o italo-francés no es sino el resultado de un curso diferente de la evolución de las instituciones marítimas. Y cuando hablo de un *"curso diferente de la evolución"*, quiero poner de manifiesto dos o tres cosas, igualmente importantes; a saber: en primer lugar, que **hubo un proceso de evolución en las instituciones jurídico-marítimas.** En segundo, que ese proceso **se produjo de forma** *"diferente"*, **por referencia – aquí, por contraposición – al Derecho angloamericano:** con esto quiero decir que, ambos, partiendo de algunas raíces comunes, aunque – por otra parte – mediando entre éllos *diferencias* muy profundas, fueron conducidos por dos caminos diferentes, como consecuencia de la Codificación del Derecho patrimonial privado, en los países del *"Civil Law"*[190]. Y, por fin – en tercer lugar – que **el proceso evolutivo producido en los ordenamientos que siguen el sistema latino o italo-francés, no se ha detenido,** y que – incluso – **tampoco se ha producido al mismo ritmo, en unos y en**

---

[189] LUMINOSO, A.: "Capitolo III. I Contratti per l'esecuzione di opere o di servizi", en VV.AA.: *"Manuale di Diritto commerciale"*, dir. por V.Buonocuore, edit. G.Giappichelli, Editore, 2.ª ed., Turín, 1999, ps. 949 y s., quien señala que *"el universo de los servicios se halla en contínua expansión y en ciertos sectores prevalece sobre el universo de las transacciones intercambio o comercio en sentido estricto"*.

[190] MARTÍNEZ JIMÉNEZ, M.ª.I.: *"Los contratos de explotación del Buque..."*, cit., ps. 123 y ss.

otros paises: basta comparar los ejemplos de Italia y Francia, con el caso de España. En cualquier caso, hay que advertir que la propia Codificación, en sí misma, no produjo *"ex opere operato"* esa separación, tan patente, a la que se ha llegado en la actualidad, porque – como veremos, en su momento – el propio proceso codificador, a medida que se iba plasmando en obras legislativas concretas, se veía afectado por el momento histórico – y por el modelo socioeconómico de la industria marítima, propio de ese momento – en el que se promulgaban los diferentes códigos nacionales.

Donde se aprecian con verdadera nitidez, los efectos que tuvo la Codificación sobre el sistema de los contratos náuticos, es a partir del momento en que los países de la Europa Continental y otras naciones que recibieron su influencia, responden al fenómeno de la *especialización* de las *empresas marítimas*, con la *diversificación – "ope legis"* – de los diferentes *tipos* contractuales codificados. En efecto; como ya he señalado en alguna ocasión, el Derecho Marítimo moderno es, en cierto sentido, el resultado de un *"big bang"* socioeconómico, ocasionado por el principio de división del trabajo, al que el Ordenamiento jurídico hubo de responder en varios planos: desde el plano institucional o estatutario, el citado *"big bang"* supuso la fractura entre la propiedad del Buque y el ejercicio del comercio; posteriormente, la fractura entre la empresa comercial y la empresa de navegación... y luego, entre la empresa de navegación y la empresa de transporte[191]. Y ese proceso fue acompañado – en el plano contractual – por la separación entre contratos de *disposición* del buque y contratos de *transporte* propiamente dichos. Los ordenamientos anglosajones reconocen esta distinción pero, como carecen de un Derecho patrimonial codificado, dicho reconocimiento no les lleva a una separación tan profunda y nítida, como a los ordenamientos de la Europa continental, donde las leyes marítimas del siglo XX *consumaron* la separación entre *Fletamento* y *Transporte*. Es esta separación, elevada al nivel del Derecho positivo *escrito*, la que voy a permitirme calificar como el *"sistema latino"*. Este fenómeno se ha producido de diferente modo en los distintos países de la Europa Continental y en aquellos otros países cuyos ordenamientos se hallan influídos por los primeros – caso de los países iberoamericanos –, e incluso en países del Círculo Jurídico Nórdico: en algunos por razones de **fosilización norma-**

---

[191] GARCÍA-PITA Y LASTRES, J.L.: "El Naviero, su régimen y su responsabilidad", en VV.AA.: *"La Reforma de la Legislación Marítima"*, edit. Aranzadi, S.A, 1999, ps. 27 y ss.

tiva – países con leyes decimonónicas que siguen apegadas a una realidad socioeconómica que ya no se corresponde con la actual –, o de **influencia anglosajona**, se ha mantenido una regulación en la cual la finalidad económica de traslación geográfica de cosas o de personas se ha vertabraqdo, no sólo jurídica sino incluso normativa o legalmente, a través de la figura – tipo – del **Contrato de Fletamento**: es el caso de **España, Alemania, Grecia** y **Países Nórdicos**, que de un modo u otro **regulan el Contrato de Fletamento configurándolo como un contrato de transporte**.

Por el contrario, otros países pertenecientes al *"Civil Law"* han optado por establecer un régimen de contratos de explotación del Buque, en los que la finalidad económica de traslación geográfica de cosas o de personas ha sido elevada al nivel de una **causa contractual** *específica*, canalizada a través de la tipificación, como institución jurídica específica – como tipo contractual autónomo, distinto y *"a se stante"* –, del **Contrato de Transporte**, propiamente dicho, que se ha separado – o, mejor dicho, debería separarse – del Fletamento, como ha sucedido en países como Italia, Francia, Argentina, México o Venezuela, porque uno y otro se han convertido en contratos distintos e independientes entre sí.

Los **antecedentes** representados por la **Rúbrica XXVII**, del **Lib. IX.º**, de las *"Costumbres de Tortosa"* titulada *"Iste sunt consuetudines et vsus maris, quibus vtuntur homines dertusenses"*, que, luego de que su N.º XVII, hiciera referencia que *"el* 'senyor de la nau' *puede tomar cualquier mercader, o pasajero* (pelegrin), *... y retener en prenda por el flete* (nolit) *o las averías, ..., tanto como baste para cubrir el flete y las averías"*, añadía – **N.º XVIII párrs. 1.º y 2.º** – que *"el* 'senyor del leyn' *está obligado a guardar y salvar al mercader, pasajero, y a todo hombre que viaja en su buque* (leyn), *y de prestar asistencia y defender contra todos los hombres bajo su poder, y de ocultarlos de los corsarios y de todas las personas que quisieren causarles mal"*, añadiendo – acto seguido – que *"a lo mismo se debe hacer respecto de todas las cosas de los mercaderes y pasajeros, debiéndolas salvar y guardar, según su poder, de buena fe y sin engaño"*. También pude hacer referencia a la alusión contenida en la **Ley II.ª, Tít. IX.º, Partida V**.ª, a las *"conuenencias, e pofturas, ponen los maeftros e los Señores de los nauios, con los Mercaderos, e con otros omes que han de leuar en ellos"*, para el *"aluguer"* de los citados buques. Pero antes de eso – y sobre todo –, ya el **Tít. VIII, Partida V**.ª, se ocupaba *"de los logueros e de los arrendamientos"*, que se describían en los siguientes términos:

Fletamento, Transporte Marítimo y Responsabilidad Contractual 351

"Aloguero es propriamente quando vn ome loga a otro, obras que ha de fazer con su persona o con su bestia o otorgar vn ome a otro poder de vfar de fu cofa, o de feruir fe della, por cierto precio que le ha de pagar, en dineros contados... E arrendamiento fegun el lenguaje de Efpaña: es arrendar heredamiento o almoxarifadgo: o alguna otra cofa: por renta cierta, que den por ella. E aun ha otra manera, a que dizen en latin afletamiento; que pertenefce tan folamente a los logueros de los nauios" [**Ley II.ª, Tít. VIII, Partida V.ª**].

Y, acto seguido, la **Ley III.ª, Tít. VIII, Partida V.ª**, titulada *"Que cofas pueden fer logadas; e arrendadas; e por quento tiempo"*, respondía a esta cuestion enumerando, entre otros objetos y servicios:

"Obras que ome faga, con sus manos, o bestias, o nauios; para traer mercadurias o para oprovecharfe del vfo dellas...".

En ambos casos, se percibía una clara tendencia a configurar estas *"conuenciones"* como contratos de **arrendamiento del Buque**, aunque sin dejar de reconocer – en todo momento – que el *propósito último* era el *transporte* de personas o mercancías. Semejante configuración tenía una consecuencia muy seria, que aparecía prevista en la **Ley XIII.ª, Tít. VIII, Partida V.ª**, titulada *"Como el que da afletada naue a otro debe pechar el daño delas mercaderías, e de las otras coffas que fe perdieren por fv culpa"*:

"Afletada auiendo algun ome naue u otro leño, para nauegar, fi defpues que ouieffe metido en ella fus mercadurias o las cofas para que la logo, el feñor de la naue la mouieffe ante que vinieffe el maeftro, que la tenia de guiar, non feyendo el fabidor de lo fazer, o eftando y el maeftro non quisieffe obedefcer su mandamiento, nin feguirse por fu confejo; fi la naue peligraffe, o fe quebrantaffe, entonces el daño, e la perdida pertenefcen al feñor de la naue, porque auino por fu culpa, porque fe trabajo de fazer, lo que non fabe: por ende es tenudo de la pechar, a aquel que la auia afletada. Effo mifmo dezimos que feria, fi el feños de la naue metieffe las mercaderias en otro nauio que non fueffe tam bueno como aquel que auia alogado, facandolas de la fuya, fin fabiduria del mercadero e fin fu plazer, del que la auia afletada; que si aquel nauio, en que afsi la metieffe, peligraffe, al feñor della pertenefce el daño, e non al mercadoro".

Este mismo **modelo *"locativo"*** se detecta, igualmente, en el caso de la *"Ordonnance touchant la marine"*, **francesa, de 1681**, llamada también

"Ordenanza de Luis XIV" y "Ordenanza de Colbert", aunque sólo en un plano meramente formal[192].

Por el contrario, la **identificación** del Fletamento **con el Contrato de Transporte**, parece insinuarse con mayor intensidad en nuestras *"Ordenanzas de Bilbao"*, de **1737**, que se refieren al *"contrato que se hace entre el dueño, Capitán o Maestre de un Navío, y las personas que intentan cargar Mercaderías y otras cosas en él para su conducción de unos puertos a otros, pagando por el alquiler la cantidad o cantidades en que se convinieren"*, lo mismo que en la propia *"Ordonnance"* francesa, de 1681, que si bien lo que formalmente describía era un arrendamiento de cosa, lo que sustancialmente venía a regular era un contrato de *transporte*[193], aunque en el caso de las Ordenanzas españolas, la referencia al goce, uso o disponibilidad del Buque resulta muy reducida, al tiempo que se expresa con mayor rotundidad la finalidad de *"conducción"* de las mercaderías *"de unos puertos a otros"*.

En realidad, los códigos de comercio tributarios del que he dado en denominar *"sistema latino"* respondían – con más o menos razón – a aquel momento histórico en el que el transporte se vertebraba, jurídicamente, a través de contratos de fletamento[194], o por medio del arriendo del Buque. En otras palabras: no es que respondieran a un modelo anglosajón de considerar las *"charterparties"* como contratos de transporte, ya que los condicionantes jurídico-nacionales e históricos entre el sistema *"anglosajón"* y el *"sistema latino"* eran tan diferentes que tal cosa hubiera resultado imposible; por lo menos, imposible en *aquel* momento. En realidad, si los códigos de comercio tributarios del que he dado en denominar *"sistema latino"* optaron por regular los contratos de fletamento como verdaderos contratos de transporte de mercancías, acaso con elementos especiales,

---

[192] MARTÍNEZ JIMÉNEZ, M.ª.I.: *"Los contratos de explotación del Buque..."*, cit., ps. 108 y ss.

[193] MARTÍNEZ JIMÉNEZ, M.ª.I.: *"Los contratos de explotación del Buque..."*, cit., ps. 108 y ss.

[194] GÓMEZ SEGADE, J.A.: "El Transporte marítimo...", cit., p. 37, señala que, si bien el hecho económico del transporte de mercancías por mar es una de las más antiguas actividades de relación humana, toda vez que se remonta a los primeros tiempos de la Humanidad, sin embargo resulta enormemente difícil determinar en qué momento surgió esa modalidad o *tipo* contractual, que es el *Contrato de Transporte marítimo*, porque todavía existen disposiciones jurídico-marítimas antiguas, en las que la finalidad económica del transporte se canaliza a través del cauce económico del Fletamento.

Fletamento, Transporte Marítimo y Responsabilidad Contractual

derivados de la trascendencia del *"Buque"*, como instrumento técnico de la conducción, fue, más bien, por razones históricas de carácter socioeconómico: por aquel entonces – y en el marco de unos ordenamientos codificados –, la finalidad económica de transporte se ordenaba por medio de unos contratos de fletamento... que eran, en esencia, verdaderos arrendamientos de cosa y, acaso, también de obras y servicios. A decir verdad, el enfoque de la *"Ordonance"* francesa de 1681, se explicaba – a su vez – por la clara influencia del Derecho romano, que la había imbuído de su concepción *arrendaticia* o *locativa*, a la hora de configurar el Contrato de Fletamento[195]. La duda era si el arrendamiento era más bien *de cosas* o era *de obras o servicios*.

En este sentido, el **Code de comm.fr./1807**, que es el primer código mercantil resultante de la Codificación[196], y que se hallaba todavía bajo el directo influjo de la *"Ordonnance touchant la marine"*, de **1681** – hasta el punto de que los preceptos del *"Code"*, con frecuencia, eran una directa repetición de los de la Ordenanza[197] –, dedicaba el Tít. VI, Lib. II [*"Du commerce maritime"*], a la regulación *"des chartes-parties, affrétements ou nolissements"*, a la par que sus Títs. VII y VIII se dedicaba, respectivamente a regular el Conocimiento de Embarque y el Flete [*"fret ou nolis"*], **comenzaba definiendo la *"Charte partie"* como un contrato para el alquiler [*"louage"*] de un buque**: tales eran los términos del **art. 273, Code de comm.fr./1807**. Sin embargo, como señalan Rodiere/Du Pontavice, se trataba de *"una de las partes más oscuras y de peor calidad de redacción"*[198], y es que – luego de hablarse de un simple arrendamiento – otros preceptos ulteriores del mismo Código ofrecían la imagen de un

---

[195] Martínez Jiménez, M.ª.I.: *"Los contratos de explotación del Buque..."*, cit., ps. 108 y ss., especialmente, p. 110, donde señala que, a partir de la definición de Fletamento, proporcionada por la *"Ordonnance"* de 1681, *"la doctrina no vacilará en calificar al Fletamento regulado por la Ordenanza francesa como una verdadera 'locatio rei'"*.

[196] Martínez Jiménez, M.ª.I.: *"Los contratos de explotación del Buque..."*, cit., p. 124, quien señala que *"[e]l período de la codificación del Derecho mercantil se inicia con el Código de comercio francés de 1807"*.

[197] Martínez Jiménez, M.ª.I.: *"Los contratos de explotación del Buque..."*, cit., ps. 124 y s.

[198] Rodiere/Du Pontavice.: cit., 11.ª ede., p. 216. Ya Ripert, G.: *«Droit maritime»*, edit. Librairie Arthur Rousseau, Rousseau et Cíe., t. II, 2.ª ed., París, 1922, ps. 276 y ss. denunciaba el empleo, por el art. 273, Code de comm.fr./1807, de términos que movían a confusión, y que precisaban de ser aclarados y explicados.

354 *José Luis García-Pita y Lastres*

alquiler de buque, sí, pero... **para su uso en el transporte**[199]; razón por la cual pronto comienzan a aparecer referencias al *"cargador"*, y no solamente al *"affreteur"*. Así, el **art. 273** decía lo siguiente:

> *"Toda convención para el arriendo de un buque, denominada* 'charte-partie', *fletamento* ['affrétement'] *o* 'nolissement', *debe ser redactada por escrito. En él se menciona: el nombre y tonelaje del buque... Los nombres de fletante* ['fréteur'] *y fletador* ['affréteur']. *El lugar y período de tiempo para efectuar la carga y la descarga. El precio del flete* [o 'nolis']. *Si el fletamento es total o parcial..."*.

Por si fuera poco, conforme fue transcurriendo el tiempo el problema se agravó y los defectos se hicieron más evidentes, cuando la evolución de la navegación marítima los convirtió en una normativa arcaica y desfasada[200]; circunstancia que llevó a prestigiosos autores, como RIPERT, a defender – directamente – que el Contrato de Fletamento, a despecho de los términos literales del art. 273, Code de comm.fr./1807, debía ser considerado como un **contrato de** *transporte*[201].

Sea como fuere – y por lo que atañe a la oscuridad de estos textos –, es preciso resaltar cómo el **art. 276**, pese a haber hablado de arrendamiento del buque, **alude** – sin embargo – **al Cargador [***"chargeur"***]** – personaje de todo punto ajeno a los arrendamientos *de cosas* –, **para imputarle** *"los gastos de la carga y la descarga de sus mercancías"*, **cuando tuvieran lugar ciertos acontecimientos que impidieran la consumación del contrato, permitiendo su resolución sin responsabilidad de ninguna de las partes.** También el **art. 278** aludía al Cargador, al permitirle *"hacer descargar sus mercancías a su propia costa, bajo condición de volver a*

---

[199] BRAVARD-VEYRIÈRES, P.: *"Manuel de Droit Commercial contennant un traité sur chaque Livre du Code de commerce, l'indication du dernier état de la jurisprudence, des formules pour tous les articles du Code réduits en questions, le texte des Ordonnances de 1673 et 1681 et celui du Code, rapprochés et mis en regard"*, edit. Joubert, Librairie de La Cour de Cassation, 3.ª de., París, 1846, p. 363, quien señalaba: *"El contrato que nos va a ocupar (llamado "carta-partida" o fletamento en el Océano – Atlántico –, y* 'nolissement' *en el Mediterráneo) es un convenio por el cual el capitán de un buque alquila, para el transporte de mercancías, en un lugar determinado, el uso total o parcial, a una persona que, a cambio, se obliga a pagar un salario o alquiler* ('salaire ou loyer')".

[200] RODIERE/DU PONTAVICE.: cit., 11.ª ed., p. 216.

[201] RIPERT, G.: cit, , t. II, 2.ª ed., p. 285.

cargarlas o de indemnizar al capitán"; regla que solamente parece tener sentido, si se parte de la base de que el fletamento tenía por objeto arrendar el buque[202], aunque fuera con fines – inmediatos – de **transporte** de mercancías. Así, p.e., la **Sent.*Cour d'Appel de Rouen*, de 24.02.1844** identifica *"fletador"* y *"cargador"*[203].

Mas, pese a todo, la Jurisprudencia francesa que interpretó el viejísimo art. 273, Code de comm.fr./1807, tuvo ocasión de **distinguir**, alguna vez, entre contratos en los que el **objeto** venía constituído por el **Buque**, y contratos en los que el **objeto** venía constituído por las **mercancías transportadas**: es la caso de la **Sent.*Cour d'Appel de Aix-en-Provence*, de 28.04.1846**[204]:

> *"Considerando que, en materia de tráfico de cabotaje, no son los buques que sirven al transporte, sino solamente las mercancías, las que constituyen el objeto de la convencióny las que determinan su naturaleza y su verdadero*

---

[202] Braudo, S.: "Définition de Affrètement ou nolis", en *"Dictionnaire du Droit privé français"*, en <http://www.dictionnaire-juridique.com/definition/affretement-ou-nolis. php>, quien señala que *"el Fletamento* ['affrètement'] *es el contrato de Derecho del Transporte, por el cual una persona o una empresa pone a disposición de otro, denominado Fletador* ["met à la disposition d'une autre, dite l'"affrèteur"], *un buque, un avión, o un vehículo terrestre a motor, para su explotación* ["en vue de son exploitation"]", añadiendo que *"el subfletamento es un subarriendo de la relación arrendaticia de fletamento"*. Martínez Jiménez, M.ª.I.: *"Los contratos de explotación del Buque..."*, cit., ps. 125 y s., quien señala que *"[e]n materia de Fletamento, el Código francés no incorporó novedad alguna a la regulación de la Ordenanza de la Marina. Así, el art. 273 reproducía con toda exactitud la definición de fletamento contenida en el art. 1.º del Tít. I, Lib. III, dejando nuevamente patente una concepción ligada al arrendamiento de cosa"* que contribuía a afianzar el art. 286, cuando disponía que por *"flete"* debía entenderse *"le prix du loyer d'un navire ou autre bâtiment de mer"*. La autores, además, pone de manifiesto la influencia del pensamiento de autores clásicos franceses como Pardessus o Alauzet o Bédarride, que consideraban que había que diferenciar entre el transporte y los contratos de utilización referidos al *propio Buque*. Gamechogoicoechea y Alegría, F.de.: *"Tratado de Derecho marítimo español"*, t. V.º, *"Fletamentos – Transportes marítimos"*, impr. Artes Gráficas Grijelmo, Bilbao, p. 10.

[203] Sent.*Cour d'Appel de Rouen, de 24.02.1844*, , en Sirey, 45, II, 81, y en Rogron, J.-A.: *"Code de commerce expliqué par ses motifs, par des exemples et par la Jurisprudence, avec la solution, sous chaque article, des difficultés, ainsi que des principales questions que présente le texte et la définition de tous les termes de Droit, suivi d'un formulaire des actes de commerce"*, edit. Henry Plon, Editeur, 9.ª ed., París, 1858, p. 570 y s.

[204] Sent.*Cour d'Appel de Aix-en-Provence*, de 28.04.1846, en Dalloz Ann., 1846, II, 136, y en Rogron, J.-A.: *"Code de commerce ..."*, cit., 9.ª ed., p. 569 y s.

carácter; que en semejante caso, las disposiciones del art. 273... resultan ajenas al contrato, que no puede regirse sino por las disposiciones referentes a los transportes por tierra y por agua...".

Claro que, en este caso, más que de una neta distinción entre fletamento y transporte, de lo que se trataba era de la aplicación del Derecho del Transporte *terrestre-fluvial*, o del Derecho *marítimo*, por lo que el ejemplo no resulta tan significativo o tan relevante como cabría suponer.

Por otra parte, hay que señalar que el Derecho – *civil* – francés se caracteriza por una **regulación** *unitaria* **de los contratos de** *arrendamiento*, que incluye el régimen de los **arrendamientos de** *obra* **y de** *servicios*. De hecho, el Code civ.fr./1804 emplea – cási indistintamente – las expresiones *"louage d'ouvrage et d'industrie"* [es la que da título al Cap. III, Tít. VII.º, Lib. III.º, Code civ.fr./1804, utilizándose en los arts. 1708, 1710 y 1779] y *"louage de service"* [art. 1780] o incluso de ambos [art. 1711]. Pues bien; sucede que el caso de los transportistas – *"voituriers"* – que *"se chargent du transport des personnes ou des marchandises"*[205], tanto por tierra, como por agua, se considera una de las distintas modalidades del *"louage d'ouvrage et d'industrie"*.... ¡¡Junto con el *"louage de service"*!! En este sentido, Transporte y Fletamento se podrían llegar a situar en una amplia banda de modalidades contractuales, ora orientadas más bien a la promesa de un *"opus"* conductivo, ora bien a la promesa de unos servicios de navegación... Pero todas pertenecientes a la esfera del *"louage d'ouvrage et d'industrie"* .

En **Italia**, después de una breve vigencia del Code de comm.fr./1807 [Desde 1818 hasta la Restauración], adquiere vigencia general el *"Código albertino"* de 1842, convertido – luego – en el *"Codice di commercio del Regno de Italia"* **de 1865**, que daría – más tarde – paso al *"Codice di com-*

---

[205] Drobnig, U. y Zweigert, K.: *"Law of Transport"*, en VV.AA.: *"International Encyclopedia of Comparative Law"*, t. XII, editor-jefe R.Herber, vol. 5.º, *"Inland navigation"*, por W.Müller, edit. J.C.B.Mohr/Martinus Nijhoff Publishers, Tubingen/ Dordrecht/Boston/Lancaster, 1981, p. 5, en <http://books.google.es/books?id=WbvWX amwqwwC&pg=PA6&lpg=PA6&dq=%22Affretement%22+%2B+%22Droit+maritime %22&source=bl&ots=ZsxDVpBZ9U&sig=bccN2fa-NbPN-ciSyAjAkAZ3SIA&hl= es&ei=RLhtTOqNBcfKjAf4jKT6CA&sa=X&oi=book_result&ct=result&resnum =2&ved=0CBkQ6AEwATgo#v=onepage&q=%22Affretement%22%20%2B%20%22 Droit%20maritime%22&f=true>.

Fletamento, Transporte Marítimo y Responsabilidad Contractual 357

mercio", **de 31.10.1882**, obra de Zanardelli[206]. Ambos códigos "italianos" comparten un rasgo en común: a diferencia del Code de comm.fr./1807, cuando se ocupan del Fletamento [arts. 381, Cod.di comm.it./1865 y 547, Cod.di comm.it./1882], evitan o se abstienen de ofrecer ninguna definición de éste contrato[207]. El art. 547, Cod.di comm.it./1882 se limitaba a establecer lo siguiente:

> *"Il contratto di noleggio dev' essere fatto per iscritto. La scrittura deve enunciare:*
>
> *1. Il nome, la nazionalità e la portata della nave.*
>
> *2. Il nome e cognome del noleggiatore e del locatore.*
>
> *3. Il nome e il cognome del capitano o padrone.*
>
> *4. il luogo e il tempo convenuti per il caricamento e lo scaricamento.*
>
> *5. il nolo.*
>
> *6° se il noleggio è di tutta la nave o di parte di essa.*
>
> *7.° L'indennità convenuta nel caso di ritardo.*
>
> *Non è necessaria la prova per iscritto, se il noleggio ha per oggetto le navi ed i viaggi indicati nel articolo 501".*

Por razones de fidelidad al texto, he preferido no traducirlo, ya que – precisamente – si bien no ofrecía ninguna definición del Fletamento, sí que incluía una alusión al *"locatore"*; es decir: al arrendador; calificativo que – por otra parte – se explica, habida cuenta de que el art. 547 parecía referirse a un tipo de contrato en el que el **objeto** o el elemento real característico estaba constituído por el **Buque**. Sin embargo, pese a lo que se acaba de señalar, el **art. 554, Cod.di comm.it./1882** disponía que "[l] *as disposiciones del artículo 415 se aplican, asimismo, al contrato de fletamento"*, siendo así que el citado art. 415 era un precepto en materia de

---

[206] Duque Domínguez, J.F.: "Derecho Mercantil. Concepto E Historia ", en *"Gran Encicplopedia Rialp: Humanidades y Ciencia. Última actualización 1991"*, en <http://www.canalsocial.net/GER/ficha_GER.asp?id=4847&cat=derecho>. La legislación mercantil italiana, anterior a 1882, era la única que ya había logrado ser homogénea en todo el reino, enteramente inspirada en el modelo napoleónico. Se concluyó, pues, con la extensión del *"Codice di commercio sardo"* del 1842 (añadiendo algunos artículos del texto del reino napiletano) a todo el reino, entrando en vigor al principio del año 1866.

[207] Martínez Jiménez, M.ª.I.: *"Los contratos de explotación del Buque..."*, cit., p. 157.

Transporte [terrestre][208]. Este hecho puede explicarse, sea por analogía con el *"Code"* francés, sea sugiriendo que – en realidad – el Cod.di .comm. it./1882 no regulaba una sóla figura unitaria, sino que *"comprendía hipótesis diferentes como el arrendamiento de nave (art. 547, n.º 2), el transporte de mercancías determinadas (arts. 561 y 565) o el transporte de personas (art. 583)"*[209]. Mas, creo que lo que verdaderamente explica este fenómeno son las palabras de VIDARI:

> *"El Contrato de Fletamento* ['Noleggio'] *cumple, en el comercio marítimo la misma función económica que hubimos de ver que cumplía el Contrato de Transporte terrestre, puesto que también por medio de él se lleva a cabo la circulación de la riqueza, que es el hecho económico en que se sustancia el comercio"*[210].

Mas *"cumplir la misma función económica"* **que el Contrato de Transporte terrestre, ¿significa que ambos comparten una misma naturaleza jurídica; que son el *mismo* contrato?** Al parecer, la respuesta que daba VIDARI resultaba un tanto ambigua, pues se movía entre la *afirmativa* y la *negativa*:

> *"El de Fletamento es un contrato por el cual una persona se obliga, a cambio del pago de un cierto precio, a conceder a otra el uso total de un buque por él armado, o bien de una parte del mismo, determinada o indeterminada, y a transportar, así, de un lugar a otro la mercancía recibida con este fin"*[211],

añadiendo – acto seguido – que *"la persona que concede el uso del buque y se obliga a llevar a cabo el transporte [es decir, el naviero ('armatore')], se denomina fletante ['noleggiante'], y aquella a la que se con-*

---

[208] En opinión de LEFEVBRE D'OVIDIO/PESCATORE/TULLIO.: cit., 9.ª ed., p. 463, la verdad era que el Cod.di.comm.it./1882, realmente contemplaba varias figuras contractuales diferentes, por medio de normas que se presentaban entremezcladas, de forma que el art. 547 contemplaba, bajo el título de Fletamento – *"Noleggio"* – el arrendamiento de buque y el Contrato de Transporte, tanto de cosas, como de personas.

[209] MARTÍNEZ JIMÉNEZ, M.ª.I.: *"Los contratos de explotación del Buque..."*, cit., p. 157.

[210] VIDARI, E.: *"Corso di Diritto Commerciale"*, t. VI.º, *"Lib. III.º, Parte III.ª, Contratti del Commercio marittimo"*, edit. Ulrico Hoepli, Milán/Nápoles/Pisa, 1884, p. 215.

[211] VIDARI, E.: *"Corso..."*, cit., t. VI.º, p. 216.

cede el uso y que paga su precio, fletador [**'noleggiatore'**]*"*[212]. A partir de aquí, VIDARI expresaba sus dudas, acerca de los diversos elementos componentes que parecían manifestarse en el caso: **arrendamiento de *obra*** – porque el Fletante se obliga a hacer transportar ciertas mercancías de un lugar a otro, valiéndose, a tal objeto, de los servicios de un capitán y una tripulación –, **depósito** – porque el Fletante se obliga a recibir y a custodiar la mercancía a transportar, y a entregarla o restituirla en destino –, y **arrendamiento de *cosa***, *"porque entonces se obliga el Fletante, no sólo a llevar a cabo el transporte, sino tambien a conceder al Fletador, el uso del Buque, o de una parte del mismo"*[213].

Pero el Derecho marítimo de estos países, en materia de contratos náuticos, experimentaría importantísimas modificaciones, durante la centuria siguiente.

III.3.1. Ordenamientos con separación sustantiva entre Fletamento y transporte

La distinción entre contratos de transporte y contratos de fletamento se conoce en la legislación de muchos y muy diversos países; alguno de éllos, incluso, con un creciente poder en el ámbito del Derecho marítimo.

Me refiero, p.e., al caso de la **República Popular China**, que posee un **Código Marítimo, de 01.07.1993 [ChiMC./1993]**[214], cuyo art. 1.° declara – cási parece una norma programática – que dicho Código se promulga y entra en vigor *"con el propósito de regular las relaciones derivadas del transporte marítimo y aquellas relativas a los buques, para garantizar y proteger los derechos e intereses legítimos de las partes afectadas, y para promover el desarrollo del transporte, la economía y el comercio marítimos"*[215], por lo que no puede extrañar que sus redactores hayan pres-

---

[212] VIDARI, E.: *"Corso..."*, cit., t. VI.°, p. 217.

[213] VIDARI, E.: *"Corso..."*, cit., t. VI.°, p. 217.

[214] Maritime Code of the People's Republic of China (Adopted at the 28th Meeting of the Standing Committee of the Seventh National People's Congress on November 7, 1992, promulgated by Order No. 64 of the President of the People's Republic of China on November 7, 1992, and effective as of July 1, 1993).

[215] *"This Code is enacted with a view to regulating the relations arising from maritime transport and those pertaining to ships, to securing and protecting the legitimate rights and*

tado una gran atención a la delimitación del Contrato de Transporte, aunque sus normas no se apliquen más que al transporte internacional... y no al de cabotaje [**art. 2.º, ChiMC./1993**]. Pues bien; por lo que a los efectos de esta exposición interesa, cabe señalar que el ChiMC./1993 regula en dos capítulos distintos... y – además – separados; no contíguos, por un lado el **Contrato de Transporte marítimo de mercancías** o de cosas [*"Contract of Carriage of Goods by Sea"*], al que está dedicado el **Cap. IV.º, ChiMC.**, y – por otro – los **contratos de fletamento** documentados en poliza [*"Charter Parties"*], a los que está dedicado el **Cap. VI.º, ChiMC.**, de tal modo que se trata de contratos que se definen como referidos a un objeto diverso, cada uno de éllos. Así, mientras que el **art. 41, ChiMC.** establece que:

> *"Un contrato de transporte marítimo de mercancías es un contrato de acuerdo con el cual el Porteador, a cambio del pago de un flete, se compromete a transportar por mar las mercancías convenidas para su embarque por el Cargador, desde un puerto a otro"*[216].

En cambio, los **arts. 128** y **129** establecen, respectivamente que *"los fletamentos, incluyendo fletamentos por tiempo y fletamentos a casco desnudo se celebrarán por escrito"*[217], y que *"un fletamento por tiempo es un contrato de acuerdo con el cual el naviero proporciona al fletador un buque designado y tripulado, y el fletador utiliza el buque durante el período contractualmente establecido, para el servicio pactado, a cambio del pago de un canon"*[218], lo cual revela el tipo de enfoque adoptado por el Legislador chino, un enfoque "cuasi-locativo", frente al enfoque "traslaticio" que caracteriza al Contrato de Transporte... y también al Fletamento por Viaje.

---

interests of the parties concerned, and to promoting the development of maritime transport, economy and trade".

[216] *"A contract of carriage of goods by sea is a contract under which the carrier, against payment of freight, undertakes to carry by sea the goods contracted for shipment by the shipper from one port to another".*

[217] *"Charter parties including time charter parties and bareboat charter parties shall be concluded in writing".*

[218] *"A time charter party is a contract under which the shipowner provides a designated manned ship to the charterer, and the charterer employs the ship during the contractual period for the agreed service against payment of hire".*

Pero a los efectos de mi exposición – siquiera, por el momento – no interesa tanto el caso de China, como el de otros países... que sí son parte de las *"Reglas de Rotterdam"*, como es el caso de **Francia**: como dije, se trata de un país cuyo ordenamiento jurídico – de manera similar, pero no idéntica, ni mucho menos, al Derecho italiano – distingue entre contratos de transporte y contratos de fletamento. Cási un cuarto de siglo más tarde, la promulgación de la *"Loi sur les contrats d'affrètement et de transport maritimes"* [L.fr.AffTM./1966], desarrollada – a su vez – por el Decreto fr. n.º 1078/1966, de 31.12.1966, empleó una terminología que diferenciaba netamente los contratos de transporte marítimo, respecto de los contratos de fletamento[219], lo cual se reflejaba en la regulación de cuatro grandes grupos de figuras contractuales: en primer lugar, los fletamentos [en sentido amplio], pues bajo el término *"affrètement du navire"* se identificaba toda una categoría de contratos, dentro de la cual se contemplaban – precedidos por unas reglas generales – los siguientes supuestos: fletamento por viaje, fletamento por tiempo, fletamento *"coque nue"*[220] y subfletamento. En segundo lugar, el Contrato de *Transporte* de mercancías, cuyo régi-

---

[219] BERLINGIERI, F.: "The Liability of the Owner for Loss of or Damage to the Goods", en Il Dir.mar., 1992, fasc. IV, octubre-diciembre, p. 1125. ARROYO MARTÍNEZ, I.: "La distribución del Riesgo en el Derecho marítimo", en RDM., 1977, n.ºs. 143/144, p. 94. MARTÍNEZ JIMÉNEZ, M.ª.I.: *"Los contratos de explotación del Buque. Especial referencia al Fletamento por tiempo"*, edit. J.M.Bosch, Editor, S.A., Barcelona, 1991, p s. 171 y ss., quien señala cómo, a finales de los años 1940, se inician en Francia los primeros trabajos de reforma del Libro II del Code de comm.fr./1807, aunque no se optó por la elaboración de un "código marítimo", sino por la promulgación de leyes especiales, que – por lo que a los contratos náuticos se refiere – se hallan representadas por la Ley fr. n.º 420/1966, de 18.06.1966, desarrollada – a su vez – por el Decreto fr. n.º 1078/1966, de 31.12.1966; disposiciones – ambas – "sur les contrats d'affrètement et de transport maritimes". GABALDÓN GARCÍA/RUIZ SOROA: *"Manual..."*, cit., 3.ª ed., p. 453. GÓMEZ PRIETO, M.ª.T.: *"El Contrato de Volumen (C.O.A.)"*, cit., p. 35.

[220] RODIERE/DU PONTAVICE.: cit., 11.ª ed., ps. 218 y ss. VIALARD, A.: cit., ps. 332 y ss. REMOND-GUILLOUD, Mtne.: *«Droit Maritime»*, edit. Pedone, Paris, 1988, ps. 261 y ss. LOPUSKI, J.: "Time Charter under Polish Maritime Law: Some Questions of its juridical nature", en VV.AA.: *"Derecho de la Navegación en Europa. Homenaje a F.Valls i Taberner"*, Prólogo y edición a cargo de M.J.Peláez, edit. Promociones Publicaciones Universitarias, Barcelona, 1987, p. 1821, quien señala que en el Derecho francés, la categoría de los "fletamentos" ["affretements"] abarca incluso los fletamentos "a casco desnudo", que son contratos en los que predomina el elemento "locativo". MARTÍNEZ JIMÉNEZ, M.ª.I.: *"Los contratos de explotación del Buque..."*, cit., ps. 174 y ss.

men iba precedido – asimismo – por unas disposiciones generales, para pasar, acto seguido, a regular el conocimiento de embarque, la ejecución del contrato y la responsabilidad del porteador. Y, finalmente, los contratos de transporte de pasajeros, incluidos sus equipajes, así como los organizadores de cruceros marítimos[221]-[222]. Estas disposiciones han sido **derogadas** y sustituídas por el *"Code des Transports"* aprobado por medio de la *"Ordonnance"* **n.º 1307/2010, de 28.10.2010** [Code.Transp.fr./2010], que ahora se ocupa de esta materia en sus **arts. L 5421-1 a L 5423-14**, y que – concretamente – diferencia de forma nítida entre Contrato de Transporte de mercancías – **art. L 5422-1** – y fletamentos – *"affrètements"* – **art. L 5423-1, Code.Transp.fr.**, siendo así que este último precepto dice:

> *"Par le contrat d'affrètement, le fréteur s'engage, moyennant rémunération, à mettre un navire à la disposition d'un affréteur.*
> *Les dispositions du présent chapitre sont supplétives de la volonté des parties".*

A continuación, los **arts. L 5423-8** al **L 5423-14** regulan, como subespecies o modalidades del Contrato de Fletamento, los contratos de fletamento a casco desnudo – que es un verdadero arrendamiento de cosas [el buque] –, de fletamento por tiempo y de fletamento por viaje. Por este motivo, el citado y reproducido art. L 5423-1, Code.Transp.fr. se limita a decir que, *"[p]or el contrato de fletamento, el fletante se compromete, mediante una remuneración, a poner un buque a disposición de un fletador"*; expresión amplia y descomprometida, idónea para encerrar dentro de sus muros figuras que no dejan de ser notablemente diferentes, que se repite en el art. L 5423-14, respecto del Fletamento por viaje: *"Por el contrato de fletamento por viaje, el fletante pone a disposición del fletador, total o parcialmente, un buque para realizar uno o varios viajes"*.

---

[221] LOPUSKI, J.: "Time Charter under...", cit., p. 1821, quien señala que en el Derecho francés se establece una clara distinción entre "fletamentos" ["affretements"] y "transporte". REMOND-GUILLOUD, Mtne.: cit., ps. 261 y ss. RODIERE/DU PONTAVICE.: cit., 11.ª ed., p. 218. MARTÍNEZ JIMÉNEZ, M.ª.I.: *"Los contratos de explotación del Buque..."*, cit., ps. 172 y ss.

[222] No voy a citar, por no hacer al caso, las empresas de estiba y desestiba [*"entreprises de manutention"*], que también vienen contempladas en la referida Ley.

Ahora bien; hay que tener en cuenta que el **art. L 5423-11, Code. Transp.fr.** impone el propio Fletante una cierta responsabilidad por las mercancías, en los siguientes términos:

"El fletante es responsable de los daños sufridos por las mercancías, si se establece que son debidos a un incumplimiento de sus obligaciones de fletante, precisadas por vía reglamentaria

De todos modos, no se hace responsable de la falta náutica del capitán o de sus auxiliares".

Lo que pasa es que hacer responsable al Fletante, por daños en las mercancías… no significa hacer de él un *"porteador"*, y que esto es así, lo demuestra el hecho de que la referida responsabilidad se asocia a *"un incumplimiento de sus obligaciones de fletante".* Queda por ver si esas obligaciones *"de fletante"* son, o no son, obligaciones propias de un porteador, lo que no está del todo claro – acaso parece otra cosa – ni siquiera en el caso de los fletamentos por viaje, a juzgar por lo previsto en los **arts. L 5423-13** – ya reproducido – y **L 5423-14, Code.Transp.fr.**, según el cual:

"El fletante es responsable de las mercancías recibidas a bordo por el capitán, dentro de los límites previstos por la póliza de fletamento.

Pero se liberará de esta responsabilidad estableciendo, bien sea que cumplió debidamente sus obligaciones como fletante, o bien que les daños no derivan de un incumplimiento de sus obligaciones, o que el daño fue debido a la falta náutica del capitán o de sus auxiliares".

La influencia francesa se ha dejado sentir en el Derecho de la **República de Guinea** – otro estado signatario de las *"Reglas de Rotterdam"* –, donde existe un larguísimo ***"Code de la Marine Marchande"***[223], cuyos **arts. 947 y 948** definen los conceptos del *"Contrat d'Affrétement"* y el contrato de transporte marítimo de mercancías, en términos muy parecidos a los de la Ley francesa.

---

[223] *Loi* L/95/23/CTRN de 12.06.1995, *"portant Le Code de la Marine Marchande"*, en <http://faolex.fao.org/docs/pdf/gui34423.pdf>.

Otro país firmante de las *"Reglas de Rotterdam"* y tradicionalmente situado entre los que distinguen fletamentos y contratos de transporte es **Polonia**, cuyo ordenamiento jurídico hubo de enfrentarse también con el problema de la controvertida naturaleza jurídica de los fletamentos por tiempo[224]. El viejo Código marítimo polaco, de 1961, reflejó la idea de que el Fletamento puede servir a diversas finalidades, no solamente las de transporte[225], y consiguientemente lo configuró como un contrato cuyo objeto era la puesta a disposición del Buque, con los servicios de su capitán y tripulación[226]. El viejo Código de 1961, ha sido sustituido por un nuevo **Código maritimo polaco** [*"Kodeks Morski"*], **de 18.09.2001 [Kod. Mor.Pol./2001]**, que – al parecer – sigue diferenciando entre **contratos de transporte [arts. 103 y ss.]** y propios **fletamentos**, regulados – éstos – en sus **arts. 188 y ss., Kod.Mor.Pol./2001**, si bien el Contrato de Transporte puede concertarse en forma de fletamento. Así, el **art. 103** dispone que el contrato de transporte de carga es aquel por el que el Porteador se compromete, a cambio de una remuneración o flete, a transportar mercancías por mar, al tiempo que el **art. 104** previene que el contrato de transporte de mercancías podrá prever las siguientes modalidades o los siguientes contenidos u objetos: 1) que el Fletante pondrá la totalidad o una parte determinada del Buque, a disposición del Fletador-cargador, para la realización de uno o más viajes (contrato de fletamento) o bien – 2) – aplicarse al transporte de mercancías o de carga especifica por tipo, cantidad, medida o peso específicos. Así, parece que el **Kod.Mor.Pol./2001** comienza por contemplar dos grandes modalidades de contratos de transporte: los **transportes puros** y los **fletamentos-transporte**: en los primeros, el consentimiento y causa de los contratantes versan, directa y exclusivamente, sobre el servicio – *"opus perfectum"* – de la **traslación geográfica de mercancías, identificadas... sin que, al parecer, revista trascendencia alguna el Buque**, que – al parecer – lo sería indeterminado o genérico. En los otros, por el contrario, la conducción de las mercancías se lleva a cabo, técnicamente, por medio de un **buque**, cuyo buque **pasa a conevrtirse en elemento real fundamentalísimo, sobre el cual recae el consentimiento y objeto del contrato**, ya que la conducción de las mercancías a transportar se lleva a cabo **mediante** el compromiso de **puesta a disposición**,

---

[224] Lopuski, J.: "Time Charter under...", cit., p. 1819.

[225] Lopuski, J.: "Time Charter under...", cit., p. 1825.

[226] Lopuski, J.: "Time Charter under...", cit., p. 1826.

Fletamento, Transporte Marítimo y Responsabilidad Contractual 365

por parte del Fletante, y a favor del Fletador, del susodicho Buque. De todos modos, la diferencia entre ambas instituciones es la que separa a un contrato de ejecución de obra de conducción de mercancías... y un contrato de puesta a disposición del Buque. Por este motivo, el **arts. 188, § 1, Kod.Mor.Pol./2001** define el Fletamento por tiempo – *"Czarter na czas"* – estableciendo que, por el contrato de fletamento por tiempo, el Fletante se compromete a poner a disposición del Fletador el Buque armado y provisto de dotación, por un período de tiempo determinado o por un período de uno o varios viajes consecutivos en un contrato específico.

III.3.2. Ordenamientos con asimilación del Fletamento y el Transporte

Pero las *"Reglas de Rotterdam"* también han sido firmadas por países cuyo ordenamiento jurídico, a pesar de no pertenecer al *"Common Law"*, sino de hallarse enraizado – más o menos profundamente – en la tradición del Derecho Europeo Continental, tienen una visión mucho más *"traslaticia"* o *"conductiva"* de los contratos de fletamento, que tienden a aproximarse notablemente al Contrato de Transporte, hasta confundirse – eventualmente – con él, de un modo u otro. Así, cabe citar, en primer término, el caso de **Grecia**, donde existe un denominado *"Código de Derecho marítimo privado*[227]*"* [**KIND.**], que, por razones históricas, habría experimentado la influencia del Derecho inglés, y que – al parecer – habría sido uno de los modelos preferidos por los redactores de los distintos proyectos de Ley que afectarían a nuestro futuro régimen de los contractos náuticos[228]. Pues bien; uno de los rasgos formales o estructurales que caracterizan al referido KIND. es que su **Tít. VI** dedica a lo que se describe como *"Fletamento"* [**"affreightment"**] siete [7] **capítulos**, que reflejan que dicha noción – la de *"Affreightment"* – se emplea como **rúbrica genérica** –

---

[227] La reforma del Derecho marítimo en Grecia se llevó a cabo efectuado una codificación dual: por una parte, la codificación del Derecho marítimo público, y – por otra – la del Derecho marítimo privado [MARTÍNEZ JIMÉNEZ, M.ª.I.: *"Los contratos de explotación del Buque..."*, cit., p. 151].

[228] SÁNCHEZ CALERO, F.: "Sobre la Reforma de la Legislación marítima (Breve alusión al régimen proyectado de algunos contratos", en VV.AA.: *"La Reforma de la Legislación marítima"*, dir. Por I.Arroyo martínez y E.Beltrán Sánchez, coord. por A.B.Campuzano Laguillo y R.Lobeto Lobo, edit. Ieem./Aranzadi, S.A., Elcano (Navarra), 1999, p. 132.

¿Acaso el reflejo de una hipotética influencia norteamericana? – **para designar los contratos de utilización del Buque**[229]. Pues bien; de éllos, el Cap. 1.º contiene las Disposiciones Generales [*"General Provisions"*], el Cap. 2.º trata de las obligaciones del Naviero [*"owner"*], y el Cap. 3.º se ocupa de la responsabilidad del naviero [*"owner's liability"*]. Seguidamente, el Cap. 4.ª trata de las obligaciones del Fletador [*"Charterer"*]. El Cap. 5.ª, de la rescisión del contrato y de la imposibilidad de la prestación [*"impossibility of performance"*]. El Cap. 6.º regula los conocimientos de embarque, en conjunción con la L.gr. n.º 2107/1992 que ratificó el Convenio de Bruselas de 1924, sobre Conocimientos de embarque ["Reglas de La Haya"], junto con los dos Protocolos de 1968 y 1979 ("Reglas de La Haya-Visby"), y finalmente, el Cap. 7.º trata del transporte de pasajeros o contrato de pasaje[230]. De acuerdo con los preceptos del KIND, **el Contrato de Transporte marítimo de cosas [*"carriage of goods by sea"*] se considera como una modalidad del Contrato general de Fletamento en póliza [*"general contract of affreightment (charter-parties)"*]**, siendo así que la Doctrina se ha pronunciado, de forma clara, a favor del **tratamiento legal unificado** o unitario de ambos tipos de contratos, de forma que el Contrato de Transporte de mercancías se rige por las mismas disposiciones que el Contrato de Fletamento[231].

En una línea parecida cabe aludir al caso de los **Países Bajos**, cuyo **Código civil [*"Nieuw Burgerlijk Wetboek"* o NBWk.]**[232] – que lleva a cabo una unificación, siquiera formal del Derecho privado, civil y mer-

---

[229] MARTÍNEZ JIMÉNEZ, M.ª.I.: *"Los contratos de explotación del Buque..."*, cit., p. 151.

[230] CHRISTODOULOU, D.Ph.: "Introduction to the Greek Legal System", en <http://jurist. law.pitt.edu/world/greececor2.htm>, pues aunque Grecia no fue parte del Convenio de 1924, como señala ZEKOS, G.I.: "The contractual role of bills of lading under Greek Law", en *"Managerial Law"*, 1997, n.º 3, ps. 5 – 23 y en <http://emeraldinsight.com/Insight/ viewContentItem.do;jsessionid=9455A33DF781E0EB12A931D2089FFB17?contentType =Article&contentId=1656011>.

[231] Así, ZEKOS, G.I.: "The contractual role of bills of lading under Greek Law", en *"Managerial Law"*, 1997, n.º 3, ps. 5 – 23 y en <http://emeraldinsight.com/Insight/ viewContentItem.do;jsessionid=9455A33DF781E0EB12A931D2089FFB17?contentType =Article&contentId=1656011>, señala que *"Scholars have clearly expressed in favour of the regulation of both kinds of contracts under the same provisions. So the former (contract of carriage) is governed by the same provisions as the latter (charter party)"*.

[232] He utilizado el siguiente texto: HAANAPPEL, P.P.C. y MACKAAY, E.: *"New Netherlands Civil Code/Nouveau Code civil néerlandais. Book 8 Means of Traffic and Transport/ Libre 8 Des moyens de transport et du trasport"*, edit, Kluwer, La Haya/Londres, 1995.

cantil[233] – dedica el **Lib. VIII.**º a los *"medios de tráfico y de transporte"*, de modo que se incluyen el Derecho de los Transportes, junto con el Derecho marítimo – y también fluvial –, y el Derecho aeronáutico. Concretamente, los **Caps. II.**º y **III.**º, tratan, respectivamente, del Derecho marítimo – *"Zeerecht"* – y el Derecho de la navegación por aguas interiores – *"Binnenvaartrecht"* –, y en ambos capítulos se incluyen normas sobre la *"explotación"* – *"Explotatie"* –, de los buques y embarcaciones fluviales, que tiene lugar a través de determinados contratos, que – si nos centramos en los meros *"nomina iuris"* – serían: contratos de transporte de mercancías y de transporte de personas, fletamentos a casco desnudo, fletamentos por tiempo y fletamentos por viaje. Pues bien; la manera en que el NBWk. concibe las relaciones entre estos tipos parte de una clara distinción entre contratos de transporte y contratos de fletamento a casco desnudo. Los primeros se definen – **art. 370 (8.5.2.1.), NBWk.** – del siguiente modo:

> *"A los efectos del presente Título, el contrato de transporte de mercancías es aquél, sea o no un fletamento por tiempo o por viaje, por el cual una de las partes (el porteador) se ocompromete, frente a la otra (el expedidor) a transportar cosas a bordo de un buque exclusivamente por mar".*

De estas palabras parece deducirse que **existen contratos de transporte que no podrían ser considerados fletamentos**, ni por tiempo, ni por viaje... Bien, pero ¿y a la inversa? Es decir: **¿pueden existir fletamentos por tiempo o por viaje... que no sean considerados contratos de transporte?** Al parecer, en una primera aproximación, da la impresión de que la respuesta debiera ser **negativa**. En este sentido, el **art. 373 (8.5.2.2.), NBWk.** establece que:

> *"1. El fletamento por tiempo o por viaje, en el sentido de la presente sección es el contrato de transporte de mercancías por el cual el transportista se compromete a transportar a bordo de un buque que, con esa finalidad, pone – de forma total o parcial, y en función del tiempo o no [fletamento por tiempo*

---

[233] Van Der Hosrt, N.M.: "Introduction", en Haanappel/Mackaay, E.: *"New Netherlands Civil Code/Nouveau Code civil néerlandais. Book 8 Means of Traffic and Transport/ Libre 8 Des moyens de transport et du trasport"*, cit., 1995, p. xxiv.

o por viaje] – a disposición del expedidor, de un modo diferente al de la cesión en fletamento a casco desnudo.

2. – En la presente sección, el término "Fletante" designa al Porteador y "Fletador" al expedidor mencionados en el párrafo primero.

Las disposiciones legales sobre el arrendamiento, el depósito y el préstamo de uso (Comodato) no son de aplicación a la puesta a disposición de un buque, salvo por título de fletamento a casco desnudo"

Una vez más – a semejanza de lo que se ha visto respecto del Derecho polaco – la **conducción** de las mercancías se lleva a cabo, técnicamente, por medio de un **buque**, cuyo buque **pasa a convertirse en elemento real fundamentalísimo, sobre el cual recae el consentimiento y objeto del contrato**, ya que la conducción de las mercancías a transportar se lleva a cabo **mediante** el compromiso de **puesta a disposición** *"without demise"*, por parte del Fletante-naviero-porteador, y a favor del Fletador-cargador, del susodicho Buque. Y, sin embargo, siento que me invaden algunas **dudas** al respecto: para empezar, lo que es evidente es que el art. 373 (8.5.2.2.), NBWk. no admite parangón con nuestro art. 203, LNM./2014, sino que – de hecho – acaso estaría más próximo al sistema de nuestro viejo Cco./1885, aunque no mucho más. Y es que el citado **art. 373 (8.5.2.2)** nos muestra la imagen de un contrato de **puesta a disposición**; ciertamente, será una puesta a disposición distinta de la que es propia de un arrendamiento – el fletamento a casco desnudo –... pero esa puesta a disposición **se distingue de la propia prestación de transporte, a la que – en este caso – sirve con carácter instrumental**. A partir de este punto, la cuestión que queda pendiente es la cuestión de la **separabilidad** de ambas prestaciones [Entiéndase: la cuestión de hasta qué punto o en qué medida o bajo qué condiciones, ... es posible separar la prestación de transporte, de la prestación de disponibilidad del buque]; una separabilidad que – en mi opinión – podría encontrar un primer apoyo en las palabras *"con esa finalidad"*. De hecho, el texto original dice *"dat hij daartoe"*, que se traduce en inglés por *"for that purpose"*, y en francés por *"à cette fin"*... Pues, si el Fletante – no olvidemos que el NBWk. conserva esta expresión – *"se compromete a pone[r] – de forma total o parcial, y en función del tiempo o no [fletamento por tiempo o por viaje] – un Buque a disposición del* Fletador – el NBWk. conserva, también, esta otra expresión correlativa – *de un modo diferente al de la cesión en fletamento a casco desnudo"*, pero... para un fin diferente del transporte; con un propósito

Fletamento, Transporte Marítimo y Responsabilidad Contractual   369

distinto... siempre que no sea el mero depósito de los objetos, ¿ante qué contrato estaríamos? La respuesta es, ahora, sorprendentemente parecida a la del art. 210, LNM./2014, y se encuentra en el art. 531 (8.5.4.2.), NBWk., que se encuentra incardinado dentro de la rúbrica sobre *"ciertos contratos particulares"* [se entiende que de explotación del Buque]; una rubrica que incluye, en primer término al arrendamiento – fletamento, dicen – a casco desnudo, pero que en el artículo mencionado habla de aquel *"contrato por el cual una de las partes se compromete a poner un buque exclusivamente de navegacion marítima, a disposición del otro contratante, en términos diferentes a los de un fletamento a casco desnudo y con fines distintos a los del transporte de cosas o de personas"*.

También son países firmantes de las *"Reglas de Rotterdam"*, Dinamarca y Noruega, que pueden considerarse pertenecientes a lo que se podría describir como el sistema nórdico de regulación de los contratos naúticos y de utilización de buques. Con el antecedente de la *"Maritime Law of Sweden"*, de 12.06.1891, que trata de los fletamentos – *"chartering"* – concibiéndolos como contratos de *transporte*[234], los ordenamientos "nórdicos" o"escandinavos"[235], como el Derecho Danés, el Finlandés o el Noruego, plantean una problemática especial, porque – para empezar – son, igualmente, ordenamientos sin códigos[236], que – por otra parte –

---

[234] § 109: *"Los contratos referidos al transporte de mercancías se harán por escrito en póliza* ["shall be made in writing 'Charterparty'"], *si alguna de las partes así lo desea".* Por este motivo, se explicaba que el § 110 dispusiera que el Fetamento de buque por entero no incluía la cubiertas al aire libre, ni los camarotes o cabinas para el acomodo de la tripulación o para los pertrechos del buque, provisiones, fuel y otros elementos necesarios para el viaje, salvo que se pactase otraa cosa.

[235] MORINEAU, M.: "Evolución de la familia jurídica romano-canónica. El Derecho comparado" p. XXXIX, 23 de 28, en <http://www.bibliojuridica.org/libros/4/1855/5. pdf>, quien señala que autores como ZWEIGRT y KÖTZ emplean los adjetivos "nórdicos" y "escandinavos", para referirse a los ordenamientos de Dinamarca, Finlandia, Islandia, Noruega y Suecia, aunque – ciertamente – ni Dinamarca, ni Islandia se hallan en la Península escandinava.

[236] LILLEBAKKEN, F.: "The Norwegian Legal system. A Brief Introduction", en <http:// www.jur.uib.no/studier/utland/English/ECTS/LEGAL.HTM>. LOOKOFSKY, J.: " Desparately seeking Subsidiarity: Danish Private Law in the scandinavian, european, and global context", en *"Duke Journal of Comparative & International Law"*, [Vol 19:161, 2008], p. 176, en <www.law.duke.edu/shell/cite.pl?19+Duke+J.+Comp.+&+Int'l>, quien señala que *"my main point here is that Danes make laws; they don't make Codes. Danish legislators have been enacting statutes on private law subjects for centuries, but they have never*

370   *José Luis García-Pita y Lastres*

no pueden adscribirse, ni al *"Civil Law"*, de raíz romana, ni tampoco al *"Common Law"* angloamericano, ya que – aun cuando exista un Derecho de creación judicial, en los países escandinavos[237] –, estos no comparten el estilo del *"Common Law"*, en relación con el papel de los Jueces como creadores del Derecho, ni reconocen el mismo papel preponderante que posee el precedente judicial [*"binding precedent"*, *"stare decissis"*], mas – al propio tiempo – experimentaron una muy reducida infuencia del Derecho romano[238].

Sin embargo, se trata de países que emprendieron un proceso de colaboración/elaboración legislativa, plasmado – entre otros aspectos – en el ámbito del Derecho marítimo[239]. Pues bien; dado que nos hallamos ante un Derecho sin códigos; ante un Derecho en el que la legislación escrita no ha logrado elaborar un sistema de tipos comparable al de nuestro códigos civil y de comercio, no puede sorprender que la actitud ante la problemática de los contratos náuticos y, concretamente, ante la tipología de los *"fletamentos"* – en sentido amplísimo – sea similar a la que existe en el Derecho anglosajón: parece que **en la legislación de los paises nórdicos tampoco se establece una clara distinción entre** *"fletamento"* **y** *"transporte"*, **ni siquiera respecto del arrendamiento de buques,** y si existe alguna **frontera**; alguna línea que delimite estas diversas figuras, dicha línea se presenta **móvil y variable**[240]. Así, p.e., la expresión *"fletador"*

---

enacted a comprehensive Civil Code". Schultz, M.: "The Scandinavian Legal family. An Introduction", p. 9, en <www.juridicum.su.se/.../The%20Scandinavian%20Legal%20 Family.ppt> Morineau, M.: "Evolución..." cit., p. XL, 24 de 28, en <http://www.bibliojuridica.org/libros/4/1855/5.pdf>, quien señala que los paises nórdicos no cuentan con códigos como lós códigos civiles alemán o francés. Por su parte, Rivera, J.C.: "La Recodificacion. Un estudio de derecho comparado", p. 29 de 59, en <http://www.rivera.com.ar/publications/LaRecodificacion.pdf>, sostiene que en los paises escanddinavos, como en Inglaterra, no existe una teoría general de las obligaciones, e incluso – dicen algunos – todavía se está en proceso de delimitar la figura del *"Contrato"*, como categoría jurídica.

[237] Lookofsky, J.: "Desparately seeking Subsidiarity...", cit., p. 177, en <www.law.duke.edu/shell/cite.pl?19+Duke+J.+Comp.+&+Int'l>.

[238] Morineau, M.: "Evolución..." cit., p. XXXIX-XL, 23 y s. de 28, en <http://www.bibliojuridica.org/libros/4/1855/5.pdf>.

[239] Morineau, M.: "Evolución..." p. XL, 24 de 28, en <http://www.bibliojuridica.org/libros/4/1855/5.pdf>.

[240] Falkanger, Th., Bull, H. J. y Brautaset, L.: *"Introduction to Maritime Law"*, edit. FORFRATTERNE OG TANO ASCHEHOUG, Oslo, 1998, ps. 247 y s., quienes señalan que hay muchos modos en que un naviero puede utilizar el Buque, en una actividad

Fletamento, Transporte Marítimo y Responsabilidad Contractual   371

[*"befrakter"*] es utilizada, indistintamente, para referirse a personajes que van desde el arrendatario de buques a casco desnudo, hasta el cargador [*"stykkgodsbefrakter"*][241].

Además, en la denominación de los contratos, el *"Norwegian Maritime Code"*, de 1994, emplea un término *único y omnicomprensivo*, cuando no *dos, prácticamente intercambiables*: o bien se habla, sin más de los, *"affreightment contracts"*; expresión inclusiva de los fletamentos propiamente dichos, documentados en póliza [*"charterparties"*], o de los contratos de transporte marítimo [*"carriage by sea"*], documentados en un conocimiento de embarque [*"Bill of lading"*], e incluso de los contratos de volúmen o tonelaje. Más en concreto, el Fletamento por Viaje se caracteriza, directamente como contrato "de transporte", o – cuando menos – las normas del contrato de transporte le son aplicables en amplísima medida. Y por lo que hace a los fletamentos "por tiempo", si bien a los mismos se les atribuye claramente el calificativo de "fletamentos" y se los distingue claramente de los "fletamentos por viaje", lo cierto es que mantienen *relaciones muy estrechas* con el contrato de *Transporte*[242].

---

comercial: el naviero o propietario puede utilizar el buque para su propio uso; p.e: para transportar su propia carga [es el caso de las compañías petrolíferas, que transportan, por sí mismas, en buques-tanque propios o arrendados, los crudos que obtienen y procesan], o puede – incluso – llegar a enajenar el buque, vendiéndolo. Entre estos dos supuestos extremos, existen múltiples formas de utilización del buque, variadas y variables. *"No cabe trazar unos límites claros, aunque sí – el menos distinguir o diferenciar un pequeño grupo de formar recognoscibles"*.

[241] ANÓNIMO.:"Norway. The charterer's ("befrakter's") right to limit his liability in respect of a claim from the shipowner for damage to the vessel – Scandinavian and English law ", p. 8 de 14, en <http://www.cmi2008athens.gr/Norway.pdf>, donde – además – se emplea un criterio definitorio tan economicista como el que reflejan estas palabras: *"The term "charterer" refers to a person or entity buying transport services or transport capacity as defined in a contract of affreightment with the owner of a ship"*; es decir: que el término *"Fletador"* alude a alguien que *"compra"* servicios de transporte o *"capacidad de transporte"*.

[242] LOPUSKI, J.: "Time Charter under...", cit., p. 1822. BERLINGIERI, F.: "The Liability of the Owner for Loss of or Damage to the Goods", en Il Dir.mar., 1992, fasc. IV, octubre-diciembre, p. 1125. FALKANGER/BULL/BRAUTASET: *"Introduction to Maritime Law"*, cit., ps. 248 y s., quienes – si bien afirman que en el Contrato de *"Time-Charter"*, el Naviero se obliga a llevar a cabo los viajes que le requiera el Fletador, a lo largo del período de tiempo pactado, de forma que el Flete se calcula, devenga y paga, no en función del volumen y cantidad de carga transportada, sino en función de la duración del plazo por el que el Fletador tiene la disponibilidad del Buque – acto seguido añaden que: *"Igual que en el*

Desde luego, la versión original del *"Norwegian Maritime Code"* se refería a las partes de un *"contract of affreightment"* con las expresiones porteador [En noruego, *"bortfrakter"*] y *"charterer"* – fletante – que en Noruego se dice *"befrakter"*[243], si bien, en la práctica prevalece el uso del término *"naviero"* [En inglés, *"owner"*, y en noruego: *"reder"*], que es utilizado – principalmente – para referirse al Porteador[244]. De hecho, en el año 1994, la terminología fue revisada y *"refinada"* o quizá resultase más acertado decir: *"afinada"*, aunque en el caso de los *"chartering contracts"* se ha conservado la terminología original, aunque el texto se ocupa de aclarar de *qué tipo* de fletamento o *"charter"* se trata, hablando: bien sea del *"reisebortfrakter"*, o bien del *"tidsbortcharterer"*[245], como contratantes, cuya contraparte típica es, ora el *"voyage charterer"*, ora bien el *"time charterer"*[246].

Un cambio de notable importancia en el *"Norwegian Maritime Code"*, de 1994, fue el prever – respecto del contrato de transporte de carga general – [§ 251 (13: 1)], que las partes pueden denominarse *"transporter"* [en noruego, *"transportør"*], aunque FALKANGER prefiere utilizar la expresión *"carrier"*, y *"sender"*[247]. Hay quien afirma, en cambio, que la evolución sufrida por el Derecho nórdico es paralela a la del Derecho alemán y, también, a la del Derecho portugués, de modo que, finalmente, se habría venido a distinguir, con nitidez, entre el Contrato de Fletamento y el Contrato de Transporte marítimo de mercancías o de cosas[248].

---

caso del transporte en régimen de línea regular, los 'Voyage Charterparties' *y los* 'Time Charterparties' *implican al Naviero en el transporte de mercancías por mar, efectuado por cuenta ajena"*.

[243] FALKANGER/BULL/BRAUTASET: *"Introduction to Maritime Law"*, cit., p. 250.

[244] FALKANGER/BULL/BRAUTASET: *"Introduction to Maritime Law"*, cit., p. 250.

[245] FALKANGER/BULL/BRAUTASET: *"Introduction to Maritime Law"*, cit., p. 250.

[246] FALKANGER/BULL/BRAUTASET: *"Introduction to Maritime Law"*, cit., p. 250. BÖRJESSON, A.: *"Kvantumskontrakt. Särskilt om 1994 års reglering"*, edit. Juridiska Fakulteten Vid Lunds Universitet, Lund, 2001, p. 8, y en <http://web2.jur.lu.se/Internet/Biblioteket/Examensarbeten.nsf/0/E5DD157531C241B0C1256ADC0048EA3F/$File/exam.pdf?OpenElement>, quien alude a la distinción entre *"resebefraktning"* (equivalente al *"voyage charter"*), *"tidsbefraktning"* (equivalente al *"time charter"*) y *"skeppslega"* (equivalente a los *"bareboat/demise charters"*).

[247] FALKANGER/BULL/BRAUTASET: *"Introduction to Maritime Law"*, cit., p. 251.

[248] SÁNCHEZ CALERO, F.: "Sobre la Reforma de la Legislación marítima (Breve alusión al régimen proyectado de algunos contratos)", cit., p. 132. CORRALES ELIZONDO, A.: "La evolución legislativa en materia de transporte marítimo: presente y futuro", ps. 8 y s., de 15, en <www.asesmar.org/conferencias/.../doc.../Evolución_legislativa.doc >.

III.4. *La solución de las* "**Reglas de Rotterdam**": *un criterio semi-amplio y funcional*

Como ya tuve ocasión de señalar, con anterioridad, el **art. 1.º, n.º 1, Reg.Rott.** establece que, "[a] *los efectos del presente Convenio: 1. Por "contrato de transporte" se entenderá todo contrato en virtud del cual un porteador se comprometa, a cambio del pago de un flete, a transportar mercancías de un lugar a otro".* Análoga calificación como *"contrato"*, se hace en el art. 1.º, n.º 2, Reg.Rott., en relación con el denominado *"Contrato de Volumen"* que se define como *"todo contrato de transporte que prevea el transporte de una determinada cantidad de mercancías en sucesivas remesas durante el período en él convenido. Para la determinación de la cantidad, el contrato podrá prever un mínimo, un máximo o cierto margen cuantitativo".* Por consiguiente, pareciera que nos hallamos en presencia de una subespecie del Contrato de Transporte marítimo de mercancías, que – precisamente por esa condición subespecífica – debe entenderse, también, como *"un"* contrato *"de transporte"*, y – por consiguiente – como un contrato que reúne todos los elementos estructurales y funcionales que se hallan presente en el concepto del Contrato de Transporte de mercancías, total o parcialmente marítimo, que se describe en el precedente art. 1.º, n.º 1: *"contrato en virtud del cual un porteador se comprometa, a cambio del pago de un flete, a transportar mercancías de un lugar a otro".*

Ahora bien; acto seguido, el **art. 1.º, Reg.Rott.** dedica sus **n.ºs 3 y 4**, a ofrecer sendas definiciones del *"transporte de línea regular"* y del *"transporte no regular"*, que define como términos antitéticos; opuestos, y que – por eso mismo –, en mi opinión, se definen sirviéndose de criterios o factores comunes, siquiera para poder establecer la comparación sobre una base común. Y, así, del primero de éllos – *"transporte de línea regular"* – dice que:

> *"...se entenderá el servicio de transporte que se ofrezca al público mediante anuncios o medios similares de publicidad y que incluya el transporte en buques que navegan con regularidad entre puertos determinados y conforme a un calendario de fechas de navegación a disposición del público".*

Obsérvese que, aunque se trata de definir un *"transporte"*, las *"Reglas de Rotterdam"* no recurren – como se hizo con el *"Contrato de Volumen"* – al término *"contrato de transporte"*; de hecho: **ni siquiera** se habla de *"contrato"* [Es decir: no se define un supuesto *"contrato de transporte de línea regular"*], sino que se utiliza el término *"servicio"*, lo cual es lógico porque un contrato – en principio – es un negocio jurídico ya perfecto y existente, y no es fase de mera oferta o propuesta... mientras que lo que se describe como *"transporte de línea regular"*, aparece configurado como un *"servicio"* que *"se ofre*[ce] *al público"*. Así; más bien parece que se está ante una realidad que extravasa del ámbito estrictamente jurídico de los contratos, para entrar en un ámbito más amplio... y donde lo jurídico deja paso, en mayor o menor medida, a los conceptos socioeconómicos y técnicos: el ámbito o el plano de las **actividades** o de las **operaciones**.

De acuerdo con el Diccionario R.A.E., la voz **operación** (Del lat. *operatio, – ōnis*) presenta cuatro acepciones, de las cuales, las tres primeras son: **1.** f. Acción y efecto de operar. **2.** f. Ejecución de algo. **3.** f. *Com.* Negociación o contrato sobre valores o mercaderías. *Operación de bolsa, de descuento*. Y en el Diccionario de María Moliner, la voz **operación mercantil** designa – acaso de forma icástica – toda compra, venta o cualquier otra operación en que hay paso de dinero de una persona o entidad a otra, con ganancia de dinero para una de las partes y otra clase de beneficio para la otra; como una operación de descuento o un préstamo. Comercio.

A la inversa, el art. 1.º, n.º 4, dice que "[p]or *"transporte no regular"* se entenderá todo transporte que no sea de línea regular"*. **¿Significa esto que un *"transporte no regular"* no es un *"servicio"*, sino un *"contrato"*?** Quizá... pero no lo creo. Lo que sí creo posible es que un *"transporte no regular"*, precisamente por esa falta de regularidad, pueda consistir en un – único – contrato de transporte, pero en cualquier caso, el enfoque desde el cual se elabora el concepto, sigue siendo un enfoque economicista; un enfoque que considera la figura desde un punto de vista o con un criterio socioeconómico o técnico... no jurídico. Dicho de otro modo: cuando se habla de *"transporte no regular"* – lo mismo que cuando se habla de *"transporte de línea regular"* –, se está describiendo una **actividad**, y no un contrato. No existe el *"Contrato de transporte no regular"*, al menos como tipo o subtipo contractual, sino como una forma de expresar que se contrata un transporte en el contexto de una operación económica o de una actividad de *"transporte no regular"*.

Ahora bien; las *"Reglas de Rotterdam"* se han ocupado de definir esas dos actividades con un propósito relacionado con la necesidad de delimitar su propio ámbito de aplicación: es entonces cuando cobran interés las tres menciones explícitas y específicas que se hacen del *"fletamento"*, comenzando por la del **art. 6.º, Reg.Rott.**, titulado *"exclusiones específicas"*, de acuerdo con el cual:

> *"1. El presente Convenio no será aplicable a los siguientes contratos en el transporte de línea regular:*
> *a) Los contratos de fletamento; y*
> *b) Otros contratos para la utilización de un buque o de cualquier espacio a bordo de un buque.*
> *2. El presente Convenio no será aplicable a los contratos de transporte en el transporte no regular, salvo cuando:*
> *a) No exista entre las partes un contrato de fletamento ni otro contrato para la utilización de un buque o de cualquier espacio a bordo de un buque; y*
> *b) Se haya emitido un documento de transporte o un documento electrónico de transporte".*

A su vez, el **art. 7.º, Reg.Rott.**, bajo el título *"aplicación a ciertas partes"*, establece que:

> *"No obstante lo dispuesto en el artículo 6, el presente Convenio será aplicable a las relaciones entre el porteador y el destinatario, la parte controladora o el tenedor que no sea parte originaria en un contrato de fletamento ni en un contrato de transporte de los excluidos del ámbito de aplicación del presente Convenio. Sin embargo, el presente Convenio no será aplicable a las relaciones entre las partes originarias en un contrato de transporte excluido de su ámbito de aplicación a tenor del artículo 6".*

Pues bien; tantas referencias al *"Contrato de Fletamento"*, ... y – sin embargo – no se nos dice **qué es**. Lo único que parece quedar claro es que el Fletamento – lo mismo que el Transporte – es un *"contrato"*, pero no sabemos nada más de él, a no ser que la concepción que se tiene de este contrato se deduzca de las referencias que se hacen a *"otro/s contrato/s para la utilización de un buque o de cualquier espacio a bordo de un buque"*. Si es así, entonces la incorporación de las *"Reglas de Rotterdam"* a nuestro Ordenamiento jurídico interno; a un ordenamiento interno que ya se ha visto radicalmente transformado por la promulgación como texto definitivo, y como nuevo Derecho positivo, de un texto como la

LNM./2014, supondrá que nuestro Ordenamiento podría llegar a tener **dos conceptos jurídicos completamente distintos** de una misma institución; de un mismo tipo contractual.

Porque existen diversas teorías en torno a la relación entre Fletamento y Transporte[249]; a saber:

    1. Hay quienes – directamente – identifican *todas las modalidades* del Fletamento, con contratos de *transporte*[250].

---

[249] Para una exposición y categorización de las mismas, vid. Ruiz Soroa, J.M.ª.: "Problemas de legitimación en la acción de resarcimiento por averías y faltas en el transporte marítimo", en *ADM.*, t. I, 1981, ps. 218 y s., notas (9) y (10).

[250] Ruiz Soroa, J.M.ª.: "Problemas de legitimación...", cit., ps. 217 y s., quien señala que, a pesar de que algunos preceptos del CCo./1885 pudieran hacer pensar otra cosa, *"la reconstrucción sistemática del pensamiento interno del Código que el intérprete actual debe efectuar conduce a aquella tajante construcción"*. Y concluye, por tanto, que: "[e]l Naviero es transportista cuando asume él directamente el 'opus' del transporte ante el cargador (contratos de transporte o de fletamento realizados directamente con el cargador) y también cuando es el fletador por viaje de su buque 'quien' asume tal obligación ante terceros. Incluso, en nuestra opinión, cuando ha fletado su buque en 'time-charter' y el fletador por tiempo lo emplea en el transporte de mercancías de terceras personas". Idem.: "Contratos de arrendamiento y fletamento", en VV.AA.: *"Jornadas sobre la Propuesta de Anteproyecto de Ley General de la Navegación Marítima (Madrid, 1 y 2 de junio de 2005)"*, coord. por I.Arroyo Martínez, edit. Thomson-Civitas/Aranzadi, S.A., Cizur Menor (Navarra), 2005, ps. 142 y s. Gabaldón García, J.L. y Ruiz Soroa, J.M.ª.: *"Manual de Derecho de la Navegación marítima"*, edit. Marcial Pons, Ediciones Jurídicas y Sociales, S.A., 3.ª ed., Madrid/Barcelona, 2006, ps. 477, 478, 522 y s., quienes – luego de afirnar que el Fletamento por viaje es el contrato por el que una de sus partes *"se compromete a poner su buque a disposición* [del Fletador], *a cambio de unprecio denominado flete y con objeto de transportar las mercancías pactadas en un determinado viaje"* – añaden que, *"frente a la construcción teórica, de cuño italiano, del* time charter *como contrato de obra en que el fletante promete sólo la navegación de su buque, la más moderna doctrina española prefiere mantener que el* opus *comprometido por el fletante es el transporte"*. Cerdá Albero, F.: "Los contratos de fletamento: fletamento por viaje, fletamento por tiempo, otras modalidades de fletamento, subfletamento", en VV.AA.: *"Manuales de formación continuada"*, n.º 21, *"El Contrato de Transporte"*, vol. 1.º, dir. por J.L.Concepción Rodríguez, edit. Consejo General Del Poder Judicial, Madrid, 2002, ps. 87 y ss. Espejo de Hinojosa, R.: *"Curso de Derecho Mercantil"*, obra traducida al alemán y declarada de mérito relevante según R.O. De 9 de abril de 1921, 8.ª ede., Barcelona, 1931, impr. Imprenta Clarasó, ps. 496 – donde comienza el Capítulo IX, bajo el significativo título de *"El Contrato de Transporte marítimo o de Fletamento"* –, y 497, donde define al Fletamento como *"aquel en virtud del cual, el propietario o navierode un buque se obliga a transportar de un puerto a otro, mercancías, personas o noticias, por un precio determinado"*. Corrales Elizondo,

Fletamento, Transporte Marítimo y Responsabilidad Contractual 377

2. Hay quienes consideran que *solamente* el Fletamento *por viaje* es una modalidad del Contrato de *Transporte*, mientras que *no lo sería el Fletamento por tiempo* [que se identificaría con el *"Time-Charter"* del Derecho y la práctica angloamericanos e internacionales][251].

3. Hay, asimismo, quienes igualmente consideran que *solamente* el Fletamento *por viaje* es una modalidad del Contrato de *Transporte*, mientras que *no lo sería el Fletamento por tiempo*, pero con la particularidad de considerar – además, y por el contrario – que, asu vez, el Fletamento por Tiempo constituiría un *tipo* contractual completamente *distinto* del *"Time-Charter"*.

4. Hay quienes – directamente – *distinguen o separan todas las modalidades* del Fletamento, frente a los contratos de *transporte*[252], si bien – incluso dentro de este grupo – habría que distinguir un subgrupo formado por quienes consideran que, si bien Fletamento y

---

A.: "La evolución legislativa en materia de transporte marítimo: presente y futuro", p. 8, de 15, en <www.asesmar.org/conferencias/.../doc.../Evolución_legislativa.doc>, quien explícitamente se pronuncia en favor de esa opción: *"Nos declaramos a favor, al menos desde un punto de vista de ordenación de nuestro derecho, de una idea unificada de fletamento vinculada al hecho del transporte"*. SÁNCHEZ CALERO/SÁNCHEZ-CALERO GUILARTE.: *"Instituciones..."*, cit., t. II, 36.ª ed. [9.ª en Aranzadi], ps. 706 y s., quienes exponen esta opinión, respecto de la regulación contenida en el CCo./1829 y en el CCo./1885, aunque – luego – se aparten de élla, al reelaborar las categorías de los contratos de explotación de buques, según sus propios criterios. RODRÍGUEZ GAYÁN, E.M.: *"Los contratos internacionales de "Fletamento" y Transporte marítimo"*, edit. Eurolex, S.L., Madrid, ps. 34 y s., quien – asimismo – formula esta opinión, respecto de la regulación contenida en el CCo./1885, aunque – luego – la abandone, para adherirse a las opiniones de SÁNCHEZ CALERO, en orden a la determinación del punto de conexión de las normas de Derecho internacional privado conflictual.

[251] SÁNCHEZ CALERO/SÁNCHEZ-CALERO GUILARTE.: *"Instituciones..."*, cit., t. II, 36.a ed. [9.a en Aranzadi], ps. 706 y s., quienes parten de la base de que todos los contratos de fletamento, en sus distintas modalidades, son – en sí – distintos de los contratos de transporte, si bien en el Fletamento por Viaje, el Fletante puede asumir compromisos propios del Porteador.URÍA GONZÁLEZ, R. y APARICIO, M.a.L.: *"Derecho mercantil"*, edit. Marcial Pons, Ediciones Jurídicas, S.A., 28.ª ed., revisada con la colaboración de M.ª.L.Aparicio, Madrid/Barcelona, 2001, ps. 1159 y 1162. Aparentemente, también, RODRÍGUEZ CARRIÓN, J.L.: "Las pólizas de Fletamento por viaje...", cit., ps. 265 y ss. GONZÁLEZ LEBRERO, R.: *"Curso de Derecho de la Navegación"*, edit. Servicio Central De Publicaciones Del Gobierno Vasco/ *Eusko Jaurlaritzen Argitalpen Zerbitzu Nagusia*, Vitoria/Gasteiz, 1998, p. 355 y 377. QUERCI, F.A.: *"Diritto della navigazione"*, edit. CEDAM. Padua, 1989.

[252] RODRÍGUEZ GAYÁN, E.M.: *"Los contratos internacionales de "Fletamento" y ..."*, cit., ps. 35 y s. VICENTE y GELLA, A.: *"Introducción..."*, cit., 2.ª ed., ps. 384 y ss.

Transporte en régimen de conocimiento de embarque difieren porque en aquél objeto directo del contrato es *el Buque*, mientras que este segundo contrato *"no recae sobre un determinado buque y sólo tiene por objeto el transporte de mercancías"*[253], empero *ambos contratos persiguen fines de transporte*[254], y otro grupo formado por quienes distinguen absolutamente ambos contratos, insistiendo en que el Fletamento *no tiene por qué tener por finalidad el transporte*, sino que es un contrato de *nevegación* efectuada en interés ajeno.

5. Hay quienes consideran el Fletamento y el Contrato de *Transporte solamente difieren y se diferencian*, en función del *tipo de navegación – "liner" o "tramp" –*, en la que se empleen los buques y se presten los servicios.

Pues bien; ¿cuál de estas opciones es la que habrían seguido las *"Reglas de Rotterdam"*? La cuestión podría, quizá, resolverse con mayor facilidad, si se descompusiera en sucesivas sub-interrogantes, comenzando por una aparentemente más sencilla: **¿Identifican las *"Reglas de Rotterdam"* los *"contratos de fletamento"* con el *"contrato de transporte"*?** Para responder a esa cuestión habría que aclarar previamente **qué se entiende por *"identificar"* los contratos de fletamento con el Contrato de Transporte**, ya que – como veremos, cuando entremos a analizar en profundidad el caso del Derecho español – no es lo mismo decir que el Fletamento es sólo un *"alter nomen"* del Contrato de Transporte; o sea: que es *"el"* Contrato de Transporte, ... que decir que los contratos de fletamento son *"unos"* contratos de transporte porque incluyen compromisos de recepción, custodia y conducción del cargamento, o decir – finalmente – que *"algunos"* contratos de fletamento son – serán – contratos de transporte, si y cuando incluyan compromisos de recepción, custodia y conducción del cargamento.

En mi opinión, plantear la cuestión de si las *"Reglas de Rotterdam"* identifican los *"contratos de fletamento"* con el *"contrato de transporte"*, debiera exigir una respuesta a si se da alguno de los dos supuestos mencionados en primer lugar; es decir: que, o bien las *"Reglas de Rotterdam"*

---

[253] Vigier De Torres, A.: *"Derecho marítimo"*, edit. Subsecretaría de La Marina Mercante-Inspección General de Enseñanzas Marítimas y Escuelas, 3.ª ed., Madrid, diciembre de 1977, p. 535.

[254] Vigier De Torres, A.: *"Derecho marítimo"*, cit., 3.ª ed., p. 535.

establecen – o sugieren – que el Fletamento es sólo un *"alter nomen"* del Contrato de Transporte; que es *"el"* Contrato de Transporte, o bien establecen – o sugieren – que los contratos de fletamento son *"unos"* contratos de transporte porque incluyen compromisos de recepción, custodia y conducción del cargamento. Pues bien; **¿se dá alguna de estas dos situaciones?** En mi opinión, la respuesta debe ser **negativa**: visto lo dispuesto en los arts. 6.º y 7.º, Reg.Rott., parece que ni las *"Reglas de Rotterdam"* establecen – o sugieren – que el Fletamento sea sólo un *"alter nomen"* del Contrato de Transporte; que sea, directamente, *"el"* Contrato de Transporte, ni tampoco creo que establezcan – o sugieran – que los contratos de fletamento – *todos* éllos – son *"unos"* contratos de transporte porque incluyen – en todo caso – compromisos de recepción, custodia y conducción del cargamento.

Más bien, lo que sospecho es que las *"Reglas"* suponen – es decir: que dan por supuesto, atendiendo a criterios fundamentalmente empíricos – que **algunos *"contratos de fletamento"* son contratos *"de transporte"*, si, cuando y porque incluyen compromisos de recepción, custodia y conducción del cargamento.** Es decir: que admiten – implícitamente – la hibridación de los contratos de fletamento, con elementos propios de los contratos de transporte, en cuyo caso podrían pasar a formar parte de ese *"todo contrato que..."*, pero sin perder de vista que los contratos de fletamento **son** unos *"contratos para la utilización de un buque o de cualquier espacio a bordo de un buque"* **; unos contratos que versan directamente sobre ese objeto... y no sobre el transporte de las mercancías**[255]. Por expresarlo de otro modo: las *"Reglas de Rotterdam"* parecen querer *decir* que *"algunos"* contratos de fletamento son – serán – contratos de transporte, si, cuando y porque incluyan compromisos de recepción, custodia y conducción del cargamento; que existen contratos de transporte, propiamente dichos, que adoptan la forma externa de fletamentos; que se visten como contraatos de fletamento, pero que incluyen las tres grandes obligaciones fundamentales de todo contrato de transporte – marítimo, terrestre, aéreo o multimodal –, es decir: **la obligación de traslación, la obligación de custodia de las mercancías**... y la – correlativa – **obligación de pago del flete** o precio del transporte. Estos contratos tienden a quedar exclui-

---

[255] LÓPEZ SANTANA, N.: "Ámbito de aplicación ...", cit., p. 42.

dos de las *"Reglas de Rotterdam"*, tanto en el contexto de los servicios de transporte de línea regular, como en el contexto del transporte *"tramp"*.

Si se me permite un parangón entre el art. 6.°, Reg.Rott.... y el art. 44, de la Ley n.° 50/1980, de 10.10.1980, de Contrato de Seguro [LCS.], como dos preceptos que contemplan exclusiones de aplicación de sendos regímenes jurídicos, la exclusión que prevé el primero de éllos es mucho más amplia y de mayor alcance; de hecho, es una exclusión absoluta: el art. 44, LCS. únicamente prevé la no aplicación a los seguros sobre "grandes riesgos", de la regla general sobre imperatividad de los preceptos de la LCS., lo que no impide aplicarles – de forma supletoria – dichos preceptos, mientras que el art. 6.°, Reg.Rott. contempla una **total y absoluta exclusión de las *"Reglas"*, de modo que a esos contratos de fletamento**, incluso aunque constituyan verdaderos y propios contratos de transporte, **no les será de aplicación absolutamente nada del contenido del Convenio.**

En alguna ocasión he tenido oportunidad de comentar que la primera reflexión que sugiere el art. 6.°, Reg.Rott. es que no hay en él *"tipos"*, sino *"nomina iuris"*; concretamente, el Contrato de Fletamento no aparece tipificado – porque no es objeto de regulación –, sino que aparece, simplemente, como un ***"nomen iuris"***. Mas ni todo contrato nominado es, por ese sólo hecho, un contrato *típico*, ni la posesión de un *"nomen iuris"* propio *garantiza*, tampoco, que se esté ante un contrato *"sui generis"*, diferente de otro que venga identificado con otro – propio – *"nomen iuris"* distinto. Partiendo de esta base, cuando el precepto dispone que *"[e]l Presente Convenio no será de aplicación a los siguientes contratos en el transporte de línea regular: – Los contratos de fletamento* [ni a] *otros contratos para la utilización de un buque, o de cualquier espacio a bordo de un buque"* es fuerza reconocer que no dice ni que los *"contratos de fletamento"* sean, ni tampoco que dejen de ser contratos de *transporte*. Comencemos por la primera de ambas reflexiones: a pesar de que el precepto – en cierto sentido – anuda o asocia las referencias a *"el transporte de línea regular"* y *"los contratos de fletamento* [y] *otros contratos para la utilización de un buque, o de cualquier espacio a bordo de un buque"*, sería precipitado afirmar que lo que se quiere decir es que el Fletamento *es* un *contrato* de *transporte* – y, menos aún, añado, que es *"el"* Contrato de Transporte marítimo de mercancías –, caracterizado por *no ser* de línea *regular*. Si así hubiera sido, el art. 6.°, Reg.Rott. podría – debería – haber sido objeto de una redacción diferente; algo así como: *"1. – El Presente Convenio no será de aplicación a los siguientes contratos* **de** *transporte: Los contratos de fletamento* [y] *otros contratos para la utilización de un buque, o de cualquier espacio a bordo de un buque"*. Pero el art. 6.º no dice ésto sino que dice algo muy diferente: emplea la expresión ***"en el transporte de línea regular"***, siendo así que el elemento más revelador es el uso de la preposición *"en"*, que sugiere que ese transporte de línea regular no designa tanto un contrato; **no designa un *"tipo"* contractual,** cuanto – más bien – un determinado **tráfico, actividad o [sub-]sector económico.** Por este motivo, lo único que esto significa es que, cuando existe un régimen de transporte de línea regular, los contratos náuticos que, para servir a las necesidades de carga de la línea, adopten la forma de contratos de fletamento, **no quedarán sometidos a las Reg.Rott.** Tampoco dice el precepto que sea preciso que los contratos de fletamento se hallen documentados en póliza de fletamento, y no en conocimiento de embarque, *"sea waybill"* o similar. Y la razon, en mi opinión, es que el precepto **presupone que estos** *"contratos de fletamento"*, **a los que alude, son contratos** *diferentes* **de los contratos de transporte,** de modo que – en la filosofía que inspira las *"Reglas de Rotterdam"* – la referencia a *"los contratos de fletamento...".*[256], sugiere que la atribución de ese *"nomen iuris"* propio significa que se está ante un contrato *"sui generis"* [el Contrato de Fletamento], diferente de otro que venga identificado con otro – propio – *"nomen iuris"* distinto [El Contrato de Transporte]. Que, pese a todo, el Contrato de Fletamento pueda ser utilizado con fines de transporte, hasta el punto de que el Naviero-fletante quiera asumir los compromisos propios de un porteador, pero con la particularidad de que los asume en el marco de un compromiso de puesta a disposición del Buque, en nada debiera obstar a la diversidad esencial de ambos contratos.

Que todo es tal como se acaba de exponer puede comprobarse, fácilmente, si se leen los términos del **art. 6.º, n.º 2**: cuando éste dice – en cambio – que *"[e]l presente Convenio no será aplicable a los contratos de transporte en el transporte no regular, salvo cuando: a) No exista entre las partes un contrato de fletamento ni otro contrato para la utilización de un buque o de cualquier espacio a bordo de un buque; y b) Se haya emitido un documento de transporte o un documento electrónico de transporte"*, **sí que – verdaderamente –** *califica* **a los contratos como** *"contratos de*

---

[256] Rojas, H.: "Transporte Internacional: Las Reglas de Rotterdam están listas para su firma", en <http://www.eltiempo.com/participacion/blogs/default/un_articulo. php?id_blog=3826213&id_recurso=450018508>.

transporte, en el transporte no regular". Aquí no hay duda: los contratos de que se trata – para excluirlos – *son* contratos *"de transporte"*; un calificativo que – por el contrario – el art. 6.°, n.° 1, ni directa ni indirectamente aplica a los fletamentos. Y si a lo dicho añadimos la forma en que el art. 1.°, Reg.Rott. define el *"contrato de transporte"* y el *"contrato de volumen"* – al que explícitamente califica como *"contrato de transporte"* –, en seguida podremos apreciar una sensible diferencia entre la tipología contractual de la LNM./2014 y la de las *"Reglas de Rotterdam"* ; una diferencia cuyo alcance quizá no sea fácil de apreciar, pero que – en todo caso – revela que **existe una *diferencia* evidente entre Fletamento y Transporte**; una diferencia que – en el caso de nuestro propio proceso interno de reforma – obligaría a replantear la propia estructura y contenido; de hecho, la propia filosofía de los arts. 203 y ss., LNM./2014.

IV – FLETAMENTO Y CONTRATO DE TRANSPORTE, EN EL DERECHO MARÍTIMO ESPAÑOL: ENTRE EL CÓDIGO DE COMERCIO Y LA NUEVA LEY DE NAVEGACIÓN MARÍTIMA

IV.1. Sistema del Código de comercio

Como ya tuve ocasión de señalar, al principio, el Lib. III.°, Cco./1885[257], incluyó, en su **Tít. III.°**, las disposiciones sobre los denominados *"contratos especiales del comercio marítimo"* [arts. 652 al 805], entre los cuales se encuentra el **Contrato de Fletamento**, regulado en los arts. 652 al 718, donde también aparecen, como incrustadas, algunas disposiciones relativas al *"Contrato de Pasaje"*, al Conocimiento de embarque y, apenas mencionado, a la modalidad fletamentaria *"por tiempo"*, todo éllo al mismo tiempo que se regulaban, también, otros contratos que nada tenían que ver – excepto por su mera conexidad económica – con los anteriores:

---

[257] *"La base de la legislación reguladora de la navegación marítima"*, como lo calificaron, en su día, URÍA GONZÁLEZ/APARICIO: cit., 28.ª ed., ps.1091 y 1158, a cuyas palabras debemos sumar las de ARROYO MARTÍNEZ, I.: *"Curso..."*, cit., p. 47, quien señala que el Código de comercio siguen siendo *"la norma fundamental de referencia"* entre las fuentes del Derecho marítimo. SÁNCHEZ CALERO/SÁNCHEZ-CALERO GUILARTE.: *"Instituciones..."*, cit., t. II, 36.ª ed. [9.ª en Aranzadi], p. 705., y – antes, aún – ESPEJO DE HINOJOSA, R.: *"Curso de Derecho Mercantil"*, obra traducida al alemán y declarada de mérito relevante según R.O. De 9 de abril de 1921, 8.ª ede., Barcelona, 1931, impr. Imprenta Clarasó, p. 496.

me refiero al *"Contrato a la Gruesa"* o *"Préstamo a riesgo marítimo"* y los seguros marítimos. Semejante mescolanza se explica porque estamos ante un cuerpo legal *mercantil* y no directa y deliberadamente *marítimo*: le interesan más los *"actos de comercio"* marítimos, como tales actos *"de comercio"*, que como actos de comercio *"marítimos"*. Y, así, por consiguiente, al CCo./1885 no le interesó especialmente llevar a cabo la tarea de establecer la tipología ordenada de unos contratos que, aun cuando pertenecientes al Derecho marítimo, sirven a finalidades muy distintas e inciden de forma muy diversa sobre el instrumento fundamental de la navegación: el Buque, así como sobre su cargamento. Más bien adoptó una perspectiva economicista, centrada en exponer la materia ordenándola en función de la realidad sociológica – es decir: social y lógica – de los actos u operaciones económicas que se llevan a cabo por los navieros y propietarios de buque, para preparar, desarrollar, financiar y garantizar los riesgos de explotación de sus buques y empresas. Ahora bien; incluso así, mejor hubiera sido deparar a todos estos contratos, un tratamiento separado: distinguiendo, por una parte, los contratos de *utilización* [o de *explotación*] *del buque*, y – por otra – los contratos de *cobertura de riesgos de la navegación*. Sea como fuere, el Tít. III, Lib. III.°, CCo./1885, vino a reflejar el criterio consolidado, durante un largo período histórico, en punto a que el eje central del Derecho marítimo, como Derecho regulador de la navegación comercial y especulativa, se situaría – fundamentalmente – en la disciplina del Contrato de *Fletamento*[258], que no venía definido legalmente[259] y del que

---

[258] VICENTE Y GELLA, A.: *"Curso de Derecho Mercantil comparado"*, t. II, impr. Tipográfica "La Académica", 2.ª ede., Zaragoza, 1948, p. 237. URÍA GONZÁLEZ/APARICIO: cit., 28.ª ed., p. 1158. CORRALES ELIZONDO, A.: "La evolución legislativa en materia de transporte marítimo: presente y futuro", p. 8, de 15, en <www.asesmar.org/conferencias/.../doc.../Evolución_legislativa.doc>, quien aclara, aún, que no se trata de cualquier fletamento, sino – más precisamente – del Fletamento por Viaje. SCHOENBAUM, T.J.: cit., p. 381. MARTÍNEZ VAL, J.M.ª.: *"Derecho mercantil"*, edit. Bosch, Casa EditoriaL, S.A., Barcelona, 1979, p. 645, quien señala que *"[e]l contrato de fletamento, a diferencia de otros transportes marítimos, ..., se configura a través de la utilización total o parcial de un buque determinado para un transporte de carga"*, añadiendo seguidamente que se puede definir como *"un contrato por el que una empresa (fletante) se compromete a poner un buque determinado o parte de él a disposición de otra persona (fletador), para el transporte de mercancías, de un puerto a otro, , ediante un precio, en la forma y condiciones estipuladas"*.

[259] GAMECHOGOICOECHEA y ALEGRÍA, F.de.: *"Tratado de Derecho marítimo español"*, cit., t. V.°, p. 8, quien señala que nuestro CCo./1885, *"bajo el epígrafe de 'Contrato de Fletamento' desarrolla la materia legislativa pobre, escasa y anticuada relativa a este contrato*

ni siquiera la larga enumeración de menciones que habían de incluirse en la Póliza – según el art. 652, CCo. – nos hubiese revelado, con absoluta certeza, podrían puedan ser sus características conceptuales, pero al que se atribuía la condición de técnica fundamental de **utilización** – o de explotación – **del Buque** *con fines de transporte*. Más precisamente, el tipo de contrato que reguló nuestro Cco./1885 fue el **Fletamento** *"por viaje"*, **documentado en póliza**, que sería el tipo contractual tomado como *referencia fundamental*, por el conjunto de los preceptos aludidos[260]. Y este contrato modélico, aparecía regulado por el CCo./1885, en forma tal que *pareciera* que no se hubiera podido concluir sino que estábamos ante un contrato de *transporte* de mercancías. Así lo habían venido sosteniendo nuestra Doctrina y la Jurisprudencia de nuestros Tribunales de Justicia; a veces de forma explícita y directa, otras de modo indirecto, pero no por eso menos efectivo. Pero, sobre todo, este era el sentido de la E.M./CCo./1885:

> *"Transportes marítimos*
>
> *Los transportes por mar, que constituyen la base de las especulaciones del comercio marítimo, recaen sobre dos objetos distintos, que son mercancías y personas, dando lugar a la celebración de los contratos que reciben el nombre de fletamento propiamente dicho, cuando se trata del transporte de géneros o efectos comerciales, y de pasaje, cuando se refiere al transporte de viajeros. El Código vigente, redactado en una época en que no habían tomado gran incremento los transportes de personas, se ocupó únicamente de fijar la doctrina jurídica acerca del contrato de fletamento. El Proyecto, después de reproducirla con algunas modificaciones importantes, establece por primera vez las reglas que deben observarse para el transporte de viajeros, determinando los derechos y obligaciones que nacen del contrato celebrado entre éstos y el capitán, así como los modos de asegurar su cumplimiento.*

---

especial del comercio marítimo, sin atreverse a dar una definición o siquiera una somera idea del concepto que le merece al legislador esta importantísima modalidad de la navegación por mar". RODRÍGUEZ GAYÁN, E.M.: *"Los contratos internacionales de "Fletamento" y ..."*, cit., p. 33, quien señala que el CCo./1885 *"no ofrece un concepto claro de fletamento, al tener que obtenerse de la interpretación de varios preceptos"*.

[260] MUÑOZ PLANAS, J.M.ª.: "Código de comercio y Derecho marítimo", en VV.AA.: *"Centenario del Código de comercio"*, t. I, *"Jornadas conmemorativas del Centenario del Código de comercio (1885-1985). Madrid, 18 a 21 de noviembre de 1985"*, edit. Ministerio de Justicia-Centro de Publicaciones, Madrid, 1986, p. 416. URÍA GONZÁLEZ/APARICIO: cit., 28.ª ed., p. 1162.

Transporte de mercancías. – Las modificaciones que el Proyecto introduce en el contrato de fletamento tienen por objeto aclarar algunos puntos que dan lugar a duda en el Código vigente y poner en armonía esta parte de la legislación mercantil con la práctica seguida en las demás naciones marítimas.

Aunque, por regla general, el flete sólo se devenga si el transporte se realiza en los términos pactados y llegan las mercancías al puerto de su destino, existen algunas excepciones a este principio. Una de ellas recae sobre las mercaderías que el capitán hubiere vendido durante el viaje para atender a necesidades imprescindibles del buque o de la carga. El Código vigente consigna esta excepción, declarando que las mercaderías vendidas devengan flete, fundándose en que el cargador recibe el valor de ellas por vía de indemnización. Mas como según las reglas y prácticas del comercio marítimo el importe de esta indemnización varía según que el buque llegue al puerto de su destino o perezca en el viaje, también debe ser diferente el flete devengado en cada uno de estos casos. Existe, por lo tanto, un notable vacío en esta parte de nuestra legislación marítima, que el Proyecto ha procurado llenar inspirándose en los principios generales de justicia y en los especiales del contrato de fletamento, estableciendo primeramente las reglas sobre la estimación de las mercaderías vendidas que ha de abonarse al cargador y a continuación las correspondientes al pago del flete, según que el buque llegue al puerto de su destino o se pierda antes de llegar.

En el primer caso, se presume que el cargador habría obtenido de las mercancías vendidas todo el lucro que se proponía, y que por un cálculo racional, sería el mismo que realmente consiguieron los dueños de las mercancías análogas que arribaron al puerto de su destino. En el segundo caso, esto es, si el buque se perdiere, se presume que el cargador no ha podido alcanzar lucro alguno, aunque las mercancías no se hubiesen vendido durante el viaje. La indemnización debe, pues, fijarse según el éxito de la expedición. En su consecuencia, si fuere favorable, se abonará al cargador el precio que obtengan las mercancías de la misma clase que se vendan en el puerto de su destino, y si fuere desgraciado, el valor que hubieren obtenido en venta las expropiadas durante el viaje, al precio corriente.

Con sujeción a este criterio, se fijan las reglas para el pago del flete. Así es que cuando el cargador obtiene todo el lucro que esperaba alcanzar por medio del contrato de transporte, la justicia exige que pague el flete por entero; pero cuando se ve privado de la utilidad que había calculado, la equi-

dad aconseja que sólo abone una parte del flete convenido, la cual consistirá en la que corresponda a la distancia recorrida por el buque.

A mayores dudas da lugar el derecho vigente en lo que toca al pago del flete de las mercaderías arrojadas al mar para salvarse de un riesgo, siendo, además, poco equitativa y contradictoria con los principios fundamentales de este contrato, pues adjudica al naviero o capitán el flete por entero, cuando realmente no lo ha devengado. Para desvanecer tales dudas y rectificar esta injusticia, el Proyecto consigna el principio general de que las mercaderías arrojadas al mar por razón de salvamento común no devengan flete alguno, lo cual quiere decir que si se hubiese pagado anticipadamente podrá reclamarse su devolución, a no haber pacto en contrario. Y como el fletante sufre una pérdida motivada por un riesgo común, es justo que sea indemnizado de ella en su límite natural y sin obtener lucro o beneficio, por cuya razón se considera como avería gruesa el flete pactado, en proporción a la distancia que hubiera recorrido el buque cuando fueron arrojadas las mercaderías.

Con el mismo propósito de resolver otras dudas relativas al caso en que el buque fuere apresado o naufragare, se declara de un modo terminante que el capitán contribuirá por sí, es decir, como mandatario del naviero, a la avería gruesa, por lo invertido en el rescate y salvamento de la carga, en justa compensación del flete que percibe por las mercaderías rescatadas o salvadas.

En orden a los derechos que tiene el capitán para exigir del consignatario que reciba el cargamento y pague el flete, el Proyecto consigna varias disposiciones inspiradas en la necesidad de facilitar las operaciones del comercio marítimo y de asegurar el pago del flete y demás gastos que afectan a las mercaderías transportadas. Tales son: la que autoriza al capitán para solicitar el depósito de las mismas cuando desconfiare del pago de aquellas responsabilidades, y la venta de la parte necesaria en el caso de que ofreciesen riesgo de deterioro; la que faculta al capitán, cuando el consignatario rehusare recibir el cargamento, para solicitar del Tribunal la venta del mismo o de la parte necesaria para el pago del flete y demás gastos, depositando el remanente, si lo hubiere, y con reserva del derecho de reclamar el déficit, si lo vendido no alcanzare a cubrir su crédito; y la que reduce a un solo término los dos que señala el Código vigente para exigir la venta de las mercaderías transportadas, después de verificada la entrega al consignatario, cuyo término se fija en veinte días, siempre que las mercaderías continúen en poder del cargador o consignatario, quedando libres de toda responsabilidad si hubieren pasado a un tercero en virtud de un título justo que produzca transmisión de dominio.

Con el propio fin de evitar dudas y cuestiones en una materia tan difícil y complicada, el Proyecto reproduce y amplía con notable claridad toda la doctrina del Código vigente acerca de la rescisión del contrato de fletamento, completándola con la aplicación de los principios y reglas establecidas al tratar de la rescisión de las contratas celebradas entre el capitán y los individuos de la tripulación. Y así como se rescinden estas contratas cuando un obstáculo independiente de la voluntad de las partes hace imposible la realización del viaje, de igual modo se rescinde el contrato de fletamento cuando una fuerza mayor se opone a que el transporte se verifique. En estos casos, que son los mismos expresados al tratar de las contratas de los individuos de la tripulación, el contrato de fletamento queda completamente rescindido, extinguiéndose todas las acciones que de él puedan originarse entre el capitán y los cargadores, de cuya cuenta serán los gastos de la carga y descarga de las mercancías. Esta rescisión se verifica por ministerio de la ley, y produce todos sus efectos sin necesidad de reclamación de ninguna de las partes contratantes. Mas para que tenga lugar, es preciso que los hechos que la motivan hayan ocurrido antes de hacerse a la mar el buque desde el puerto de salida.

Finalmente, con objeto de facilitar las operaciones que exige el servicio marítimo, y de acuerdo con la legislación y práctica observadas en los principales pueblos, el Proyecto introduce algunas reformas en la parte relativa al documento que firma el capitán confesando haber recibido las mercaderías y que se llama conocimiento. Estas reformas consisten: Primeramente, en permitir que se extiendan los conocimientos al portador, los cuales se transferirán por la entrega material de los mismos y producirán iguales efectos que los extendidos a la orden y los nominativos; segundo: en exigir que se saquen cuatro ejemplares del conocimiento primordial, de igual tenor y firmados todos por el capitán y cargador, de los cuales conservará dos el capitán, uno para sí y otro para el naviero, y entregará los otros dos al cargador, con objeto de que uno le sirva de resguardo y pueda remitir el otro al consignatario, sin perjuicio de que se extiendan cuantos crean necesarios los interesados, pues al cargador podrá convenir hacer uso de alguno con objeto de asegurar los efectos transportados o también para enajenar éstos durante el viaje; tercero: en atribuir al conocimiento extendido con sujeción a las formalidades legales una fe completa y absoluta para resolver todas las cuestiones que se promuevan entre los interesados en la carga, sin admitírseles prueba en contrario, y también entre los cargadores y los aseguradores para justificar el hecho del embarque y la cantidad y la calidad de las mercaderías, siempre que éstos no puedan oponer otras justificaciones; y cuarto: en fijar *el orden con que deben atenderse las reclamaciones que formularen diferentes personas sobre los mismos efectos en virtud de conocimientos expedidos bajo distintas formas. Naturalmente, la preferencia debe darse en este caso al que no ofrezca duda alguna, y versando la contienda entre diversos ejemplares expedidos al portador, o que, siéndolo a la orden, vinieren endosados a diferentes consignatarios, como que deben llevar en sí la condición de que los segundos ejemplares no valgan sino en defecto de los primeros, la regla general es que se atienda a éstos, prescindiendo de los demás. Casos hay, sin embargo, en que la existencia de los dobles ejemplares en manos de distintas personas que se atribuyen el carácter de consignatarios, revela un abuso o produce fundada incertidumbre, y entonces el capitán debe suspender la entrega del cargamento y ponerlo a disposición del Tribunal, para que señale la persona que deba recibirlo".*

No se pudo decir con mayor claridad: los primeros párrafos que la E.M./CCo./1885 dedicó a los transportes marítimos revelaban que los transportes por mar, que constituían la base de las especulaciones del comercio marítimo y recaían sobre dos objetos distintos – mercancías y personas – daban lugar a la *"celebración de los contratos que reciben el nombre de fletamento propiamente dicho, cuando se trata del transporte de géneros o efectos comerciales, y de pasaje, cuando se refiere al transporte de viajeros"*. Por consiguiente, ya en la visión que inspiró la redacción de nuestro Cco./1885, se había considerado que **el propio *"nomen iuris"* de *"fletamento"* no era sino simple *"alter nomen"* para designar el Contrato de Transporte marítimo de mercaderías**. Y gran parte de la Doctrina española, apoyándose sobre esta base, fue más allá, al proclamar que no ya el Fletamento por viaje – para algunos, verdadero paradigma del *"fletamento-transporte"*, cuando no del verdadero y propio *"transporte"* marítimo[261] –, sino también el Fletamento por tiempo [eventualmente iden-

---

[261] SIERRA NOGUERO, E.: *"El Contrato de Fletamento por Viaje"*, edit. Publicaciones Del Real Colegio de España, Bolonia, 2002, ps. 41 y ss., en esp. ps. 47 y s. que – directamente – afirma que *"[e]l contrato de fletamento de buques de carga es aquel por el cual el fletante se obliga frente al fletador, a cambio de un precio o flete, a transportar en el buque pactado o en uso de su disposición determinadas mercancías para la entrega en el lugar de destino, en las mismas condiciones en que fueron recibidas en el lugar de origen"*, añadiendo que, *"[e]n la práctica marítima, si el fletamento de un buque comprende un único viaje, se denomina generalmente contrato de fletamento por viaje* (voyage charter party), *y suele documentarse en alguna de las pólizas-tipo usuales en el tráfico"*. El mismo autor,

Fletamento, Transporte Marítimo y Responsabilidad Contractual 389

tificado con el *"Time-Charter"*][262], y, en general, *todos* los contratos de fletamento, excepto – quizá – el mal llamado *"fletamento a casco desnudo"*, son considerados – en Derecho español – como contratos de transporte, por un importante grupo de autores[263], hasta el punto de que, de forma conclusiva y sintética, RUIZ SOROA/ZABALETA SARASÚA/GONZÁLEZ RODRÍGUEZ se preguntan *"¿Fletamento y Transporte son la misma cosa?"*, y concluyen: *"[e]n el Código de comercio, la respuesta terminante es la afirmativa"*[264], y – por su parte – MUÑOZ PLANAS aún lo expresaba del siguiente modo:

---

luego de señalar que procedería la aplicación a los contratos de fletamento-transporte de buques mercantes, de lo dispuesto sobre el fletamento, en el Lib. III, Tít. III, CCo./1885, añade que *"el régimen del Código de comercio sirve fundamentalmente al fletamento de un buque de carga para un viaje determinado, sin que ello impida a los contratantes ampliar la prestación del fletante a un tiempo determinado o a una pluralidad de viajes"*.

[262] MARTÍNEZ JIMÉNEZ, M.ª.I.: *"Los contratos de explotación del Buque..."*, cit., p. 425, quien concluye su monografía con las siguientes palabras: *"En base a las consideraciones expuestas, estamos en posición de afirmar que el contrato de fletamento por tiempo, es el contrato por el cual, el fletante se compromete a poner su buque en estado de navegabilidad a disposición del fletador, con el fin de cumplir los servicios de transporte que éste ordene durante el tiempo que dure el contrato"*, concluyendo por atribuirle la calificación como *"modalidad de transporte marítimo"*, y prever la posibilidad de *"aplicación subsidiaria de las normas comunes sobre arrendamiento de obra"*.

[263] GARRIGUES DÍAZ-CAÑABATE, J.: *"Curso..."*, cit., t. II, 8.ª ed., p. 692. DUQUE DOMÍNGUEZ, J.F.: "La distinción del Contrato de Fletamento y del Contrato de Transporte de mercancías, en el Derecho español", en RDM., 1970, n.º 117, ps. 370 y ss. BENITO y ENDARA, L.: *"La Conferencia Internacional de Derecho Marítimo de Bruselas – 1922"*, edit. Editorial Reus, S.A./Publicaciones de la Real Academia de Jurisprudencia y Legislación, LXVIII, Madrid, 1924, p. 61, quien – al referirse al Conocimiento de embarque – dice que es *"el título que, generalmente, expresa y contiene las condiciones pactadas para el transporte marítimo o fletamento"*, lo cual supone que el Autor *identificaba* Fletamento con Transporte marítimo de mercancías. ESPEJO DE HINOJOSA, R.: *"Curso de Derecho Mercantil"*, impr. Imprenta Clarasó, 8.ª ed., Barcelona, 1931, p. 497, que define al Fletamento, en general, como aquel contrato *"en virtud del cual, el propietario o naviero de un buque se obliga a transportar de un puerto a otro, mercancías, personas o noticias, por un precio determinado"*. AVILÉS CUCURELLA, G. y POU DE AVILÉS, J.M.ª.: *"Derecho Mercantil"*, edit. J.M.ª.Bosch, Editor, 2.ª ed., Barcelona, 1953, p. 662. RODRÍGUEZ GAYÁN, E.M.: *"Los contratos internacionales de "Fletamento" y ..."*, cit., ps. 34 y s. GAMECHOGOICOECHEA y ALEGRÍA, F.de.: *"Tratado de Derecho marítimo español"*, cit., t. V.º, ps. 8 y ss., esp. p. 15, donde termina concluyendo que *"[e]l fletamento en estas condiciones adquiere el valor jurídico de contrato de transporte"*. RUIZ SOROA, J.M.ª.: "Problemas de legitimación...", cit., p. 217.

[264] RUIZ SOROA/ZABALETA SARASÚA/GONZÁLEZ RODRÍGUEZ: *"Manual de Derecho del Transporte Marítimo"*, cit., ps. 31 y s.

"Arrendamiento a casco desnudo y transporte de línea son, ..., tipos contractuales perfectamente definidos. Mas entre ellos hay un espacio donde surgen las perplejidades. Es la zona de los contratos de 'charter', del 'charter' a viaje y, sobre todo, del 'charter' a tiempo.

En principio podría pensarse (y es un punto de vista) que estos contratos hacen referencia al buque y no al cargamento. Lo que se contrata es un buque determinado, armado y equipado. Y el armador fletante, con la gestión náutica a su cargo, lo podría a disposición del fletador para realizar uno o más viajes determinados o a determinar o aquéllos que éste decida en el tiempo convenido. Pero no asumiría la obligación de transportar. Por lo que estaríamos fuera del contrato de transporte.

Sin embargo, buscando el apoyo de los propios textos del Derecho uniforme y, especialmente, mediante un análisis a fondo de las cláusulas contractuales modernas sobre responsabilidad del fletante por pérdidas o averías del cargamento, por obra de la doctrina italiana más reciente y también de la nacional, viene reafirmándose últimamente la tesis, no nueva, de que los contatos de 'charter' en todas sus variantes son contratos de transporte"[265].

La equiparación fletamento/transporte se halla – igualmente – muy extendida entre la Jurisprudencia de nuestros Tribunales de Justicia. Valga citar como ejemplo la **STS., Sala de lo Civil, Secc. 1.ª, n.º 519/2009, de 06.07.2009**[266], cuyo **F.J.Primero** ya dice, directamente, que:

"En cumplimiento de un contrato de fletamento celebrado por Evergreen Ltd Malta, como naviera fletante, y P.F.C. L'Europeen, como fletadora, el buque " Majestic K " tenía que transportar ciento setenta y cuatro bobinas de acero desde el puerto iraní de Bandar Abbas al de Bilbao.

En prueba de la recepción de la carga, como título de tradición de las bobinas y de crédito contra la porteadora, se libró un conocimiento de embarque, que la fletadora endosó a Laminados Velasco, SL, la cual, por entender que la conclusión del transporte se había demorado anormalmente a la vista de la distancia existente entre los dos puertos, reclamó a la fletante la

---

[265] Muñoz Planas, J.M.ª.: "Código de comercio y Derecho marítimo", cit., ps. 416 y s.
[266] STS., Sala de lo Civil, Secc. 1.ª, n.º 519/2009, de 06.07.2009; Ponente: Excmo. Sr. D.J.R.Ferrándiz Gabriel, N.º de Recurso: 1026/2005, Roj: STS 4452/2009, Id Cendoj: 28079110012009100503.

indemnización de los daños que, como consecuencia del retraso, afirmó haber sufrido.

Dada la existencia de póliza de fletamento y de conocimiento de embarque en poder de persona distinta de la fletadora, se ha debatido en el proceso sobre cuales debían ser las reglas convencionales rectoras de la relación entre fletante y tenedora del título en orden al cumplimiento de la obligación contractual que la primera había asumido de ejecutar su prestación correctamente.

En ambas instancias se ha decidido correctamente tal cuestión, al declarar los dos Tribunales que los principios de abstracción y literalidad del derecho incorporado al título colocaron a la tenedora del conocimiento en una posición inmune a las condiciones pactadas en la póliza de fletamento.

Sin embargo, la circunstancia de que el conocimiento de que se trata contuviera referencias a aquella póliza, no sólo respecto al pago del flete – con las palabras "freight payable as per C/P": "flete pagadero según la póliza de fletamento" –, *sino también a la utilización del propio documento – "* bill of lading to be used with charter party ": "conocimiento de embarque para ser usado con la póliza de fletamento" – *generó en las dos instancias discusión sobre si tales cláusulas bastaban para entender producida una incorporación excluyente de la inmunidad de la tenedora respecto del régimen de la póliza de fletamento en lo relativo a las obligaciones de la fletante durante el trayecto.*

En las dos instancias la cuestión fue también correctamente tratada, ante la comprobación de que la póliza de fletamento no contenía previsión alguna sobre el tiempo de duración del transporte – ni sobre la ruta a seguir – y al no atribuirse consecuencias significativas – con toda claridad en la sentencia de apelación – a una nota de reserva o "booking note", *firmada por las dos partes contratantes, con la indicación de que el* "cargamento es parcial solamente " – "as part cargo only " –.

La decisión del litigio fue, sin embargo, distinta en uno y otro grado, como consecuencia de que el Juzgado de Primera Instancia hubiera atendido fundamentalmente a la ruta seguida por el buque y entendido que no hubo desviación injustificada y la Audiencia Provincial al tiempo de estancia del mismo en los diversos puertos, para considerarlo excesivo sin justificación suficiente...".

Ciertamente, existían diversos preceptos del Cco./1885 que podrían haberse considerado demostrativos de que el Contrato de Fletamento se configuraba, legalmente, como una institución traslaticia o conductiva; que se asociaba con el tipo del Contrato de Transporte; unos preceptos que citaré no en orden aritmético, sino – en cierto sentido – por orden de importancia y claridad: me refiero a los **arts. 686, párr. 1.º**; **657, 668, 666** y **667**. Mas no cabe obviar – todo lo contrario – los posibles **argumentos en pro de la** *otra* **forma de concebir el Contrato de Fletamento**; en pro de su consideración como un contrato **de prestación de servicios de navegación** [Entiéndase la referencia en sentido amplio, inclusivo de la ejecución de obra de navegación: de la realización de viajes por cuenta del Fletador]: si uno lee lo que se disponía en la **Secc. I.ª, Tít. III.º, Lib. III.º,** CCo., en seguida comprueba que – verdaderamente – estaban alli presentes y se podían detectar con cierta facilidad los **indicios** de la presencia de **un** *"fletamento-sin-transporte"*.

Así, la mencionada Secc. I.ª, referida al Contrato de Fletamento, se hallaba dividida en **seis** subsecciones; a saber: **1.ª.** *"De las formas y efectos del contrato de fletamento"*; **2.ª.** *"De los derechos y obligaciones del fletante"*; **3.ª.** *"De las obligaciones del fletador"*, **4.ª.** *"De la rescisión total o parcial del contrato de fletamento"*, **5.ª.** *"De los pasajeros en los viajes por mar"* y **Subsecc. 6.ª.** *"Del conocimiento"*, siendo así que **en ninguna** de éllas hubiésemos podido encontrar ninguna norma que específica y explícitamente mencionase la **obligación de transporte**, conducción o traslación geográfica de las mercancías, que es la prestación característica y definitoria del Contrato de Transporte, en cualquiera de sus modalidades y por cualquiera de sus modos o medios. Más concretamente… y de modo muy significativo, no aparecía ninguna previsión en este sentido, en la **Subsecc. 2.ª**, cuando se trataban y regulaban las **obligaciones del Fletador**. En dicha Subsecc. 2.ª – que se hallaba formada por los arts. 669 al 678, CCo. – no aparecía, en ningún momento, la obligación de transporte o conducción de las mercaderías, o no aparecía mencionada en términos indubitados. En cambio, las que se regulaban – y con cierto detenimiento – eran obligaciones relativas a la disponibilidad física de la cabida del buque, la navegabilidad inicial del buque y la posibilidad y/o el deber de sustitución del buque.

Por consiguiente, en la regulación del Cco./1885 aparecían preceptos de los que se deducía la preponderancia – el predominio o la especial relevancia – del Buque, sobre la conducción de las mercancías, como objeto del contrato: la regla general era que el Buque no podía ser sustituido, y la excepción, era que sí, pero sólo cuando el Fletante no lograra cubrir con carga las tres quintas partes de su cabida. Y si la regla es la expuesta, el significado jurídico de élla se expresa en términos de **obligaciones contractuales**: si el Fletante *"no podrá, sin consentimiento de los fletadores o cargadores, sustituir con otro el designado en el contrato"...* solamente podía ser **porque tenía la *obligación* contractual de *proporcionar ese buque*, el Fletador; de poner a su disposición ese buque, y no otro.** Esta era su obligación contractual, incluso aunque se hallase al servicio de finalidades de transporte, e incluso aunque puediesen incorporarse obligaciones de propio transporte. Por esta misma razón, incluso cuando se diera el caso de que el fletante no encontrase la cantidad de carga que faltara para formar al menos las tres quintas partes de las que podía portear el buque al precio que hubiere fijado, y el CCo. le permitiera *"sustituir para el transporte otro buque visitado y declarado a propósito para el mismo viaje"*, el mismo precepto le penalizaba disponiendo que serían *"de su cuenta* [es decir: de cuenta del Fletante] *los gastos de transbordo y el aumento, si lo hubiere, en el precio del flete"*.

Pero, sobre todo, llama la atención lo previsto en el **art. 672**, referente al fletamento de buque por entero, que establecía que *"el capitán no podrá, sin el consentimiento del fletador, recibir carga de otra persona; y si lo hiciere, podrá dicho fletador obligarle a desembarcarla y a que le indemnice los perjuicios que por ello se le sigan"*. ¿Es que acaso no podría llevarse a cabo la plena y satisfactoria conducción de las mercancías, contenido esencial y nuclear de todo contrato de transporte, por el hecho de que el capital del buque admitiese carga de otra persona? ¡Por supuesto que sí! Entonces, la reacción del art. 672, CCo., lo que verdaderamente reflejaba era que el Contrato de Fletamento, más que un contrato de transporte, consistía en un contrato de **disponibilidad del buque**. Obsérvese que la consecuencia que preveía el precepto no podía ser más rigurosa: **imponer el cumplimiento *"in natura ac in specie"*, por la vía de la compulsión** – si se me permite expresarlo con este término, más propio del Derecho administrativo que del Derecho mercantil o, en general, del derecho de obligaciones y contratos – **para que se desembarcase la carga del tercero.**

Conste que no quiero decir que no haya fletamentos que *sí* son contratos de *transporte*; ni siquiera negaré que – probablemente – este sea el supuesto más frecuente; el más importante... en términos empíricos: sólo quiero poner de manifiesto que las prestaciones de conducción y de navegación o puesta a disposición resultan plenamente **separables**, y que

– al ser separables – son susceptibles de dar lugar a la formación de **tipos contractuales diferentes**, polarizados – cada uno de éllos – sobre cada uno de ambos objetos: la conducción o la navegación. Por consiguiente la – si se me permite denominarla así – consideración o configuración *"conduccionista"* o *"traslaticia"* del Contrato de Fletamento, tal como venía regulado en nuestro CCo./1885, resulta – como mínimo – **discutible**; que semejante construcción exegética – por muy tradicional que sea y muy arraigada que se halle – *también* es, y no pasa de ser, *otro* punto de vista; otra opinión, de forma que la alternativa a élla resulta tan verosímil como élla misma. En este sentido, quisiera hacer referencia a lo dispuesto en los **arts. 661, 662 y 663**, que establecían que *no* devengarían flete – respectivamente – *"las mercaderías que se hubieren perdido por naufragio o varada, ni las que fueren presa de piratas o enemigos"*, añadiendo que, *"[s]i se hubiere recibido el flete por adelantado, se devolverá, a no mediar pacto en contrario"*; que, *"[r]escatándose el buque o las mercaderías, o salvándose los efectos del naufragio, se pagará el flete que corresponda a la distancia recorrida por el buque porteando la carga; y si, reparado, la llevare hasta el puerto del destino, se abonará el flete por entero, sin perjuicio de lo que corresponda sobre la avería"* [**art. 662**], y que *"[l]as mercaderías que sufran deterioro o disminución por vicio propio o mala calidad y condición de los envases, o por caso fortuito, devengarán el flete íntegro y tal como se hubiere estipulado en el contrato de fletamento"* [**art. 662**]. No se trataba, pues, de una regulación del régimen de responsabilidad del Fletante, por las mercancías, sino de la regulación del derecho al devengo del flete, como objeto de una **obligación** *condicionada* **a un** *resultado*. Esto es algo que **no tiene por qué configurarse como indicativo de un** *sinalagma abono de flete/ conducción de las mercancías*, y – por consiguiente – **no tiene por qué resultar indicativo de la caracterización como** *"transporte"*. En este sentido, p.e., Vicente y Gella aludía a la existencia de un contrato, que denominaba *"fletamento propiamente dicho"*, y que definía como *"aquel contrato en virtud del cual una persona – fletante – cede a otra – fletador –, por un precio cierto, la utilización de un navío armado y equipado, para que ésta lo emplee en una o varias expediciones marítimas"*[267], y añadía: *"Se trata, por lo tanto, como en el arrendamiento, de la cesión*

---

[267] Vicente y Gella, A.: *"Curso..."*, cit., t. II, 2.ª ed., p. 239.

de un buque, pero ahora este ha de estar en plenas condiciones de nave-gabilidad", para concluir – finalmente – que *"los elementos reales son el buque y el flete"*[268], y precisamente el hecho de que **elemento real** característico lo fuera el **Buque, y no la *carga*, ni el *"opus"* conductivo**, diferenciaría a este contrato, respecto del Contrato de Transporte Marítimo, propiamente dicho[269].

IV.2. Sistema de la LNM./2014

Por fim, la LNM./2014, como – antes – los diversos textos prelegislativos que la procedieran[270], ha optado por una intensa – no sé si podría decirse que absoluta – *identificación* **entre Fletamento y Transporte**[271]. A decir verdad, no se trata solo de que se produzca una identificación entre Fletamento y Transporte de mercancías, sino que esa identificación se lleva a cabo en unos términos tan extremos... que el Fletamento se ve absorbido por el concepto del Contrato *"de Transporte"*, hasta el extremo de desaparecer completamente, cualquier rastro – rasgo – que pudiera haber quedado de él. ¿Qué quiero decir con esto? Lo explicaré con una comparación. La comparación tiene como primero de sus términos, el contenido del **art. 203, Lnm./2014**, que reproduce absolutamente los términos del art. 253 de los – ya caducos – Proy.LGNM./2006, Proy.LGNM./2008 y Prop.Gpsoc./LGNM./2012, entre otros textos, y según el cual:

---

[268] VICENTE y GELLA, A.: *"Curso..."*, cit., t. II, 2.ª ed., p. 239.

[269] VICENTE y GELLA, A.: *"Curso..."*, cit., t. II, 2.ª ed., p. 240.

[270] Desde el Anteproyecto de Ley de Contratos de Utilización del Buque, de 1994, pasando por el A.L.G.N.M./2004; el Proy.LGNM./2006, el Proy. LGNM./2008 o la Proposición de Ley 122/000068, de Ley General de Navegación Marítima, presen- tada por el grupo parlamentario socialista, con fecha 28.06.2012, BOCG., Congreso de los Diputados, X.a Legislatura, Serie B: Proposiciones de Ley, 6 de julio de 2012, N.º 84-1 [Prop.Gpsoc./LGNM./2012], entre otros.

[271] ILLESCAS ORTIZ, R.: "Los contratos de utilización del Buque", en VV.AA.: *"La Modernización del Derecho marítimo español. La Propuesta de Anteproyecto de Ley General de Navegación Marítima"*, ed. por E.Beltrán Sánchez y A.B.Campuzano Laguillo, edit. Autoridad Portuaria de Santander/Instituto Europeo de Estudios Marítimos/Universidad de Cantabria/Universidad Internacional Menéndez Pelayo, Santander, 2005, p. 205.

"Por el contrato de transporte marítimo de mercancías, también denominado fletamento, se obliga el porteador, a cambio del pago de un flete, a transportar por mar mercancías y entregarlas al destinatario en el puerto o lugar de destino".

A la vista de estas palabras, bien se puede afirmar que el precepto de la nueva Ley responde a una concepción que venía introduciéndose en nuestro Ordenamiento y entre nuestra doctrina jus-maritimista, desde algún tiempo antes de elaborarse el Anteproyecto de Ley de Contratos de utilización del buque, aprobado por la Sección de Derecho mercantil, de la Comisión General de Codificación, el 22.02.1994[272], aunque – bien pensado – no es sino una versión extrema del sistema que inspiró el Cap. III.°, Lib. III.°, de nuestro viejo CCo./1885.

Tan rudimentaria y anticuada era la visión de nuestro Cco./1885, que resultaba imprescindible e inaplazable una reforma del régimen de las instituciones jurídico-marítimas, cuya reforma, inevitablemente, se proyectó sobre la tipología de los diferentes contratos de utilización del Buque. Pero, si se tienen en cuenta los modelos que, vigentes en el Derecho comparado, pudieron servir de inspiración a nuestros Legisladores, a la hora de dar cuerpo a los textos de la Reforma, enseguida se podrá apreciar que, pese a la comunidad de denominación utilizada para describir a esta categoría de contratos – los de *"utilización"* del buque –, la tipología contractual de la **LNM./2014**, como antes la del Proy.LGNM./2006, el Proy.LGNM./2008, la Prop.Gpsoc./LGNM./2012 o el Proy.LGNM/2012, entre otros textos, parece diferir sensiblemente de la del *"Codice della navigazione"* italiano[273], supuesto modelo principal de la Reforma, ya que mientras este

---

[272] CORRALES ELIZONDO, A.: "La evolución legislativa en materia de Transporte marítimo: presente y futuro", paper, ps. 3 y 6 y ss., de 15, en <http://www.google.es/url?sa=t&rct=j&q =&esrc=s&source=web&cd=2&sqi=2&ved=0CDMQFjAB&url=http%3A%2F%2Fwww. asesmar.org%2Fconferencias%2Fdocumentos%2Fdoc_semana22%2FEvoluci%25F3n_ legislativa.doc&ei=yfy8UKGQLI2N0wWbw4CoAQ&usg=AFQjCNGuQbvt77s3m1Q_ bIgPYyrCleabiQ>, quien señala que *"[l]a idea de que la regulación de las diversas formas de fletamento gire jurídicamente alrededor de la finalidad del transporte de mercancías por mar es relativamente reciente en nuestro Ordenamiento jurídico"*, para concluir afirmando que se declara *"a favor, al menos desde un punto de vista de ordenación de nuestro derecho, de una idea unificada de fletamento vinculada al hecho del transporte"*.

[273] SALINAS, C.: "¿Son incompatibles las Reglas de Rotterdam con el Proyecto de Ley General de Navegación Marítima?", en "Legaltoday.com", <http://www.legaltoday.com/

último diferencia al Fletamento, respecto del contrato de Transporte de Mercancías, y regula por separado y con cierta profusión ambos tipos contractuales, en cambio el **Tít. IV, LNM./2014** silencia por completo; **omite cualquier alusión al** *Transporte*, y solamente menciona el contrato de **Fletamento**, además de los contratos de Pasaje [transporte marítimo de personas] y de Remolque. En este sentido, el **Cap. II, Tít. IV, LNM./2014** regula el Contrato de *Fletamento*, al que dedica sus **arts. 203** al **286**; es decir: ochenta cuatro artículos; dieciecho más que los sesenta y seis que el CCo./1885 venía dedicando al contrato de Fletamento. Pero, de modo similar a cuanto sucedía – o así podría parecer – en el CCo., la LNM./2014 continúa optando, de modo decidido, por la *identificación* **entre Fletamento y Transporte**[274], como revela su art. 203 entre otros muchos de sus ulteriores preceptos.

El precepto presenta – en mi opinión – dos rasgos o circunstancias muy llamativas: para empezar, no hace ninguna mención explícita y específica al *"contrato de transporte marítimo"*, excepto para incluir su mención en la mismísima – supuesta o sedicente – definición del Fletamento, que no lo es de él... sino del Contrato de Transporte Marítimo de mercancías: "[p] *or el contrato de transporte marítimo de mercancías, también denominado fletamento..."*. La distinción fundamental entre tipos contractuales, se establece entre Arrendamiento, Fletamento, Pasaje y Remolque[275], lo cual denota claramente que – al tiempo que los redactores han pretendido diseñar *"un contrato único y, a la par, multiforme"*[276] – se *identifica* el Fletamento con el Transporte [Aquí residiría la *unidad* de la figura[277]], aunque – de hecho – la identificación no se hace respecto de cualquier transporte marítimo, sino respecto del transporte de mercancías, porque – en cambio

---

practica-juridica/mercantil/maritimo/son-incompatibles-las-reglas-de-rotterdam-con-el-proyecto-de-ley-general-de-navegacion-maritima> 18 de Marzo de 2010, quien señala que, si inicialmente las primeras versiones del Antep./LGNM. se decantaban claramente por ratificar las Reglas de Hamburgo, con posterioridad se pasó a volver a hacer referencia a las Reglas de la Haya-Visby. Sin embargo, su prolongada tramitación parlamentaria, ha llevado a que haya durado más que la firma de las "Reglas de Rotterdam", que podrían estar llamadas a sustituir a las precitadas normas.

[274] ILLESCAS ORTIZ, R.: "Los contratos de utilización...", cit., p. 205.

[275] ILLESCAS ORTIZ, R.: "Los contratos de utilización...", cit., p. 205.

[276] ILLESCAS ORTIZ, R.: "Los contratos de utilización...", cit., p. 205, en relación con la P.A.L.G.N.M.

[277] ILLESCAS ORTIZ, R.: "Los contratos de utilización...", cit., p. 205.

– se alude expresamente, y como figura o tipo contractual formalmente distinto, al Contrato de Pasaje[278], mientras que el Remolque aparece en un cuarto lugar, porque – de hecho – presenta dos características que lo hacen *especial*: por una parte, adopta diversas modalidades, alguna de las cuales puede constituir una subespecie del transporte propiamente dicho [Remolque-*transporte*], y otras no [Remolque-*maniobra*]. Y, por otra su elemento real caracterizador, más que la conducción por vía marítima, es la **proporción de** *tracción* **a otro buque**. Sin embargo, ni siquiera ahora se llega a producir una absoluta absorción o una fusión total del Transporte de mercancías y el viejo Fletamento, como contrato de navegación, sino que – al parecer – lo que se prevé es una **figura de** *contenido* – **supuestamente** – *complejo*, que – de no estar legalmente regulada así – podría muy bien merecer la calificación de contrato *atípico* por ser *mixto*, al integrar – bajo una misma causa y en una relación contractual única – prestaciones propias de tipos contractuales diferentes. Tengo ciertas **dudas**, en torno a la suso-dicha *"complejidad"* del contenido de este Contrato de Fletamento/Trans-porte: no termino de creer que – realmente – estemos ante un contrato de contenido complejo... sino ante un contrato de contenido **simple... pero altamente tecnificado**. Dicho de otro modo o por expresarlo con otras palabras: es un contrato **técnicamente complejo... pero jurídicamente simple**: *"se obliga el porteador, a cambio del pago de un flete, a trans-portar por mar mercancías y entregarlas al destinatario en el puerto o lugar de destino"*.

En términos de estricta dogmática jurídica, se puede hablar de *"con-tratos complejos"*, a veces también denominados *"contratos mixtos"*, para designar aquellos contratos que, siendo *únicos*, poseen **un contenido inte-grado por** *elementos y prestaciones propias de otros contratos*, **típicos, o no**, que – a diferencia de los contratos coaligados – *carecen* de *inde-pendencia* jurídica, porque se han fusionado en un sólo bloque jurídico unitario[279]. Por consiguiente, para que pudiéramos calificar al Fletamento como un contrato *"complejo"*, sería preciso que este contrato tuviera un **objeto y causa... complejos, plurales... pero fundidos en una unidad**. Y, además, este fenómeno tendría que haberse producido por obra de la **voluntad privada de los contratantes**. Se trataría, pues, de un contrato en

---

[278] Illescas Ortiz, R.: "Los contratos de utilización...", cit., p. 205.
[279] Garrigues Diaz-Cañabate, J.: *"Curso..."*, cit., t. II, 8.ª ed., p. 34.

el que – al menos para una de las partes – existiría una **pluralidad de prestaciones** o se produciría una **pluralidad de efectos jurídicos** – piénsese, p.e., en la pluralidad de efectos del Contrato de Cuenta corriente bancaria –, orientados – cada uno de éllos – a **finalidades o propósitos diferentes**, que – unidos bajo una finalidad única, por la causa superior que los agrupa y en la que se funden – ofrecen una **complejidad de objeto**, con múltiples formas de interactuar los elementos personales, reales y causales, combinadas[280], teniendo presente el fin último. Este sería – creo – el caso de los **fletamentos-transporte**, donde aparecen combinadas prestaciones de disponibilidad del buque, con prestaciones de conducción y custodia del cargamento.

Pero **en el tipo definido por el art. 203, LNM./2014, ¿dónde se halla la supuesta complejidad?** Yo no la veo por ninguna parte... precisamente porque en su ánimo de identificar Fletamento y Transporte marítimo, los redactores del art. 203 – como los redactores de todos los textos legales que lo precedieron, desde 1994 – le arrebataron todas las referencias al objeto propio de un contrato de navegación, aunque fuera con fines de transporte. Nada; absolutamente nada queda de un contrato de fletamento; nada que pueda hacer *"complejo"* el contenido de un puro contrato de transporte.

La complejidad – insisto – es **técnica**, porque – como bien ha señalado el prof. Illescas Ortiz, aunque a propósito del art. 14, Reg.Rott.[281] – las obligaciones específicas del transporte por mar deben considerarse *"instrumentales para mayor seguridad del éxito del mismo: sin su observancia los riesgos del transporte se acrecientan de manera notable"*. Y es que, en efecto, el transporte marítimo de mercancías se lleva a cabo por medio de un instrumento fundamental: el Buque, que es un *"vehículo"* y, por consiguiente, una construcción humana, compleja y de gran porte; adecuada para navegaciones marítimas de importancia, con maquinaria, aparejos, pertrechos... precisado de armamento y dotación, precisamente para emprender una aventura navegatoria, que precisa de conocimientos técnicos. Por eso, y sólo por eso, existe "complejidad" en el contenido obligaciones de estos contratos.

Ahora bien; precisamente porque ese contenido es – digo – complejo, aunque lo sea técnicamente, y precisamente porque esa complejidad es

---

[280] Garrigues Diaz-Cañabate, J.: *"Curso..."*, cit., t. II, 8.ª ed., p. 34.

[281] Illescas Ortiz, R.: "Capítulo 4. Obligaciones y responsabilidad ...", cit., ps. 159 y s.

técnica, es por lo que – sin embargo – **dicho contenido resulta** *susceptible de separación* **en** *contenidos y objetos* **distintos, que podrían corresponderse con modalidades contractuales también** *distintas*, como consecuencia de una **"segregabilidad"** – si se me permite decirlo así – **de su objeto y contenido**, que darían lugar a una correlativa especialización del objeto y la causa. En este sentido, he hablado, antes, de los contratos complejos o mixtos, y es preciso recordar – asimismo – que, a la hora de determinar su régimen jurídico, existen diversas teorías – o métodos – propuestos por la Doctrina, entre los que se halla la denominada *"teoría de la combinación"*, que propugna el proceder *identificando cada una de las finalidades de cada una de las prestaciones*, que devienen obligatorias, por consecuencia del contrato atípico y, tras determinar a qué contratos típicos son reconducibles, proceder a la *combinación cuidadosa de los regímenes correspondientes a cada uno de esos contratos típicos*[282]. Pues bien... **¿A dónde nos conduciría esta teoría... aplicada en sentido inverso?** Literalmente se trataría de que *identificar* **cada una de las** *finalidades de cada* **una** *de las* **prestaciones**, que devienen obligatorias, y, tras determinar a qué contratos típicos – o atípicos – son reconducibles, proceder a la *desconcentración o segregación* de los referidos elementos, **concediendo o atribuyendo a cada una de sus específicas finalidades, una relevancia causal propia, que permitiría configurar contratos principales, únicos y simples, distintos... por cada prestación y causa independientes**. Esto es algo que – quiérase, o no – ya lo hacen – pero de modo vergonzante – los redactores de los distintos textos, anteproyectos y proyectos que vienen jalonando el proceso de reforma del Derecho marítimo español: es – propiamente – lo que hace el **art. 210, LNM./2014** que trata de los *"contratos de utilización del buque sin transporte"*, y que ya sólo en su título lleva a cabo esa *"desconcentración"* o *"segregación"*, entre *"utilización del buque"* y *"transporte"*, separando este último objeto; este último contenido, del primero de ambos, **atribuyendo una relevancia causal propia a la** *"utilización del buque"*, **con lo que viene a configurar un contrato** o una serie de éllos, caracterizados por esa **finalidad** – la *"utilización del buque"* – **exclusiva** – *"sin transporte"* –, cuyos contratos sería **principales, únicos y simples, distintos y dotados de un objeto y una causa independientes**.

---

[282] GARRIGUES DIAZ-CAÑABATE, J.: *"Curso..."*, cit., t. II, 8.ª ed., p. 34.

Por consiguiente los contratos incluídos en el Tít. IV, LNM./2014 serían: el Arrendamiento de buque, el Contrato de Fletamento; inclusivo de las modalidades del contrato de transporte en régimen de conocimiento, del contrato de volumen y del contrato de transporte multimodal, los *"contratos de utilización del buque sin transporte"*, el Contrato de Pasaje y el contrato de Remolque[283]. La distinción fundamental entre tipos contractuales, se establece entre Arrendamiento, Fletamento, Pasaje y Remolque[284], lo cual denota claramente que – al tiempo que los redactores han pretendido diseñar *"un contrato único y, a la par, multiforme"*[285] – se *identifica* el Fletamento con el Transporte [Aquí residiría la *unidad* de la figura[286]]. Se incluye, pues, el Remolque – que falta en el Cod.della.nav.it. –, pero da la impresión de que **desaparece todo un tipo contractual**, bien conocido en otros ordenamientos.

Ahora bien; **¿*cuál* es el *tipo* contractual que ha desaparecido?** Porque si, en una primera aproximación, pareciera que lo desaparecido es el Contrato de *Transporte*, en realidad – muy por el contrario – lo que verdaderamente llegaría a desaparecer sería el Contrato de *Fletamento*, pues, como consecuencia de un *"baile"* de *"nomina iuris"*, da la impresión de

---

[283] Según DUQUE DOMÍNGUEZ, J.F.: "1. – Cuestiones en el desarrollo de la Reforma del Derecho de la Navegación", en VV.AA.: *"La nueva Legislación portuaria y marítima"*, editores E.Beltrán Sánchez, R.Lobeto Lobo y A.B.Campuzano Laguillo, edit. Autoridad Portuaria de Santander, Santander, 2007, ps. 32 y s., *"la regulación propuesta ha pretendido dotar a los contratos de regímenes jurídicos típicos que caracteriza agrupándolos básicamente alrededor de dos tipos de contratos: el contrato de arrendamiento de buques y el contrato de transporte marítimo de mercancías y de personas"*.

[284] ILLESCAS ORTIZ, R.: "Los contratos de utilización del Buque", en VV.AA.: *"La Modernización del Derecho marítimo español. La Propuesta de Anteproyecto de Ley General de Navegación Marítima"*, ed. por E.Beltrán Sánchez y A.B.Campuzano Laguillo, edit. Autoridad Portuaria de Santander/Instituto Europeo de Estudios Marítimos/Universidad De Cantabria/Universidad Internacional Menéndez Pelayo, Santander, 2005, p. 205.

[285] ILLESCAS ORTIZ, R.: "Los contratos de utilización...", cit., p. 205, en relación con la P.A.L.G.N.M.

[286] ARROYO MARTÍNEZ, I.: "España: algunas notas sobre el Proyecto de Ley General de la Navegación marítima", en DMF., 2009, n.º 699, enero, especial 60.º Aniversario ["Spécial 60 Ans Du DMF"], p. 16, en <http://www.wk-transport-logistique.fr/outils/upload/DMF-60ans-index-article.pdf>, quien señala que *"El legislador llama "fletamento" a lo que después identifica con el "transporte marítimo de mercancías"*. Es decir, para el legislador parece que "fletamento" y "transporte de mercancías por mar" son términos equivalentes". ILLESCAS ORTIZ, R.: "Los contratos de utilización...", cit., p. 205.

que el primero de ambos contratos – el Transporte Marítimo de mercancías – sustituye al otro – el Contrato de Fletamento –, que deja de ser *un contrato* – entiéndase, un *"tipo"* contractual –, para convertirse en el mero *"alter nomen"* del primero. En resumen: pese a la comunidad de denominación utilizada para describir a esta categoría de contratos – los de *"utilización"* del buque –, entre el *"Codice"* y, la **LNM/2014** – como antes, el Proy.LGNM./2008, la Prop.Gpsoc./LGNM./2012, el Proy.LGNM./2012 y otros textos precedentes –, existen diferencias importantísimas: la tipología contractual de la **LNM./2014** se aparta sensiblemente, o así lo parece en el plano formal, de la de su supuesto modelo – el *"Codice"* –, ya que mientras este último diferencia al Fletamento, respecto del Contrato de Transporte de Mercancías, y regula por separado y con cierta profusión ambos tipos, en cambio el Tít. IV, **LNM./2014** emplea una terminología que, para empezar, resulta – en mi opinión – confusa y contradictoria: por una parte, el Cap. II, Tít. IV, regula el Contrato de *Fletamento*, al que dedica sus **arts. 203** al **286**; es decir: ochenta y quatro artículos, dieciocho más que los sesenta y seis que el CCo./1885 venía dedicándole. Y, en cierto sentido, como regula solamente el Contrato de *"Fletamento"*, pareciera que silencia por completo; que omite, cualquier alusión al Contrato de *Transporte*, lo cual no deja de resultar contradictorio con este esquema, toda vez que, con el propósito de *identificar* ambas figuras[287]:

1. Su sistemática y su estructura nos sugieren que se va a regular el *"Contrato de Fletamento"*, pues no se hace ninguna mención explícita y específica al *"contrato de transporte marítimo"*, excepto para incluir su mención en la mismísima definición del Fletamento: [*"Por el contrato de transporte marítimo de mercancías, denomi-*

---

[287] ILLESCAS ORTIZ, R.: "Los contratos de utilización del Buque", en VV.AA.: *"La Modernización del Derecho marítimo español. La Propuesta de Anteproyecto de Ley General de Navegación Marítima"*, ed. por E.Beltrán Sánchez y A.B.Campuzano Laguillo, edit. Autoridad Portuaria De Santander/Instituto Europeo De Estudios Marítimos/Universidad De Cantabria/Universidad Internacional Menéndez Pelayo, Santander, 2005, p. 205. SALINASC.: "¿Son incompatibles las Reglas de Rotterdam con el Proyecto de Ley General de Navegación Marítima?", en "Legaltoday.com", <http://www.legaltoday.com/practica-juridica/mercantil/maritimo/son-incompatibles-las-reglas-de-rotterdam-con-el-proyecto-de-ley-general-de-navegacion-maritima> 18 de Marzo de 2010, quien habla de una decidida opción del Proy.LGNM./2008, por el modelo de las "Reglas de La Haya-Visby".

nado fletamento..."]. Nada, pues, hay de parecido entre el art. 203, LNM./2014 y el art. 384, Cod.della.nav.it./1942...

2. ... pero – sin embargo – el objeto de la definición legal del tipo contractual, da un giro repentino... y pasa a versar sobre el *"Contrato de Transporte marítimo de mercancías"*, ...

3. ... del que se dice que *"también"* se denomina – *"denominado"* – *"Fletamento"*,

4. ... sin que este calificativo suponga – al menos, en los términos literales del art. 203, que contiene la definición legal del Contrato – ninguna mención de las características estructurales generales del Fletamento, como contrato de puesta a disposición de un buque, con fines de trasporte;...

5. ... características que sólo aparecen, sustancialmente, en el articulado sucesivo que la LNM./2014 dedica al contenido del *"Contrato de Transporte marítimo de mercancías, denominado Fletamento"*.

Así, el art. 203, que supuestamente nos ofrece un *"concepto"* legal; cuya manifiesta pretensión es ofrecer una definición jurídico-positiva de un contrato, presenta una cierta *discordancia* entre *"nomen iuris"* y definición, pues dice definir el *"Fletamento"*, cuando lo que define es el *"Contrato de Transporte"*. En realidad, ¿cuál es el tipo contractual que el art. 203 querría definir? **¿Definiría al *"Fletamento"* o al *"Transporte"*?** Para quienes conciben ambas figuras como una misma cosa, posiblemente la cuestión fuera bizantina[288]. Mas, aunque así fuera; aunque *"fletamento"* y *"contrato de transporte"* no fuesen más que dos *"nomina iuris"* para designar un mismo y único tipo contractual – lo que no acabo de creer –, aún así la cuestión no podría darse por zanjada de una forma tan despreo-

---

[288] Y no para todos: llama la atención la postura adoptada por RECALDE CASTELLS, A.: "El Fletamento en...", cit., p. 185, quien señala que *"[e]l término 'fletamento' se corresponde con la expresión con la que se calificaba tradicionalmente en el Derecho marítimo español a los transportes de mercaderías por mar. Sin embargo, no dejará de sorprender el uso de este término en relación con todos los contratos de transporte marítimo de mercancías. Aunque el término ha sido muy habitual para referirse a alguna modalidad contractual de aparición reciente (como el 'time-charter') en la que... el buque constituía un elemento esencial del contrato, su utilización en el transporte de mercancías determinadas o en régimen de conocimiento de embarque puede chocar. Estos contratos, por no reflejarse en pólizas de fletamento, nunca han recibido tal denominación"*. Ergo: Fletamento ≠ Transporte, sino que Transporte > Fletamento.

cupada, pues el tema terminológico puede tener graves repercusiones en el plano más importante: el de la **responsabilidad**[289].

Haciendo uso de los cánones de la interpretación literal y la interpretación sistemática, tendríamos que concluir que el concepto legal proyectado lo sería del *"Fletamento"*, toda vez que el art. 203 se encuentra situado en primerísimo lugar, dentro de la **Secc. 1.ª** – *"Disposiciones generales"* –, del **Cap. II**, Tít. IV, que trata – dice literalmente – del **Contrato de *Fletamento***; *ergo* lo que define el art. 203, guste o no, es el *"Fletamento"*. Pero sucede que – acto seguido – el contenido del precepto menciona explicitamente y, de hecho, define el **Contrato de *Transporte*** marítimo de mercancías. Por consiguiente, lo que resulta de la interpretación literal y sistemática es que – *"prima facie"* – el Fletamento *es* el transporte marítimo de mercancías y que, a la inversa, el Transporte marítimo de mercancías *es* el Fletamento. En consecuencia, *"se abrieron los montes y parieron minúsculo ratón"*: tanto empeño en introducir la Reforma definitiva de nuestro Derecho Marítimo; la "Madre de todas las reformas", total para mantener – formalmente – la misma situación que el CCo./1885, y aún peor. A este respecto, si las palabras del precepto proyectado parecen claras, la E.M./ LNM./2014 – que, por lo demás, no es sino el trasunto fidelísimo, literal de la E.M./Proy.LGNM./2012 – parece más taxativa y terminante, aún:

> *"Las soluciones recogidas en el texto no se separan de la práctica usual, por lo que el fletamento se configura como contrato de transporte. El fletamento autónomo sigue cumpliendo el modelo del transporte que alguien realiza en beneficio de otro, que paga por ello, moviéndose de origen a destino y procurando el desplazamiento solicitado. El tipo contractual unificado que contempla la ley se compagina con la previsión de especialidades cuando son necesarias, como sucede con los fletamentos por viaje, el fletamento por tiempo y el traslado de mercancías bajo conocimiento. Se deja fuera de ese tipo legal la contratación de buques a otros fines distintos (tendido de cables, investigación oceanográfica, actuaciones de rompehielos, supuestos en los que sólo serán de aplicación las normas de ese tipo jurídico que son impres-*

---

[289] RECALDE CASTELLS, A.: "El Fletamento en...", cit., p. 185, quien señala que *"a pesar de la aparente uniformidad, el fletador se distingue de los cargadores y destinatarios, en función de la modalidad de fletamento. La cuestión no es meramente académica, ya que la delimitación del carácter imperativo de la normativa sobre responsabilidad... depende de lo que se entienda por fletador"*.

cindibles y adecuadas (las relativas a la puesta a disposición, empleo del buque, flete y extinción anticipada)".

El texto coincide, en buena medida, con los criterios expuestos en la E.M./Prop.Gpsoc./LGNM./2012 [Que reprodujo al pié de la letra el texto de la E.M./Proy.LGNM./2008]:

"Ninguna de las soluciones recogidas en el texto se separa de las acogidas por la práctica usual, cualquiera que sea el modelo conceptual y orgánico que de esos contratos se tenga. Por consiguiente, su diseño ha sido muy meditado y alcanza a la toma de postura que la Ley adopta en la configuración del fletamento como genuino contrato de transporte. No sólo porque, atendiendo a lo que más frecuentemente sucede esa ecuación (fletamento igual transporte) se cumple casi al cien por cien bajo la muestra estadística más exigente que imaginarse pueda, sino también porque cuando no es así el pretendido fletamento autónomo sigue cumpliendo el modelo empírico del transporte como producto de una división social del trabajo en la que alguien realiza en beneficio de otro, que paga por ello, un viaje marítimo, moviéndose de origen a destino y procurando el desplazamiento solicitado (tampoco tiene que ser otro). A eso se reduce empíricamente el servicio económico de transporte, aunque el Derecho, atendiendo una vez más al id quod plerumque accidit añada luego, a esa prestación y responsabilidad ex contractu una ulterior tipicidad ex recepto que impone un cuidado de la mercancía, innecesario cuando los cargadores iban a bordo o cuando el desplazamiento no es para ese fin. Pero, siendo el tráfico de mercancías la regla y lo demás la ínfima excepción, el legislador opta por articular la disciplina del transporte como lo hace. Con ello se descarta convertir la excepción en regla, en base a la existencia de fletamentos residuales en la vida del tráfico, en el mundo de los negocios y el funcionamiento global de la economía, pero que la Ley también comprende al establecer especialidades de régimen cuando son necesarias bajo el tipo legal unificado (fletamentos por viaje, fletamento por tiempo y traslado de mercancías bajo conocimiento) y, por supuesto, deja fuera de ese tipo legal único de fletamento la contratación de buques a otros fines distintos (tendido de cables, investigación oceanográfica, actuaciones de rompehielos) a las que aplica simplemente las normas de ese tipo jurídico que son imprescindibles y adecuadas (las relativas a la puesta a disposición del buque, concretamente)...".

De todos modos, he de reconocer que en la E.M./Prop.Gpsoc./ LGNM./2012 se aprecia una confesada orientación *"institucional"*, y no contractual, de la regulación propuesta: *"porque ...el pretendido fletamento autónomo sigue cumpliendo el modelo empírico del transporte como producto de una división social del trabajo en la que alguien realiza en beneficio de otro, que paga por ello, un viaje marítimo, moviéndose de origen a destino y procurando el desplazamiento solicitado (tampoco tiene que ser otro). A eso se reduce empíricamente el servicio económico de transporte, aunque el Derecho, atendiendo una vez más al* id quod plerumque accidit *añada luego, a esa prestación y responsabilidad* ex contractu *una ulterior tipicidad* ex recepto *que impone un cuidado de la mercancía, innecesario cuando los cargadores iban a bordo o cuando el desplazamiento no es para ese fin"*. Creo que no se podría expresar con mayor claridad: **la referencia es a un** *"modelo empírico"***, y no a un modelo lógico o sustancial**.

Así se *"explican"* la sistemática y el léxico de la LNM./2014, aparentemente contradictorios: se enuncia el *"Fletamento"*... pero se define y se regula el *"Transporte"*, o – si se prefiere expresarlo así – se define un término – el *"Fletamento"* – que luego no se utiliza en el resto de las disposiciones referidas al contrato que se pretende definir[290]. De hecho, la identificación entre el *"Fletamento"* y el *"Transporte"* no se hace respecto de cualquier transporte marítimo, sino respecto del transporte de mercancías, porque – en cambio – se alude expresamente, y como figura o tipo contractual formalmente distinto, al Contrato de *Pasaje*[291-292].

Mas antes hablé de una comparación cuyo primer término era el art. 203, LNM./2014, con su definición del *"contrato de transporte marítimo, denominado fletamento"*. Pues bien; el otro término de la comparación – que deberemos confrontar con la norma proyectada – es la cita de una de las múltiples definiciones doctrinales que existen del Contrato de Fletamento, formulada por autores que consideran que – efectivamente – Fletamento y Contrato de Transporte son una misma cosa: me refiero a la definición

---

[290] Esto sucedía, ya, en el art. 17, Antep.LCUB./1994.

[291] ILLESCAS ORTIZ, R.: "Los contratos de utilización...", cit., p. 205.

[292] El Contrato de *Remolque* aparece en un cuarto lugar, porque presenta dos rasgos que lo hacen *especial*: por una parte, adopta diversas modalidades, alguna de las cuales puede constituir una subespecie del transporte propiamente dicho [Remolque-*transporte*], y otras no [Remolque-*maniobra*]. Y, por otra su elemento real caracterizador, más que la conducción por vía marítima, es proporcionar *tracción* a otro buque.

que proponen GABALDÓN GARCÍA/RUIZ SOROA[293], quienes – luego de afirnar que el Fletamento por viaje es el contrato por el que una de sus partes *"se compromete a poner su buque a disposición* [del Fletador], *a cambio de un precio denominado flete y con objeto de transportar las mercancías pactadas en un determinado viaje"* – añaden que, *"frente a la construcción teórica, de cuño italiano, del* time charter *como contrato de obra en que el fletante promete sólo la navegación de su buque, la más moderna doctrina española prefiere mantener que el* opus *comprometido por el fletante es el transporte"*.

Aunque uno podría pensar que ambos coinciden porque identifican fletamento y transporte, una vez que confrontamos ambos modelos, en seguida se advierte que, en realidad, la coincidencia es notablemente menor de lo que cabría suponer, y – más precisamente – que la actitud de GABALDÓN GARCÍA/RUIZ SOROA – a quienes cito como mero ejemplo, aunque muy significativo, por lo demás – resulta mucho menos extrema en su alcance, ya que bien podemos afirmar que – en la visión defendida por estos autores – los contratos de fletamento son, *sí*, contratos de *"transporte"*, pero lo son porque se entiende que el Fletante asume – además [Y aunque sea algo ante lo cual no le queda mucho que oponer] – las prestaciones típicas de *"conducción"* y *"custodia"* de las mercancías cargadas a bordo, pero precisamente – y aquí está el matiz – las asumen en el **contexto** institucional de **un compromiso de** *"poner su buque a disposición"* **del Fletador**; es decir: en el contexto de un contrato, cuyo objeto característico se describe como *"poner su buque a disposición* [del Fletador], *a cambio de un precio denominado flete y con objeto de transportar las mercancías pactadas"*. En cambio, el art. 203, LNM./2014 **suprime,** *"a limine"*, **cualquier alusión a esos compromisos de** *"puesta del Buque a disposición"* **de otro,** quedando sólo el elemento de transportar mercancías por vía marítima, y entregarlas al destinatario en el puerto o lugar de destino. Ni la puesta a disposición del Buque, ni los compromisos relativos a su condición de navegabilidad – absoluta o relativa –, ni los relativos al inicio del viaje y seguimiento de la ruta prevista, aparecen – ni siquiera en la lejanía –, en la definición que incluye el citado art. 203, LNM./2014.

---

[293] GABALDÓN GARCÍA, J.L. y RUIZ SOROA, J.M.ª.: *"Manual de Derecho de la Navegación marítima"*, edit. Marcial Pons, Ediciones Jurídicas y Sociales, S.A., 3.ª ed., Madrid/ Barcelona, 2006, ps. 477, 478, 522 y s.

Cierto que, poco más tarde o poco más lejos, los preceptos contenidos en la **LNM./2014** van recogiendo obligaciones del tipo de las que acabo de mencionar; cierto – p.e. y en primer lugar – que sus **arts. 211 y 212** establecen – respectivamente – las obligaciones de Puesta a disposición y de Navegabilidad del Buque, en los siguientes términos:

> *"El porteador pondrá el buque a disposición del fletador o cargador en el puerto y fecha convenidos. Si el contrato se refiere a un buque determinado, éste no podrá ser sustituido por otro, salvo pacto expreso que lo autorice"*

y:

> *"1. El porteador cuidará de que el buque se encuentre en el estado de navegabilidad adecuado para recibir el cargamento a bordo y transportarlo con seguridad a destino, teniendo en cuenta las circunstancias previsibles del viaje proyectado, sus fases y la naturaleza del cargamento contratado.*
>
> *2. El estado de navegabilidad deberá existir en el momento de emprender el viaje, o cada uno de los viajes que incluya el contrato. En el momento de recibir el cargamento a bordo, el buque deberá hallarse, por lo menos, en un estado que lo haga capaz de conservar las mercancías con seguridad.*
>
> *3. El porteador deberá ejercer una diligencia razonable para mantener el buque en el estado de navegabilidad adecuado durante el tiempo de vigencia del contrato".*

Pero, a estas alturas, incluir tales previsiones ya sería algo que carecería de trascendencia – o que la tendría en demasía, según se mire – porque dichas obligaciones han sido extirpadas de la propia definición del contrato, por lo que no pueden ser consideradas como el objeto y causa fundamentales del mismo, sobre los que debe recaer el consentimiento, y que no solamente le dan su existencia... sino también su identidad, distinguiéndolo de otros contratos diferentes. Y, además, porque – bien pensado – lo que haría especial al Contrato de Fletamento no sería, en sí, un simple compromiso de puesta a disposición [de un buque] y de mantenimiento de su navegabilidad, sino un compromiso de prestación de obra o de servicios de navegación con ese buque, pues incluso en la mismísima regulación del Contrato de Transporte Terrestre de mercancías, se establece que el Porteador se obliga a poner el vehículo a disposición del Cargador. En este sentido, cabe señalar cómo los **arts. 17** y **18** de la nueva **Ley española n.º 15/2009, de 11.11.2009, del Contrato de Transporte terrestre de mer-**

Fletamento, Transporte Marítimo y Responsabilidad Contractual   409

cancías, respectivamente, disponen lo que sigue: El primero de éllos – bajo el título *"idoneidad del vehículo"* – dice:

> *"El porteador deberá utilizar un vehículo que sea adecuado para el tipo y circunstancias del transporte que deba realizar, de acuerdo con la información que le suministre el cargador".*

Y el art. 18 – bajo el título de *"puesta a disposición del vehículo"* – dice lo siguiente:

> *"1. El porteador deberá poner el vehículo a disposición del cargador en el lugar y tiempo pactados. Si nada se pacta respecto a la hora, el porteador cumplirá su obligación poniendo el vehículo a disposición del cargador con antelación suficiente para que pueda ser cargado el día señalado. Si se trata de un contrato de transporte de mercancías por carretera, y no se hubiere pactado plazo, el transportista cumplirá con su obligación poniendo a disposición el vehículo para su carga antes de las dieciocho horas del día señalado.*
>
> *2. Si existe pacto expreso previo entre las partes acerca del día y la hora u hora límite para la puesta a disposición del vehículo y el porteador no cumple dicho plazo, el cargador podrá desistir de la expedición de que se trate y buscar inmediatamente otro porteador.*
>
> *Cuando el cargador haya sufrido perjuicios como consecuencia de la demora, y ésta fuere imputable al porteador, podrá además exigir la indemnización que proceda".*

La **cuestión**, acaso, será **si esa** *"puesta a disposición"* **significa lo mismo o si tiene, o no tiene, el mismo alcance en el Contrato de Transporte terrestre de mercancías, que en el Contrato – marítimo – de Fletamento.** Y la respuesta a tal interrogante es que: **depende**. Depende, fundamentalmente, de la concepción que se tenga del Contrato de Fletamento. Si, como cree gran parte de la Doctrina jusmaritimista – el Fletamento es el Transporte marítimo, cualquiera que sea la modalidad utilizada – por tiempo, por viaje, por viajes consecutivos, total, parcial, por células, etc. –, entonces es posible que se haya extendido la asimilación al Transporte terrestre. Mas si, por el contrario, se considera que el Fletamento es un contrato **de navegación**, por el que el Fletante promete al Fletador, ora la realización o ejecución de **una obra navegatoria**, ora bien la prestación de **servicios de navegación**, diferenciándose – así – del Transporte, entonces es posible que la *"puesta a disposición"*, prevista en el art. 211, LNM./2014

– lo mismo que en el art. 18, L.TrTM./2009 –, signifique algo muy diferente de la puesta a disposición característica del Contrato de Fletamento.

Y es entonces cuando nos encontramos con el **art. 210, LNM./2014**, titulado *"contratos de utilización del buque sin transporte"*; un precepto que que reproduce el texto de todos y cada uno de los arts. 260 – No olvidemos que el último texto reduce en cincuenta artículos el total de los contenidos en los textos anteriores – de todos y cada uno de los anteproyectos y proyectos precedentes, incluída la Prop.Gpsoc./LGNM./2012, donde se nos informaba de la existencia – es decir: de la previsión de que se reconocería que existen – unos *"contratos de utilización del buque sin transporte"*[294], en los siguiente términos:

> *"En los casos en que se contrate la disponibilidad de un buque para fines distintos del transporte, se aplicarán las disposiciones reguladoras del fletamento que se refieren a la puesta disposición y empleo del buque, así como al flete y su extinción anticipada, en tanto en cuanto sean compatibles con la finalidad del contrato celebrado".*

Las cuestiones que suscita este último precepto proyectado, como los que le precendieron, con distinta numeración pero idéntico contenido, son múltiples y diversas. Para empezar: **¿cuál es el significado de este precepto... si supuestamente se ha llevado a cabo una reducción del Fletamento a mero** *"alter nomen"* **del Contrato de Transporte?** En segundo lugar: **¿Cuándo puede tenerse por concurrido el** *"Tatbestand"* **– el supuesto de hecho – contemplado en el art. 210? ¿Cuándo sucede lo que en él se describe? ¿Cuándo** *"se contrat[a] la disponibilidad de un buque para fines distintos del transporte"*?

Por lo que hace a la primera de ambas interrogantes, parece preciso – e inevitable – concluir que, en realidad, la LNM./2014 *no ha terminado* con la distinción entre *Fletamento* y *Transporte*: solamente la ha ocultado;

---

[294] Cuya existencia ya anticipó SÁNCHEZ CALERO, F.: *"El Contrato de Transporte marítimo ..."*, cit., 2.ª ed., p. 142, cuando señalaba que *"aun partiendo del reconocimiento del hecho de la consideración del contrato de fletamento como contrato de transporte, por parte del Código de comercio vigente – ... – se hace notar por parte de nuestra Doctrina que dentro de este contrato junto al fletamento-transporte surgen unas modalidades contractuales en las que se oscurece (cuando no desaparece) que la causa del contrato sea el transporte, en especial si el fletante no asume frente al fletador la obligación del traslado de las mercancías".*

no ha terminado con el *"Contrato de Fletamento"* como contrato por el cual *"se contrat*[a] *la disponibilidad de un buque para fines distintos del transporte"*; no ha hecho desaparecer esta modalidad contractual: solamente la ha escondido, y – además – lo ha hecho privándola del *"nomen iuris"* que le resultaría más apropiado. En mi opinión, no puede haber un precepto más desafortunado que este art. 210; técnicamente, aún resulta menos asumible – como hipotético futuro Derecho positivo – que el art. 203, porque en este último hay, subyacente, una disputa doctrinal muy antigua en torno a la cuestión de la relación de identidad o diversidad, entre el Fletamento y el Transporte; disputa en la que cada uno es libre de tomar partido por una u otra opinión. Yo, por mi parte, disiento radicalmente de la postura seguida por los redactores de la LNM./2014, aunque reconozco que la mia es una opinión y vale lo que todas las opiniones.

El problema es que cuando se llega al art. 210, ya no estamos, sólo, ante un problema de diversidad de opiniones doctrinales, sino ante una norma muy imperfecta, que **escamotea el** *"nomen iuris"* **de un contrato o de una serie de contratos, que se describen como** *"de utilización del buque sin transporte"*. Por consiguiente, lo que queda en pié de la [de-] nominación de este o estos contratos, es la rúbrica general mencionada, que los titula: *"contratos de utilización del buque sin transporte"*; un título que – como se podrá comprobar – **incluye como elemento** *positivo* **la expresión que** *delimita, en general, toda la categoría* **de los contratos regulados en el Tít. IV, LNM./2014,** lo cual – en mi opinión – constituye un evidente defecto de técnica legislativa y, también, un evidente defecto dogmático, porque semejante elemento identificador es, al mismo tiempo, genérico [designa a toda la categoría, incluyendo al Fletamento/transporte, porque también él es un contrato *"de utilización del buque"*] y específico: pretende servir para acotar y denominar o calificar a ese otro grupo de contratos que son de utilización del Buque, pero que son distintos del Fletamento, del Pasaje, del Remolque y del Arrendamiento.

Pero esa rúbrica general lleva una *"coda"*, que pretende delimitar y diferenciar la modalidad específica del art. 210, respecto de la categoría general. Dicha *"coda"* consiste en un elemento o en un factor **negativo**: la utilización del buque tiene lugar o se proporciona y obtiene *"sin transporte"* [*"para fines distintos del transporte de mercancías"*, se dice literalmente], de modo que los contratos aquí mencionados tienen por objeto la utilización del buque, pero sin que dicha utilización tuviera por contenido la conducción de mercancías. Bien, pero entonces la **LNM./2014 deja en** la *más profunda oscuridad* la *calificación jurídica* de estos **contratos**, sin atribuirles un *"nomen iuris"* propio – quedan, formalmente, como contratos **innominados** –, y sin determinar a qué categoría pertenecen, pues es obvio que son *contratos*, que lo son *"de utilización del buque"*, pero que – en cambio – *no* son contratos de *transporte*, ni *tampoco* son contratos de *pasaje, ni* son contratos de *remolque* y en éllos *"se contrata la disponibilidad del buque"*.

La única posibilidad que parecería quedar es el **arrendamiento**... Pero **tampoco** es esta la calificación que les cuadra, porque el Arrendamiento de buques es un contrato nominado y típico, dotado de su propia regulación en el citado texto – los **arts. 188** al **202** –, a cuyas artículos podría haberse remitido o con cuyo régimen podría, hipotéticamente, integrarse la regulación de los contratos contemplados en el proyectado art. 210, ... y, sin embargo, no es así; no es eso lo que se prevé, sino que **el art. 210 se remite a las normas sobre el Contrato de Fletamento**, ya que se dispone que a estos contratos *"se aplicarán las disposiciones reguladoras del fletamento que se refieren a la puesta disposición y empleo del buque, así como al flete y su extinción anticipada, en tanto en cuanto sean compatibles con la finalidad del contrato celebrado"*. Pero, entonces, **¿qué son estos contratos** *"de utilización del buque sin transporte"*? ¿Cómo se definen y cuál es su **total régimen jurídico?**

Ofrecer una definición es relativamente sencillo, y mi propósito es ofrecer una y – seguidamente – reelaborarla y completarla, tras el análisis de la naturaleza jurídica de la figura definida, por lo que habré de proceder en tres fases: primera, elaboración de una *primera* – valga la redundancia – *definición* de estos contratos. Segunda, análisis de cuál sea su naturaleza jurídica, y de las consecuencias que éllo comporte; entre éllas, la referente a la **designación/identificación de los** *elementos personales* **característicos**. Y, finalmente, en tercer lugar, aplicación de las conclusiones extraídas o derivadas de la segunda fase, a la re-elaboración de la *definición* de estos contratos.

Así, una *primera* definición o concepto legal de estos *"contratos de utilización del buque, sin transporte"* podría construirse a partir del propio art. 210, LNM./2014, en los siguientes términos:

> *"Contratos por los que, con objeto de proporcionar a otro la disponibilidad de un buque, una de las partes se obliga a poner dicho a disposición de la otra, y ésta a emplearlo diligentemente así como a abonar una retribución denominada flete".*

Ahora bien; **¿cuál es la naturaleza jurídica de estos *"contratos"*?** Ante todo quisiera comenzar denunciando lo que me parece una muestra de "discriminación"; de mixtificación peyorativa, que pretende presentar como un cajón de sastre; como una masa informe que ni siquiera merece que se la considere como un supuesto único y singular, lo que – en realidad – es todo un verdadero **tipo** contractual independiente; un contrato *"sui generis"*[295], plenamente reconocido como tal en el Derecho positivo de otras naciones. No creo que sea prudente hablar de *"los"* – en plural – *"contratos de utilización del buque, sin transporte"*, porque de este modo se oculta que – en realidad – hay *un* – en singular – *"contrato de utilización del buque, sin transporte"*, que se halla a la espera de que, primero que nada y para empezar, se le dote de su propio, único y singular *"nomen iuris"*; un *"nomen iuris"* que no puede ser ni descriptivo, ni plural, cuando ni es procedente ni es necesario. Y ese contrato es – y siempre ha sido – el **Contrato de Fletamento**, que ya no sería – ese término: *"fletamento"* – un *"alter nomen"*, sino **el *"nomen iuris"* propio**. En este sentido, creo que a los redactores de la LNM./2014, como a los de los textos que la han precedido, les traiciona el subconsciente; les traiciona el uso del Lenguaje: el art. 210 dice que *"[e]n los casos en que se contrate la disponibilidad de un buque para fines distintos del transporte, se aplicarán las disposiciones reguladoras del fletamento"*. No dice que, *"[e]n los casos en que se contrate la disponibilidad de un buque para fines distintos del transporte, se aplicarán las disposiciones reguladoras del contrato de transporte marítimo de mercancías, denominado fletamento"*, porque sus redactores saben que – en el fondo – lo que se describe y regula – aunque sea *"per relationem"* – en el art. 210, LNM./2014 es el *"Contrato de Fletamento"*, a la manera en que lo conciben pordenamientos como el Italiano, el Francés, el Mexicano, el Venezolano, el Argentino o el de la República Popular China... **incluso las mismísimas *"Reglas de Rotterdam"***. En este sentido, bien se puede afirmar que, en el pecado, la LNM./2014 – lo mismo que los textos que la han precedido – lleva también, si no la penitencia, *sí* la *reparación*, porque de la lectura conjunta de lo dispuesto en los arts. 203 y 210, se deduce que a estos – mal llamados – *"contratos de utilización del buque, sin transporte"*, el calificativo o *"nomen iuris"* que mejor les cuadra es el de **contratos de *fletamento* puro** o de fletamento *"stricto sensu"*,

---

[295] Fernández Rodríguez, A.: "El Contrato de Fletamento y...", cit., p. 109.

pues hay que tener en cuenta que el art. 203, aún meramente proyectado, no dice que defina al Contrato de Fletamento, sino que define al Contrato de Transporte marítimo de mercancías, *"denominado fletamento"*, cual si la denominación fuera algo convencional y sin otro valor dogmático que el de reflejar una práctica muy extendida, en el lenguaje comercial del tráfico marítimo[296]: **llamar *"fletamento"* a un contrato de transporte.** No es que el Transporte Marítimo sea el Fletamento, ni que el Fletamento sea el Transporte Marítimo: *simplemente* es que – con enorme frecuencia y por motivos de comodidad e inercia – los operadores del comercio marítimo emplean la denominación *"fletamento"*, para designar lo que, en realidad, son contratos de transporte marítimo de mercancías. El precepto, más bien, describe una corruptela del lenguaje, y – en lugar de combatirla – se "alía" con élla; se "pasa con armas y bagajes", abandonando las posiciones de la corrección dogmática.

Pero más grave o mas trascendente es la segunda cuestión antes aludida: **¿Cuándo *"se contrat*[a] *la disponibilidad de un buque para fines distintos del transporte"*?** En principio, el propio planteamiento puede parecer un tanto bizantino e insustancial, por resultar supuestamente evidente y obvia la respuesta... Pero creo que no lo es, aunque sospecho que la cabal comprensión de los términos de la cuestión se haría más evidente... si la misma fuese planteada de la forma correcta; si fuese planteada en los términos más adecuados; aquellos que mejor permitieran apreciar donde está el verdadero problema. Y creo que los términos son éstos: **que *"se contrate la disponibilidad de un buque para fines distintos del transporte"*, ¿es algo que depende *única y exclusivamente* de la voluntad? ¿O acaso es preciso que concurran un *factor objetivo* o una *circunstancia de hecho*,**

---

[296] En el lenguaje comercial – e incluso jurídico –, propio del sector marítimo, es usual que, bajo la denominación común de *"Fletamento"*, se comprendan, en realidad, diversos contratos – y contratos *diversos* – de explotación del buque, poseyendo – cada uno de éllos – características muy dispares, que en realidad impedirían agruparlos bajo una misma rúbrica. Desde luego, no hay que confundir el verdadero Fletamento, con el simple y puro Arrendamiento de Buque, sin armar ni equipar [arrendamiento "a casco desnudo" (*"Bareboat Charter"*)]. Más bien, quedan dentro del ámbito del Fletamento tres especies diferentes de contrato: el fletamento general [o fletamento-transporte], el [mal llamado] fletamento-arrendamiento o fletamento por tiempo – *"Time Charter"* –, y el fletamento de mercancías independientes, que es un verdadero contrato de transporte de mercancías [Vid., aunque llegando a conclusiones diversas: RECALDE CASTELLS, A.: "El Fletamento en...", cit., ps. 186 y ss.].

adicionales e imprescindibles? Los *"fines distintos del transporte"*, ¿lo son porque la voluntad de las partes es la de no asumir compromisos propios del transporte... o acaso es preciso – además – que ni siquiera exista transporte en sentido económico?

V – RESPONSABILIDAD DEL PORTEADOR Y RESPONSABILIDAD POR EL TRANSPORTE: DEL CONTRATO, A LA INSTITUCIÓN

V.1. Responsabilidad y Contrato, en los contratos náuticos, de explotación o de utilización del Buque: especial referencia al tema del interés

Por mucho que el Derecho Marítimo llegue a presentar rasgos – más o menos intensos – de especialidad, es obvio que el régimen de los contratos náuticos, de utilización o de explotación del Buque; concretamente, es obvio que el régimen de los contratos de fletamento y/o transporte... se remitirá con carácter general al **Derecho de obligaciones y contratos**. No importa que se tome como punto de referencia un ordenamiento de *"common law"* o de Derecho Continental, basado en el *"Ius Commune"*.

Pues bien; el Contrato – todo contrato – es un instrumento jurídico diseñado para establecer relaciones intersubjetivas *"in personam"* que buscan componer unos intereses de parte, inicialmente en inevitable conflicto: por eso se contrata. Las partes del contrato son titulares de intereses, y se sirven del contrato para satisfacerlos mediante una solución convenida que supone la búsqueda de un punto de encuentro en el que ambos contratantes, sacrificando parte del propio, logren un punto de convergencia que satisfaga a ambos. Y esto sucede, también, en los contratos de fletamento y/o transporte. En este caso, los contratos de transporte reflejan la composición de intereses entre quien está interesado en obtener la conducción de las mercancías, en condiciones de indemnidad, para su entrega al destinatario; interés que puede ser tal que haga irrelevante la consideración del Buque, que puede ser fungible... Pero pueden existir otros contratos en los que el interés del "usuario" del los servicios no se refiera a la conducción de unas mercancías, en condiciones de indemnidad, para su entrega al destinatario, sino – más bien – a la disponibilidad del propio Buque, y de los servicios del capitán y la tripulación.

416 *José Luis García-Pita y Lastres*

Claro que estos dos situaciones no son tan incompatibles que no puedan ir unidas. Cuando esto sucede, nos encontraríamos ante el supuesto típico – y tópico – del **Fletamento-transporte**, en el sentido en que lo concibe – p.e. – el art. 104, n.º 1, apdo. b), Kod.Mor.Pol./2001. En realidad – y como ya anticipé – la clave – ¿oculta? – de todo el problema se encuentra en el tema de la **responsabilidad**; una responsabilidad que – en teoría – podría expresarse o calificarse como *"responsabilidad del porteador", "responsabilidad del fletante", "responsabilidad del naviero"* o *"responsabilidad por el transporte"*; expresiones que designan una obligación; un *"iuris vinculum"* como los descritos en el art. 1088, CC., pero muy particular, ya que se trata de una obligación indemnizatoria o resarcitoria; se trata de la *obligación* **de** *indemnizar* **los daños causados** por un sujeto, en la persona o los bienes de otro[297]. A esta acepción del término se refieren los arts. 1101 y ss. y 1902 y ss. CC., el primero de los cuales establece que:

> *"Quedan sujetos a la indemnización de los daños y perjuicios causados los que en el cumplimiento de sus obligaciones incurrieren en dolo, negligencia o morosidad, y los que de cualquier modo contravinieren al tenor de las mismas".*

mientras que el art. 1902 dispone lo siguiente:

> *"El que por acción u omisión causa daño a otro, interviniendo culpa o negligencia, está obligado a reparar el daño causado".*

Así, cuando nuestros códigos – *Civil* y, eventualmente, *de Comercio* – hablan de responsabilidad *civil*, quieren referirse a una nueva relación jurídico-privada de derecho/deber, de caracter personal – es decir: no real –, a una nueva **obligación** con un correlativo nuevo **derecho de crédito**. Una relación jurídica – pues – de crédito/deuda, con los rasgos propios de las obligaciones y alguna característica llamativa: su objeto y su causa. Por lo que hace a la causa *de la obligación* o de la *atribución*, de los arts. 1101,

---

[297] LARENZ, K.: cit., t. I, 12.º ed., p. 22. LOPEZ-COBO, C.I.: *"El Seguro de Responsabilidad civil. Fundamentos y modalidades"*, Madrid, 1988, p. 37, quien define, en términos generales, la Responsabilidad civil, como la *"obligación legal que tiene una persona de satisfacer o reparar cualquier menoscabo, daño o pérdida causados a un tercero, por culpa o negligencia".*

arts. 1888 al 1901 y 1902, CC. se deduce que existen obligaciones retributivas, remuneratorias, de liberalidad, restitutorias y también resarcitorias. De éstas últimas es de las que se habla, cuando se habla de la *"responsabilidad del porteador"*, *"responsabilidad del fletante"*, *"responsabilidad del naviero"* o *"responsabilidad por el transporte"*. Lo que se pretende es – básicamente – designar un concreto tipo de obligación, caracterizada por sus elementos subjetivos o, mejor, subjetivo-funcionales; su causa y su objeto... Pero esta obligación debe, también, tener una fuente. Y esta fuente es, también, especial y característica.

El objeto de las obligaciones es la **prestación**, pudiendo consistir en un dar, un hacer o una abstención [art. 1088, CC.], lo que permite distinguir obligaciones positivas y negativas. Entre las primeras, destacan las obligaciones **pecuniarias**; es decir: aquellas obligaciones que versan sobre la entrega – pago – de una suma de dinero. Pues bien; cuando se habla de conceptos como los *"responsabilidad del porteador"*, *"responsabilidad del fletante"*, *"responsabilidad del naviero"* o *"responsabilidad por el transporte"*, por su condición de obligación de *"responsabilidad civil"*, se está aludiendo a una obligación cuyo contenido está integrado por una prestación de suma dineraria; es decir: el objeto de la prestación es el pago de una suma de dinero. Por este motivo, nos hallamos ante una de esas obligaciones que se denominan *"pecuniarias"*. Ahora bien, obligaciones pecuniarias las hay, y muchas, y sus elementos, orígenes y regímenes pueden ser muy diversos porque el Dinero – como objeto de obligación – siempre tiende a ser causalmente neutro, o – mejor dicho – las obligaciones pecuniarias suelen tener una causa variable. Por este motivo, si se quiere indagar lo que es la *"responsabilidad del porteador"*, *"responsabilidad del fletante"*, *"responsabilidad del naviero"* o *"responsabilidad por el transporte"*, será preciso; será ineludible, abordar el problema de su **causa**; es decir: averiguar cuál esa la *"iusta causa obligandi"*, por la que su deudor – al que se debe calificar como *"responsable civil"* – queda legítimamente obligado.

Pues bien; lo característico de la *"responsabilidad del porteador"*, *"responsabilidad del fletante"*, *"responsabilidad del naviero"* o *"responsabilidad por el transporte"* – y, en general, de toda obligación que merezca ser calificada de responsabilidad civil – es que posee o presenta un fundamento causal indemnizatorio o resarcitorio; una causa **indemnizatoria**: tanto su nacimiento, como su objeto – la **cuantía** de la suma – vienen determinados por el valor de unos **daños o perjuicios**... que el Deudor –

al que se debe calificar como *"responsable civil"* – ha causado a otro. En la *"responsabilidad del porteador"*, *"responsabilidad del fletante"*, *"responsabilidad del naviero"* o *"responsabilidad por el transporte"*, como en toda otra responsabilidad civil, en general, se da una estrecha relación objeto/causa; una estrecha relación entre el fundamento causal de la obligación... y su objeto y contenido, lo cual se justifica por el hecho de que el Dinero – medida de valor e instrumento de pago – resulta especialmente idóneo, a la ver para *cuantificar* los daños y perjuicios causados [Aquí juega su papel de medida de valor]... y también para *resarcirlos* [Aquí juega su papel de medio o instrumento de pago]. Hasta aquí, la *"responsabilidad del porteador"*, *"responsabilidad del fletante"*, *"responsabilidad del naviero"* o *"responsabilidad por el transporte"* no presenta ninguna peculiaridad que la distinga de las demás obligaciones patrimoniales de índole resarcitoria; no presenta ninguna peculiaridad que la distinga de los demás supuestos de responsabilidad civil.

Un primer punto, a partir del cual la *"responsabilidad del porteador"*, *"responsabilidad del fletante"*, *"responsabilidad del naviero"* o *"responsabilidad por el transporte"* comienza a separarse de otros supuestos de responsabilidad civil – aunque todavía, de modo muy tenue – es cuando la misma se intenta encuadrar dentro de la clásica y fundamental – aunque acaso sobrevalorada – clasificación de la Responsablidad civil en responsabilidad *contractual* y responsabilidad *extracontractual*. Una y la otra tienen en común su naturaleza y, por tanto, su causa: ambas son obligaciones que nacen, para sus deudores, como consecuencia de **haber causado** – éllos o las personas por las que ellos deban responder – **un daño**, bien sea por incumplimiento de una obligación preexistente, nacida de un contrato o bien de orígen diferente [P.e.: otra obligación de indemnizar], o bien por lesionar directamente la persona o los bienes de un sujeto con el que no mediara ninguna previa relación obligatoria que fuese, o pudiese ser, incumplida: Este es el verdadero factor diferenciador entre la Responsabilidad *"contractual"* y la *"extracontractual"*. No se trata de si existía, o no, una relación negocial, surgida *"ex contractu"*. Se trata, más bien, de si existía, o no, una obligación que pudiera quedar incumplida – y que así lo fuese-. Si existiera una obligación, fuera cual fuese su orígen, la responsabilidad que generaría su incumplimiento sería necesariamente contractual. Por el contrario, cuando el hecho dañoso sólo afecta al denominado "deber general de *'neminem laedere'"*, la responsabilidad será extracontractual o *"aquiliana"* [por la *"Lex Aquilia"*][298], y estas afirmaciones generales valen perfectamente en Derecho marítimo y – más precisamente – resultan perfectamente aplicables al ámbito de la responsabilidad de los porteadores y de los navieros. Ahora bien; si esto es así, cabe preguntarse: **¿a cuál de ambas categorías pertenece la *"responsabilidad del porteador"*, *"responsabilidad del fletante"*, *"responsabilidad del naviero"* o *"responsabilidad por el transporte"*?**

El planteamiento tiene algo de falaz porque podría dar pié a creer que el Porteador marítimo sólo puede hacerse responsable por una de ambas vías... y no por la otra, lo que sería completamente falso: en realidad, el Porteador marítimo puede responder civilmente **tanto en vía *contractual* como en vía *extracontractual*.** Mas, dicho esto, hay que reconocer que el **paradigma** de la *"responsabilidad civil del Porteador marítimo"* es una responsabilidad de carácter o de naturaleza **contractual**, ya que – si partimos del presupuesto lógico de que la *"responsabilidad civil del Porteador marítimo"* es la que asume este último, precisamente *"qua conductore"*; la que asume precisamente en y por su condición de porteador – entonces habremos de convenir en que esa responsabilidad se asocia o se vincula a la condición del sujeto responsable – el Porteador – como **parte en un contrato** – el de Transporte marítimo de mercancías – y como **obligado a las prestaciones que son propias de ese contrato... y de la calidad jurídica con la que interviene en él.** Y es que hay que tener en cuenta que, si admitimos – con un propósito meramente ilustrativo y siempre advertidos de que esta es una construcción dogmática superada – que en toda obligación existe un débito – *"Schuld"* – y una – mal llamada – responsabilidad – *"Haftung"* –, que debiera abarcar **toda la serie de *consecuencias jurídicas* que afectan a un *sujeto deudor*, precisamente en cuanto *deudor*;** precisamente por hallarse vinculado por la necesidad de llevar a cabo una determinada prestación a favor de otro sujeto: el Acreedor [cuyo interés tutela el Ordenamiento][299], la *"responsabilidad civil"* designa – precisamente – una de esas consecuencias jurídicas; una que tiene como objetivo la tutela del **fin subsidiario** o *genérico* del derecho de crédito; de ese fin que interesa a algo o alguien más que al propio Acreedor: que interesa e

---

[298] Jordano Fraga, F.: *"La Responsabilidad contractual"*, edit. Civitas, S.A., Madrid, 1987, p. 28.

[299] Martín Pérez, A.: Comentario al art. 1088, en VV.AA.: *"Comentarios al Código civil y Compilaciones forales"*, edit. EDERSA., t. XV, vol. 1º, Madrid, 1989, p. 17.

involucra al propio Ordenamiento jurídico, en sí; incluso al mismo Órden público económico. Este último tiene interés en **sancionar** el **incumplimiento**, en cuanto tiene, no ya de incumplimiento de una obligación; de infracción de la *"lex privata"*, sino en cuanto representa una *transgresión* **jurídica**.

Cuando un deudor incumple su deber de prestación, no solamente incumple un deber que sirve al interés singular e individual de su Acreedor, sino que observa una conducta antijurídica; es decir: **contraria al** *Ordenamiento*, en su conjunto, porque – junto al interés específico del Acreedor en obtener la prestación prometida, que es un interés privado y particular – coexiste el *interés general* del Ordenamiento, en que no se permitan comportamientos dañosos, ni en la esfera extracontractual, ni en la contractual[300]. Pues bien; este fin genérico se logra a través de varias vías, y una de éllas es la llamada **ejecución forzosa** *"por equivalencia"*; es decir: la indemnización de daños y perjuicios, que sustituyen – o acompañan – a la prestación *"in specie"*. Pues bien, todo esto puede aplicarse, punto por punto, a la llamada *"responsabilidad civil del Porteador marítimo"*. Es más; de hecho, el concepto *"responsabilidad civil del Porteador marítimo"* designa precisamente esto: la **obligación de indemnizar, el Porteador marítimo, los daños y perjuicios causados al Cargador y/o al Destinatario de la carga, por cualquier forma de infracción de sus obligaciones como tal porteador**. Esta es – insisto – la realidad jurídica; la institución que se ha venido regulando en los – reiteradamente aludidos – **arts. 587, 669, 671, 672, 673, 676** y **687** o **952, n.º 2, Cco.**, actualmente derogados por la LNM./2014; los **arts. 4.º, 4-bis, 5.º, 6.º, 7.º** y **8.º**, del **C.Brus.CEmb./1924**, los **arts. 8.º** al **17.º, LTM./1949**, asimismo derogada por la LNM./2014, los **arts. 17** al **26, Reg.Rott.** y, actualmente, por lo que a nuestro Ordenamiento jurídico interno se refiere, en los nuevos **arts. 277** al **285, LNM./2014**. Claro que – llegados

---

[300] Capilla Roncero, F.: *"La Responsabilidad Patrimonial Universal y el fortalecimiento de la Protección del Crédito"*, Jerez, 1990, ps. 37 y ss, en especial, ps. 41 y ss., quien señala que cuando no cabe una ejecución específica – pero también en otros casos, en los que la prestación ha sido mal ejecutada –, surge la obligación de reparar el daño, que es ontológicamente distinta de la obligación original. Esta obligación es la que viene mencionada en preceptos como los arts. 1101 y 1150 CC., y guarda una esencial identidad de fundamento con la obligación de reparación que establece el art. 1902 CC. Y, en la doctrina italiana, vid. Giorgianni, M.: p. 153, en relación con lo dispuesto en el art. 1218, Cod.civ. it./1942.

Fletamento, Transporte Marítimo y Responsabilidad Contractual 421

a este punto – habría que analizar otra cuestión: la **índole de la conexión de la obligación resarcitoria... con la obligación incumplida**. En otras palabras: **¿se trata de una obligación que nace por el mero hecho del incumplimiento..., o acaso se trata de una obligación que nace de los daños causados por incumplimiento?** ¿Es que, acaso, la responsabilidad contractual no es otra cosa que la – misma – responsabilidad civil por daños, con la particularidad de que el daño deriva – necesariamente – de un incumplimiento obligacional? En mi opinión, la respuesta debe ser decididamente **afirmativa**: sin la menor duda, podemos – y debemos – afirmar que **la responsabilidad contractual** no es otra cosa que **la misma responsabilidad civil**; es decir: la misma obligación de indemnizar a otro **por daños y perjuicios causados**, pero con la particularidad de que, en este caso, el daño deriva – necesariamente – de un **incumplimiento obligacional**, y me baso en el siguiente argumento general: el **art. 1124, párr. 2.º, CC.** comienza diciendo que:

> *"El perjudicado* [entiéndase que por el incumplimiento de la contra-prestación recíproca, por parte de la otra parte deudora/acreedora] *podrá escoger entre exigir el cumplimiento o la resolución de la obligación, con el resarcimiento de daños y abono de intereses en ambos casos"*.

Es decir: que si se puede *"escoger entre exigir el cumplimiento o la resolución de la obligación, <u>con</u> el resarcimiento de daños y abono de intereses en ambos casos"*, entonces esto solo puede significar que el *"el resarcimiento de daños y* [el] *abono de intereses"* es algo que **acompaña** a las otras medidas, de modo que tanto si el Acreedor exige el cumplimiento forzoso, como si opta por que se resuelva el contrato, es evidente que *"el resarcimiento de daños y* [el] *abono de intereses"*, constituyen una consecuencia **adicional**, añadida y – por tanto – distinta de las otras e inconfundible con éllas: *"el resarcimiento de daños y* [el] *abono de intereses"* no siempre sustituye al cumplimiento forzoso *"in natura"*, ni desaparece porque el contrato incumplido se vea resuelto... sino que se añade a una y otra posibilidad, **porque su causa es distinta: nace del *"daño"* causado**. Pero esto tiene una trascendencia enorme porque demuestra dos cosas: en primer lugar, la identidad sustancial entre la responsabilidad civil contractual y la extracontractual... Y, en segundo – y como consecuencia de lo anterior – que la imposición de la obligación de indemnizar daños y perjuicios contractuales no pude basarse en el mero hecho aséptico del incumplimiento de obligaciones, sino que será condición *"sine qua non"* la producción de un **daño**.

En este sentido, si – como ya se indicó – el interés particular del Acreedor se orienta hacia un objetivo muy concreto: que se cumpla precisamente – es decir precisamente élla, y con precisión – la prestación que esperaba obtener; que se lleve a cabo el comportamiento, la conducta, positiva u omisiva, activa o pasiva; el dar, hacer o no hacer la cosa prevista, parece lógico que, cuando no se logre la colaboración del Deudor, dispuesto a cumplir lo que le incumbe... ni siquiera luego de mediar una previa sentencia judicial condenatoria, en sede de Juicio declarativo, y cuando tampoco hallemos a un tercero que se avenga, él, a cumplir una obligación que le es ajena, haya que recurrir – también, judicialmente – a impetrar de los Tribunales de Justicia la **ejecución forzosa** en forma **específica**, como modo de hacer efectivo el susodicho deber de prestación *"in natura"*[301]. Solo así – y nada más que así – se alcanzaría la satisfacción del interés particular del Acreedor.

Pero puede suceder que ese interés particular del Acreedor no pueda ser satisfecho en absoluto, o que sólo pueda satisfacerse de modo limitado. Así, LASARTE ÁLVAREZ propone una serie de ejemplos de medidas de reacción jurídica ante el incumplimiento de obligaciones[302], algunos de los cuales se caracterizan por la **imposibilidad o inconveniencia o imperfección de la ejecución forzosa *"in natura"*, de la obligación incumplida**. Cuando es absolutamente imposible, sin duda habrá que recurrir a la vía de la **ejecución forzosa *"por equivalencia"***; es decir: en forma de indemnización de daños y perjuicios, que **sustituyen a la prestación *"in specie"***; **es decir: que sustituyen a la ejecución forzosa específica**... Mas, ¿*"quid iuris"* si la ejecución forzosa *"in natura"* es, aún, posible... pero, por algún motivo, resulta *insuficiente* para satisfacer el interés particular del Acreedor?**

La respuesta a la interrogante planteada solamente puede venir – una vez más – de la mano de la **responsabilidad civil contractual**, que no debe ser confundida, sin más, con la ejecución forzosa *"por equivalencia"*; es decir: en forma de indemnización de daños y perjuicios, que sustituyen a la prestación *"in specie"*; es decir: que sustituyen a la ejecución forzosa espe-

---

[301] LASARTE ÁLVAREZ, C.: *"Principios ..."*, cit., t. II, 1.ª ed., p. 192.
[302] LASARTE ÁLVAREZ, C.: *"Principios ..."*, cit., t. II, 1.ª ed., ps. 190 y s.

Fletamento, Transporte Marítimo y Responsabilidad Contractual   423

cífica, porque – en principio – aquí no se trata de sustituir a la ejecución forzosa específica – ya que esta aún es posible – sino de **complementarla o completarla**, y porque – además – el **fundamento** de la ejecución forzosa *"por equivalencia"*; es decir: en forma de indemnización de daños y perjuicios... y de la indemnización de daños y perjuicios *"ex contractu"*, **es diferente**, en cada caso: la responsabilidad civil contractual – como la extracontractual – satisface, primeramente, un **interés particular del Perjudicado**, que – en este caso – es un acreedor *"in bonis"*, **y no – o no solamente – el interés general del Ordenamiento**. En este sentido, la responsabilidad civil contractual encuentra su fundamento jurídico en la **lesión del interés particular del Perjudicado**, a quien o en cuyo patrimonio se dejan sentir las consecuencias perjudiciales... no del incumplimiento, sino del **daño**. De ahí que el Acreedor ha de **probar** la efectiva existencia del **daño**[303], lo cual – como veremos – aproxima extraordinariamente las instituciones de la Responsabilidad civil **contractual** y de la Responsabilidad civil **extracontractual**, hasta el punto – en mi opinión – de hacerlas idénticas; de hacer de éllas **una única** institución, aunque sometida – por las razones que luego expondré – a regímenes entre los que median algunas importantes diferencias. Pero que una misma institución jurídica esté sometida a dos regímenes contractuales diferentes no afecta a la unicidad e identidad de la misma: basta pensar en el doble régimen del Contrato de Seguro – terrestre y marítimo... y hasta aéreo –, y – sobre todo – precisamente en el doble – de hecho, múltiple – régimen del contrato de Transporte: terrestre – por carretera, ferroviario... –, marítimo, aeronáutico e incluso multimodal. Todos éllos son una misma institución: el Contrato de Seguro o el Contrato de Transporte.

Ahora bien; la Doctrina jus-privatista – especialmente, la jus-civilista – hace notar la grave confusión que reina entre los autores y en los propios textos legales – caso de nuestro Código civil [CC./1889] –, al tratar por separado de la responsabilidad extracontractual y de la contractual, situando a la primera entre las **fuentes de las obligaciones**... y a la segunda en sede de tratamiento de los efectos de la obligación y, más en concreto, de los **efectos del incumplimiento**[304]. Esto es, en gran medida, un **error**; quizá un error parcial, lo que equivale a tanto como a decir que

---

[303] Lasarte Álvarez, C.: *"Principios de Derecho Civil"*, t. II, *"Derecho de Obligaciones"*, edit. Trivium, S.A., 1.ª ed., Madrid, 1993, ps. 328 y s.

[304] Lasarte Álvarez, C.: *"Principios ..."*, cit., t. II, 1.ª ed., p. 195.

un acierto – también – parcial. Pero el problema está, precisamente, en esa parcialidad... y – además – en que, por así decirlo, la parte errónea o la gravedad del error subyacente o inmanente a semejante planteamiento, supera – con mucho – el acierto, porque **el error consiste en la – por asi decirlo – "ocultación" de la unidad o coincidencia** *sustancial* **de la Responsabilidad contractual y la Responsabilidad extracontractual: ambas, modalidades de una – misma – Responsabilidad** *civil.* Porque esa ocultación ha traído como consecuencia el que la Doctrina que analiza la Responsabilidad contractual omita analizar aspectos fundamentales de la misma que, por el contrario, sí que se analizan cuando se trata de la Responsabilidad extracontractual, como si fuesen privativos de esta última, en lugar de aspectos comunes, consecuencia de la comunidad de naturaleza[305]. Me refiero a los elementos propios del supuesto de hecho de la responsabilidad: la **conducta** – positiva u omisiva –, la **antijuridicidad**, el **daño**, la **relación de causalidad** y – por fin – el criterio o **factor de imputación** adecuado, que corresponda [Dolo, culpa o riesgo][306].

Los referidos elementos – digo – concurren en **ambas** modalidades de la Responsabilidad civil; en la extracontractual... y también, en la responsabilidad contractual. Lo que pasa es que la responsabilidad contractual se caracteriza, objetivamente, porque la conducta o **acción** consiste – precisamente – en una **infracción de la obligación** [Ese incurrir, *"en el cumplimiento de ...obligaciones ...en dolo, negligencia o morosidad, y(/o) ...de cualquier modo* (contravenir) *al tenor de aquéllas"*, de que habla el **art. 1101, CC.**][307] cuya infracción es – *"prima facie"* – ilegítima en sí misma; es decir: resulta **antijurídica** *"per se"* .

Pues bien; **¿cómo se ham reflejado estas consideraciones, en la LNM./2014 y en el ámbito del Contrato de Transporte de mercancías, total o parcialmente marítimo, regulado por las** *"Reglas de Rotterdam"*? Tengo la impresión de que tanto las *"Reglas de Rotterdam"* como la LNM./2014 – vid. art. 277 –, se han situado en la base de la responsabilidad contractual, ya que – ciertamente – el de Transporte marítimo de mercancías es un verdadero contrato – aunque quizá, a estas horas sea algo más que un contrato –, pero, en cualquier caso genera **obligaciones concretas,**

---

[305] De Ángel Yagüez, R.: *"Tratado de Responsabilidad Civil"*, edit. Universidad De Deusto/Civitas, S.A., Madrid, 1993, p. 22.

[306] De Ángel Yagüez, R.: *"Tratado de Responsabilidad Civil"*, cit., p. 22.

[307] De Ángel Yagüez, R.: *"Tratado de Responsabilidad Civil"*, cit., p. 22.

Fletamento, Transporte Marítimo y Responsabilidad Contractual

que superan en especificidad – subjetiva, objetiva y causal – al deber general de *"neminem lædere"*: subjetiva, porque se trata de obligaciones que se establecen respecto de sujetos-acreedores, concretos y específicos – el Cargador y/o el Destinatario –, cuyo objeto no es ese genérico *"neminem lædere"*, sino un conjunto de obligaciones concretas, que se detallan en los **arts. 11 al 14, Reg.Rott.**[308], o en los **arts. 203 y 211 al 228, LNM./2014**, y cuya causa no es el daño genérico, sino el Contrato, como manifestación de la Autonomía de la voluntad.

Ahora bien; tengo la sospecha de que tanto las *"Reglas"* como la nueva LNM./2014 podrían haber ido **más allá**, dado que la forma en que expresan los términos de la obligación resarcitoria son tales... que parecen sobrepasar los límites del incumplimiento de obligaciones, para abarcar **también** situaciones en las que la producción de los daños resarcibles tiene – y sólo puede tener – un fundamento o un carácter **extracontractual** ([309]). Me explico: el **art. 17, n.º 1, Reg.Rott.** dice que el Porteador *"será responsable de la pérdida o el daño de las mercancías, así como del retraso en su entrega, si el reclamante prueba que la pérdida, el daño o el retraso, o el hecho o circunstancia que lo causó o contribuyó a causarlo, se produjo durante el período de responsabilidad del porteador"*, y – a su vez – el **art. 264, n.º 1, párr. 1.º, LNM./2014** dice que el porteador *"es responsable de todo daño o pérdida de las mercancías, así como del retraso en su entrega, causados mientras se encontraban bajo su custodia, de acuerdo con las disposiciones previstas en esta sección, las cuales se aplicarán imperativamente a todo contrato de transporte marítimo"*. Obsérvese que ambos preceptos polarizan su atención sobre el **daño material directamente producido sobre las mercancías**: todavía no han mencionado el

---

[308] ILLESCAS ORTIZ, R.: "Capítulo 4. Obligaciones y responsabilidad del Porteador", en VV.AA.: *"Las Reglas de Rotterdam y la práctica comercial internacional"*, dir. por R.Illescas Ortiz y M.Alba Fernández, edit. Universidad *"Carlos III.º"*/Civitas-Thomson Reuters/Aranzadi, S.A., Cizur Menor (Navarra), 2012, ps. 151 y ss. MARTÍN OSANTE, J.M.: "Responsabilidad del Porteador por pérdida, daño o retraso en las Reglas de Rotterdam", en VV.AA.: *"Las Reglas de Rotterdam (La regulación del Contrato de Transporte internacional de mercamcías por mar"*, dir. por A.Emparanza Sobejano, edit. Marcial Pons, Ediciones Jurídicas y Sociales, S.A., Madrid/Barcelona/Bs.Aires, 2010, p. 254.

[309] ILLESCAS ORTIZ, R.: "Capítulo 4. Obligaciones y responsabilidad del Porteador", cit., p. 173, quien señala – de forma explícita – entre los caracteres de la responsabilidad del Porteador, según las *"Reglas de Rotterdam"*, la de que *"se trata, ..., de una responsabilidad tanto contractual como extracontractual"*.

hecho del incumplimiento... y ya hacen responsable al porteador, por las propias mercancías, *"in se"*.

En este sentido, podría suceder que las mercancías transportadas sufriesen daños o pérdidas debidos a una conducta del Portador que infringiese deberes genéricos que se hallan – y vuelvo a citar las palabras de la STS. de 02.01.1990[310] –, **fuera** – y no *"dentro"* – *"de la rigurosa órbita de lo pactado"*, en cuyo caso, el tipo de conducta o – en terminos generales – el supuesto en cuestión, revestiría los caracteres de los supuestos contemplados en los **arts. 1902 y ss., CC.** o **109 y ss.** del **Texto refundido del Código Penal**, aprobado por **Ley Orgánica n.º 10/1995, de 23.11.1995** [TRCPen.]; es decir: que se situaría en el ámbito de la responsabilidad civil extracontractual.

Sea como fuere, lo que resulta evidente es que la primera modalidad de la Responsabilidad del Porteador-Rotterdam será la responsbailidad derivada del incumplimiento contractual. Por tanto, para poder delimitar lo que sea la *"responsabilidad civil del Porteador marítimo"*, será preciso conocer – primero – cuáles son las **obligaciones concretas** de ese Porteador; los vínculos jurídicos que lo unen con otro sujeto, a quien corresponde la condición de acreedor de una o más prestaciones, que forman el objeto de obligaciones, derivadas – en este caso – de un contrato de **transporte**. No puede tratarse, sólo, del mero deber general y genérico de *"neminem lædere"*: tiene que tratarse de obligaciones singulares y específicas, no tanto por su objeto – que podría, en cierto sentido, ser o considerarse genérico –, cuanto por la especificidad subjetiva y causal de la propia obligación: se tiene para con uno o más sujetos concretos, y tiene una causa específica y singular. Pues bien; si de lo que se trata es de referir cuál sea el régimen de responsabilidad del Porteador, conforme a las Reglas de Rotterdam, es obvio que la primera norma a la que habrá que referirse es al **art. 11** de las mismas, que lleva por título el de *"transporte y entrega de las mercancías"* y reza:

> *"Con arreglo al presente Convenio, y de conformidad con lo estipulado en el contrato de transporte, el porteador deberá transportar las mercancías hasta el lugar de destino y entregarlas al destinatario".*

---

[310] STS., Sala 1.ª, de 02.01.1990, en Rep.Aranzadi, 1990, marg. 30, en el Caso *Líneas Marítimas Hespéridas, S.A. y Compañía Canaria de Navegación, S.A. c. D. Juan José G.G., Naviera Pinillos, S.A. y Cervantes, Cía. de Seguros, S.A.*

Nos hallamos ante una norma de contenido clásico; más bien de contenido lógico; a decir verdad, una norma de contenido *esencialmente* lógico o *lógicamente* esencial: las Reglas regulan contratos de transporte de mercancías, y no puede exisir un contrato de transporte de mercancías que no responda a este esquema ni posea este contenido mínimo. Pero no se trata de un mero transporte terrestre, sino que se trata de un transporte marítimo o, inclusive, multimodal... pero con un segmento marítimo, lo cual supone que el instrumento fundamental de ese transporte habrá de ser un buque. Pues bien; si ya la moderna operación de transporte – vertebrada jurídicamente, por diversos elementos entre los cuales destaca el contrato del mismo nombre [el Contrato de Transporte] – presenta una notable complejidad técnica, en la que concurren y coexisten actos jurídicos con operaciones meramente materiales o técnicas, relacionadas con el Buque y con el cargamento, es inevitable que incluso una norma como la del art. 11, Reg. Rott. se quede reducida a algo muy próximo a una declaración de intenciones, a una norma programática, que debe ser desarrollada con minuciosidad, para que verdaderamente se conozca cuáles son las **obligaciones del Porteador**. Por este motivo, existen dos preceptos como los **arts. 13 y 14, Reg.Rott.**, titulados – respectivamente – *"obligaciones específicas"* y *"obligaciones específicas aplicables al viaje por mar"*, donde el adjetivo *"específicas"*, que califica al sustantivo *"obligaciones"*, no significa que estemos ante obligaciones de dar o hacer y entregar cosas específicas – como construir un buque, entregar un cuadro u otra obra de arte... –, como opuestas a las obligaciones de dar o hacer y entregar cosas genéricas, como sumas de dinero o cantidades de valores negociables seriados... Algo de eso hay, ... pero ciertamente no es el sentido en que las Reglas de Rotterdam emplean el término *"específicas"*: más bien lo que se quiere decir es que – a través de esos arts. 13 y 14 – **se especifican; se concretan o desarrollan de modo pormenorizado las conductas obligatorias en que se descomponen aquellas grandes obligaciones generales descritas en el art. 11:** *"transportar las mercancías hasta el lugar de destino y entregarlas al destinatario"*.

Así; no puede sorprender que el citado **art. 13** disponga que:

> *"1. Durante el período de su responsabilidad, definido en el artículo 12, y a reserva de lo dispuesto en el artículo 26, el porteador deberá recibir, cargar, manipular, estibar, transportar, conservar, custodiar, descargar y entregar las mercancías con la diligencia y el cuidado debidos.*

2. No obstante lo dispuesto en el párrafo 1 del presente artículo, pero a reserva de lo dispuesto en el resto del capítulo 4 y en los capítulos 5 a 7, el porteador y el cargador podrán estipular que las operaciones de carga, manipulación, estiba o descarga de las mercancías sean efectuadas por el cargador, el cargador documentario o el destinatario. Dicha estipulación deberá constar en los datos del contrato",

y que – acto seguido – el **art. 14** establezca unas *"obligaciones específicas aplicables al viaje por mar"*, en los siguientes términos:

"El porteador estará obligado a obrar con la debida diligencia antes, al comienzo y durante el viaje por mar, para:

a) Poner y mantener el buque en adecuado estado de navegabilidad;

b) Tripular, armar y avituallar debidamente el buque, y mantenerlo así tripulado, armado y avituallado durante todo el viaje; y

c) Mantener las bodegas y demás partes del buque en donde se transporten las mercancías, así como todo contenedor por él suministrado y en cuyo interior o sobre el cual se transporten mercancías, en el estado adecuado para su recepción, transporte y conservación".

En este sentido, no está de mas que haga una reflexión sobre dos aspectos que caracterizan al Transporte marítimo de mercancías – por encima del terrestre –, y todavía más si se trata de un transporte multimodal: me refiero a que es un contrato **náutico** y que, desde el punto de vista socioeconómico, presenta una **notable complejidad y tecnicismo**.

Por otra parte, si partimos de la base de que el Transporte, en sentido jurídico – y no meramente económico – es un *contrato* [el Contrato de Transporte]; un contrato, además, cuya naturaleza última lo asimila a los arrendamientos de obra – *"locatio-conductio operis"*; *"locatio-conductio mercium trans mare vehendarum"* –, entonces habremos de concluir que, cuando se habla de la *"responsabilidad del porteador marítimo de mercancías"*, se está haciendo referencia a una **responsabilidad** – *"prima facie"* – **contractual**, porque surge precisamente como consecuencia de que el Porteador – marítimo, en este caso – **es** *"parte"* **en ese contrato, obligándose directamente, para con el Cargador, a llevar a cabo el transporte, con diligencia**[311]. Así lo refleja, claramente, el **art. 1.º, n.º 5, Reg.Rott.**, dedicado a las definiciones

---

[311] ILLESCAS ORTIZ, R.: "Capítulo 4. Obligaciones y responsabilidad del Porteador", cit., p. 170.

Fletamento, Transporte Marítimo y Responsabilidad Contractual

funcionales que han de servir para la aplicación de sus preceptos incluye – precisamente – la de *"porteador"*: se entenderá *"la persona que celebre un contrato de transporte con un cargador"* [art. 1.°, n.° 5].

En términos estrictos, la definición es **incompleta** y – por consiguiente – termina por resultar **excesivamente amplia**, porque omite informarnos sobre un aspecto fundamental: que el porteador es, sí, una *"persona que celebr*[a] *un contrato de transporte con un cargador"*, pero que – además – lo hace **en nombre propio**, y – asimismo – probablemente, también por cuenta propia. Porque ciertamente hay otras *"persona*[s] *que celebr*[an] *contrato*[s] *de transporte con un cargador"*, pero que no lo hacen por cuenta y en nombre propios, sino ajenos.

Mas la cuestión no es si la definición es dogmáticamente correcta... sino **si es** ***deliberadamente*** **amplia**; es decir: si deliberadamente se ha querido formular una definición que, al ser "incompleta", resulte abierta, con el propósito de expandir el ámbito de sujetos potencialmente responsables. Y es que hay que reconocer que en la práctica se suscitan frecuentes y graves problemas relacionados, precisamente, con la identidad del porteador. Así, un estudio de las diversas personas implicadas en la prestación de transporte por mar que se plasma en conocimientos de embarque resulta especialmente **complicado** por lo que se refiere al lado deudor de tal prestación, es decir en lo atinente a la persona del **porteador** – que contrasta con la sencillez de la delimitación de los restantes personajes que intervienen en estas operaciones –, lo cual se explica por varios motivos; a saber: en primer lugar, como consecuencia de la **desmembración/multiplicación de** *"operadores"* **de los buques** [y, asimismo – creo – de otros medios de transporte; especialmente, las aeronaves]: el Buque en que se va a efectuar el transporte puede hallarse ora sea explotado directamente por su Naviero en el tráfico de carga general, cuyo naviero emitirá varios conocimientos de embarque – sea por propia iniciativa o bien por iniciativa de un fletador [en virtud de la *"Employment Clause"*] –, ora bien puede hallarse fletado, pero asumiendo el fletador la condición de porteador, al comprometerse directamente con terceros cargadores. En estos casos se suscita la duda de **en** *quién* **recae o quién ostenta la condición de** *"porteador"*: ¿acaso el Fletante? ¿Acaso el Fletador? ¿O tal vez ambos, indistintamente?[312].

---

[312] Ruiz Soroa/Zabaleta/Gonzalez Rodriguez.: cit., 2.ª ed., p. 379. Sánchez Calero/ TMM: cit., p. 133, quien señala que una circunstancia que contribuye a ensombrecer la figura del Porteador es la equivocidad de algunos conocimientos de embarque.

No nos dejemos engañar: en definitiva, el *"Porteador"* es la **persona** física o jurídica, pública o privada, que, **en virtud del** *contrato* de *transporte*, queda obligada directamente a efectuar el transporte; la persona que contractualmente *asume* **la obligación de** *transportar* la cosa o las cosas en las condiciones pactadas, y – por tanto – la correlativa o **consiguiente** *responsabilidad* – el riesgo de responsabilidad – **por el transporte**, con sus deberes de conducción y custodia de la mercadería y de su entrega al destinatario[313]. Lo más característico es que el Porteador lo és, no porque ejecute materialmente la conducción de las mercancías – transporte en sentido económico –, sino porque **asume el** *riesgo* **del** *resultado*[314]. Así pues, no es la condición de *"propietario del buque"*, ni tampoco la de *"fletador"*, *"armador"* o *"naviero"*, lo que define al "Porteador", **sino la circunstancia de que participa en la conclusión del Contrato de Transporte, asumiendo** – frente a un sujeto diferente, que es el "Cargador" – **las obligaciones de traslación y custodia, propias del Porteador**[315].

Ahora bien; hay que tener en cuenta el hecho de la **extensión subjetiva** de la responsabilidad por el transporte, que abarca no ya a los porteadores propiamente dichos; a los porteadores *"contractuales"*, sino a otros personajes que – materialmente – llevan a cabo todas, parte o algunas de las actividades técnico-materiales, en las que se descompone "polinómicamente" la actividad de conducción de las mercancías: recepción, carga, estiba, transporte, custodia, etc.; es decir: los denominados *"porteadores efectivos"* o *"partes ejecutantes"*[316]. En este sentido, reflejo de la distinción

---

[313] GARRIGUES DIAZ-CAÑABATE, J.: *"Curso..."*, cit., 8.a ed., t. II, p. 210. BROSETA PONT, M.: cit., 10.a ed., p. 435. SÁNCHEZ CALERO/TMM/1: cit., p. 132. LANGLE RUBIO, E.: *"Manual de Derecho mercantil español"*, t. III, edit. BOSCH, Barcelona, 1959, p. 474. BURRIEL DE ORUETA, E.L. y VIROSQUE RUIZ, A.: *"Los Contratos de transporte"*, edit. Generalitat Valenciana/Camara Oficial De Comercio, Industria Y Navegacion De Valencia, Valencia, 1995, p. 43.

[314] SÁNCHEZ CALERO/TMM/1: cit., ps. 132 y 145, quien señala que el Porteador *"es, ..., la persona que ha asumido el riesgo del transporte de las mercancías frente a cargador"*.

[315] RUIZ SOROA/ZABALETA/GONZALEZ RODRIGUEZ.: cit., 2.ª ed., p. 380, quienes señalan, con referencia al art. 1° del Convenio de Bruselas, que *"la referencia del Convenio al "propietario del buque" y al "fletador" no supone una caracterización del concepto de porteador por tales notas personales, sino que el texto pretende expresar únicamente que pueden ser porteador..."*.

[316] PULIDO BEGINES, J.L.: "Capítulo 2. Elementos personales del Contrato de Transporte total o parcialmente marítimo de mercancías: Porteador, Cargador, Parte ejecutante y Destinatario", en VV.AA.: *"Las Reglas de Rotterdam y la práctica comercial internacional"*, dir.

entre transporte en sentido económico y transporte en sentido jurídico es el hecho de que, en el nuevo Derecho del Transporte y en el Derecho marítimo, se esté prestando una creciente atención al papel que juegan en las relaciones jurídicas de transporte de mercancías los denominados porteadores efectivos y las denominadas *"partes ejecutantes"*. Esta terminología – la que distingue entre *"porteadores"* o *"porteadores contractuales"*, por una parte, y – por otra – *"porteadores efectivos"* o *"partes ejecutantes"*, precisamente con el propósito de extender a todos éllos la responsabilidad por el transporte parece ser un elemento recurrente en el Derecho positivo – o proyectado – más reciente. Así, p.e., el art. **6.**º de la **Ley 15/2009, de 11.11.2009, del Contrato de Transporte terrestre de mercancías** [LTrTM.], tras establecer que *"*[e]*l porteador que contrate con el cargador responderá frente a éste de la realización íntegra del transporte conforme a lo previsto en esta ley, aún cuando no la lleve a cabo por sí mismo en todo o en parte"*, añade – n.º 2 – que:

> *"Cuando el porteador que haya contratado directamente con el cargador contrate, a su vez, la realización efectiva de la totalidad o una parte del transporte con otro porteador, quedará obligado frente a éste como cargador conforme a lo dispuesto en esta ley y en el contrato que con él haya celebrado"*.

Dado que el precepto en cuestión lleva por título el de *"responsabilidad de los porteadores efectivos"*, la conclusión que podemos deducir de éllo es que, además de los porteadores propiamente dichos; que son los denominados porteadores *"contractuales"*, existen unos denominados *"porteadores efectivos"* que – en el sistema de la Ley 15/2009 – parecen definirse como aquellos sujetos o personas – distintos del Porteador –, con los que **éste** – es decir: el Porteador contractual; el Porteador, propiamente dicho – *"contrate, a su vez, la realización efectiva de la totalidad o una parte del transporte"*, para calificarlos – seguidamente – como *"otro*[s] *porteador*[es]*"*... Mas, por otra parte, el título del precepto es engañoso, porque – en realidad – el art. 6.º, LTrTM. no imputa a los *"porteadores efectivos"* ninguna responsabilidad por el transporte: lo que hace es hacer responsables a los *"porteadores contractuales"* – a los porteadores, propiamente dichos –, por los actos de los *"porteadores efectivos"* en la eje-

---

por R.Illescas Ortiz y M.Alba Fernández, edit. Universidad *"Carlos III.º"*/Civitas-Thomson Reuters/Aranzadi, S.A., Cizur Menor (Navarra), 2012, ps. 84 y ss.

cución material de las obligaciones dimanantes del Contrato de Transporte básico o principal, y – asimismo, aunque a la inversa – hacer responsables a los *"porteadores contractuales"* – a los porteadores, propiamente dichos –, frente a los *"porteadores efectivos"* con quienes han contratado, a su vez, la ejecución del transporte, atribuyéndoles – o, mejor dicho, poniendo en evidencia – que frente a esos *"porteadores efectivos"*, los *"porteadores contractuales"*… tienen la cualidad de *"cargadores"*.

Por su parte, el **art. 278, LNM./2014**, que lleva por título el de *"Porteador contractual y porteador efectivo"*, dice que:

> *"1. La responsabilidad establecida en esta sección alcanza solidariamente tanto' a quien se compromete a realizar el transporte como a quien lo realiza efectivamente con sus propios medios.*
>
> *2. En el primer caso estarán comprendidos los comisionistas de transportes, transitarios y demás personas que se comprometan con el cargador a realizar el transporte por medio de otros. También estarán comprendidos los fletadores de un buque que contraten en la forma prevista en el artículo 207.*
>
> *3. En el segundo estará incluido, en todo caso, el armador del buque porteador.*
>
> *4. El porteador contractual tendrá derecho a repetir contra el porteador efectivo las indemnizaciones satisfechas en virtud de la responsabilidad que para él se establece en este artículo. La acción de repetición del porteador contractual contra el porteador efectivo estará sujeta a un plazo de prescripción de un año a contar desde el momento de abono de la indemnización".*

En este sentido, el contenido del nuevo art. 278, LNM./2014 es muy distinto del art. 6.º, LTrTM: aquí sí que se prevé la imputación a los que podríamos llamar *"porteadores efectivos"*, de la responsabilidad por el transporte. Lo que sucede es que no se nos aclara qué título jurídico es el que hace de alguno de estos sujetos un *"porteador efectivo"*: lo único que se dice – y no es poco, pero posiblemente no baste – es que entre esos *"porteadores efectivos"*, *"estará incluido, en todo caso, el armador del buque porteador"*; es decir, la persona que teniendo la posesión – inmediata, hay que aclarar – del Buque, lo hace navegar bajo su propio riesgo y responsabilidad. Como mucho, se puede decir de los términos del art. 278 que la diferencia entre el *"porteador efectivo"* y el *"porteador contractual"*, reside en el hecho de que el *"porteador efectivo"* **nunca entra en relación contractual directa con el *"cargador"*, ni en nombre y por cuenta propios, ni en nombre o por cuenta ajenos**: se limita a ser una *"tertia seu aliena pars"*, que tiene – en el contrato de transporte, también denominado fletamento [art. 203, LNM./2014] – una mera intervención económica o técnica, limitada a *"realizar efectivamente el contransporte con sus propios medios"*.

En cambio, el **art. 19, Reg.Rott.** evita el término *"porteador efectivo"*, optando – más bien – por referirse a la ***"Parte ejecutante marítima"***, al establecer una ***"responsabilidad de la parte ejecutante marítima"***, en los siguientes términos:

> *"1. Toda parte ejecutante marítima quedará sujeta a las obligaciones y responsabilidades impuestas al porteador con arreglo al presente Convenio y gozará de las exoneraciones y los límites de la responsabilidad que el Convenio reconoce al porteador cuando:*
>
> *a) La parte ejecutante marítima haya recibido las mercancías para su transporte en un Estado Contratante, o las haya entregado en un Estado Contratante, o haya ejecutado sus funciones respecto de las mercancías en un puerto situado en un Estado Contratante; y*
>
> *b) El hecho causante de la pérdida, el daño o el retraso haya ocurrido:*
>
> *i) durante el período comprendido entre la llegada de las mercancías al puerto de carga del buque y su salida del puerto de descarga del buque; ii) mientras las mercancías se hallaban bajo su custodia; o iii) en cualquier otro momento en la medida en que la parte ejecutante marítima estuviera participando en la ejecución de cualquiera de las actividades previstas en el contrato de transporte.*
>
> *2. Si el porteador acepta asumir otras obligaciones además de las que le impone el presente Convenio, o si acepta que los límites de su responsabilidad sean superiores a los establecidos en el presente Convenio, ninguna parte ejecutante marítima quedará obligada por dicho pacto, a menos que haya aceptado expresamente tales obligaciones o límites.*
>
> *3. Una parte ejecutante marítima será responsable del incumplimiento de sus obligaciones establecidas en el presente Convenio que se derive de los actos u omisiones de cualquier persona a quien haya encomendado el cumplimiento de cualquiera de las obligaciones que incumban al porteador con arreglo al contrato de transporte, en iguales condiciones que las establecidas en el párrafo 1 del presente artículo.*
>
> *4. Nada de lo dispuesto en el presente Convenio impone responsabilidad alguna al capitán o demás miembros de la tripulación del buque ni a otros empleados del porteador o de una parte ejecutante marítima".*

La medida, cuya previsión fue tomada en consideración, ya desde el inicio mismo de los trabajos preparatorios de la elaboración del Convenio[317], resultó controvertida pues había quienes preferían que no se tocase este tema, más complejo de lo que parece, porque – para empezar – ni siquiera era cuestión pacífica la propia delimitación del concepto de *"porteadores efectivos"* o *"partes ejecutantes"*[318]. En este sentido, PULIDO BEGINES da cuenta[319] del proceso de evolución que experimentó la figura, a lo largo de los diferentes textos que fueron jalonando el proceso de elaboración de las *"Reglas de Rotterdam"*. Sea como fuere, lo que importa es que – por fin – el art. 1.º, Reg.Rott., dedicado a las definiciones incluye, en sus n.ºs 5, 6, y 7, las de *"porteador"*, anteriormente analizada, y – asimismo – las de: *"parte ejecutante"*: es decir, *"la persona, distinta del porteador, que ejecute o se comprometa a ejecutar alguna de las obligaciones del porteador previstas en un contrato de transporte respecto de la recepción, la carga, la manipulación, la estiba, el transporte, el cuidado, la descarga o la entrega de las mercancías, en la medida en que dicha persona actúe, directa o indirectamente, a instancia del porteador o bajo su supervisión o control"*. Aunque acto seguido – art. 1.º, n.º 6, apdo. b) – se aclara que *"el término "parte ejecutante" no incluye a persona alguna que sea directa o indirectamente contratada por el cargador, por el cargador documentario, por la parte controladora o por el destinatario, en lugar de por el porteador"*. Y *"parte ejecutante marítima"*; es decir: *"toda parte ejecutante en la medida en que ejecute o se comprometa a ejecutar alguna de las obligaciones del porteador durante el período que medie entre la llegada de las mercancías al puerto de carga de un buque y su salida del puerto de descarga de un buque"*, aclarándose – a continuación – que un transportista interior o terrestre sólo será considerado parte ejecutante marítima si lleva a cabo o se compromete a llevar a cabo sus actividades únicamente dentro de una zona portuaria [art. 1.º, n.º 7].

Pues bien; a la vista de lo expuesto, parece evidente que existen sujetos que se encargan de ejecutar materialmente todas, una parte o alguna de las operaciones que componen el transporte en sentido económico, pero sin haber tomado parte – como contratantes – en el contrato de transporte, por razón del cual existe la obligación de llevar a cabo aquellas operaciones;

---

[317] PULIDO BEGINES, J.L.: "Capítulo 2. Elementos personales…", cit., p. 85.

[318] PULIDO BEGINES, J.L.: "Capítulo 2. Elementos personales…", cit., p. 85.

[319] PULIDO BEGINES, J.L.: "Capítulo 2. Elementos personales…", cit., ps. 85 y ss.

es decir: sin haber intervenido como partes contratantes en el Contrato de Transporte, ni haberse comprometido a llevar a cabo tales operaciones... – cuando menos, voluntariamente – para con el Cargador.

En tales circunstancias, la interrogante obvia es si el *"porteador efectivo"* o *"parte ejecutante"* llegan, o no, a hacerse *partícipes* – en alguna medida – de la *responsabilidad* civil del *Porteador*. Pues bien; parece obvio que – en los últimos textos positivos – existe una decidida voluntad de **extender al** *"porteador efectivo"* **o** *"parte ejecutante"* **la responsabilidad por el transporte.**

Hasta aquí, he estado jugando con la idea de que la *"responsabilidad del porteador"*, *"responsabilidad del fletante"*, *"responsabilidad del naviero"* o *"responsabilidad por el transporte"* fuesen conceptos sinónimos o, al menos, equivalentes... Pero no lo son: son distintos, y las diferencias entre éllos no son insignificantes, sino todo lo contrario: para empezar, de los cuatro mencionados, **tres** son de sentido **subjetivo-personal**, mientras que el cuarto y último es un concepto o una noción de sentido eminentemente **objetivo**. Los tres primeros parecen querer identificar la naturaleza – la causa, entendida como fuente – de la obligación resarcitoria, por referencia a la condición del sujeto responsable, de manera que – literalmente – la *"responsabilidad del porteador"*, la *"responsabilidad del fletante"*, y la *"responsabilidad del naviero"* se caracterizarían – respectivamente – no solo porque serían formas de aludir a obligaciones indemnizatorias de daños y perjuicios asumidas o que pesaran sobre el Porteador, el Fletante y el Naviero, como respectivos deudores, sino – lo que es más importantes – porque la **causa** – entendida, tanto en el sentido la fuente de la obligación como en el sentido de la relación jurídica subyacente donde reside esa causa – de dichas obligaciones se encuentra estrechamente asociada; de hecho, fundamentalmente **asociada... a la condición de** *"porteador"*, *"fletante"* o *"naviero"*. Ahora bien; así las cosas, resulta de que estas tres referencias, dos poseen un carácter **jurídico-contractual**, mientras que la tercera posee un carácter básicamente **jurídico-funcional**, **profesional** o, inclusive, **estatutario**. Y es que el *"porteador"* y el *"fletante"* son dos términos que identifican a unos sujetos que se caracterizan – y eso es lo que expresan tales términos – porque intervienen como **partes** en un negocio jurídico-contractual: intervienen como partes en un contrato. Son **partes contratantes**.

Por el contrario, el término *"naviero"* y el término *"armador"*, que son los que – ahora – identifican a los principales *"sujetos de la nave-*

gación", conforme al art. 145, LNM./2014, definen a unos sujetos que, respectivamente, se caracterizan – y eso es lo que expresa el referido término – porque desarrollan una **actividad** socioeconómica y técnica, que constituye, para éllos, una profesión: la profesión de **empresarios de la navegación**, que se definen como las personas que tienen la posesión inmediata de un buque y lo emplean, en nombre propio y asumiendo las consecuencias económicas y jurídicas correspondientes, en la navegación marítima, o bien que, utilizando buques mercantes propios o ajenos, se dedique a la explotación de los mismos, aun cuando ello no constituya su actividad principal. Esa utilización y esa explotación pueden consistir en el transporte... o no, pero – en cualquier caso – lo que define al Naviero, como tal *"naviero"*, o al Armador, como tal *"armador"*, no es su participación en contratos de transporte marítimo; de hecho, lo que define al Naviero, como tal *"naviero"* o al Armador, como tal *"armador"*, poco tiene que ver con su intervención, en calidad de parte contratante... en ningún tipo concreto de negocio contractual: son otros factores, los que los califican como *"naviero"* o *"armador"*. Por este motivo, la *"responsabilidad del naviero"* es una responsabilidad que **no tiene por qué coincidir** con la *"responsabilidad del porteador"* o con la *"responsabilidad del fletante"*. Puede que se dé una coincidencia; mejor dicho, una convergencia o una concurrencia de éllas, pero esto no significa que sean una misma cosa, pues un naviero puede hacerse responsable por daños y perjuicios como consecuencia de hechos o conductas que no tengan absolutamente nada que ver con un contrato de transporte. Pero mi interés se centra, precisamente, en la responsabilidad derivada de los incumplimientos contractuales, y ésta – en principio – afecta a quienes se hallan obligados por las obligaciones derivadas de los contratos. Por consiguiente, es estos casos cuando procede hablar de la *"responsabilidad del fletante"* y la *"responsabilidad del porteador"*. Mas, **¿son una misma cosa?** La respuesta dependerá de la posición que se adopte en cuanto al problema de la relación – ¿De identidad, de diversidad o de género a especie? – entre Fletamento y Transporte. **¿O acaso sucede o contrario? ¿No será que la solución al problema de la relación – ¿De identidad, de diversidad o de género a especie? – entre Fletamento y Transporte... viene dada por el concreto régimen de responsabilidad que se aplica a los fletantes, por la conducción de las mercancías embarcadas a bordo de os buques que dirigen?**

Se dice que en el Contrato de Fletamento – por lo menos, en algunas de sus modalidades [Si muchas o pocas, esto es algo sobre lo que se puede discutir largamente] – da lugar al nacimiento de obligaciones, a cargo del naviero-fletante-porteador, que atañen a la disponibilidad del buque, a la conducción y a la custodia del cargamento, de forma que, en caso de incumplimiento, esos intereses se ven lesionados... pero no ya como meros intereses, sino como derechos subjetivos; derechos de crédito, derechos *"in personam"*... infringidos; es decir: **obligaciones incumplidas**.

Por el contrario, en los casos en los que el interés del "usuario" de los servicios no versa sobre la conducción de unas mercancías, en condiciones de indemnidad, para su entrega al destinatario, sino – más bien – sobre la disponibilidad del propio Buque, y de los servicios del capitán y la tripulación, el contrato da lugar al nacimiento de obligaciones, a cargo del naviero-fletante-porteador, que atañen a la disponibilidad del buque, ... pero – en principio – no a la conducción ni a la custodia del cargamento, excepto en cuanto – de forma indirecta – **las obligaciones relativas a la navegabilidad del Buque incidan sobre la seguridad del propio cargamento** – caso de las obligaciones de estiba –, lo que no deja de ser un efecto reflejo. Y, así, en caso de incumplimiento, los intereses que se ven lesionados, no ya como meros intereses, sino como derechos subjetivos; derechos de crédito, derechos *"in personam"*... infringidos; es decir: como **obligaciones incumplidas**, son solamente los que se refieren a la disponibilidad y navegabilidad del Buque, a la observancia – en su caso – de las instrucciones que imparte al Fletador, en el ámbito de la dirección comercial del Buque, **pero no los intereses relativos a la conducción y seguridad de la carga**, porque – en este supuesto – tales intereses, incluso aunque existieran, fuesen lícitos y se viesen lesionados, no lo serían como derechos subjetivos; derechos de crédito, derechos *"in personam"*... infringidos; es decir: como obligaciones incumplidas, sino como meros intereses legítimos, pero que no han resultado amparados por ningún derecho subjetivo copntractual... porque la voluntad de las partes no los ha incluído. Y es que resulta perfectamente posible que existan **intereses legítimos... sin derecho subjetivo**[320].

Mas si tenemos en cuenta que el Porteador marítimo también puede asumir una responsabilidad civil **extracontractual**, como se aprecia en la

---

[320] LLAMAS POMBO, E.: "Tipología de los intereses del acreedor e instrumentos para su satisfacción", p. 14, en <http://www.asociacionabogadosrcs.org/doctrina/Tipolog%C3%ADa%20de%20los%20intereses%20del%20acreedor%20e%20instrumentos%20para%20su%20satisfacci%C3%B3n-%20Revista%2045.pdf>.

438 *José Luis García-Pita y Lastres*

STS., Sala de lo Civil, Secc. 1.ª, n.º 62/2010, de 17.02.2010[321], entonces es fácil que suceda que **también el Naviero/Armador-fletante** se vea sometido a responsabilidad por unas mercancías que conduce en su buque... pero de las que bien pudiera suceder que no hubiese querido hacerse cargo.

V.2. Libertad contractual y responsabilidad por el cargamento, en los contratos náuticos, de explotación o de utilización del Buque: la "institucionalización" de la finalidad de transporte

Ahora bien; lo que se ha descrito anteriormente es – digamos – un modelo dogmático, clásico y extremadamente escolástico, que muy bien pudiera no prevalecer en la práctica, porque – en ocasiones – el interés de los particulares no queda abandonado a la auto-defensa o la auto-tutela de sus titulares, sino que es **asumido por el legislador**, de forma que dicho interés queda, en mayor o menor medida, **situado en un plano de – mayor o menor – indisponibilidad**, que puede materializarse en una regulación en la que **sea el legislador, y no las partes contratantes, quien** imponga obligaciones e impute responsabilidades... a veces separándose, incluso, del plano negocial.

A este respecto, es preciso comenzar señalando cómo nuestro **CCo./1885**, en materia de contratos mercantiles, en general, refleja claramente la vigencia del principio de **autonomía contractual**, también denominada autonomía de la voluntad o libertad de contratación. Prueba de ello son los **arts. 2.º, 5.º, 51, 52, 53** o **57**; un principio que se reflejaba – también – ya con carácter específico, en materia de *"contratos especiales del comercio marítimo"* y – más precisamente –, en materia de contratos de **fletamento**, en los derogados **arts. 652** y **653, CCo.**, por cuanto, no solamente no era imprescindible que se emitiese la póliza de fletamento – ni tampoco el conocimiento de embarque – para la validez de los contratos de fletamento, sino que – además – el propio contenido de la Póliza de Fletamento presentaba las siguientes características:

---

[321] STS., Sala de lo Civil, Secc. 1.ª, n.º 62/2010, de 17.02.2010; Ponente: J.R.Ferrándiz Gabriel; Res. n.º 62/2010, recaída en Rec. de casación n.º 2551/2005; Roj: STS 467/2010; Id Cendoj: 28079110012010100058, en < >.

Fletamento, Transporte Marítimo y Responsabilidad Contractual   439

1. El CCo./1885 imponía la necesidad de incluir ciertas menciones en la Póliza, ... pero no las imponía con carácter constitutivo.
2. Varias de las menciones que se imponían como obligatorias, ... admitían varias redacciones o menciones alternativas.
3. Y – finalmente – el art. 652 permitía la inclusión de todas las *"condiciones libremente estipuladas"*

En la actualidad, la nueva LNM./2014 trata de las cuestiones formales y documentales de los contratos de fletamento, en sus arts. 204 y 205, aunque ya los términos del art. 203 nos sugieren que se trata de un contrato consensual, y no formal. En cualquier caso, esta impresión se ve avalada por dos circunstancias que se reflejan en los preceptos mencionados: primeramente, que la emisión de una Póliza de Fletamento puede ser sustituída por la de un *"conocimiento de embarque u otro documento similar"* [art. 205, LNM./2014], aunque bien es verdad que esta sustitución no queda claro si representa, en sí misma, una prueba de libertad formal... o bien se trata de una consecuencia de que –sic- "[e]l *fletamento también puede referirse al transporte de mercancías determinadas por su peso, medida o clase"*. Mucho más caro es, en cambio, el **art. 204, LNM./2014**, que se refiere a las dos grandes modalidades del Contrato de Fletamento –vuelve a decir *"Fletamento"*, y **no** *"Contrato de Transporte Marítimo de mercancías"*-, es decir: el Fletamento **por tiempo** y el Fletamento **por viaje**, y luego de definir a uno y al otro, concluyen diciendo que, *"*[e]*n los casos anteriores, las partes podrán compelerse mutuamente a la suscripción de una póliza de fletamento"*. Ese ***"podrán compelerse mutuamente"*** nos recuerda, claramente, a lo dispuesto por el **art. 1279, CC.**, en materia de forma de los contratos, que nos sugiere el siguiente escenario: **forma obligatoria... pero no constitutiva**; forma que no es condición de validez del contrato, sino que queda relegada al papel de **otra obligación contractual más**: la obligación –recíprocamente exigible- de *"suscripción de una póliza de fletamento"*. Nada más se dice, acerca de la Póliza de Fletamento, ni sobre su contenido; la LNM./2014 no contiene ningún precepto comparable al art. 652, CCo.

Muy distinta es la situación, cuando se trata del ***"Conocimiento de embarque"***, e incluso del ***"Documento de transporte multimodal"*** o la ***"Carta de porte marítimo"***, que se regulan con profusión y profundidad, en los arts. 246 al 271 [¡¡Nada menos que 25 artículos!!], aunque – nuevamente- no encuentro referencia alguna que pudiera suponer que la emisión de estos documentos pudiera considerarse como un requisito esencial de forma *"ad substantiam"*; más bien todo lo contrario pues el **art. 246, nº 1, LNM./2014** prevé la emisión del conocimiento de embarque... **una vez que el contrato se halla, ya, en fase de ejecución** [*"Una vez que las mercancías estén a bordo del buque, el porteador, el capitán o el agente del porteador deberán entregar al cargador un conocimiento de embarque, que documente el derecho a la restitución de esas mercancías en el puerto de destino"*], *ergo* no puede tratarse de un requisto de forma del contrato. En el mejor de los casos se trataría de una exigencia *"ad probationem"*, estrechamente asociada al hecho de que el Conocimiento de embarque tenga la consideración de título-valor. Mas no quiero apartarme, ahora, del curso de mi reflexión, que tiene que ver con **la libertad contractual, en materia de contratos de fletamento y de transporte**.

Pues bien; el contenido de la autonomía de la voluntad o de la autonomía contractual... en materia de contratos de fletamento abarca los siguientes aspectos: en primer término, la **libertad de contratar**; es decir: la **libre opción** del Individuo entre **celebrar o no celebrar** el contrato o negocio jurídico[322]; elegir si prefiere renunciar a obtener los bienes y servicios

---

[322] TERRÉ, F. SIMLER, Ph. y LEQUETTE, Y.: *"Droit civil. Les obligations"*, edit. Dalloz, 6.ª ed., París, 1996, pág. 24. Voz «Vertragsfreiheit» en: *Duden Recht A-Z. Fachlexikon für Studium, Ausbildung und Beruf*, edit. Bibliographisches Insti- tut & F.A. Brockhaus, 1.a ed., Mannheim: 2007. Lizenzausgabe Bonn: Bundeszentrale für politische Bildung 2007, en *http://www.bpb.de/wissen/S4L4D9, 0, 0, Vertragsfreiheit. html*. HEFERMEHL, W.: Vor § 145, III, Vertragsfreiheit, en ERMAN, W., WESTERMANN, H-P. y KÜCHENHOFF, K. et alii: *Handkommentar zun Bürgerlichen Gesetzbuch mit Abzahlungsgesetz, Haustürwiderrufsgesetz, AGB-Gesetz, Erbbaurechtsverordnung, Wohnungseigentumsgesetz, Shiffsrechtsgesetz, Ehegesetz, Husratsverordnung, Beurkundungsgesetz (teilkommentiert)*, t. I, edit. Aschendorffsche Verlagsbuchhandlung, 8.ª ed. Reelaborada y actualizada, Münster, 1989, pág. 305. BAUMBACH,A., DUDEN, K. y HOPT, K. J.: *"Handelsgesetzbuch mit GmbH & Co. Recht der Allgemeinen Geschäftsbedingungen und Handelsklauseln, Bank-, und Börsenrecht, Transportrecht (ohne Seerecht)"* edit. C. H.Beck'sche Verlagsbuchhandlung, 28.a ed., Munich, 1989, pág. 617. SCHMIDT. K.: *"Handelsrecht"*, edit. Carl Heymanns Verlag, K G., 3.ª ed., Colonia/Berlín/Bonn/Munich, 1987, pág. 476. CALAMARI, J. D. y PERILLO, J. M.: *"The Law of Contracts"*, edit. WEST PUBLISHING Co., 2ª ed., St. Paul, Minn., 1977, pág. 5. HERNÁNDEZ GIL, A.: *Derecho de Obligaciones*, cit. en *Obras completas*, t. III, págs. 159 y s. LÓPEZ Y LÓPEZ, A. A.: «Lección 17.a El Contrato», en BLASCO GASCÓ, F. P., CAPILLA RONCERO, F., LÓPEZ y LÓPEZ, A., MONTÉS PENADÉS, V. L., ORDUÑA MORENO, F. J., ROCA I TRÍAS, E. y VALPUESTA FERNÁNDEZ, M.ª.R.: *"Derecho civil. Derecho de Obligaciones y Contratos"*, edit. Tirant Lo Blanch, Valencia, 1994, pág. 317. LANGLE RUBIO, E.: *Manual...*,

Fletamento, Transporte Marítimo y Responsabilidad Contractual 441

deseados, o si prefiere obtenerlos, pero por su propio esfuerzo o con sus propios recursos, haciendo ejercicio de sus propios derechos o titularidades reales o de otra índole... sin recurrir a la colaboración de otras personas, que se vinculen contractualmente con él. O si – por el contrario– prefiere obtener los mismos bienes y/o servicios, recurriendo a la colaboración de otras personas, que se vinculen contractualmente con él, al objeto de proporcionárselos. A decir verdad; cabría distinguir – aquí– entre la **opción** y el **consentimiento**; entre la posibilidad de elegir entre consentir o no consentir, entre celebrar o no celebrar el contrato... sin que esa libertad venga predeterminada o sometida a ningún otro mandato o necesidad imperativa, y – por otra parte – la declaración de un consentimiento que, siendo producto de la voluntad del otorgante, puede hallarse *vinculada por algún tipo de necesidad jurídica* [sería distinguir entre **consentimiento** *libre* y **consentimiento** *debido o vinculado*, propio de los contratos forzosos: puede suceder que exista una verdadera *libre opción* y que, además, si esa opción se ejercita en sentido *positivo*, el contrato nazca – que solo *pueda* nacer– de la voluntad expresada en forma de *consentimiento*. Mas puede suceder que no coincidan, de forma que ya no habría consentimiento libre sino consentimiento *vinculado*, lo cual significa que *no existirá* una *libre opción* verdadera, y – sin embargo– el contrato solo *podrá* nacer de la *voluntad* expresada como *consentimiento*, aunque no sea libre, sino impuesta]. Por regla general, *no existe* **deber jurídico de contratar**[323]; nadie, persona física o jurídica; empresario o no, se halla sometido a la necesidad jurídica general de entrar en relaciones contractuales con otros[324]: goza de la libertad de negarse; de rehusar a adquirir o ceder los bienes que le interesan, o

---

cit., t. III, pág. 55. Illescas Ortiz, R. y Perales Viscasillas, M.a del P.: *Derecho mercantil internacional. El Derecho Uniforme*, edit. Ceura/Universidad Carlos III, Madrid, 2003, pág. 37. Miquel González, J. M.a: «Libertad contractual, condiciones generales y control de legalidad», en *http://ulpilex.es/artículos/libertad-contractual-condiciones-generales-y-control-de-legali- dad*, *On May 13, 2010, in* Artículos, Derecho Civil, *by JCP*.

[323] Terré/Simler/Lequette: cit., 6.ª ed., pág. 24. Hefermehl, W.: Vor § 145, III, Vertragsfreiheit. en Erman/Westermann/Küchenhoff: *Handkommentar zum Bürgerlichen Gesetzbuch...*, cit., t. I, 8.ª ed., pág. 305.

[324] Terré/Simler/Lequette: cit., 6.ª ed., pág. 24.

servir o a tomar a su servicio a otra persona, si no lo desea[325]. El Contrato es «*fruto de determinaciones volitivas libremente adoptadas*»[326].

La libertad contractual abarca la facultad de **elegir a la persona**; de determinar *con quién* se quiere contratar[327]; su **identidad** y también su **número**.

Pero, sobre todo, la autonomía de la voluntad o autonomía contractual incluye **elegir el *tipo* contractual** [«*Typenfreiheit*»][328], y **configurar el contenido del contrato**[329]; más precisamente, de lo que se trata, no es ya de que alguna de las partes pueda configurar libremente el contenido del contrato, sino de que **puedan hacerlo ambas** – o *todas* – **las partes**, respondiendo a los intereses y voluntades singulares de *todos* los intervinientes.

Por tanto, el Contrato – incluso el de Transporte marítimo – es un fruto; una manifestación de la Voluntad; es una **manifestación de la *autonomía***

---

[325] TERRÉ/SIMLER/LEQUETTE: cit., 6.ª ed., pág. 24.

[326] HERNÁNDEZ GIL, A.: «Derecho de Obligaciones», en *Obras completas*, t. III, edit. Espasa-Calpe, S.A., Madrid, 1988, págs. 159 y s.

[327] TERRÉ/SIMLER/LEQUETTE: cit., 6.ª ed., pág. 24.

[328] HEFERMEHL, W.: Vor § 145, III, Vertragsfreiheit. en ERMAN/WESTERMANN/KÜCHENHOFF: *Handkommentar zum Bürgerlichen Gesetzbuch...*, cit., t. I, 8.ª ed., pág. 309. LÓPEZ Y LÓPEZ, A. A.: «Lección 17.ª El Contrato», cit., en BLASCO GASCÓ/CAPILLA RONCERO/LÓPEZ Y LÓPEZ/MONTÉS PENADÉS/ORDUÑA MORENO/ROCA I TRÍAS/VALPUESTA FERNÁNDEZ: *Derecho de Obligaciones y Contratos*, pág. 317.

[329] DE CASTRO Y BRAVO, F.: «Tratado práctico y crítico de Derecho civil», vol X, *El Negocio Jurídico*, edit. Instituto Nacional de Estudios Jurídicos, Madrid, 1967, pág. 12. LÓPEZ Y LÓPEZ, A. A.: «Lección 17.ª El Contrato», cit., en BLASCO GASCÓ/CAPILLA RONCERO/LÓPEZ Y LÓPEZ/MONTÉS PENADÉS/ORDUÑA MORENO/ROCA I TRÍAS/VALPUESTA FERNÁNDEZ: *Derecho de Obligaciones y Contratos*, pág. 317. ÁLVAREZ MARTÍNEZ, G. I.: *Los grupos de contratos en el Crédito al Consumo*, Primer Premio en el Concurso para Tesis Doctorales y Trabajos de investigación convocado por el Instituto Gallego de Consumo, edit. «La Ley»/ Wolters-Kluwer, Las Rozas (Madrid), 2009, pág. 166. BALLESTEROS GARRIDO, J. A., *Las Condiciones generales...*, cit., pág. 17. TERRÉ/SIMLER/LEQUETTE: cit., 6.ª ed., pág. 24. HADDING, W.: «Vorbemerkungen vor § 145», en *Dritter Titel Vertrag*, en BEUTHIEN, V., HADDING, W., LÜDERITZ, A., MEDICUS, D. y WOLF, M.: *Studienkommentar zum BGB Erstes bis Drittes Buch (§§ 1-1296)*, edit. Alfred Metzner Verlag, GmbH., 2.ª ed., Frankfurt-am-Main, 1979, pág. 77. Voz «Vertragsfreiheit» en: *Duden Recht A-Z. Fachlexikon für Studium, Ausbildung und Beruf*, edit. Bibliographisches Institut & F.A. Brockhaus, 1.ª ed., Mannheim, 2007. Lizenzausgabe Bonn: Bundeszentrale für politische Bildung 2007, en *http://www.bpb.de/wissen/S4L4D9, 0, 0, Vertragsfreiheit.html*. HEFERMEHL, W.: Vor § 145, III, Vertragsfreiheit. en ERMAN/WESTERMANN/KÜCHENHOFF: *Handkommentar zum Bürgerlichen Gesetzbuch...*, cit., t. I, 8.ª ed., pág. 309.

privada, que le da nacimiento; lo dota de contenido – delimitando perfectamente el tipo elegido, los sujetos con quienes se establece el vínculo relacional, el objeto y la causa, siempre con pleno respeto por el principio de que *"los contratos son lo que son, y no lo que las partes digan-*… Pero cuando el contrato se impone *"nolente parte"*, y cuando ese "contrato" vincula al contratante, no sólo frente a la persona con la que contrató, sino incluso frente a terceros con los que no intercambió su consentimiento… y si, a la inversa, el contrato vincula al contratante frente a la persona con la que contrató, sí, pero en términos diferentes a aquellos en los que él quiso comprometerse… sólo por el hecho de que esa otra persona con la que contrató, se hubiera vinculado, a su vez, frente a unos terceros, a los que prometió la conducción y custodia de unas mercancías, y con los que – por el contrario – no intercambió su consentimiento el primer contratante [Naviero o Fletante, llamado *"porteador"*], entonces podemos empezar a preguntarnos: **¿Y si el legislador nos hubiera sustituído la estructura básica inicial – esa *"semilla"* que es un *"contrato"*-… por otra radicalmente distinta? ¿Y si donde creemos que late un *"contrato"*, fuente compromisoria de obligaciones voluntariamente asumidas; consentidas…, hubiese una figura diferente, como la de las obligaciones *"ex lege"*?**

En el contexto de la nueva **LNM./2014**, probablemente hablar de *"responsabilidad del fletante"* y de *"responsabilidad del porteador"* sea una misma cosa, siquiera en tanto en cuanto el Fletamento parece haberse configurado como un *"alter nomen"* del Contrato de Transporte marítimo de mercancías, que es lo que parece dar a entender el art. 203, LNM:/2014. Por este motivo, los **arts. 277** al **285** llevan por título *"De la responsabilidad del porteador por perdida, daños o retraso"*, aunque – ya se ha visto – que el art. 203 dice que *"[p]or el contrato de transporte marítimo de mercancías, también denominado fletamento, se obliga el porteador, a cambio del pago de un flete, a transportar por mar mercancías y entregarlas al destinatario en el puerto o lugar de destino"*, de modo que el Porteador lo es, en cuanto que interviene como parte en un contrato de transporte marítimo de mercancías, pero que es *"también denominado fletamento"*, aunque he de reconocer – por lo demás – que el término *"fletante"* ha desaparecido.

Si, por el contrario, Fletamento y Contrato de Transporte marítimo de mercancías se considerasen dos contratos diferentes – sobre la base de lo dispuesto en el **art. 210, LNM./2014**, con el aval o el refuerzo proporcionado por una relectura de otros preceptos de la misma Ley – p.e., los arts. 204 y 205 – así como por los arts. 6.º y 7.º, Reg.Rott. –, entonces es obvio que la *"responsabilidad del fletante"* y la *"responsabilidad del porteador"* serían, sí, dos supuestos de responsabilidad contractual; dos supuestos de responsabilidad por daños derivados del incumplimiento de obligaciones... **pero cuyas obligaciones serían distintas**, en uno y otro caso, porque el objeto de cada uno de los dos contratos seríe diferente. Y es entonces cuando procedería enfrentarse con el concepto o con la expresión *"responsabilidad por el transporte"*, cuyo carácter era – como anticipé – netamente **objetivo**, toda vez que serían una forma de aludir a obligaciones indemnizatorias de daños y perjuicios asumidas o que pesen sobre el Porteador o – en general – sobre el Sujeto pasivo o Responsable civil, como deudores, porque la **causa** – entendida, tanto en el sentido la fuente de la obligación como en el sentido de la relación jurídica subyacente donde reside esa causa – de dichas obligaciones se encuentra estrechamente asociada; de hecho, fundamentalmente **asociada... a las características del tipo contractual**, y no a las de las personas de las que se predica la responsabilidad. En este sentido, no importa tanto – o acaso no importe en absoluto – la cualidad jurídica, en la que se interviene, cuanto el origen de la responsabilidad; su fuente, y el tipo de conducta por el que uno se hace – o lo hacen – responsable. Esto no debe sorprendernos: de hecho, el propio título de la **Secc. 7.ª**, del Cap. II.º, Tít. IV., LNM./2014 – **arts. 277 al 285** –, que no es otro que el de *"De la responsabilidad del porteador por perdida, daños o retraso"*, no se limita a hacer referencia al sujeto pasivo de la citada responsabilidad, sino que indica cuál es la causa – digamos, *"próxima"* – de la obligación indemnizatoria; es decir: indica no tanto la obligación que resulta incumplida, cuanto el tipo de incumplimiento o, mejor, el tipo de daños por los que, *"in abstracto"*, procede indemnizar: *"por perdida, daños o retraso"* [Aunque eso mismo nos proporciona importantes pistas sobre la causa de las obligaciones resarcitorias].

Claro que es preciso tener en cuenta que la **objetivación** – léase, la *"despersonalización"* – **de la responsabilidad** constituye una vía muy clara... para **extender o ampliar el ámbito subjetivo-personal de los responsables**. Es entonces, cuando se aprecia que el Responsable ya no es, sólo, el Porteador; ya no es, sólo, quien intervino en la celebración del contrato de transporte, en interés y en nombre propio, con objeto de asumir el compromiso de efectuar la conducción de las mercancías; de la carga... sino **otros sujetos que han tenido, en el transporte o conducción, una participación de índole material, económica o técnica**. Esto es lo que sucede en preceptos como el **art. 278, LNM./2014**, o en el **art. 19, Reg. Rott.**

Para comprender el alcance de preceptos semejantes, es preciso comenzar analizando otros, que los preceden, como el **art. 18, Reg.Rott.**, que – según su título nos informa – trata de la *"responsabilidad del porteador por actos ajenos"*, y dice que:

> *"El porteador será responsable de todo incumplimiento de sus obligaciones previstas en el presente Convenio que sea imputable a actos u omisiones de:*
>
> *a) Cualquier parte ejecutante;*
>
> *b) El capitán o algún miembro de la tripulación del buque;*
>
> *c) Los empleados del porteador o de una parte ejecutante; o*
>
> *d) Cualquier otra persona que ejecute o se comprometa a ejecutar alguna de las obligaciones del porteador con arreglo al contrato de transporte, en la medida en que dicha persona actúe, directa o indirectamente, a instancia del porteador o bajo su supervisión o control".*

Hasta aquí, la responsabilidad del Porteador; nada más lógico: puesto que es porteador, se obliga contractualmente al porte y custodia de la mercancía, y – por consiguiente – se hace responsable de la correcta ejecución de tales obligaciones... Y si para la ejecución material de las mismas, se ve en la precisión o en la ocasión de recurrir a la actividad de otros sujetos, algunos de los cuales – de hecho – no solamente no mantienen un vínculo contractual directo con cargadores y destinatarios, sino que ni siquiera mantienen un vínculo jurídico-laboral o de colaboración subordinada con el Porteador, incluso así, éste se hará responsable por la conducta de los mismos. Desde luego, si el Porteador es, al mismo tiempo, *"armador"*, no puede extrañar que se haga contractualmente reponsable *"de todo incumplimiento de sus obligaciones previstas en el presente Convenio que sea imputable a actos u omisiones de: ... b) El capitán o algún miembro de la tripulación del buque* [o bien] *c)* [de l]*os empleados del porteador"*. Pero el **art. 19, Reg.Rott.** va aún más allá; llega más lejos, porque hace responder – **directamente** frente al **destinatario o consignatario de la carga** –, a la *"parte ejecutante marítima"*; es decir a *"toda parte ejecutante en la medida en que ejecute o se comprometa a ejecutar alguna de las obligaciones del porteador durante el período que medie entre la llegada de las mercancías al puerto de carga de un buque y su salida del puerto de descarga* *de un buque"* [Acto seguido se aclara que *"(u)n transportista interior o terrestre sólo será considerado parte ejecutante marítima si lleva a cabo o se compromete a llevar a cabo sus actividades únicamente dentro de una zona portuaria"*]. Pero el concepto de *"parte ejecutante marítima"*, a su vez, es un concepto *"alienado"*, que precisa definirse tomando como base el concepto genérico de ***"parte ejecutante"***; a saber: de conformidad con el **art. 1.º, n.º 6, apdo. *a)*, Reg.Rott.**,

> *"...la persona, distinta del porteador, que ejecute o se comprometa a ejecutar alguna de las obligaciones del porteador previstas en un contrato de transporte respecto de la recepción, la carga, la manipulación, la estiba, el transporte, el cuidado, la descarga o la entrega de las mercancías, en la medida en que dicha persona actúe, directa o indirectamente, a instancia del porteador o bajo su supervisión o control"*.

Y como quiera que, de conformidad con el **art. 1.º, n.º 6, apdo. *b)***, se matiza o se aclara que:

> *"... [e]l término "parte ejecutante" no incluye a persona alguna que sea directa o indirectamente contratada por el cargador, por el cargador documentario, por la parte controladora o por el destinatario, en lugar de por el porteador"*,

en seguida se percibe que se trata de personas que, en principio, habría que considerar **ajenas** – *"tertiæ partes"* – **al contrato de transporte**, tanto en su aspecto de negocio jurídico contractual, como – consiguientemente – también – o así debiera ser – en sus aspectos de relación jurídica y de norma de conducta. Porque, en efecto, si por una parte se dice que la *"parte ejecutante"* es una persona *"distinta del porteador"*, ... y si – además – no es el propio Cargador, ni el Destinatario, ni persona por éllos contratada... Entonces, es que es un **sujeto que no ha tomado parte en la celebración del contrato de transporte, ni se ha incorporado – mediante su propio compromiso – a la relación jurídica contractual de transporte.**

En este sentido, si leemos lo que disponen el **art. 277, n.º 1, párr. 2.º, LNM./2014** o el **art. 79, Reg.Rott.**, que establecen **importantes limitaciones a la autonomía privada**, que en ningún caso pueden hacerse valer frente a los destinatarios del cargamento, ni por el Porteador Contractual ni por los Porteadores efectivos o Partes ejecutantes, haciendo tabla rasa de la voluntad de los contratantes, quizá debiéramos preguntarnos si, en la visión del nuevo Derecho de la Navegación marítima, ese Fletamento/ Transporte sigue siendo, realmente, un *"contrato"*, o acaso habrá de ser configurado como algo diferente: en los términos más simples, como un **contrato forzoso** o **contrato impuesto**... En términos más ambiciosos, como el ejemplo de la transformación de un contrato, en una *"institución"*, aunque debo advertir que calificar al Fletamento/Transporte como *"institución"*, siendo cierto o, por lo menos, siendo una hipótesis no desdeñable, desde una perspectiva científica o dogmática, acarrea – sin embargo – el problema de la, no ya anfibología, sino incluso de la **polisemia**, que caracteriza al propio concepto de *"institución"*, pues es evidente que – ya sólo en la propia Dogmática jurídica, y sin entrar en otros ámbitos de otras disciplina humanísticas – el término *"institución"* posee varias acepciones; todas éllas diversas, pero todas éllas válidas y correctas, e incluso todas éllas co-partícipes de algunos rasgos comunes, que cabe calificar como esenciales. En este sentido, si tomamos como modelo de referencia la noción de *"Institución"* que ya expusiera – en su día – Maurice Hauriou, quien la definió como *"una idea de obra o de empresa que se realiza y dura jurídicamente en un medio social; para la realización de esta idea, se organiza un poder, se le procura los órganos necesarios y, por otra parte, entre los miembros del grupo social interesado en la realización de una idea, se producen manifestaciones de comunión dirigidas por órganos de poder y reglamentadas por procedimientos»*[330], parece obvio que algunos de los elementos de esta definición... simplemente no se dan en el Fletamento/Transporte, porque Hauriou está pensando, fundamentalmente, en organizaciones, como el Estado o la Sociedad Anónima; entes que pueden, incluso venir dotados de personalidad jurídica, pero que – en todo caso – suponen ese *"organiza*[r] *un poder* [y que] *se le procur*[en] *los órganos necesarios"*. Y esto, ciertamente, no se puede producir en el ámbito de una relación contractual... o que lo fue, en algún momento. Quizá, lo que quede del Contrato de Fletamento/Transporte sea, no el acto de voluntad, sino la relación socioeconómica – jurídica – creada, y la norma de conducta impuesta a las partes.

---

[330] Vallet de Goytisolo, J.N.: "Las instituciones jurídicas: definición, análisis, tipificación, clasificaciones y funciones", en ADC., 2002, n.º LV-1, enero, ps. 5 y ss.

Pero, en cambio creo que en el Fletamento/Transporte concurren los rasgos o elementos más importantes del concepto *"Institución"*; a saber: *"una idea de obra o de empresa que se realiza y dura jurídicamente en un medio social... y, por otra parte, entre los miembros del grupo social interesado en la realización de una idea, se producen manifestaciones de comunión»*[331]. En este sentido, como señaló HAURIOU, las instituciones» se caracterizan porque son portadoras de **fines trascendentes**[332], lo que se explica por el hecho de que esta teoría francesa de la Institución nació inspirada en principios de técnica jurídica propios del Derecho *público*, desarrollados por la Escuela de Burdeos, capitaneada por Leon DUGUIT, que enfatizaba la idea de que, precisamente por existir esos fines públicos o trascendentes, **los derechos e intereses privados quedarían** *subordinados* **a dichos** *fines*[333], con la inevitable consecuencia de que **la voluntad privada juega un papel muy reducido**; un papel limitado por las *exigencias legales que restringen la libertad de redacción de los documentos contractuales*, los cuales suelen mostrarse como modelos fijados imperativamente por la Ley.

Pues bien; en la identificación Fletamento/Transporte, nos hallaríamos ante la *"institucionalización"* y *"objetivación"* de lo que, en un momento dado, fueron negocios/relaciones/conductas reguladas por vía de contrato, en torno a la traslación geográfica de mercancías, por vía marítima, en un buque; buque que lo mismo podría haber sido puesto a disposición del interesado en el cargamento, que podría haber sido empleado como instrumento técnico de ejecución de esa traslación geográfica; es decir: que en la voluntad manifestada por las partes, el Buque lo mismo podría haber sido configurado como el elemento real característico del objeto del convenio – que versaría sobre su puesta a disposición –, que podría haber sido configurado como un – relativamente secundario – instrumento o herramienta,

---

[331] VALLET DE GOYTISOLO, J.N.: "Las instituciones jurídicas: definición, análisis, tipificación, clasificaciones y funciones", en ADC., 2002, n.° LV-1, enero, ps. 5 y ss.

[332] HAURIOU, M.: *"Obra escogida"*, trad. esp. por A.Santamaría Pastor y S.Muñoz Machado, Madrid, 1976, ps. 84 y ss. HAURIOU, A.: *"Derecho Constitucional e Instituciones políticas"*, trad.esp., adaptación y apéndice sobre *"El Derecho Constitucional y las Instituciones políticas en España"*, edit. Ediciones Ariel, Esplugues de Llobregat (Barcelona), p. 153. ALLÍ ARANGUREN, J-C.: *"Derecho administrativo y globalización"*, edit. Thomson – Civitas, S.L., Madrid, 2004, ps. 48 y ss.

[333] Sin embargo, el desarrollo pleno de la teoría llegaría con la obra de Maurice HAURIOU.

para el desarrollo de un objeto contractual consistente, propiamente, en la obra o resultado de esa traslación geográfica de las mercancías. Mas habiendo sucedido que, con el paso del tiempo y ante la presión de múltiples intereses sectoriales, precisamente esa traslación geográfica de mercancías, por vía marítima, en un buque, se convirtió en una **idea rectora o fin trascendente, de interés general**, de modo que cualquier circunstancia concurrente y cualquier otra consideración resultaría irrelevante... porque el elemento verdaderamente trascendental consistiría o residiría en que **la idea de la traslación geográfica de mercancías, por vía marítima, constituiría un fin de** *interés* – digamos – *"suprapersonal"*, y – por tanto – **independiente de la voluntad** – como es propio de las instituciones[334] –, ya que – como mínimo – afectaría a sujetos que no han mantenido, entre sí, propias relaciones negociales-contractuales. En estas circunstancias, el Contrato no basta: se crea una *"institución"*; haz de reglas de conducta desvinculadas de sus autores – los contratantes – que adquieren autonomía o entidad propia y sirven para encuadrar la vida[335] – jurídica – de los operadores del comercio marítimo internacional de mercancías.

Así, el Contrato – llámese o no fletamento, pero constitutivo de un contrato de transporte de mercancías – se convierte, al propio tiempo que negocio jurídico... en **supuesto de hecho**, en torno al cual el Legislador – nacional o internacional – configura la **institución** del transporte: es un negocio jurídico *"inter partes"*, y entre éllas impone su ley sobre la base de la voluntad... pero respecto de los **destinatarios**, tanto si éstos se relacionan con los **porteadores contractuales**, como si se relacionan con los *"porteadores efectivos"* o *"partes ejecutantes"*, el citado contrato se convierte en un hito funcional, que es capaz de dotar de sentido unitario a una serie de distintos negocios, actos u operaciones; de distintos contratos superpuestos o encadenados en sucesión cronológico-funcional – se habla de "cadenas de contratos" –, convirtiéndolos en un **proceso**, al que le suce-

---

[334] D'ORS, A.: *"Derecho Privado Romano"*, edit. Ediciones Universidad de Navarra, S.A., Pamplona, 1968, p. 2, quien se pronuncia en términos tan significativos como estos: *"Se habla, como institución, de la propiedad, la herencia, el matrimonio, etc., o de divisiones menores...; de la estabilidad de estas materias... se deriva otra acepción más estricta de la palabra* 'institución', *en el sentido de entes cuya estructura y función no dependen de la autonomía privada, como son las corporaciones públicas y también el matrimonio (aunque se funde en un convenio contractual)..."*.

[335] HAURIOU, A.: *"Derecho Constitucional e ..."*, cit., p. 32.

den cosas que recuerdan, lejanamente, al Proceso judicial: existe una idea común objetiva a la que – forzosamente – se adhieren – se ven adheridas – la voluntades y las posiciones jurídicas de todos los que en ese proceso intervienen. Esto es lo típico de una institución... porque todo proceso es una institución.

Una primera – y fundamental – posibilidad sería la que se suscita en torno al juego interpretativo que pudieran dar las palabras *"mientras se encontraban bajo su custodia"* [Se refiere el precepto, a las mercancías... y al Porteador, que – como sabemos – en principio es el mismo sujeto que cede el Buque en fletamento], del art. 277. Me explico: **¿acaso las palabras *"mientras se encontraban bajo su custodia"* pretenden sugerir que puede haber supuestos en los que el Operador del buque fletado... rehuse hacerse cargo de la custodia de las mercancías; es decir: que rehuse – voluntariamente, contractualmente – asumir la posición de *"porteador"*?** ¿Pueden – pues – esas mercancías *no* hallarse *"bajo su custodia"*? Si admitiésemos esta posibilidad, habría que plantearse otra interrogante: dados los términos del sucesivo **art. 278, LNM./2014** – titulado *"Porteador contractual y porteador efectivo"* – ¿no habría una contradicción entre ambos preceptos: el 277 y el 278? O, por expresarlo en otros términos o desde otro punto de vista: **¿es posible ampararse en el art. 210, LNM./2014, para eludir lo dispuesto en los arts. 277, 278 y ss? ¿O acaso sucede todo lo contrario; es decir: que los arts. 277 y 278 impiden acogerse a lo dispuesto en el art. 210?** Si, p.e., se hace responsable al *"porteador efectivo"* de lo previsto en la Secc. VII.ª, del Cap. II, Tít. IV.º, LNM./2014, comenzando por el art. 277; si ese *"porteador efectivo"* incluye al *"armador"* del buque donde viajan las mercancías, y si – además – se le impide incluir cláusulas contractuales para, *"directa o indirectamente atenuar o anular aquella responsabilidad en perjuicio del titular del derecho a recibir las mercancías"*, **¿significa esto que siempre que el Buque reciba – o simplemente lleve – mercancías a bordo, su armador o naviero-fletante se convertirá, *"ipso iure vel ope legis"* e irremisiblemente, en *"porteador"*?**

Ante todo, cabe señalar que el **art. 278, n.º 1, párr. 2.º, LNM./2014** matiza que no se puede anular o atenuar aquella responsabilidad *"en perjuicio del titular del derecho a recibir las mercancías"*. Mas **¿quién es ese *"titular..."*? ¿Acaso se trata de un *tercero, distinto del "Fletador"*?** ¿Un tercero... y sólo un "tercero"; nunca el propio Fletador? **¿O, por el contrario, la referencia al *"titular del derecho a recibir las mercancías"*** incluye, también, al *"Fletador"* [Un fletador que, desde el punto de vista del naviero o Armador, viene a ser un *"cargador"*]? Denominemos al primer supuesto teorico *"opción 'A'"*, y al segundo supuesto teorico *"opción 'B'"*.

Si optásemos por la *"opción 'A'"*, entonces podríamos admitir que el Armador o Naviero pudiese concluir un contrato *"sobre la disponibilidad del Buque, para fines distintos del transporte"*, de tal modo y manera que, aun cuando por consecuencia de la suscripción de una póliza de fletamento llegase a recibir carga a bordo, este hecho de acceder mercancías a bordo del buque fletado no pasaría de ser – desde el punto de vista del armador o naviero fletante – más que un puro hecho económico, respecto del cual es *"pars non contractans"*, aunque – eventualmente – el caso pudiera haber venido precedido de la celebración de un verdadero contrato de transporte, pero por el Fletador, con otros sujetos cargadores. En estas circunstancias, dicho armador o naviero, operador del Buque y *"fletante"*, **no respondería *frente al Fletador*, por la conducción y custodia de las mercancías**, y no respondería por la sencilla razón de que no habría celebrado el tipo de negocio contractual que se describe – y tipifica – en el art. 203, LNM./2014; es decir porque *no* **habría celebrado un contrato** *"de transporte marítimo de mercancías"*.

En cambio, por ministerio de la Ley, que ha sustituído el paradigma contractual, por un paradigma institucional, ese Fletante-no porteador, **respondería frente a los destinatarios** de las mercancías, ya que él es – a efectos legales – un *"porteador efectivo"*; una *"parte ejecutante marítima"*. Y, sin embargo... esta responsabilidad, de la que no puede desvincularse – **art. 278, n.º 1, párr. 2.º, LNM./2014**: *"No tendrán efecto las cláusulas contractuales que pretendan directa o indirectamente atenuar o anular aquella responsabilidad en perjuicio del titular del derecho a recibir las mercancías. Sin embargo, tales cláusulas, cuando estén pactadas en la póliza de fletamento y no entrañen exoneración por dolo o culpa grave del porteador, tendrán valor exclusivamente en las relaciones entre éste y el fletador, sin que puedan oponerse, en ningún caso, al destinatario que sea persona distinta del fletador"* –, **no hace de el un** *"porteador"*, **porque no se obliga a lo que se obliga un porteador**; no se obliga a recibir las mercancías, custodiarlas y conducirlas hasta su destino, **aunque se haga responsable por éllas**. Y es que, a estos efectos, ser o no ser *"porteador"*, resulta fundamentalmente **irrelevante**, pues – por diversas razones – las leyes positivas **suelen conceder poca importancia a la** *ejecucion en* *especie* **de las obligaciones propias del transporte**: prefieren recurrir a la vía indemnizatoria, que es – probablemente – la más fungible de todas las prestaciones imaginables.

Si, al contrario, optásemos por la *"opción 'B'"*, entonces ineludiblemente deberíamos llegar a la conclusión de que, siempre que por consecuencia de la suscripción de una póliza de fletamento – no ya de un conocimiento de embarque – recibiese carga a bordo, dicho armador o naviero, operador del Buque donde se halla la mercancía, *siempre* **tendrá la consideración legal de** *"porteador"*, **incluso frente al propio Fletador que ha celebrado con él el contrato**, lo cual equivale a sostener que – por principio o por definición – siempre que un buque fletado reciba a bordo carga; que reciba a bordo mercancías que hayan de ser conducidas – y digo esto en un sentido estrictamente económico o técnico; no jurídico – a otro lugar, el Naviero o Armador se convertirá en – sera considerado como – *"porteador"*, **incluso respecto del Fletador**. Y – asimismo – siempre que un buque fletado reciba a bordo carga; que reciba a bordo mercancías que hayan de ser conducidas – y digo esto en un sentido estrictamente económico o técnico; no jurídico – a otro lugar, el Naviero o Armador se convertirá en – sera considerado como – *"porteador"*, **incluso frente a o respecto de los** *terceros* **que hubieran contratado el transporte con el Fletador** [Supuesto del **art. 207, LNM./2014**].

Si optásemos por la *"opción 'B'"*, entonces deberíamos llegar a la conclusión de que, para que las partes de la relación fletamentaria – concretamente, el armador o naviero fletantes – pudieran acogerse a los términos de un precepto como el **art. 210, LNM.**, sería **necesario** que el Buque **no portase; que no hubiera recibido a bordo carga alguna**; que ni siquiera pudiera hablarse de la existencia de transporte en sentido *"económico"*; es decir que la operación económica concurrente no consista en, ni tenga por objeto, la *traslación geográfica* o *desplazamiento local*, de *cosas* [No mencionaré, aquí, la – también posible... y caracterizable como transporte en sentido económico – traslación geográfica o desplazamiento local de *personas*, por no tener relación – o tenerla sólo indirecta – con las cuestiones objeto de mi análisis]. Esto supondría – o presupondría – que **no existe carga a bordo**; ni proporcionada por el propio Fletador, actuando como cargador, ni proporcionada por terceros, con los que dicho Fletador hubiere contratado la conducción, de conformidad con lo previsto en un precepto como el art. 207, LNM./2014. **Solo en** *este* **caso**; es decir: solo cuando un buque se fleta explícita y específicamente para fines distintos del trasporte de mercancías, de forma que no existe una *"carga"* que se pueda llevar materialmente, será posible acogerse a lo dispuesto en el art. 210, LNM./2014. Sería el caso de los buques cuya disponibilidad se contrata para fines de **pesca**, de **salvamento**, de **recreo**, para la realización de actividades **deportivas**, para la realización de expediciones de **investigación oceanográfica**, para la **exploración** y para la realización actividades de **explotación de los recursos de los fondos marinos**, para la **prestación de servicios a otros buques y plataformas** *"off-shore"* y similares... Pero entonces lo que se hace evidente – lo que se haría evidente – es que no es la voluntad de las partes, de excluir la respon- sabilidad y los compromisos del Naviero o Armador-fletante, la que nos permite acogernos a la situación contemplada en el art. 210, LNM./2014 – *"contratos de utilización del buque sin transporte"* –, sino la pura **imposibilidad material** del transporte, incluso en sentido económico; la inexistencia de carga; la inexistencia de mercancías que puedan ser conducidas materialmente: la **imposibilidad** *lógica* **de transportar lo que** *no existe*.

Si – por el contrario – optásemos por la *"opción 'A'"*, entonces podríamos llegar a la conclusión de que, para que las partes de la relación fletamentaria – concretamente, el armador o naviero fletantes – pudieran acogerse a los términos de un precepto como el **art. 210**, sería **necesario... pero también** *suficiente* que Armador y Fletador **celebrasen un contrato cuyo objeto fuese la** *"disponibilidad del buque"*, **sin asumir compromisos de traslación y custodia de las mercancías**, a pesar de que pudiera existir un fenómeno de transporte en sentido *"económico"*; es decir: a pesar de que la operación económica concurrente consista en, o tenga por objeto, la *traslación geográfica* o *desplazamiento local* de *cosas*.

La cuestión – la posibilidad de elegir entre ambas opciones alternativas – se plantea porque un precepto como el art. 277, n.º 1, *"in fine"*, LNM./2014 dice que admite la validez de las **cláusulas** que limiten la responsabilidad del Porteador – incluído el Armador, como porteador efectivo – **cuando** dichas cláusulas se hallen pactadas en la **póliza de fletamento** y cuando su objeto y contenido **no** suponga o conlleve el **excluir** la responsabilidad por **dolo o culpa grave**. En cualquier caso, la eficacia de tales cláusulas – caso de considerarse válida – se limitaría a las **relaciones entre** *"fletador"* **y** *"porteador"*, sin afectar en ningún caso a los terceros. Mas, ¿**cómo entender ésto?** ¿Acaso un precepto como el art. 277, n.º 1, *"in fine"*, LNM./2014 representa la vía o el cauce que nos conduciría a los "*contratos de utilización del buque sin transporte*", a los que se refiere el art. 210?

La cuestión se plantea porque el contenido normativo de las normas sobre responsabilidad por la ejecución del transporte marítimo de mercancías son de carácter *"tendencialmente imperativo"*. En el caso de la **LNM./2014**, basta con referirse al **art. 277, n.º 1, párr. 2º**, cuando – además – acto seguido, se añade – **art. 277, n.º 2** – que "[l]*os contratos de transporte marítimo de mercancías, nacional o internacional, en régimen de conocimiento de embarque y la responsabilidad del porteador, se regirán por el Convenio Internacional para la Unificación de Ciertas Reglas en Materia de Conocimientos de Embarque, firmado en Bruselas el 25 de agosto de 1924, los Protocolos que lo modifican de los que España sea Estado Parte y esta Ley*". No se trata, aquí – por lo menos no creo que esa sea la intención de los redactores de la Ley – de distinguir entre Fletamento y Trasporte, sino – más bien – de recoger la vieja distinción anglosajona entre *"charterparties"* o fletamentos documentados en *"póliza"*, y contratos documentados en *"conocimientos de embarque"*; aquéllos regidos por una normativa ampliamente dispositiva, y éstos, por un régimen básicamente imperativo. Pero sigo pensando que una cosa son las intenciones… y otra las consecuencias, de modo que podríamos encontrar, aquí, otra pista u otro argumento para la independización del Contrato de Fletamento, y la *"restitución"* de este *"nomen iuris"*, al tipo de contratos que se adivinan en el art. 210, LNM./2014. Y, por lo que hace a las *"Reglas de Rotterdam"* ese contenido normativo de carácter *"tendencialmente imperativo"*; más precisamente: unilateralmente o asimétricamente imperativo[336], ya que la imperatividad se establece a cargo o en perjuicio del Porteador… y asimismo de la Parte ejecutante marítima, se refleja en el **art. 79, Reg.Rott.**, que contiene las *Disposiciones generales*, en materia de *"validez de las cláusulas contractuales"*, disponiendo que:

> "*1. Salvo disposición en contrario en el presente Convenio, cualquier cláusula en un contrato de transporte será nula en la medida en que:*

---

[336] Da Costa Gomes, M. J.: "Capítulo 5. Sobre a Responsabilidade …", cit., ps. 646 y s., quien señala que las *"Reglas de Rotterdam"*, en función de su *"contract approach"*, habrían tenido que llevar a cabo una *"redistribución de la imperatividad"*, en términos diversos de los establecidos en las *"Reglas de la Haya"* e incluso en las *"Reglas de Hamburgo"*.

*a) Excluya o limite, directa o indirectamente, las obligaciones del por-
teador o de una parte ejecutante marítima con arreglo al presente Convenio;*

*b) Excluya o limite, directa o indirectamente, la responsabilidad del por-
teador o de una parte ejecutante marítima por el incumplimiento de alguna
de sus obligaciones con arreglo al presente Convenio; o*

*c) Disponga la cesión al porteador, o a alguna de las personas menciona-
das en el artículo 18, del beneficio del seguro de las mercancías.*

*2. Salvo disposición en contrario en el presente Convenio, cualquier
cláusula en un contrato de transporte será nula en la medida en que:*

*a) Excluya, limite o aumente, directa o indirectamente, las obligaciones
del cargador, del destinatario, de la parte controladora, del tenedor o del
cargador documentario previstas en el presente Convenio; o*

*b) Excluya, limite o aumente, directa o indirectamente, la responsabili-
dad del cargador, del destinatario, de la parte controladora, del tenedor o del
cargador documentario por el incumplimiento de sus obligaciones previstas
en el presente Convenio".*

Todo lo expuesto no empece al hecho – novedoso – de que **por primera vez se incluya una cláusula sobre libertad de pactos en un convenio internacional**; más precisamente, en un convenio internacional como
estas *"Reglas de Rotterdam"*[337], que siguen la – ya relativamente larga
– senda de disposiciones nacionales e internacionales, tendentes a someter
el régimen del transporte marítimo a un conjunto de reglas esencialmente
imperativas.

VI – INFLUENCIA DE LAS "REGLAS DE ROTTERDAM" SOBRE LA TIPOLOGÍA DE LOS CONTRATOS DE UTILIZACIÓN DEL BUQUE, EN EL DERECHO ESPAÑOL

En cualquier caso, lo que es evidente es que nos encontramos ante dos
tipos de textos normativos de origen y de eficacia – actual – muy distinta:
las *"Reglas de Rotterdam"* son un convenio internacional cuyas normas
pueden llegar a convertirse en fuente del Ordenamiento jurídico español;
de acuerdo con el art. 1.°, CC:

---

[337] ILLESCAS ORTIZ, R.: "Lo que cambia ...", cit., ps. 593 y ss.

"1. Las fuentes del ordenamiento jurídico español son la ley, la costumbre y los principios generales del derecho.

2. Carecerán de validez las disposiciones que contradigan otra de rango superior.

3. La costumbre sólo regirá en defecto de ley aplicable, siempre que no sea contraria a la moral o al orden público y que resulte probada.

Los usos jurídicos que no sean meramente interpretativos de una declaración de voluntad tendrán la consideración de costumbre.

4. Los principios generales del derecho se aplicarán en defecto de ley o costumbre, sin perjuicio de su carácter informador del ordenamiento jurídico.

5. Las normas jurídicas contenidas en los tratados internacionales no serán de aplicación directa en España en tanto no hayan pasado a formar parte del ordenamiento interno mediante su publicación íntegra en el Boletín Oficial del Estado.

6. La jurisprudencia complementará el ordenamiento jurídico con la doctrina que, de modo reiterado, establezca el Tribunal Supremo al interpretar y aplicar la ley, la costumbre y los principios generales del derecho.

7. Los Jueces y Tribunales tienen el deber inexcusable de resolver en todo caso los asuntos de que conozcan, ateniéndose al sistema de fuentes establecido".

Pues bien; vistos su origen, su estructura y su contenido, en seguida se percibe que las *"Reglas de Rotterdam"* constituyen un supuesto perfectamente encuadrable dentro de la referencia a las **"normas jurídicas contenidas en los tratados internacionales"**, que hace el art. 1.°, n.° 5, CC., y – más precisamente – que estamos en presencia de un convenio elaborado en el seno de una organización internacional de Derecho público, aunque no se trata – ni mucho menos – de un supuesto comparable al que contempla el art. 93, Const.Esp./1978, cuando se refiere a *"la celebración de Tratados por los que se atribuya a una organización o institución internacional el ejercicio de competencias derivadas de la Constitución"*. Y es que, por otra parte, ciertamente, la Convención de Viena sobre el Derecho de los Tratados ofrece una definición de *"tratado"* que lo presenta y caracteriza como un acuerdo celebrado entre estados, en forma escrita y sometido al Derecho internacional [*"governed by International Law"*][338], lo que pasa

---

[338] KLABBERS, J.: *"The Concept of Treaty in International Law"*, edit. Kluwer Law International, La Haya/Londres/Boston, 1996, p. 55. REMIRO BROTONS, A.: "De los Trata-

es que se trata de una expresión de difícil interpretación – posiblemente se trate de distinguir los tratados internacionales, respecto de aquellos otros acuerdos o contratos entre Estados, que no se someten al Derecho internacional, sino al Derecho privado interno –, aunque ciertamente éllo comporte el sometimiento al "Principio *'pacta sunt servanda'*", recogido en el art. 26 del **Convenio de Viena sobre el Derecho de los Tratados, de 23.05.1969 [Conv.V.Tr./1969]**, así como en la Jurisprudencia internacional[339]. Como consecuencia de lo expuesto, podemos concluir que las *"Reglas de Rotterdam"*, en su momento, bien podrían llegar a constituir verdaderas normas jurídicas de Derecho objetivo, incorporadas en el seno de nuestro Ordenamiento jurídico, como lo constituyen, en la actualidad, las contenidas en los precedentes convenios internacionales suscritos por España, en materia de transporte marítimo de mercancías. Se trataría pues, de *"leyes"*, en el sentido que da a este término, el mismo art. 1.°, n.° 1, CC: la primera categoría de fuentes del Ordenamiento jurídico español; la que precede a la costumbre y a los principios generales: la formada por las *normas jurídicas escritas*, que abarca tanto a las que se hallan contenidas en la Constitución o en los Estatutos de Autonomía, como a las de procedencia parlamentaria – estatal o autonómica – o a las de origen administrativo.

Sin duda no hay que olvidar que la naturaleza de los tratados, es – básicamente – la de **acuerdos de voluntades**: los tratados o convenios internacionales, cualquiera que sea la denominación con la que se presenten, son acuerdos de voluntades que tienen – que pueden tener, o no – carácter vinculante para los Estados u otros sujetos de Derecho internacional que los suscriban y ratifiquen. En este sentido, la validez y eficacia de los tratados internacionales es algo que incumbe, tanto al propio Derecho internacional – cual refleja, con toda claridad, el **Conv.V.Tr./1969**[340], como al Derecho interno, cual se aprecia en diversas disposiciones de nuestro Derecho

---

dos a los acuerdos no normativos", en VV.AA.: *"La celebración de Tratados internacionales por España: problemas actuales (Actas del semninario organizado por el Ministerio de Asuntos Exteriores, el Ministerio de Relaciones con las Cortes y la Secretaría del Gobierno y el Instituto Nacional de Administración Pública. Escuela Diplomática: 13 a 16 de noviembre de 1989)"*, Madrid, 1990, p. 25.

[339] KLABBERS, J.: *"The Concept of Treaty..."*, cit., ps. 53 y 55. DÍEZ DE VELASCO, M.: *"Instituciones de Derecho Internacional público"*, edit. Tecnos, S.A., 11.ª ed., Madrid, 1997, p. 160.

[340] VILLAR PALASÍ, J.L. y VILLAR EZCURRA, J.L.: *"Principios de Derecho Administrativo"*, t. I, *"Concepto y Fuentes"*, edit. Servicio De Publicaciones de La Facultad de Dere-

interno, comenzando por los arts. 93 y ss., Const.Esp.[341]. Y es que, aun cuando el Ordenamiento jurídico español no se dejó llevar, precisamente, por el *"afán internacionalista"* que, de modo recurrente, se extendía entre los países occidentales, luego de cada uno de los dos grandes conflictos mundiales[342], y que – por el contrario – inspiró el art. 4.° de la Constitución de Weimar, el art. 25, de la *"Grundgesetz"* alemana, de 1949, o el art. 10, de la Constitución de la República italiana, de 1947, etc., es obvio que nuestro Ordenamiento jurídico, ya desde la Reforma del Tít. Preliminar del CC./1889, efectuada en 1973, y – luego – con la promulgación de nuestra Constitución de 1978, ha incluído, expresamente, a los tratados o convenios internacionales, entre el elenco de las *fuentes del Ordenamiento jurídico español*[343], no tanto porque los califica expresamente como tales, cuanto porque del juego de las referencias que se hacen en el art. 1.°, CC., se deduce – en apariencia – que los tratados internacionales, en la medida en que contengan disposiciones jurídico-materiales, se *equiparan* a las *leyes*[344], y por consiguiente se les considera parte del Ordenamiento interno[345], como reflejo – acaso – de la llamada *"tesis monista"*.

Ahora bien; cuando el art. 1.°, CC. trata de las fuentes… no dice que se trate de las *"fuentes del Derecho"*, sino que dice algo distinto – muy distinto – y de enorme importancia: que se trata de las fuentes *"del ordenamiento jurídico español"*. Y estas palabras cobran significado si hacemos aplicación de conceptos propios del **Derecho internacional – público y privado –… y del mismísimo Derecho Político**, que no meramente con-

---

cho de La Universidad Complutense de Madrid, 3.ª ed., Madrid, 1992, p. 120. De La Vega Benayas, C.: *"Teoría, aplicación y ..."*, cit., 1.ª ed., p. 79.

[341] De La Vega Benayas, C.: *"Teoría, aplicación y eficacia de las normas del Código civil (Comentario al Título Preliminar)"*, edit. Civitas, S.A., 1.ª ed., Madrid, 1976, p. 79.

[342] Santaolalla Pérez, F.: "Los tratados como fuente del Derecho, en la Constitución", en *"La Constitución Española y las fuentes del Derecho"*, t. III, edit, Dirección General de Lo Contencioso Del Estado-Instituto de Estudios Fiscales, Madrid, 1979, p. 1913.

[343] De La Vega Benayas, C.: *"Teoría, aplicación y ..."*, cit., 1.ª ed., p. 79. Díez-Picazo y Ponce De León, L.: "Constitución y Fuentes del Derecho", en VV.AA.: *"La Constitución Española y las Fuentes del Derecho"*, t. I, edit. Instituto de Estudios Fiscales, Madrid, 1979, p. 663. Villar Palasí/Villar Ezcurra: *"Principios ..."*, cit., t. I, 3.ª ed., p. 120. Santaolalla Pérez, F.: "Los tratados como...", cit., ps. 1921 y ss.

[344] Santaolalla Pérez, F.: "Los tratados como...", cit., p. 1921.

[345] De La Vega Benayas, C.: *"Teoría, aplicación y ..."*, cit., 1.ª ed., p. 79.

situcional: me explico España es un Estado, y por eso mismo se halla – simultáneamente – en una doble posición, según que se considere en el plano de las **relaciones de Derecho internacional – *"Völkerrecht"* –**, o de las relaciones internas. En aquél, España – por ser Estado – **goza de personalidad jurídica... pero *"ad intra"*, no la posee.** En el plano del Derecho internacional público, España es un sujeto de Derecho, mientras que en el plano de las relaciones jurídicas internas – públicas o privadas – esa personalidad se desplaza, del *"Estado"*... a la *"**Administración General del Estado**"*, que no es lo mismo. Por ese motivo, los tratados internacionales y las normas contenidas en éllos tienen una proyección distinta – o, por lo menos, teóricamente separable –, según que se consideren en uno y en el otro plano.

En el plano del Derecho internacional público, cuando los tratados internacionales entran en vigor, como consecuencia de la manifestación del consentimiento del Estado, **se ha creado una regla de conducta paccionada** que – propiamente – **no forma parte del Ordenamiento jurídico *español*,** lo cual no quiere decir que no forme parte de algún ordenamiento jurídico. Sí que forma parte, solo que la forma **del Ordenamiento jurídico *internacional*,** no del estrictamente *"español"*, porque aunque tanto en la Comunidad Internacional, como en el Estado español se detectan los distintos elementos de todo ordenamiento jurídico – acaso con menos nitidez, en el caso del Ordenamiento jurídico internacional –, lo cierto es que esos elementos se superponen, pero no se confunden, de tal modo y manera que se puede estar dentro de uno de ambos círculos, pero no del otro. Así, todo tratado internacional es – desde el momento de su mera entrada en vigor – fuente y parte del Ordenamiento jurídico *internacional*, de manera que constituye una parte del complejo de fuentes de producción de normas jurídicas, aplicables solamente a los sujetos encuadrados en dicho ordenamiento. Dicho con otras palabras: aunque el art. 2.°, n.° 1, CC. establece que *"[l]as leyes entrarán en vigor a los veinte días de su completa publicación en el Boletín Oficial del Estado, si en ellas no se dispone otra cosa"*, lo primero – es decir: el *momento* en que un *convenio* internacional *pasa a formar parte de nuestro Ordenamiento* jurídico positivo – es algo que no se puede subordinar; que no cabe hacer depender de la necesidad de *publicación en el Boletín Oficial del Estado*, porque los tratados son Derecho "convencional", y – por consiguiente – obligan a los Estados, desde que éstos manifiestan su consentimiento.

En cambio, cuando se dice que las normas contenidas en los tratados internacionales, desde el momento en que se publiquen en el BOE., pasarán a formar parte de las *"fuentes del Ordenamiento jurídico español"*, lo que se quiere decir es, no sólo que pasarán a integrarse en el conjunto de todos los instrumentos normativos objetivos que forman el agregado de normas de nuestro Ordeamiento – que sí –, sino algo mucho más profundo: que serán fuentes que afecten al propio Ordenamiento, entendido como **comunidad nacional; comunidad de personas que forman la nación; como *"Pueblo"* organizado en Estado, y establecido en un territorio donde ejerce su soberanía y dentro del cual tienen validez plena las normas jurídicas que entran en el ámbito del art. 1º, CC.** Es decir: que las normas contenidas en las *"Reglas de Rotterdam"* pasarían a formar parte de las *"fuentes del Ordenamiento jurídico español"*, integrándose en el conjunto de todos los instrumentos normativos objetivos que forman el agregado de normas de nuestro Ordeamiento para **regir, de forma inmediata; con eficacia horizontal o *"Drittwirkung"*, incluso las relaciones jurídicas en que se vean afectados nuestros nacionales... cuando queden dentro del ámbito de aplicación del Convenio.**

Pues bien, sucede que la concepción que tienen las *"Reglas de Rotterdam"* y la LNM./2014 de lo que es el Contrato de Fletamento, resulta no solo distinta, sino incluso – siquiera, en principio – tan diversa que cási llega a ser inversa: el art. 203, LNM./2014 da a entender que el Fletamento es el Contrato de Transporte marítimo de mercancías... No *"un"* contrato de transporte marítimo de mercancías, sino que – directamente – afirma **que es *"el"* Contrato de Transporte Marítimo de mercancías,** de modo que el *"nomen iuris"* de Fletamento ya no es el *"solus nomen"* específico de un contrato con un objeto y una causa propios, diferentes de los de otros contratos, por parecidos que sean a él... sino que queda reducido a no ser sino **un *"alter nomen"* de la misma institución: el Contrato de Transporte marítimo de mercancías.** Por el contrario, las *"Reglas de Rotterdam"* – que es preciso reconocer que, a este respecto, resultan más ambiguas [Y no cabe reprocharles esta condición, como un supuesto vicio o defecto] – no llegan a esa extrema equiparación/identificación/confusión: a lo más que podrían llegar es a admitir que el Fletamento fuese – o pudiese ser – *"un"* contrato de transporte marítimo de mercancías, y aún esto es dudoso, pero lo que – evidentemente – no quieren decir es que el Fletamento sea – directamente – *"el"* Contrato de Transporte Marítimo de mercancías, de modo que el *"nomen iuris"* de Fletamento no sea sino ese *"alter nomen"* que puede aplicarse – y sustituir – al de Contrato *"de Trasporte marítimo"* de mercancías.

Por consiguiente, la introducción en el Derecho positivo español; en el ordenamiento jurídico español, de las *"Reglas de Rotterdam"* **no puede resultar algo innocuo**, si se consideran sus efectos y repercusiones, desde la perspectiva de la **tipología de los** *"contratos de utilización del Buque"*. Pero, entonces, ¿acaso volveremos a una situación parecida a la de nuestro viejísimo Cco./1885? **¿Volveremos a una situación en la que el Fletamento será** *"el"* **Contrato de Transporte marítimo de mercancías... de cabotaje, mientras que en la navegación internacional, el Fletamento podría ser** *otra cosa diferente* **[De hecho, incluso absolutamente diversa del Contrato de Transporte]; un** *"contrato de navegación"*, **y no** *"de conducción"*?

Como dije antes, la LNM./2014 **no ha terminado con la distinción entre Fletamento y Contrato de Transporte marítimo: solamente la ha ocultado. Y hay que sacarla a la luz.** Pues bien; las *"Reglas de Rotterdam"* supondrían una ocasión pintiparada para llevar a cabo una más nítida definición de la figura que, en la LNM./2014 – como en todos los textos que la han precedido –, aparece acaso desperdigada entre preceptos como el art. 205 o el art. 207, referido a la contratación del transporte por el fletador. Pero, simultáneamente, las *"Reglas de Rotterdam"* suscitarían una importante quiebra en el sistema de la nueva Ley, porque – a partir de ese punto de partida – habría que replantear, por enésima vez, la relación entre *transporte* y *fletamento*, ya que es obvio que la comprensión que del Fletamento se tiene en en la LNM./2014 y en las *"Reglas de Rotterdam"*, parece abismalmente diferente. Acaso las *"Reglas de Rotterdam"* **invertirán esa relación de** *regla/excepción*, **que existe entre los arts. 203 y 210, LNM./2014.**

Si, como tuve ocasión de señalar anteriormente, luego de tanto empeño en introducir la Reforma definitiva de nuestro Derecho Marítimo, al final solo se lograría mantener – formalmente – la misma situación que el CCo./1885, y aún peor, mientras que – materialmente – se oculta el verdadero cambio profundo; un cambio que habría sido muy acertado, y cuyo mérito no le puede ser atribuído al Proyecto, mi propuesta debe comenzar en forma de reflexión sobre el orden sistemático de regulación de los diferentes contratos náuticos. Así, en mi opinión – que no siempre se corresponde con mi deseo –, el orden de regulación se parece mucho al que presenta la LNM./2014, pero también el Cod.della nav.it./1942, o Code des Transp.fr./2010:

- En primer lugar, se regula el Arrendamiento de buques y embarcaciones, como tipo contractual que tiene por objeto o por elemento real principal y característico, directamente, al Buque, como cosa; como *"res locanda"*, cuyo uso – y cuya posesión – se ceden al Arrendatario; una regulación que, tal como aparece en la LNM./2014, me parece acertada, por lo que nada merece la pena cambiarse.
- En segundo lugar, debería regularse el Fletamento; pero – a diferencia de la LNM./2014 –, no el Fletamento-transporte, sino lo que he dado en denominar el Fletamento *puro*, como tipo contractual que tiene por objeto o por elemento real principal y característico, directamente, al Buque, maso donde este último aparece ya no como cosa; como *"res locanda"*, cuyo uso – y cuya posesión – se ceden al Fletador [de hecho, no se le cede la segunda – esto lo distingue, claramente, del Arrendamiento [*"locatio-conductio navis"*] –, y el primero, sólo de modo muy relativo], sino *como instrumento de una prestación de servicios de navegación*. La forma más sencilla sería, quizá **restituyendo la denominación** *"fletamento"* **a esos** *"contratos de utilización del Buque sin transporte"*, **del art. 210, LNM./2014.**
- En tercer lugar, debería regularse el Fletamento-*transporte*, pero no como hace la LNM./2014, donde el *"nomen iuris"* de *"Fletamento"* aparece como un mero *"alter nomen"* del Contrato de Transporte marítimo de mercancías, sino propiamente como un contrato donde el **Buque** aparece, ya no como simple cosa; como mera *"res locanda"*, cuyo uso – y cuya posesión – se ceden al Fletador, sino **como** *instrumento* **de una prestación de** *servicios de navegación con fines de transporte*, con lo que – paulatinamente – va produciéndose un desplazamiento del eje o centro de gravedad del Objeto del contrato, de forma que – gradualmente – el Buque va cediendo el papel protagonista como elemento real principal y característico, en favor del *"opus"* conductivo: de la *prestación de transporte*.
- En cuarto lugar, debería regularse el Transporte marítimo de cosas *puro*, como contrato náutico cuyo elemento real principal y característico se halla constituído por el *"opus"* conductivo: es decir, por la *prestación de transporte*, sin que el Buque – que se hace incluso *fungible* o sustituible – pasa de mero *instrumento genérico* de la prestación principal.
- En quinto lugar, debería regularse el Transporte marítimo de *personas* o Contrato de *Pasaje*; una regulación que, tal como aparece

en la LNM./2014, me parece tan acertada como la del Contrato de Arrendamiento de Buques, por lo que tampoco parece que hubiese merecido la pena introducir otros cambios.

- Y en sexto – ¿y último? – lugar, debe regularse el Contrato de Remolque, figura de la que creo que cabe hacer análogas afirmaciones.

Mas no basta con "ordenar" sistemáticamente la regulación de los distintos tipos contractuales náuticos: habría sido preciso *combinar* **adecuadamente la** *sistemática* **ordinal, con la** *regulación material*; es decir: habría que haber estabelecido unas reglas concebidas de tal modo que la existencia de una regulación de lo que he dado en denominar el Fletamento *puro*, como tipo contractual que tiene por objeto o por elemento real principal y característico, directamente, al Buque, *y* una regulación del Fletamento-*transporte*, donde el Buque aparece, ya no como simple cosa; como mera *"res locanda"*, cuyo uso – y cuya posesión – se ceden al Fletador, sino *como instrumento de una prestación de servicios de navegación con fines de transporte*, **hiciera posible evitar la reiteración de preceptos con los mismos contenidos, pero – a la vez – evitase dar la impresión de que el Fletamento-***transporte*** es, sólo, un contrato de puro** *transporte*.

PACTOS DE JURISDIÇÃO E CONVENÇÕES DE ARBITRAGEM EM MATÉRIA DE TRANSPORTE MARÍTIMO DE MERCADORIAS[*]

LUÍS DE LIMA PINHEIRO[**]

SUMÁRIO: *Introdução; I – Pactos de Jurisdição; A) Noção e efeitos; B) As cláusulas de jurisdição dos conhecimentos de carga e as Convenções de Bruxelas, Hamburgo e Roterdão sobre transporte marítimo de mercadorias; C) Regime estabelecido pelos Regulamentos Bruxelas I e Bruxelas I bis; D) Limites colocados à eficácia dos pactos de jurisdição em matéria marítima pela legislação interna; II – Convenções de Arbitragem; A) Noção, efeitos e modalidades; B) As convenções de arbitragem e as Convenções de Bruxelas, Hamburgo e Roterdão sobre transporte marítimo de mercadorias; C) Da oponibilidade ao destinatário da mercadoria da cláusula de arbitragem contida na carta-partida referida no conhecimento de carga.*

Introdução

I. O transporte marítimo é um dos setores mais importantes do comércio internacional. As relações que se estabelecem entre os operadores do comércio marítimo são, com muita frequência, relações transnacionais, porque têm contactos relevantes com mais de um Estado soberano. Pense-se, designadamente, em todos aqueles contratos de transporte marítimo que envolvem a deslocação de uma mercadoria de um país para outro.

---

[*] Texto que serviu de base à comunicação proferida nas III Jornadas de Lisboa de Direito Marítimo, em maio de 2013.

[**] Professor Catedrático da Faculdade de Direito da Universidade de Lisboa.

Perante um litígio resultante de uma relação interna, que se insere inteiramente na esfera social de um Estado, o tribunal, para decidir o caso, tem de apurar os factos e de aplicar o Direito material do foro.

A resolução de litígios emergentes de relações transnacionais coloca dois problemas adicionais:

– a determinação da jurisdição competente (saber se é competente um tribunal arbitral ou um tribunal estadual e, neste segundo caso, qual é ou quais são as jurisdições estaduais competentes);
– a determinação do Direito material aplicável.

A determinação do Direito material aplicável é feita, na falta de convenção de arbitragem, com base no sistema de Direito de Conflitos do Estado do foro, e no caso da arbitragem transnacional, com base em Direito de Conflitos especial que é, até certo ponto, de fonte transnacional.

Como frequentemente os critérios de competência legal conduzem à competência de duas ou mais jurisdições estaduais, e o Direito de Conflitos em matéria de transporte marítimo só está unificado para determinados Estados, como é o caso dos Estados-Membros da União Europeia, o Direito de Conflitos relevante pode depender do Estado em que a ação é proposta, o que gera incerteza sobre qual o Direito material que disciplinará a situação.

A unificação do Direito material aplicável, já realizada por várias Convenções internacionais na área do transporte marítimo de mercadorias, pode atenuar este problema, mas não o elimina. Com efeito, dados os limites quanto ao âmbito material e espacial de aplicação destas Convenções (não regulam todas as questões nem todos os transportes), a circunstância de o número de Estados Contratantes ser variável e, em alguns casos, muito reduzido, as divergências na interpretação e integração destas Convenções pelas jurisdições nacionais e a possibilidade de conflitos entre algumas destas Convenções, o problema da determinação do Direito material que disciplinará a situação subsiste em muitos casos.

II. Estes problemas colocam-se tanto perante os juízes ou os árbitros confrontados com um litígio emergente de uma relação transnacional como perante as partes e os seus advogados. Mas enquanto os juízes ou os árbitros se limitam a verificar se o tribunal que integram é competente, para os advogados também se pode colocar um problema de escolha da jurisdição mais conveniente para o seu cliente.

Para o jurista prático esta problemática é *multidimensional*: a busca da solução mais favorável ao seu cliente envolve a apreciação:

– das diferentes jurisdições suscetíveis de se considerarem competentes;
– no caso de serem competentes duas ou mais jurisdições estaduais, dos diferentes sistemas de Direito de Conflitos vigentes na ordem jurídica de cada um desses Estados;
– das soluções eventualmente diferentes que se podem esperar em face do Direito material declarado aplicável por esses sistemas conflituais.

Tomemos o exemplo de uma abalroação ocorrida no alto mar entre o navio de um armador do país A e o navio de um armador do país B, os quais transportam cargas de proprietários dos países C e D[1].

O advogado mandatado pelo armador A cuidará de averiguar o *Direito material* que os tribunais dos diferentes Estados, suscetíveis de afirmarem a sua competência, aplicarão.

Em face da Convenção de Bruxelas para a Unificação das Regras sobre a Competência Civil em Matéria de Abalroação (1952), o armador pode em regra ser demandado no lugar da sua residência habitual ou estabelecimento. Mas esta jurisdição pode não ter interesse, designadamente quando se trate de navios com bandeira de conveniência, caso em que provavelmente o réu não terá bens sujeitos a esta jurisdição. Na prática o mais importante é a competência estabelecida com o arresto do navio. Nesta medida, o advogado tem de estudar os diferentes portos de refúgio ao alcance do navio A e, ao mesmo tempo, seguir os movimentos do navio B.

Significa isto que o advogado tem de conjugar as possíveis jurisdições dos portos X, Y, Z, com os respetivos Direitos de Conflitos X, Y, Z, e ainda as leis eventualmente diferentes que, por fim, serão aplicadas. Se acrescentarmos que é por vezes difícil de prever qual a lei que será designada, quer por falta, num determinado sistema, de uma regra de conflitos inequívoca, quer porque a aplicação das normas de conflitos pode envolver operações complexas, apercebemo-nos que o cálculo exige a inclusão de algumas *variáveis*, o que obriga à consideração de um elevado número de *combinações* possíveis. Tal tarefa pode revelar-se difícil e morosa, mas é, com maior ou menor perfeição, imprescindível.

---

[1] Este exemplo é inspirado em Sjur Braekus – "Choice of Law Problems in International Shipping", *RCADI* 164 (1979) 251-338, 251 e segs.

468 *Luís de Lima Pinheiro*

III. De entre os problemas colocados, e seus diferentes aspetos, a presente exposição limitar-se-á a algumas reflexões sobre a validade e eficácia dos pactos de jurisdição e convenções de arbitragem com respeito a litígios emergentes de contratos de transporte marítimo de mercadorias, designadamente à luz das Convenção de Bruxelas (1924), Hamburgo (1978) e Roterdão (2008) em matéria de transporte marítimo de mercadorias, dos Regulamentos europeus aplicáveis aos pactos de jurisdição nesta matéria (Regulamentos Bruxelas I e Bruxelas I bis), da Convenção de Nova Iorque sobre o Reconhecimento e a Execução de Sentenças Estrangeiras (1958) e da nova lei portuguesa da arbitragem voluntária (Lei n.º 63/2011, de 14/12 – NLAV).

I – PACTOS DE JURISDIÇÃO

A) Noção e efeitos

O pacto de jurisdição é o acordo das partes sobre a jurisdição nacional competente.

O pacto de jurisdição é suscetível de ter um *efeito atributivo de competência* e um *efeito privativo de competência*. Tem um efeito atributivo quando fundamenta a competência dos tribunais de um Estado que não seriam competentes por aplicação dos critérios de competência legal. Tem um efeito privativo quando suprime a competência dos tribunais de um Estado que seriam competentes por aplicação dos critérios de competência legal.

As partes podem designar um tribunal estadual como exclusivamente competente ou como concorrentemente competente.

Por meio do pacto atributivo de competência exclusiva, e contanto que este pacto seja reconhecido pelas ordens jurídicas em causa, as partes podem eliminar a incerteza sobre o foro competente e garantir que litígios atuais ou eventuais serão dirimidos no foro que, em seu juízo, é o mais conveniente. Com a determinação do foro competente determina-se também o sistema estadual de Direito de Conflitos que vai ser aplicado, o que contribui para a previsibilidade do Direito material aplicável.

B) As cláusulas de jurisdição dos conhecimentos de carga e as Convenções de Bruxelas, Hamburgo e Roterdão sobre transporte marítimo de mercadorias

A frequência com que os conhecimentos de carga contêm cláusulas de jurisdição deu origem a vasta jurisprudência sobre as condições da sua validade e eficácia.

Já no 2.º volume do tratado de SMEESTERS e WINKELMOLEN, cuja segunda edição foi publicada em 1933, se podia ler a opinião segundo a qual seria nula a cláusula que submetesse os litígios aos tribunais de um país que não tivesse adotado as regras da Convenção de Bruxelas de 1924, mas se admitiria a validade da cláusula atributiva de jurisdição a um tribunal estrangeiro, quando o conhecimento contivesse uma cláusula *Paramount*[2].

Designa-se por *Paramount* a cláusula que determina que as regras da Convenção de Bruxelas ou de uma lei estadual que as incorpora devem ser aplicadas com primazia sobre as outras cláusulas que constam do conhecimento ou que integram o contrato de transporte[3].

Esta orientação foi seguida por decisões dos tribunais belgas e alemães[4], embora neste segundo caso com oposição de parte da doutrina e divergências sobre a relevância da incorporação das regras do Protocolo de 1968, de que a Alemanha não é parte, na legislação interna[5]. Para alguns autores alemães trata-se de uma manifestação da reserva de ordem pública internacional alemã que não pode ser torneada por pactos de jurisdição[6].

Na mesma linha, a jurisprudência inglesa veio entender que a cláusula de jurisdição será ineficaz, por força do art. 3.º/8 da Convenção, na medida em que se demonstre que, no caso concreto, o tribunal estrangeiro aplicaria

---

[2] Constant SMEESTERS e Gustav WINKELMOLEN – *Droit maritime et droit fluvial*, 2.ª ed., vol. II, Bruxelas, 1933, 260.

[3] Sobre estas cláusulas, ver LIMA PINHEIRO – "Direito aplicável ao contrato de transporte de mercadorias", *in Estudos de Direito Internacional Privado*, vol. II, 311-348, Coimbra, 2009, 333 e segs., com mais referências.

[4] Ver Jacques PUTZEYS – "Le nationalisme dans le droit international", *in Études offertes à René Rodière*, Paris, 1981, 473, e Heinz PRÜSSMANN e Dieter RABE – *Seehandelsrecht*, 4.ª ed., Munique, 2000, Vor § 556 n.º 163.

[5] Ver Felix SPARKA – *Jurisdiction and Arbitration Clauses in Maritime Transport Documents. A Comparative Analysis*, Heidelberga et al., 2010, 159-160.

[6] Ver Peter MANKOWSKI – "Neue internationalprivatrechtliche Probleme des Konnossements", *Transportrecht* 11 (1988) 410-420, 414-415 e 419-420.

regras materiais que definam um padrão de responsabilidade do transportador inferior ao estabelecido pela Convenção de Bruxelas modificada pelo Protocolo de 1968[7]. Uma abordagem até certo ponto semelhante é feita pelos tribunais dos EUA com referência ao *Carriage of Goods by Sea Act* que incorpora as regras da Convenção de Bruxelas de 1924[8].

Certas exigências relativamente à manifestação do consentimento do carregador foram também formuladas pelas jurisprudências francesa e alemã, em atenção ao caráter de cláusulas contratuais gerais de que se revestem, normalmente, as cláusulas de jurisdição dos conhecimentos de carga[9].

A oponibilidade da cláusula de jurisdição ao destinatário das mercadorias foi igualmente objeto de decisões francesas e belgas restritivas[10].

Mais radicalmente, a Convenção de Hamburgo[11], depois de estabelecer uma pluralidade de critérios atributivos de competência (entre os quais o resultante de uma cláusula de jurisdição – art. 21.º/1/d), determina que só os pactos celebrados depois do surgimento do litígio têm uma eficácia privativa de competência (art. 21.º/5). Mas esta Convenção não encontrou acolhimento junto das principais nações marítimas e, na Europa, é diminuto o número de Estados que a ela se vincularam. Portugal não é parte.

Disposições semelhantes constam da Convenção de Roterdão[12]: as ações contra o transportador ao abrigo da Convenção podem ser propostas em diversos foros situados em Estados Contratantes, designadamente no

---

[7] Ver *Cheshire, North & Fawcett Private International Law* – 14.ª ed. por J. FAWCETT, J. CARRUTHERS e Peter NORTH, Londres, 2008, 450, e SPARKA (n. 5) 157-158.

[8] Ver William TETLEY – "Jurisdiction Clauses and *Forum Non Conveniens* in the Carriage of Goods by Sea", in *Jurisdiction and Forum Selection in International Maritime Law*, org. por Martin Davies, 183-263, A Haia, 2005, 215-217; SPARKA (n. 5) com mais referências. Cp. Thomas SCHOENBAUM – *Admiralty and Maritime Law*, 5.ª ed., 2011, § 10-21.

[9] Ver, relativamente à jurisprudência francesa, Pierre BONASSIES e Christian SCAPEL – *Droit maritime*, 2.ª ed., Paris, 2010, 796-797, assinalando uma evolução liberalizante nesta matéria; TETLEY (n. 8) 240-242; *Cour d'appel de Rouen* 5/2/2009 e 26/2/2009 [*DMF* 61 (2009) an. AMOUSSOU]; quanto à jurisprudência alemã, PRÜSSMANN/RABE (n. 4) Vor § 556 n.ºs 153 e seg.

[10] Relativamente à jurisprudência francesa, ver BONASSIES/SCAPEL (n. 9) 799-805; relativamente à jurisprudência belga, ver Jacques PUTZEYS e Marie-Ange ROSSEELS – *Droit des transports et droit maritime*, Bruxelas, 1993, 244-245.

[11] Ver SPARKA (n. 5) 189 e segs.

[12] Ver Michael STURLEY – "Jurisdiction and Arbitration under the Rotterdam Rules", *Uniform L. Rev.* 14 (2009) 945-980, 954 e segs., e SPARKA (n. 5) 189 e segs.

foro estipulado pelas partes (arts. 1.º/30 e 66.º), mas, em regra, só os pactos celebrados depois do surgimento do litígio têm uma eficácia privativa de jurisdição (art. 72.º).

Esta Convenção, porém, admite mais amplamente a eficácia de pactos de jurisdição celebrados pelas partes de contratos gerais de transporte [*Volume Contracts*][13], i.e., de contratos por que um transportador se obriga a deslocar uma quantidade determinável de mercadorias durante certo período de tempo, efetuando para o efeito uma pluralidade de operações de transporte (art. 1.º/2), desde que obedeçam a certos requisitos (art. 67.º) [14].

Por acréscimo, estas disposições só vinculam os Estados que façam uma declaração nesse sentido (art. 74.º).

A Convenção de Roterdão ainda não está internacionalmente em vigor e obteve até agora limitado acolhimento internacional.

Com não menos radicalismo, o legislador português estabeleceu, na legislação de Direito Comercial Marítimo de 1986/1987, a regra da ineficácia dos pactos privativos de jurisdição. Com efeito, nos termos do art. 7.º da L n.º 35/86, de 4/9, não é "válido" o pacto destinado a privar de jurisdição os tribunais portugueses, quando a estes for de atribuir tal juris-

---

[13] Sobre estes contratos, ver LIMA PINHEIRO – "O Direito Comercial Marítimo de Macau Revisitado", *ROA* 62 (2002) 425-438, 429.

[14] Este artigo 67.º é do seguinte teor:

"1. The jurisdiction of a court chosen in accordance with article 66, subparagraph (*b*), is exclusive for disputes between the parties to the contract only if the parties so agree and the agreement conferring jurisdiction:

(*a*) Is contained in a volume contract that clearly states the names and addresses of the parties and either (i) is individually negotiated or (ii) contains a prominent statement that there is an exclusive choice of court agreement and specifies the sections of the volume contract containing that agreement; and

(*b*) Clearly designates the courts of one Contracting State or one or more specific courts of one Contracting State.

"2. A person that is not a party to the volume contract is bound by an exclusive choice of court agreement concluded in accordance with paragraph 1 of this article only if:

(*a*) The court is in one of the places designated in article 66, subparagraph (*a*);

(*b*) That agreement is contained in the transport document or electronic transport record;

(*c*) That person is given timely and adequate notice of the court where the action shall be brought and that the jurisdiction of that court is exclusive; and

(*d*) The law of the court seized recognizes that that person may be bound by the exclusive choice of court agreement."

dição por força do disposto no art. 65.º CPC[15], exceto se as partes forem estrangeiras e se tratar de obrigação que, devendo ser cumprida em território estrangeiro, não respeite a bens sitos, registados ou matriculados em Portugal.

Perante as regras de competência internacional contidas noutros diplomas de Direito Marítimo[16], é duvidoso que o pacto de jurisdição possa produzir o efeito privativo de competência quando os tribunais portugueses forem competentes com base nessas regras.

C) Regime estabelecido pelos Regulamentos Bruxelas I e Bruxelas I bis

A validade e eficácia dos pactos de jurisdição foi matéria abrangida pela Convenção de Bruxelas sobre a Competência Judiciária e a Execução de Decisões em Matéria Civil e Comercial (1968), entretanto substituída pelo Reg. (CE) n.º 44/2001, Relativo à Competência Judiciária, ao Reconhecimento e à Execução de Decisões em Matéria Civil e Comercial (Regulamento Bruxelas I) que, por seu turno, será substituído a partir de 10 de janeiro de 2015 pelo Reg. (UE) n.º 1215/2012 (Regulamento Bruxelas I bis).

Estes instrumentos estabelecem um regime bastante favorável à validade e eficácia dos pactos de jurisdição por eles regulados.

O art. 23.º do Regulamento Bruxelas I tem um âmbito de aplicação no espaço diferente conforme se trata do efeito atributivo ou do efeito privativo de competência.

No que se refere ao efeito atributivo, o regime contido no preceito é aplicável quando estiverem reunidos dois pressupostos (n.º 1/1.ª parte):

– uma das partes encontra-se domiciliada no território de um Estado--Membro;
– as partes atribuem competência aos tribunais de um Estado-Membro.

O Regulamento não regula os pactos que atribuam competência aos tribunais de um Estado de terceiro.

---

[15] Ver, designadamente, art. 74.º/1 CPC, aplicável por força do art. 65.º/1/b CPC.

[16] Ver ainda DL n.º 349/86, de 17/10, art. 20.º; DL n.º 352/86, de 21/10, art. 30.º; DL n.º 431/86, de 30/12, art. 16.º; e, DL n.º 191/87, de 29/4, art. 47.º.

Pactos de Jurisdição e Convenções de Arbitragem em Matéria...

A eficácia privativa da competência dos tribunais de um Estado-Membro a favor dos tribunais de um Estado terceiro depende do seu Direito interno[17], mas também do respeito das competências exclusivas estabelecidas pelo Regulamento e, tratando-se de réu domiciliado num Estado--Membro, dos limites estabelecidos aos pactos de jurisdição em matéria de contratos de seguros, contratos com consumidores e contratos individuais de trabalho[18].

O Regulamento também não regula o efeito atributivo de competência quando nenhuma das partes se encontra domiciliada num Estado-Membro. A aceitação da competência pelos tribunais de um Estado-Membro depende então do seu Direito interno. No entanto, o Regulamento obriga os outros Estados-Membros ao reconhecimento do efeito privativo de competência do pacto atributivo de competência aos tribunais de um Estado-Membro, mesmo que nenhuma das partes tenha domicílio num Estado-Membro (art. 23.º/3)[19]. Só não será assim se o tribunal ou os tribunais escolhidos se tiverem declarado incompetentes[20].

O art. 25.º do Regulamento Bruxelas I bis tem um âmbito de aplicação no espaço mais amplo, visto que regula quer o efeito atributivo quer o efeito privativo independentemente de qualquer das partes ter domicílio num Estado-Membro.

---

[17] Cf. Peter Schlosser – "Relatório sobre a Convenção, de 9 de Outubro de 1978, relativa à Adesão do Reino da Dinamarca, da Irlanda e do Reino Unido da Grã-Bretanha e da Irlanda do Norte à Convenção relativa à competência judiciária e à execução de decisões em matéria civil e comercial, bem como ao Protocolo Relativo à sua interpretação pelo Tribunal de Justiça", *JOCE* C 189, 28/7/90, 184-256, 1979, n.º 176, e TCE 9/11/2000, no caso *Coreck* [*CTCE* (2000) I-09337], n.º 19. Cp. Ulrich Magnus, *in Brussels I Regulation*, 2.ª ed., Munique, 2012, Art. 23 n.º 37.

[18] Cf. Lima Pinheiro – *Direito Internacional Privado*, vol. III – *Competência Internacional e Reconhecimento de Decisões Estrangeiras*, 2.ª ed., Coimbra, 2012, 193-194, com referências da doutrina dominante. Cp. Arthur Bülow, Karl-Heinz Böckstiegel, Reinhold Geimer e Rolf Schütze (org.) – *Das internationale Rechtsverkehr in Zivil – und Handelssachen*, vol. II, B I 1e por Stefan Auer, Christiane Safferling e Christian Wolf, Munique, 1989, Art. 17 n.º 61, e Miguel Teixeira de Sousa e Dário Moura Vicente – *Comentário à Convenção de Bruxelas de 27 de Setembro de 1968 Relativa à Competência Judiciária e à Execução de Decisões em Matéria Civil e Comercial*, Lisboa, 1994, 38.

[19] Cf. Schlosser (n. 17) n.º 177.

[20] Ver ainda Hélène Gaudemet-Tallon – *Compétence et exécution des jugements en Europe*, 4.ª ed., Paris, 2010, n.º 155.

474   *Luís de Lima Pinheiro*

Dentro do domínio de aplicação da Convenção de Bruxelas de 1968, o Tribunal de Justiça das Comunidades Europeias teve ocasião de estabelecer algumas regras sobre *a validade das cláusulas de jurisdição contidas num conhecimento de carga* desde logo na sua decisão no caso *Tilly Russ* (1984)[21].

Entendeu o tribunal satisfazerem as condições colocadas pelo art. 17.º da Convenção, e deverem, assim, ser respeitadas, as cláusulas de jurisdição do conhecimento que tenham sido objeto do consentimento expresso por forma escrita ou objeto da convenção oral da qual o conhecimento, assinado pelo transportador, seja a confirmação escrita, ou ainda se o conhecimento se insere no quadro das relações comerciais entre as partes, na medida em que se tenha estabelecido que essas relações são regidas por condições gerais que incluam a cláusula[22].

A partir da redação dada ao art. 17.º da Convenção pelo Protocolo de Luxemburgo de 1978, permite-se que, no comércio internacional, o pacto de jurisdição obedeça a uma forma admitida pelos usos que as partes conheçam ou devam conhecer, e que, em tal comércio, sejam amplamente conhecidos e regularmente observados pelas partes em contratos do mesmo tipo, no ramo comercial considerado.

No caso citado, o Tribunal de Justiça afirmou também *a oponibilidade ao terceiro portador do conhecimento* desde que preenchidos dois pressupostos: que a cláusula de jurisdição seja válida entre o carregador e o transportador e que, de acordo com o Direito nacional aplicável[23], o terceiro

---

[21] TCE 19/6/1984 [*CTCE* (1984) 02417].

[22] N.º 19.

[23] N.º 24. Constitui ponto controverso a de saber qual a lei aplicável à questão – ver, designadamente, Paul LAGARDE – An. a Cass. 4/3/2003 [*R. crit.* 92 (2003) 285, 290 e segs.] que se inclina no sentido da competência da lei reguladora do contrato de transporte, posição que só foi parcialmente seguida pelo acórdão anotado. Segundo outro entendimento, aí referido, seria aplicável a lei reguladora do conhecimento enquanto título de crédito. Este segundo entendimento, que a meu ver seria mais conforme ao Direito constituído e, designadamente, à exclusão contida no art. 1.º/2/d do Regulamento Roma I (na linha da já contida no art. 1.º/2/c da Convenção de Roma sobre a Lei Aplicável às Obrigações Contratuais), deverá conduzir, em minha opinião, à aplicação da lei do lugar indicado no conhecimento para entrega da mercadoria – ver, em geral, sobre a lei aplicável aos títulos de crédito, Henri BATIFFOL e Paul LAGARDE – *Droit international privé*, vol. II, 7.ª ed., Paris, 1983, 225, e LIMA PINHEIRO – *Direito Internacional Privado*, vol. II – *Direito de Conflitos/ Parte Especial*, 3.ª ed., Coimbra, 2009, § 66 B. Ver ainda, perante o Direito Internacional Privado alemão, Peter MANKOWSKI – *Seerechtliche Vertragsverhältnisse im Internationalen*

Pactos de Jurisdição e Convenções de Arbitragem em Matéria... 475

portador, ao adquirir o conhecimento de carga, suceda ao carregador nos seus direitos e obrigações (11)[24].

O tribunal argumentou que permitir ao terceiro portador subtrair-se ao pacto de jurisdição contido no conhecimento de carga, por não ter dado o seu consentimento a este pacto, seria estranho ao objetivo do art. 17.º, "que é o de neutralizar os efeitos das cláusulas que podem passar despercebidas nos contratos". Argumentou ainda que preenchidos os referidos pressupostos, o terceiro titular do conhecimento fica adstrito a todas as obrigações que figuram no conhecimento, incluindo as relativas ao pacto de jurisdição[25].

Este entendimento foi retomado e desenvolvido na decisão proferida no caso *Coreck* (2000)[26], em que o TCE afirmou que se perante o Direito nacional aplicável o terceiro portador do conhecimento de carga não suceder nos direitos e obrigações do carregador há que verificar o seu consentimento à cláusula de jurisdição à luz das exigências do artigo 17.º da Convenção[27].

À face do entendimento dominante na maioria dos sistemas nacionais que consultei, o terceiro titular do conhecimento não sucede nos direitos e obrigações do carregador[28]. Mas pode ser questionado se a formulação

---

Privatrecht, Tubinga, 1995, 255 e segs., e Rainer Hausmann, *in Internationales Vertragsrecht. Das internationale Privatrecht der Schuldverträge*, org. por Chistoph Reithmann e Dieter Martiny, 7.ª ed., Colónia, 2010, n.º 6512.

[24] N.º 26, seguido por TCE 16/3/1999, no caso *Castelletti* [*CTCE* (1999) I-01597], n.º 41, e 9/11/2000, no caso *Coreck* [*CTCE* (2000) I-09337], n.º 23.

[25] Caso citado n.ºs 24 e seg.

[26] 9/11/2000 [*CTCE* (2000) I-09337]

[27] N.ºs 26-27.

[28] Ver Sparka (n. 5) 170 e segs., assinalando que o Direito dos EUA nega a sucessão, exigindo uma vinculação tácita [*implied contract*] do terceiro; que este também era o entendimento tradicional no Direito inglês, mas a legislação veio admitir que o terceiro fica sujeito a todas as vinculações resultantes do contrato de transporte a partir do momento em que aceite a mercadoria ou formule uma pretensão perante o transportador em relação à mercadoria; ao abrigo do Direito alemão, o destinatário é geralmente considerado como terceiro beneficiário do contrato de transporte e, nesta medida, vinculado pela cláusula de jurisdição a partir do momento em que atua uma pretensão fundada no contrato; quando é emitido um conhecimento de carga, este prevalece, enquanto título de crédito, sobre o contrato de transporte, mas o destinatário designado no conhecimento também é considerado pela doutrina dominante como terceiro beneficiário; em geral, é admitido que o destinatário designado no conhecimento é vinculado pela cláusula de jurisdição do conhecimento a

476 Luís de Lima Pinheiro

do Tribunal de Justiça não deve ser entendida em sentido amplo, como abrangendo todos os sistemas nacionais em que o terceiro titular pode ficar

---

partir do momento que aceita a mercadoria; quando o titular do conhecimento o endossa a terceiro, entende-se que o terceiro sucede nos direitos e obrigações do titular originário, mas só é vinculado pela cláusula de jurisdição que conste do conhecimento. Ver também Jan KROPHOLLER e Jan VON HEIN – *Europäisches Zivilprozeßrecht. Kommentar zum EuGVO, Lugano-Übereikommen 2007, EuVTVO, EuMVVO und EuGFVO*, 9.ª ed., Francoforte-sobre-o-Meno, 2011, Art. 23 n.º 67, assinalando que segundo o BGH se presume o consentimento do terceiro titular do conhecimento na cláusula de jurisdição quando faça valer direitos baseados no conhecimento. No Direito francês, prevalece o entendimento segundo o qual o terceiro titular do conhecimento não sucede nos direitos e obrigações do carregador e que a cláusula de jurisdição só lhe é oponível se for por ele aceite o mais tardar no momento da entrega da mercadoria – ver, designadamente, Cass. 4/3/2003, com an. de Paul LAGARDE [*R. crit.* 92 (2003) 285, 294-295], dando conta que a jurisprudência sobre o ponto não é uniforme. Perante o Direito inglês, Yvonne BAATZ, *in Maritime Law*, org. por Yvonne BAATZ, 2.ª ed., Londres, 2011, 15, entende que por força dos arts. 2(1) e 3 do *Carriage of Goods by Sea Act 1992* se verifica a transferência dos direitos e obrigações baseados no conhecimento para o terceiro titular do conhecimento.

No Direito português, a doutrina dominante também entende que o contrato de transporte é um contrato a favor de terceiro; o terceiro (destinatário) pode aderir nos termos gerais do Código Civil; mas o regime do contrato de transporte afasta-se, em alguns aspetos, do regime geral contrato a favor de terceiro (arts. 443.º e segs. CC) – ver António MENEZES CORDEIRO – *Direito Comercial*, 3.ª ed., Coimbra, 2012, 818. Para um levantamento destes aspetos, ver Francisco COSTEIRA DA ROCHA – *O Contrato de Transporte de Mercadorias*, Coimbra, 2000, 209 e segs. Também à semelhança do Direito alemão o conhecimento é um título de crédito que pode ser nominativo, à ordem ou ao portador e cuja transmissão está sujeita ao regime geral dos títulos de crédito (art. 11.º do DL n.º 352/86, de 21/10). É ao portador quando na sua literalidade não revela a identidade do titular, caso em que se transmite por entrega real; o título à ordem circula por entrega real do próprio título com endosso é nominado, enquanto se indica à ordem de quem a prestação deve ser feita; é nominativo o título que indica no seu texto a identidade do titular e circula de modo mais complexo, que exige no mínimo a declaração no título – José de OLIVEIRA ASCENSÃO – *Direito Comercial*, vol. III – *Títulos de Crédito*, Lisboa, 1992, 42 e segs; e Pedro PAIS DE VASCONCELOS – *Direito Comercial*, vol. I, Coimbra, 2011, 301 e 308. Mas coloca-se a questão de saber se a legislação portuguesa, ao referir-se a conhecimento nominativos, não se reportará aos chamados títulos impróprios visados pelo art. 483.º C.Com. que se transmitem através das regras da cessão de créditos. Independentemente das dúvidas que pode suscitar a posição do destinatário, quando se trate de um terceiro titular do conhecimento de carga, dada a literalidade e autonomia do título, os seus direitos são os que resultam do título, e o transportador não pode invocar em sua defesa algo que daí não resulte – ver PAIS DE VASCONCELOS, op. cit., 236 e segs., 292, 296. Parece que, nesta medida, as soluções referidas a propósito do Direito alemão poderão, em princípio, ser transpostas para os qua-

Pactos de Jurisdição e Convenções de Arbitragem em Matéria... 477

vinculado à cláusula de jurisdição contida no conhecimento mesmo que não emita uma declaração negocial neste sentido[29].

Entretanto, o tribunal já tinha apreciado outras questões suscitadas pelos pactos e jurisdição contidos em conhecimento de carga na sua decisão no caso *Castelletti* (1999)[30].

Neste caso colocou-se, entre outras, as questões de saber se uma cláusula geral de jurisdição constante do verso de conhecimentos de carga impressos, que na frente continham uma remissão genérica para o clausulado constante do verso, tinha sido objeto do consenso das partes, se tinha sido celebrada em conformidade com um uso do comércio internacional e se este uso poderia derrogar a disposição do art. 1341.º do Código Civil italiano. Esta disposição impõe, em matéria de condições gerais do contrato previamente estabelecidas por um dos contratantes, o necessário conhecimento ou a possibilidade de conhecimento por parte do outro contratante e exige que sejam especificamente assinadas as cláusulas que estabelecem derrogações à competência da autoridade judicial.

O tribunal afirmou que se pode presumir que existe o consenso das partes quanto à cláusula atributiva jurisdição se o seu comportamento corresponder a um uso que rege o domínio do comércio internacional em que operam as partes em questão e se estas últimas conhecem esse uso ou devem conhecê-lo[31].

Entendeu também que existirá um uso no ramo comercial considerado, quando, designadamente, um certo comportamento é geral e regularmente seguido pelos operadores nesse ramo no momento da celebração de contratos de um certo tipo[32].

O conhecimento efetivo ou presumido desse uso pelas partes contratantes considera-se provado quando, designadamente, essas partes tenham anteriormente estabelecido relações comerciais entre si ou com outras par-

---

dros da ordem jurídica portuguesa. O terceiro titular do conhecimento ficará vinculado pela cláusula de jurisdição a partir do momento que receba a mercadoria, solicite a entrega da mesma ou de outro modo atue pretensões fundadas no conhecimento.

[29] A dúvida é suscitada por Jürgen SAMTLEBEN – "Europäische Gerichtsstandsvereinbarungen und Drittstaaten – viel Lärm um nichts?", *RabelsZ.* 59 (1995) 670-712, 708. A resposta afirmativa é sugerida por SPARKA (n. 5) 172-173, com mais referências.

[30] -16/3/1999 [*CTCE* (1999) I-01597].

[31] N.º 21.

[32] N.º 25 e segs., referindo também TCE 20/2/1997, no caso *MSG* [*CTCE* (1997) I-00911, n.º 23].

tes que operam no setor em questão ou quando, neste setor, um certo comportamento é suficientemente conhecido, pelo facto de ser geral e regularmente seguido no momento de celebração de um certo tipo de contratos, para poder ser considerado como uma prática consolidada[33].

Relativamente à derrogação da referida disposição do Código Civil italiano, o Tribunal de Justiça decidiu que a validade de uma cláusula atributiva de jurisdição não pode ser subordinada ao respeito de uma condição particular de forma, a não ser que esta condição esteja conexa com as exigências formuladas pela Convenção, e que, por conseguinte, compete ao órgão jurisdicional nacional referir-se aos usos comerciais no ramo considerado de comércio internacional, para determinar se, no litígio que lhe foi submetido, a apresentação material da cláusula atributiva de jurisdição, incluindo a língua em que está redigida, e a sua inserção num formulário previamente elaborado não assinado pela parte estranha à sua elaboração são conformes com as formas reconhecidas por estes usos[34].

Decidiu ainda que no caso de a cláusula de jurisdição ser eficaz em relação a terceiros, o conhecimento do uso deve ser apreciado relativamente às partes originárias[35].

A doutrina tem defendido que a inclusão de uma cláusula de jurisdição nos conhecimentos de carga pré-elaborados pelo transportador constitui uma prática geralmente aceite no comércio marítimo, por forma que, em princípio, a cláusula vincula o carregador[36].

A doutrina dominante também admite que no caso de o terceiro titular do conhecimento não suceder nos direitos e obrigações do carregador a sua vinculação à cláusula de jurisdição pode resultar de um uso do comércio internacional[37]. Nesta linha, alguns autores, bem como o Supremo Tribu-

---

[33] N.º 43, referindo também TCE 20/2/1997, no supracit. caso *MSG*, n.º 24. O diferente entendimento seguido por STJ 17/11/1998 [in *http://www.dgsi.pt/jstj.nsf*] não é compatível com a jurisprudência do TCE.

[34] N.ºs 35-36.

[35] n.º 42.

[36] Ver KROPHOLLER/VON HEIN (n. 28) Art. 23 n.º 62; Daniel GIRSBERGER – "Gerichtsstandsklausel im Konnossement: Der EuGH und der internationale Handelsbrauch", *IPRax* (2000) 87-91, 89; e MAGNUS/MANKOWSKI/MANKOWSKI (n. 17) Art. 23 n.º 138].

[37] Ver KROPHOLLER/VON HEIN (n. 28) Art. 23 n.º 62; MANKOWSKI (n. 23) 274-275; MAGNUS/MANKOWSKI/MAGNUS (n. 17) Art. 23 n.º 126 ver também n.º 161, afirmando a existência de um uso do comércio internacional neste sentido. Cp. MAGNUS/MANKOWSKI/MANKOWSKI (n. 17) Art. 23 n.º 138].

Pactos de Jurisdição e Convenções de Arbitragem em Matéria...   479

nal Federal alemão[38], entendem que sendo a cláusula de jurisdição usual nos conhecimentos de carga, se presume a vinculação à cláusula do terceiro titular que atue uma pretensão com base no conhecimento[39].

Um específico problema de oponibilidade é o suscitado pela incorporação no conhecimento, através de uma *remissão geral para uma carta--partida*, da cláusula de jurisdição ou, mais frequentemente, de arbitragem, nesta contida. Remeto a este respeito para as considerações feitas a propósito da convenção de arbitragem, que considero em princípio aplicáveis também aos pactos de jurisdição.

No mesmo caso *Castelletti* foram colocadas ao Tribunal de Justiça questões relativas à compatibilidade com a Convenção de limitações quanto à escolha do tribunal designado, designadamente relacionadas com a conexão do foro escolhido com a relação controvertida, a motivação da escolha e a aplicabilidade de regras sobre a responsabilidade do transportador. O tribunal respondeu negativamente a estas questões, reafirmando que "a escolha do tribunal designado só pode ser apreciada à luz de considerações ligadas às exigências estabelecidas pelo artigo 17.º"[40].

Adotou assim o entendimento segundo o qual os limites à validade e/ou eficácia do pacto de jurisdição estabelecidos pelos Direitos internos dos Estados-Membros em matéria de Direito Marítimo não são compatíveis com o disposto no art. 17.º da Convenção de Bruxelas e, atualmente, no art. 23.º do Regulamento Bruxelas I[41]. Segundo o entendimento dominante, estes limites também não podem basear-se na Convenção de Bruxelas sobre o transporte marítimo de mercadorias[42]. Com efeito, o Regulamento Bruxelas I apenas salvaguarda as Convenções em que os Estados-Mem-

---

[38] BGH 15/2/2007 [*BGHZ* 171 (2007) 141].

[39] Ver Jürgen BASEDOW – "Das forum conveniens der Reeder im EuGVÜ", IPRax (1985) 133-137, 137; SPARKA (n. 5) 173-174, com mais referências, entendendo, porém, que neste caso é em ainda necessário verificar se segundo a lei nacional aplicável se formou o consentimento sobre a cláusula.

[40] N.ºs 49 e segs.

[41] Ver KROPHOLLER – *Europäisches Zivilprozeßrecht*, 6.ª ed., Heidelberga, 1998, Art. 17 n.ºs 93 e segs.; KROPHOLLER/VON HEIN (n. 28) Art. 23 n.º 22; e MANKOWSKI (n. 23) 285 e segs. Cp. PRÜSSMANN/RABE (n. 4) Vor § 556 n.º 139.

[42] Ver KROPHOLLER e KROPHOLLER/VON HEIN, loc. cit. na n. anterior; *Dicey, Morris and Collins on the Conflict of Laws* – 15.ª ed. por LORD COLLINS OF MAPESBURY (ed. geral), Londres, 2012, n.º 12-151 e n. 649; e SPARKA (n. 5) 156-157, com mais referências. Cp. Sergio CARBONE – *Contratto di trasporto maritimo di cose*, Milão, 1988, 443-445; MANKOWSKI (n.

bros sejam partes à data da sua entrada em vigor que regulem a competência internacional em matérias especiais (art. 71.º/1). Nem a Convenção de Bruxelas sobre o transporte marítimo de mercadorias nem os Protocolos que a modificam contêm uma regulação específica da competência internacional.

Portanto, esses limites só relevam fora do âmbito de aplicação do regime europeu dos pactos de jurisdição.

Acrescente-se que o regime especial dos contratos com consumidores, que limita a admissibilidade dos pactos de jurisdição, não é aplicável ao contrato de transporte (art. 15.º/3 do Regulamento Bruxelas I) e que, segundo o entendimento dominante, as normas nacionais que transpõem a Diretiva sobre cláusulas abusivas (Dir. 93/13/CEE) não são aplicáveis aos pactos de jurisdição abrangidos pelo art. 23.º do Regulamento[43].

Um padrão mínimo de responsabilidade do transportador fica em todo o caso assegurado, uma vez que o regime europeu só se aplica aos pactos atributivos de jurisdição a um Estado-Membro da UE e que a generalidade dos Estados-Membros é parte em Convenções sobre transporte marítimo de mercadorias[44].

D) Limites colocados à eficácia dos pactos de jurisdição em matéria marítima pela legislação interna

Que dizer dos limites colocados à eficácia dos pactos de jurisdição em matéria marítima pelo Direito português nos termos anteriormente expostos (*supra* C)?

A atribuição de competências exclusivas só pode admitir-se em matérias bem restritas, onde razões de natureza excecional o aconselham (por exemplo, arts. 22.º do Regulamento Bruxelas I e 65.º-A CPC), tendo como consequência a ineficácia dos pactos privativos de jurisdição e a recusa de

---

23) 288-289; Marco Lopez de Gonzalo – *Giurisdizione civile e trasporto marittimo*, Milão, 2005, 255 e segs.

[43] Cf. Kropholler/Von Hein (n. 28); Peter Schlosser – *EU-Zivilprozessrecht*, 3.ª ed., Munique, 2009, Art. 23 n.º 31; Reinhold Geimer e Rolf Schütze – *Europäisches Zivilverfahrensrecht*, 3.ª ed., Munique, 2010, Art. 67 n.º 6. Em sentido diferente, Magnus/Mankowski/Magnus (n. 17) Art. 23 n.º 74.

[44] Neste sentido, Sparka (n. 5) 157.

Pactos de Jurisdição e Convenções de Arbitragem em Matéria... 481

reconhecimento de sentenças proferidas por tribunais estrangeiros quando os tribunais do foro forem exclusivamente competentes.

Mas nenhuma razão excecional parece fundamentar uma regra geral de competência exclusiva em todas as matérias marítimas: se todos os Estados consagrassem tal regra, nenhum deles reconheceria as sentenças proferidas pelos tribunais estrangeiros quando os seus tribunais fossem competentes, o que limitaria a eficácia prática das decisões proferidas nestas matérias por forma contrária aos interesses das partes e do desenvolvimento do comércio internacional.

Mais em geral, não posso concordar com uma regra geral de ineficácia dos pactos privativos de jurisdição ou que só admita a sua eficácia em casos residuais.

Quando, relativamente ao contrato de transporte marítimo, o legislador português de 1986/1987 estabeleceu múltiplos fatores de atribuição de competência[45], alguns dos quais traduzem ligações muito ténues com o foro, contribuiu para o *forum shopping*, i.e., para escolha pelo autor do foro mais conveniente para a sua pretensão.

Tratando-se de uma relação em que a grande maioria das ações são propostas pelos destinatários ou as suas seguradoras contra os transportadores (por avaria ou falta de carga), este *forum shopping* significa um *tratamento desigual* desfavorável aos transportadores.

Com a invalidade das cláusulas de jurisdição torna-se imperativo este *forum shopping* unilateral e compromete-se a desejável previsibilidade[46].

Quer isto dizer que fora do âmbito de aplicação dos regimes europeus não deve haver quaisquer limites à eficácia dos pactos de jurisdição nesta matéria?

Em minha opinião há um *limite geral à eficácia dos pactos de jurisdição* que encontra aqui aplicação: o efeito privativo da competência dos tribunais portugueses deve ser negado quando a sentença suscetível de ser

---

[45] Nos termos do art. 30.º do DL n.º 352/86, de 21/10, os tribunais portugueses são competentes se o porto de carga ou de descarga se situar em território português; se o contrato tiver sido celebrado em Portugal; se o navio transportador arvorar bandeira portuguesa ou estiver registado em Portugal; e se a sede, sucursal, filial ou delegação do carregador, do destinatário ou consignatário ou do transportador se localizar em território português.

[46] Em sentido crítico se manifesta igualmente Rui Moura Ramos – "Aspectos recentes do Direito Internacional Privado português", *in Est. Afonso Queiró*, Coimbra, 1987, 40 e segs.

proferida pela jurisdição estrangeira competente não seja previsivelmente reconhecível em Portugal e exista um elemento ponderoso de conexão com o Estado português[47]. A sentença não será reconhecível, designadamente, quando viole a ordem pública internacional do Estado português ou normas e princípios imperativos de Convenções internacionais aplicáveis e vigentes na ordem jurídica portuguesa.

Nesta base, por exemplo, poderia negar-se a eficácia privativa da competência dos tribunais portugueses de uma cláusula atributiva de jurisdição aos tribunais de um terceiro Estado (i.e., não membro da União Europeia) que apliquem um padrão de responsabilidade do transportador inferior ao estabelecido pela Convenção de Bruxelas sobre o transporte marítimo de mercadorias, quando o transporte seja efetuado para Portugal.

Para além disso, tratando-se de cláusulas contratuais gerais, também se devem considerar proibidas as cláusulas que estabeleçam um foro "que envolva graves inconvenientes para uma das partes, sem que os interesses da outra o justifiquem" (art. 19.º/g do DL n.º 446/85, de 25/10).

A este respeito, deve notar-se que as cláusulas de jurisdição contidas nos modelos de conhecimento de carga do transportador podem ser vistos como um instrumento de *forum shopping*, i.e., de escolha da jurisdição mais favorável ao transportador[48].

Porém, não só podem invocar-se, geralmente, bons argumentos em favor da escolha consagrada nessas cláusulas gerais (por exemplo, a escolha do foro da sede do transportador, pelo menos quando se trate da sede efetiva da administração), como assiste ao carregador a faculdade de acordar com o transportador um foro diferente. Nem as presentes "relações de força" entre carregadores e transportadores, nem a crescente utilização de outros documentos, conjuntamente com o conhecimento, em tráfegos de linha ("*booking-notes*" e mesmo cartas-partidas), permitem objetar que tal liberdade de estipulação seja meramente formal.

O não aproveitamento pelos carregadores dessa faculdade, em tráfegos nos quais existam interesses legítimos dos destinatários suficientemente fortes, parece antes encontrar explicação nos desequilíbrios existentes entre carregadores e destinatários e nas relações contratuais de compra e venda subjacentes.

---

[47] Pressupostos de uma competência de necessidade – ver LIMA PINHEIRO (n. 18) 311.

[48] Ver BASEDOW (n. 39) cuja abordagem me parece a este respeito algo unilateral.

Estes desequilíbrios não devem corrigir-se *a posteriori* a expensas do transportador que tenha contratado com um carregador realizar um serviço, na base das condições estipuladas no conhecimento, por determinado frete.

II – CONVENÇÕES DE ARBITRAGEM

A) Noção, efeitos e modalidades

A *convenção de arbitragem* é o acordo das partes em submeter a resolução de um ou mais litígios determinados ou determináveis a arbitragem.

A convenção de arbitragem tem um efeito positivo – fundamentar a competência do tribunal arbitral – e um efeito negativo – excluir a competência dos tribunais estaduais.

A generalidade dos sistemas admite que a convenção de arbitragem revista as modalidades de compromisso arbitral ou de cláusula compromissória.

Nas Convenções de Nova Iorque sobre o Reconhecimento e a Execução de Sentenças Arbitrais Estrangeiras (1958, art. 2.º/2) e de Genebra sobre a Arbitragem Comercial Internacional (1961, art. 1.º/2/a), na Lei--Modelo da CNUDCI (art. 7.º/1) e em diversos sistemas nacionais, a cláusula compromissória distingue-se do compromisso arbitral por constituir uma cláusula de um contrato. Perante a lei portuguesa, diferentemente, a distinção traça-se em função do caráter atual ou futuro dos litígios que são objeto da convenção de arbitragem (art. 1.º/3 NLAV). Considera-se "cláusula compromissória" a convenção de arbitragem que visa litígios futuros, e que tanto pode constituir uma cláusula de um contrato como um negócio jurídico autónomo[49].

B) As convenções de arbitragem e as Convenções de Bruxelas, Hamburgo e Roterdão sobre transporte marítimo de mercadorias

Segundo um entendimento, os limites colocados à validade e eficácia dos pactos de jurisdição, em face do disposto no art. 3.º/8 da Convenção

---

[49] Cf. Exposição de motivos da Proposta de Lei n.º 34/IV [*Diário da Assembleia da República* II s. n.º 83, de 2/7/86] n.º 8.

de Bruxelas sobre transporte marítimo de mercadorias, seriam também aplicáveis às cláusulas compromissórias contidas em conhecimentos de carga[50]. A jurisprudência e a doutrina revelam uma larga divergência a este respeito perante os diversos sistemas nacionais[51].

O problema é, no entanto, mais complexo no que respeita às convenções de arbitragem.

Por um lado, na arbitragem transnacional, os árbitros não estão absolutamente vinculados a uma particular ordem jurídica estadual e, em especial, a um particular sistema nacional de Direito Internacional Privado[52]. Para além disso, em muitos sistemas, a possibilidade de as partes convencionarem uma decisão segundo a equidade é mais amplamente admitida na arbitragem que perante os tribunais estaduais. Por isso, é muito difícil prever se os árbitros aplicarão um regime menos favorável ao carregador ou ao destinatário que o contido na Convenção de Bruxelas e nos seus Protocolos.

Por outro, os principais sistemas jurídicos tendem a respeitar a autonomia da arbitragem transnacional. Se as ordens jurídicas nacionais, atendendo ao caráter disponível ou patrimonial da matéria, admitem que as partes submetam os litígios emergentes dos contratos de transporte marítimo à decisão de particulares, dificilmente se entende que a validade ou eficácia da convenção de arbitragem seja condicionada à garantia da aplicação das normas imperativas vigentes nestas ordens jurídicas, mesmo quando constem de uma Convenção de Direito material unificado.

Por estas razões, *justifica-se uma maior liberalidade em relação à validade e eficácia das convenções de arbitragem*.

De um ponto de vista prático, o escopo de proteção da Convenção de Bruxelas não é geralmente ameaçado, porque, em regra, os conhecimentos contêm cláusulas *Paramount*, ou cláusulas que submetem as relações emergentes do contrato de transporte, no seu conjunto, a um Direito nacional que considera aplicável as regras convencionais.

---

[50] Ver, designadamente, Jean-Claude SOYER – "Les aspects de Droit international privé de la réforme du Droit maritime", *Clunet* (1969) 610-629, 621.

[51] Relativamente à Alemanha, EUA e Inglaterra, ver SPARKA (n. 5) 161 e segs.

[52] Ver LIMA PINHEIRO – *Arbitragem Transnacional. A Determinação do Estatuto da Arbitragem*, Coimbra, 2005, 29 e segs., com desenvolvidas referências doutrinais e jurisprudenciais.

Pactos de Jurisdição e Convenções de Arbitragem em Matéria... 485

À face dos regimes aplicáveis ao reconhecimento da convenção de arbitragem na ordem jurídica portuguesa (art. 2.º da Convenção de Nova Iorque, art. 494.º/j CPC e art. 5.º NLAV), não há qualquer fundamento jurídico-positivo para limitar a validade e eficácia das convenções de arbitragem em matéria de transporte marítimo de mercadorias.

Isto não exclui a relevância dos limites que decorram do *regime das cláusulas contratuais gerais* quando a cláusula compromissória for regida pela lei portuguesa (designadamente a aplicabilidade, com alcance muito limitado, do já referido art. 19.º/g às cláusulas compromissórias, e, nas relações com consumidores finais, do disposto no art. 21.º/h)[53].

Nas relações com consumidores finais, haverá também que ter em conta a extensão deste regime às cláusulas regidas por uma lei estrangeira quando o contrato apresente uma conexão estreita com o território português, bem como a relevância das disposições correspondentes de outro Estado-Membro da União Europeia quando o contrato apresente uma conexão estreita com o seu território (art. 23.º)[54].

O exposto não obsta também a que a decisão arbitral que não tenha aplicado o regime da Convenção de Bruxelas possa, em determinadas circunstâncias, ser anulada ou ver o seu reconhecimento recusado com fundamento em manifesta incompatibilidade com a ordem pública internacional do Estado português (art. 46.º/3/b/ii NLAV; art. 5.º/2/b da Convenção de Nova Iorque e art. 56.º/1/b/ii NLAV, respetivamente).

A *Convenção de Hamburgo* procurou ir mais longe por meio das regras sobre arbitragem contidas no art. 22.º[55].

O n.º 1 deste artigo determina que as partes podem estipular por escrito que um litígio emergente de um transporte de mercadorias abrangido pela Convenção seja submetido a arbitragem desde que sejam respeitadas as disposições contidas nos números seguintes. De entre estas cabe salientar a obrigatoriedade de o processo arbitral ser instaurado num dos foros enumerados na Convenção (que são os foros competentes para a ação judicial nos termos do art. 21.º/1), à escolha do autor (n.º 3) e o dever de os árbitros aplicarem as regras da Convenção (n.º 4).

---

[53] Ver LIMA PINHEIRO (n. 52) 91-92.
[54] Ver LIMA PINHEIRO (n. 23) § 66 C.
[55] Ver LIMA PINHEIRO (n. 52) 512 e segs., e SPARKA (n. 5) e segs.

486 *Luís de Lima Pinheiro*

Acrescente-se que, segundo o disposto no n.º 5, considera-se estas regras incluídas em toda a cláusula ou compromisso e que toda a cláusula ou compromisso que as contrariar é nula.

Resulta no n.º 6 que a validade de uma Convenção de arbitragem celebrada depois do surgimento do litígio não depende dos requisitos estabelecidos nos números anteriores[56].

O sentido global destes preceitos é, em minha opinião, não só o de subordinar a validade e a eficácia da decisão arbitral à aplicação das regras da Convenção mas também o de vincular os árbitros à aplicação das regras sobre a arbitragem aí contidas.

O legislador internacional procura, por um lado, facilitar a instauração do processo arbitral num Estado que seja favorável ao autor, *maxime* um Estado que seja parte na Convenção de Hamburgo, de modo a possibilitar a impugnação da decisão arbitral em caso de violação das regras desta Convenção. Por outro lado, ciente de que em sede de impugnação, oposição à execução e reconhecimento da decisão arbitral o controlo do Direito aplicado ao mérito da causa é limitado, o mesmo legislador procurou configurar a não aplicação das normas das Convenção como um caso de violação da convenção de arbitragem[57].

A esta luz, parece claro que o legislador internacional não quis que a aplicação das normas da Convenção na arbitragem transnacional dependesse das diretrizes emitidas pelos Estados Contratantes. A intenção é antes a de vincular diretamente os árbitros e criar um mecanismo que facilite a impugnação ou recusa de reconhecimento e/ou execução caso essa vinculação não seja respeitada.

Esta vocação para vincular diretamente os árbitros é, porém, imperfeita, porque a ordem jurídica internacional não institui nenhum dispositivo internacional para sancionar o desrespeito de tais obrigações internacionais. Nenhuma jurisdição internacional tem competência para impor sanções aos árbitros ou anular a decisão arbitral caso não sejam observadas as regras contidas na Convenção. Sabendo-se que a suscetibilidade de demandar (ou peticionar) e responder perante instituições jurisdicionais é justamente um dos elementos mais importantes a ter em conta para afirmar

---

[56] Cf. Peter Mankowski – "Jurisdiction Clauses und Paramount Clauses nach dem Inkrafttreten der Hamburg Rules – Zugleich eine Darstellung des Anwendungssystems der Hamburg Rules", *Transportrecht* 15/9 (1992) 301-313, 309.

[57] Ver, em sentido convergente, as considerações de Mankowski (n. 56) 307.

a subjetividade internacional dos particulares[58], é duvidoso que de disposições convencionais daquela natureza resultem verdadeiras obrigações internacionais para os árbitros.

Em todo o caso, a posição que se assuma a este respeito parece-me ter consequências práticas muito limitadas. Por um lado, só perante tribunais de Estados Contratantes será porventura sancionado o desrespeito das regras da Convenção sobre a arbitragem[59]. Dado o reduzido acolhimento internacional da Convenção de Hamburgo, o impacto real das suas regras sobre a arbitragem transnacional é, portanto, diminuto[60].

Por outro, mesmo quem entenda que os árbitros não ficam adstritos a uma obrigação internacional pode atribuir relevância à pretensão de aplicabilidade direta das regras da Convenção.

A *Convenção de Roterdão* contém um capítulo sobre arbitragem que, porém, só vincula os Estados Contratantes que façam uma declaração nesse sentido (art. 78.º)[61]. Afora os compromissos arbitrais celebrados depois do surgimento do litígio (art. 77.º) e os regimes especiais para as cláusulas de arbitragem contidas em contratos gerais de transporte (art. 75.º/3) e em contratos de transporte não realizado em linhas regulares (art. 76.º), o processo arbitral contra o transportador pode ser instaurado não só no lugar designado na convenção de arbitragem mas também em qualquer dos foros que seriam competentes para a ação judicial (art. 75.º/2). As regras limitativas contidas neste capítulo consideram-se incluídas em todas as convenções de arbitragem e prevalecem sobre todos os outros preceitos destas convenções (art. 75.º/5).

Grosso modo, a Convenção de Roterdão consagra mais limitadamente algumas das soluções já avançadas na Convenção de Hamburgo e à qual se aplicam as considerações formuladas a respeito de tais soluções.

---

[58] Ver referências em Lima Pinheiro (n. 52) n. 1513.

[59] Como a tendência dominante não é favorável a um controlo de mérito da decisão arbitral em sede de impugnação ou de reconhecimento da decisão arbitral "estrangeira", mesmo em muitos Estados Contratantes a não aplicação das regras da Convenção de Hamburgo só será sancionada se conduzir a um resultado manifestamente incompatível com a ordem pública internacional.

[60] O comentário ao preceito feito pela CNUDCI [1992] reconhece que, não obstante, uma decisão arbitral que não se conforme com as regras da Convenção será normalmente executável.

[61] Ver Sturley (n. 12) 974 e segs., e Sparka (n. 5) 202-203.

Num plano geral, parece-me defensável que os árbitros devam, em princípio, respeitar as diretrizes contidas em Convenções de Direito material unificado na resolução de litígios emergentes de situações reguladas por essas Convenções. Mas creio que deve ser reservada aos árbitros uma margem de apreciação irredutível, que lhes permite em casos excecionais não atender a essas diretrizes, quando uma ponderação de todos os interesses legítimos em presença o justifique. Esta margem de apreciação pode ser especialmente útil perante diretrizes contidas em Convenções que têm um reduzido acolhimento internacional ao mesmo tempo que reclamam um âmbito de aplicação no espaço muito amplo, como é o caso da Convenção de Hamburgo, e poderá vir a ser o caso da Convenção de Roterdão.

C) **Da oponibilidade ao destinatário da mercadoria da cláusula de arbitragem contida na carta-partida referida no conhecimento de carga**

Nas relações entre transportadores e destinatários das mercadorias coloca-se frequentemente a questão da oponibilidade da cláusula de arbitragem que não é reproduzida no conhecimento de carga, mas que consta da carta-partida incorporada por remissão neste conhecimento.

A maior parte dos sistemas que consultei admite que a cláusula de arbitragem da carta-partida é oponível ao destinatário quando existe uma *referência específica* a esta cláusula no conhecimento[62]. Já há mais divergências quanto à oponibilidade da cláusula de arbitragem no caso de o conhecimento conter apenas uma *referência genérica à carta-partida*.

Os tribunais italianos consideram que a referência genérica não é suficiente[63]. O mesmo entendimento é seguido pela doutrina alemã à face da nova redação dada ao art. 1031.º/4 ZPO[64], o que representa uma viragem

---

[62] Na Alemanha, o art. 1031.º/4 ZPO dispõe expressamente neste sentido.

[63] Ver Piero BERNARDINI – *L'arbitrato nel commercio e negli investimenti internazionali*, 2.ª ed., Milão, 2008, 106, n. 51, e Jean-François POUDRET e Sebastien BESSON – *Droit comparé de l'arbitrage international*, Zurique, 2002, 178, e referências aí contidas. Ver ainda Mauro RUBINO-SAMMARTANO – *Il diritto dell'arbitrato*, 5.ª ed., Pádua, 2006, 354 e segs.

[64] Cf. Klaus Peter BERGER – "The German Arbitration Law of 1998. First Experiences", *in Law of International Business and Dispute Settlement in the 21st Century, Liber Amicorum Karl-Heinz Böckstiegel*, 31-49, Colónia et al., 2001, 33; PRÜSSMANN/RABE (n. 4)

Pactos de Jurisdição e Convenções de Arbitragem em Matéria...

relativamente à jurisprudência anterior, e está consagrado na Convenção de Hamburgo (art. 22.º/2) e, relativamente ao contrato de transporte não realizado em linha regular, na Convenção de Roterdão (art. 76.º/2/b). Os tribunais ingleses também tendem para uma posição restritiva, embora pareça que uma referência específica nem sempre é necessária[65]. A jurisprudência suíça pende em sentido contrário[66] e a jurisprudência dos tribunais dos EUA divide-se sobre o ponto[67].

A jurisprudência francesa entendeu que à semelhança do que se verifica com as cláusulas de jurisdição perante o Direito francês (*supra* I.B)[68], a cláusula compromissória só é oponível ao terceiro titular do conhecimento se tiver sido levada ao seu conhecimento e por ele aceite o mais tardar no momento da receção da mercadoria[69]. Não há, porém, uniformidade quanto à exigência de uma aceitação expressa e suscita dúvida se esta jurisprudência se mantém após as decisões proferidas nos casos *Lindos* (2005) e *Pella* (2006) com base na regra da competência do tribunal arbitral para decidir *prioritariamente* sobre a sua competência[70].

A solução que se me afigura preferível é a da oponibilidade da cláusula de arbitragem da carta-partida ao destinatário quando, perante uma remissão do conhecimento para a carta-partida e o conjunto das circunstâncias do caso, se possa concluir que o destinatário tem ou deveria ter conhecimento da cláusula.

É também esta posição que deve ser seguida à face do art. 2.º da Convenção de Nova Iorque[71]. No mesmo sentido aponta o art. 2.º/4 NLAV,

---

Vor §556 n.º 181; Karl Heinz SCHWAB e Gerhard WALTER – *Schiedsgerichtsbarkeit. Kommentar*, 7.ª ed., Munique, 2005; Rolf TRITTMANN e Inka HANEFELD, *in Arbitration in Germany. The Model Law in Practice*, org. por Karl-Heinz BÖCKSTIEGEL, Stefan KRÖLL e Patricia NACIMIENTO, Austin e tal., 2007, 134.

[65] Ver Guenter TREITEL e F. REYNOLDS – *Carver on Bills of Lading*, 3.ª ed., 2011, n.ºs 3-033 e 3-034; SPARKA (n.. 5) 113, com mais referências.

[66] Ver POUDRET/BESSON (n. 63) 179 e segs.

[67] Ver Gary BORN – *International Commercial Arbitration*, vol. I, Austin et al., 2009, 697 e segs.

[68] Ver também *supra* n. 28.

[69] Ver BONASSIES/SCAPEL (n. 9) 806-807, e, ainda, *Cass.* 8/10/2003 [*R. arb.* (2004) 77 an. CACHARD].

[70] 22/11/2005 [*DMF* 58 (2006) 16 an. BONASSIES] e 21/2/2006 [*DMF* 58 (2006) 379 an. DELEBECQUE]. Ver BONASSIES/SCAPEL (n. 9) 807 e segs.

[71] Cf. A. VAN DEN BERG 1981 – *The New York Arbitration Convention of 1958. Towards a Uniform Judicial Interpretation*, Deventer et al., [1981, 210. Sobre as exigências

com ressalva do regime das cláusulas contratuais gerais, que não parece impor solução diferente.

A esta luz, sendo um verdadeiro uso do comércio a inclusão nas cartas-partidas de uma cláusula de arbitragem e assistindo ao destinatário, designadamente ao comprador CIF, a faculdade de solicitar ao vendedor o envio de uma cópia da carta-partida genericamente incorporada no conhecimento de carga, entendo que uma remissão genérica para a carta-partida deve ser considerada, geralmente, como suficiente[72].

Na prática, porém, será prudente que o transportador faça inserir no conhecimento de carga uma referência expressa à cláusula de arbitragem da carta-partida.

---

que devem ser postas a esta remissão, ver VAN DEN BERG, op. cit., 215 e segs., seguido por Maria Cristina PIMENTA COELHO – "A Convenção de Nova Iorque de 10 de Junho de 1958 Relativa ao Reconhecimento e Execução de Sentenças Arbitrais Estrangeiras", *R. Jur.* n.º 20 (1996) 37-71, 48, e RAÚL VENTURA– "Convenção de arbitragem e cláusulas gerais", *ROA* 46 (1986) 5-48, 19 e segs.

[72] Ver ainda SPARKA (n. 5) 117 e segs.

DIREITO DE CONTROLO E TRANSFERÊNCIA
DE DIREITOS NAS REGRAS DE ROTERDÃO

MANUEL JANUÁRIO DA COSTA GOMES[*]

SUMÁRIO: *1. O chamado direito de controlo; 2. O direito de controlo nalgumas convenções e documentos unimodais; 3. O conteúdo do direito de controlo; 4. Exercício do direito de controlo e execução das instruções; 5. Circulação ou transferência do direito de controlo; 6. Tranferência dos direitos incorporados no documento de transporte.*

1. O chamado direito de controlo

I. Uma das principais inovações das Regras de Roterdão face às Regras da Haia, às Regras da Haia-Visby e às Regras de Hamburgo está na previsão e regulamentação do *direito de controlo (right of control)*[1] sobre as

---

[*] Professor da Faculdade de Direito da Universidade de Lisboa.

[1] Cf., especificamente, face às Regras de Roterdão, RECALDE CASTELLS, *El derecho de control en las Reglas de Rotterdam*, in "Estudios de Derecho Marítimo", Thomson – Aranzadi, Cizur Menor, 2012, p. 705 e ss. e ARROYO VENDRELL, *El derecho de control sobre las mercancías en el nuevo marco legal del contrato de transporte internacional de mercancías total o parcialmente marítimo (Las Reglas de Rotterdam)*, in "Regímen del transporte en un entorno económico incierto", Marcial Pons, Madrid, 2011, p. 419 e ss.; cf. ainda, v. g., BERLINGIERI/ZUNARELLI/ALVISI, *La nuova convenzione UNCITRAL sul trasporto di merci "wholly or partly by sea" (Rregole di Rotterdam)*, in "Il Diritto Marittimo" 2008, p. 1197 e ss., STURLEY/FUJITA/VAN DER ZIEL, *The Rotterdam Rules. The UN Convention on contracts for the international carriage of goods wholly or partly by sea*, Thomson Reuters, Londres, 2010, p. 275 e ss., SÁNCHEZ CALERO, *El contrato de transporte marítimo de mercan-*

492   *Manuel Januário da Costa Gomes*

mercadorias, entendendo-se por tal, conforme resulta da noção do artigo 1/12, o direito, que tem a chamada *parte controladora*, de, com base no contrato de transporte, dar instruções ao transportador relativamente às mercadorias, conforme previsto no Capítulo 10.

Trata-se, *grosso modo*, em substância, *do direito de variação* consagrado no artigo 380 do Código Comercial[2], de acordo com o qual o expedidor pode, salvo convenção em contrário, "variar a consignação dos objectos em caminho, e o transportador deve cumprir a nova ordem"[3]. Este direito era assim justificado por Adriano Anthero[4], referindo-se ao expedidor: "porque, sendo o dono dos objectos transportados, deve ter o direito de lhes dar o destino que julgar melhor, uma vez que não cause prejuizo ao conductor".

---

cías. Reglas de la Haya-Visby, Hamburgo y Rotterdam, 2.ª edição, Aranzadi – Thomson, 2010, p. 697 e ss., ; cf. também o nosso *Introdução às Regras de Roterdão – A Convenção "marítima-plus" sobre transporte internacional de mercadorias*, in "Temas de Direito dos Transportes" I, Almedina, Coimbra, 2010, p. 62 e ss..

[2] Cf. o nosso *O direito de variação ou de controlo no transporte de mercadorias*, in "Temas de Direito dos Transportes", II, Almedina, Coimbra, 2013, p. 7 e ss.. Em geral, cf. também Busti, *Contratto di trasporto terrestre*, Giuffrè, Milão, p. 767 e ss..

[3] Acrescenta o mesmo artigo que "se a execução desta exigir mudança de caminho ou que se passe além do lugar designado na guia fixar-se-á a alteração do frete, e, não se acordando as partes, o transportador só é obrigado a fazer a entrega no lugar convencionado no primeiro contrato". Prevê, depois, o § 1.º do artigo uma limitação temporal para o exercício da variação por parte do expedidor: a obrigação do transportador cessa "desde o momento em que, tendo chegado os objectos ao seu destino, e, sendo o destinatário o portador da guia de transporte, exige a entrega dos objectos". Esta solução é complementada pelo § 2.º: sendo a guia à ordem ou ao portador, o direito de variação "compete ao portador dela, ao qual será permitido, no caso de mudança de destino dos objectos, exigir nova guia". Cf. o nosso *O direito de variação ou de controlo*, cit., p. 17 e ss..

[4] Cf. Adriano Anthero, *Comentario ao codigo commercial portuguez*, II, 2.ª edição, Porto, p. 358. Eloquente também a explicação que encontramos em Cunha Gonçalves, *Comentário ao Código Comercial portuguez*, II, Lisboa, 1916, p. 430: "Esta singular extensão do direito do expedidor, tão contrária ao princípio da irrevogabilidade dos contratos, explica-se pelas considerações seguintes: *a)* o transporte, exercendo na economia comercial uma função auxiliar da produção e do consumo, deve amoldar-se quanto possível à exigências do comércio; *b)* o transportador, desde que sejam garantidos os seus direitos, não deve ter interesse algum em impedir a execução da contra-ordem; *c)* o expedidor, sendo quem contratou com o transportador, pode dispor das cousas transportadas até que o destinatário a elas adquira direito". E ainda: "Por isso, não era justo, nem prudente que o direito do expedidor ficasse subordinado ao beneplácito do transportador, que, pelo contrário, *deve cumprir a nova ordem* daquele".

Numa noção empírica, o direito de variação – que, em rigor, consubstancia, mais rigorosamente, um *poder*[5] – é o direito que tem o expedidor no contrato de transporte de mercadorias, ou outro sujeito para tal legitimado, de dar ao transportador indicações relativas ao mesmo transporte, alterando, dentro de certos limites, o programa prestacional contratualmente estabelecido ou resultante supletivamente da lei.

Resulta do artigo 50/1 das Regras de Roterdão que o direito de controlo compreende unicamente[6] (*i*) o direito de dar ou modificar instruções relativas às mercadorias que não constituam uma modificação do contrato de transporte; (*ii*) o direito de obter a entrega das mercadorias em algum porto de escala ou, tratando-se de transporte terrestre ou interior, em qualquer lugar do percurso e (*iii*) o direito de substituir o destinatário por qualquer outra pessoa, incluindo a própria parte controladora.

O regime do direito de controlo consta, como se disse, do Capítulo 10 das Regras, encontrando-se a matéria repartida entre os artigos 50 e 56.

Importará ter presente, no que mais directamente interessa ao tema, vários conceitos, desde logo o de *parte controladora* (*controlling party*). Ao definir, no artigo 1/13, a parte controladora como a pessoa que está legitimada (*is entitled*) para exercer o direito de controlo, o mesmo normativo remete para o artigo 51, que tem por epígrafe "Identidade da parte controladora e transferência do direito de controlo".

O princípio, de acordo com a alínea *a*) do artigo 51/1, mas sem prejuízo do disposto nos números 2, 3 e 4 do mesmo artigo 51, é o de que a parte controladora será o *carregador*, a não ser que, ao concluir o contrato de transporte, este tenha designado como parte controladora o destinatário, o carregador documentário ou outra pessoa.

Todas as personagens aqui referidas têm a respetiva noção plasmada no artigo 1 das Regras. Assim,

---

[5] Cf. o nosso *O direito de variação ou de controlo*, cit., p. 81.

[6] Cfr., v. g., RECALDE CASTELLS, *El derecho de control en las Reglas de Rotterdam*, cit., p. 714 e ss. e BERLINGIERI/ZUNARELLI/ALVISI, *La nuova convenzione UNCITRAL sul trasporto di merci "wholly or partly by sea"*, cit., p. 1198 e ss.. A referência ao "unicamente" (*is limited to*) parece justificar-se para delimitar as situações relativas ao direito de controlo face às de modificação do contrato de transporte – situações estas que só podem, igualmente, ser protagonizadas pelo titular do direito de controlo mas que requerem o acordo do transportador; cf., v. g., STURLEY/FUJITA/VAN DER ZIEL, *The Rotterdam Rules*, cit., p. 290. Essa preocupação é, de resto, bem patente quer na alínea *a*) do artigo 50/1 quer no artigo 54; cf. *infra*, ponto 3.

494 *Manuel Januário da Costa Gomes*

(*i*) *Carregador*[7] é a pessoa que celebra um contrato de transporte com o transportador (artigo 1/8)[8];

(*ii*) *Destinatário*[9] é, nos termos do artigo 1/11, a pessoa legitimada para obter a entrega das mercadorias em virtude de um contrato de transporte ou em virtude de um documento de transporte ou de um documento electrónico de transporte;

(*iii*) *O carregador documentário*[10] é, nos termos do artigo 1/9, a pessoa, diversa do carregador, que aceite ser designada como "carregador" no documento de transporte ou no documento electrónico de transporte.

II. O tempo durante o qual o direito de controlo pode ser exercido coincide com o *período de responsabilidade do transportador*, tal como deli-

---

[7] Cf., v. g., PULIDO BEGINES, *Identidad y obligaciones del cargador*, in "Las Reglas de Rotterdam. La regulación del contrato de transporte internacional de mercancías por mar" (Coord. Alberto Emparanza Sobejano), Marcial Pons, Madrid, 2010, p. 82 e ss..

[8] O transportador é, *naturaliter*, a pessoa que celebra um contrato de transporte com um carregador (artigo 1/5); Em geral sobre o relevo da identificação do transportador no contrato de transporte marítimo de mercadorias, cf. ZUNARELLI, *L'individuazione della figura del vettore nel trasporto marittimo*, in "Il Diritto Marittimo", 1984, pp. 505-546, CARBONE/CELLE/LOPEZ DE GONZALO, *Il Diritto Marittimo attraverso i casi e le clausole contrattuali*, 4.ª edição, Giappichelli, Turim, 2011, p. 298 e ss. e ARROYO, *Curso de Derecho Marítimo*, 2.ª edição, Thomson – Civitas, Cizur Menor, 2005, p. 522 e ss..

[9] O *destinatário* é definido no artigo 1/11 das Regras como a pessoa legitimada para obter a entrega das mercadorias em virtude de um contrato de transporte, de um documento de transporte ou de um documento eletrónico de transporte; cf. SÁNCHEZ CALERO, *El contrato de transporte marítimo de mercancías*[2], cit., p. 682 e ss. e o nosso *Introdução às Regras de Roterdão*, cit., p. 29.. Em geral, sobre a figura do destinatário no contrato de transporte de mercadorias, cf. TOSI, *L'adhésion du destinataire au contrat de transport*, in "Mélanges Christian Mouly", II, Litec, Paris, pp. 175-192 e, entre nós, COSTEIRA DA ROCHA, *O contrato de transporte de mercadorias. Contributo para o estudo da posição jurídica do destinatário no contrato de transporte de mercadorias*, Almedina, Coimbra, 2000, *passim*. Continua a ter interesse a consulta de CUNHA GONÇALVES, *Comentário ao Código Comercial portuguez*, II, cit., p. 431, sobre a, digamos, compatibilidade entre as posições de destinatário e de titular do "direito de dar contra-ordem".

[10] Cf., sobre esta figura, v. g., cf. SÁNCHEZ CALERO, *El contrato de transporte marítimo de mercancías*[2], cit., pp. 681-682, ARIAS VARONA, *La delimitación del período de responsabilidad y las operaciones de carga y descarga*, in "Las Reglas de Rotterdam. La regulación del contrato de transporte internacional de mercancías por mar", Marcial Pons, Madrid, 2010, p. 85-86 e o nosso *Introdução às Regras de Roterdão*, cit., pp. 27-28.

mitado no artigo 12, extinguindo-se o direito de controlo com a cessação desse período (artigo 50/2)[11]: ou seja (artigo 12/1), o direito de controlo só pode ser exercido entre o momento em que o transportador ou uma parte executante[12] recebe as mercadorias para serem transportadas e aquele em

---

[11] Sobre o período de responsabilidade do transportador nas Regras de Roterdão, cf., v. g., CARBONE, *Contratto di trasporto marittimo di cose*, 2.ª edição, Giuffrè, Milão, 2010, p. 500 e ss., SÁNCHEZ CALERO, *El contrato de transporte marítimo de mercancías*[2], cit., p. 718 e ss. e o nosso *Sobre a responsabilidade do transportador nas Regras de Roterdão. Breves notas*, in "Estudios de Derecho Marítimo", Thomson – Aranzadi, Cizur Menor, 2012, p. 653 e ss.; cf. também SOVERAL MARTINS, *As Regras de Roterdão*, in "Novos caminhos para o Direito dos Transportes", Almedina, Coimbra, 2013, p. 109 e ss., MARTÍN OSANTE, *Responsabilidad del porteador por perdida, daño o retraso en las Reglas de Rotterdam*, in "Las Reglas de Rotterdam. La regulación del contrato de transporte internacional de mercancías por mar", Marcial Pons, Madrid, 2010, p. 254 e ss., ARIAS VARONA, *La delimitación del período de responsabilidad y las operaciones de carga y descarga*, cit., p. 57 e ss. e GARCÍA DE ALBIZU, *Las obligaciones del porteador hasta la entrega de las mercancias en destino*, in "Las Reglas de Rotterdam. La regulación del contrato de transporte internacional de mercancías por mar", Marcial Pons, Madrid, 2010, p. 111 e ss.. Já quanto ao regime de responsabilidade do transportador, cf., dentre a vasta bibliografia existente, para além do nosso estudo e do de Martín Osante citados nesta nota, SCAPEL, *La responsabilité du transportur selon des Règles de Rotterdam*, in "Las Reglas de Rotterdam sobre transporte marítimo. Pros y contras del nuevo Convenio", Tirant, Valencia, 2013, p. 15 e ss. e ARROYO, *Las Reglas de Rotterdam en el derecho español*, in "Las Reglas de Rotterdam sobre transporte marítimo. Pros y contras del nuevo Convenio", Tirant, Valencia, 2013, p. 192 e ss..

[12] A *parte executante* vem definida na alínea *a*) do artigo 1/6 das Regras como a pessoa, diversa do transportador, que execute ou se comprometa a executar alguma das obrigações do transportador previstas num contrato de transporte relativamente à receção, carga, manipulação, estiva, transporte, cuidado descarga ou entrega das mercadorias, na medida em que essa pessoa atue, direta ou indiretamente a pedido do transportador ou sob a sua supervisão. Já a *parte executante marítima* é definida no artigo 1/7 (primeiro período) como a parte executante na medida em que execute ou se comprometa a executar alguma das obrigações do transportador durante o período que medeia entre a chegada das mercadorias ao porto de carga de um navio e a sua saída do porto de descarga. Cf., na doutrina, v. g., CARBONE, *Contratto di trasporto marittimo di cose*[2], cit., p. 243 e ss., SMEELE, *The maritime performing party in the Rotterdam Rules 2009*, in "Les Règles de Rotterdam: le droit des transports maritimes au XXI siècle", Annales 2010 – Institut Méditerranéen des Transports Maritimes, Marselha, 2010, p. 115 e ss. BERLINGIERI/ZUNARELLI/ALVISI, *La nuova convenzione UNCITRAL sul trasporto di merci "wholly or partly by sea"*, cit., p. 1180, PULIDO BEGINES, *Elementos personales del contrato de transporte total o parcialmente marítimo de marcancías: porteador, cargador, parte ejecutante, y destinatario*, in "Las Reglas de Rotterdam y la práctica comercial internacional", Civitas, 2012, p. 84 e ss., MARTÍN OSANTE, *Responsabilidad del porteador por perdida, daño o retraso en las Reglas de Rotterdam*,

496 Manuel Januário da Costa Gomes

que as mercadorias sejam entregues[13]. Trata-se de uma delimitação natural, já que o destinatário das eventuais instruções da parte controladora é o transportador: decorrido o período de responsabilidade deste, *extingue-se o direito de controlo*[14]. Destacava já Cunha Gonçalves[15] a logicidade deste regime, com referência ao artigo 380 do Código Comercial: "Entregue a guia ao destinatário, e chegada a mercadoria ao seu destino, *ipso facto* perde o expedidor a disponibilidade das coisas transportadas e, portanto, o direito de dar contra-ordens cessa, visto que, desde esse momento, a disponibilidade da cousa transportada passa inteiramente ao destinatário".

III. Como se disse acima, o princípio geral que ressalta da alínea *a)* do artigo 51/1 é o de que o direito de controlo pertence ao carregador. Contudo, para além das situações em que o carregador designe um outro sujeito como parte controladora, esta qualidade tem estreitas relações de dependência ou de associação com os documentos de transporte[16], quando tenham sido emitidos[17].

---

cit., p. 275 e ss. e Zubiri De Salinas, *El exercício de la acción directa contra las partes ejecutantes, en especial, la parte ejecutante marítima en las Reglas de Rotterdam*, in "Las Reglas de Rotterdam sobre transporte marítimo. Pros y contras del nuevo Convenio", Tirant, Valencia, 2013, p. 113 e ss..

[13] Importa, no entanto, assinalar que, de acordo com o artigo 56 das Regras, este regime é supletivo.

[14] Refira-se, porém, que, em geral, designadamente no âmbito do transporte rodoviário, têm sido identificadas situações em que a cessação do direito de variação na esfera do expedidor não impede o exercício de tal direito, em certos termos, pelo destinatário das mercadorias; cf. o nosso *O direito de variação ou de controlo*, cit., pp. 73-74.

[15] Cf. Cunha Gonçalves, *Comentário ao Código Comercial portuguez*, II, cit., p. 431.

[16] Cf., v. g., Sturley/Fujita/Van Der Ziel, *The Rotterdam Rules*, cit., p. 280 e ss.. Em geral, sobre os documentos de transporte nos contratos de transporte de coisas, cf. Casanova/Brignardello, *Diritto dei trasporti*, II. *La disciplina contrattuale*, 2.ª edição, Giuffrè, Milão, 2012, p. 214 e ss.. Com referência aos documentos nas Regras de Roterdão, cf. Carbone, *Contratto di trasporto marittimo di cose*[2], cit., p. 157 e ss., Emparanza Sobejano, *Documentos de transporte: indicaciones sobre el porteador y sobre las mercancias: valor probatorio*, in "Las Reglas de Rotterdam. La regulación del contrato de transporte internacional de mercancías por mar" (Coord. Alberto Emparanza Sobejano), Marcial Pons, Madrid, 2010, p. 139 e ss., Recalde Castells, *Documentación del contrato, derecho de control y transferencia de derechos sobre las mercancias*, in "Las Reglas de Rotterdam. La regulación del contrato de transporte internacional de mercancías por mar" (Coord. Alberto Emparanza Sobejano), Marcial Pons, Madrid, 2010, p. 161 e ss., Baena Baena, *La electronificación de los documentos de transporte en las Reglas de Rotterdam*,

Resulta da alínea *a*) do artigo 51/2 que quando tenha sido emitido um *documento de transporte não negociável*, do qual se infira que o documento deve ser restituído para obter a entrega das mercadorias[18], a parte controladora é o *carregador*.

Quando, ao invés, tenha sido emitido um *documento de transporte negociável*[19], a parte controladora é o *portador* do documento. Tendo sido emitido mais de um original do documento, a parte controladora será o portador de todos os originais. Também quando tenha sido emitido um *documento eletrónico de transporte negociável*[20], a parte controladora é o *portador*, conforme resulta da alínea *a*) do artigo 51/4.

---

in "Estudios de Derecho Marítimo", Thomson – Aranzadi, Cizur Menor, 2012, p. 771 e ss., RAMOS HERRANZ, *La noción de documento de transporte en el convenio. Los documentos de transporte negociables y no negociables*, in "Las Reglas de Rotterdam y la práctica comercial internacional", Civitas, 2012, p. 323 e ss. e, entre nós, SOVERAL MARTINS, *As Regras de Roterdão*, cit., p. 130 e ss..

[17] Face ao que dispõe o artigo 35 das Regras, essa emissão não é forçosa. Na verdade, o artigo 35 dá relevo não só aos casos em que o carregador e o transportador tenham convencionado não utilizar um documento de transporte ou um documento eletrónico de transporte mas também àqueles em que a utilização de tais documentos seja contrária aos costumes, usos ou práticas do comércio.

[18] A esta situação reporta-se, em termos de regime, o artigo 46 das Regras; cf. RECALDE CASTELLS, *Documentación del contrato, derecho de control y transferencia de derechos sobre las mercancias*, cit., p. 180. Quanto à situação em que não tenha sido emitido documento ou que tenha sido emitido um documento não negociável que não tenha de ser restituído, cf. o mesmo autor, *op. cit.*, p. 178 e ss..

[19] O "documento de transporte negociável" é entendido, nos termos do artigo 1/15, como o documento de transporte que indique, através de expressões como "à ordem" ou "negociável", ou mediante alguma outra fórmula apropriada a que a lei aplicável ao documento reconheça o mesmo efeito, que as mercadorias foram consignadas à ordem do carregador, à ordem do destinatário ou ao portador do documento, desde que não indique expressamente que se trata de um documento "não negociável"; cf., v. g., RECALDE CASTELLS, *Documentación del contrato, derecho de control y transferencia de derechos sobre las mercancias*, cit., p. 171.

[20] Por "documento eletrónico de transporte negociável" entende-se, por força da noção do artigo 1/19, o documento que, sendo "documento eletrónico de transporte", nos termos do artigo 1/18, indique, através de expressões como "à ordem" ou "negociável", ou mediante alguma outra fórmula apropriada a que a lei aplicável ao documento reconheça o mesmo efeito, que as mercadorias foram consignadas à ordem do carregador ou do destinatário, desde que não indique expressamente que se trata de um documento "não negociável". A utilização do documento eletrónico de transporte deve satisfazer os requisitos

O artigo 1/10 das Regras de Roterdão define, na sua alínea *a*), o *portador* (*holder*; *porteur*) como a pessoa que esteja na posse de um *documento de transporte negociável* e que, sendo o citado *documento à ordem*, esteja identificada no mesmo documento como carregador ou destinatário ou como a pessoa a favor de quem o documento tenha sido devidamente endossado; ou sendo um documento à ordem endossado em branco ou, tendo sido emitido ao portador, seja portador do mesmo.

É também considerada *portador* [alínea *b*) do artigo 1/10] a pessoa a quem tenha sido emitido ou transferido um documento eletrónico de transporte negociável, de acordo com os procedimentos previstos no artigo 9/1.

Em ilustração do relevo da figura do portador, destaque-se o regime estabelecido na alínea *a*) do artigo 47/1[21]: tendo sido emitido um documento de transporte negociável ou um documento eletrónico de transporte negociável, o portador desse documento está legitimado para obter do transportador a entrega das mercadorias, uma vez chegadas ao lugar de destino, caso em que o transportador as deverá entregar ao portador no momento e lugar indicados no artigo 43, sem prejuízo das especificidades previstas nas subalíneas (*i*) e (*ii*). Mais concretamente, o dever de entrega das mercadorias está dependente da restituição do documento de transporte negociável[22] e, sendo um documento à ordem, da identificação do portador

---

estabelecidos no artigo 9/1, em sede, precisamente, dos procedimentos para a utilização dos documentos eletrónicos de transporte negociáveis.

A noção de base é a que consta do artigo 1/18, que define "documento eletrónico de transporte" como a informação consignada numa ou mais mensagens emitidas pelo transportador mediante comunicação eletrónica, em virtude de um contrato de transporte, incluída a informação logicamente associada ao documento eletrónico de transporte em ficheiros anexos ou vinculada de alguma outra forma ao mesmo pelo transportador, simultaneamente à sua emissão ou depois desta, de forma que passe a fazer parte do documento eletrónico de transporte e que (*i*) prove que o transportador ou uma parte executante recebeu as mercadorias ao abrigo de um contrato de transporte e que (*ii*) prove ou contenha um contrato de transporte. Sobre os documentos eletrónicos de transporte nas Regras de Roterdão e respetivo regime, cf., v. g., RECALDE CASTELLS, *Documentación del contrato, derecho de control y transferencia de derechos sobre las mercancias*, cit., p. 173 e ss. e BAENA BAENA, *La electronificación de los documentos de transporte en las Reglas de Rotterdam*, cit., p. 771 e ss..

[21] Cf., v. g., RECALDE CASTELLS, *Documentación del contrato, derecho de control y transferencia de derechos sobre las mercancias*, cit., p. 180 e ss..

[22] Há, no entanto, que considerar a hipótese, que tem um regime específico no artigo 47/2, de constar expressamente do documento de transporte negociável que as mercadorias podem ser entregues sem necessidade de restituição do documento de transporte; cf., v.

Direito de Controlo e Transferência de Direitos nas Regras de Roterdão   499

como portador legítimo, em face da natureza do documento. Sendo o documento negociável eletrónico, o transportador só está adstrito à entrega das mercadorias na medida em que o respetivo portador tenha demonstrado a sua qualidade, nos termos previstos no artigo 9/1[23].

2. O direito de controlo nalgumas convenções e documentos unimodais

I. Antes de nos determos sobre o conteúdo do direito de controlo nas Regras de Roterdão, parece-nos importante dar sumária nota do modo como as diversas convenções de Direito dos Transportes e outros documentos unimodais têm "enfrentado" essa matéria.

No âmbito do transporte ferroviário, o artigo 18 das Regras COTIF/CIM, alteradas pelo Protocolo de 1999, relativas ao contrato de *transporte internacional ferroviário de mercadorias*[24], regula o "direito de dispor da

---

g., RECALDE CASTELLS, *Documentación del contrato, derecho de control y transferencia de derechos sobre las mercancias*, cit., p. 183 e ss.. Sobre a possibilidade de entrega das mercadorias, pelo transportador, sem necessidade de restituição do documento de transporte negociável ou do documento electrónico de transporte negociável, cf. BAENA BAENA, *La regulación en las Reglas de Roterdam de la entrega de las mercancías en caso de haberse emitido un documento de transporte negociable*, in Anuario de Derecho Marítimo, XXI, p. 43 e ss..

[23] A alínea *b*) do artigo 47/1 aponta, literalmente, no sentido de que o transportador tem o dever de recusar a entrega (*shall refuse delivery*) se não forem cumpridos os requisitos das subalíneas (*i*) e (*ii*) da alínea *a*) do mesmo artigo 47/1. Contudo, como refere RECALDE CASTELLS, *Documentación del contrato, derecho de control y transferencia de derechos sobre las mercancias*, cit., p. 182, estamos face a uma faculdade – porventura, antes, um *ónus* – do transportador, já que se o transportador entregar a mercadoria sem se acautelar que o faz ao portador legítimo do documento, pode ter de responder perante este último. Claríssimo é WILSON, *Carriage of goods by sea*, 6.ª edição, Pearson, Harlow, 2008, p. 156: "Alternatively, if the carrier is reasonably sure of the identity of the receiver, he may risk delivering the goods without presentation of the bill of lading. In such a case, as we have seen earlier, he acts at his peril since such action amounts to wilful misconduct and a deliberate breach of his contractual obligations".

[24] Cf., especificamente, GOMEZ DE SEGURA, *El contrato de transporte internacional por ferrocarril*, in "Contratos internacionales", por Calvo Caravaca *et al*, Tecnos, Madrid, 1997, p. 467 e ss.; cf. ainda KOLLER, *Transportrecht. Kommentar zu Spedition, Gütertransport und Lagergeschäft*, 7.ª edição, Beck, Munique, 2010, p. 1517 e ss., MERCADAL, *Droit des transports terrestres et aériens*, Dalloz, Paris, 1996, p. 173 e ss., DURAND, *Les transports internationaux*, Sirey, Paris, 1956, p. 11 e ss. e, entre nós, COSTEIRA DA ROCHA,

500 *Manuel Januário da Costa Gomes*

mercadoria"[25], figura que também designa por "direito de modificar o contrato de transporte".

De acordo com o artigo 18/1, o expedidor tem o direito de "dispor da mercadoria" e de modificar, mediante ordens posteriores, o contrato de transporte, podendo, nomeadamente, solicitar ao transportador: *a)* a retenção da mercadoria; *b)* o adiamento da entrega da mercadoria; c) a entrega da mercadoria a um destinatário que não o mencionado na declaração de expedição; ou *d)* a entrega da mercadoria num outro local que não o mencionado na declaração de expedição.

No campo do transporte aéreo, o artigo 12/1 da Convenção de Varsóvia para a unificação de certas regras relativas ao *transporte aéreo internacional*[26] estabelece que o expedidor tem o direito de "dispor da mercadoria" por um dos seguintes modos: (*i*) retirando-a do aeródromo de partida ou de destino, (*ii*) retendo-a durante a viagem por ocasião de uma aterragem, (*iii*) fazendo-a entregar no lugar de destino ou durante a viagem a pessoa diferente do destinatário inicialmente designado ou (*iv*) pedindo o seu retorno ao aeródromo de partida, desde que, em qualquer dos casos, o exercício desse direito não traga prejuízo nem ao transportador nem aos outros expedidores, havendo, ademais, obrigação de reembolsar as despesas daí resultantes.

O contrato de transporte de mercadorias, cit., p. 51, MENEZES CORDEIRO, *Introdução ao direito dos transportes*, in "I Jornadas de Lisboa de Direito Marítimo. O contrato de transporte marítimo de mercadorias", Almedina, Coimbra, 2008, pp. 13-14 e ENGRÁCIA ANTUNES, *Direito dos contratos comerciais*, Almedina, Coimbra, 2009, p. 736.

[25] Para mais referências, cf. o nosso *O direito de variação ou de controlo*, cit., pp. 22-23. Anteriormente ao Protocolo de 1999, a matéria era tratada no artigo 30, que regulava a "alteração efectuada pelo expedidor". Em comentário ao regime do atual artigo 18, cf. FREISE, in *Münchener Kommentar HGB*, 7 – *Handelsgeschäfte. Transportrecht*, 2.ª edição, Beck, Munique, 2009, p. 1313 e ss. e KOLLER, *Transportrecht*[7], cit., p. 1561 e ss..

[26] Com referências gerais relativamente a esta Convenção, cf., v. g., NEVES ALMEIDA, *Do contrato de transporte aéreo e da responsabilidade civil do transportador aéreo*, Almedina, Coimbra, 2010, p. 47 e ss., COSTEIRA DA ROCHA, *O contrato de transporte de mercadorias*, cit., pp. 53-54, CASTELLO-BRANCO BASTOS, *Direito dos transportes*, Almedina, Coimbra, 2004, p. 299 e ss. e MERCADAL, *Droit des transports terrestres et aériens*, cit., p. 249 e ss.; especificamente sobre o regime do artigo 12, cf., v. g., KOLLER, *Transportrecht*[7], cit., p. 1325 e ss. e KRONKE, in *Münchener Kommentar HGB*, 7, *Handelsgeschäfte. Transportrecht*, Beck, Munique, 1997, p. 1995 e ss..

Direito de Controlo e Transferência de Direitos nas Regras de Roterdão   501

Resulta do artigo 12/4 que o direito do expedidor cessa no momento em que começa o do destinatário, nos termos do artigo 13[27]; contudo, recusando o destinatário a mercadoria ou não podendo ser alcançada, o expedidor readquire o seu direito de expedição.

Também a Convenção de Montreal[28] regula, no seu artigo 12, o *direito de dispor da mercadoria*. De acordo com o artigo 12/1, sem prejuízo da sua responsabilidade pelo cumprimento de todas as obrigações decorrentes do contrato de transporte, o expedidor tem o direito de dispor da mercadoria, retirando-a no aeroporto de partida ou de destino, retendo-a no decurso da viagem por ocasião de uma aterragem, fazendo-a entregar no ponto de destino ou no decurso da viagem a pessoa diferente do destinatário originariamente designado ou pedindo o seu retorno ao aeroporto de partida. O mesmo artigo 12/1 ressalva, no entanto, que o expedidor não pode exercer o direito de dispor da mercadoria de forma que prejudique a transportadora ou outros expedidores e deve reembolsar todas as despesas imputáveis ao exercício do mesmo.

O artigo 12/4 estabelece um limite lógico para o tempo de exercício do direito de disposição: o direito do expedidor cessa no momento em que começa o do destinatário, em conformidade com o que dispõe o artigo 13; contudo, no caso de o destinatário recusar a mercadoria ou não ser contatável, o expedidor readquire o direito de disposição.

---

[27] De acordo com o artigo 13/1 da Convenção de Varsóvia, salvo se expedidor tiver exercido o direito de disposição, nos termos do artigo 12, o destinatário tem o direito, desde a chegada da mercadoria ao aeroporto de destino, de pedir ao transportador que lhe entregue a mercadoria mediante o pagamento do montante dos créditos e mediante a execução das condições de transporte. Por seu turno, o artigo 13/3 dispõe que se a perda da mercadoria é reconhecida pelo transportador ou se, expirado o prazo de sete dias depois da data em que deveria chegar, a mercadoria não chegou, fica o destinatário autorizado a fazer valer contra o transportador os direitos resultantes do contrato de transporte.

[28] Em geral, sobre esta Convenção, cf. ARROYO, *Curso de derecho aéreo*, Thomson – Civitas, Madrid, 2006, p. 215 e ss., NEVES ALMEIDA, *Do contrato de transporte aéreo e da responsabilidade civil do transportador aéreo*, cit., p. 78 e ss. e MOURA VICENTE, *A Convenção de Montreal sobre transporte aéreo internacional*, in "Estudos em homenagem ao Prof. Doutor Joaquim Moreira da Silva Cunha", FDUL, Coimbra Editora, Coimbra, 2005, p. 197 e ss. ; cf. também GRAÇA TRIGO, *Responsabilidade civil do transportador aéreo: A Convenção de Montreal de 1999 constitui um marco histórico*, in "Estudos em homenagem ao Professor Doutor Inocêncio Galvão Telles", IV. "Novos Estudos de Direito Privado", Almedina, Coimbra, 2003, p. 817 e ss. e CASTELLO-BRANCO BASTOS, *Direito dos transportes*, cit., p. 300 e ss..

502   *Manuel Januário da Costa Gomes*

Finalmente, no âmbito do transporte rodoviário de mercadorias, o artigo 12 da CMR[29], relativa ao *transporte internacional rodoviário de mercadorias*, regula o que designa por *direito de disposição*, em termos próximos dos que encontramos na Convenção de Varsóvia. De acordo com o artigo 12/1, o expedidor tem o "direito de dispor da mercadoria", em especial pedindo ao transportador que suspenda o transporte desta, de modificar o lugar previsto para a entrega e de entregar a mercadoria a um destinatário diferente do indicado na declaração de expedição. Por força do artigo 12/2, esse direito de disposição do expedidor cessa quando o segundo exemplar da declaração de expedição é entregue ao destinatário ou este faz valer o direito previsto no artigo 13/1: a partir desse momento, o transportador tem de se conformar com as ordens do destinatário[30]. Contudo (artigo 12/4), se o destinatário, no exercício do seu direito de disposição, ordenar a entrega da mercadoria a outra pessoa, esta não poderá designar outros destinatários.

II. Em sede de *transporte marítimo de mercadorias*, a CB de 1924 não contém qualquer previsão relativamente ao direito de variação do carregador, *qua tale*, o que se compreende atento o facto de a Convenção

---

[29] Sobre esta Convenção, cf., v. g., KOLLER, *Transportrecht*[7], cit., p. 973 e ss., BASEDOW, in *Münchener Kommentar zum Handelsgesetzbuch, 7 – Handelsgeschäfte. Transportrecht*, Verlag C. H. Beck, Verlag Franz Vahlen, Munique, 1997, p. 855 e ss., THUME, *Kommentar zur CMR. Übereinkommen über den Beförderungsvertrag im internationalen Strassengüterverkehr*, (Org.), 2.ª edição, Verlag Recht und Wirtschaft, Frankfurt am Main, 2007, *passim*, ZUNARELLI, *Trasporto internazionale*, in "Digesto delle Discipline Privatistiche. Sezione Commerciale", XVI, 1999, p. 95 e ss. e MERCADAL, *Droit des transports terrestres et aériens*, cit., p. 78 e ss.; entre nós, cf. COSTEIRA DA ROCHA, *O contrato de transporte de mercadorias*, cit., pp. 52-53, MENEZES CORDEIRO, *Introdução do direito dos transportes*, cit., p. 12, CASTELLO-BRANCO BASTOS, *Direito dos transportes*, cit., p. 87 e ss. e ALFREDO PROENÇA, *Transporte de mercadorias por estrada*, Almedina, Coimbra, 1998, p. 39 e ss..

[30] De acordo com o que dispõe o artigo 12/3, o direito de disposição pertence ao destinatário desde o preenchimento da declaração de expedição se o expedidor inscrever tal indicação na referida nota; cf., por todos, JESSER-Huβ, in *Münchener Kommentar HGB, 7, Handelsgeschäfte. Transportrecht*, 2.ª edição, Verlag C. H. Beck, Verlag Franz Vahlen, Munique, 2009, p. 920 e ss., KOLLER, *Transportrecht*[7], cit., pp. 1058-1059, BASEDOW, in *Münchener Kommentar HGB, 7*, cit., pp. 983-984 e ANDRÉS RECALDE, *La carta de porte CMR: la documentación en el transporte internacional de mercancías por carretera*, in "Jornada sobre CMR", Coord. de Fernando Martínez Sanz, Fundación Francisco Correll, 2001, pp. 24-25.

não estar estruturada em função do *contrato*, mas do *conhecimento de carga*[31]. Não encontramos também nessa Convenção, centrada na posição do transportador (*carrier*) e na enunciação das suas obrigações, qualquer alusão ao dever, que sobre este impenda, de seguir as indicações de um sujeito que possa ser, assim, identificado como titular do direito de controlo, não obstante deixar bem claro que o transportador deve proceder de modo apropriado e diligente, designadamente, à guarda e à descarga da mercadoria[32]. Por sua vez, encontramos no n.º 6.º do artigo 3 referência à "pessoa que tem o direito de receber as mercadorias em virtude do contrato de transporte", bem como uma alusão ao destinatário ("réceptionnaire"), mas não há, propriamente, uma ligação expressada entre o sujeito de que se trata e a titularidade de um direito de controlo sobre as mercadorias.

Fora do universo das convenções, o n.º 6 das Regras do CMI, relativas a guias de transporte marítimo (*sea waybills*)[33], disciplina o direito

---

[31] Cf., por todos, CARBONE, *Contratto di trasporto marittimo di cose*[2], cit., p. 63 e ss.. Refere-se ZUNARELLI, *Trasporto marittimo*, in "Enciclopedia del Diritto", XLIV (1992), p. 1208, ao "venir meno dell'essenzialità della emissione della polizza di carico"; cf. também o nosso *Do transporte "port to port" ao transporte "door to door"*, in "I Jornadas de Lisboa de Direito Marítimo. O contrato de transporte marítimo de mercadorias", Almedina, Coimbra, 2008, p. 376 e ss.. Em geral, sobre a origem da CB de 1924, cf., além de CARBONE, *op. cit.*, *passim*, RIGHETTI, *Trattato di diritto marittimo*, II, Giuffrè, Milão, 1990, p. 674 e ss. e WILSON, *Carriage of goods by sea*[6], cit., p. 113 e ss.; cf. também os estudos, de resto fundamentais, de PAVONE LA ROSA, recolhidos em *Studi sulla polizza di carico*, Giuffrè, Milão, 1958, *passim*, de ARENA, *La polizza di carico e gli altri titoli rappresentativi di trasporto*, II. *Circolazione e estinzione*, Giuffrè, Milão, 1951, *passim*, GIORGIA BOI, *La lettera di trasporto marittimo. Studi per una disciplina uniforme*, Giuffrè, Milão, 1995, *passim* e o clássico F. BERLINGIERI, *La polizza di carico e la convenzione internazionale di Bruxelles 25 agosto 1924*, Génova, 1932, *passim*.

[32] Referimo-nos, concretamente, ao n.º 2.º do artigo 3, de acordo com o qual o transportador, salvo o disposto no artigo 4, deve proceder de modo apropriado e diligente ao carregamento, manutenção, estiva, transporte, guarda, cuidados e descarga das mercadorias transportadas; cf., sobre esta norma, cf., em especial, CARBONE, *Contratto di trasporto marittimo di cose*[2], cit., p. 481 e ss.; entre nós, cf. MÁRIO RAPOSO, *Transporte marítimo de mercadorias. Os problemas*, in "I Jornadas de Lisboa de Direito Marítimo. O contrato de transporte marítimo de mercadorias", Almedina, Coimbra, 2008, p. 70 e ss. e CASTELLO-BRANCO BASTOS, *Da disciplina do contrato de transporte internacional de mercadorias por mar*, Almedina, Coimbra, 2004, p. 292 e ss..

[33] Cf., v. g., ARROYO, *Curso de derecho marítimo*[2], cit., p. 535 e ss. e SÁNCHEZ CALERO, *El contrato de transporte de mercancías*[2], cit., p. 221 e ss.. Sobre a *seawaybill* como instrumento alternativo à *bill of lading*, cf. também LOPEZ DE GONZALO, *L'obbligazione di*

de controlo (*right of control*). Assim, salvo no caso em que o carregador tenha transferido o direito de controlo para o consignatário (*consignee*), ele será, de acordo com a alínea (*i*), a única parte legitimada para dar ao transportador instruções relativas ao contrato de transporte: a não ser que tal seja proibido pela lei aplicável, o carregador pode mudar a indicação do consignatário a todo o tempo até que o consignatário exija a entrega após a chegada ao destino, nos pressupostos de que dá ao transportador "reasonable notice", por escrito ou outros meios aceites pelo transportador, e de que aceita indemnizar o transportador por quaisquer despesas adicionais causadas. A alínea (*ii*) do n.º 6 prevê que o carregador terá a opção – que deverá ser exercida antes da recepção das mercadorias pelo transportador – de transferir o direito de controlo para o consignatário. O exercício desta opção deve ser anotado na guia de transporte marítimo ou documento similar, se existir; tendo sido exercida essa opção pelo carregador, o consignatário passa a ter os poderes associados ao direito do controlo, tal como resultam da alínea (*i*).

Finalmente, as Regras do CMI relativas a conhecimentos de carga electrónicos[34] contêm, no n.º 7, a previsão de regime de "direito de controlo e transferência" (*right of control and transfer*). De acordo com o n.º 7/1, apenas o detentor (*holder*), tal qual definido na alínea g) do artigo 2[35], pode exercer contra o transportador os seguintes poderes: *a*) exigir a

---

consegna nella vendita marittima, Giuffrè, Milão, 1997, p. 106 e ss. e RIGHETTI, *Trattato di diritto marittimo*, II, cit., p. 1065 e ss.; cf. também WILSON, *Carriage of goods by sea*[6], cit., p. 158 e ss., lendo-se a pp. 158: "The waybill differes from the bill of lading in that, while it acts as a receipt and provides evidence of the contract of carriage, it lacks the third characteristic in that it does not constitute a negotiable document of title".

[34] Cf., v. g., WILSON, *Carriage of goods by sea*[6], cit., p. 164 e ss. e SÁNCHEZ CALERO, *El contrato de transporte de mercancías*[2], cit., p. 226 e ss..

[35] De acordo com esta alínea, "detentor" (*holder*) é a parte que está legitimada para exercer os direitos descritos no artigo 7(a) das mesmas Regras em virtude de ser possuidora de uma chave privada (*private key*) válida. Esta é, por sua vez, definida na alínea *f*) do artigo 2 como "qualquer forma tecnicamente apropriada, tal como a combinação de números e ou letras, que as partes podem acordar em ordem a assegurar a autenticidade e integridade de uma transmissão. Em geral, sobre a figura dos conhecimentos de carga eletrónicos, cf. SALAMONE, *Polizze di carico eletroniche*, in "Diritto dei Trasporti", 2003, pp. 393-447, CARNEY/DE ROS, *Conocimientos de embarque electrónicos*, in "Anuario de Derecho Maritimo", 2002, pp. 201-220 e SANDRA AIRES, *Conhecimentos de carga electrónicos*, Faculdade de Direito da Universidade de Lisboa, 2004, *passim*; cf. também o nosso *Introdução às Regras de Roterdão*, cit., p. 36, nota 90.

entrega das mercadorias; *b)* designar o consignatário ou substituir o consignatário designado por outro, incluindo a si próprio; *c)* transferir o direito de controlo e transferência para outra parte e *d)* instruir o transportador ou qualquer outro sujeito relativamente às mercadorias, de acordo com os termos e condições do contrato de transporte, como se fosse titular de um conhecimento de carga em papel.

3. O conteúdo do direito de controlo

I. Como se disse, um dos modos de manifestação do direito de controlo está, nos termos da alínea *a)* do artigo 50/1, no facto de a parte controladora poder dar ou modificar instruções relativas às mercadorias, desde que as mesmas não constituam uma modificação do contrato de transporte.

As situações aqui previstas correspondem a situações usuais que, ao fim e ao cabo, respeitam ao modo de cumprimento do prestador de serviços, como no mandato ou na empreitada, da parte do transportador da obrigação de curar da conservação das mercadorias durante o transporte, como por exemplo indicações relativas à conservação dos bens transportados[36], situações essas que, *summo rigore*, não corresponderão ao exercício do *ius variandi*, entendido em sentido estrito, o que é materializado na alteração de instruções anteriormente feitas – fala-se, de resto, em *direito de contraordem*[37] – ou em indicações que saiam do quadro normal ou comum das indicações do expedidor comum.

Já as situações das restantas alíneas do artigo 50/1 correspondem, de modo mais evidente, ao instituto em análise[38]: Trata-se, respetivamente, da previsão de que a parte controladora tem direito a obter a entrega das mercadorias nalgum porto de escala ou, tratando-se de transporte terrestre ou interior, nalgum lugar da rota [alínea *b)*]; e da previsão de que a parte

---

[36] Cf. BERLINGIERI/ZUNARELLI/ALVISI, *La nuova convenzione UNCITRAL sul trasporto di merci "wholly or partly by sea"*, cit. p. 1198; cf. também o nosso *O direito de variação ou de controlo*, cit., p. 75.

[37] Cf. v. g., BUSTI, *Contratto di trasporto terrestre*, cit., p. 767 e ss. e o nosso *O direito de variação ou de controlo*, cit., pp. 42-43.

[38] Assinale-se que, de acordo com a previsão do artigo 56 das Regras, as partes podem, no contrato de transporte, afastar-se do disposto nestas alíneas; cf., por todos, v. g., SÁNCHEZ CALERO, *El contrato de transporte marítimo de mercancías*[2], cit., p. 699.

506 Manuel Januário da Costa Gomes

controladora tem direito de substituir o destinatário por qualquer outra pessoa, incluindo a própria parte controladora [alínea *c*)].

Quando a parte controladora seja o vendedor das mercadorias, normalmente expedidor, a alínea *b*) do artigo 50/1 permite-lhe que se resguarde face a vicissitudes posteriores ao embarque, centradas, designadamente, em perturbações no processo de pagamento do preço. É, de resto, destacada pelos autores, a função económica do direito de controlo, associada, designadamente, à prevenção do risco de incumprimento[39].

II. O direito de controlo no âmbito de contrato de transporte de mercadorias não é confundível com o chamado *right of stoppage in transit*[40], cujo "lugar" é no contrato de compra e venda de mercadorias, designadamente quando sujeito ao regime da Convenção de Viena de 1980.

Desde logo, o direito de controlo não está dependente – porque não o está o contrato de transporte – de a propriedade da mercadoria transportada ser do carregador ou expedidor. Irrelevante será também a relação que exista entre o carregador e o destinatário. Os quadros económico e jurídico da venda marítima CIF ou CFR em que o vendedor da mercadoria será, em princípio, o carregador, é um quadro que não é forçoso ou necessário, não podendo, sequer, ser tido como caso-padrão para a resolução de problemas.

Não obstante, pode ocorrer uma coincidência entre as qualidades de carregador (expedidor) e vendedor, sendo comprador o destinatário da mercadoria. Nestas situações, é, *a priori*, suscitável a questão, se não do conflito, pelo menos da tensão entre o direito de controlo e, nos casos em que à compra e venda seja aplicável o regime da Convenção de Viena de 1980, o *right of stoppage in transit*, previsto e consagrado no artigo 71 daquela Convenção[41].

---

[39] Cf., v. g., STURLEY/FUJITA/VAN DER ZIEL, *The Rotterdam Rules*, cit., pp. 275-276 e RECALDE CASTELLS, *El derecho de control en las Reglas de Rotterdam*, cit., p. 711 e ss., aludindo também à posição dos bancos financiadores.

[40] A origem do *right of stoppage in transit*, como medida de segurança do credor--vendedor ("as a remedy aimed at securing the payment of the price and protecting the interests of unpaid sellers") está no *common law*; cf. PEJOVIC, *Stoppage in transit and right of control: "Conflict of rules"?*, "Pace International Law Review", Vol. 20, 2008, p. 3 e ss., com referências quer aos países do *common law* quer do *civil law*.

[41] Cf., v. g., BENTO SOARES/MOURA RAMOS, *Contratos internacionais*, Almedina, Coimbra, 1986, p. 187 e ss., LIMA PINHEIRO, *Direito comercial internacional*, Almedina, Coimbra, 2005, p. 322, MANKOWSKI, in *Münchener Kommentar zum Handelsgesetzbuch*, 6, 2.ª

O *right of stoppage in transit* respeita exclusivamente às relações entre o vendedor e o comprador e não é prejudicado pelo facto de o comprador ser portador legítimo de um documento que lhe permita exigir a entrega da mercadoria[42]. Assim, o vendedor não está, *qua tale*, legiţimado para dar indicações ao transportador – terceiro em relação ao contrato de compra e venda – no sentido de este não entregar as mercadorias ao comprador--destinatário: a qualidade de parte controladora é determinda no quadro do transporte que não no da (eventual) compra e venda que tenha tido lugar entre o carregador e o destinatário.

Tal significa que, na prática, estando as mercadorias em transporte, o *right of stoppage in transit* estará associado, na sua eficácia, à eventual titularidade do direito de controlo por parte do vendedor-expedidor. Assim, tratando-se de uma venda CIF em que o vendedor seja o carregador, se, entretanto, o conhecimento de carga foi endossado a terceiro, a incoincidência entre o titular do *right of stoppage* – verificados que sejam os respectivos requisitos – e o titular do direito de controlo, acaba, em substância, por esvaziar aquele.

Inconfundível com o direito de controlo é também – não obstante a designação nesse sentido que encontramos, designadamente, no artigo 12 da CMR[43] – o *direito de disposição* da mercadoria, no sentido de *ius disponendi*, o qual tem a sua explicação no direito de propriedade sobre a mercadoria.

Na verdade, o contrato de transporte de mercadorias não tem – *qua tale* – a virtualidade de provocar efeitos reais em termos de propriedade sobre as coisas transportadas, até porque estas podem nem ser pertença do expedidor ou carregador[44].

---

edição, Verlag C. H. Beck, Verlag Franz Vahlen, Munique, 2007, p. 713 e ss., SAENGER, in *Internationales Vertragsrecht Kommentar*, Verlag Beck, Munique, 2007, p. 643 e ss., SCHLECHTRIEM, *Internationales UN-Kaufrecht*, 3.ª edição, Mohr Siebeck, Tubinga, 2005, p. 169 e ss., LESER/HORNUNG, in *Kommentar zum Einheitlichen UN-Kaufrecht*, 3.ª edição, C. H. Beck, Munique, 2000, p. 660 e ss. e VON ZIEGLER, *The right of suspension and stoppage in transit*, in "Journal of Law and Commerce", 2005, p. 353 e ss..

[42] Cf., v. g., STURLEY/FUJITA/VAN DER ZIEL, *The Rotterdam Rules*, cit., pp. 276-277 e MANKOWSKI, in *Münchener Kommentar HGB*, 6^2, cit., p. 725; cf. também ARROYO VENDRELL, *El derecho de control sobre las mercancías*, cit., p. 425.

[43] Cf. o nosso *O direito de variação ou de controlo*, cit., p. 41 e ss..

[44] Cf., v. g., BASEDOW, *Der Transportvertrag*, J. C. B. Mohr (Paul Siebeck), Tubinga, 1987, p. 292, MERCADAL, *Droit des transports terrestres et aériens*, cit., p. 204, STURLEY/

508   *Manuel Januário da Costa Gomes*

III. Uma outra delimitação negativa se impõe *de per se*, delimitação essa que constitui, de resto, um limite material do direito de controlo[45]. Referimo-nos ao limite constituído pela *modificação do contrato de transporte*, tal como estabelecido no artigo 54 das Regras de Roterdão.

Importa, porém, frisar que, para as Regras de Roterdão, as situações das alíneas *b*) e *c*) do artigo 50/1 constituem modificação do contrato de transporte, conforme decorre da previsão do artigo 54/2[46]. A diferença é que as modificações que não cabem na previsão do direito de controlo têm de ser acordadas com o transportador, não lhe podendo ser exigidas unilateralmente pela parte econtroladora.

Numa previsão lógica, dispõe o artigo 54/1 que a parte controladora é a única pessoa legitimada para acordar com o transportador alguma modificação do contrato de transporte não prevista nas alíneas *b*) e *c*) do artigo 50/1.

4. Exercício do direito de controlo e execução das instruções

I. Como vimos, para exercer o seu direito de controlo, a parte controladora está obrigada, nos termos da alínea *c*) do artigo 51/1, a identificar-se devidamente como tal.

Se o documento emitido tiver sido um *documento de transporte negociável*, resulta da alínea *c*) do artigo 51/3 que, para exercer o direito de controlo, o portador deverá apresentar ao transportador o referido documento de transporte e, se se tratar de uma pessoa mencionada na subalínea *i*) da alínea *a*) do artigo 1/10 das Regras, tem de se identificar devidamente como tal. Esclarece a mesma alínea *c*) do artigo 51/3 que, tendo sido emitido mais de um original dodocumento, devem ser apresentados todos os originais sem o que o direito de controlo não pode ser exercido.

FUJITA/VAN DER ZIEL, *The Rotterdam Rules*, cit., p. 276 e BERLINGIERI, *An analysis of two recent commentaries on the Rotterdam Rules*, in "Il Diritto Marittimo", ano CXIV (2012), p. 41; cf. também o nosso *O direito de variação ou de controlo*, cit., p. 42.

[45] Cf., em geral, o nosso *O direito de variação ou de controlo*, cit., p. 70.

[46] Cf., a propósito, BERLINGIERI/ZUNARELLI/ALVISI, *La nuova convenzione UNCITRAL sul trasporto di merci "wholly or partly by sea"*, cit. p. 1199. De resto, resulta do artigo 54/2 que todas as modificações do contrato de transporte, incluindo as previstas nas alíneas *b*) e *c*) do artigo 50/1, estão sujeitas ao mesmo regime, no que respeita à necessidade de tais modificações terem repercussão no sdocumentos de transporte.

Tendo sido emitido um *documento de transporte não negociável* do qual se infira que o documento deve ser restituído para efeitos da obtenção da entrega das mercadorias[47], dispõe a alínea *b*) do artigo 51/2 que, para exercer o direito de controlo, a parte controladora deverá apresentar o documento e identificar-se devidamente como tal; havendo vários originais, é requisito necessário para o exercício do direito de controlo a apresentação de todos eles.

Finalmente, se o documento emitido tiver sido um *documento electrónico de transporte negociável*, resulta da alínea *c*) do artigo 51/4 que, para exercer o direito de controlo, o portador deve fazer a prova dessa qualidade pela forma prevista no artigo 9/1[48], disposição que cura dos procedimentos para a utilização dos documentos electrónicos de transporte negociável.

II. No que concerne ao *exercício do direito de controlo*, o princípio, firmado no artigo 52/1[49], é o de que o transportador está obrigado a executar as instruções admitidas pelo artigo 50, na medida em que (*i*) a pessoa que as emite esteja legitimada para exercer o direito de controlo [alínea *a*)], (*ii*) as instruções possam razoavelmente ser executadas, nos respectivos termos, no momento em que são recebidas pelo transportador [alínea *b*)] e (*iii*) a respectiva execução não interfira com o curso normal das operações do transportador, incluindo as práticas que normalmente siga para a efectivação da entrega [alínea *c*)]. Deste regime resulta também evidente a existência de *limites* do direito de controlo[50], limites estes que se destinam a impedir interferências injustificadas da parte controladora no exercício e na gestão da actividade transportadora. Trata-se de uma solução aparentemente inspirada na alínea *b*) do artigo 12/5 da CMR, de acordo com a qual o exercíco do direito de disposição não deve dificultar a exploração

---

[47] Cf. Recalde Castells, *Documentación del contrato, derecho de control y transferencia de derechos sobre las mercancias*, cit., pp. 192-193.

[48] Cf. Recalde Castells, *Documentación del contrato, derecho de control y transferencia de derechos sobre las mercancias*, cit., p. 194.

[49] Resulta do artigo 56 das Regras que o regime do artigo 52 tem natureza supletiva; cf., v. g., Sturley/Fujita/Van Der Ziel, *The Rotterdam Rules*, cit., pp. 294-295.

[50] Cf., em geral, o nosso *O direito de variação ou de controlo*, cit., p. 70 e ss.; cf. também Sturley/Fujita/Van Der Ziel, *The Rotterdam Rules*, cit., p. 286 e ss..

510 Manuel Januário da Costa Gomes

normal da empresa do transportador, nem deve prejudicar os expedidores ou destinatários de outras remessas[51].

Entregando o transportador as mercadorias em conformidade com as instruções da parte controladora, tal como previstas no artigo 52/1, as mesmas consideram-se entregues no lugar do destino, conforme refere pedagogicamente o artigo 53, sendo aplicável o regime do Capítulo 9 das Regras, relativo, precisamente, à *entrega* das mercadorias[52].

Inversamente (artigo 52/4), havendo perda ou danos das mercadorias ou atraso na entrega, em consequência da não execução das instruções da parte controladora, será aplicável o regime do Capítulo 5 da Convenção, relativo à *responsabilidade do transportador* por perda, dano ou atraso[53], bem como o regime dos artigos 59 a 61, relativos aos limites de responsabilidade[54].

III. A posição de parte controladora implica um conjunto de *deveres* perante o transportador; refere-se-lhe o artigo 55, relativo à obrigação de dar informações adicionais, instruções ou facultar documentos ao transportador: a parte controladora deve, sob solicitação do transportador ou de uma parte executante, facultar, em tempo útil, as informações, instruções ou documentos relativos às mercadorias que o transportador possa razoavelmente necessitar para cumprir as suas obrigações nos termos do contrato de transporte, quando as mesmas não tenham sido anteriormente facultadas pelo carregador e o transportador não possa razoavelmente obtê-las por outra via.

---

[51] Cf., por todos, JESSER-Huβ, in *Münchener Kommentar HGB*, 7[2], cit., p. 924 e ss. Inspirado no regime da CMR, o § 418/1 HGB prevê que o transportador só está obrigado a seguir as novas indicações na medida em que as mesmas não prejudiquem o funcionamento da sua empresa e ainda na medida em que da respectiva execução não resultem prejuízos para os expedidores ou destinatários de outras remessas que tenha de executar; cf., v. g., CZERWENKA, in *Münchener Kommentar HGB*, 7, *Handelsgeschäfte. Transportrecht*, 2.ª edição, Verlag C. H. Beck, Verlag Franz Vahlen, Munique, 2009, p. 132.

[52] Cf., v. g., SÁNCHEZ CALERO, *El contrato de transporte de mercancías*[2], cit., p. 702 e ss. e BERLINGIERI/ZUNARELLI/ALVISI, *La nuova convenzione UNCITRAL sul trasporto di merci "wholly or partly by sea"*, cit. p. 1193 e ss..

[53] Cf., v. g., MARTÍN OSANTE, *Responsabilidad del porteador por perdida, daño o retraso en las Reglas de Rotterdam*, cit., *passim*; cf. ainda o nosso *Sobre a responsabilidade do transportador nas Regras de Roterdão*, cit., *passim*.

[54] Cf., por todos, CARBONE, *Contratto di trasporto marittimo di cose*[2], cit., p. 457 e ss..

Não logrando o transportador, após um esforço razoável, localizar a parte controladora ou não podendo esta proporcionar-lhe a informação, as instruções ou os documentos adequados, o dever de informação recairá sobre o carregador ou, não sendo este localizado pelo transportador após um esforço razoável, o referido dever recairá sobre o carregador documentário.

As novas instruções dadas ao transportador pela parte controladora podem acarretar um acréscimo de custos do transporte ou mesmo causar prejuízos ao transportador. Daí que (artigo 52/2) a parte controladora deva reembolsar o transportador de qualquer gasto adicional razoável em que o mesmo tenha incorrido, devendo também indemnizá-lo pelas perdas ou danos que tenha sofrido em consequência da execução diligente das instruções de acordo com o artigo 52, incluindo as indemnizações que o transportador tenha de pagar pela perda ou dano de outras mercadorias transportadas.

Cautelarmente, o artigo 52/3 prevê que o transportador possa exigir à parte controladora que preste uma *garantia* que cubra os gastos adicionais, a perda ou o dano que o transportador razoavelmente preveja que possa ser produzido durante a execução das instruções, nos termos do artigo 52. Se a parte controladora não prestar essa garantia, o transportador pode mesmo recusar-se a cumprir as instruções[55].

5. Circulação ou transferência do direito de controlo

A circulabilidade do direito de controlo está tipicamente associada à posição de parte controladora[56] e encontra-se regulada no artigo 51 das Regras de Roterdão[57].

---

[55] Cf., quanto ao § 418/2 HGB, que atribui ao transportador a faculdade de fazer depender a execução das novas instruções da prestação de um adiantamento, CZERWENKA, in *Münchener Kommentar HGB*, 7², cit., pp. 133-134.

[56] Não será, assim, possível uma negociação autónoma do direito de controlo sem a correlativa "passagem" da posição de parte controladora; cf., v. g., CZERWENKA, in *Münchener Kommentar HGB*, 7², cit., p. 127 e KOLLER, *Transportrecht*⁷, cit., p. 192.

[57] Cf., em geral, por todos, STURLEY/FUJITA/VAN DER ZIEL, *The Rotterdam Rules*, cit., p. 283 e ss., BERLINGIERI/ZUNARELLI/ALVISI, *La nuova convenzione UNCITRAL sul trasporto di merci "wholly or partly by sea"*, cit. p. 1202 e ss. e RECALDE CASTELLS, *El derecho de control en las Reglas de Rotterdam*, cit., p. 718 e ss..

512   *Manuel Januário da Costa Gomes*

Em princípio[58], a parte controladora pode transferir o seu direito de controlo para outra pessoa, produzindo tal transferência efeito, perante o transportador, no momento em que o transferente lho notifique, passando, então, o cessionário a ser parte controladora [artigo 51/1, alínea *b*)][59]: esta deverá, então, identificar-se devidamente no momento do exercício do direito de controlo, conforme prevê a alínea *c*) do artigo 51/1.

A situação que merece maior relevo é aquela em que tenha sido emitido um *documento de transporte negociável*: como vimos acima, de acordo com a alínea *a*) do artigo 51/3, a parte controladora será o *portador* do documento ou, tendo sido emitido mais de um original, o portador de todos os originais. O direito de controlo é, então, transferido, nos termos da negociação do próprio documento de transporte: o direito de controlo acompanha o documento de transporte[60]. É, porém questionável que se trate de um direito *incorporado* no documento, desde logo porque, como dissemos, a transferência do direito de controlo pressupõe que, tendo sido emitidos vários originais, todos esses documentos sejam transferidos [alínea *b*) do artigo 51/3]. Mesmo quando tenha sido emitido apenas um original, parece-nos mais adequado acentuar que o título funciona como título de legitimação para o exercício do direito de controlo.

Tendo sido emitido um *documento de transporte não negociável* do qual se infira que o documento deve ser restituído para efeitos da obtenção da entrega das mercadorias [artigo 51/2, alínea *a*)], a parte controladora – que, como vimos, é o *carregador* – pode transferir o direito de controlo para a pessoa designada no documento como destinatário, mediante a transferência para essa pessoa do documento de transporte, sem endosso; tendo havido emissão de vários originais, só com a transferência de todos eles é que é transferido o direito de controlo.

---

[58] Face à ressalva feita no artigo 51/1 relativamente aos regimes dos números 2 a 4 do mesmo artigo 51/1, a previsão das alíneas *b*) e c) do mesmo artigo 51/1 parece limitada às situações em que não tenha sido emitido qualquer documento de transporte ou, tendo sido emitido um documento de transporte não negociável, o mesmo não tenha de ser restituído para obter a entrega daa mercadorias.

[59] Realce-se que, por força do artigo 56 das Regras, a previsão da alínea *b*) do artigo 51/1 tem natureza supletiva.

[60] Assim resulta da primeira parte da alínea *b*) do artigo 51/3: o portador pode transferir o direito de controlo mediante a transferência do documento de transporte negociável para outra pessoa, em conformidade com o previsto no artigo 57; cf. *infra*, ponto 6.

Quando tenha sido emitido um *documento eletrónico negociável*, resulta da alínea *b*) do artigo 51/4 que o portador pode transferir o direito de controlo mediante a transferência do documento eletrónico de transporte negociável para outra pessoa, efetuada de acordo com os procedimentos indicados no artigo 9/1. O respeito por estes procedimentos será também necessário para o exercício do direito de controlo, conforme decorer da alínea c) do artigo 51/4.

6. Tranferência dos direitos incorporados no documento de transporte

I. A transferência dos direitos incorporados no documento de transporte está tipicamente associada às situações em que tenha sido emitido um documento de transporte negociável ou um documento electrónico de transporte negociável[61].

De acordo com o artigo 57/1, quando tenha sido emitido um *documento de transporte negociável*, o seu portador pode transferir os direitos incorporados no documento[62] mediante a transferência do mesmo documento para outra pessoa, devidamente endossado a favor dessa pessoa ou em branco, se se tratar de um documento à ordem [alínea *a*)] ou sem endosso se se tratar de uma das seguintes situações: (*i*) documento ao portador ou endossado em branco; ou (*ii*) documento emitido à ordem de uma pessoa determinada e a transferência for entre o primeiro portador do documento e essa pessoa [alínea *b*)].

O artigo 57/2 regula a transferência quando tenha sido emitido um *documento eletrónico de transporte negociável*: o seu portador pode transferir os direitos incorporados no documento tanto no caso em que tenha sido emitido simplesmente à ordem quanto naquele em que tenha sido emitido à ordem de uma pessoa determinada, mediante a transferência do documento através dos procedimentos indicados no artigo 9/1.

---

[61] Cf., v. g., SÁNCHEZ CALERO, *El contrato de transporte de mercancías*[2], cit., p. 658 e ss., BERLINGIERI/ZUNARELLI/ALVISI, *La nuova convenzione UNCITRAL sul trasporto di merci "wholly or partly by sea"*, cit. p. 1202 e ss., STURLEY/FUJITA/VAN DER ZIEL, *The Rotterdam Rules*, cit., p. 300 e ss. e RECALDE CASTELLS, *Documentación del contrato, derecho de control y transferencia de derechos sobre las mercancias*, cit., pp. 197-198.

[62] Especificamente sobre a incorporação de direitos no documento, cf. RECALDE CASTELLS, *Documentación del contrato, derecho de control y transferencia de derechos sobre las mercancias*, cit., p. 197

II. O artigo 58 das Regras de Roterdão, que tem, em epígrafe, a expressão "Responsabilidade do portador", cura, na realidade, de aspectos de regime que extravasam o estrito domínio da "Transferência de direitos", título do Capítulo 11.

Segundo o artigo 58/1 – que ressalva o disposto no artigo 55[63] – um portador que não seja o carregador e que não exerça nenhum direito derivado do contrato de transporte, não assumirá qualquer responsabilidade dimanada do referido contrato pelo simples facto de ser o portador.

Já se o portador que não seja o carregador exercer algum direito derivado do contrato de transporte assumirá todas as responsabilidades que o contrato lhe imponha[64], na medida em que essas responsabilidades estejam consignadas no documento de transporte negociável ou no documento electrónico de transporte negociável, ou possam ser determinadas a partir do mesmo.

O artigo 58/3 delimita, pela negativa, situações em que se considera que o portador diverso do carregador não exerceu nenhum direito derivado do contrato de transporte: ele não exerceu tal direito pelo simples facto de (i) ter acordado com o transportador, nos termos do artigo 10, a substituição de um documento de transporte negociável por um documento eletrónico de transporte negociável ou, *mutatis mutandis*, de um documento eletrónico de transporte negociável por um documento de transporte negociável[65]; ou (ii) de ter transferido os seus direitos nos termos do artigo 57.

---

[63] O artigo 55 disciplina a "obrigação de dar informação, instruções ou documentos adicionais ao transportador"; cf. *supra*, ponto 4.

[64] É esta a consequência que resulta do artigo 58/23, regime este que impõe que se traga à colação a questão do papel do destinatário (ou do portador que não seja o carregador) no contrato de transporte; cf., entre nós, COSTEIRA DA ROCHA, *O contrato de transporte de mercadorias, cit.*, p. 273 e ss.; cf. também MENEZES CORDEIRO, *Introdução ao Direito dos Transportes*, cit., pp. 35-36 e PAIS DE VASCONCELOS, *Direito Comercial*, I, Almedina, Coimbra, 2011, p. 238 e ss..

[65] O artigo 10 das Regras tem por pressuposto a fungibilidade entre os documentos de transporte negociáveis e os documentos eletrónicos de transporte negociáveis e regula os procedimentos de substituição de uns por outros; cf., v. g., SÁNCHEZ CALERO, *El contrato de transporte de mercancías*[2], cit., p. 644 (princípio da equivalência funcional) e BAENA BAENA, *La electronificación de los documentos de transporte en las Reglas de Rotterdam*, cit., p. 789 e ss..

INTERMEDIACIÓN EN LOS MERCADOS DE TRANSPORTE Y LAS REGLAS DE ROTTERDAM

ANA M.ª TOBÍO RIVAS[*]

SUMARIO: 1. Incidencia de las Reglas de Rotterdam: ausencia de regulación directa de los intermediarios del transporte y aplicación por vía indirecta; 2. Aspectos generales de la configuración de los intermediarios del transporte en los ordenamientos jurídicos nacionales y en la normativa o instrumentos jurídicos internacionales; 2.1. *Los intermediarios del transporte como representantes de intereses ajenos*; 2.2. *El distinto ámbito de responsabilidad de los intermediarios del transporte*; 2.3. *Actividades a realizar por los intermediarios del transporte*; 3. Intervención de los intermediarios en el contrato de transporte regulado por las Reglas de Rotterdam: distintos supuestos; 3.1. *Cuestiones previas: actividades comprendidas en el contrato de transporte*; 3.2. *Distinción de la posición del intermediario como simple representante o comisionista y como operador principal*; 3.3. *En relación con el porteador*; 3.3.1. *Intermediario del porteador*; 3.3.2. *Responsabilidad como porteador*; 3.4. *En relación con el cargador*; 3.4.1. *Intermediario del cargador*; 3.4.2. *Responsabilidad como cargador*; 3.5. *En relación con el destinatario*; 3.6. *Otros supuestos: tenedor, parte controladora, interviniente en un contrato de volumen*; 3.6.1. *Tenedor*; 3.6.2. *Parte controladora*; 3.6.3. *Interviniente en un contrato de volumen*; 4. Intervención de los intermediarios en operaciones accesorias o no al contrato de transporte regulado por las Reglas de Rotterdam; 5. Conclusiones.

---

[*] Catedrática de Derecho Mercantil de la Universidad de Vigo (España). La presente contribución constituye un resumen del trabajo publicado bajo el título "El futuro de la intermediación en los mercados de transporte: la posición de los agentes, transitarios y otros intermediarios en el régimen diseñado por las Reglas de Rotterdam", en ILLESCAS ORTIZ, R./ ALBA FERNÁNDEZ, M. (Dirs.), *Las Reglas de Rotterdam y la práctica comercial internacional*, Thomson-Reuters-Aranzadi, Cizur Menor, 2012, pp. 111-150.

1. Incidencia de las Reglas de Rotterdam: ausencia de regulación directa de los intermediarios del transporte y aplicación por vía indirecta

El Convenio sobre el contrato de transporte internacional de mercancías total o parcialmente marítimo, aprobado por la Asamblea General de las Naciones Unidas el 11 de diciembre de 2008, conocido como Reglas de Rotterdam (RR), no prevé ninguna regulación especial dedicada a los intermediarios o colaboradores de los transportes. Dentro de esta categoría podemos incluir a los agentes, comisionistas, transitarios y otras figuras que intervienen y asisten en la celebración y ejecución de los contratos de transporte, por cuenta de cargadores y porteadores.

El hecho de que las Reglas de Rotterdam no dediquen una especial atención a los intermediarios de los transportes, no es un situación nueva y distinta a lo que sucede en los distintos Convenios sobre transporte internacional. Una de las razones puede ser la gran diferencia de regulación que presentan los distintos Derechos nacionales sobre la figura de los colaboradores o intermediarios en los transportes y, de forma particular, la institución de la representación. Esas diferencias se perciben, de una manera particular, entre, por un lado, los sistemas jurídicos pertenecientes al Derecho continental europeo (*civil law*) y, por otro, el sistema anglosajón (*common law*). Esas disparidades de las regulaciones nacionales sobre los intermediarios y colaboradores de los transportes ha sido también la causa que ha impedido que, hasta el momento, se pudiese aprobar un Convenio internacional sobre la materia, que lograse al menos cierta uniformidad jurídica.

Así las cosas, hay que tener en cuenta que el objetivo principal de las RR ha sido, fundamentalmente, conseguir un régimen uniforme del contrato de transporte internacional de mercancías total o parcialmente marítimo. Parece claro que la finalidad del Convenio de UNCITRAL no ha sido regular el contrato de colaboración o intermediación en los transportes. Esa relación jurídica no está disciplinada por las RR.

No obstante, teniendo en cuenta lo anterior, lo que sí resulta extraño es que ningún aspecto de la intervención de los intermediarios del transporte se haya regulado en las RR, incluyendo, entre otras materias, por ejemplo, el tema de la representación o la actuación a través de representante. Creemos que esa carencia es, hasta cierto punto, criticable y la única justificación que podemos atisbar es, una vez más, las dificultades para lograr una uniformidad ante las diferencias que presentan los distintos Derechos nacionales sobre la materia.

Así pues, podemos sostener que las RR regulan fundamentalmente el contrato de transporte internacional de mercancías total ρ parcialmente marítimo y no el o los contratos de intermediación o colaboración en los transportes (en sus distintas denominaciones o acepciones según los diferentes Derechos nacionales). ¿Significa esto que las RR no tienen ninguna incidencia en los intermediarios del transporte? La respuesta tiene que ser negativa. Las RR no presentan una regulación directa de los intermediarios del transporte, pero sí tienen incidencia en su actuación y, por tanto, se puede afirmar que su aplicación es por vía indirecta.

Precisamente intentar desentrañar esa repercusión indirecta de la RR en la intervención de los intermediarios en el transporte es el objetivo de esta ponencia. No obstante, con carácter previo, y a efectos de una mejor comprensión de la materia, conviene tener presente que, cuando interviene un intermediario de los transportes, habría que diferenciar una doble relación jurídica. Por una parte, la relación que surge con su "cliente", comitente o mandante, que podemos considerar de carácter interno. En este caso estaremos en presencia del propiamente dicho contrato de colaboración o intermediación (comisión, expedición, agencia …). Por otra parte, la o las relaciones jurídicas que conlleva la actuación del intermediario ante otros intervinientes en el contrato de transporte, y que podemos denominar relación externa. Pues bien, las RR tienen una mayor incidencia en este último tipo de relaciones, puesto que, como se acaba de poner de manifiesto, el Convenio de UNCITRAL no regula ningún aspecto del específico contrato de colaboración o intermediación. Para conocer la regulación de este contrato habrá que tener en cuenta lo que hayan pactado contractualmente las partes y, sobre todo, el Derecho nacional aplicable a la relación jurídica surgida entre el intermediario y su "cliente" o comitente.

Por tanto, antes de adentrarnos en un mayor examen sobre la incidencia de las RR en el mercado de la intermediación de los transportes, parece conveniente exponer algunos aspectos generales de la configuración jurídica de los intermediarios del transporte en los Ordenamientos jurídicos nacionales y en la normativa o instrumentos jurídicos internacionales.

2. Aspectos generales de la configuración de los intermediarios del transporte en los ordenamientos jurídicos nacionales y en la normativa o instrumentos jurídicos internacionales

La configuración jurídica de los intermediarios del transporte es muy diferente en los distintos Derechos nacionales. En los diversos Ordenamientos jurídicos nacionales los intermediarios del transporte revisten diferentes denominaciones y configuraciones jurídicas. No obstante, como cuestión de principio, se puede afirmar que una característica común es que su actividad tiene como objetivo la gestión de intereses ajenos, en este caso relacionados con el transporte de mercancías. Para desempeñar esta función generalmente actúan a través del mecanismo de la representación.

Los aspectos más polémicos de su configuración jurídica radican, sobre todo, en su régimen de responsabilidad (en particular, si deben o no responder como porteadores o, en su caso, cargadores) y las consecuencias y efectos de su actuación representativa. En una primera aproximación hay que señalar ya que existen importantes diferencias en la configuración jurídica de los intermediarios del transporte entre, por una parte, las legislaciones pertenecientes al Derecho continental europeo (*civil law*) o Derechos romano-germánicos y, por otra, el sistema jurídico del Derecho anglosajón (*common law*). Pero, además, los Ordenamientos jurídicos de la Europa continental también presentan disparidades en esta materia.

2.1. *Los intermediarios del transporte como representantes de intereses ajenos*

En primer lugar, y por lo que se refiere al tema de la representación, hay que recordar que las legislaciones del sistema continental europeo suelen admitir y diferenciar entre la representación directa (el representante actúa en nombre y por cuenta del representado) y la representación indirecta (el representante actúa en nombre propio pero por cuenta de su representado). En el primer caso existe una *contemplatio domini*, puesto que el representado revela al tercero con quien contrata en ejecución de su encargo quién es su representado y, por tanto, este último y el tercero quedarán vinculados jurídicamente de forma directa. En el caso de la representación indirecta el representante no descubre quién es su representado y, por tanto, en principio, será el representante, y no su representado, el que se vincule directamente con el tercero con quien ha contratado.

Así pues, si esto lo trasladamos al ámbito de la intermediación en los transportes, se comprueba que, en los Derechos nacionales pertenecientes al *civil law,* en ocasiones se utilizan los contratos de mandato y comisión para regularla, aunque dando lugar a una categoría particular de comisión ("comisión de transporte"). Otras veces se prevé una regulación especial, surgiendo así determinadas figuras contractuales propias y específicas de la colaboración en los transportes. Esto último ocurre, por ejemplo, en el Derecho alemán e italiano, con los contratos denominados *speditionsgeschäft* y *spedizione*, respectivamente. En todo caso, cuando el intermediario del transporte – en sus diferentes denominaciones y acepciones – actúa utilizando el mecanismo de la representación – sobreentendiéndose que siempre lo hace por cuenta ajena, como gestor de intereses ajenos –, se deberán tener en cuenta las distintas consecuencias jurídicas que conlleva, en su caso, el tipo de representación utilizada, según sea directa o indirecta. Lógicamente, si el colaborador o intermediario del transporte actúa por cuenta propia – lo que vendría a desnaturalizar de alguna manera su propia conceptuación – no cabría referirse a las consecuencias de ninguna representación jurídica ya que, en este caso, sería inexistente, puesto que el intermediario no representaría a nadie, ni de forma directa ni de forma indirecta.

En el sistema anglosajón sólo se conoce y utiliza el término único de *agency* para denominar a todo aquel que actúa por cuenta de otra persona. No existe la distinción entre mandato y comisión y, por tanto, tampoco entre representación directa o indirecta. Lo importante es que el *agency* o intermediario actúe por cuenta de otra persona, su principal, para que se produzca un vínculo jurídico directo entre este último y el tercero con el que ha contratado el intermediario. Así pues, en el sistema anglosajón es en principio irrelevante que el *agency* o intermediario actúe en nombre propio o ajeno y revele o no el nombre de la persona por cuenta de la cual actúa. Esto es asimismo aplicable, de forma particular, al intermediario de los transportes que, en el Derecho anglosajón, se denomina con carácter general *forwarder*.

En cuanto a la normativa internacional dedicada a los intermediarios del transporte, el Proyecto de Convención de UNIDROIT sobre el contrato de "comisión" de transporte internacional de mercancías de 1966 no consiguió ser aprobado. El Proyecto de Convenio regulaba el contrato de comisión relativo a un transporte internacional de mercancías por el que, para asegurar la ejecución de dicho transporte, un comisionista se obligaba ante un comitente a celebrar *en su propio nombre* pero por cuenta de este último, uno o varios contratos de transporte, así como a efectuar o a hacer efectuar diversas prestaciones accesorias (art. 1, 1 del Proyecto). Por tanto, el mencionado Proyecto de Convención establecía que la actuación de los comisionistas de transporte se realizaría por medio del sistema de representación indirecta.

Así las cosas, teniendo presente, como una cuestión de principio, que un elemento común en todos los sistemas jurídicos es que los intermediarios de los transportes se dedican a gestionar intereses ajenos, parece conveniente precisar, en este momento, que las personas por cuenta de quienes generalmente actúan son principalmente los cargadores, porteadores y destinatarios.

2.2. *El distinto ámbito de responsabilidad de los intermediarios del transporte*

El tema de la responsabilidad de los intermediarios del transporte reviste una gran trascendencia y también complejidad. Aun teniendo en cuenta las diferencias que se acaban de apuntar de las distintas normativas nacionales, se puede sostener que, como regla general, es bastante frecuente que, en muchos Ordenamientos jurídicos, se distingan dos tipos de intermediarios en los transportes con diferente ámbito de responsabilidad. Por una parte, aquellos que se obligan a obtener un resultado del traslado, asumiendo los riesgos del transporte y, por tanto, deberán responder como porteadores (y a veces también como cargadores) aunque no hayan realizado el transporte con sus propios medios. Dentro de esta clase de intermediarios existen diferentes formas de conceptuarlos – al menos en el Derecho español-. Por un lado, se pueden concebir como unos intermediarios o comisionistas que tienen una especial responsabilidad agravada, puesto que deben responder como un porteador, aunque no lo sean (en el Derecho español se calificarían como "comisionistas de garantía"). Por otro, se podrían configurar como unos "porteadores contractuales" que se comprometen a realizar el transporte aunque no lo hagan con sus propios medios. Conceptuados de esta última manera los intermediarios, de alguna forma se desdibujaría la figura de colaborador en los transportes, para pasar, si más, a ser considerados simplemente una de las partes principales del contrato de transporte. Cualquiera de estas dos configuraciones no impediría que, además, el intermediario pudiese realizar de forma material o efectiva el traslado, convirtiéndose así en un porteador efectivo.

Por otra parte, a veces de forma paralela a la anterior conceptuación del intermediario con un ámbito de responsabilidad agravado, en esos mismos Ordenamientos suelen existir simples intermediarios que no se obligan a efectuar el transporte sino a "hacer transportar". Se encargan de expedir las mercancías y concertar un contrato de transporte, sin tener que responder como porteadores, sino como mandatarios o comisionistas. De nuevo en este caso también sería posible que el intermediario llevase a cabo la ejecución material del traslado, adquiriendo entonces la consideración de porteador efectivo.

En la normativa internacional, el Proyecto de Convención de UNIDROIT sobre el contrato de "comisión" de transporte internacional de mercancías de 1966, y como reflejo de las dos principales concepciones jurídicas que presentan los intermediarios del transporte en las Legislaciones nacionales, también distinguía dos tipos de comisionistas, en función de su grado de responsabilidad. Por un lado, y como regla general, el simple comisionista que no responde de la correcta ejecución de los contratos en los que interviene para hacer efectivo el transporte internacional (art. 13, 1 del Proyecto). Por otro lado, la figura del comisionista que responde de dichos contratos pero en determinadas situaciones excepcionales (arts. 22 a 25 del Proyecto).

Al margen de las tentativas para elaborar una normativa internacional, también cabe mencionar otros intentos de lograr una cierta uniformidad en el contenido de los contratos que celebran los transitarios o intermediarios del transporte con sus clientes. El ejemplo más evidentes es la elaboración, por parte de la Federación Internacional de Transitarios (FIATA), de unas Reglas Modelo sobre los servicios que prestan los *freight forwarders* (*FIATA Model Rules for Freight Forwarding Services*), aprobadas por dicha Federación en octubre de 1996 en el marco de la Conferencia Mundial de Caracas. También en estas Reglas Modelo (Reglas 6 a 12) se prevé un diferente régimen de responsabilidad del transitario, según intervenga como principal o intermediario en sentido estricto.

En resumen, y según lo que acabamos de exponer, el ámbito de responsabilidad de los intermediarios del transporte puede ser muy variado, puesto que pueden responder: como simples mandatarios o comisionistas (sin tener ninguna responsabilidad en la correcta ejecución del contrato de transporte); como unos intermediarios o comisionistas con una especial garantía, puesto que deben responder como porteadores (o cargadores), aunque no tengan esa condición; como un porteador contractual (aunque no ejecuten el transporte con medios propios); o como un porteador efectivo o parte ejecutante – según la denominación de las RR –, cuando lleven a cabo de forma material la realización del transporte (o de algunas de las actividades relacionadas con él). Así pues, desde este momento ya se puede atisbar la especial complejidad que conlleva la intervención de los intermediarios en el contrato de transporte y, en particular, la necesidad de clarificar cómo inciden las RR en su actuación.

2.3. *Actividades a realizar por los intermediarios del transporte*

Los intermediarios del transporte pueden realizar un gran número de actividades, todas ellas relacionadas con la celebración y ejecución de un contrato de transporte de mercancías. Puesto que esta ponencia tiene por objeto examinar las RR, que regulan el transporte internacional de mercancías total o parcialmente marítimo, conviene señalar ya en este momento que el intermediario por excelencia en el ámbito del transporte internacional de mercancías es el *freight forwarder* – denominado transitario en el Derecho español-. Las actividades de estos intermediarios del transporte pueden consistir, por tanto, no sólo en intervenir en la estipulación de un contrato de transporte en un sentido estricto, sino también en efectuar una diversidad de operaciones: recogida, recepción y entrega de mercancías (contra reembolso o contra documentos); carga y descarga; estiba y desestiba; embalaje, pesaje y recuento de mercancías; almacenaje o depósito de mercancías; agrupamiento o consolidación y desconsolidación de la carga; manipulación y acondicionamiento para el transporte; despacho aduanero y tramitación de documentos o formalidades administrativas; actuaciones previas de gestión, información, asesoramiento, oferta y organización de cargas o servicios; elección de medios, itinerarios y contratistas; coordinación de las diversas fases del transporte; contratación de seguros; expedición, distribución, devolución de embalajes y suplidos. En principio podemos denominar a todas estas operaciones como accesorias al contrato de transporte. Así pues, se puede afirmar que los *freight forwarders* o transitarios son verdaderos organizadores del transporte internacional de mercancías.

Un aspecto problemático a tener en cuenta radica en las consecuencias jurídicas que conlleva la actuación de los intermediarios en cada una de esas actividades, sobre todo el régimen de responsabilidad derivado de su ejecución. Una de las cuestiones a dilucidar será determinar si se pueden considerar parte de la propia prestación del contrato de transporte o no. En el primer caso, esas operaciones complementarias se subsumirían en la operación principal, que sería el transporte y, en consecuencia, se les aplicaría también el mismo régimen que se prevé cuando el intermediario celebra o participa directamente en el contrato de transporte que, en muchos casos, como acabamos de ver, conlleva la adquisición de la posición jurídica y la correspondiente responsabilidad del porteador. No obstante, esta solución no parece la más correcta cuando dichas operaciones complementarias son efectuadas por empresarios independientes distintos del propio porteador (y que no realizan la operación por cuenta o a instancias de este último).

Si a las actividades complementarias se las considera como otro tipo de operaciones diferenciadas de la propiamente dicha gestión del transporte, con sustantividad propia, aunque relacionadas con el traslado de las mercancías, entonces habría que plantear el régimen de responsabilidad al que estaría sometido el intermediario, y si sería o no aquel propio del porteador en un contrato de transporte.

Aunque pudiesen existir dudas sobre el tratamiento jurídico de las operaciones complementarias cuando el intermediario se encarga también de gestionar el propio contrato de transporte, sin embargo parece evidente que el régimen de este último contrato no sería aplicable cuando el intermediario se compromete a tramitar determinadas actividades complementarias aislada o independientemente, es decir, sin gestionar un determinado contrato de transporte – que, por ejemplo, ha celebrado directamente su cliente-cargador-. En este caso no parece correcto aplicar al intermediario el régimen jurídico del contrato de transporte – salvo que sean consideradas parte de su objeto – y, de forma particular y eventualmente, el régimen de responsabilidad del porteador. Creemos que, en este supuesto – celebración aislada de operaciones accesorias al transporte y que no forman parte de él –, siempre a reserva de lo que pudiese establecer el correspondiente Derecho nacional o las disposiciones contractuales, el intermediario actuará, por regla general, como un simple comisionista, y deberá responder como tal al ejecutar el encargo conferido. Otra cosa será que el intermediario se encargue materialmente de realizarlas, puesto que entonces – como un empresario principal y no sólamente comisionista – se someterá al régimen jurídico que corresponda a la concreta operación que va a ejecutar de forma efectiva (por ejemplo almacenaje o depósito de mercancías, operaciones de carga y descarga, etc.).

Una vez más, ante la ausencia de una normativa de carácter internacional que entrase en acción y regulase esta situación, habría que acudir a lo que pudiese prever el Derecho nacional aplicable al supuesto concreto o, en su caso, lo establecido en disposiciones contractuales. Así, por ejemplo, si en esos supuestos el intermediario fuese considerado como un simple comisionista, no debería responder de la correcta ejecución de esas operaciones, sino de una diligente gestión del encargo conferido (por ejemplo, una adecuada elección del empresario que va a realizar esas actividades).

En relación con estas cuestiones cabe señalar, en la práctica, la inclusión en los contratos de transporte internacional de mercancías de la denominada "cláusula Himalaya" – a la que nos referiremos más adelante –. A través de ella se intenta extender el régimen de responsabilidad del porteador – con sus limitaciones y medios de defensa – previsto en un Convenio a los dependientes, colaboradores o intermediarios, y también a terceros empresarios independientes.

3. Intervención de los intermediarios en el contrato de transporte regulado por las Reglas de Rotterdam: distintos supuestos

3.1. *Cuestiones previas: actividades comprendidas en el contrato de transporte*

Como acabamos de sostener, los intermediarios de transportes, especialmente los transitarios o *forwarders*, realizan una variedad de operaciones relacionadas todas ellas con el traslado de mercancías. El hecho de que esas actividades se encuadren o no dentro del objeto del contrato de transporte puede conllevar una determinada configuración jurídica y un diferente grado o tipo de responsabilidad; por ejemplo, tener que responder como porteador o ser considerado, incluso, como un porteador (generalmente contractual).

Pues bien, las RR prevén un concepto amplio del objeto del contrato de transporte, ya que no se va a circunscribir sólo al mero traslado de las mercancías (y las obligaciones de conservación y custodia que van parejas a esa obligación principal), sino que abarca también otra serie de operaciones – salvo pacto en contrario –. Así pues, las RR establecen como principales y específicas obligaciones del porteador – y que podrían ser realizadas también por una parte ejecutante – las siguientes: recepción, carga, manipulación, estiba, transporte, conservación, custodia, descarga, y entrega de la mercancías (vid. art. 13, 1 RR y art. 1, 6, a) RR, que establece la definición de "parte ejecutante"). Sin embargo, el Convenio dispone también la posibilidad de que el porteador y el cargador acuerden, a través de estipulación que deberá constar en los datos del contrato, que las operaciones de carga, manipulación, estiba o descarga de las mercancías sean efectuadas por el cargador, el cargador documentario o el destinatario (art. 13, 2 RR) – es la denominada cláusula FIO o FIOS (*Free in and out*)-. En este caso, por tanto, el porteador no estará obligado a realizar alguna o algunas de esas actividades, sino que correrán por cuenta de la persona que las haya asumido.

Por lo que respecta al sector de los intermediarios, esta delimitación amplia del contenido del contrato de transporte propugnada por las RR tiene importantes repercusiones, ya que puede significar una extensión de su ámbito de responsabilidad. En efecto, cuando el intermediario – según lo previsto por el correspondiente Derecho nacional o en el específico contrato de colaboración – tenga que responder como un porteador o, incluso, se le considere un porteador contractual, tendrá que garantizar el buen cumplimiento de todas esas obligaciones – o las que se hayan pactado – y no el simple traslado de las mercancías, siempre que sea de aplicación la regulación de las RR al contrato de transporte en el que haya intervenido. Así pues, se puede sostener que – salvo pacto en contrario – operaciones tales como la carga, manipulación, estiba o descarga, para las RR no son operaciones accesorias al contrato de transporte, sino operaciones que forman parte del propio objeto del transporte. Por ellas también deberán responder los intermediarios cuando se les obligue a asumir el buen resultado del transporte, bien como un tipo especial de comisionista (comisionista de garantía), como un colaborador en los transportes (en virtud, por ejemplo, de un contrato de expedición o de tránsito) o, incluso, como un porteador contractual.

3.2. *Distinción de la posición del intermediario como simple representante o comisionista y como operador principal*

De nuevo hay que tener presente, tal y como se expuso anteriormente, que los intermediarios en los transportes pueden configurarse jurídicamente de distintos modos. Por una parte, gestionar, por cuenta ajena, generalmente por cuenta de alguna de las partes del contrato de transporte (porteador, cargador o destinatario) alguna o algunas operaciones relativas al transporte de mercancías. En este supuesto el intermediario suele tener como función representar a alguna de las partes del contrato. Se trataría de un representante o *agent,* que en los distintos Ordenamientos nacionales pueden adoptar diversas formas jurídicas (comisionista, figura *sui generis* …).

En determinados casos, aun teniendo esta consideración de comisionista o *agent,* en virtud de una normativa nacional o incluso del mismo contrato de colaboración si así se pacta, puede estar obligado a responder, ante su principal, por la correcta ejecución del contrato de transporte que ha celebrado con un tercero, por cuenta de aquél.

En otras ocasiones, el intermediario no actúa como un comisionista – general o especial – y, por tanto, no sería un gestor o representante de intereses ajenos, sino que su intervención en el contrato de transporte se considera realizada como un empresario principal. Esta configuración será la que presenta el *Spediteur* alemán en determinados casos señalados por los actuales §§ 458, 459 y 460 del HGB, el *transporteur* (*transportondernemer*) holandés, *forwarder as principal* o *forwarder as carrier* inglés o el *spedizioniere-vettore* italiano.

Es conveniente también realizar una especial consideración a la intervención de los intermediarios en el transporte multimodal, tal y como se ha concebido hasta el momento. La importancia de los intermediarios y, en concreto, de los *freight forwarders* en la organización de esta modalidad de transporte es enorme. También aquí la condición de los intermediarios puede ser de un simple comisionista, actuando por cuenta del cargador o del porteador pero, en otras ocasiones, si asume la responsabilidad del total resultado del transporte – legal o convencionalmente –, puede adquirir la categoría de operador de transporte multimodal (OTM). En este último caso el transitario o *forwarder* sería un operador principal, generalmente un porteador contractual (aunque podría llevar a cabo también de forma efectiva todo o una parte del transporte). No se trataría, por tanto, de un comisionista o representante (*agency*). En sentido estricto no se podría considerar un intermediario del transporte, que presupone una actuación por cuenta ajena, y el OTM actúa por cuenta propia. Otra cosa es que el OTM utilice los servicios de los intermediarios del transporte para desempeñar su actividad, quienes intervendrán por cuenta de aquél.

Pueden llegar a tener igualmente la consideración de OTM los *Non Vessel Operating Common Carriers* (NVOCC) – figura de la intermediación en los transportes propia del Derecho norteamericano –, que se encargan de organizar el transporte, incluso utilizando distintos modos, y que, aunque pueden intervenir como simples *freight forwarders*, también pueden responsabilizarse del resultado de los distintos tramos del transporte. Además, es posible que actúen no sólo en el ámbito marítimo, sino igualmente aéreo (*Non Aircraft Operating Common Carrier* – NAOCC) y ferroviario (*Non Engine Operating Common Carrier* – NEOCC).

Estas conclusiones que acabamos de exponer respecto de la posición jurídica de los intermediarios y, en concreto, la figura del OTM, en el contexto de lo que se ha considerado tradicionalmente como transporte multimodal, también se pueden trasladar al supuesto en que un intermediario interviene en un contrato de transporte parcialmente marítimo (*marítimo plus*), al que le resulta aplicable las RR. En efecto, el intermediario o *freight forwarder* puede intervenir en ese contrato como un simple comisionista o *agent*, actuando por cuenta del cargador o del porteador, sin tener que responder por la correcta ejecución de la totalidad del transporte. No obstante, en otras ocasiones, puede asumir el resultado de todo el transporte sometido a las RR, en todas sus fases, bien porque se trata de un intermediario con una responsabilidad agravada, o bien porque adquiere la condición de un porteador contractual, organizador del transporte en su totalidad, con independencia de que, en su caso, pudiese realizar también de manera efectiva algunos o varios tramos del transporte. Además, el intermediario en ese contrato de transporte regulado por las RR podría asimismo adquirir una responsabilidad como cargador.

3.3. *En relación con el porteador*

Tal y como se ha indicado, en la relación jurídica a la que da lugar el contrato de transporte el intermediario puede asumir una determinada posición jurídica en relación con el porteador. Por un lado, puede ser un intermediario del porteador que se dedica a gestionar intereses de este último. Por otro, puede llegar a tener que responder como porteador cuando actúa por cuenta de los cargadores o cuando simplemente interviene como operador principal adquiriendo la condición de porteador (generalmente porteador contractual).

3.3.1. *Intermediario del porteador*

Los intermediarios pueden encargarse de gestionar o realizar operaciones por encargo y cuenta del porteador, por ejemplo, celebrar contratos de transporte con los cargadores u otro tipo de actividades complementarias o accesorias del transporte. Ya se ha señalado que esta relación jurídica de intermediación en sentido estricto no está regulada por las RR. Ciertas referencias a la actuación a través de intermediarios o representantes se incluían en algunos de los trabajos previos de las RR, pero apenas quedan algunas alusiones en el texto definitivo.

Por lo que respecta a la regulación jurídica del porteador en el Convenio, cabe mencionar el art. 38, que establece que todo documento de transporte deberá ser firmado por el porteador o por una persona *que actúa en su nombre* – habrá que entender que también por su cuenta-; asimismo, se indica que todo documento electrónico de transporte deberá llevar la firma electrónica del porteador o de una persona *que actúa en su nombre*. Así pues, en este precepto de alguna forma se está admitiendo la posibilidad de que el porteador pueda celebrar el contrato de transporte por sí mismo o a través de un representante, que bien puede ser un intermediario (por ejemplo un transitario o *freight forwarder*).

Asimismo, es digno de tener en cuenta lo previsto en el art. 37, 1 RR, dedicado a la "identidad del porteador", porque puede tener también repercusión en la posición jurídica de los intermediarios que intervienen por cuenta del porteador. En dicho precepto se dispone que cuando un porteador figura identificado por su nombre en los datos del contrato, cualquier otra información en el documento de transporte o en el documento electrónico de transporte concerniente a la identidad del porteador carecerá de eficacia, en la medida en que sea incompatible con dicha identificación. Es decir, si en el documento de transporte – electrónico o no – figurase, por ejemplo, el nombre del intermediario, tendrá prevalencia y se considerará porteador quien conste como tal en el contrato de transporte y no en dicho documento. Por su parte, el aptado. 2 del art. 37 RR prevé una presunción en caso de que los datos del contrato no identifiquen a ninguna persona como porteador, e igualmente la posibilidad de rebatir o destruir dicha presunción. Eso sí, el apartado 3 del citado artículo permite que el posible reclamante pruebe que alguna otra persona, distinta de la identificada en los datos del contrato (o conforme con lo previsto en el párrafo 2 del art. 37 RR) es el porteador.

De la combinación del art. 37, 1 y 37, 3 RR alguna doctrina como Zunarelli (Zunarelli, S., "The carrier and the maritime performing party in the Rotterdam Rules", *Uniform Law Review/Revue de Droit Uniforme*, Vol. 14, núm. 4, 2009, pp. 1011-1023, p. 1019) llega a la conclusión de que el Convenio abre la puerta a la posibilidad de identificar, además del porteador, según la definición del art. 1, 5 RR, a otra persona contra la que se puede dirigir el interesado en la carga (cargador o destinatario) para entablar una acción por daños. Para el citado autor, a esa persona se la podría denominar "porteador documentario" (guardando un paralelismo con el término "cargador documentario") y sería aquella persona distinta del porteador, que acepta ser nombrada como porteador en el documento de transporte y, por ello, estará sujeto a las obligaciones y responsabilidades impuestas al porteador por las RR.

Según lo que se acaba de exponer, si se admite la figura del "porteador documentario", que debe responder de la misma manera que el porteador, parece que cabría la posibilidad de que un *freight forwarder* pudiese adquirir tal condición y, por tanto, asumir la responsabilidad de porteador según las RR. No obstante, creemos conveniente precisar que esta posición del *freight forwarder* sólo la tendría en determinadas circunstancias y no en todo caso. En efecto, no la asumiría, por ejemplo, si se trata de un simple representante (*agent*) del porteador, pero sí cuando acepta figurar como porteador en el documento de transporte y, además, esa inclusión conlleva una vinculación jurídica frente a la persona a quien entrega el documento (por ejemplo, si actúa en nombre propio o como un operador principal).

Se puede afirmar, por tanto, que el art. 37 RR establece la presunción de que porteador será aquel que figure en el contrato – con independencia de que coincida o no con la persona que aparezca en el documento de transporte que se haya emitido –, si bien dicha presunción admite prueba en contrario.

Por otra parte, cabe sostener que el hecho de que las RR no incluyan ninguna regulación sobre las consecuencias jurídicas de la actuación del intermediario por cuenta del porteador, no significa que el Convenio no le afecte. En efecto, los transitarios o *freight forwarder* deberán tenerlo en cuenta, en muchos casos, para poder realizar su cometido con la diligencia debida, que se les exige en virtud del contrato de intermediación, en este supuesto defendiendo los intereses de su principal, el porteador.

En todo caso, para determinar las consecuencias jurídicas que conlleva la relación entre el intermediario y el porteador, derivada del correspondiente contrato de colaboración o gestión de intereses ajenos, habrá que tener presente la regulación prevista en el Derecho nacional que sea aplicable y lo dispuesto en el propio contenido contractual – siempre que no sea incompatible con normas de carácter imperativo-.

3.3.2. *Responsabilidad como porteador*

Una situación en la que se pueden encontrar los intermediarios que intervienen en un contrato de transporte al que le resulte de aplicación las RR es que tengan que responder como porteadores de dicho contrato o que ellos mismos sean considerados porteadores (operadores principales de un contrato de transporte). En estos casos las RR sí tendrán virtualidad y eficacia respecto de la actuación de ese intermediario, puesto que dicha responsabilidad estará regida por el Convenio y, por tanto, en principio, le será de aplicación. No obstante, la medida de esa aplicación puede variar, puesto que las RR prevén una compleja regulación de la figura del porteador, sus obligaciones y responsabilidad.

En efecto, el Convenio adopta un concepto amplio de porteador, definiéndolo como "la persona que celebra un contrato de transporte con un cargador" (art. 1, 5 RR) y que "se comprometa, a cambio del pago de un flete, a transportar mercancías de un lugar a otro" (art. 1, 1 RR). Aunque las RR no diferencian de forma expresa entre porteador contractual y portador efectivo, sin embargo esa distinción parece haberse tenido en cuenta de alguna forma al regular las figuras del "porteador", "parte ejecutante" y "parte ejecutante marítima". No obstante, estas dos últimas nociones se conciben con una mayor amplitud que la del porteador efectivo.

Se hace necesario, por tanto, examinar cómo puede incidir en los intermediarios la regulación prevista en las RR para el porteador o las personas que, de alguna forma, se asimilan a él en cuanto al régimen de su responsabilidad, principalmente la "parte ejecutante".

A) *Porteador*

Como ya se ha precisado, los transitarios o *freight forwarders* pueden verse en la situación de tener que asumir las obligaciones y responsabilidades previstas para el porteador por las RR. Esta situación puede darse cuando, a través de una normativa nacional o por vía contractual, deben responder como porteadores, aunque sigan siendo intermediarios que actúan por cuenta ajena, en este caso de un comitente-cargador. Otras veces el intermediario puede ser considerado, sin más, un porteador que responde como operador principal.

Parece oportuno señalar que, cuando el *freight forwarder* debe responder como porteador de acuerdo con la regulación de las RR en virtud de una disposición contractual – se entiende que convenida entre el comitente-cargador y el intermediario – y no una normativa nacional de obligado cumplimiento, podría existir una cláusula Himalaya, que se ha venido incluyendo en los conocimientos de embarque. A través de esta cláusula se pacta que una parte o empresario independiente que, en principio, no tendría que responder de acuerdo con lo previsto en un determinado Convenio y, por tanto, no se podría tampoco beneficiar de sus limitaciones y medios de defensa, se le aplique también la regulación del porteador prevista en dicho Convenio. Cabe advertir que las RR prevén una limitación de responsabilidad derivada del incumplimiento de cualquier de las obligaciones que tiene el porteador (y no sólo en caso de pérdidas, daños o retraso). Esta regulación beneficiará también al intermediario que deba responder como porteador.

En los casos en que un intermediario tiene que responder como porteador según el régimen previsto por las RR, puede adquirir la condición de porteador contractual, lo que significa que frecuentemente encomendará la realización material del transporte a uno o varios porteadores efectivos, a través de un subcontrato. En las RR estos últimos serán las denominadas "partes ejecutantes".

En estos supuestos el intermediario estaría vinculado, en principio, por el régimen de obligaciones y responsabilidades del Convenio, principalmente los Capítulos 4, 5 y 6.

Sin embargo, no siempre el régimen de responsabilidad aplicable a los porteadores será el previsto por las RR. En efecto, cuando el contrato de transporte se desarrolla a través de distintos modos o tramos, en relación con los tramos no marítimos se puede aplicar otro régimen de responsabilidad previsto en otros Convenios, lo que afectará también al intermediario que deba responder como porteador respecto de esos trayectos no marítimos. Esta regulación se deduce de lo dispuesto en los arts. 26 y 82 RR.

Es importante tener en cuenta que, cuando el supuesto de responsabilidad por pérdida, daño o retraso tiene lugar en un tramo no marítimo para el que no sea aplicable ningún instrumento jurídico de carácter internacional, según las condiciones exigidas por el art. 26 RR o el art. 82 RR, entonces entrará en aplicación el régimen previsto por las RR. Esto ocurrirá, por ejemplo, cuando la responsabilidad correspondiente al tramo no marítimo hubiese estado regulada por una normativa nacional, si se hubiese celebrado un único contrato de transporte que abarcase sólo dicho trayecto. Lógicamente, si el régimen nacional – por ejemplo, la regulación del contrato de transporte terrestre – fuese más benévolo que el previsto en las RR, se podría suscitar la conveniencia de celebrar varios contratos de transporte segmentados o acumulados. Esta situación quizás podría impulsar a los transitarios o *freight forwarders* a adoptar esta última forma de contratación si resultase también más conveniente a sus intereses, por ejemplo, por tener que responder asimismo como porteador de un tramo no marítimo.

B) *Parte ejecutante*

Una de las novedades que incorporan las RR es la regulación de "parte ejecutante" y "parte ejecutante marítima". La parte ejecutante se define como "la persona, distinta del porteador, que ejecute o se compromete a ejecutar alguna de las obligaciones del porteador previstas en un contrato de transporte respecto de la recepción, la carga, la manipulación, la estiba, el transporte, el cuidado, la descarga o la entrega de las mercancías, en la medida en que dicha persona actúe, directa o indirectamente, a instancia del porteador o bajo su supervisión o control" (art. 1, 6, a) RR). Además, el Convenio aclara que el término parte ejecutante no incluye a persona alguna que sea directa o indirectamente contratada por el cargador, por el cargador documentario, por la parte controladora o por el destinatario en lugar de por el porteador (art. 1, 6, b) RR).

Por "parte ejecutante marítima" se entiende toda parte ejecutante en la medida en que ejecute o se comprometa a ejecutar alguna de las obligaciones del porteador durante el período que medie entre la llegada de las mercancías al puerto de carga de un buque y su salida del puerto de descarga de un buque. También se precisa que un transportista interior o terrestre sólo será considerado parte ejecutante marítima si lleva a cabo o se compromete a llevar a cabo sus actividades únicamente dentro de una zona portuaria (art. 1, 7 RR).

Intermediación en los Mercados de Transporte...   533

No vamos a detenernos a examinar en profundidad el régimen jurídico de "parte ejecutante" y "parte ejecutante marítima", sino que nuestra intención es esclarecer su posible relación con los intermediarios de los transportes. ¿Puede ser un intermediario del transporte parte ejecutante o parte ejecutante marítima? Antes de intentar contestar a esta cuestión, parece conveniente señalar algunas de las notas que caracterizan a la parte ejecutante según las RR.

En primer lugar, para las RR la parte ejecutante puede ejecutar o comprometerse a ejecutar cualquiera de la actividades que debe realizar el porteador y que, como ya hemos visto, incluye un gran número de ellas, no sólo el traslado de las mercancías, sino otras que tradicionalmente se han venido calificando como actividades accesorias del transporte. Por ello, las RR conciben a la parte ejecutante como una figura que desarrolla más funciones que el propiamente dicho porteador efectivo.

En segundo lugar, la parte ejecutante, para tener tal consideración, deberá realizar su actividad, directa o indirectamente, a instancias del porteador o bajo su supervisión y control. Por tanto, no será parte ejecutante aquella que haya sido contratada por una persona distinta del porteador (por ejemplo, el cargador o el destinatario), aunque realice el mismo tipo de actividades (por ejemplo, carga, descarga, estiba).

Pues bien, en principio, consideramos que el papel propio de los intermediarios del transporte (transitarios y *freight forwarders*) no será asumir la posición de parte ejecutante en el transporte, sino más bien contratar – por cuenta del porteador o, en su caso, él mismo como porteador contractual – con dicha parte ejecutante la realización de una o varias actividades para la ejecución del contrato de transporte. No obstante, nada impide que los propios intermediarios se comprometan a realizar personalmente algunas de esas operaciones, convirtiéndose en parte ejecutante o parte ejecutante marítima. Cuando esto ocurra, cabría incluso plantearse si en algunos supuestos se podría tratar de una autoentrada del intermediario. Eso sí, para que el intermediario pueda adquirir esa condición, será necesario, como ya hemos visto, que actúe a instancias del porteador y no de otras partes del contrato de transporte (por ejemplo el cargador).

En todo caso hay que tener en cuenta que el hecho de que el intermediario tenga la condición de parte ejecutante o parte ejecutante marítima conlleva su sometimiento a una especial regulación jurídica prevista por el Convenio, sobre todo por lo que respecta al régimen de su responsabilidad. La parte ejecutante marítima está sujeta a las obligaciones y responsabilidades que imponen al porteador las RR y, al mismo tiempo, gozará de las exoneraciones y límites de responsabilidad del porteador previstas igualmente por el Convenio, siempre que se cumplan, por un lado, unas condiciones relativas al lugar de recepción, entrega de mercancías o desarrollo de sus funciones y, por otro, al tiempo en que se produjo el hecho causante de la pérdida, el daño o el retraso (art. 19, 1 RR). Hay que precisar que la responsabilidad de la parte ejecutante marítima se circunscribe a las obligaciones y límites previstos para el porteador por el Convenio, y no le afecta determinados pactos celebrados por el porteador que puedan perjudicar sus intereses, salvo que los haya aceptado expresamente (art. 19, 2 RR).

Cabe advertir que, puesto que el concepto de parte ejecutante marítima es muy amplio, ya que en él se comprende la realización de una diversidad de actividades que no forman parte del traslado de las mercancías en sentido estricto, se puede decir que para determinados operadores del transporte que se van a considerar como partes ejecutantes marítimas (por ejemplo los estibadores), su situación puede variar considerablemente, ya que ahora se verán sometidos al régimen de responsabilidad de los porteadores según las RR. ¿Será este nuevo escenario más o menos favorable para los intereses de los *freight forwarders*? La respuesta no puede ser única. Si no les fuesen aplicables las RR, seguramente la regulación a tener en cuenta sería la establecida por el Derecho nacional que corresponda en cada caso (o el respectivo contrato que se hubiese estipulado). Habría que verlo en cada supuesto concreto. No obstante, hay que advertir que, aplicando las RR, se pueden beneficiar de los límites de responsabilidad, mientras que tal vez si no fuese así su responsabilidad podría ser ilimitada.

Así pues, las RR establecen una responsabilidad automática y directa de la parte ejecutante marítima ante los interesados en la carga (cargador y destinatario), quienes pueden reclamarle a través de una acción directa. Constituye esta regulación una importante novedad, respecto de la situación y Convenios anteriores. En efecto, en la práctica, y como regla general, para que las partes ejecutantes de un contrato de transporte (por ejemplo, un porteador efectivo) se pudieran beneficiar de las limitaciones y medios de defensa que tenía el porteador en virtud de un Convenio, se venía acudiendo a la inclusión en los contratos de la llamada cláusula Himalaya. Se dice que las RR vienen a incorporar una "protección Himalaya" automática y plasmar algo que ya se establecía en la vida comercial.

Cuando el intermediario de los transportes tiene que responder como porteador o es considerado propiamente un porteador, habrá que tener presente también la regulación que se indica a continuación, relacionada con la actuación de las partes ejecutantes. Por una parte, las RR prevén una responsabilidad solidaria del porteador y las partes ejecutantes marítimas, en caso de pérdida o daño de las mercancías, o del retraso en su entrega, pero sólo hasta los límites previstos en el Convenio (art. 20 RR). Por tanto, el reclamante puede dirigir su acción de responsabilidad contra el porteador, que puede ser un *freight forwarder*, por la actuación de una parte ejecutante marítima.

Por otro lado, las RR establecen asimismo la responsabilidad del porteador cuando el incumplimiento de sus obligaciones sea imputable a actos u omisiones de, entre otros, cualquier parte ejecutante, o cualquier otra persona que ejecute o se comprometa a ejecutar alguna de las obligaciones del porteador con arreglo al contrato de transporte, en la medida en que dicha persona actúe, directa o indirectamente, a instancias del porteador o bajo su supervisión y control (art. 18, a) y c) RR). Esta previsión requiere que se realicen varias precisiones.

En primer lugar, las RR sólo establecen la responsabilidad sometida a la regulación del propio Convenio si se trata de una parte ejecutante marítima. Por tanto, en este supuesto, el porteador o intermediario que deba responder como tal lo hará según el régimen de responsabilidad establecido en las RR, incluyendo también las exoneraciones y los límites de responsabilidad reconocidos por el Convenio.

¿Qué ocurre con la responsabilidad de las partes ejecutantes no marítimas? ¿En qué medida y bajo qué regulación deberá responder el porteador por esas personas? En primer término, hay que señalar que las RR no prevén una responsabilidad directa de las partes ejecutantes no marítimas que se pudiese exigir, por parte de los interesados en la carga (principalmente cargador o destinatario), de acuerdo con el Convenio. En este caso, para que se les aplicase el régimen previsto en las RR, incluidas las exoneraciones y límites de responsabilidad, sería posible insertar en los contratos una cláusula Himalaya. De esta forma, el porteador que deba responder por la actuación de la parte ejecutante no marítima podría beneficiarse de dicha regulación. Si no se pacta ninguna cláusula Himalaya, la parte ejecutante no marítima deberá responder de acuerdo con el Convenio (por ejemplo, el CMR) o la normativa nacional que le sea aplicable, y no en virtud de la regulación prevista en las RR. En este supuesto el porteador que deba responder por la actuación de la parte ejecutante no marítima, en virtud del art. 18 RR, también deberá hacerlo en la misma medida, aunque podría producirse la situación paradójica de que el porteador tenga que responder por su propia actuación según las RR y por la actuación de la parte ejecutante no marítima en virtud de otra regulación internacional o nacional (en este último caso, por ejemplo, cuando se trate de una responsabilidad no derivada de pérdida, daño o retraso).

3.4. *En relación con el cargador*

Al igual que señalamos respecto del porteador, los intermediarios pueden adquirir una determinada posición jurídica en relación con el cargador. En efecto, por una parte, pueden dedicarse a gestionar los intereses del cargador, de tal forma que actuarán como simples intermediarios que van a facilitar la celebración de un contrato de transporte por cuenta de este último. Por otra parte, también pueden asumir una situación jurídica por la que están obligados a responder como cargadores, generalmente ante un porteador por cuya cuenta han concertado un contrato de transporte, o al tener la condición de cargador como un operador principal. Además, las RR regulan una figura especial del contrato de transporte, la del cargador documentario, que es conveniente examinarla desde la perspectiva de los intermediarios.

3.4.1. *Intermediario del cargador*

Cuando un intermediario o *freight forwarder* es contratado por un cargador con el fin de que realice las gestiones necesarias para celebrar un contrato de transporte, como regla general intervendrá como un simple comisionista o representante (*agent*), que deberá actuar con la diligencia debida en ese cometido – salvo que, además, esté obligado a responder como porteador ante el cargador por cuya cuenta actúa-. Esta condición jurídica de los intermediarios – como simples comisionistas o representantes del cargador – no aparece expresamente regulada en las RR, pero ello no significa que no pueda existir. En este caso, la relación jurídica entre el intermediario y el cargador – a falta de un Convenio internacional que fuese aplicable – se regirá por la normativa nacional aplicable al caso o por el correspondiente contrato de intermediación o colaboración (en un sentido amplio) suscrito por las partes. Según el art. 1, 8 RR, por cargador se entenderá la persona que celebre un contrato de transporte con el porteador. Nada impide que la estipulación del contrato sea realizada por otra persona (por ejemplo, intermediario o *freight forwarder*) por cuenta del cargador.

Hay que tener en cuenta, además, que, según el art. 13 RR, el porteador y el cargador podrán estipular que las operaciones de carga, manipulación, estiba o descarga de las mercancías sean efectuadas por el cargador (o el cargador documentario o el destinatario). Esto significa que los intermediarios podrán gestionar también estas operaciones (y no sólo la simple celebración del contrato de transporte) por cuenta del cargador, al margen de otras actividades accesorias al transporte.

Los trabajos preparatorios de las RR regulaban también una figura especial, la del consignador, que se la definía como una persona que entrega las mercancías al porteador o a una parte ejecutante para su transporte. Sin embargo el texto final del Convenio no la incluye. En todo caso, consideramos que esta omisión no obstaculizará que, *de facto*, una persona, como un intermediario, se encargue de entregar las mercancías al porteador o a una parte ejecutante para su transporte por cuenta del cargador o del cargador documentario. Este sería un claro supuesto en que el intermediario adopta una posición de simple comisionista.

3.4.2. *Responsabilidad como cargador*

Puede suceder que un intermediario del transporte tenga que asumir la responsabilidad como cargador. Esto ocurrirá, por ejemplo, cuando celebra un contrato de transporte por cuenta del porteador y bien una normativa, nacional o internacional, o bien el propio contenido del contrato de intermediación le obliga a responder como cargador frente al porteador-comitente. También asumirá la responsabilidad como cargador cuando el intermediario actúa como un operador principal y celebra un contrato de transporte con el porteador; o cuando, a través del mecanismo de la representación indirecta, actúa en nombre propio pero por cuenta del cargador, quedando vinculado directamente con el porteador.

A) *Cargador*

En los casos señalados anteriormente, el intermediario o *freight forwarder* que ha intervenido en un contrato de transporte sujeto a la regulación de las RR, estará sometido a las obligaciones y responsabilidades que el Convenio prevé para los cargadores. Precisamente una de las novedades de este Instrumento internacional ha sido incluir una amplia regulación de la posición jurídica de los cargadores, con lo que se pretende reflejar en las RR una perspectiva jurídica completa del contrato de transporte de mercancías total o parcialmente marítimo. Esta aseveración es importante puesto que, de no existir esa regulación del cargador en las RR, la disciplina aplicable al *freight forwarder* que debe responder como cargador sería fundamentalmente la prevista en el Derecho nacional aplicable al caso o en el específico contrato de transporte. De ahí que, si ese Derecho interno fuese más benévolo que el previsto en las RR se puede decir que, en relación con este ámbito de responsabilidad de los intermediarios del transporte, el Convenio de UNCITRAL ha venido a endurecer su posición jurídica.

También es conveniente poner de manifiesto que, mientras que las RR prevén límites de responsabilidad para el porteador, esa limitación no existe para el cargador. Por otra parte, en tanto que el Convenio permite aumentar, directa o indirectamente, las obligaciones y la responsabilidad del porteador, ello no es posible respecto del cargador (art. 79 RR). Por eso, se ha indicado que las RR manifiestan un desequilibrio entre la regulación de las obligaciones y responsabilidades previstas, por una parte, para el porteador y, por otra, para el cargador. No obstante, en relación con estas cuestiones, hay que destacar el régimen especial que el Convenio prevé para los contratos de volumen.

Las RR dedican el Capítulo 7 (arts. 27 a 34) a regular las obligaciones del cargador frente al porteador. Hay que recordar, además, como ya se puso de manifiesto, que, según el art. 13, 2 RR, el porteador y el cargador podrán estipular que las operaciones de carga, manipulación, estiba y descarga de las mercancías sean efectuadas por el cargador (o el cargador documentario). En relación con esto último, cabría plantearse si ese pacto estipulado por el cargador ("contractual") con el porteador vincula también al *freight forwarder* que debe responder como cargador (y en cuya estipulación no participó), añadiendo más obligaciones y responsabilidades que las previstas con carácter general por el Convenio en el citado Capítulo 7.

Las RR no prevén nada al respecto. Sin embargo, si tenemos en cuenta lo dispuesto por el art. 19, 2 RR que, en relación con la responsabilidad de la parte ejecutante marítima, establece que esta última no estará vinculada por aquellos pactos estipulados por el porteador en virtud de los cuales este último asume un aumento de obligaciones o de los límites de responsabilidad respecto de los previstos en el Convenio (salvo que la parte ejecutante marítima los haya aceptado expresamente), habría que concluir que, por esas operaciones relacionadas en el art. 13, 2 RR y aceptadas por el cargador, no deberían responder los intermediarios, salvo que las hubiesen asumido expresamente.

Por otra parte, a similitud de lo previsto en relación con el porteador, el *freight forwarder* que tenga que responder como cargador – o, con más motivo, si él mismo es considerado cargador – podrá beneficiarse de las excepciones – no de los límites de responsabilidad ya que no existen – previstas por el Convenio para el cargador o el cargador documentario (art. 4, 2 RR). Se podría decir que también aquí se implanta una protección Himalaya automática, en este caso en relación con los medios de defensa que tiene el cargador y que pueden ser utilizados por otras personas que deben responder como tal.

B) *Cargador documentario*

Las RR regulan una figura especial, la del cargador documentario, que se define como "la persona, distinta del cargador, que acepte ser designada como 'cargador' en el documento de transporte" (art. 1, 9 RR). Su posición jurídica se equipara a la del cargador, ya que tendrá las mismas obligaciones y responsabilidades impuestas a este último y gozará también de los mismos derechos y exoneraciones (art. 33 RR). Además, las obligaciones y responsabilidad del cargador documentario no excluyen las del cargador, por lo que ambos serán responsables, se presupone que solidariamente, aunque las RR no lo especifican.

Lo cierto es que la definición que proporciona las RR sobre el cargador documentario no es esclarecedora, y podría llevar a incluir dentro de esta figura a un elenco de personas que no son las adecuadas para ostentar tal condición, entre ellas los intermediarios o *freight forwarders*. Por tanto, la cuestión a resolver es si un *freight forwarder* puede ser un cargador documentario, en cuyo caso asumiría la misma posición jurídica que el cargador, incluidas sus obligaciones y responsabilidades. Pero antes de dar respuesta a esta cuestión es necesario clarificar en quién está pensando realmente el Convenio de UNCITRAL cuando regula la figura del cargador documentario.

El cargador documentario será el vendedor de las mercancías (generalmente un exportador) que realiza una venta de la modalidad EXW, FCA o FOB, de tal forma que el cargador (efectivo) del contrato de transporte será el comprador de dichas mercancías. Así pues, el cargador documentario debe ser una persona distinta del cargador (comprador), y que tiene derecho a cobrar el precio de la venta de las mercancías. Puesto que no es, en principio, parte en el contrato de transporte, tampoco tendría ninguna posición jurídica en el mismo (por ejemplo, no podría reclamar las mercancías transportadas). Por eso, como puede ser conveniente que el vendedor adquiera ciertos derechos en el contrato de transporte, se prevé que, para ello, y previo acuerdo con el verdadero cargador-comprador, figure como cargador en el documento de transporte. De esta forma, aunque se le somete al mismo régimen de obligaciones y responsabilidades que al cargador, también se beneficia de sus derechos y ventajas. Entre ellos, el de reclamar las mercancías transportadas en caso de insolvencia del comprador o facilitar la gestión de los créditos documentarios.

Partiendo de lo anterior, parece claro que, como regla general, los intermediarios o *freight forwarders* no serán cargadores documentarios. En todo caso podrían ostentar si acaso la condición de cargadores, pero no cargadores documentarios.

No obstante, hay que tener en cuenta que los intermediarios pueden figurar en el documento de transporte, actuando por cuenta ajena, por ejemplo representando a un cargador. Pues bien, en este caso habrá que sostener que, a pesar de aparecer en el documento, no se le puede considerar cargador documentario.

3.5. *En relación con el destinatario*

En esta panorámica que estamos realizando de los intermediarios o *freight forwarders* en relación con las RR, no podemos olvidar la posibilidad de que también puedan encargarse de realizar algún tipo de actividad por cuenta de los destinatarios (o, incluso, ellos mismos podrían llegar a ser tales destinatarios). Las RR definen al destinatario como la persona legitimada para obtener la entrega de las mercancías en virtud de un contrato de transporte o en virtud de un documento de transporte o en virtud de un documento electrónico de transporte (art. 1, 11 RR).

Estas operaciones que pueden gestionar los transitarios se refieren, por ejemplo, a la recepción de las mercancías cuando llegan a destino u otras como la carga, manipulación, estiba o descarga de las mercancías. Hay que recordar, como ya se ha apuntado anteriormente, que las RR establecen que estas últimas operaciones pueden ser efectuadas, entre otros, por el destinatario si así se estipula expresamente en el contrato de transporte, ya que si no se hace de esa forma le corresponde al porteador (art. 13, 2 RR). Pues bien, en estos casos los intermediarios, como regla general, actuarán como representantes de los destinatarios y contratarán la realización de esas actividades con determinados empresarios. La responsabilidad de los intermediarios por dicha actuación, a falta de regulación expresa en las RR, se regirá por el correspondiente Derecho nacional aplicable o por el contrato de colaboración celebrado con el destinatario. Lo habitual será que en esa actuación el intermediario asuma una posición de simple comisionista o *agent*.

También podría ocurrir que los intermediarios realizasen personalmente esas operaciones (carga, manipulación, estiba, descarga ...), actuando como operadores principales – podría hablarse incluso de una autoentrada del intermediario – . Hay que advertir que, en estos casos, esos intermediarios no podrían considerarse "parte ejecutante" o "parte ejecutante marítima" según las RR – incluso aunque realicen las mismas actividades previstas para estos últimos según el art. 1, 6 y 7 RR –, ya que no actúan, directa o indirectamente, a instancia del porteador o bajo su supervisión y control.

3.6. *Otros supuestos: tenedor, parte controladora, interviniente en un contrato de volumen*

3.6.1. *Tenedor*

Existen otros supuestos previstos por las RR que pueden tener también repercusión en la posición jurídica de los intermediarios. Uno de ellos es la condición de "tenedor", que se define en el art. 1, 10 RR como: "a) la persona que esté en posesión de un documento de transporte negociable y,

i) en caso de que el documento se haya emitido a la orden, esté identificado en dicho documento como el cargador o el destinatario, o como la persona a la que el documento haya sido debidamente endosado, o ii) en caso de que el documento sea un documento a la orden endosado en blanco o se haya emitido al portador, sea su portador; o b) la persona a la que se haya emitido o transferido un documento electrónico de transporte negociable con arreglo a los procedimientos previstos en el párrafo 1 del artículo 9".

Pues bien, si un intermediario cumple alguna de las condiciones anteriores puede adquirir la posición de tenedor y someterse a la regulación prevista para él en las RR. A estos efectos, habrá que tener en cuenta que, según el art. 58 RR, un tenedor que no sea el cargador y que no ejercite ningún derecho derivado del contrato de transporte, no asumirá ninguna responsabilidad derivada del contrato por la sola razón de ser el tenedor (art. 58, 1 RR). *A sensu contrario*, si ejercita algún derecho derivado del contrato de transporte, asumirá todas las responsabilidades impuestas por el contrato, en la medida en que dichas responsabilidades estén consignadas en el documento de transporte negociable – electrónico o no – o puedan ser determinadas a partir del mismo (art. 58, 2 RR).

Así pues, un elemento clave para determinar el ámbito de responsabilidad del tenedor en virtud del contrato de transporte es comprobar si ejercita o no algún derecho derivado de este último. Al respecto hay que subrayar que las RR sólo establecen dos supuestos concretos en los que se considera que una persona, que no sea el cargador, no ha ejercitado ningún derecho derivado del contrato de transporte. Por un lado, cuando esa persona haya acordado con el porteador la sustitución de un documento de transporte negociable por un documento electrónico de transporte negociable o, a la inversa, un documento electrónico de transporte negociable por un documento de transporte negociable (art. 58, 3, a) RR). Por otro lado, cuando haya transferido sus derechos con arreglo al art. 57 RR (art. 58, 3, b) RR).

En la práctica es frecuente que un intermediario sea tenedor de un documento de transporte negociable – electrónico o no – con la finalidad de realizar alguna gestión, pero que no conlleva en sí el ejercicio de ningún derecho derivado del contrato de transporte (al menos por su propia cuenta). Esto puede ocurrir cuando se le endosa el documento al transitario para realizar algún tipo de trámite administrativo o aduanero ("endoso de gestión"). Por ello, hubiese sido conveniente, a efectos clarificadores, como señala Vicens Matas (Vicens Matas, M. M., "Reglas de Rotterdam:

sus puntos fuertes y sus debilidades desde las visión de los transitarios", *Revista de Derecho del Transporte*, núm. 4, 2010, pp. 173-184, p. 176), que las RR hubiesen incluido también este supuesto entre aquellos que no se consideran que supone el ejercicio de un derecho derivado del contrato de transporte. El silencio de las RR al respecto puede hacernos dudar sobre las consecuencias que dicho endoso puede conllevar para el tenedor del documento, en este caso un intermediario del transporte.

3.6.2. *Parte controladora*

De alguna forma relacionado con el anterior supuesto, parece conveniente referirse también a la regulación que prevén las RR sobre la parte controladora y su incidencia en la posición jurídica de los intermediarios. De una forma lacónica el Convenio define a la parte controladora como la "persona que con arreglo al artículo 51 esté legitimada para el ejercicio del derecho de control" (art. 1, 13 RR). El derecho de control comprende una serie de facultades, como modificar instrucciones sobre las mercancías (siempre que no constituya una modificación del contrato), el lugar de entrega de las mercancías o sustituir al destinatario.

En principio la parte controladora será el cargador, salvo que, al celebrar el contrato de transporte, se haya designado como tal al destinatario, al cargador documentario o a alguna otra persona. Así pues, algunas de estas personas, consideradas parte controladora, pueden ejercitar algunas de las facultades anteriormente citadas. Es verdad que entre esas personas no se menciona a los intermediarios del transporte. Sin embargo, ello no implica que no puedan ejercitar el derecho de control según lo previsto en las RR, en virtud de varias circunstancias. Por una parte, porque tengan la condición de algunas de las personas expresamente señaladas (cargador, destinatario ...), lo que no parece sea demasiado habitual. Por otra parte, porque han adquirido esa condición de parte controladora *ab initio*, al establecerse en el propio contrato de transporte, o posteriormente, al haber sido transferida esa condición por la parte controladora. No creemos que, en la práctica, sea frecuente que un intermediario como tal sea parte controladora, ya que la esencia de la facultad que esa condición conlleva es gozar de un derecho de disposición sobre las mercancías que, generalmente, se obtendrá en virtud de unas causas o negocios determinados.

3.6.3. *Interviniente en un contrato de volumen*

Una referencia especial debe hacerse a la regulación del contrato de volumen que disciplinan las RR y cómo puede afectar a la posición jurídica de los intermediarios del transporte. Por contrato de volumen se entiende "todo contrato de transporte que prevea el transporte de una determinada cantidad de mercancías en sucesivas remesas durante el período en él convenido" (art. 1, 1 RR). Pues bien, respecto de este tipo de contrato, las RR incorporan una importante novedad, puesto que permiten que se someta a la autonomía de la voluntad de las partes, quienes pueden establecer, dentro de ciertos límites, la regulación que consideren más adecuada en cada caso. Así pues, en todo contrato de volumen al que le sean aplicables las RR, es posible estipular derechos, obligaciones o responsabilidades mayores o menores que los prescritos en el Convenio (art. 80, 1 RR). No obstante, las disposiciones contractuales que difieran de lo previsto en las RR sólo tendrán validez si se cumplen una serie de condiciones de carácter acumulativo, que se relacionan en el art. 80, 2 RR.

No cabe duda de que la estipulación de un contrato que se aparte del régimen establecido por el Convenio puede tener una importante repercusión en los intereses de las partes, pudiendo producir, en algunos casos, un desequilibrio contractual que podría resultar demasiado gravoso para alguna de ellas. Puesto que, en muchas ocasiones, son los transitarios o *freight forwarders* quienes se encargan de la negociación contractual, es evidente que su responsabilidad se acrecienta cuando se trata de concertar una contrato de este tipo.

Por otra parte, hay que advertir que el contenido contractual que se incluya en un contrato de volumen puede afectar al régimen de obligaciones y responsabilidades de los intermediarios que intervienen en él, teniendo en cuenta también, tal y como se ha expuesto, la posición jurídica que adquieran en relación con el contrato de transporte.

Las RR adoptan asimismo cautelas en relación con las repercusiones que puede tener el contrato de volumen respecto de *otras personas distintas del cargador* (vid. art. 80, 5 RR). Las RR no aclaran qué debe entenderse por "persona distinta del cargador" – lo que resulta bastante criticable-. Según alguna doctrina, habrá que entender por tal toda persona, distinta del cargador, que esté sujeta, frente al porteador, a derechos y obligaciones derivados del contrato de transporte, lo que incluiría al destinatario, la parte controladora o incluso al cargador documentario. No sabemos si también se podría considerar persona distinta del cargador a una parte ejecutante. Así pues, cuando un intermediario tiene que asumir algún tipo de posición jurídica respecto de esas personas, deberá tomar en consideración si las condiciones del contrato de volumen que difieren del Convenio pueden vincular a los intereses de la persona por cuya cuenta actúa (por ejemplo, el destinatario) o los suyos propios.

4. Intervención de los intermediarios en operaciones accesorias o no al contrato de transporte regulado por las Reglas de Rotterdam

Hay que tener en cuenta, como ya se expuso con anterioridad, que los transitarios o *freight forwarders* pueden realizar un gran número de actividades, todas ellas relacionadas con el transporte internacional de mercancías. Aparte de gestionar el traslado de las mercancías propiamente dicho, también pueden ocuparse de otras operaciones de diversa índole.

Pues bien, ya se ha visto que para las RR el porteador está obligado, no sólo a realizar el transporte, sino también a efectuar otras actividades, como recibir, cargar, manipular, estibar, conservar, custodiar, descargar y entregar las mercancías (art. 13, 1 RR). Sin embargo las operaciones de carga, manipulación, estiba o descarga de las mercancías pueden ser realizadas por el cargador, el cargador documentario o el destinatario si así se prevé expresamente en el contrato de transporte (art. 13, 2 RR). De lo anterior podemos deducir que todas esas mencionadas actividades forman parte del objeto del contrato de transporte y, por tanto, para las RR no serán consideradas actividades accesorias sino principales, cuyo desarrollo y cumplimiento estarán regidos por el Convenio. Así pues, la aplicación o incidencia de las RR en la intervención de los intermediarios en relación con esas actividades se regirá según lo que hemos expuesto en los apartados precedentes.

No obstante, las actividades realizadas por los intermediarios relativas al transporte internacional de mercancías no se agotan con las que se acaban de citar. En efecto, entre esas otras operaciones en las que pueden intervenir se encuentran, por ejemplo: embalaje, pesaje y recuento de mercancías; almacenaje o depósito de mercancías; agrupamiento o consolidación y desconsolidación de la carga; despacho aduanero y tramitación de documentos o formalidades administrativas; actuaciones previas de gestión, información, asesoramiento, oferta y organización de cargas y servicios; coordinación de las diversas fases del transporte; contratación de seguros; expedición, distribución, devolución de embalajes y suplidos.

Así pues, todas estas actividades se podrían considerar accesorias o complementarias al transporte de mercancías, que no están reguladas por las RR. Por tanto, el Convenio de UNCITRAL no regirá ni tendrá incidencia en esa actuación de los intermediarios. Generalmente estos últimos actuarán en esas operaciones como comisionistas o representantes, gestionando la correcta realización de las mismas. No obstante, podrían ellos mismos realizarlas personalmente, actuando como un operador principal – utilizando el mecanismo de la autoentrada-. Pues bien, el régimen jurídico a aplicar en estos casos vendrá determinado por lo que pueda establecer un eventual Convenio internacional, el Derecho nacional aplicable o el contenido estipulado en el correspondiente contrato de colaboración.

5. Conclusiones

En el presente trabajo se ha comprobado que, aunque las RR no regulan de manera directa la intermediación en el transporte total o parcialmente marítimo que entra dentro del ámbito de aplicación del Convenio, sin embargo su incidencia por vía indirecta es evidente.

Los intermediarios en los transportes revisten una especial complejidad jurídica por diversas razones. Por una parte, las grandes diferencias de regulación que presentan las normativas nacionales sobre los distintos tipos de colaboradores en los transportes, y que tienen su fundamento en la diversa concepción sobre los contratos de intermediación o colaboración en general (mandato, comisión, agencia ...), así como la propia institución de la representación. Por otra parte, la gran variedad de actividades que realizan los intermediarios en los transportes internacionales, siendo, en muchos casos, los organizadores que se encargan de gestionar el traslado total de las mercancías – destacando en esta labor sobre todo la figura del transitario o *freight forwarder*-. Además, en el desarrollo de todas esas operaciones pueden alcanzar una diferente configuración jurídica, desde simples intermediarios o representantes (*agents*) hasta la asunción de una especial responsabilidad en el desarrollo del transporte (incluso como operadores principales), por lo que, en ocasiones, pueden llegar a adquirir, entre otras situaciones, la posición jurídica de porteador o, en su caso, cargador.

Todos estos rasgos que caracterizan a los intermediarios en los transportes internacionales hay que tenerlos también en cuenta cuando se trata de examinar las repercusiones jurídicas que van a tener las RR en su actuación. Con esta finalidad, se ha analizado, por una parte, el papel de los intermediarios como simples comisionistas o representantes de porteadores, cargadores y destinatarios de los transportes que entran dentro del ámbito de aplicación del Convenio. Igualmente, se han expuesto las consecuencias que conlleva el hecho de que esos intermediarios asuman la posición jurídica de porteadores o cargadores, en cuyo caso la incidencia de las RR es, como resulta evidente, muy relevante.

Además, puesto que las RR disciplinan de una manera especial – a veces de forma novedosa – determinados sujetos partícipes en el transporte y también algún tipo particular de contrato, se ha puesto de manifiesto que, en la actuación de los intermediarios, tiene repercusión asimismo la regulación dedicada, entre otros, al cargador documentario, parte ejecutante, tenedor del documento de transporte e, igualmente, la específica configuración jurídica del contrato de volumen.

LUZES E SOMBRAS SOBRE AS REGRAS DE ROTTERDAM: A POSIÇÃO DO BRASIL E DA AMÉRICA LATINA

ELIANE M. OCTAVIANO MARTINS[*]

SUMÁRIO: *1. A regulamentação internacional dos contratos internacionais de transporte marítimo de mercadorias; 2. Das "luzes" sobre as Regras de Rotterdam; 2.1 Das responsabilidades do transportador; 2.2. Da limitação e excludentes de responsabilidade do transportador; 2.3. Contratos de Volume; 2.4. A responsabilidade do proprietário do navio; 2.5. Documentação e transferência de direitos; 2.6. Transporte pelo mar e outros modais; 3. Das "sombras" sobre as Regras de Rotterdam; 4. A posição do Brasil e da América latina; 4.1 A Declaração de Montevidéu; 4.2 Os contratos marítimos internacionais de transporte de mercadorias no Direito Brasileiro 4.2.1 Foro competente; 4.2.2 Legislação aplicável; 4.2.3 A incidência do CDC nos contratos de transporte marítimo de mercadorias; 4.2.3.1 Teoria Finalista; 4.2.3.2 Teoria Maximalista; 4.2.3.3 A teoria prevalente 4.3 O Brasil e as Regras de Rotterdam 4.4 Considerações finais.*

1. A Regulamentação Internacional dos Contratos Internacionais de Transporte Marítimo de Mercadorias

A sistematização dos contratos de transporte marítimo internacional de mercadorias tem sido alvo de reiteradas iniciativas.

Todavia, a diversidade regulatória, a grande variedade de modalidades contratuais adotadas e a multiplicidade de documentos, interesses e sujei-

---

[*] Doutora em direito pela USP. Professora do Doutorado e Mestrado e Coordenadora do Curso de Pós graduação em Direito Marítimo e Portuário da UNISANTOS. Presidente da Câmara Arbitral Marítima do Rio de Janeiro – CAMRJ.

tos envolvidos vêm dificultando sensivelmente a unificação internacional do transporte marítimo internacional de mercadorias.

Efetivamente, a diversidade contratual e documental exerce forte influência na regulamentação material e conflitual atinente aos contratos marítimos internacionais de mercadorias e enseja uma dicotomia realística. Por um lado, os convênios materiais existentes regulam estritamente os contratos nos quais haja sido emitido um *Bill of Lading* (BL) – ou uma Carta Partida (CP) que incorpore os termos do BL – e que tenham sido efetivamente colocados em circulação, regulando, assim, os direitos das partes. Por outro lado, a normativa conflitual geralmente se atrela a normas imperativas e a elementos de conexão.

Não obstante tais dificuldades, destacam-se significativas iniciativas de uniformização internacional visando a sistematização do direito aplicável ao transporte marítimo internacional de mercadorias.

Historicamente, a primeira tentativa de regulamentação do transporte marítimo internacional é evidenciada nos EUA, em 1893, com a promulgação do *Harter Act* (Lei Harter).

A Lei Harter, de forma pioneira, inseriu o conceito *due diligence*, que engendra a atitude do armador ou do comandante em empregar "diligência razoável", visando a evitar ou a salvar a carga de perda ou avaria, e proibiu a incorporação de cláusula contratual que exonerasse o armador do dever de exercer a devida diligência para fornecer o navio em estado de navegabilidade (*seaworthy*). A legislação americana em referência declarava nulas as cláusulas de exoneração que se referissem a negligências ou faltas do armador ou do capitão.

A par da *Lei Harter*, destacam-se ainda, nesse contexto histórico, o *Australian Carriage of Goods by Sea Act* (Austrália, 1904), o *New Zealand Shipping and Seaman Act* (Nova Zelândia, 1908) e o *Canadian's Water Carriage Act* (Canadá, 1910).

Em 1921, foram instituídas as Regras de Haia, configurando a primeira iniciativa global de uniformização das normas internacionais atinentes às responsabilidades do armador; porém, essas Regras eram um contrato tipo que não tinha aplicabilidade imperativa entre as partes.[1]

---

[1] As Regras de Haia foram elaboradas em uma reunião de especialistas realizada em Haia, na Holanda, com o objetivo de instituir uma regulamentação uniforme atinente à responsabilidade do transportador marítimo.

Dessa forma surgiu a necessidade de uma convenção internacional imperativa para regular as relações contratuais decorrentes do transporte marítimo de mercadorias.

Em 1924, foi assinada a Convenção Internacional para a Unificação de Certas Regras em Matéria de Conhecimento de Embarque (*Internacional Convention for Unification of Certain Rules Related to Bill of Ladings*, Bruxelas, 1924), elaboradas com base nas Regras de Haia (1921), motivo pelo qual, não obstante tenha sido assinada em Bruxelas, conservou-se o nome original da regulamentação base e passou-se a designar a Convenção de Bruxelas para Unificação de Regras em Matéria de Conhecimento de Embarque como Regras de Haia de 1924.

As Regras de Haia (1924) foram ratificadas por expressivo número de países, incluindo os países de maior importância no transporte marítimo.

Em 1936, é promulgado nos EUA o *Carriage of Goods by Sea Act* – Cogsa. O Cogsa (1936) é considerado uma versão norte-americana modificada das Regras de Haia.

Em nível mundial, o marco normativo mais importante está conformado pelas Regras de Haia (1924) e respectivas alterações – Protocolo de Visby (1968) e Protocolo DES (1979).

As alterações às Regras de Haia (1924) foram introduzidas pelo Protocolo Visby (Convenção de Bruxelas de 1968). A partir de então, as Regras de Haia, de 1924, passam a ser internacionalmente denominadas Regras de Haia-Visby ou Regras de Visby.[2]

Em 1979, as Regras de Haia-Visby sofreram outra alteração através do Protocolo DES. Este afetou os limites da responsabilidade do transportador. Esse Protocolo incorporou os Direitos Especiais de Saque do FMI (DES) no cálculo dos limites das indenizações a serem efetuadas pelo transportador marítimo.

Efetivamente, somente dois terços, aproximadamente, dos países signatários das Regras de Haia (1924) aderiram aos protocolos Visby e DES. Outros preferiram se manter apenas vinculados às Regras de Haia de 1924. Todavia, as nações de maior importância no comércio marítimo, quais sejam, aquelas com as maiores frotas mercantes, aderiram às Regras de Haia (1924) e a ambos os protocolos – Visby (1968) e DES (1979).

---

[2] O Protocolo Visby alterou o teor dos arts. 3, 4, 5, 9 e 10 das Regras de Haia (1924). Atente-se, todavia, que há países que somente são signatários das Regras de Haia.

Em 1978, foi elaborada, em Hamburgo, a *United Nations Convention on the Carriage of Goods by Sea*, 1978 (Convenção das Nações Unidas sobre o Transporte Marítimo Internacional), comumente conhecida como Regras de Hamburgo (RH).[3]

As Regras de Hamburgo consagram o princípio da presunção de culpa do transportador, entre outras alterações significativas que contrariaram, efetivamente, os interesses dos armadores. As RH preveem uma indenização por atraso na entrega das mercadorias: um limite de 835 DES por volume ou 2,5 DES por quilograma (ou o que resultar maior), e um limite de 2,5 vezes o valor do frete das mercadorias que tenham sofrido atraso, não podendo nunca ultrapassar o valor do frete total do BL

Em decorrência de tais fatos, as RH entraram em vigor somente a partir de 1992, todavia têm sua aplicabilidade limitada. Foram ratificadas apenas por 21 Estados, considerados de pouca importância no cenário marítimo internacional.[4]

Apesar de reiteradas e significativas iniciativas visando a uniformização das normas aplicáveis ao domínio dos contratos de transporte marítimo internacional de mercadorias, ainda não se alcançou a uniformização da regulamentação material e conflitual dos contratos de transporte marítimo.[5]

Na época em que se estabeleceram as Regras de Haia, Haia-Visby e Cogsa, o transporte marítimo de cargas era feito em unidades soltas tais como caixas, engradados, sacas e barris e os trajetos limitavam-se do porto de destino ao porto de descarga. Com o uso dos estrados de madeira (*pallets*) e intensificação do uso dos contêineres a partir da década de 1950, tornou-se mais regular o transporte de cargas unitizadas e a partir da década de 1970 começou a se notar significativamente a utilização do transporte

---

[3] As Regras de Hamburgo também podem ser aplicáveis às CPS.

[4] Os Estados signatários das Regras de Hamburgo são os seguintes: Áustria, Barbados, Botswana, Brasil, Burkina Faso, Camarões, Chile, República Tcheca, Egito, Gâmbia, Geórgia, Guiné, Hungria, Jordânia, Líbano, Lesoto, Malawi, Marrocos, Nigéria, Portugal, Quênia, Romênia, São Vicente e Granadinas, Senegal, Síria, Serra Leoa, Tanzânia, Tunísia, Uganda, Zâmbia, entre outros. Reitera-se que o Brasil é signatário mas não ratificou.

[5] V. OCTAVIANO MARTINS, Eliane M., *Curso de direito marítimo*. Vol. I e II. 4.ª ed. São Paulo: Editora Manole, 2013, CALABUIG, Rosário Espinosa. *El contrato internacional de transporte marítimo de mercancías: cuestiones de ley aplicable*. Granada, Comares, 1999 e DELEBECQUE Philippe et JACQUET Jean-Michel, *Droit du commerce international*, Dalloz, 1997.

Luzes e Sombras Sobre as Regras de Rotterdam: A Posição do Brasil...

multimodal (embarque feito por duas ou mais modalidades de transporte sob o mesmo conhecimento de embarque). As Regras de Haia e Haia-Visby não previam os embarques multimodais e unitizados que vêm dominando o transporte de carga seca por mais de 50 anos.

Neste cenário, surgiram em 2008 as Regras de Rotterdam (promulgadas em setembro de 2009) que buscam atualizar toda legislação internacional já existente acerca do transporte marítimo.

No período compreendido entre 2002 e 2009, um grupo intergovernamental realizou várias negociações acerca das novas regras que uniformizaria o transporte internacional de mercadorias.[6-7]

A nova convenção foi adotada pela Assembléia Geral das Nações Unidas no dia 11 de dezembro de 2008 sendo denominada Convenção das Nações Unidas sobre Contratos de Transporte Internacional de Mercadorias Total ou Parcialmente por Via Marítima (Regras de Rotterdam – *The Rotterdam Rules* – UNCITRAL/ CMI).

Em termos gerais, a adoção de regras uniformes para reger os contratos internacionais de transporte total ou parcialmente por mar vai promover a segurança jurídica pretende favorecer a eficiência do transporte internacional de mercadorias e facilitar novas oportunidades, desempenhando assim um papel fundamental na promoção do desenvolvimento econômico e do comércio nacional e internacional.

As Regras de Rotterdam (RR) entrarão em vigor no primeiro dia do mês seguinte a ter expirado o prazo de um ano, contado a partir da data do depósito do vigésimo instrumento de ratificação, aceitação, aprovação ou adesão.[8]

---

[6] Este trabalho foi desenvolvido primeiramente na Comissão das Nações Unidas para o Direito Comercial Internacional – CNUDCI, e posteriormente no Comitê Marítimo Internacional – CMI. "*El resultado obtenido ha sido fruto de un enorme esfuerzo, no solo por la complejidad de la materia y la intensa participación de diversas organizaciones internacionales, entre otras el Comité Marítimo Internacional, sino por la actitud negociadora y de consenso que ha inspirado la redacción*" (ARROYO, Ignacio. *Las Reglas de Rotterdam ¿Para qué?* Disponível em: <http://dialnet.unirioja.es/servlet/articulo?codigo=3322247> Anuário de derecho marítimo, INSS 0211-8432, n.27, 2010, pp. 25-43).

[7] O então Presidente do Comité marítimo internacional – CMI, F. Berlingieri, ja incentivava, desde 1988, o desenvolvimento de um estudo sobre as lacunas das Regras de Haia Visby e as razões para o fracasso das Regras de Hamburgo de 1978.

[8] A International Chamber of Commerce (ICC); International Chamber of Shipping (ICS); European Community Shipowners Associations (ECSA); National Industrial Trans-

A efetividade das RR tem sido amplamente discutida sendo alvo de inúmeras críticas. Tem-se considerado o texto das Regras de Rotterdam extremamente ambicioso ao sistematizar a modernização do direito marítimo e normatizar o transporte multimodal.

Inobstante várias críticas, o texto das Regras traz algumas alterações significativas. Em uma linguagem poética, poderia se considerar como "luzes" que se contrapõem a aspectos considerados negativos resultando, portanto, em "sombras", no contexto da regulação do transporte marítimo internacional.[9]

2. Das "Luzes" sobre as Regras de Rotterdam

As principais inovações das Regras de Rotterdam no transporte marítimo internacional têm sido amplamente analisadas em relação às convenções Haia, Haia Visby e Hamburgo em vários aspectos.

Considerada inovadora, tem-se destacado que as Regras consignam definições gerais teleológicas e não mais conceituais e consolidam a interpretação em consonância ao caráter internacional, à "uniformidade" e à "boa fé" no comércio internacional.[10]

---

portation League (NITL), dos Estados Unidos e o Comitê Marítimo Internacional (CMI) se manifestam favoravelmente à adoção das RR. A Espanha foi o primeiro país a ratificar a Convenção.

[9] OCTAVIANO MARTINS, Eliane M. e VIANNA, Raphael Gonçalves. Da regulamentação internacional dos contratos internacionais de transporte marítimo de mercadorias: as Regras de Rotterdam e o direito brasileiro. In: ESPINOSA CALABUIG, Rosario. *Pros y contras del nuevo convenio*. Tirant Lo Blanch, Editorial, 2013.

[10] "Apesar dos críticos acharem as Regras muito longas e complexas e que elas modificarão um histórico de jurisprudências consolidadas com aplicação principalmente da Convenção de Bruxelas de 1924 (Regras de Haia Visby), a nova convenção é inovadora e ambiciosa ao regular o transporte porta a porta ou o chamado "maritime plus", ou seja, um transporte combinado com pelo menos uma fase marítima e podendo contar ainda com uma fase rodoviária, ferroviária e aérea. (...) Alguns defendem as novas regras argumentando que estas unificarão as normas internacionais já existentes. (...) Contudo, as RR também apresentam pontos positivos que merecem ser debatidos. O enquadramento das RR ao contexto atual do transporte internacional é um ponto a ser destacado como positivo, pois poderá trazer uniformidade e segurança jurídica para o comércio internacional além de ser uma norma moderna e que abrange todos os modais de transporte, simplificando e desburocratizando as operações próprias às atividades de transporte. (...) Concernente à

Luzes e Sombras Sobre as Regras de Rotterdam: A Posição do Brasil...

Considerando os objetivos de uniformização das normas concernentes ao transporte internacional de mercadorias via marítima, as RR regulam o transporte porta a porta ("maritime plus"), disciplinando obrigações e direitos relacionados ao transporte multimodal e inovando em aspectos fundamentais nas relações das partes.

Procede, ademais, alterações nas excludentes de responsabilidades e limitação, inova ao utilizar a DST como parâmetro[11], consagra a aceitação de documentos e instrumentos eletrônicos, a possibilidade de transferência de direitos através de endosso e a criação de contratos de volume, dentre outras relevantes inovações.

Além de tais aspectos, a definição e criação de outros sujeitos intervenientes como Parte Executora e Parte Executora Marítima, Embarcador Documental, Parte Controladora e Portador têm sido apontados tanto no contexto positivo quanto no aspecto negativo, não havendo, portanto, consenso sobre a viabilidade de tais inovações.

No contexto das "luzes" sobre as RR, inferem-se, ainda, as seguintes questões:

i. Disposições sobre carga transportada no convés;
ii. Previsão sobre validade das cláusulas, modificação, deficiências nos dados e efeitos probatórios do contrato;
iii. Alteração dos procedimentos e prazos para "claims";
iv. Obrigação de notificar o transportador por faltas, avarias ou atrasos – presumida a entrega da carga ao destinatário salvo protesto do recebedor relativos as perdas e avarias sofridas no ato do recebimento ou, no máximo;
v. Protesto do recebedor em até sete dias;

---

obrigação do embarcador em relação ao transportador, as Regras aprofundaram e desenvolveram o que já existia nas Regras de Hamburgo de 1978, prevendo diferentes aspectos sob o ângulo das ações do embarcador e sua responsabilidade, trazendo desta forma maior segurança jurídica para as partes. As Regras aprofundam também em relação às obrigações do transportador, desde a recepção da mercadoria até sua entrega, prevendo obrigações fundamentais e acessórias. A responsabilidade do transportador por perdas, danos e atraso complementa o capítulo sobre as obrigações do transportador, uma vez que a ligação entre as obrigações e a responsabilidade do transportador seja estabelecida. (...) Resta saber se, havendo anuência internacional (artigo 94 RR/08), as Regras de Rotterdam realmente vão proporcionar a unificação objetivada." (OCTAVIANO MARTINS e VIANNA, 2013).

[11] V. RR, 17 e 59.

vi. Prazo prescricional para o exercício da pretensão indenizatória de dois anos (RR, art. 62), prorrogavel nos termos do art. 63;[12]

vii. Normas sobre direito de regresso (RR, art. 64) e sobre açoes contra pessoas identificadas como transportador. Especial referencia a ação contra o afretador a casco nu (RR, art. 65) ;

viii. Procedimentos arbitrais (Capítulo 15).

2.1. *Das responsabilidades do transportador*

O artigo 1.º (5) das RR define o transportador como aquele que é parte do contrato de transporte realizado com o embarcador, motivando a abrangência dos transportes multimodais vinculados ao transporte de cargas marítimas, como em complementos terrestres ou hidroviários (rios e lagos). Da definição ora descrita, nota-se diferença fundamental em relação às outras regras utilizadas, ampliando a cadeia de *players* no transporte marítimo.

Dentre as principais "luzes" sobre as Regras de Rotterdam (RR) tem-se destacado as inovações relativas à responsabilidade do transportador.

O art. 13 das RR determina que o transportador é obrigado a agir de maneira apropriada e cuidadosa na recepção, no carregamento, na manutenção, na estivagem, no transporte, na preservação, no descarregamento, e na entrega da mercadoria.[13] Ainda no contexto das responsabilidades, as RR, art. 14, contemplam obrigação do transportador de apresentar embar-

---

[12] "(...) a Convenção contém figuras interessantes, tais como: prazo prescricional para o exercício da pretensão indenizatória em face do transportador marítimo de dois anos e o enxugamento das causas legais excludentes de responsabilidades previstas nas convenções anteriores (das quais o Brasil corretamente não foi signatário), além do protesto do recebedor em até sete dias, sendo que a ausência deste não implicará prejuízo ao interessado, desde que o substitua por outro meio de prova (...)".(CREMONEZE, 2011).

[13] "Observa-se que o parágrafo primeiro do artigo 13 não traz nenhuma alteração em relação às convenções em vigor (Bruxelas e Hamburgo). Entretanto, a segunda parte desse artigo (parágrafo segundo) proporciona uma liberdade muito grande aos contratantes, o que poderia acarretar uma relação contratual desigual. O parágrafo segundo desse artigo prevê que o transportador e o carregador têm a faculdade de acordar que as operações descritas no parágrafo 1 do mesmo artigo poderão ser executadas pelo carregador ou pelo destinatário, ou seja, as operações compreendidas desde o carregamento da mercadoria até o seu descarregamento" (OCTAVIANO MARTINS e VIANNA, 2013).

Luzes e Sombras Sobre as Regras de Rotterdam: A Posição do Brasil... 557

cação em condições de navegabilidade antes, no início e durante a viagem (RR, Art. 14).

Considerada uma importante inovação, as RR consagram a culpa "in eligendo e in vigilando" do transportador, afastando um dos últimos resquícios da *"negligence clause"* que objetivava a exoneração da responsabilidade do transportador por culpa (ou falta) náutica (RR, art. 17).

Amparando a responsabilidade por perdas, danos e atrasos, as RR consideram a responsabilidade do transportador até a efetiva entrega da carga ao proprietário no lugar de destino.

Além das tradicionais partes intervenientes no contrato de transporte marítimo – transportador (*carrier*), embarcador (*shipper*) e consignatário (*consignee*) – as RR criam e definem novos partícipes na cadeia obrigacional: Parte Executora e Parte Executora Marítima, Embarcador Documental, Parte Controladora e Portador. Enunciada no artigo 1.º, item 6 define-se como "Parte Executora" (*Performing Party*) aquela que,

> (...) sem ser o transportador, executa ou se compromete a executar quaisquer das obrigações do transportador por força de um contrato de transporte em relação ao recebimento, embarque, manuseio, estivagem, transporte, guarda, desembarque e entrega das mercadorias, desde que tais partes ajam, direta ou indiretamente, por solicitação do transportador ou sob seu controle ou supervisão (BERLINGIERI, 2009a).[14]

A Parte Marítima Executora (*Maritime Performing Party*) é conceituada como aquela que "execute ou se comprometa a executar quaisquer das obrigações do transportador por força de um contrato de transporte, durante o período entre a chegada das mercadorias no porto de embarque de um navio e a sua partida do porto de descarga de um navio.

As Regras normatizam a responsabilidade da Parte Marítima Executora por atividades desempenhadas por delegação do transportador ou

---

[14] BERLINGIERI, Francesco. *The Rotterdam rules an attempt to clarify certain concerns that have emerged*, 2009 (b). Disponível em: <http://www.comitemaritime.org/Uploads/Rotterdam%20Rules/5RRULES.pdf.> Acesso em 15 jan. 2010 e *A comparative analysis of the Hague-Visby Rules, the Hamburg Rules and the Rotterdam Rules*, paper delivered at the General Assembly of the International Association of Average Adjusters-AMD. Publ.06/11/2009a.Disponível em: <http:/www.comitemaritime.org/draft/pdf/Comparative_analysis.pdf> Acesso em: 15 jan. 2010.

quem de direito receba a custódia as mercadorias avariadas, perdidas ou entregues com atraso ao destinatário, conforme reza o Art. 19. O artigo 18 assume aspectos conceituais do Direito Civil e responsabilidade civil estabelecendo que o transportador se responsabiliza por ações ou omissões de qualquer Parte Executora, incluindo o Comandante e a tripulação ou qualquer parte que execute ou se comprometa a executar algumas das obrigações de transportador por cumprimento de um contrato de transporte, atuando direta ou indiretamente, por solicitação do transportador ou sob seu controle ou supervisão.[15] Ressalte-se, porém, que nesses casos, os responsáveis se beneficiam com as mesmas defesas e limitações cabíveis ao transportador, enunciados nos artigos 17 e 59 da Convenção.

As RR normalizam ainda a responsabilidade solidária e conjunta entre o transportador e a *"Parte Marítima Executora"* (*"Maritime Performing Party"*), quando o dano/perda ocorreu em seu período de responsabilidade, dentro dos limites estabelecidos na referida Convenção (RR, art. 20) por atividades desempenhadas por delegação do transportador ou quem de direito receba a custódia as mercadorias avariadas, perdidas ou entregues

---

[15] "As RR diferem do sistema do Direito Anglo-Saxão e consolida os aspectos civis referem-se a responsabilidade *in eligendo* e *in vigilando*. A desvinculação da responsabilidade do armador perante os atos da tripulação converge com os propostos no CC brasileiro, que imputa culpa *"in eligendo"*, ou seja, responsabiliza a empresa por "atos dos seus prepostos e empregados" (...) No que tange os contratos de transporte marítimo no direito francês, o transportador é obrigado a efetuar todas as operações desde o carregamento até o descarregamento. Assim, as cláusulas FIO, FIOS, FIOST (*Free In and Out Stowed and Trimmed*) não são válidas, pois o artigo 38 do Decreto 66-1078 de 1966, que incorporou ao ordenamento interno o artigo 3 §2 da Convenção de Bruxelas, é uma norma imperativa, de ordem pública, que não pode ser modificada pela vontade das partes. O artigo 3 §2 da Convenção de Bruxelas de 1924 (*Hague-Visby Rules*) apresenta as mesmas disposições do artigo 13 §1 das Regras de Rotterdam, porém não prevê a possibilidade de as partes acordarem em relação às operações de carregamento e descarregamento (artigo 13 §2 RR/08). O direito inglês tem uma interpretação diferente do direito francês no tocante à Convenção de Bruxelas de 1924. Para o direito inglês, as partes, no contrato de transporte marítimo, têm a liberdade de convencionar as obrigações descritas no artigo 3 §2. Destarte, se as Regras de Rotterdam forem ratificadas, é possível que os transportadores passem a transmitir essa obrigação aos carregadores e destinatários das cargas (através de cláusulas FIO, FIOS, FIOST), pois o contrato de transporte marítimo é um contrato de adesão com cláusulas pré-impressas, ou seja, os carregadores não terão outra alternativa a não ser aceitar as disposições contratuais impostas pelos transportadores" (OCTAVIANO MARTINS e VIANNA, 2013, *passim*).

Luzes e Sombras Sobre as Regras de Rotterdam: A Posição do Brasil...   559

com atraso ao destinatário (RR, art. 19.°).[16] Em consonância a estes dispositivos, tem-se considerado que as RR eliminam a "Zona Gris" de responsabilidade, principalmente envolvendo as empresas NVOCC ou angariadores de cargas.[17]

2.2. Da limitação e excludentes de responsabilidade do transportador

Consoante análise precedente, considera-se uma importante modificação trazida pelas RR o fundamento, as excludentes e a limitação da responsabilidade do transportador.

Ao contrário da Convenção de Bruxelas (artigo 4.°, 2, a), a Convenção de Hamburgo e as RR (artigo 17) não mantiveram a falta náutica como um dos casos excludentes de responsabilidade do transportador, acabando assim com um dos últimos resquícios da *"negligence clause"*, que tinha como objetivo a exoneração de toda responsabilidade do transportador.[18]

Nos termos das RR, art. 18 anteriormente citado, tipifica-se a responsabilidade do transportador pelo não cumprimento de suas obrigações previstas nas Regras, causadas por atos e omissões de: (a) Qualquer parte executante; (b) O Capitão ou tripulação do navio; (c) Funcionários do transportador ou da parte executante; ou (d) Qualquer outra pessoa que realize qualquer das obrigações do transportador previstas no contrato

---

[16] Art. 20 das RR, 1: "Caso o transportador e uma ou mais partes executantes marítimas forem responsáveis pela perda, avaria ou atraso na entrega da carga, sua responsabilidade será solidária, porém somente até os limites previstos nesta Convenção».

[17] V. OCTAVIANO MARTINS e VIANNA, 2013 e CREMONEZE, Paulo Henrique. *Análise crítica das Regras de Roterdã: pela não adesão do Brasil*. Jus Navigandi, Teresina, ano 16, n. 2813, 15mar. 2011 . Disponível em: <http://jus.com.br/revista/texto/18691>. Acesso em: 8 jan. 2013 e MENDES, Carlos Pimentel Um não a Rotterdam. Texto publicado em 31/01//2011. Disponível em: <http://www.portogente.com.br/texto.php?cod=39676> Acesso em: 03/02/2011.

[18] "A reação contra essa prática começou nos Estados Unidos, através do *Harter Act*, que interditava todas as cláusulas de não responsabilidade que se aplicavam à *"culpa comercial"* (*negligence, fault of failure in proper loading, stowage, custody, care or proper delivery of any merchandise committed to its charge*). (...) A Convenção de Bruxelas aplica a limitação de responsabilidade (limite de indenização) às "perdas ou danos causados à mercadoria ou concernentes a ela" (art. 4, § 5). Infere-se do dispositivo em questão que o atraso estaria dentro dos casos de limitação de responsabilidade do transportador, pois concerne à mercadoria transportada." (OCTAVIANO MARTINS e VIANNA, 2013, *passim*).

560 *Eliane M. Octaviano Martins*

de transporte, na medida em que a pessoa haja, direta ou indiretamente, segundo supervisão ou controle do transportador.

O artigo 59 § 1 das RR determina o perímetro de limitação de responsabilidade do transportador não mais por referência às perdas e danos ocasionados à mercadoria, mas sim em relação a falha no cumprimento das obrigações que incumbem ao transportador. Destarte, o campo de aplicação da limitação de responsabilidade trazido pelas Regras de Rotterdam é mais abrangente do que o da Convenção de Bruxelas. Essa limitação do artigo 59 §1 cobrirá, por exemplo, os danos resultantes de uma falha na entrega da mercadoria sem a apresentação do conhecimento de embarque ("misdelivery"). As RR utilizam o DTS como parâmetro e aumentam o montante da limitação para 875 por volume ou unidade e 3 DTS por quilograma.[19] O art. 60 das novas Regras prevê, ademais, uma limitação que se aplica aos casos de prejuízos causados por atraso na entrega da mercadoria.

Todavia, nem o transportador nem o navio terá, tanto nas Regras de Hamburgo como nas Regras de RR, o direito de se beneficiar dessa limitação de responsabilidade se for provado que o dano resulta de um ato ou de uma omissão do transportador que ocorrer, quer com a intenção de provocar um dano, quer temerariamente e com a consciência que um dano provavelmente resultaria desse ato ou omissão.

2.3. Contratos de Volume

As RR preveem nova categoria de transporte subordinado ao regime especial: o contrato de volume.

Nos termos do artigo 1 § 2 das novas regras, "contrato de volume significa um contrato de transporte que forneça o transporte de uma quantidade específica de carga em uma série de carregamentos durante um período de tempo acordado entre as partes. A especificação da quantidade pode incluir um mínimo, um máximo ou uma determinada variação". Destarte,

---

[19] Em relação aos valores da limitação, a Convenção de Bruxelas de 1924 (Protocolo de 1979) prevê o montante de 666, 67 DTS por volume ou unidade e de 2 DTS por quilograma, onde o limite mais elevado deverá ser aplicado. As Regras de Hamburgo aumentaram o montante da limitação de 666, 67 DTS por volume ou unidade para 835 DTS por volume ou unidade e de 2 DTS por quilograma para 2, 5 DTS por quilograma.

em se tratando de contrato de volume, o artigo 80 das RR restitui ao transportador e ao carregador a liberdade contratual quanto aos seus direitos, obrigações e responsabilidades, normativa considerada uma das maiores inovações das novas regras.

As RR consolidam o princípio da autonomia da vontade, e sendo assim as partes têm inteira liberdade de contratar, entretanto é necessário que o contrato de volume preveja, de maneira expressa, que ele derrogue as RR. Exige-se, ainda, que o carregador tenha condições de fazer um contrato de transporte nos termos da convenção e tenha sido informado desta possibilidade.

Por fim, a Convenção determina também que essa derrogação não deve ser incorporada por referência a outro contrato, nem contida em um contrato de adesão, em que as partes não podem negociar. Se as partes respeitarem essas condições, suas relações serão determinadas livremente pelo contrato de volume.

2.4. A responsabilidade do proprietário do navio

Outra importante previsão das Regras é a possibilidade de ação de responsabilidade contra o proprietário do navio, em caso de não identificação do real transportador. [20]

O art. 37 das RR, intitulado "Identificação do Transportador", determina que, na ausência da identificação do transportador no documento de transporte, presume-se que o proprietário inscrito do navio é o transportador.

Para BONASSIES e SCAPEL (2010), "o destinatário, terceiro portador do conhecimento de embarque, faz valer justamente que o anonimato do trans-

---

[20] "O contrato de transporte, como todo contrato, deveria permitir a identificação das partes de maneira clara, ou seja, o embarcador, o transportador e o destinatário. A incerteza em relação à qualidade real das partes torna complexas as regras de recebimento de uma eventual ação de responsabilidade. Concernente os cocontratantes do transportador, o problema de identificação decorre da generalização dos profissionais intermediários como, por exemplo, os transitários, comissionários, estabelecimentos bancários, agentes consolidadores (NVOCC), etc, que aparecem nos conhecimentos de embarque. Alguns Conhecimentos de Embarque (B/L) não constam o nome do transportador no local destinado. A falta de indicação do transportador no B/L pode gerar alguns problemas para o destinatário da mercadoria que almeja uma ação de indenização contra o transportador." (OCTAVIANO MARTINS e VIANNA, 2013).

562 *Eliane M. Octaviano Martins*

portador impede o destinatário de qualquer recurso, e que não admitindo o seu direito de ação contra o proprietário do navio criaria uma verdadeira recusa de justiça".[21]

2.5. *Documentação e transferência de direitos*

Seguindo a tendência mundial de desenvolvimento e desburocratização as RR inovam trazendo a previsão de um documento eletrônico de transporte. Esta nova tendência trazida pelas RR se deve ao fato da informatização dos documentos de transporte e da necessidade de acelerar a circulação dos documentos e a redução dos custos tradicionalmente ligados à circulação do papel.

Houve, antes mesmo das RR, algumas normas sobre comércio eletrônico (CNUDCI 1996), assinatura eletrônica (2001), utilização de comunicações eletrônicas nos contratos internacionais (2005). Consequentemente, alguns países já regulamentaram internamente o documento eletrônico, as assinaturas eletrônicas e os serviços de certificação destes.

Com cerca de 90% do comércio mundial transportado pela via marítima, a utilização de um documento eletrônico beneficiaria o desempenho das transações comerciais.

Outra inovação considerada importante é a previsão de disposições suplementares relativas a etapas particulares do transporte, abrangendo o transporte anterior e posterior ao transporte marítimo.

É a primeira vez que um instrumento internacional prevê a possibilidade de transferência de direitos através de endosso de documentos negociáveis, regulando esta relação:[22]

---

[21] BONASSIES, Pierre; SCAPEL, Christian. *Traité de Droit Maritime*. Ed. LGDJ, 2ème édition, 2010 e "Resolución de controvérsias y derecho aplicable en el transporte marítimo internacional: el caso de la Unión Europea". In: CASTRO JÚNIOR, Osvaldo Agripino de (org.). *Temas atuais de direito do comercio internacional*, v.2. Florianópolis, OAB-SC Editora, 2005.

[22] V. OCTAVIANO MARTINS e VIANNA, 2013.

Capítulo 11 Transferência de direitos

Artigo 57. Quando um documento de transporte negociável ou documento eletrônico de transporte negociável for emitido
1. Quando um documento de transporte negociável for emitido, o portador poderá transferir os direitos incorporados no documento transferindo-o para outra pessoa:

(a) Devidamente endossado a tal pessoa ou em branco, se for um documento à sua ordem; ou

(b) Sem endosso, caso seja (i) documento ao portador ou em branco; ou (ii) um documento nominal em favor de uma pessoa e a transferência seja entre o primeiro portador e a pessoa específica.

2. Quando um documento eletrônico de transporte negociável for emitido, o seu portador poderá transferir os direitos incorporados no documento, tanto se for emitido à ordem ou à ordem de uma pessoa específica, transferindo o documento eletrônico de transporte de acordo com os procedimentos mencionados no Artigo 9, parágrafo 1.

2.6. *Transporte pelo mar e outros modais*

As RR consignam sua aplicabilidade a outros modais de transporte como complemento do transporte marítimo. Tal admissibilidade, resulta da consonância entre a definição do artigo 1 §1.

O termo "contrato de transporte" designa o contrato pelo qual um transportador se obriga, mediante o pagamento de um frete, a transportar uma mercadoria de um lugar a outro.

O contrato prevê o transporte pelo mar e pode prever também o transporte por outros modos, e pelo artigo 5 das novas regras, adota quatro critérios geográficos levando em conta duas alternativas: se o transporte é totalmente pelo mar, apenas os portos de carregamento e descarregamento são relevantes.

No entanto, se o transporte é parcialmente pelo mar, leva-se em conta o lugar da recepção da mercadoria pelo transportador e o lugar da entrega, que não coincidem com os portos de carregamento e descarregamento, bastando apenas que uma das partes esteja em um país que tenha ratificado as novas regras e que o trajeto marítimo seja internacional.

3. Das "Sombras" sobre as Regras de Rotterdam

As RR têm sido alvo de reiteradas e complexas polêmicas desde o seu projeto. Ainda em termos de uma referência poética, diversas "sombras" vêm pairando sobre a nova Convenção.

A exigência de fase marítima internacional, o favorecimento do transportador marítimo e a substituição de expressões consolidadas na doutrina e jurisprudência por termos inovadores são argumentos constantemente suscitados contra as RR.

Considerada muito extensa – 96 artigos agrupados em 18 capítulos – as RR utilizam terminologias e conceitos confusos e prolixos, de interpretação complexa.

O estilo da redação das RR é misto, alternando *common law* e *civil law*. Nas RR há a ausência em muitos dispositivos legais da básica e mais importante característica do *common law*: precisão a redação do *civil law* é também presente e há falta da característica básica dessa família jurídica: concisão. Acrescenta, ainda, que as RR é uma lei de contratos e não de contratos de transporte de mercadorias : as RR não são uma lei de transporte de mercadoria ou de transporte multimodal mas uma lei de contratos, o que é uma abordagem muito nova e não usual (TETLEY, 2008).[23]

Assim como os novos sujeitos intervenientes são apontados como aspectos positivos da nova Convenção, opositores das RR asseveram que os conceitos de Parte Executora/Executante, Parte Marítima Executante, Embarcador Documental, Parte Controladora, Direito de Controle são confusos.

Tem-se considerado que as RR podem se converter em um tratado internacional imperativo sobre transporte multimodal.

---

[23] Para TETLEY (2008) a prolixidade e extensão das RR dificultará a compreensão dos que atuam no setor, especialmente os que não possuem formação jurídica. Destaca que não há familiaridade. As RR são redigidas com termos de estilo, forma e conteúdo que não somente anulam os usos e costumes e não incluem mais de 100 anos de jurisprudência. V TETLEY, William. Summary of Some General Criticisms of the UNCITRAL Convention (The Rotterdam Rules). Preliminary Observations, nov. 5, 2008, mimeogr., p. 1-2 e CASTRO JUNIOR, Osvaldo Agripino de. Estratégia do Brasil para segurança jurídica no transporte de mercadorias pelo mar. ADS Advogados, 2009. Disponível em: http://www.adsadvogados. adv.br/informacao.php?lg=br&sc=4&id=13. Acesso: em 30 out. 2013.

As teorias que se opõem à adesão das RR consideram que elas modificarão um histórico de jurisprudências consolidadas com aplicação principalmente da Convenção de Bruxelas de 1924 (Regras de Haia Visby). Dentre as diversas críticas constantemente ostentadas, ainda se destacam os argumentos que propugnam que as RR:

i. Não se aplicam aos contratos de afretamento ("charter parties") nem aos contratos de utilização de espaço ("space charter"), restringindo-se aos contratos de transporte internacional de mercadoria ("liner transportation");

ii. Implementam sistema de responsabilidade "sui generis", que não responde a nenhum modelo típico de responsabilidade objetiva;

iii. Normatizam diversos contratos diferentes, consignam muitas leis diferentes, não somente de transportes de mercadoria por mar. Em específico, as RR contêm: i) uma lei parcial de *Bill of Lading*, outra de transporte de mercadoria, ii) uma lei parcial de multimodal; iii) uma lei parcial de armazenagem de mercadoria; iv) uma lei de responsabilidade para operação portuária e múltiplas exceções, tal como a exceção para contratos por volume;[24]

iv. Não admitem reservas (RR, art. 90);

v. Exigência de um numero pequeno de ratificações para entrada em vigor (RR, art. 94).[25]

---

[24] V. TETLEY, 2008, passim. Assevera CASTRO JÚNIOR (2009) que, por outro lado, deve-se observar que as Regras de Haia, Haia-Visby e Regras de Hamburgo possuem um estilo misto *civil law* x *common law*, tal como art. IV, 1 e 2, e essa mistura é limitada, baseada em mais de 100 anos de prática, sendo compreendida por advogados, operadores de transporte e dispersas na jurisprudência no mundo. Pondera, ainda que "as RR não dispõem de dispositivo que trate do Ártico, a próxima fronteira da navegação marítima, bem como não trata do multimodalismo. Segundo Tetley, o mundo precisa de uma nova convenção multimodal e até a atual Convenção Multimodal (1980) é menos complexa e prolixa e possui menos exceções do que as RR. Além disso, é maior em abordagem no transporte por terra e mar e, mesmo assim, não tenta ser ao mesmo tempo uma lei de que regule o transporte marítimo de carga (bill of lading), armazenagem ou responsabilidade portuária".

[25] "Apesar da disposição na sistematização dessas regras, alguns especialistas acreditam que sua ratificação estaria colocando mais normas à disposição para o tipo de comércio, o que traria maior complexidade na regulamentação e nos julgamentos de ações litigiosas. Mas é o equilíbrio entre as partes o que mais agrada aos países que se utilizam dos serviços e dos representantes da ONU para o assunto, estabelecendo também, regras que normatizam ações diretamente sobre a carga e não somente ao transportador e transporte

4. A Posição do Brasil e da América Latina

Consoante análise precedente, a discussão as recentes alterações preconizadas Convenção de Rotterdam, "vis a vis" as Convenções de Haia, Haia Visby e Hamburgo é temática extremamente complexa.[26]

A Convenção de Rotterdam não vem encontrando aceitação pacífica e vem sendo alvo de inúmeros questionamentos, em especial pelos Países da América.

Tradicionalmente, os Países da América Latina não são signatários da maioria das convenções internacionais sobre contratos de transporte marítimo internacional de mercadorias.

A Convenção de Haya foi ratificada pela Argentina, Bolívia, Cuba e Perú. Equador e México (com o Protocolo SDR de 1979) são signatários de Haya Visby.

A Convenção de Hamburgo foi adotada pelo Chile, Paraguai e República Dominicana. O Brasil é signatário mas não ratificou.

Colombia, Costa Rica, El Salvador, Guatemala, Haiti, Honduras, Jamaica, Nicarágua, Panamá, Porto Rico, Uruguai e Venezuela não são signatários de nenhuma das convençoes.

Todos estes países têm um relevante ponto em comum: são países com Marinha Mercante ineficiente e pouco desenvolvida. Consequentemente, essas nações priorizam políticas que amparem os interesses da carga e não dos armadores.

---

em si. Considera-se também nesta conclusão, que as principais economias do mundo que integram o "G – 8" (economias mais desenvolvidas) e "G-20" (maiores economias em desenvolvimento) em especial Estados Unidos da América, e os integrantes do bloco do BRIC (Brasil, Rússia, Índia e China) são propensos a ratificar, adotando as RR, observada uma grande tendência de adesão do sistema nos demais países signatários. Ficou claro que essa disposição decorre dos últimos doze anos de conferências com representantes dos países supracitados, incluindo-se ainda Reino Unido, França, Alemanha, Japão, justificando-se uma perspectiva positiva entre a comunidade internacional em relação à aprovação da referida Convenção. Apesar de considerarem as RR, de conteúdo extenso e detalhado, surge oportunidade de uma uniformização no mundo jurídico internacional, como instrumento legal importantíssimo para o comércio internacional "globalizado", adequadas ao que se apresenta operacionalmente no comercio marítimo internacional, sobretudo, identificando necessárias alterações em vista das novas tecnologias, do intenso fluxo comercial marítimo internacional e suas demandas." (OCTAVIANO MARTINS e VIANNA, 2013).

[26] Consulte OCTAVIANO MARTINS, Eliane M., *Curso de Direito Marítimo. Teoria Geral.* Barueri: Manole, 2013.

Luzes e Sombras Sobre as Regras de Rotterdam: A Posição do Brasil... 567

Independentemente de tal peculiaridade, as críticas dos especialistas latino-americanos sobre as RR são contundentes e tem predominado a posição contrária à sua adesão.

4.1. *A Declaração de Montevidéu*

Em 22 de outubro de 2010 foi firmada Declaração de Montevidéu, documento idealizado por representantes de alguns países contrários às Regras de Rotterdam e, na sua maioria, por juristas.

A Declaraçao recomenda aos Estados americanos a não adesão às RR defendendo que estas seriam benéficas aos transportadores em detrimento dos embarcadores e destinatários.

As críticas anteriormente elencadas como "sombras" são reiteradas pela Declaração de Montevidéu, que destaca o favorecimento dos interesses dos transportadores, a falta de equidade e vantagens recíprocas no comércio internacional, que resultariam em um retrocesso das normas e práticas vigentes no transporte intermodal ao excluir outros meios de transporte quando não esteja presente o transporte marítimo. Destaca, ainda, que a introdução de termos novos, porém ambíguos, que acabariam com a jurisprudência consolidada pelas convenções que antecederam as Regras de Rotterdam sobre as RR, a Declaração de Montevidéu elenca várias razões para a não ratificação das RR, dentre as quais se evidenciam relevantes argumentos:

i) Introdução de definições juridicamente dispensáveis para transportador, eis que os termos "parte executante e parte executante marítima" não alteram o conceito de transportador como parte do contrato de transporte;

ii) Eliminação dos termos "consignatário e endossatário da carga", consagrados em mais de dois séculos nas legislações, doutrina e jurisprudência internacionais, qualificando-os ainda como "parte", e não como beneficiários dos contratos de transporte, substituindo-os por termos sem significado jurídico, como "portador do documento de transporte, destinatário, direito de controle e parte controladora";

iii) Substituição do termo "conhecimento de transporte", consagrado em todas legislações, doutrina e jurisprudência, pelos vagos termos "documento de transporte e documento de transporte eletrônico";

Admissibilidade de inserção de cláusulas especiais no documento de transporte, admissível somente em contratos de fretamento, livremente negociados;

iv) Permissividade ao transportador de desviar-se da rota, sem perder o direito à exoneração ou à limitação de responsabilidade;

v) Fixação de limites ínfimos de responsabilidade por perda ou avaria – 875 DES por 3 DES por quilograma de peso bruto, se for maior – ou por atraso – duas vezes e meia o valor do frete, considerando-se que não se admite limitação de responsabilidade no Uruguai e no Brasil (neste por violar questão de ordem pública, salvo se previsto em contrato de fretamento), sendo bastante inferior aos limites adotados na República Argentina e em outros países. [27]

A conclusão da Declaração de Montevidéu é taxativa:

"analisada a Convenção de Roterdã e feita a exposição de razões fundamentais, que todos os governos dos países latino-americanos não devem ser signatários das chamadas regras de Roterdã e, se porventura alguns o forem, que os respectivos parlamentos, observadas as regras que disciplinam a teoria do freios e contrapesos, não ratifiquem as assinaturas, tornando inaplicável a Convenção à luz de cada ordenamento jurídico nacional".

4.2. Os contratos marítimos internacionais de transporte de mercadorias no Direito Brasileiro

No Brasil, os contratos de transporte marítimos são regidos pelos princípios gerais atinentes a todos os contratos de transporte, estipulados nos artigos 730 a 733 e 743 a 756 do Código Civil (CC) e por legislações especiais e convenções internacionais.

O CC/02 efetivamente traça regras básicas do contrato de transporte e deflui do comando normativo do CC art. 732. São aplicáveis, aos contratos de transporte em geral os preceitos constantes da legislação especial e de tratados e convenções internacionais, desde que não contrariem as dispo-

---

[27] V. Octaviano Martins e Vianna, 2013.

sições do CC/02. Atente-se, ainda, para a possibilidade de incidência do CDC, temática extremamente complexa.

O conhecimento de embarque marítimo (*Bill of Lading* – BL) é normatizado pelos artigos 575 a 589 do Código Comercial (CCom) e nos Decretos 14.473/30 e 20.454/31.[28]

Reitera-se que nenhuma convenção internacional aplicável em matéria de contrato de transporte marítimo internacional de mercadorias foi recepcionada pelo sistema jurídico brasileiro.

4.2.1. *Foro competente*

No direito brasileiro, como regra, a autonomia da vontade é admissível na escolha do foro. Consequentemente, a cláusula de eleição de foro vem sendo aceita pela doutrina e considerada, regra geral, válida, consoante a Súmula 335 do Supremo Tribunal Federal (STF). Todavia, destacam-se relevantes entendimentos jurisprudenciais considerando inválidas as cláusulas de eleição de foros estrangeiros em contratos internacionais, em razão do disposto no art. 88 do Código de Processo Civil (CPC). Ademais, o art. 12 da Lei de Introdução às Normas do Direito Brasileiro (LINDB) se consagra regra vigorante normatizando ser competente a autoridade judiciária brasileira, quando for o réu domiciliado no Brasil ou tiver de aqui ser cumprida a obrigação.

Regra geral, tem se consolidado o entendimento no sentido de que a cláusula de eleição de foro tem eficácia plena quando há inteira liberdade de contratar. Destarte, no que concerne aos contratos de transporte cuja evidência e prova decorrem do BL, instrumento considerado eminentemente de adesão, prevalece o entendimento de não aceitação da autonomia da vontade relativa à eleição de foro.

---

[28] Não se encontra consenso acerca da natureza jurídica do BL. A dicotomia doutrinária apresenta duas correntes: i) a que propugna pela configuração do BL como o contrato de transporte e ii) a corrente que considera ser o BL evidência escrita do contrato de transporte. Para aprofundamento do tema consulte OCTAVIANO MARTINS, Eliane Maria. *Curso de direito marítimo*. Barueri: Manole, 2008. v. 2, p. 277-279.

4.2.2. *Legislação aplicável*

No Brasil, subsistem restrições ao princípio da autonomia da vontade. A *Paramount clause* constante do BL determina a legislação aplicável e comumente remete à aplicabilidade de um regime convencional, geralmente às Regras de Haia-Visby ou, alternativamente, à Convenção de Bruxelas (1924), conhecida como Regras de Haia, às Regras de Hamburgo, à Cogsa (1936 – EUA) ou a uma determinada lei estatal.

A regra do Direito Internacional Privado brasileiro relativa à lei aplicável aos contratos em geral evidencia que as obrigações serão qualificadas e regidas pela lei do país em que se constituírem, conforme versa o art. 9.º da LINDB. Consoante normativa supra, consagra-se a *Lex Loci Contractus*, sendo aplicável nos contratos entre presentes a lei do local de celebração do contrato (art. 9.º LINDB, caput) e nos contratos entre ausentes, a lei do local de residência do proponente (parágrafo 2.º do art. 9.º da LINDB).

Na falta de escolha da lei ou invalidade desta, valerá a *Lex fori*, ou seja, a lei do lugar no qual se desenvolve o processo que determinará a lei aplicável ao contrato.

As particularidades que especificam a questão remetem à situação fática de o litígio ser julgado no Brasil, em decorrência do art. 12 da LINDB c/c arts. 88 a 90 do CPC, mesmo na hipótese usual de no BL constar cláusula de eleição de foro estrangeiro, ainda que haja a aplicabilidade das Regras de Haia-Visby, de Hamburgo ou Cogsa, ou um direito estatal estrangeiro, por força do disposto no art. 9.º da LINDB.

Nessa situação específica, não obstante o processo venha a ser julgado no Brasil e de acordo com o direito processual brasileiro, a legislação estrangeira, ou seja, o direito material estrangeiro, será aplicada nas hipóteses de contratos entre presentes celebrados em país estrangeiro, nos termos do *caput* do art. 9.º da LINDB, e nos contratos entre ausentes, se o ente proponente for estrangeiro.

O sistema de restrição da autonomia da vontade e a possível incidência do CDC nos contratos marítimos são vistos com certa perplexidade pela comunidade jurídica internacional, e apontados como um dos entraves ao investimento estrangeiro no Brasil e à intensificação do comércio com o país.

Luzes e Sombras Sobre as Regras de Rotterdam: A Posição do Brasil... 571

4.2.3. *A incidência do CDC nos contratos de transporte marítimo de mercadorias*

O influxo do CDC nos contratos de transporte marítimo encontra dissonância de entendimentos no contexto brasileiro.

Inobstante extensa polêmica e complexidade que permeia a temática, destacam-se entendimentos jurisprudenciais e doutrinários que consideram admissível a incidência do CDC nos contratos de transporte marítimo.[29]

No direito brasileiro, destacam-se duas correntes a respeito da incidência do CDC nos contratos de transportes marítimos de mercadorias: a finalista e a maximalista.

4.2.3.1. *Teoria Finalista*

Como regra, as conclusões adotadas pela teoria subjetiva ou finalista estão calcadas nos seguintes pressupostos: i) o conceito de consumidor deve ser subjetivo[30] e permeado pelo critério econômico e da vulnerabilidade; ii) a expressão "destinatário final" deve ser interpretada restritivamente.

Para a corrente finalista, a tutela do consumidor decorre da vulnerabilidade deste nas relações de consumo (CDC, art. 4.º, I). Inobstante serem detectados inúmeros entendimentos diversos acerca do exato alcance do conceito de vulnerabilidade, prepondera a exegese que sustenta dever ser a vulnerabilidade compreendida no sentido técnico, jurídico e socioeconômico. Infere-se, portanto, que tais sentidos importam na configuração de não ter o consumidor conhecimentos em relação aos aspectos jurídicos do negócio e às suas repercussões econômicas, além de não se encontrar, geralmente, na mesma condição social e econômica do fornecedor, parte com que negocia.

---

[29] No transporte de passageiros, é praticamente unâmime o entendimento que propugna pela incidência do CDC nos contratos.

[30] O STJ vem flexibilizando o critério subjetivo e reconhece que em situações especiais esse critério deve ser abrandado do conceito de consumidor para admitir a aplicação do CDC nas relações entre fornecedores e consumidor-empresário em que fique evidenciada a relação de consumo, i.e., a relação formada entre fornecedor e consumidor vulnerável técnica, jurídica ou economicamente, de forma presumidamente ou não. Cf. STJ. Resp. 468148/SP. T3, j. 02/09/2003. DJ: 28/10/2003, p. 28; STJ. CC 32.270/SP, DJ: 11/03/2003, voto do relator Ministro Antonio de Pádua Ribeiro. RESP 286.441 – RS (2000/0115400-1). Ainda pela não incidência 1.º TACivSP, Ap 788.877-1, j. 03.04.2000.

Em consonância à exegese finalista, consumidor deve ser aquele que ocupa um nicho específico da estrutura de mercado – o de ultimar a atividade econômica com a retirada de circulação (econômica) do bem ou serviço – mas com a específica finalidade de consumi-lo para suprir uma necessidade pessoal ou privada, e portanto final, e não pela necessidade profissional ou empresária, de cunho instrumental apenas.

Infere-se da teoria finalista que consumidor é o destinatário final na cadeia distributiva, o destinatário fático e econômico do bem. Na contextualização do consumidor enquanto destinatário fático, o produto deve ser retirado da cadeia de produção. Com referência à configuração de destinatário econômico, o bem não pode ser adquirido para revenda ou uso profissional, pois ele seria novamente um bem de produção cujo preço estaria embutido no valor final.

Destarte, para a caracterização de consumidor não basta identificar o sujeito ser o adquirente ou utente destinatário final fático do bem ou serviço. Ele deve também ser o seu destinatário final econômico e romper a atividade econômica com vistas ao atendimento de necessidade privada, pessoal, não podendo ser reutilizado o bem ou serviço no processo produtivo, ainda que de forma indireta.

A interpretação da teoria supra considera o destinatário do produto no elo da cadeia distributiva total, entendendo que o transporte seria parte desse elo produtivo, bem como a destinação final do produto, e não a destinação final do serviço de transporte. Sob tal ótica, o bem transportado e o serviço de transporte serão empregados no desenvolvimento da atividade lucrativa e a circulação econômica não se encerra nas mãos da pessoa física (profissional ou empresário individual) ou jurídica (sociedade simples ou empresária) que utilize do serviço de transporte marítimo de mercadorias. Entende-se, portanto, tratar-se de consumo intermediário e não final; para essa corrente estão excluídos da proteção consumeirista.

Sob a égide da teoria finalista, o embarcador e consignatário, respectivamente, não são, em tese, considerados o destinatário final. Consequentemente, propugna pela não incidência do CDC aos casos envolvendo contratos de transporte marítimo de mercadorias, alegando que estes não instrumentalizam relações de consumo.

4.2.3.2. Teoria Maximalista

A teoria maximalista se desponta mais ampla e visa abranger a maior gama de relações contratuais possíveis, enquadrando de forma irrestrita toda pessoa física ou jurídica como merecedora de proteção, seja ela profissional ou não. A corrente maximalista não enquadra a vulnerabilidade como pressuposto basilar.[31] Neste diapasão, insere-se, essencialmente, a atividade de transporte.

Para os maximalistas não importa à definição do destinatário final do serviço de transporte, o que é feito com o produto transportado. Destarte, no âmbito da teoria maximalista, o embarcador e consignatários poderão ser considerados destinatários finais na relação consumeirista.[32]

4.2.3.3. A teoria prevalente

Inobstante significativos julgados a respeito, ainda não há como afirmar a prevalência da corrente finalista ou maximalista.

Evidências empíricas e análise da jurisprudência têm revelado certa tendência de aplicabilidade da corrente maximalista destacando-se a tendência em preservar os interesses, principalmente da carga avariada de importadores brasileiros.

4.3. O Brasil e as Regras de Rotterdam

O Brasil vive um momento único em sua história face às recentes descobertas das reservas de petróleo na zona do "Pré-Sal"[33], situada na Plataforma Continental brasileira.

---

[31] V.STJ, RESP 286441/RS; Recurso Especial 2000/0115400-1, j. 07/11/2002.

[32] V. PACHECO, Paulo Henrique Cremoneze. Do código do consumidor: aspectos relevantes ao direito marítimo e ao direito do seguro. *Revista do Instituto dos Advogados de São Paulo*, São Paulo, v. 5, n. 10, jul./dez. 2002, a favor da incidência do CDC, independentemente de ser acatada a tese maximalista. Consulte, em contrário SAMMARCO, Marcus Vinicius de Lucena. Transporte de carga: o conflito entre as normas especiais e as normas do código de defesa do consumidor e os limites da sub-rogação da seguradora. *Revista de Direito do Consumidor*, São Paulo, n. 55, jul./set., p. 177-198, 2005.

[33] "Pré-sal" é a denominação consolidada no Brasil das reservas de hidrocarbonetos em rochas calcárias que se localizam abaixo de camadas de sal. As reservas encontram-se

Tal fato vem colocando o país em evidência na agenda internacional evidenciando a relevância das questões marítimas e portuárias no contexto jurídico, econômico e desenvolvimentista. Se confirmadas as reservas da zona "pré-sal", o Brasil será considerado a quarta maior reserva de petróleo do mundo e poderá se tornar uma grande potência mundial.

Consequentemente, estima-se efetiva intensificação do comércio internacional com o Brasil e já se revelam impactos significativos na indústria naval e na atividade portuária.

Nos últimos anos, tem se constatado efetiva intensificação do comércio internacional com o Brasil que resvalam em impactos significativos na Marinha Mercante nacional e na atividade portuária, setores estratégicos no contexto da economia global.

O Brasil é considerado um país com forte tradição marítima, tradição esta consolidada não só pelas vendas marítimas envolvendo o País e reservas de petróleo mas, também por já ter ocupado, nos idos da década de 70, a segunda posição na indústria de construção naval.[34]

Inobstante no mundo "Shipping" o Brasil seja considerado uma Nação marítima, está longe de se consolidar uma "potência marítima".

No panorama atual, a "indústria Shipping" brasileira enfrenta efetivas dificuldades que afetam o seu desenvolvimento e competitividade em todas as suas vertentes.

Como "Global Trader", o Brasil apresenta uma significativa relação de dependência com o mar evidenciada, principalmente, no tráfego e tráfico marítimo e nas reservas de petróleo e demais potencialidades econômicas como a pesca, que permanece praticamente artesanal, a exploração de gás e demais recursos.

O transporte marítimo representa aproximadamente 95% da carga transportada no comércio exterior. No limiar da sua autossuficiência, o Brasil prospecta mais de 80% de seu petróleo.

---

em profundidades que superam os 7 mil metros, abaixo de uma extensa camada de sal, motivo pelo qual se denomina a área de Camada, Província ou Zona "Pré-sal". De acordo com os geólogos, a camada de sal existente na zona conserva a qualidade do petróleo. Estima-se que a camada do pré-sal contenha o equivalente a cerca de 1,6 trilhões de m^3 de gás e óleo. A partir de 2017, estimativas apontam produção de mais de um milhão e 300 mil barris de petróleo por dia.

[34] Para aprofundamento acerca das Vendas Marítimas consulte OCTAVIANO MARTINS, Eliane M. *Curso de Direito Marítimo*. Vol. 2. *Vendas Marítimas*. Barueri: Manole, 2013.

Luzes e Sombras Sobre as Regras de Rotterdam: A Posição do Brasil... 575

A frota mercante brasileira já representou 30% do Comércio Exterior do país, mas há décadas o Brasil é considerado um país "transportado" e não um país "transportador".

Estudos empíricos evidenciam que apenas 3% das mercadorias são transportadas em navios de bandeira brasileira revelando dependência de empresas e navios estrangeiros.[35]

No mercado de fretes marítimos ("Freight Market"), evidenciam-se como principais entraves para a competitividade da Marinha Mercante brasileira o Custo Brasil em todas as vertentes, inclusive de "direito-custo", a fenomenologia das bandeiras de conveniência, a atuação de empresas da navegação em cartéis ou em conferencias de frete, aspectos logísticos e operacionais e a ineficiência da infraestrutura portuária.[36]

Com as recentes descobertas do "Pré-Sal", há grande expectativa em torno do aumento da frota brasileira e intensificação das atividades das empresas brasileiras de navegação (EBN).

Considerados tais fatos, evidencia-se a necessidade ou não da ratificação das Regras. Realisticamente, deverá o Brasil aderir às RR?

---

[35] A partir de 1986, constata-se involução da frota mercante brasileira de longo curso em quase 50%. Em 1986, a frota brasileira era formada por 169 navios, representando 8, 3 milhões TPB. Em 1995, evidencia-se a redução para 4, 5 milhões de TPB e apenas 51 navios de bandeira brasileira. V. Octaviano Martins, 2012, Volume 1, Capítulo 3.

[36] "Evidências e estudos empíricos vêm revelando que a cadeia logística brasileira está baseada em uma matriz de transporte considerada distorcida. O Brasil possui cerca de 63 (sessenta e três) mil quilômetros de águas superficiais flúvio-lacustre e rede hidrográfica nacional formada por 44 mil quilômetros de rios. Inobstante a extensão de águas navegáveis, o modal flúvio-marítimo no Brasil não assume vanguarda no mercado doméstico. A participação do transporte aquaviário, principalmente na navegação de cabotagem e da navegação interior é pouco significativa. As hidrovias brasileiras têm sido subutilizadas. No comércio interno, prevalece o modal rodoviário, considerado saturado e tem se apontado que a malha ferroviária logo chegará ao limite de sua capacidade de transporte. Excetua-se a Região Amazônica consolidando a predominância pelo modal flúvio-marítimo no transporte de cargas não só em sede de Navegação Interior, mas também na Navegação de Cabotagem e de Longo Curso". (Octaviano Martins, 2012, Volume 1, Capítulo 3).

4.4. Considerações finais

Inobstante as relevantes inovações contidas nas RR, reitera-se que o Brasil é um "País transportado".

Em decorrência das recentes descobertas de petróleo na Província do Pré-Sal, o Brasil tem implementado que priorizem a economia nacional, a competitividade internacional da indústria "Shipping" e da atividade portuária. Implementa, também, relevantes medidas para incentivar o modal aquaviario e a construção de hidrovias para ampliar navegação interior e de cabotagem.

Neste contexto, a adesão a Rotterdam não atende aos interesses atuais do Brasil, essencialmente pelo fato de Rotterdam priorizar os interesses do transportador internacional.

Efetivamente, além de não privilegiar os interesses dos importadores e exportadores, excluem, da aplicabilidade de suas regras os transportadores atuantes na navegação de cabotagem e interior.

As RR não seriam aplicáveis à navegação nacional que continuaria submetida às leis nacionais. Via de consequência, a adesão às RR estabeleceria sistemas legais diversos no Brasil, o que seria prejudicial à segurança jurídica e representar uma injusta discriminação: armador de cabotagem ficaria privado de valer-se dos benefícios concedidos aos armadores estrangeiros que transportam cargas brasileiras no longo curso.

Tem-se argumentado que a adesão às Regras de Rotterdam em detrimento da legislação pátria contraria a política de Estado e de Governo e o ordenamento jurídico interno, sendo cogitada, inclusive, perda de soberania.[37]

---

[37] "Com efeito, se o Brasil assinar e ratificar a Convenção de Roterdam praticamente sepultará a possibilidade de um dono de carga pleitear, em caso de vício de transporte, a reparação do dano perante o Poder Judiciário brasileiro e com uso do Direito brasileiro, o que configurará ofensa ao sistema legal do país, especialmente à ordem constitucional. As normas convencionais que tratam da não aplicação do Direito brasileiro são manifestamente inconstitucionais, na medida em que Convenção alguma pode colidir frontalmente com os direitos e garantias fundamentais que formam o sistema legal brasileiro. Nenhuma norma, mesmo convencional e supranacional, pode por à pique a significativa e emblemática garantia constitucional do acesso à jurisdição, sob pena de violência de direitos e mitigação da própria soberania nacional. E, convém repetir, por acesso à jurisdição nacional, entenda-se também o uso das regras legais pátrias. Embora o artigo 66 da Convenção contemple a possibilidade de utilização do foro brasileiro, praticamente aos moldes do artigo 88 do Código

Luzes e Sombras Sobre as Regras de Rotterdam: A Posição do Brasil... 577

Em 2010, um Relatório da Associação Brasileira de Direito Marítimo (ABDM) recomenda ao Brasil que se abstenha de agir de qualquer modo para assinar ou ratificar as Regras de Rotterdam:[38]

"As Regras de Roterdã, diferentemente das demais congêneres, criam um sistema parcial de responsabilidade concorrente (partial network liability system ou maritime plus), abrangendo também o transporte multimodal (porta-a-porta) desde que pelo menos um segmento de transporte marítimo internacional esteja incluído no contrato de transporte. Esta inovação, que em princípio pode parecer um esforço de modernização normativa, na verdade pode representar a introdução de um princípio nocivo à segurança jurídica na medida em que seriam aplicados, a cada modal, seus próprios sistemas de responsabilidade e limitações" (Parecer da Associação Brasileira de Direito Maritimo – ABDM) ".

No cenário atual, percebe-se que o Brasil não tem interesse em ratificar Rotterdam ou qualquer outra convenção que favoreça os interesses dos armadores.

Na "Era Pré-sal", a efetividade da regulamentação vigente e demais instituições deve ser analisada, considerando, ademais, a implementação de políticas que priorizem a economia nacional, o desenvolvimento econô-

---

de Processo Civil, há de se ter em mente que tal possibilidade somente será reconhecida se não houve no contrato de transporte acordo de escolha de foro. Aparentemente, uma norma equilibrada e que permite um leque poliédrico de opções. Todavia, nunca é demais lembrar que todo contrato de transporte é de adesão, com cláusulas impressas e dispostas conforme o livre-arbítrio do transportador. Logo, em termos práticos, haverá o dever convencional de se observar o que disposto no contrato, vinculando a parte aderente ao foro disposto unilateralmente pelo emissor do instrumento contratual e, mesmo, o regime de arbitragem. Daí a afirmada possibilidade concreta de ofensa aos conceitos de acesso à jurisdição nacional e de uso do sistema legal pátria. (...) O Brasil é um país mais voltado à carga do que ao transportador. Se isso é ou não uma política inteligente e correta não convém aqui debater. O fato é que no transporte marítimo internacional, os interesses brasileiros configurar-se-ão não na pessoa do transportador, mas, sim, nas pessoas do embarcador (exportador) ou do consignatário da carga (importador), ambos tutelados pelos seguradores dos transportes e das cargas. Assim, a visão do Brasil tem que ser necessariamente uma "cargo" e não uma visão armador ou, em sentido mais amplo, transportador, a despeito da importância ímpar destes." (CREMONEZE, 2011)

[38] V. ASSOCIAÇÃO BRASILEIRA DE DIREITO MARÍTIMO. Regras de Roterdã: Relatório. Rio de Janeiro, 2010.

mico e a competitividade internacional da indústria " shipping" e da atividade portuária.

Neste contexto, se o Brasil vier a retomar a posição de "País Transportador", é possível que se repense a sua posição acerca das convenções internacionais relativas aos contratos de transporte marítimo de mercadorias e, em específico, a adesão a Rotterdam.[39] Todavia, não se vislumbra tal cenário, ao menos em curto ou médio prazo e prevalece a corrente que defende um contundente "não" às Regras de Rotterdam.

---

[39] "A discussão acerca da ratificação ou não das RR pelo Brasil tem como foco central a proteção da carga em detrimento do transportador. Consequentemente, há uma tendência em repelir qualquer tentativa de uniformização das normativas internacionais no Brasil por achar que estas beneficiariam o transportador marítimo. Porém há de se considerar a possibilidade de fazer parte de uma convenção internacional aplicável ao transporte marítimo internacional como forma de garantir a segurança jurídica e regulamentar a relação contratual decorrente do contrato de transporte internacional. As RR, como qualquer outra convenção internacional, não são perfeitas em sua totalidade, porém, elas trouxeram várias inovações pertinentes ao contexto de desenvolvimento atual e merecem, pelo menos, ser estudadas e discutidas por todos os sujeitos envolvidos pelo contrato de transporte marítimo internacional e demais modalidades de transportes." (OCTAVIANO MARTINS e VIANNA, 2013).

LA LIMITACIÓN DE LA RESPONSABILIDAD DE ACUERDO A LAS REGLAS DE RÓTERDAM Y SU RELACIÓN CON LA LIMITACIÓN GLOBAL DE LA RESPONSABILIDAD[*]

NORMAN A. MARTÍNEZ GUTIÉRREZ[**]

SUMÁRIO: *1. Introducción; 2. Las Réglas de Rotérdam; 2.1. Limitación de la Responsabilidad por Pérdida o Daños a las Mercancías Transportadas; 2.1.1. Limitación de la responsabilidad en base a la cantidad de bultos u otra unidad de carga; 2.1.2. Limitación de responsabilidad en base al peso; 2.1.3. Declaración de valor y acuerdo entre las partes; 2.2. Limitación de la Responsabilidad por Pérdidas Causadas por el Retraso; 2.3. Pérdida del Derecho de Limitación de la Responsabilidad; 2.4. Reconocimiento del Derecho de Limitación Global de la Responsabilidad; 3. Limitación Global de la Responsabilidad en el Transporte de Mercancías por Mar; 3.1. Personas con Derecho a la Limitación de Responsabilidad; 3.2. Reclamaciones Sujetas a Limitación; 3.3. Conducta que Excluye el Derecho a la Limitación; 3.4. Los Límites de la Responsabilidad; 4. Conclusiones.*

1. Introducción

El concepto de limitación de la responsabilidad permite a la persona que invoca dicho derecho limitar la compensación debida por reclamacio-

---

[*] Una presentación ante las "III Jornadas de Lisboa de Direito Marítimo: das Regras da Haia às Regras de Roterdão" organizada por la Faculdade de Direito da Universidade de Lisboa, Centro de Direito Marítimo e dos Transportes (Lisboa, Portugal, 23-24 de mayo de 2013).

[**] Senior Lecturer, IMO International Maritime Law Institute, Malta.

nes de derecho marítimo hasta un importe máximo independientemente de la cuantía real de las reclamaciones presentadas en su contra. Este concepto, que ya está profundamente arraigado en la industria marítima, se presenta en dos formas fundamentales: una limitación de responsabilidad en relación a un tipo específico de reclamaciones (limitación "particular" de la responsabilidad) y una limitación de responsabilidad en relación a todas las reclamaciones que nacen de un caso concreto (limitación "global" de la responsabilidad).[1]

La limitación particular de la responsabilidad se encuentra plasmada en muchos convenios internacionales de responsabilidad que van desde los convenios relativos al transporte de mercancías por mar, los convenios sobre transporte de pasajeros y sus equipajes por mar, los convenios sobre responsabilidad e indemnización por daños debidos a contaminación, hasta el convenio sobre la responsabilidad por la remoción de restos de naufragio. Por otra parte, la limitación global de la responsabilidad está regulada a nivel internacional por diversos convenios que datan de 1924,[2] 1957,[3] 1976[4] y el Protocolo de 1996.[5] Como podemos ver, el convenio más reciente de este último grupo que prescribe el marco normativo inter-

---

[1] Para un estudio sobre la relación entre los convenios de limitación global de la responsabilidad y los regímenes particulares de responsabilidad consultar NORMAN A. MARTÍNEZ GUTIÉRREZ, *Limitation of Liability in International Maritime Conventions: The Relationship between Global Limitation Conventions and Particular Liability Regimes*, Routledge, London/New York, 2011.

[2] Convenio internacional para la unificación de ciertas reglas sobre limitación de responsabilidad de los propietarios de buques, hecho en Bruselas el 25 de agosto de 1924, entrada en vigor: 2 de junio de 1931, 120 LNTS 123; RMC I.2.300, II.2.300; IGNACIO ARROYO MARTÍNEZ, *Convenios Marítimos Internacionales*, p. 303.

[3] Convenio internacional sobre limitación de responsabilidad de los propietarios de buques que naveguen por alta mar, hecho en Bruselas el 10 de octubre de 1957, entrada en vigor: 31 de mayo de 1968, 1412 UNTS 81; RMC I.2.310, II.2.310; IGNACIO ARROYO MARTÍNEZ, *Convenios Marítimos Internacionales*, p. 309 (Convenio de 1957).

[4] Convenio sobre limitación de la responsabilidad nacida de reclamaciones de derecho marítimo, hecho en Londres el 19 de noviembre de 1976, entrada en vigor: 1 de diciembre de 1986, 1456 UNTS 221; 16 ILM 606; RMC I.2.330, II.2.330; IGNACIO ARROYO MARTÍNEZ, *Convenios Marítimos Internacionales*, p. 319 (Convenio LLMC).

[5] Protocolo de 1996 que enmienda el Convenio sobre limitación de la responsabilidad nacida de reclamaciones de derecho marítimo, 1976, hecho en Londres el 2 de mayo de 1996, entrada en vigor: 13 de mayo de 2004, LEG/CONF.10/8 de 9 de mayo de 1996; 35 ILM 1433; RMC I.2.340, II.2.340 (Protocolo LLMC de 1996).

nacional vigente en este tema es el Convenio LLMC,[6] reformado por el Protocolo LLMC de 1996.[7] Sin embargo Portugal no es Parte de ninguno de estos dos instrumentos y permanece Parte en el Convenio de 1957.[8]

En cuanto al caso específico de limitación de la responsabilidad en el transporte de mercancías por mar, podemos mencionar que al concluir un contrato de transporte, el porteador y cargador contemplan los riesgos que ambas partes enfrentan en la aventura marítima. Dicha contemplación debe reconocer que el hecho de enfrentar riesgos conlleva costes para el porteador, los cuales deben estar cubiertos por el flete.[9] Sin embargo, debido al alto precio de algunas de las mercancías transportadas, cuando el porteador ha incumplido sus obligaciones con arreglo al Convenio y consecuentemente incurre en responsabilidad, es de esperarse que este trate de limitar su responsabilidad en relación a los daños causados. Así, limitación de la responsabilidad tiene el efecto de revertir el riesgo de pérdida o daño en la mercancía transportada al cargador. Por una parte esto crea una necesidad en el cargador de realizar gestiones para cubrir estos riesgos (por ejemplo a través de un seguro de carga) y por otra parte, ya que el derecho de limitación de la responsabilidad no requiere que el porteador eleve el precio del flete para cubrir los riesgos anteriormente mencionados, el cargador de mercancías de bajo costo no tiene que subsidiar al cargador de mercancías de alto valor, quien crea mayores riesgos al porteador.[10]

El concepto de limitación de la responsabilidad en el transporte de mercancías por mar está plasmado en una serie de convenios sobre el tema

---

[6] Hasta el 25 de junio de 2014, 54 Estados (que constituyen un 54.55% del tonelaje mundial) son Partes en el citado Convenio.

[7] Hasta el 25 de junio de 2014, 49 Estados (que constituyen un 45.30% del tonelaje mundial) son Partes en el citado Protocolo.

[8] De acuerdo al CMI Yearbook 2010, 35 Estados son Partes en el Convenio de 1957.

[9] MICHAEL STURLEY et al., *The Rotterdam Rules: The UN Convention on Contracts for the International Carriage of Goods Wholly or Partly by Sea*, Sweet & Maxwell, Londres, 2010, p. 160.

[10] Michael Sturley et al., p. 160.

que van desde las Reglas de la Haya,[11] las Reglas de la Haya-Visby,[12] las Reglas de Hamburgo,[13] hasta las Reglas de Róterdam.[14]

Esta presentación tiene por objeto estudiar brevemente la limitación de la responsabilidad de acuerdo a las Reglas de Róterdam y su relación con la limitación global de la responsabilidad plasmada en los diversos convenios internacionales.

2. Las Reglas de Róterdam

Considerando que las Reglas de Róterdam en todos sus aspectos han sido sujetas a amplio debate en estas Jornadas, esta presentación está limitada a los aspectos de limitación de la responsabilidad; uno de los puntos torales en el transporte de mercancías por mar. En este sentido, el Capítulo 12 de las Reglas de Róterdam está dedicado a este tema[15] prescribiendo las siguientes reglas:

---

[11] Convenio internacional para la unificación de ciertas reglas en materia de conocimiento de embarque, hecho en Bruselas el 25 de agosto de 1924, entrada en vigor: 2 de junio de 1931, 120 LNTS 155; RMC I.5.10, II.5.10; Ignacio Arroyo Martínez, *Convenios Marítimos Internacionales*, p. 329.

[12] Protocolo modificativo del Convenio internacional para la unificación de ciertas reglas en materia de conocimiento de embarque, hecho en Bruselas el 23 de febrero de 1968, entrada en vigor: 23 de junio de 1977, 1412 UNTS 121; RMC I.5.20, II.5.20; Ignacio Arroyo Martínez, *Convenios Marítimos Internacionales*, p. 337.

[13] Convenio de las Naciones Unidas sobre el transporte marítimo de mercancías, hecho en Hamburgo el 31 de marzo de 1978, entrada en vigor: 1 de noviembre de 1992, UN Doc: A/CONF.89/13;1695 UNTS 3; 17 ILM 608; RMC I.5.220, II.5.220; Ignacio Arroyo Martínez, *Convenios Marítimos Internacionales*, p. 345.

[14] Convenio de las Naciones Unidas sobre el contrato de transporte internacional de mercancías total o parcialmente marítimo, hecho en Nueva York el 11 de diciembre de 2008, aun no en vigor, Resolución de la Asamblea General de las Naciones Unidas A/Res/63/122 de 11 de diciembre de 2008.

[15] M. Januário da Costa Gomes, "Sobre a responsabilidade do transportador nas Regras de Roterdão. Breves Notas", en José Luis García-Pita y Lastres et al., *Estudios de Derecho Marítimo*, Thomson Reuters – Aranzadi, Navarra, 2012, p. 639 en 659.

Artículo 59
Límites de la responsabilidad

1. A reserva de lo dispuesto en el artículo 60 y en el párrafo 1 del artículo 61, la responsabilidad del porteador por el incumplimiento de sus obligaciones con arreglo al presente Convenio estará limitada a 875 unidades de cuenta por bulto u otra unidad de carga, o a 3 unidades de cuenta por kilogramo de peso bruto de las mercancías que sean objeto de reclamación o litigio, si esta última cantidad es mayor, salvo cuando el cargador haya declarado el valor de las mercancías y esa declaración se haya incluido en los datos del contrato, o cuando el porteador y el cargador hayan acordado un límite superior al límite de responsabilidad establecido en el presente artículo.

2. Cuando las mercancías sean transportadas en o sobre un contenedor, paleta u otro elemento de transporte análogo empleado para agruparlas, o en o sobre un vehículo, los bultos o unidades de carga enumerados en los datos del contrato como colocados en o sobre dicho elemento de transporte o vehículo serán considerados como tales. Si no figuran así enumeradas, las mercancías que vayan en o sobre dicho elemento de transporte o vehículo serán consideradas como una sola unidad de carga.

3. La unidad de cuenta a la que se hace referencia en el presente artículo es el derecho especial de giro definido por el Fondo Monetario Internacional. Las cantidades mencionadas en el presente artículo deberán ser convertidas a la moneda de un Estado según el valor de dicha moneda en la fecha de la sentencia o del laudo, o en la fecha convenida por las partes. El valor de la moneda de un Estado Contratante que sea miembro del Fondo Monetario Internacional, expresado en derechos especiales de giro, deberá ser calculado según el método aplicado en la fecha que proceda por el Fondo Monetario Internacional para sus propias operaciones y transacciones. El valor de la moneda de un Estado Contratante que no sea miembro del Fondo Monetario Internacional, expresado en derechos especiales de giro, deberá ser calculado según el método determinado por dicho Estado.

Artículo 60
Límites de la responsabilidad por la pérdida causada por el retraso

A reserva de lo dispuesto en el párrafo 2 del artículo 61, la indemnización por pérdida o daño de las mercancías que sea imputable a retraso deberá ser calculada con arreglo al artículo 22 y la responsabilidad por la pérdida económica imputable a retraso estará limitada a una cantidad equivalente a dos veces y media el flete que se deba por el transporte de las mercancías retrasadas. La suma total que deba pagarse con arreglo al presente artículo y al párrafo 1 del artículo 59 no podrá exceder del límite que resulte aplicable con arreglo al párrafo 1 del artículo 59 en caso de pérdida total de las mercancías afectadas.

Artículo 61
Pérdida del derecho a invocar el límite de la responsabilidad

1. Ni el porteador ni ninguna de las personas mencionadas en el artículo 18 podrá limitar su responsabilidad con arreglo a lo dispuesto en el artículo 59, o con arreglo a lo estipulado en el contrato de transporte, si el reclamante prueba que la pérdida o el daño resultante del incumplimiento de alguna obligación del porteador con arreglo al presente Convenio es imputable a un acto u omisión personal de la persona que invoque el derecho a limitar su responsabilidad, cometido con la intención de causar dicha pérdida o daño, o temerariamente y a sabiendas de que la pérdida o el daño probablemente se produciría.

2. Ni el porteador ni ninguna de las personas mencionadas en el artículo 18 podrá limitar su responsabilidad con arreglo a lo dispuesto en el artículo 60 si el reclamante prueba que el retraso en la entrega resultó de un acto u omisión personal de la persona que invoque el derecho a limitar su responsabilidad, cometido con la intención de causar la pérdida resultante del retraso o temerariamente y a sabiendas de que dicha pérdida probablemente se produciría.

Como es posible ver, este Capítulo incluye tres artículos: uno dedicado a los límites de responsabilidad por pérdida o daños a las mercancías transportadas,[16] otro que prescribe límites de la responsabilidad por la pérdida causada por retraso,[17] y un artículo dedicado a la pérdida del derecho a invocar el límite de la responsabilidad.[18] Seguidamente se ofrece una breve explicación de las implicaciones de estos artículos en el transporte de mercancías por mar.[19]

---

[16] Artículo 59.

[17] Artículo 60.

[18] Artículo 61.

[19] Es importante mencionar que, de conformidad con el artículo 4 de las Reglas de Róterdam, los límites de responsabilidad prescritos en dicho Convenio serán aplicables

2.1. Limitación de la Responsabilidad por Pérdida o Daños a las Mercancías Transportadas

El artículo 59 está dedicado a la limitación de la responsabilidad por pérdida o daños a las mercancías transportadas. Este artículo contempla tres posibilidades: la limitación de responsabilidad en base a la cantidad de bultos u otra unidad de carga; la limitación de responsabilidad en base al peso; y finalmente la posibilidad de un acuerdo entre el cargador y porteador de acordar un límite superior a los dos anteriormente mencionados.[20]

2.1.1. Limitación de la responsabilidad en base a la cantidad de bultos u otra unidad de carga

La primera forma de limitación de la responsabilidad reconocida por las Reglas de Róterdam está calculada en base a la cantidad de bultos u otra unidad de carga. Esta forma de limitación ha sido reconocida por muchos años[21] y se encuentra prescrita en las Reglas de la Haya,[22] en las Reglas de la Haya-Visby[23] y en las Reglas de Hamburgo.[24]

En sus inicios, como plasmado en las Reglas de la Haya, este tipo de limitación de la responsabilidad presentaba un problema importante – las Reglas de la Haya no incluían una definición de "bulto".[25] La razón de

---

en cualquier procedimiento judicial o arbitral, ya se base en normas sobre responsabilidad contractual, extracontractual o de otra índole. En este punto consultar Yvonne Baatz et al., *The Rotterdam Rules: A Practical Annotation*, Informa, London, 2009, p. 182.

[20] Yuzhuo Si y Ping Guo, "Limits of Liability", en Alexander von Ziegler et al., *The Rotterdam Rules 2008*, Kluwer Law International, Alphen aan den Rijn, 2010, p. 245 en 247.

[21] Stephen Girvin, "The Right of the Carrier to Exclude and Limit Liability", en D. Rhidian Thomas (ed.), *A New Convention for the Carriage of Goods by Sea – The Rotterdam Rules: An Analysis of the UN Convention on Contracts for the International Carriage of Goods Wholly or Partly by Sea*, Lawtext Publishing Limited, Witney, 2009, p. 111 at 127-128.

[22] Reglas de la Haya, artículo 4(5).

[23] Reglas de la Haya-Visby, artículo 4(5).

[24] Reglas de Hamburgo, artículo 6(1)(a).

[25] En este punto consultar Marc A. Huybrechts, "Package Limitation as an Essential Feature of the Modern Maritime Transport Treaties: A Critical Analysis", en D. Rhidian Thomas (ed.), *The Carriage of Goods by Sea under the Rotterdam Rules*, Lloyd's List, Londres, 2010, p. 119 en 130.

esto parece ser que los redactores de las Reglas de la Haya consideraban que todas las partes involucradas en el transporte de mercancías por mar estaban familiarizadas con la forma de empaque de dichas mercancías, por lo que cada empaque sería considerado como "bulto". Sin embargo, desde que las Reglas de la Haya fueron aprobadas en 1924, la industria marítima ha evolucionado a pasos agigantados y la forma de empacar las mercancías para transporte marítimo ha cambiado enormemente, principalmente desde la revolución de los contenedores. Consecuentemente, esto ha presentado una ardua labor para tribunales alrededor del mundo de determinar que significa un "bulto" para propósitos de limitación de la responsabilidad.[26]

Por ejemplo, en el caso de un contenedor que contiene quinientos paquetes cada uno con mil cajas de un tipo específico de mercancías, cual es el "bulto" para propósitos de limitación: el contenedor, los paquetes o las cajas? Este problema de las Reglas de la Haya fue solucionado en las Reglas de la Haya-Visby con la introducción de una clausula específica para contenedores (*the container clause*), la cual prescribe que:

> *Cuando se utilicen para agrupar mercancías un contenedor, una paleta o cualquier dispositivo similar todo bulto o unidad que según el conocimiento de embarque vaya embalado en tal dispositivo se considerará como un bulto o una unidad a los efectos de este párrafo. Fuera de este caso, tal dispositivo se considerará como el bulto o unidad.*[27]

Como podemos ver en el citado artículo, los paquetes empacados dentro de un contenedor serán considerados como "bultos" separados solo cuando sean expresamente enumerados en el conocimiento de embarque.[28] De no ser enumerados, el contenedor[29] en si será considerado como un solo bulto para propósitos de limitación de la responsabilidad.[30]

---

[26] MICHAEL STURLEY et al., p. 160.

[27] Reglas de la Haya-Visby, artículo 4(5)(c).

[28] YUZHUO SI y PING GUO, p. 247.

[29] Es importante mencionar que mientras las Reglas de la Haya-Visby hablan de "cualquier dispositivo similar" a un contenedor, las Reglas de Róterdam definen lo que se considera un contendor al prescribir en su artículo 1(26) que:

> *Por "contenedor" se entenderá todo tipo de contenedor, plataforma o tanque portátil y cualquier otra unidad de carga similar utilizada para agrupar mercancías, así como todo equipo auxiliar de dicha unidad de carga.*

[30] YVONNE BAATZ et al., p. 182.

La Limitación de La Responsabilidad de Acuerdo a Las Reglas...

Las Reglas de Róterdam adoptan una posición similar en el artículo 59(2) el cual prescribe que:

> Cuando las mercancías sean transportadas en o sobre un contenedor, paleta u otro elemento de transporte análogo empleado para agruparlas, o en o sobre un vehículo, los bultos o unidades de carga enumerados en los datos del contrato como colocados en o sobre dicho elemento de transporte o vehículo serán considerados como tales. Si no figuran así enumeradas, las mercancías que vayan en o sobre dicho elemento de transporte o vehículo serán consideradas como una sola unidad de carga.[31]

Por otra parte, el término "unidad de carga" se refiere a mercancías que son transportadas en un solo "bulto" (como en un contenedor) y que, no siendo posible empacarlas en bultos separados, son transportadas individualmente. Por ejemplo, si tenemos un contrato para el transporte de "un contenedor cargado con 5,000 plantas", aunque estas plantas no estén empacadas en bultos independientes dentro del contenedor, para calcular la limitación de la responsabilidad del porteador debemos tomar en cuenta 5,000 plantas expresamente mencionadas en el contrato de transporte, cada una no como "bulto", sino como "unidad de carga".[32]

Una vez determinado en que consiste el "bulto" o "unidad de carga" el porteador puede limitar su responsabilidad en relación a pérdida o daños o la mercancía transportada a una cuantía de 875 unidades de cuenta[33] por bulto u otra unidad de carga.[34]

2.1.2. Limitación de responsabilidad en base al peso

La limitación de la responsabilidad en base a la cantidad de bultos u otra unidad de carga ha simplificado la determinación del límite de respon-

---

[31] En este punto consultar M. Januário da Costa Gomes, p. 660 y Marc A. Huybrechts, p. 130.

[32] Michael Sturley et al., p. 162.

[33] De conformidad con el artículo 59(4), la unidad de cuenta a la que se hace referencia en dicho artículo es el derecho especial de giro (DEG) definido por el Fondo Monetario Internacional.

[34] M. Januário da Costa Gomes, p. 660.

sabilidad del porteador en la mayoría de los casos, por ejemplo cuando las mercancías están empacadas en paletas, contenedores, etc. Sin embargo este límite algunas veces resulta inadecuado, por ejemplo cuando se transportan mercancías que no están empacadas en bultos o que son sumamente pesadas. Para solucionar este problema, las Reglas de la Haya-Visby[35] y las Reglas de Hamburgo[36] introdujeron un sistema de limitación en base al peso de la mercancía.

Sturley, Fujita y van der Ziel explican que el sistema de limitación de la responsabilidad en base al peso de las mercancías presenta importantes ventajas en comparación a la limitación de la responsabilidad en base a la cantidad de bultos u otra unidad de carga, particularmente en cuanto a uniformidad, certeza y predictibilidad.[37] Así, mientras muchos tribunales se han dedicado por años a definir términos ambiguos como el "bulto",[38] el significado de "kilogramo" es universal e indiscutible reduciendo enormemente el área de potencial litigio.

En cuanto al límite de responsabilidad en base al peso es necesario mencionar que el porteador puede limitar su responsabilidad a una cuantía de tres unidades de cuenta por kilogramo de peso bruto de las mercancías que sean objeto de reclamación o litigio.[39]

En virtud de lo anterior es posible ver que el artículo 59(1) de las Reglas de Róterdam ofrece al porteador la posibilidad de limitar su responsabilidad en base a dos criterios: (a) en base a la cantidad de bultos o unidades de carga, y (b) en base al peso de las mercancías. Sin embargo, existiendo esta doble posibilidad de limitación, podemos preguntarnos a

---

[35] Reglas de la Haya-Visby, artículo 4(5)(a).

[36] Reglas de Hamburgo, artículo 6(1)(a).

[37] MICHAEL STURLEY et al., pp. 162-163.

[38] En este punto consultar las decisiones de *Studebaker Distributors Ltd v. Charlton Steam Shipping Co Ltd* [1938] 1 KB 459 y la decisión del pleno del Tribunal Federal de Australia en el caso de *El Greco (Australia) pty Ltd v. Mediterranean Shipping Co SA* [2004] FCAFC 202; [2004] 2 Lloyd's Rep 537 citadas en Stephen Girvin, p. 131 así como la decisión en el caso del *MV Elbe* de la Cour D'appel de Rouen (2ème Ch. civ.) 28 fevrier 2002, Navire *Elbe*, WSA Lines c/ Ste Mitsui OSK Lines, Ste Van Omeren Transports, Ste Godown, Ste Interesting, Ste Hugo Shipping et Ste ECU Line, Limitation de Responsabilité du Transporteur – Calcul Limitation. Calcul. Notion de colis ou unitgé. *Droit Maritime Français*, 2004, 648, 447 citada en Marc A. Huybrechts, p. 134.

[39] Artículo 59(1). M. JANUÁRIO DA COSTA GOMES, p. 660; Yvonne Baatz et al., p. 183 y Marc A. Huybrechts, p. 128.

quien favorece la eventual elección (al porteador o al cargador)? Es de esperarse que al invocar su derecho a limitación el porteador pretenda limitar su responsabilidad a la menor de las cuantías calculadas en base a las diferentes opciones ofrecidas por el Convenio. Sin embargo, el Convenio es muy claro al establecer que el límite de la responsabilidad a utilizarse es el mayor entre el peso y el bulto o unidad de carga.[40] En este sentido el artículo 59(1) establece que:

> *A reserva de lo dispuesto en el artículo 60 y en el párrafo 1 del artículo 61, la responsabilidad del porteador por el incumplimiento de sus obligaciones con arreglo al presente Convenio estará limitada a 875 unidades de cuenta por bulto u otra unidad de carga, o a 3 unidades de cuenta por kilogramo de peso bruto de las mercancías que sean objeto de reclamación o litigio, si esta última cantidad es mayor [...].*

2.1.3. *Declaración de valor y acuerdo entre las partes*

No obstante los límites de responsabilidad establecidos en el artículo 59(1) de las Reglas de Róterdam, dicho artículo permite que las partes eviten una responsabilidad limitada mediante una declaración del valor de las mercancías, siempre y cuando dicha declaración se haya incluido en los datos del contrato.[41] Asimismo, las partes pueden evitar una responsabilidad limitada al acordar un límite superior al límite de responsabilidad establecido en el dicho artículo.[42] A este efecto, el artículo 59(1) prescribe que los límites ahí establecidos se aplicaran

> [...] *salvo cuando el cargador haya declarado el valor de las mercancías y esa declaración se haya incluido en los datos del contrato, o cuando el por-*

---

[40] Desde un punto de vista práctico es posible decir que las Reglas de Róterdam aplican el criterio de bulto o unidad de carga a bultos (o unidades) que pesen menos de 291.67 kilos mientras que aplican el criterio de peso a mercancías que pesen más que el peso anteriormente mencionado. En este punto ver MICHAEL STURLEY et al., p. 167; YUZHUO SI y PING GUO, p. 254.

[41] M. JANUÁRIO DA COSTA GOMES, p. 660; Stephen Girvin, p. 131.

[42] YVONNE BAATZ et al., p. 182.

teador y el cargador hayan acordado un límite superior al límite de responsabilidad establecido en el presente artículo.

Por ejemplo, si nos encontramos con un contrato para el transporte de una pieza de maquinaria pesada (aproximadamente 15,000 kilogramos) que cuesta más de 200,000 unidades de cuenta, el porteador puede limitar su responsabilidad en base al peso a una fracción de este valor.[43] Por lo tanto, para salvaguardar sus intereses, el cargador puede declarar el valor específico de la maquinaria o entrar en un acuerdo separado con el porteador mediante el cual el porteador se compromete a indemnizar al cargador en su totalidad por cualquier pérdida o daño por el cual él sea responsable. Si sucede esto, el porteador no podrá limitar su responsabilidad en virtud de los límites establecidos en el artículo 59(1).[44]

En este punto es posible mencionar que, aunque es común que en contratos de volumen el porteador acuerde indemnizar al cargador en la totalidad de los daños sufridos, la opción de evadir el límite de responsabilidad al declarar el valor de las mercancías no es muy utilizada. La razón de esto es que al declarar un valor mayor de la mercancía el porteador cobrará un flete más alto para cubrir su riesgo, mientras que el cargador puede obtener una indemnización similar bajo un contrato de seguro de carga y usualmente la prima del seguro le resultara menos costosa.[45]

2.2. *Limitación de la Responsabilidad por Pérdidas Causadas por el Retraso*

En este punto es necesario comenzar aclarando que las pérdidas causadas por retraso pueden ser de dos tipos: (a) cuando el retraso en el arribo de mercancías causa daños materiales en las mismas (nos referiremos a este tipo de pérdida como "daño concreto") y (b) cuando el retraso en el arribo de mercancías causa pérdidas meramente económicas (nos referiremos a

---

[43] Es necesario aclarar que la elección del criterio del peso se debe a que dicha maquinaria solo es considerada como una unidad de carga por lo que el criterio del peso, siendo mayor que el del bulto o unidad de carga, debe utilizarse para calcular el límite de responsabilidad del porteador.

[44] MICHAEL STURLEY et al., p. 163.

[45] MICHAEL STURLEY et al., p. 164.

este tipo de pérdida como "daño abstracto"). Una vez hecha esta aclaración es más fácil comprender el propósito del artículo 60.

Cuando el retraso en el arribo de mercancías causa un daño concreto, el límite de responsabilidad del porteador debe ser calculado de la misma manera que cualquier otro daño de ese tipo, es decir, de acuerdo al artículo 59 (no obstante el hecho que dicho daño fue causado por retraso). Sin embargo, cuando se trata de un daño abstracto imputable a retraso, este será regulado por el artículo 60.

En virtud del artículo 60, el límite de la responsabilidad del porteador en relación a la pérdida económica imputable a retraso "estará limitada a una cantidad equivalente a dos veces y media el flete que se deba por el transporte de las mercancías retrasadas".[46] Como podemos ver, en el caso de pérdidas causadas por retraso el límite no se calcula dependiendo al número de bultos o al peso de las mercancías sino que en relación al precio del flete.[47]

Es necesario también aclarar que un caso de retraso en la entrega de mercancías puede generar ambos tipos de pérdidas (daño concreto y daño abstracto). En tal caso, cada tipo de pérdida estará sujeta al límite respectivo.[48] Sin embargo, el artículo 60 establece que:

> [...] *La suma total que deba pagarse con arreglo al presente artículo y al párrafo 1 del artículo 59 no podrá exceder del límite que resulte aplicable con arreglo al párrafo 1 del artículo 59 en caso de pérdida total de las mercancías afectadas*.[49]

Por lo tanto las pérdidas causadas por retraso están sujetas a una doble limitación. El primer límite aplicable es el establecido en el artículo 60, pero si dicho límite excede el prescrito en el artículo 59(1), el límite más

---

[46] BAATZ, DEBATTISTA, LORENZON, SERDY, STANILAND y TSIMPLIS argumentan que para realizar este cálculo no importa si el flete ha sido ya pagado o no, pero si importaría si el flete no fuera debido bajo las circunstancias específicas del caso. En este punto consultar YVONNE BAATZ et al., p. 182.

[47] MICHAEL STURLEY et al., p. 164.

[48] Es decir, los daños concretos estarán sujetos al artículo 59 y los daños abstractos estarán sujetos al artículo 60.

[49] En este punto consultar M. JANUÁRIO DA COSTA GOMES, p. 660.

bajo será el aplicable.[50] Sturley, Fujita y van der Ziel explican este punto sugiriendo que el porteador no puede estar en una peor posición entregando las mercancías con retraso que si no las entregara del todo.[51]

2.3. *Pérdida del Derecho de Limitación de la Responsabilidad*

En cuanto a la pérdida del derecho de limitación de la responsabilidad, hay que recalcar que las Reglas de Róterdam adoptaron la formula seguida por los convenios de limitación de la responsabilidad modernos y en este sentido el artículo 61 prescribe que el porteador y cualquiera de las personas mencionadas en el artículo 18 del Convenio solo pueden perder el derecho a invocar la limitación de su responsabilidad si el reclamante prueba que:

> [...] *la pérdida o el daño resultante del incumplimiento de alguna obligación del porteador con arreglo al presente Convenio es imputable a un acto u omisión personal de la persona que invoque el derecho a limitar su responsabilidad, cometido con la intención de causar dicha pérdida o daño, o temerariamente y a sabiendas de que la pérdida o el daño probablemente se produciría.*

En el caso de pérdidas causadas por retraso la conducta requerida es la misma pero el reclamante debe probar que el retraso en la entrega:

> [...] *resultó de un acto u omisión personal de la persona que invoque el derecho a limitar su responsabilidad, cometido con la intención de causar* la pérdida resultante del retraso *o temerariamente y a sabiendas de que dicha pérdida probablemente se produciría.*[52]

La redacción de este artículo limita la posibilidad de perder el derecho de limitación a acciones que puedan constituir *mens rea* por parte del porteador y cualquiera de las personas mencionadas en el artículo 18 del

---

[50] HUYBRECHTS explica que en cuanto a las pérdidas causadas por retraso las Reglas de Róterdam adoptaron exactamente los mismos límites que las Reglas de Hamburgo. En este punto consultar MARC A. HUYBRECHTS, p. 136.

[51] MICHAEL STURLEY et al., p. 165.

[52] Artículo 60(2). Énfasis agregado.

Convenio, ya que los diferentes elementos de la conducta citada requieren un elemento subjetivo por parte de la persona que invoca el derecho de limitación.[53]

Por lo tanto es posible aseverar que la redacción del artículo 61 pretende establecer un derecho de limitación que en un tiempo se consideró virtualmente inquebrantable. Aunque en ocasiones un reclamante ha logrado prevenir que el demandado invoque el derecho de limitación, esto solo ocurre en situaciones excepcionales y los porteadores pueden operar con tranquilidad sabiendo que su derecho de limitación está bien protegido; tanto así que la carga de la prueba en este sentido esta en el reclamante, quien debe probar la conducta establecida en el artículo 61 para poder evitar los límites de responsabilidad prescritos por el Convenio, una tarea extremadamente difícil.[54]

2.4. *Reconocimiento del Derecho de Limitación Global de la Responsabilidad*

Las Reglas de Róterdam prescriben una limitación particular de la responsabilidad para el transporte de mercancías por mar. Sin embargo, dicho Convenio reconoce la posibilidad de que el porteador de mercancías por mar pueda invocar el derecho de limitación global de su responsabilidad. El Convenio, por tanto, salvaguarda ese derecho al prescribir en su artículo 83 que:

> *Nada de lo dispuesto en el presente Convenio afectará a la aplicación de cualquier convenio internacional o de las normas del derecho interno que regulen la limitación global de la responsabilidad de los propietarios de buques.*

De esta manera, el artículo 83 de las Reglas de Róterdam resalta una posible relación entre la limitación particular de la responsabilidad para el

---

[53] Para un análisis de la conducta prescrita por el Convenio sobre limitación de la responsabilidad nacida de reclamaciones de derecho marítimo, 1976 (reformado) consultar NORMAN A. MARTÍNEZ GUTIÉRREZ, pp. 62-75.

[54] Para una discusión de los casos en que un reclamante ha podido prevenir el derecho de limitación global de la responsabilidad consultar NORMAN A. MARTÍNEZ GUTIÉRREZ, pp. 73-75.

transporte de mercancías por mar prescrita en dicho Convenio y la limitación global de la responsabilidad prescrita en convenios internacionales o en normas de derecho interno en el tema. Por lo tanto, para comprender esta relación, seguidamente se ofrece una reseña del régimen internacional que regula derecho de limitación global de la responsabilidad.

3. Limitación Global de La Responsabilidad en el Transporte de Mercancías por Mar

La limitación global de la responsabilidad ha sido regulada a nivel internacional a través de una serie de Convenios internacionales. Como fue mencionado anteriormente, el más reciente de este grupo de Convenios que prescribe el marco normativo internacional vigente en este tema es el Convenio LLMC, modificado por el Protocolo LLMC de 1996. Sin embargo, Portugal no es Parte de ninguno de estos dos instrumentos y permanece Parte en el Convenio de 1957. Por lo tanto en el transcurso de esta discusión haremos referencia tanto al Convenio de 1957 (Derecho positivo en Portugal) como al Convenio LLMC reformado.

3.1. *Personas con Derecho a la Limitación de Responsabilidad*

De conformidad con el Convenio de 1957 el derecho de limitación global de la responsabilidad puede ser invocado por el propietario del buque,[55] así como por el fletador, el naviero, el naviero gestor, el capitán y los miembros de la tripulación o dependientes del propietario, del fletador, del naviero, del naviero gestor cuando estos actúen en el ejercicio de sus funciones.[56] Por lo tanto el porteador de mercancías puede limitar su responsabilidad si actúa en condición de propietario, fletador, naviero, o naviero gestor del buque donde se transportan las mercancías.

Por otra parte el Convenio LLMC prescribe en su artículo 1 que los titulares del derecho de limitación de la responsabilidad incluyen al propietario del buque (incluyendo en este término al propietario, al fletador,

---

[55] Artículo 1 del Convenio de 1957.
[56] Artículo 6.2 del Convenio de 1957.

al gestor naval y al armador de un buque de navegación marítima), los salvadores, así como cualquier persona de cuyas acciones, omisiones o negligencia sean responsables el propietario o el salvador, y todo asegurador de la responsabilidad por reclamaciones que estén sujetas a limitación de conformidad con dicho Convenio.

En cuanto a la aplicación de la limitación global de la responsabilidad al transporte de mercancías por mar podemos decir que el porteador podrá beneficiarse del Convenio LLMC si está en la posición de propietario, al fletador, al gestor naval y al armador de un buque de navegación marítima en el cual se transporten las mercancías. Asimismo el derecho de limitación de la responsabilidad se extiende a toda persona de cuyas acciones, omisiones o negligencia sea responsable el porteador.

3.2. *Reclamaciones Sujetas a Limitación*

Las reclamaciones sujetas a limitación bajo el amparo del Convenio de 1957 están enumeradas en el artículo 1. En cuanto al transporte de mercancías por mar las reclamaciones relevantes son las pérdidas o daños de cualesquiera bienes que estuviesen a bordo del buque, que se encuentran enumeradas en el Artículo 1 a) del Convenio.

Por otra parte, el artículo 2 del Convenio LLMC enumera todas las reclamaciones sujetas a limitación en virtud de dicho Convenio. Sin embargo, en relación al transporte de mercancías por mar las reclamaciones relevantes son aquellas incluidas en los párrafos a) y b) de dicho artículo, es decir:

[...] *a) reclamaciones relacionadas con muerte, lesiones corporales, pérdidas o daños sufridos en las cosas (incluidos daños a obras portuarias, dársenas, vías navegables y ayudas a la navegación), que se hayan producido a bordo o estén directamente vinculados con la explotación del buque o con operaciones de auxilio o salvamento, y los perjuicios derivados de cualquiera de esas causas;*

b) reclamaciones relacionadas con perjuicios derivados de retrasos en el transporte por mar de la carga, los pasajeros o el equipaje de éstos [...].

Son las más importantes entre estas, las reclamaciones relacionadas con pérdidas o daños sufridos en las cosas (y los perjuicios derivados de estas)[57] y las reclamaciones relacionadas con perjuicios derivados de retrasos en el transporte por mar de las mercancías.[58]

3.3. *Conducta que Excluye el Derecho a la Limitación*

El Convenio de 1957 establece que el propietario del buque puede limitar su responsabilidad "a menos que el acaecimiento que da origen al crédito haya provenido de culpa personal del propietario".[59] Esta era una conducta que permitía a los tribunales que no estaban de acuerdo con el concepto de limitación de la responsabilidad de echar mano de muchas consideraciones para prevenir al propietario de invocar su derecho de limitación.[60] Fueron tantas estas instancias que la comunidad internacional cambio el tipo de conducta requerida a la hora de aprobar el Convenio LLMC.

El Convenio LLMC requiere entonces una conducta mas estricta para prevenir al propietario de invocar su derecho de limitación. Esta nueva conducta es similar a la que ahora encontramos en las Reglas de Róterdam donde la persona responsable perderá el derecho a limitar su responsabilidad si el reclamante prueba que el perjuicio:

> [...] *fue ocasionado por una acción o una omisión suyas y que incurrió en éstas con intención de causar ese perjuicio, o bien temerariamente y a sabiendas de que probablemente se originaría tal perjuicio.*

3.4. *Los Límites de la Responsabilidad*

El Convenio de 1957 establece una formula simple para calcular la limitación de la responsabilidad. De conformidad con el artículo 3.1:

> *Las cantidades a que el propietario de un buque puede limitar su responsabilidad, en los casos previstos en el artículo 1, serán:*

---

[57] Artículo 2.1 a) del Convenio LLMC reformado.
[58] Artículo 2.1 b) del Convenio LLMC reformado.
[59] Artículo 1 del Convenio de 1957.
[60] En este punto consultar NORMAN A. MARTÍNEZ GUTIÉRREZ, pp. 54-62.

a) En el caso en que el suceso no haya dado lugar más que a daños materiales, una cantidad total de 1.000 francos por tonelada de arqueo del buque.

b) En el caso en que el suceso no haya dado lugar más que a daños corporales, una cantidad total de 3.100 francos por tonelada de arqueo del buque.

c) En el caso en que el suceso hubiera dado lugar a la vez a daños corporales y a daños materiales, una cantidad total de 3.100 francos por tonelada de arqueo del buque, de la cual una primera parte de 2.100 francos por tonelada de arqueo se afectará exclusivamente al pago de los créditos por daños corporales y una segunda parte de 1.000 francos por tonelada de arqueo se afectará al pago de los créditos por daños materiales; sin embargo, cuando la primera parte resultara insuficiente para pagar íntegramente los créditos por daños corporales, el saldo no pagado de estos créditos concurrirá con los créditos por daños materiales para que se pague con la segunda parte del fondo.

Por otra parte, el Convenio LLMC reformado prescribe tres cuantías de limitación: una para las reclamaciones relacionadas con muerte o lesiones corporales,[61] una para cualquier otra reclamación,[62] y una para reclamaciones vinculadas a pasajeros.[63] En lo que respecta al transporte de mercancías por mar el límite que debemos considerar es el prescrito en artículo 6.1 b) del Convenio que debe ser calculado "para cualquier otra reclamación". En este sentido es razonable hacer referencia a los nuevos límites de responsabilidad modificados por el Protocolo LLMC de 1996. Así, el artículo 6.1 del Convenio LLMC reformado prescribe que:

Los límites de responsabilidad para reclamaciones que, siendo distintas de las mencionadas en el artículo 7, surjan en cada caso concreto se calcularán con arreglo a los siguientes valores:
[...]
b) respecto de toda otra reclamación,
i) 1 millón de unidades de cuenta para buques cuyo arqueo no exceda de 2.000 toneladas;
ii) para buques cuyo arqueo exceda de ese límite, la cuantía que a continuación se indica en cada caso más la citada en el inciso i):

---

[61] Artículo 6.1 a) del Convenio LLMC reformado.
[62] Artículo 6.1 b) del Convenio LLMC reformado.
[63] Artículo 7 del Convenio LLMC reformado.

de 2.001 a 30.000 toneladas, 400 unidades de cuenta por tonelada;
de 30.001 a 70.000 toneladas, 300 unidades de cuenta por tone-
lada, y
por cada tonelada que exceda de 70.000 toneladas, 200 unidades
de cuenta.

Para mayor claridad el siguiente cuadro ilustra la comparación entre los límites de responsabilidad aplicables al transporte de mercancías por mar entre el Convenio LLMC y el Protocolo LLMC de 1996.

Convenio LLMC		Protocolo LLMC de 1996	
Límites de responsabilidad	*Tonelaje*	*Límites de responsabilidad*	*Tonelaje*
buques cuyo arqueo no exceda de 500 toneladas	167,000 DEGs	buques cuyo arqueo no exceda de 2.000 toneladas	1 millón de DEGs
de 501 a 30.000 toneladas	167 DEGs por tonelada	de 2.001 a 30.000 toneladas	400 DEGs por tonelada
de 30.001 a 70.000 toneladas	125 DEGs por tonelada	de 30.001 a 70.000 toneladas	300 DEGs por tonelada
de 70.000 toneladas en adelante	83 DEGs por tonelada	de 70.000 toneladas en adelante	200 DEGs por tonelada

CUADRO 1. **Límites de responsabilidad para toda otra reclamación**

Es necesario mencionar que el Protocolo LLMC de 1996 también introdujo un sistema más eficiente para la actualización de los límites de responsabilidad. Esto se hizo mediante el procedimiento de aceptación tácita establecido por el artículo 8 del Protocolo. En virtud de este artículo, el Comité Jurídico de la OMI aprobó la Resolución LEG.5(99),[64] la cual incrementa los límites de responsabilidad previstos en el artículo 6.1 del

---

[64] Resolución LEG.5(99) sobre la adopción de enmiendas a las cuantías de limitación que figuran en el Protocolo de 1996 que enmienda el Convenio sobre limitación de la responsabilidad nacida de reclamaciones de derecho marítimo, 1976, aprobada el 19 de abril de 2012 (Anexo 2 al documento LEG 99/14 de 24 abril 2012).

Convenio LLMC reformado. De acuerdo con esta Resolución, los nuevos límites de responsabilidad son los siguientes:

> *[...] b) respecto de toda otra reclamación,*
>
> *i) 1,51 millones de unidades de cuenta para buques cuyo arqueo no exceda de 2.000 toneladas;*
>
> *ii) para buques cuyo arqueo exceda de ese límite, la cuantía que a continuación se indica en cada caso más la citada en el inciso i):*
> *de 2.001 a 30.000 toneladas, 604 unidades de cuenta por tonelada;*
> *de 30.001 a 70.000 toneladas, 453 unidades de cuenta por tonelada, y por cada tonelada que exceda de 70.000 toneladas, 302 unidades de cuenta.*

Considerando que las enmiendas fueron aprobadas por consenso, no es muy probable que sean opuestas por los Estados Contratantes dentro del plazo establecido por el Protocolo LLMC de 1996.[65] Por lo tanto, de conformidad con el artículo 8.8 del Protocolo, los nuevos límites acordados entrarán en vigor dieciocho meses después de su aceptación, es decir, en el año 2015.

4. Conclusiones

El concepto de limitación de la responsabilidad no es un concepto extraño al transporte de mercancías por mar. Fue reconocido desde las Reglas de la Haya en 1924 y ha sido aceptado desde entonces en otros convenios en este campo como ser las Reglas de la Haya-Visby, las Reglas de Hamburgo, y finalmente las Reglas de Róterdam. Asimismo el concepto de limitación global de la responsabilidad ha sido regulado por diversos

---

[65] De conformidad con el artículo 8.7 del Protocolo:

La Organización notificará a todos los Estados Contratantes toda enmienda aprobada de conformidad con el párrafo 4. La enmienda se considerará aceptada al final de un período de dieciocho meses, contados a partir de la fecha de notificación, salvo que durante ese período no menos de un cuarto de los Estados que eran Estados Contratantes en el momento de la aprobación de la enmienda hayan comunicado al Secretario General que no aceptan dicha enmienda, en cuyo caso ésta se considerará rechazada y no surtirá efecto alguno.

convenios internacionales y existe una relación íntima entre estos dos tipos de limitación de la responsabilidad.

En virtud de la discusión anterior podemos ver que además del derecho del porteador de limitar su responsabilidad en virtud de las Reglas de Róterdam, en muchas jurisdicciones el porteador tiene el derecho de invocar una limitación global de su responsabilidad (en el caso de Portugal en virtud del Convenio de 1957 y en otros países en virtud del Convenio LLMC reformado).

De esta manera, los perjuicios causados por pérdida o daños a las mercancías transportadas pueden estar sujetos a una doble limitación. Primero están sujetos a limitación de responsabilidad en virtud de las Reglas de Róterdam (en base a la cantidad de bultos u otra unidad de carga o en base al peso de las mercancías),[66] y luego pueden ser objeto de limitación de responsabilidad en base al tonelaje del buque en virtud del Convenio de 1957, del Convenio LLMC, o de cualquier legislación nacional análoga.

Este último tipo de limitación es importante particularmente cuando existen otros tipos de reclamaciones surgidas en un mismo caso concreto, por ejemplo reclamaciones relacionadas con daños resultantes de la contaminación ocasionada por hidrocarburos para combustibles de los buques, pérdidas o daños causados a propiedad fuera del buque (incluidos daños a obras portuarias, dársenas, vías navegables y ayudas a la navegación), pérdidas o daños causados al equipaje de los pasajeros, reclamaciones relacionadas con la remoción de naufragios, etc. La razón de su importancia en este punto es que todas estas reclamaciones serán resarcidas de la cuantía calculada en virtud del Convenio de limitación global relevante o de cualquier legislación nacional análoga.

Por lo tanto, si el porteador invoca el derecho de limitación global de su responsabilidad, las reclamaciones por pérdida o daños a las mercancías transportadas, después de haber sido limitadas en base a las Reglas de Róterdam, deberán competir con las otras reclamaciones anteriormente mencionadas para su satisfacción de la cuantía calculada en base al límite de responsabilidad prescrito en el Convenio de limitación global aplicable o de cualquier legislación nacional análoga. Así, si la cuantía de todas las reclamaciones excede el límite calculado de conformidad con el Convenio de limitación global o de la legislación nacional análoga aplicable, la satis-

---

[66] Artículo 59 de las Reglas de Róterdam.

La Limitación de La Responsabilidad de Acuerdo a Las Reglas... 601

facción de cada reclamación deberá ser reducida pro rata para ajustarse al límite establecido por el Convenio o legislación nacional en mención. Consecuentemente, es posible que la cuantía calculada en base a las Reglas de Róterdam para el resarcimiento de las reclamaciones por pérdida o daños a las mercancías transportadas, debido a esta posible doble limitación, no sea compensada en su totalidad.

SIM OU NÃO
ÀS REGRAS DE ROTERDÃO?

REGRAS DE ROTERDÃO
ALGUNS COMENTÁRIOS NA PERSPETIVA DOS INTERESSES DOS TRANSPORTADORES DE LINHA REGULAR

MATEUS ANDRADE DIAS[*]

i. Introdução

Fui muito simpaticamente convidado pelo Exmo. Senhor Professor Januário da Costa Gomes para participar no painel final das Jornadas de Lisboa de Direito Marítimo de 2013. O desafio que me foi proposto, que muito me honrou e o qual publicamente agradeço, passou por tentar apresentar razões na perspetiva dos transportadores de linha regular que permitissem justificar (ou não) a adesão às Regras de Roterdão ("RR"). Assim tentei cumprir o que me foi proposto e aqui darei nota escrita das minhas averiguações e das conclusões a que cheguei.

De entrada necessário se mostra fazer um elogio público e rasgado ao Exmo. Senhor Professor Januário da Costa Gomes pelo trabalho de investigação e de ensino e, no fundo, pelo trabalho de desenvolvimento e de clarificação dos quadros normativos do Direito Marítimo que o Senhor Professor tem vindo a desenvolver, quadros que foram deixados ao abandono como se de um destroço de navio não removível e ignorado se tratassem durante muitos anos.

Mostra-se também necessário apresentar uma declaração de interesses na forma que segue: (i) a de que não represento formalmente nenhum transportador e/ou nem nenhuma associação de transportadores ou de

---

[*] Advogado. Email: mateus@diaslawyers.com; www.diaslawyers.com

armadores. O que me foi proposto e assim aceite foi tentar apresentar a título meramente pessoal as razões a favor ou contra sobre as RR e apresentá-las na perspetiva dos transportadores de linha regular; (ii) a de que ao fazê-lo baseei-me no discurso que está publicado no Yearbook to CMI de 2009 e que foi dado pelo Executive Vice President da AP Moller – Maersk, Sr. Knud Pontoppidan a que tive o prazer de assistir de viva voz na Grécia em Atenas em 2008 na Conferência do CMI desse mesmo ano; (iii) a de que lhes darei a perspetiva de um dos maiores, senão o maior, operador de transporte em linha regular de mercadorias contentorizadas do mundo; e (iv) a de que o farei com a felicidade de, por um acaso, a minha prática estar tendencialmente mais virada para a representação dos interesses do navio ou do transportador em detrimento da representação dos interesses da carga o que constituirá com toda a certeza um fator condicionante da minha imparcialidade.

Mais indico à partida que apresentarei uma perspetiva favorável ou a favor das RR sendo a minha opinião pessoal a de que a sua adoção generalizada constituirá um fator uniformizador da interpretação e da aplicação do Direito Marítimo Material nas várias jurisdições com as quais os navios se conexionam pelo Mundo inteiro durante as suas viagens e durante as escalas nos vários portos onde executam operações de carga.

ii. Ponto partida: as duas questões a colocar e a responder

Com vista a responder à questão de saber se da perspetiva dos transportadores de linha regular as RR deverão ou não ser adotadas e entrar em vigor importa desde já colocar e responder a duas questões que se colocam de forma separada e da forma que segue:

a. O porquê da necessidade da entrada em vigor de uma nova convenção sobre transporte de mercadorias por mar?

e

b. Quais são os interesses dos transportadores de linha regular que as RR cuidam e se deles cuidam cabalmente?

As respostas que serão dadas a estas duas questões clarificam quais são os argumentos que se apresentam a favor da adoção e da aplicação das RR na perspetiva dos transportadores de linha regular.

Vejamos a primeira das duas questões acima colocadas.

a. O porquê da necessidade da entrada em vigor de uma nova convenção sobre transporte de mercadorias por mar?

a1. *Da necessidade de se eliminar a atual ausência de certeza e de previsibilidade legal:*

Na perspetiva dos transportadores de linha regular a entrada em vigor de uma nova convenção sobre o transporte de mercadorias por mar justifica-se em primeiro lugar porque irá colmatar uma *ausência de certeza e de previsibilidade legal* que se verifica atualmente e que acarreta claras desvantagens práticas, financeiras e legais para os transportadores, para os interesses da carga, para os seguradores de navios e das cargas e para o comércio internacional em geral e que advém da existência e da aplicação de diferentes regimes em diferentes países que os transportadores de linha regular (e os demais intervenientes no comércio internacional) que neles operam devem conhecer ou tentar conhecer e com eles lidar ou sobreviver.

Em boa verdade o transportador de linha regular está obrigado a seguir na atualidade regras que são diferentes e por vezes contraditórias que vigoram em países diferentes sobre os mais variados assuntos ou temas relacionados com o serviço de transporte tais como o âmbito da responsabilidade do transportador; a admissibilidade e a extensão da limitação de responsabilidade do transportador; os prazos de notificação das avarias à carga e os respetivos protestos; os procedimentos de entrega da carga (de que estes são apenas exemplos). Por exemplo veja-se o seguinte caso concreto: contrato de transporte de um contentor do Chipre para o Egipto em que o conhecimento de embarque é emitido em Limassol e entregue ao carregador. O conhecimento de embarque contém uma cláusula de lei aplicável elegendo a lei inglesa como lei material para regular o transporte. Não obstante esta aparente certeza o fato é que o Chipre é parte contratante das Regras de Haia, o Reino Unido é-o das Regras de Haia/Visby ao passo que o Egipto é parte contratante das Regras de Hamburgo, regimes que, como é sabido, divergem quanto aos limites de responsabilidade; às defesas do transportador e aos prazos de caducidade/prescrição para apenas alertar para o essencial, numa situação em que o lesado interessado na carga poderá começar uma ação em qualquer uma das jurisdições acima indicadas.

A ausência de certeza e de previsibilidade legal que se verifica no quadro normativo atual da atividade do transportador de linha regular acarreta um claro e manifesto prejuízo para o comércio internacional em geral e para o transporte marítimo em particular porque gera custos e tempo acrescidos tais como custos legais e reclamações várias, gerando ainda conflitos de jurisdição advenientes do recurso ao *forum shopping*. O transportador de linha regular fica assim impedido de prestar um serviço eficiente e rápido aos clientes/aos interesses da carga em claro prejuízo do comércio internacional, o que gera ainda o aumento dos custos relacionados com este comércio que se refletem nos importadores e nos exportadores por via de, a título de exemplo, fretes mais elevados e prémios de seguro mais elevados.

Na perspetiva dos transportadores de linha regular a entrada em vigor das RR e a sua ampla aplicação traria certeza e previsibilidade legal e assim uma consequente melhoria na eficiência dos serviços de transporte com uma consequente redução dos custos a estes associados em que os interesses dos transportadores, os interesses da carga, os interesses dos seguradores e os interesses do comércio internacional sairiam todos beneficiados.

a2: *Da necessidade de contrariar uma tendência para o regionalismo:*

Nos últimos anos têm vindo a lume textos e iniciativas vários virados para a elaboração e para a consequente implementação de quadros legais de âmbito meramente regional a aplicar ao transporte multimodal.

A aprovação e a implementação destes regimes de âmbito regional acarretam o risco de impedir uma gestão mais eficiente e rápida do comércio internacional e do transporte marítimo porquanto porventura impedirão os Estados vinculados ao instrumento regional de fazer parte de um regime internacional de âmbito mais global e assim de se alcançar uma maior certeza e maior previsibilidade legais de âmbito global, e não só meramente de âmbito regional, impedindo assim uma consequente melhoria na eficiência dos serviços de transporte e logo uma redução dos custos a estes associados em que os interesses do comércio internacional saiam todos beneficiados.

A título de exemplo dá-se conta de duas destas iniciativas que ainda não saíram do papel:

Regras de Roterdão – Alguns Comentários na Perspetiva... 609

- A iniciativa de 2005 da Comissão Europeia que constituiu um grupo de peritos legais que elaborou e propôs um *"draft set of uniform liability rules for intermodal transport"* a vigorar para os transportes dentro, ou a partir de, países da União Europeia. Este *"draft"* está ainda sob consideração da Comissão Europeia mas a ser aprovado iria impedir a implementação de um regime internacional unitário; e
- Em finais dos anos de 1990 a Associação de Direito Marítimo dos Estados Unidos da América apresentou um draft de um novo regime unilateral do US Carriage of Goods by Sea Act – novo regime jurídico do transporte de mercadorias por mar. O draft está neste momento à espera do que irá acontecer às RR sendo que os Estados Unidos da América tiveram grande contributo na preparação das RR, já as assinaram (mas não as ratificaram) e correndo a ideia na indústria e nos estudiosos destas questões que a sua ratificação será uma questão de tempo e que com esta ratificação, aliada à da Republica Popular da China, se lhe sucederão como que em cascata as restantes ratificações.

Na perspetiva dos transportadores de linha regular a entrada em vigor das RR contribuirá decisivamente para combater o regionalismo e combater assim as tendências em sentido oposto que pugnam pela aplicação de múltiplos regimes nas diferentes zonas do Globo o que contribuirá para o agravar da incerteza e da imprevisibilidade legal e assim para uma menor eficiência e maiores custos nas operações de transporte e do comércio marítimo internacional.

Vejamos então a resposta à segunda das questões acima colocadas:

b. Quais são os interesses dos transportadores de linha regular que as RR cuidam e se deles cuidam cabalmente?

Na perspetiva dos transportadores de linha regular as RR satisfazem os interesses destes transportadores pela seguinte ordem de considerações:

1. O seu âmbito de aplicação satisfaz os interesses da certeza sobre qual o regime a aplicar (seja ele o das RR ou não) em situações de transporte marítimo "porto a porto" ou "porta à porta";
2. O seu conteúdo ou a sua substância é pragmático e compromissório e constitui um avanço em relação ao quadro legal existente; e

610   *Mateus Andrade Dias*

3. As RR contêm disposições sobre flexibilização e liberdade contratual entre carregadores e transportadores que eram pedidas pela indústria e que cuidam das necessidades que se sentiam nesta área de atividade mas que o regime maioritariamente aplicável das Regras de Haia/Visby e de Hamburgo não permitiam satisfazer por não serem derrogáveis.

Vejamos a questão do âmbito de aplicação.

As RR aplicam-se ao transporte internacional multimodal ou porta a porta com uma perna marítima e uma perna terrestre ou aérea e ao transporte marítimo porto a porto – num regime frequentemente denominado por *"maritime plus"*.

Ora, é exatamente este o âmbito de aplicação que um transportador que presta serviços de transporte regular de carga contentorizada "port to port" ou "door to door" quer que vigore no seu comércio e, em especial, nos termos em que a Convenção o faz, a saber, por via da aplicação das RR e dos seus regimes às situações de perda e dano, e/ou de atraso, cuja localização na cadeia de transporte não se consegue fazer (à contrario por via do artigo 26 das RR).

Isto é, nas situações – que serão das mais frequentes – em que durante a execução de um transporte porta à porta que envolva uma perna marítima e uma perna terrestre e se verifique atraso ou avaria na carga mas que, por dificuldades de prova e/ou de averiguação fática, não se consiga determinar se o dano ou a causa do atraso se deu durante a perna marítima ou durante a perna terrestre, o regime das RR entrará a regular os direitos e os deveres do transportador e dos interesses da carga, o que trás certeza onde hoje há muita incerteza sobre qual o regime a aplicar – veja-se, a este título, o fato de que nenhuma das Convenções de Direito Marítimo Material em vigor resolver esta questão e ainda que nem tão pouco trata a nossa lei interna deste problema não se sabendo ao certo se o regime da perna preponderante deverá prevalecer ou se outro critério entrará a resolver a questão prévia sobre qual o regime que vigorará entre o transportador e os interesses da carga.

Mais se diga ainda, o que foi feito com vista a nivelar e a atualizar os limites mínimos de indemnização a pagar pelo transportador marítimo em caso de perda ou dano, ou de atraso, em relação aos limites vigentes nas outras Convenções de Direito Material Aéreo, Ferroviário ou Rodoviário, que se verifica um considerável e substancial aumento dos limites mínimos dos montantes indemnizatórios a pagar pelo transportador o que, também por isso, justifica a extensão da aplicação das RR e do seu regime marítimo "plus" aos casos de incerteza na localização do dano e/ou do atraso, evitando assim as complicações que surgem na concretização de um regime diferente para danos não localizados no transporte multimodal.

Vejamos a questão do seu conteúdo ou da sua substância.

No que se refere com o seu conteúdo as RR contêm em primeiro lugar disposições claras e precisas sobre o conteúdo das obrigações e das responsabilidades do transportador e do carregador porquanto: (i) nelas se clarifica e se intensifica a responsabilidade do carregador perante o transportador, por um lado, sendo que, por outro, o limite da responsabilidade do transportador foi aumentado consideravelmente e para ordem de grandezas que cobrirão em grande medida a perda que se verificará numa percentagem considerável dos transportes marítimos que se executam diariamente e que até são mais elevados do que os limites da Convenção CMR; (ii) eliminaram as RR a defesa da falha náutica como era apregoado ser necessário fazer por muitos quadrantes da indústria e até se mostra mais consistente com os regimes mais atuais das convenções vigentes noutros meios de transporte; e (iii) nelas se dispõe um sistema de responsabilidade em rede ou de *"network liabillity"*.

Por outro lado a outra melhoria trazida pelas RR resulta da faculdade que atribuem ao transportador de limitar a responsabilidade por incumprimento do contrato ou por incumprimento de todas as suas obrigações constantes das RR e não apenas por perdas e danos, isto é, passando o transportador a limitar a sua responsabilidade (num montante muito mais elevado) pelas perdas e danos que resultem de atraso ou de *wrongfull delivery* da carga.

Acresce ainda que as RR vêm permitir a entrega da mercadoria ao recebedor em casos em que tal entrega seria de elevado risco para o transportador em, por exemplo, circunstâncias em que o título de transporte negociável se perdeu – artigo 47 RR –, diminuindo assim o risco de responsabilidade do transportador por *wrongfull delivery* e diminuindo assim a necessidade da emissão de letters of indemnity e/ou a necessidade de venda extrajudicial de cargas.

Por último, as RR contêm normas detalhadas sobre aspetos documentais ou de forma do documento de transporte onde por exemplo se clarifica o que é um documento negociável ou não negociável, assunto que porventura não será controvertido na nossa ordem jurídica mas que se discute amiúde em outras jurisdições, dando ainda um passo muito importante no regime a aplicar à emissão de documentos de transporte eletrónicos (que, atualmente, já é uma realidade no chamado *"tramp trade"* e no tráfego de linha regular foi recentemente inaugurada).

Por estas e por outras razões as RR satisfazem os interesses dos transportadores de linha regular e constituem um corpo pragmático e compromissório de disposições que constituem um avanço significativo em relação ao quadro legal existente.

Vejamos por último a questão da flexibilização e da liberdade contratual entre carregadores e transportadores que as RR trazem.

As RR vieram introduzir disposições sobre flexibilização e liberdade contratual entre carregadores e transportadores, em particular no que se refere com as normas a aplicar aos denominados contratos de volume – artigo 80 – a celebrar no comércio de linha. Independentemente das críticas que têm sido feitas à noção de contratos de volume (que uma boa e justa interpretação jurídica não deixarão de corrigir) a referida noção e o referido regime vem satisfazer uma necessidade sentida por uma parte da indústria que é composta pelos "grandes carregadores" e pelos transportadores que com estes contratam.

O regime do contrato de volume o que permite é afastar a natureza imperativa das Regras de Haia/Haia Visby/Hamburgo entre carregadores e transportadores permitindo assim a negociação e a formalização de soluções contratuais *tailor made* ou à medida adaptadas aos casos concretos de cada carregador e de cada transportador que contratem, o que contribuirá para uma maior estabilidade no serviço e nas tarifas (o que se revela especialmente benéfico em contratos com grandes carregadores em que o transporte porta a porta é parte de uma cadeia logística muito sofisticada que se estabelece entre os carregadores e os seus fornecedores e os clientes finais dos carregadores, permitindo assim ganhos de eficiência e assim a aplicação de processos inovatórios entre transportadores e carregadores).

iii. Conclusão

Em jeito de conclusão resulta que do ponto de vista dos transportadores que prestam serviços de transporte em linha regular as RR devem ser adotadas e entrar em vigor o quanto antes porquanto trazem uniformidade e certeza ao regime do transporte internacional de mercadorias, cobrem ou satisfazem as necessidades dos transportadores de linha regular e constituem um compromisso equilibrado, detalhado e mais moderno entre os interesses dos transportadores e dos carregadores.

Se as RR se tornarem no regime base do transporte marítimo internacional e do transporte terrestre com este conexo em linha regular uma grande quantidade dos custos administrativos e legais que agora se gastam serão poupados o que terá um reflexo na eficiência dos serviços de transporte e consequentemente nos custos que lhes estão associados. O risco está em se, diferentemente, assim não acontecer e que as RR apenas se venham a aplicar em algumas zonas do Mundo convivendo – não de forma pacífica – com outros regimes regionais diferentes, trazendo ainda mais ineficiências, incertezas e custos e gerando uma situação mais caótica do que a que hoje se vive.

"SIM OU NÃO ÀS REGRAS DE ROTERDÃO?" [*]

PEDRO VIEGAS GALVÃO [**]

Nota Prévia

A posição do CPC – Conselho Português de Carregadores coincide com a posição oficial do ESC – European Shippers Council e da AUTF, Associação dos Carregadores Franceses.

O texto apresentado nas III Jornadas de Lisboa de Direito Marítimo, consistiu na tradução, adaptação e resumo do Memorando dos Carregadores Franceses sobre as Regras de Roterdão, cujo principal autor foi Philippe Bonnevie, Secretário Geral da AUTF, que desde 2005, acompanhou os trabalhos da Convenção em representação do ESC.

Os erros e omissões de tradução da versão resumida são, óbviamente, da minha inteira responsabilidade.

Atendendo a que a presente publicação é um documento de estudo e reflexão, sem as restrições de tempo impostas nas apresentações das Jornadas, optámos por juntar a versão completa do Memorando da AUTF em inglês, que julgamos ser do agrado dos que procuram maior aprofundamento na abordagem jurídica.

Gostaria de terminar, prestando a minha homenagem e agradecimento a Philippe Bonnevie, internacionalmente reconhecido pela sua competência e profissionalismo, que ao longo da carreira, sempre se bateu pela defesa intransigente dos interesses dos Carregadores Europeus.

---

[*] Apresentação de 23 Maio de 2013, III JORNADAS DE LISBOA DE DIREITO MARÍTIMO, painel: " Sim ou não, às Regras de Roterdão ?".

[**] Presidente da Direção do CPC – Conselho Português de Carregadores.

Sim ou não às Regras de Roterdão?

Começamos por alertar para a falta de conhecimento em geral que os carregadores têm das Regras de Roterdão e dos seus elementos essenciais, e, em geral, da legislação que rege o transporte marítimo internacional.

Devemos ter isso em conta quando avaliamos os mecanismos de decisão que levaram à aprovação do articulado e das diferentes posições tomadas pelos vários intervenientes nas operações de transporte marítimo e multimodal.

Vamos incidir em três questões principais:

1. As Regras de Roterdão (adiante RR) permitem um reequilíbrio da relação jurídica entre transportadores e carregadores e na prática irão contribuir para o esclarecimento do Direito Marítimo (pelo menos, para os carregadores)?
2. As Regras de Roterdão vão assegurar boas relações entre transportadores e carregadores ? Há algo realmente novo nesta perspectiva? Liberdade de contrato é a solução do problema?
3. As Regras de Roterdão irão ajudar a promover o desenvolvimento do transporte marítimo de curta distância e as auto-estradas do mar e, mais importante, este acordo é bom para a indústria e comércio europeus ?

À laia de prefácio: Regras de Roterdão, ou "As Brumas" como já foram apelidadas ....

Uma questão: Os carregadores estão cientes das Regras de Roterdão (RR) e, em geral, têm conhecimento do Direito Marítimo em vigor?

Estamos conscientes que a grande maioria dos carregadores portugueses e europeus têm um conhecimento reduzido das RR.

Haverá certamente alguns, mas poucos e de grande dimensão que têm meios ao seu dispôr para acompanhar os conceitos-chave deste acordo.

Isto reflecte a falta de conhecimento e ignorância do ambiente legal e jurídico dos carregadores em geral que envolve as negociações da carga e organização operacional do seu tráfego marítimo.

Também ao nível de gestão de topo das grandes empresas de carregadores, é reduzido o número de executivos com conhecimentos profundos sobre o Direito Marítimo, mesmo nos países com uma longa tradição de comércio marítimo, como Portugal.

Esta falta de conhecimento dos carregadores foi também registada a um nível mais amplo no grupo de trabalho da UNCITRAL.

Os carregadores europeus estiveram ausentes até o final de 2005 e não puderam fazer ouvir a sua voz, senão a partir do segundo período de trabalhos.

Os Conselhos de Carregadores Africanos, agências quase-públicas, foram introduzidos gradualmente na discussão com o seu estatuto de delegações oficiais, e apenas uma organização de carregadores americana integrada na delegação oficial dos Estados Unidos, foi capaz de participar do processo.

No entanto, o mundo dos transportadores foi fortemente representado quer como "conselheiros", mais ou menos oficialmente, quer incorporados nas diferentes delegações nacionais, quer em muitas ONGs (WSC, BIMCO, CMI, ICS e P & I Clubs, etc.).

É por saber deste desconhecimento das regras básicas da lei do transporte marítimo internacional por parte dos Carregadores que tomamos algumas posições, especialmente quando discutimos o novo conceito de "liberdade contratual ", proposto pelas RR.

Depois deste "prefácio" passamos às questões principais.

1. As RR permitem reequilibrar a relação jurídica entre transportadores e carregadores? Será que vão contribuir para o esclarecimento do Direito Marítimo?

A resposta é simples: NÃO!

É certo que o ponto de partida na Europa é um sistema jurídico fundado em 1924, gradualmente tornado obsoleto devido às inovações tecnológicas e às mudanças dos modelos de negócio.

As Regras de Haia-Visby têm sido consideradas a partir da perspectiva dos carregadores como altamente desequilibradas em favor dos transportadores, permitindo-lhes limitar o âmbito da sua responsabilidade e das indemnizações.

Além disso, essas Regras aplicam-se apenas à fase do transporte marítimo, enquanto que desde os anos 60, com o desenvolvimento dos contentores, o conceito de porta-a-porta tornou-se comum.

Mais recentemente, o desenvolvimento do transporte marítimo ou unidades de veículos multimodais de transportes terrestres foi sendo desenvolvido, sendo crucial para o futuro das auto-estradas do mar.

Isso explica porque alguns carregadores foram inicialmente favoráveis à ideia de uma nova convenção para simplificar e modernizar o Direito Marítimo e depois ficaram decepcionados com o resultado final.

Apesar das inovações, como a introdução do conceito de documento de transporte electrónico e alguns outros pontos positivos, as Regras de Roterdão não atendem, de todo, às expectativas dos Carregadores.

Vejam-se alguns exemplos:

– Na sua versão final, o artigo 12, § 3 – "período de responsabilidade do transportador", originalmente concebido para estender o período de responsabilidade do local de origem da entrega até ao local de destino por parte do transportador –, permite facilmente levar à definição de um período mínimo de responsabilidade do transportador.

De acordo com o nosso entendimento, um "contrato de volume" nem parece ser necessário para derrogar o princípio estabelecido: uma cláusula incluída no B/L parece ser suficiente, especialmente se o contrato de transporte é assinado por ambas as partes.

– Considerando o artigo 13 das "obrigações específicas", os trabalhos preparatórios mostram que ele foi escrito originalmente para se referir aos termos "FIO", mas graças à sua referência demasiado vaga (denunciada por carregadores, mas nunca alterada), tem um impacto negativo no que deve ser uma das mais importantes obrigações dos transportadores:

a obrigação de "corretamente receber, carregar, manusear, acondicionar, transportar, guardar, cuidar, descarregar e entregar os bens".

Além disso, o artigo 13 também deve ser considerado quando se discute a noção de liberdade contratual, que permite, por acordo específico, excluir a maior parte da responsabilidade do contrato de transporte, incluindo as suas obrigações mais básicas.

– Um terceiro e último exemplo que referimos é no artigo 17, que trata do princípio da responsabilidade.

Este artigo – que ajuda a re-consagrar as "excepções" que pensávamos condenadas segundo o objectivo de modernizar o Direito Marítimo – é colocado em perspectiva perante a responsabilidade ilimitada do carregador, enquanto o transportador, quando não puder exonerar a sua responsabilidade, pode, pelo menos, limitar o valor da indemnização por danos.

Neste início do Século XXI podemos perguntar quais as razões deste desequilíbrio de tratamento ?

Uma resposta lógica:

O peso da história, as tradições, a importância económica do sector marítimo em alguns países, e o facto dos juristas – muitos têm contribuído fortemente no grupo de trabalho da UNCITRAL – acabarem sempre por voltar àquilo que melhor conhecem: a doutrina e a jurisprudência do passado.

Em relação à clarificação e simplificação do Direito Marítimo, podemos questionar a relevância de um texto de 96 artigos, cheio de referências cruzadas e de definições negativas.

Este documento é, a nosso ver, lamentávelmente mesmo para juristas, um texto complexo, pesado, mal escrito, e pouco acessível.

Em suma, o oposto do que pretendiam os Carregadores.

2. As Regras de Roterdão vão garantir boas relações entre carregadores e/transportadores? Contêm verdadeiras inovações nesta perspectiva? A liberdade contratual é a solução para todos os nossos problemas?

Uma leitura objectiva do texto final apresenta algumas inovações positivas.

– O facto de a "falta náutica" não aparecer na lista de casos de excepção foi apresentado como um grande passo em frente e um grande sacrifício por parte dos transportadores.

Isto deve, porém, ser colocado em perspectiva com o uso generalizado do GPS na navegação, e da responsabilidade social mínima que temos o direito de esperar de um armador na gestão do seu navio do ponto de vista da segurança.

– O "direito de controlo" também foi apresentado como uma grande inovação para promover a adesão dos carregadores a estas novas Regras.

De facto, como são escritas todas as disposições dos artigos 50 a 56, a nova lei é de valor limitado, porque não veio trazer mudanças significativas para o que atualmente é feito na prática.

O artigo 59 é na verdade uma melhoria para o Carregador: os limites são mais altos do que aqueles em Haia-Visby e em Hamburgo.

Além disso, o número 59/ 2 é muito mais claro do que o texto do protocolo Haia-Visby e formaliza alguns elementos da jurisprudência (na contagem das embalagens para o cálculo do valor limite).

620 *Pedro Viegas Galvão*

– Em relação à remuneração pelo transportador por atraso, este conceito tem sido bem acolhido, mas a sua implementação parece-nos difícil.

De facto, se o dano indirecto é compensado com base em 2,5 vezes do frete (como em Hamburgo), o ponto de discórdia é a definição estricta de "atraso", no artigo 21, que diz: " há atraso na entrega quando as mercadorias não são entregues no destino especificado no contrato de transporte, dentro do período acordado".

Uma versão intermédia foi referida nos trabalhos: "dentro do prazo expressamente acordado ou, na ausência de tal acordo, dentro do tempo que seria razoável esperar de um transportador diligente, tendo em conta os termos do contrato, costumes, práticas e usos do comércio, e as circunstâncias da viagem".

Na prática, a disposição final pode ter pouco efeito se a entrega for estipulada por acordo no "contrato" (mas qual acordo em contratos *standard* de transporte de contentores?) ou se seguirmos a prática marítima actual, onde é pouco comum definir um prazo de entrega exacto.

A solução, uma vez mais, depende da interpretação do juiz.

Por fim, não podemos negar que os carregadores, na verdade, obtiveram o princípio da compensação por "atrasos" como proclamam os defensores das RR, mas não é mais que uma tímida evolução em relação à Convenção de Hamburgo.

– Por último, mas não menos importante, há uma coisa que os carregadores se recusam a considerar como uma inovação positiva: a "liberdade contratual", conforme estabelecido pelo artigo 80, que define "regras especiais para contratos de volume".

Para facilitar a compreensão da posição dos transportadores relativamente às disposições relativas à liberdade contratual ou de contrato, praticamente ilimitada, introduzidas pelas Regras propostas, deve primeiro recuperar-se a definição do contrato de volume, que é a única chave para usar esta possibilidade:

"Um contrato de volume significa um contrato de transporte que prevê o transporte de uma quantidade específica de bens em várias viagens durante um período acordado. A quantidade pode ser expressa como mínimo, um máximo, ou dentro de um intervalo."

É difícil encontrar uma definição mais vaga do que esta, que, como está escrito, cobre 99% dos "contratos" de transporte mundial.

– Esta definição nem sequer exige um compromisso do carregador para um volume mínimo, nem sanções adequadas, se o compromisso não for cumprido.

Essa liberdade, quase ilimitada de contrato, será oferecida a todos os tipos de carregadores, começando com o mais inexperiente e, portanto, mais vulnerável.

Este é, obviamente, o principal perigo da Convenção.

O artigo 80, devido à sua complexidade, é foco de muitas críticas.

A possibilidade de derrogar a maioria das disposições da Convenção por meio de um contrato de volume representa as maiores preocupações dos transportadores *vis-à-vis* às Regras de Roterdão.

Acima de tudo, a liberdade contratual autorizada pelo artigo 80 fornece uma posição vantajosa para o transportador para se exonerar de parte das suas obrigações substanciais enquanto o carregador não o poderá fazer.

Praticamente todas as partes do texto sobre o transportador podem ser contornadas dessa maneira, exceto a navegabilidade do navio e a limitação da responsabilidade em caso de dolo.

Do lado dos Carregadores, nenhuma exoneração de responsabilidades tem acolhimento.

Esta diferença de tratamento é sintomática.

3. Por fim, a nossa última questão diz respeito ao transporte marítimo de curta distância. As Regras de Roterdão clarificam o transporte multimodal, com um trajecto marítimo, e ajudam a promover o desenvolvimento das auto-estradas do mar e do transporte marítimo de curta distância?

Na promoção da cabotagem e das auto-estradas do mar no espaço marítimo intra-europeu, mais uma vez, as Regras de Roterdão não são satisfatórias.

Em primeiro lugar, destaca-se o perigo de inserir à última hora, no artigo 25.º sobre a "carga no convés" de tornar semelhante um camião--reboque a um contentor, no texto designado pelo termo "veículo".

Não é uma questão de direito, mas um problema operacional.

Este tratamento de forma semelhante de camiões e contentores é tecnicamente incompreensível.

Pode levar a uma situação em que o transportador marítimo poderia carregar um veículo terrestre no convés sem pedir a opinião do operador/transportador do transporte multimodal, que nesse momento toma a posição do carregador, que, por sua vez, seria incapaz de procurar o conselho do verdadeiro carregador, que colocou a sua mercadoria no veículo.

Conclusões

Poucos são os Carregadores com algum conhecimento sobre as Regras de Roterdão e muitas são as associações representativas dos carregadores que consideraram que a Convenção perdeu uma oportunidade histórica.

As Regras poderiam proporcionar o equilíbrio necessário para os direitos e obrigações dos carregadores e transportadores.

Não o fizeram, preservando assim os benefícios históricos para a indústria marítima.

As Regras teriam também a possibilidade de modernizar e actualizar a legislação marítima, incorporando, plena e claramente, as consequências de 50 anos de transporte em contentor, transporte multimodal e de porta a porta.

Pelo contrário, as Regras são uma ameaça para a grande maioria dos carregadores inexperientes que poderão encontrar numa posição pior do que anteriormente. Mesmo antes de 1924 ....

A liberdade ilimitada do contrato permitida pela Convenção põe em perigo muitos deles e também sacrifica a posição jurídica dos destinatários.

Finalmente, as Regras de Roterdão que poderiam ser a ferramenta perfeita para promover o desenvolvimento do transporte multimodal e do transporte marítimo de curta distância de que a Europa tanto necessita, são, na essência, um instrumento marítimo que não atende às necessidades dos carregadores ou à sua vontade de desenvolver o transporte multimodal que envolve o meio marítimo.

A conclusão final por parte dos Carregadores é clara:

a Convenção, conhecida por Regras de Roterdão, será negativa para as empresas e indústria europeias, não devendo, portanto, ser ratificada.

ANEXO

The French Shippers Council (AUTF) addresses its government on the Rotterdam Rules

While the negotiations inside the Working Group III of UNCITRAL were still underway, AUTF already had the opportunity to make the Minister of Transport and his administration aware of shippers' worries with the intermediate version of the draft of The "United Nations Convention on contracts for the international carriage of goods wholly or partly by sea."

The text is now final and called "Rules ROTTERDAM", and it will be proposed for signature at a ceremony scheduled for September in the Dutch city, then it will be open to ratification by the states.

AUTF that has followed the drafting of this text as an NGO since 2006 as representative of the European Shippers Council wishes to express the views of shippers on what might one day become the instrument to regulate their legal relationships with the maritime carriers

As a foreword we wish to question the level of shippers' knowledge on the Rules and, more generally, on the rules governing the international maritime transport.

An answer to this question helps to shape our perception of the Rules of Rotterdam.

Once this point is clarified we'll wonder what shippers were waiting for or should have waited for a new legal instrument in comparison to what they have obtained.

I will mainly focus on 3 points:

1. Will the Rules permit a rebalancing of the juridical relationship between carrier and shippers and will it help clarifying the maritime law (at least for shippers) ?
2. Will the Rules secure Carrier/shippers relationships – Are there any real innovations in this perspective – is the contractual freedom the solution to all our problems?
3. Will the Rules promote the development of short sea shipping and the motorways of the sea in Europe? More globally is this convention good for the European industrial world?

FOREWORDS

Are shippers aware of the Rotterdam Rules and more generally of the maritime law?

Concerning the shippers' level of awareness on the Rotterdam rules, I think I can say without any risk of mistake that the percentage of shippers (regardless of their sizes) with some knowledge of the existence of these rules is close to zero, as is close to zero their awareness of the key concepts of this Convention.

This ignorance is a reflection of a more general vast ignorance of shippers about the legal environment surrounding their freight negotiation of freight as well as the operational organisation of their maritime traffics. Transport in general (not only maritime) is more and more seen as an element of cost, and thus entrusted to purchasing specialists rather than Maritime experts with exhaustive knowledge as it used to be in the past.

It's a situation I can attest in France with the 200 direct members of the French shippers council who represent the finest industrial and commercial companies where "transport manager" are totally ignorant of the maritime law and I fear that this is also true in most European countries, including those with a long trading tradition.

This ignorance and the lack of interest for the transport legal environment has also been observed at a broader level during the work of the UNCITRAL working group. European shippers were absent until the late 2005 during the first years of work.

Except the African shippers' councils, which are quasi-public agencies, which came out progressively in the discussion by having the status of official delegations, only one American shippers' organisation embedded into the official U.S. delegation, has attended to the works since the beginning. No Asian, Middle East or South American shippers have appeared, and very few shippers organisation have taken a positions vis-à-vis their government or national administration on this issue.

In contrast the maritime world was strongly represented either as advisers in the national delegations or in numerous NGO (WSC, BIMCO, CMI, ICS and the P&I clubs etc.).

This situation of chronic ignorance of the basic rules of the international maritime transport law among shippers accounts for a large part with certain positions that I will take in my development, especially when I'll get onto the concept of freedom of contract proposed by the Rotterdam rules.

I would now like to try to answer one of the main issue:

What shippers were entitled to expect from these 6 years of a long process of law elaboration and what have they actually obtained.

1/Will the Rules permit a rebalancing of the juridical relationship between carrier and shippers and will it help clarifying the maritime law (at least for shippers)?

Better say it unequivocally the answer is unfortunately: NO

Our starting point in Europe is a legal system founded in 1924 that progressively has become obsolete over the years, due to technological innovations and the evolution of business models.

The Hague-Visby rules have long been considered from the perspective of shippers as heavily lopsided in favour of the carriers, which may severely limit the scope of its liability and the amounts of compensation.

Moreover, they only relate to the phase of maritime transport, while since the 60ies we have seen the development of containerization has popularized the concept of a door to door transport. More recently, the development of the carriage by sea of road vehicles and multimodal transport units has been envisaged through the concept of Motorways of the sea.

This explains why shippers, at least some of them, have welcomed the idea of a new convention to simplify and modernize the maritime law and why they have been disappointed with the final outcome.

Despite some innovation such as the introduction of the electronic transport document or a few minor positive points on which I'll come back in part 2 of my lecture, the Rotterdam rules don't meet the global shippers expectations.

Let's consider a few examples:

➤ As drafted, the Article 12 § 3 – Period of responsibility of the carrier-originally conceived to extend the period of responsibility of the carrier from the place of receipt to the place of delivery can easily lead to the definition of a minimum period of the carrier liability "under tackle/under tackle" according to our understanding a specific volume contract does not seem necessary to impose this term. An incorporation of this limitation in a B/L clause seems sufficient especially if the contract of transport has been signed by the two parts.

➤ I could as well comment the article 13 on "Specific obligations". Originally It was drafted to deal with the FIO terms but due to its too vague drafting it negatively impacts with what should be one of the carrier's most substantial obligation to "properly and carefully receive, load, handle, stow, carry, keep, care for, unload and deliver the goods".

I'll come back later on Article 13 when I tackle the concept of freedom of contract which allows by a special agreement to exclude most of the carrier liability including these specific obligations.

➤ Another example I'd like to dwell on is the Article 17 which deals with the principle of the carrier liability.

This article actually ingrains the "excepted cases" that we thought condemned once for all on the altar of the modernization of the maritime law, is to be put in perspective with the no way out shipper's liability, itself unlimited while the carrier may, if he cannot escape its responsibility, to limit its reparation.

At the turn of the 21st century we can wonder about the reasons for such an imbalance of treatment. Only one logical answer appears: the weight of history, the traditions, the economic weight of the maritime sector as well, and the fact that lawyers – lot of academics have greatly contributed to the works of the working group – always come back to what they know, the jurisprudence, the past.

As regards to the clarification and simplification of the maritime law, we may wonder about a text of 90 articles, full of cross references, and riddled with negative definitions.

This document, even I am afraid, for law experts, is heavy, poorly written, in a word indigestible.

I'd like to take two examples:

The Article 17 that I just mentioned is complex, outdated and incidentally very detrimental to shippers:

Complex: the almost 2 pages text begins with a principle: the carrier is responsible for loss damage or delay

- Then we have in §2 a 1 st exception to the principle: the defence of disproving fault – a classic ...
- Then in § 3 we find the famous list of defence cases to neutralise the 1st principle
- Followed by § 4 and 5 that are the exception of the above §3.

This cascade of principles, exceptions to the principle and exceptions to the exceptions themselves appears to be a bit complex for non specialists.

Obsolete:

- This obsolescence is symbolised by the reintroduction of the good old defence of the "excepted cases" (except the nautical fault there are all back Fire, strike, act of god etc...).

This defence had disappeared in the late 70 ies with the Hamburg convention, this reintroduction 30 years later is certainly not a symbol of modernisation of the maritime law, rather a kind of "revenge" on the Hamburg rules" wanted by "pro maritime interests".

Unfavourable to shippers

Notwithstanding the list of "excepted perils" we may also consider the § 4 and 5 that seems to be an exception to the previous exception to the carrier liability principle (§ 3), in favour of the shippers if one considers that the shift in the burden of proof can ever be favourable to shippers.

– the §4 put clearly the burden of the proof on the shippers' shoulders

– the a) of § 5 says "The claimant proves that the loss, damage, or delay was or was probably caused by or contributed to by (i) the un seaworthiness of the ship; (ii) the improper Crewing, equipping, and supplying of the ship; or (iii) the fact that the holds (...) were not fit and safe for reception, carriage, and preservation of the goods;"

I wish good luck to the courageous shipper, using a regular liner, that will try to prove the elements constitutive of (i)

An other example: The Article 80 that institutes the freedom of contract is also a good example explaining our critics ;

– This article 80 appears to be quite ecumenical.

First it welcomes some elements of common law: The pre-eminence of the will of parties, or the long list of excepted perils rather than brief definition of the force majeure, or the op-out system etc.

But it also contains some elements of American domestic legislation;

§3 says *"A carrier's public schedule of prices and services, transport document, electronic transport record or similar document is not a volume contract pursuant paragraph 1 of this article, but a volume contract may incorporate such documents by reference as terms of the contract."*

For those not familiar with the U.S. system of filing of tariffs against the FMC, the notion of "carrier public schedule of price and service" may puzzled as It could puzzled a Chinese or a Mexican judge.

But there is also one element of French law (to represent the Latin tradition) § 2 (*d*) says "The derogation is neither (i) incorporated by reference from another document nor (ii) included in a contract of adhesion that is not subject to negotiation".

Notwithstanding the point that a contract of adhesion (i.e. a subway ticket) is by nature never subject to negotiation, one can also wonder how the same Chinese judge will appreciate the concept of "contract of adhesion" as additional (negative) element of definition (same for a British judge).

We have insisted on these articles as they are very representative of a text that is according us: Obsolete, unbalanced, complex and poorly drafted and thus subject to multiple interpretation.

2/Will the Rules secure Carrier/shippers relationships – Are there any real innovations in this perspective – is the contractual freedom the solution to all our problems?

Objectively a perusal of the final text shows a few positive innovations.

➤ The fact that the nautical fault is now dropped has been presented as a great step forward, and a great sacrifice on the part of the carriers.

This should be put in perspective with the generalisation of the use the GPS and the navigation assisted by satellites. Incidentally there is now a minimum social commitment that requests carriers to have an effective responsibility of their ships management vis-à-vis the global safety.

➤ The Right of Control has also been presented as a major innovation that should favours the shippers' adhesion to the rules.

In fact as it is drafted this set of provisions (art. 50 to 56) is of limited interest as it does not bring noticeable changes to what is presently done in practice.

In the main case – when a negotiable transport document is issued – it mainly gives the possibility to change the port of discharge or the place of delivery (and probably also the mode of delivery) and the consignee, BUT ONLY if the controlling party (who is the shipper) has kept all the FULL set of negotiable documents, a restriction that notably limits the interest of the provision.

The possibilities to modify the instructions are however very limited by the Art 52 *"Carrier's execution of instructions".*

• Art 52 §1, b & c) gives the carrier an uncontrollable limitation to the shippers right of control!

Who knows if *"The instructions will not interfere with the normal operations of the carrier, including its delivery practices".*

Certainly not the shipper who can't control the carrier's allegations.

• §2 creates a high potential risk for asking for a change of instruction.

This risk is so broad that it will appear totally dissuasive. The indemnity due to the carrier in relation *to any additional expense, loss or damage to the carrier or to any person interested in other goods carried on the same voyage* go beyond any measure of predictability that would normally regulate the conduct of the shipper.

Furthermore it will be very difficult to insure such risk.

In any case a Security thru a letter of guaranty will have to be given by the shipper to the carrier to cover the reasonably expected expenses, loss or damage as it is already the practice presently.

➤ The increases of the carrier's limits of liability are positive.

The Article 59 actually is an improvement: the limits are higher than in the Hague &Visby rules or in Hamburg:

From SDR 666.67 per package or unit (835 for H)to SDR 875 and from SDR 2 (2.5 for Hamburg) to 3 SDR /Kg of gross weight or other shipping unit, and §2 is clearer than the H&V protocol and officialise certain elements of jurisprudence (computation of packages in TC).

➤ Concerning the indemnity for delay, the concept has been welcome but it's implementation may be proved difficult:

The indirect prejudice is indemnified by 2, 5 times the freight, (similar to Hamburg) but the point that remains is the narrow definition of the "delay" contained in article 21 that says:

"Delay in delivery occurs when the goods are not delivered at the place of destination provided for in the contract of carriage *within the time agreed*."

An intermediary version was closer to the Hamburg rules saying:

"within the time expressly agreed upon or, in the absence of such agreement, within the time it would be reasonable to expect of a diligent carrier, having regard to the terms of the contract, the customs, practices and usages of the trade, and the circumstances of the journey.

In practice this provision may be of little effect if a specified delivery time is not agreed in the "contract" (which one? the B/L ; a framework contract) and It is currently unusual to state a time for delivery.

The solution may depend of the judge interpretation: will he consider that the *official schedule* on the carrier's website or published in the Lloyd list constitutes an "agreed time "

In fact we can not deny that shippers have effectively obtained the principle of the of a compensation for "delays" as the "pros" Rotterdam used to say, but in what shape compared to Hamburg !!

Actually due to the article 21 The liability for delay has been reduced to a theoretical concept.

➤ Last but not the least there is one thing shippers can't consider as a positive innovation: the contractual freedom introduced by the *Article 80*

Special rules for volume contracts:

To clearly explain our opposition to the almost unlimited contractual freedom instituted by the Rotterdam rules it is worth first of all to remind the definition of the volume contract.

"Volume contract" means a contract of carriage that provides for the carriage of a specified quantity of goods in a series of shipments during an agreed period of time. "The specification of the quantity may include a minimum, a maximum or a certain range».

It's hard to find a more vague definition than this one. As it is, it covers 99% of the "contracts" under which goods are moved around the world.

– a specified quantity of goods: 2 containers are enough

– in a series of shipments: 2 shipments of one TC each are enough,

– during an agreed period of time ;1, 3, 6 or 12 months …will make it

There is not even a minimum commitment of volume from the shipper side neither penalties is case it is not reached. This definition which is the key to the contractual freedom is less constraining than a classical American service contract that provides almost no specific advantage except the confidentiality of freight rates!

This extensive contractual freedom will be proposed to all types of shippers inclusive of the most inexperienced ones, the most vulnerable ones. This is the main danger of this draft convention.

The article 80 – complex and poorly that founds the contractual leads us to express multiples critics:

The possibility to derogate from most provisions of the Convention through a contract volume represents the greatest concerns of shippers vis-à-vis the rules of Rotterdam.

• The possibility to increase shipper liability and reduce carrier liability would represent a serious risk to shippers that were not completely aware of the implications.

• Signing up to a volume contract only to obtain a so called "good freight rate" could expose most shippers to a great risk. Actually it is generally assumed that volume contracts would offer lower rates to reflect any reduced liability by the carrier. This was clearly explained by the US delegation during the working sessions during which this concept was debated.

We underline that a volume contract entitles the carrier to escape nearly all the shipper-protective provisions usually contained in a maritime convention (they all have been envisaged in that perspective since the old Harter Act in 1893, the various shipping acts enacted thru the British commonwealth (sea carriage of goods Act, Australia 1904, The water carriage of goods Act, Canada 1908, or the Brussels convention in 1924, or the more recent land conventions).

What can be the consequences of such unlimited freedom of contract If we refer to the Rotterdam rules:

1. The carrier must normally ship the goods to the place of destination and deliver them to the consignee, its responsibility commences when the carrier or his agent receives the goods for carriage and ends when the goods are delivered. This so substantial obligation can be derogated from under a volume contract. As already mentioned the period of the carrier responsibility can easily be reduced to a "tackle to tackle" minimum.

2. The carrier must normally "properly and carefully receive, load, handle, stow, keep, care for, unload and deliver the goods" (Article 13). Notwithstanding the fully justified case of FIO clauses, freedom of contract allows in any condition that the carrier can discharge of this responsibility

and make these obligations for the shipper, including in the context of a groupage shipment where technically only the carrier is able to intervene.

3. The Carrier must normally make and keep the holds and any containers supplied fit and safe for the reception, carriage and preservation of the goods. This again is not obligatory under a volume contract.

4. Incidentally thru the freedom of contract the carrier can easily escape to the provisions concerning the exercise of the right of control of the controlling party,

5. And at last the contractual freedom willl facilitate the choice of the place of litigation the most favourable to I let you think of who will probably benefit of this possibility.

Above all things the Freedom of contract permitted by article 80 gives an advantageous position to the carrier who may derogate to most of its substantial obligations when the shipper can't.

Virtually all the provisions of the Rules may be circumvented by this means except the seaworthiness and its limitation of liability in case of personal wilful misconduct.

On the shipper side no derogation to shippers obligation is possible; (In fact shippers did not ask for any derogation). This difference of treatment is symptomatic of a certain tropism.

We still find unacceptable that the carrier may derogate to its main obligation to such extend he could not be liable at all of damages, loss and delay. A situation that would send shippers back to the pre 1924 situation with the resurgence of non liability clauses in contracts.

Illusory safeguards:

All along the discussion of the draft text shippers have tempted to show how this almost unlimited freedom of contract was dangerous for small and mediums size shippers (and many big ones too). We may have been slightly persuasive on this risk as we must recognise that the final version has benefited of some redrafting which attempts to introduce some additional safeguards which are, according us, illusory:

The article 80 § 2 says:"Derogations under a volume contract would be binding provided the contract
- Contains a prominent statement that it derogates from the Rules
- Is individually negotiated or prominently displays the sections containing derogations ("or" not "and' permits to escape to the prominent display)
- Gives the shipper an opportunity and notice of the opportunity to conclude a contract governed by the Rules instead of a volume contract

- Neither incorporates the derogation by reference from another document nor includes it in a "contract of adhesion" that is not subject to negotiation".

These pseudo safeguards will not change drastically the situation of (inexperienced) shippers.

In the contrary the question on to which extend these pseudo safeguards will have any effect remains to be seen in practice and such safeguards can be expected to be the subject of lots of litigations in order to establish interpretation of the wordings used in the Rules.

As already said the reference to "contracts of adhesion" is not readily comprehensible in common law countries.

Further interpretation will also be required to establish what is meant by "subject to negotiation" in relation to such contracts. Will it be sufficient to show that the contract does not preclude a negotiation or will an actual attempt of negotiation have to be shown (like it may exist in a charter party negotiation) ?

What will happen if the unbalanced bargaining position of the parties is such that the shipper has no perspective of gaining anything from the negotiation.

Is this kind of unbalanced bargaining situation is there still really a "negotiation" in terms of the Rules. A French judge, by tradition more protective of the "weakest", will probably not appreciate the effectiveness of the negotiation than its British homologue will. There is an ultimate risk of a selection of places of jurisdiction more incline to stick to formalism rather than searching the actual intend of parties (forum shopping).

Another shipper's major reservation concerns the consequences of the freedom of contract on the position made to the consignee. Shippers consider the protection of the consignee is not secured.

It is in danger since the provision – *"express consent"* –, which is supposed to ensure the consignee adherence in full lucidity to the derogations that have been negotiated between the seller/shipper and the carrier is illusory.

One can indeed question the ability of the consignee who is waiting urgently the goods it has probably already paid by a letter of credit; to refuse to adhere to the derogation in the hypothesis it has the necessary knowledge to understand the scope of that derogation. In the practice it is quite probable that the consignee will sign any document or arrival notification in order to get its goods as soon as possible, with or without a statement of derogation, whether pro-eminent or not.

In addition, and this is not the least negative consequences of the unlimited freedom of contract, the possibility for the carrier to derogate to the most important provisions of the convention, may lead to a disruption of the international trade by weakening the system of letters of credit. Banks may find themselves in a situation where when they'll get a set of transport documents, (a negotiable B/L) they will not know whether the provisions contained in the B/L overleaf, in particular the carrier liability provisions, have a real value or if a volume contract has emptied them of their substance.

3/ Finally the last interrogation concerns the Short Sea Shipping, Will the Rotterdam Rules clarify the Multimodal carriage with a sea leg, and promote the development of SSS and the motorways of the sea,

First of all I'd like to underline one point that concerns the classic issue of pre and post carriage of containers when the said carriage is performed by the maritime carrier (carrier haulage).

It concerns the Article 26 *"Carriage preceding or subsequent to sea carriage"*

According to our analysis only the *international* conventions will override the Rotterdam Rules. If this provision should not create a problem if the litigation takes place in Europe, we can wonder how a Chinese (or Australian or Chilean) judge will understand the word "International" when having to deal with CMR in competition with the maritime convention. We may fear that considering CMR/CIM is not international (only regional) they would apply the Rules instead. We have just seen how easy it will be for a carrier thru the contractual liberty to choose the place of litigation (or arbitration).This is an other risk of a non homogeneous interpretation.

We underline that the previous references to *national law* applying to land carriage have been dropped, extending the range of situations where the Rules will apply by default in preference to existing practices. This means that an average or a loss occurring during a carrier haulage pre carriage between München and Hamburg would be settled by the Rules. The only way for the Bayerische shipper to be ascertained to have the benefit of a better level of indemnity than the one implemented by the Rules would be go to embark in Rotterdam or Antwerp to be governed by the CIM or CMR or the Budapest convention for river navigation.

Concerning the promotion of short sea shipping and of motorways of the sea, once again the Rules are not satisfactory!

First of all, we underline the danger of the insertion at the last moment in Article 25 "shipment on deck" of an assimilation of a truck or a road trailer (and rail car) designated in the text under the term "vehicle", to a sea container.

This assimilation is technically unintelligible. This leads to a situation where a sea carrier could load a road trailer on deck without having to seek the advice of the truck contractor or the multimodal transport operator who will be then in the position of a shipper, and worth to ask for the advise of the first real shipper who loaded his cargo into the vehicle.

We emphasize that the development of the short sea shipping and the motorways of the sea will create operational situations in which frequently the primary sender of the goods will not know for sure if the trailer it has loaded will go only by road or if, because of some favourable operational circumstances, the trailer will use a sea leg at the discretion of the multimodal operator.

This assimilation may be the cause of many disputes since the loading on deck will also be decided without the consent of the person entitled to the goods that would be given the opportunity to specify whether for instance such cargo fears or not the salty air or the risk of moisture.

In addition, standards lashing blocking and bracing process are different (at least in France) depending on whether the mode of transport is 100% by road or if there is a sea voyage. A trailer placed on the upper deck is to bear the highest amplitudes of the forces sustained by the ship, increasing the risk of goods getting loose inside the trailer, especially if the lashing and blocking has not been done according to the maritime standards. In the case of damages to other goods, or to others vehicles, or even to the vessel, it is the multimodal operator in the position of shipper who is responsible under Article 27§3 and we remind once again that the shipper's liability for failure to comply with its obligations is unlimited !

This unnecessary assimilation creates a situation of potential numerous litigations.

Such a situation, once known by the truck hauliers and the multimodal operators will not encourage them to put their vehicles on board ships. A real handicap for promoting the modal shift from the road to the sea.

Finally, and this reflects the total improvisation which is the origin of the contested assimilation, Art. 59 which deals with the limits of liability of the carrier under the dual system of calculation per packages or shipping units enumerated in the contract particulars, has been amended to take into account on-deck shipments of land vehicles. Indeed according to § 2 of this article, when the goods are placed in containers or, now, in a trailer, or a rail car, the rule of limitation per package or shipping unit, should apply.

If this innovation enhances the position of shippers – in principle the multi modal operators – which, using a general cargo trailer, will have the good idea to detail the contents of his trailer, we can reconsider the merits of such a rule which, when applied to bulk trailers, leads to calculate the basis of compensation in counting the trailer and its contents for a single package! In this later case why the inventor of this bright idea has not also proposed to use the limitation per kilogram ?

Concerning the applicable law to multimodal carriage with a sea leg, we still have some concerns.

It is obvious that due to our rather negative analysis of the Rules we are not favourable to their application to both the maritime and the inland parts as a unique regime and we prefer to remain when possible within the scope of international modal convention. In this respect, the Rules don't reassure us totally.

First we must admit that the provisions dealing with Regional /international land laws have been substantially improved in clarity compared to the previous versions.

CMR and CIM in particular should see their field of application preserved but only partially yet with a risk of interpretation.

If we understand correctly the final drafting of the article 82 on *"International conventions governing the carriage of goods by other modes of transport"* that primarily permits the application of any of the land international conventions that regulate the liability of the carrier for loss of or damage to the goods, the supremacy of these conventions seems to appear limited.

For example:

Article 82 (d) precises that "Any convention governing the carriage of goods by inland waterways to the extent that such convention according to its provisions applies to a carriage of goods *without trans-shipment* both by inland waterways and sea". If sea-river ships ("fluvio-maritime") are within the framework of this definition, the restriction created by the non transhipment clause should lead to discriminate against both general cargo shipments by river waterways and multimodal loading units such as the future UECI or the already existing 45 foot "pallet wide" unit ... and even the sea containers.

We are also questioning a possible competition between the Rules and the CMR convention, in Europe at least.

Article 82 (*b*) precises that "Any convention governing the carriage of goods by road to the extent that such convention according to its provisions applies to the carriage of *goods that remain loaded on a road cargo vehicle carried on board a ship*";

It could have been simpler to formulate a more clear formula if one wanted to preserve a maximum scope for the CMR.

We fear any restriction that should lead to a discrimination against the multimodal transport of unaccompanied "caisse mobile"/Swap bodies" or 45 foot "pallet wide" that constitutes today the largest potential market shares of most motorways of the sea.

These modules unknown to the Convention on Road Traffic of 1949 amended in 1968 are not included in the scope of the CMR Convention (cf. Article 4). Consequently these most modern multimodal transport units should be governed by the rules of the maritime convention

Such juridical uncertainties are not the proper way to promote the environnement friendly modes of transport.

CONCLUSIONS

The few shippers aware of the Rotterdam Rules and their representative association in Europe therefore consider that the convention proposed to the ratification has missed an historic opportunity.

The Rules could have set the necessary provisions to balance shippers and carriers rights and obligations. Actually they have not, thus preserving the historical advantages granted to the maritime industry.

The rules could also have modernized the maritime legislation in fully and clearly incorporating in the convention the consequences of 50 years of containerisation and the development of multimodal door to door transport which is the essence of containerisation by establishing a simple rule:

Carriers are responsible for what they sell!

They have not either!

Instead of that, the Rules may constitute a serious peril for a vast majority of inexperienced shippers that could put them in a worth position than before 1924. The unlimited freedom of contract puts in danger a large number of shippers and sacrifices the positions of the consignees.

Finally the Rotterdam rules could have been the tool to promote the development of multimodal short sea shipping that Europe drastically needs to develop. They have not ! On the contrary the Rotterdam rules are only a mainly maritime instrument plus that does not meet the shippers expectations and their wishes to develop multimodal transport using a sea leg.

This admission of failure makes more than necessary the work to the adoption of a (regional) European regulation to facilitate the emergence of intra-European short sea shipping.

Shippers believe it is better to establish a regional legal system that works and helps to achieve this objective, rather than a hypothetical harmonized instrument totally unsuited to the modal shift from the road to the intra-European sea transport.

Recent statements made by the European Commission that announced a draft European text after a negative evaluation of the Rotterdam Rules, reinforce our position.

Shippers' final conclusion is that the Rotterdam rules will not help the industry and do not deserve to be ratified.

AS REGRAS DE ROTERDÃO – AS ALTERAÇÕES MAIS SIGNIFICATIVAS

DUARTE LYNCE DE FARIA[*]

Introdução

No dia 13 de fevereiro de 2007, o Grupo de Trabalho III (Direito dos Transportes) da Comissão das Nações Unidas sobre o Direito Comercial Internacional (*"United Nations Comission on International Trade Law Working Group III – Transport Law"*) publicou o projeto de convenção sobre o transporte de mercadorias total ou parcialmente por mar[1] (conhecida como "Regras de Roterdão" e designada, no texto, por "RR"), aplicável aos contratos de transporte nos quais o local de receção e o local de entrega se situem em países distintos e o porto de embarque e de desembarque no transporte marítimo se localizem, igualmente, em Estados diferentes.

Convém, contudo, fazer um breve historial sobre os acontecimentos mais importantes que levaram à assinatura do citado projeto de Convenção[2].

---

[*] Mestre em Direito

[1] Vide A/CN.9/WG.III/WP.81.

[2] Sobre o propósito subjacente às RR, vide, *inter alia*, DELEBECQUE, P., *"Le projet CNUDCI d'instrument sur le transport par mer"*, DMF, 2003, pps. 315ss; *"Les travaux du comité des transports du CMI sur le projet CNUDCI"*, DMF, 2004, pps. 820ss; *"Les premiers travaux de la CNUDCI sur le projet préliminaire d'instrument relatif au transport de marchandises par mer"*, revista Scapel, 2002, pps. 84ss; TASSEL, Y., *"Le projet CNUDCI, une double critique de fond"*, DMF, 2004, pps 3ss; BERLINGIERI, F., *"Uniformité de la loi sur le transport maritime: perspectives de succès"*, in Mélanges Bonassies, éd Moreux, Paris, 2001, pps. 57ss e ONANA, C., *"La protection des marchandises en droit des transports maritimes"*, 2010, pps. 55 ss in www.crafi.net..

No âmbito do transporte internacional, os operadores, entre os quais se contam os armadores, os transitários, os carregadores e as seguradoras, exigem, cada vez mais, um acervo legislativo tendencialmente uniforme, fiável e seguro. Assim, dada a internacionalidade do setor, interessa que um operador nacional se assegure que o regime aplicável na China seja similar ao aplicável no Reino Unido, por exemplo, no que respeita aos direitos e obrigações dos vários intervenientes, minorando o risco comercial.

Esta uniformidade pode ser alcançada através de instrumentos de carácter privado mas com impacto significativo no setor a que se destinam (chamadas, pela doutrina espanhola "leis modelo", como o documento relativo à arbitragem produzido pela UNCITRAL – *The United Nations Commission on International Trade Law* – que deu origem a diversas leis internas nacionais) ou através de convenções internacionais de Direito uniforme (como as Regras de Haia e as suas alterações constantes dos Protocolos de Visby e SDR – sigla que significa *"Special Drawing Rights"* – as Regras de Hamburgo e as RR).

Importa, entretanto, entender a síntese dos instrumentos convencionais mencionados que se destinam a um transporte "porto-a-porto": nas Regras de Haia e nos seus protocolos posteriores, pretendeu-se colocar o transporte marítimo de mercadorias sob cartas-partidas fora do regime convencional (i.e., o regime imperativo aplica-se ao transporte sob conhecimento) e basear a responsabilidade do transportador na diferença entre "falta náutica" e "falta comercial"; nas Regras de Hamburgo, visou-se alargar o âmbito de aplicação do transporte sob conhecimento para o contrato de transporte[3].

Ora, a revolução imposta pelo transporte contentorizado levou a que se tentasse a evolução para o transporte multimodal (i.e., porta-a-porta) e assim, em maio de 1998, o CMI (*Comité Maritime International*) criou um grupo de trabalho sobre as questões dos transportes que veio a preparar um questionário sobre os temas referidos, com a participação de 16 países cujas Associações de Direito Marítimo são filiadas no CMI.

---

[3] Vide GOMES, M. JANUÁRIO da C., *"Sobre a responsabilidade do transportador nas Regras de Roterdão. Breves notas"* in "Estudios de Derecho Marítimo", direção de J.L. Garcia-Pita y Lastres, Aranzadi, Pamplona, *2012,* pps 642 ss, Vide, igualmente, LÓPEZ, M.R., *"Las Reglas de Rotterdam"*, in Estudios de Derecho Marítimo, Direção de J.L. Garcia-Pita y Lastres, Aranzadi, Pamplona, 2012, pps 605ss.

O grupo de trabalho analisou e debateu um projeto inicial de convenção e concluiu com a aprovação do texto do projeto de convenção constante do anexo ao relatório[4] da última sessão que foi designado por *"Projeto de Convenção sobre os Contratos de Transporte Internacional de Mercadorias Total ou Parcialmente por Via Marítima"*.

Entretanto, o texto da *"Convenção Internacional sobre o Transporte Marítimo Internacional de Mercadorias Total ou Parcialmente por Via Marítima"* foi adotado pela Assembleia Geral das Nações Unidas, em 11 de dezembro de 2008 e foi aberto, para assinatura, em 23 de setembro de 2009, na cidade de Roterdão, Holanda. Por essa razão, a Convenção foi designada por "Regras de Roterdão"[5].

Conforme expressamente se menciona no seu preâmbulo, a Convenção pretendeu atualizar as disposições da Convenções Internacionais de 1924 (Regras de Haia) e respetivo Protocolo de Visby de 1968 (Regras de Haia-Visby) e a Convenção de Hamburgo 1978 (Regras de Hamburgo), incorporando os novos conceitos, práticas e costumes do comércio marítimo internacional "globalizado" e integrado com outros modos de transporte, os quais, nos últimos trinta anos, sofreram uma forte influência e modificação devido às inovações tecnológicas introduzidas nas atividades mercantis.

Contam-se, nestes casos, a modernização dos navios e os novos meios eletrónicos de comunicação utilizados nas transações e na emissão de documentos fiscais e de transporte que, hoje, tendem a abarcar a circulação mundial de mercadorias.

O texto da convenção foi discutido, exaustivamente, no âmbito da UNCITRAL e contou com a participação ativa de representantes de algumas nações de grande influência – em especial, no armamento mundial – como os Estados Unidos, o Reino Unido, a França, a Alemanha, o Japão, a China, a Índia, a Rússia e o Brasil[6].

---

[4] Cfr. Doc. A/CN.9/645 da UNCITRAL.

[5] Em relação às Regras de Haia e às Regras de Haia-Visby, embora exista uma grande recetividade e adesão a estes instrumentos internacionais (contrariamente às Regras de Hamburgo), ainda assim, importa relevar que existem países com importância acrescida na cena internacional que não são parte naqueles instrumentos internacionais, como o caso do Brasil que não subscreveu nenhuma dessas convenções internacionais e que, embora seja signatário das Regras de Hamburgo, nunca ratificou esta convenção.

[6] Embora possa ser questionável, em 2010, o Brasil, a India, a Rússia, a Coreia do Sul e a Argentina terão manifestado vontade de ratificar as RR. Vide Otero, A., Martins, E.,

A intenção clara das RR visou responder aos novos desafios do comércio internacional, designadamente, os decorrentes da utilização, cada vez mais intensa, do transporte multimodal, especialmente, no âmbito dos segmentos não marítimos acessórios, convergindo para a uniformização do regime aplicável[7], para além da modernização no que respeita à transação eletrónica e à segurança dos sistemas, particularmente, no transporte da carga contentorizada.

Por outro lado e, contrariamente às Regras de Haia e às Regras de Haia-Visby, as RR não exigem que o contrato de transporte seja efetuado com base num documento, seja material ou eletrónico e pretendem abranger o transporte por linha regular[8], com algumas exceções que podem, inclusivamente, entrar em contradição com a figura do contrato de volume, uma das mais inovadoras da Convenção.

"Regras das Convenções Internacionais em Contratos de Transporte Marítimo", Anais do XIX Encontro Nacional do CONPEDI, Fortaleza-CE, 09 a 12 de junho de 2010, Fortaleza, Brasil, pps. 6705ss.

[7] Esta ambição global de uniformização é referida, *inter alia,* por GIORGIA, B., *Diritto uniforme e diversi modi di trasporto: riflessione compartae, in "Studi in onore di Elio Fanara, I, Giuffrè, Milano, 2006, p. 122ss* apud GOMES, M. JANUÁRIO da C., *"Do transporte "port to port" ao transporte "door to door", in* I Jornadas de Direito Marítimo, Almedina, Coimbra, 2008, pps. 397ss.

[8] BERLINGIERI, *Ambito di applicazione del progetto UNCITRAL e libertà contratuale, in* IDM 2004, pps. 877ss, *apud* GOMES, M. JANUÁRIO da C., *"Do transporte "port to port" ao transporte "door to door",* in I Jornadas de Direito Marítimo, Almedina, Coimbra, 2008, pps. 399ss, entende que a distinção dos contratos de transporte deve ser efetuada consoante o "tipo de tráfego", i.e., linha regular e linha não-regular e coloca em dúvida se o transporte de granéis (*"bulk trade"*) não deveria, igualmente, ser regido pelas RR. De facto, as cartas-partidas, ao consagrarem uma ampla liberdade contratual, não protegeriam o contraente mais débil e esta foi a razão da sua exclusão do transporte sob conhecimento previsto nas Regras de Haia.

De qualquer forma, o contrato de volume tal como definido nas RR permite colmatar o transporte com as cartas-partidas e, igualmente, para os transportes de linha não regular, desde que o contrato se faça por duas ou mais viagens. À forma bastante complexa como as RR disciplinam o âmbito da delimitação do tipo de operação de transporte (linha regular e linha não-regular, no artigo 6.º), articulada com a definição do contrato de volume (artigo 1.º) e as respetivas exceções às RR (artigo 80.º), está subjacente à necessidade de adequar o Convénio ao transporte regular de contentores.

De facto, o contrato de volume foi introduzido por via da delegação norte-americana[9] nas negociações das RR como uma emulação dos *"services contracts"* – com uma longa história no tráfego norte-atlântico e que, posteriormente, se disseminou nas bacias oceânicas nas quais os Estados Unidos foram estabelecendo as principais relações comerciais, utilizando a sua frota ou a frota dos seus armadores com bandeiras de conveniência.

Estes contratos *("services contracts")* tiveram a sua origem no transporte de granéis (líquidos e sólidos) nos anos 80 e visaram responder ao transporte de grandes quantidades de mercadoria, de um mesmo carregador ou de um grupo de carregadores, normalmente destinados ao mesmo mercado, durante um período relativamente longo, emitindo-se uma carta-partida para cada viagem já que alguns elementos do transporte – como a designação do navio, a quantidade da mercadoria a transportar e, até, o porto de embarque e de destino – seriam determinados, normalmente, apenas em cada expedição.

---

[9] Por influência determinante dos interesses dos seus armadores e transportadores, incluindo, os operadores logísticos norte-americanos sem frota própria. A propósito desta questão, recordamos, *inter alia, a* intervenção de ALFREDO CALDERALE nas "III Jornadas de Direito Marítimo – Das Regras da Haia às Regras de Roterdão", classificando-a como "o enigma do contrato de volume".

Numa 1.ª fase, os *"services contracts"* nos Estados Unidos foram obrigados à publicitação geral e, numa 2.ª fase, apenas à publicitação dos preços praticados, prática esta diametralmente oposta da seguida na União Europeia em que o enfoque da publicidade é feito sobre os termos dos contratos e em que se sindica a qualidade jurídica do contrato. Para além disso, os requisitos a que devem obedecer o contrato de volume (artigo 80.º), designadamente, as informações aos carregadores e transitários, podem funcionar corretamente nos Estados Unidos mas dificilmente terão êxito noutros mercados, em particular, pela deficiência de atuação das instâncias reguladoras.

Apesar do contrato de volume emergir de forma tão aberta e derrogatória nas RR, relembre-se que, durante os trabalhos preparatórios, a França e a Austrália pretenderam limitar o contrato de volume a um mínimo de 1 ano e a uma determinada quantidade de mercadoria pré-estabelecida. Houve outras propostas a considerarem, por exemplo, um mínimo de 600.000 toneladas e a 5 ou mais viagens – vide A/CN.9/544 parágrafo 251.

A proposta conjunta de França e da Austrália, constante do documento A/CN.9/612 era a seguinte:

"'*Volume contract' means a contract that provides for the carriage of a set quantity of cargo in a series of shipments during a set period of time of no less than one year. The set quantity may be a minimum, a maximum or a certain range."*

642 Duarte Lynce de Faria

Tratava-se, assim, de um transporte de granéis e por linha não regular (*"tramping"*) e que visou alargar a figura dos fretamentos por viagem a uma espécie de fretamentos "por diversas viagens" com especificidades de cada uma delas.

Com o aparecimento do transporte contentorizado, os *"services contracts"* evoluíram para dar resposta às operações por linha regular, com uma dada frequência de escala e devidamente publicitada pelo operador logístico (que pode não ser, sequer, armador, como é o caso do NVOCC – *Non Vessel Operator Common Carrier*), o que passou a adequar-se ao espírito das RR mas, tão somente, no que respeita ao transporte de contentores[10].

Porém, o alargamento da responsabilidade a todas as entidades envolvidas no transporte (e não, apenas, às partes contratuais) e à área não marítima acessória a cada transporte, aumenta, progressivamente, a complexidade da interpretação e aplicação das RR, gerando uma margem de forte incerteza jurídica.

Assim, as RR não regulam todo o arco do transporte mas, apenas, a parte marítima e os segmentos acessórios não marítimos e constata-se que o regime de responsabilidade do transportador irá variar de acordo com o ponto da cadeia do transporte onde ocorre o evento danoso sobre a mercadoria.

Por outro lado, pode afirmar-se que, apesar dos limites de responsabilidade do transportador serem mais generosos nas RR (3 SDR/kg e maior do que nas anteriores convenções marítimas), continuam muito distantes dos limites aplicáveis nos outros modos de transporte que vão desde os 8,33 SDR/kg (rodoviário) aos 19 SDR/kg (aéreo).

A aplicação das convenções modais ao segmento não marítimo exige a articulação cuidada entre os artigos 82.º e 26.º das RR e que, no limite, fazem prevalecer o regime de responsabilidade marítimo ao segmento acessório quando não se conhece o local da ocorrência do dano, ficando o regime eivado de uma enorme incerteza jurídica[11].

---

[10] Para o transporte de granéis, na sua maioria, por linha não-regular e sujeitos a cartas-partidas, não se aplicaria as RR, se bem que o contrato de volume ainda poderia servir de enquadramento ao citado transporte.

[11] Contudo, a opção seguida pelas RR não tinha que, obrigatoriamente, ser esta, mesmo com a adoção de um sistema de responsabilidade "em rede limitado". A questão reside sempre na solução a dar aos casos de indeterminabilidade do momento da ocorrência do dano no transporte multimodal. As RR optam pelo seu regime que o impõem imperati-

As Regras de Roterdão – As Alterações mais Significativas

Pode, assim, afirmar-se que as RR assentam, essencialmente, nos seguintes três pilares:

i) 1.º pilar – A atualização das disposições das Regras de Haia, das Regras de Haia-Visby e das Regras de Hamburgo, incluindo os novos conceitos, práticas e costumes do comércio marítimo internacional com as inovações tecnológicas introduzidas nas atividades mercantis, designadamente, a modernização dos navios e os novos meios eletrónicos de comunicação utilizados nas transações e na emissão de documentos fiscais e de transporte;

ii) 2.º pilar – A assunção de um Instrumento de Direito Uniforme para o transporte marítimo internacional e a responsabilização de outros atores naquela atividade e que não são partes no contrato de transporte (*"performing parties"*), ou seja, a uniformização da complexa legislação marítima internacional (vigência simultânea de 3 convenções internacionais com diferentes regras e conceitos de responsabilidades), em especial, como fonte material para a solução de controvérsias marítimas internacionais;

---

vamente, independentemente dos limites da responsabilidade do transportador nos outros modos ser mais favorável para o carregador (designadamente, na CMR e na COTIF). Vide nota n.º 25 *infra*.

Por isso, *de jure constituindo*, a solução poderia ser próxima da parte final do artigo 111.º do Decreto-Lei n.º 109/99/M, de 13 de dezembro, aplicado em Macau, em que se dispõe o seguinte: *"Caso contrário* (i.e., quando não seja determinável o local da ocorrência do dano), *o transportador responde segundo o regime do contrato unimodal relativo a um dos modos de transporte utilizados, que for mais favorável ao lesado"*. Esta solução inspirou-se no regime aplicável na Alemanha e daria, seguramente, uma maior certeza jurídica às RR. Vide Lima Pinheiro em *"Contributo para a Reforma do Direito Comercial Marítimo"*, pps. 161, publicado em "Estudos de Direito Civil, Direito Comercial e Direito Comercial Internacional", Almedina, Coimbra, 2006. Neste diploma de Macau, consagra-se a definição do contrato de transporte em sentido amplo em que, por exemplo, o fretamento por viagem (de mercadorias) surge como uma das suas modalidades e em que se pode inserir, também, o contrato de volume, numa conceptualização oposta à legislação de transporte marítimo francesa de 1966, na senda das posições de René Rodière, e à separação entre contrato de *"noleggio"* e de *"trasporto"* vigente no Código da Navegação Italiano de 1942.

Outra possibilidade quanto ao regime do dano não localizável, seria a contemplada na regulação espanhola que, no âmbito da Lei n.º 15/2009, de 11 de novembro (que exige um segmento terrestre no transporte), vem contemplar, no artigo 68.º, que a responsabilidade do transportador se afere pelo modo de transporte correspondente à entrega, ainda que não seja possível localizar o lugar do dano.

iii) 3.º pilar – A regulação dos segmentos não marítimos acessórios do transporte, transformando as RR numa convenção *"Maritime Plus* "ou multimodal mitigada, ou seja, envolvendo o transporte de mercadorias por mar e outros modos acessórios.

Importa, por isso, de uma forma diacrónica, abordar os principais aspetos e modificações desta Regras em relação à situação convencional vigente.

a) O escopo da Convenção

As RR têm como objetivo uniformizar e atualizar as regras e conceitos relacionados ao Direito Marítimo concebidos nas Regras de Haia (1924), Haia-Visby (1968) e de Hamburgo (1978), incluindo os aspetos relacionados com os conhecimentos de carga e com a limitação de responsabilidade dos transportadores, integrando 96 artigos, agrupados em 18 capítulos, sendo, consequentemente, um texto de grande extensão.

b) A interpretação e a boa-fé. A noção de "contentor"

No artigo 2.º, a Convenção dispõe que a sua interpretação deverá ser feita tendo em vista a promoção da "uniformidade" do comércio internacional e com base na "boa-fé", fazendo, assim, *jus* ao princípio da uniformização e a regras de hermenêutica já desenvolvidas no Direito, designadamente, no que respeita à questão da responsabilidade pré-contratual e da lealdade na formação dos contratos.

No âmbito das definições, merece igualmente referência o parágrafo 26 do artigo 1.º em que se apresenta a noção de "contentor"[12], abarcando *"todo o tipo de contentor ..... utilizado para a grupagem de mercadorias e todo o equipamento acessório a essa unidade de carga"*.

---

[12] Vide o artigo de KENGUEP, E., *"La notion de conteneur en droit des transports internationaux de marchandises para mer: l'apport des Règles de Rotterdam"*, Neptunus e. revue, Centre de Droit Maritime et Océanique, Université de Nantes, vol. 17, 2011/2 in http://www.droit.univ-nantes.fr/labos/cdmo/centre-droit-maritime-oceanique/cdmo/cdmo/cdmo.php.

As Regras de Roterdão – As Alterações mais Significativas   645

Esta definição demonstra, porém, as dificuldades inerentes à sua conceptualização, limitando-se a enumerar a sua tipologia e as unidades de carga similares, não se precisando, de todo em todo, se o contentor deve ser considerado uma "embalagem" ou uma "unidade de transporte".

De acordo com as Regras de Hamburgo (artigo 1.5) e com as RR (artigo 1.24), o contentor é assimilado a uma "mercadoria" logo que seja disponibilizado pelo carregador, embora não se clarifique a natureza e o regime aplicáveis à disponibilização do contentor pelo transportador, nem se defina a noção de "terminal" o que se afigura, pelo menos, estranho dada a importância essencial dos terminais nas cadeias logísticas e, particularmente, dos terminais de contentores para o transporte multimodal.

Nas Regras de Hamburgo (artigo 6.2.b), o contentor é considerado como uma unidade distinta das mercadorias no quadro da limitação legal de responsabilidade e, apesar das RR não serem tão rigorosas nesta definição, a ideia será idêntica pois, no caso de o contentor ser disponibilizado pelo transportador é considerado, igualmente, como uma unidade distinta.

Assim, as RR procedem a uma enumeração do conceito de "contentor" e contemplam um regime derrogatório para o transporte no convés[13], individualizando-o no que respeita ao modo de reparação devido pelo transportador e assimilando ao contentor os conceitos de "reboque rodado" (com contentores, ro-ro) e de "paletes"[14].

De acordo com o texto das RR, um contentor pode, em determinadas circunstâncias, ser considerado um pacote ("package") ou uma "unidade de carregamento" ("shipping unit") desde que a enumeração das mercadorias não tenha sido vertida no respetivo documento[15]. Ao invés, se a enumeração for feita, a responsabilidade do transportador e, consequentemente, a sua limitação, incide sobre cada um dos grupos de mercadoria

---

[13] Vide artigo 25.º (carga no convés) e o parágrafo 2.º do artigo 59.º das RR sobre os limites de responsabilidade quando os bens são transportados numa unidade de consolidação de carga (contentor ou embalagem) e quanto à consideração da unitização da responsabilidade de determinados bens que exigem a sua descrição.

[14] Cf. artigo 1.26 e artigo 59.2 das RR.

[15] Assimilando-o a mercadoria apenas no momento da sua disponibilização pelo carregador o que implica, neste caso, que o limite de responsabilidade é de "uma unidade". Contudo, o mau estado do contentor, a deficiente estanqueidade, uma avaria na sua estrutura ou a inadequação ao transporte do tipo de carga, quando o contentor for disponibilizado pelo carregador, pode levar à validação de uma causa de exoneração pelo transportador, desde que, em princípio, redija as reservas no conhecimento.

individualizada, por sacos ou embalagens, com a grupagem num mesmo contentor.

Contudo, se o contentor for disponibilizado pelo transportador, é considerado uma unidade não assimilável à mercadoria, nem, tão pouco, ao "acessório" ou "parte" do veículo (ou do navio) já que ele transita de meio de transporte e, para além disso, o contentor pode ser da propriedade do armador, do gestor do navio, ter sido cedido por uma empresa especializada ou, ainda, ser da propriedade do carregador.

Assim, o legislador das RR considera que o termo "mercadoria" abrange o contentor que não seja disponibilizado pelo transportador (por exemplo, para o caso em que seja cedido pelo carregador), individualizando-se o contentor como "unidade de carregamento" da própria mercadoria nas demais situações, não assimilável a qualquer "acessório" de veículo.

O contentor – contrariamente à "embalagem", ao "saco "ou ao "pacote" – destina-se a ser reutilizado o que significa que o transporte dos contentores em vazio é um verdadeiro contrato de transporte e que os limites de responsabilidade incidem sobre ele, considerando-o como uma "unidade"[16].

c) A aplicação noutros modos de transporte

As RR passam a abranger, de forma inovatória, situações jurídicas respeitantes ao transporte multimodal, arrogando-se, na sua totalidade, como aplicável ao transportador – no modo marítimo e no modo complementar terrestre – embora possam ceder, no modo não marítimo, à aplicação de outras convenções unimodais, sendo certo que, no caso de não ser possível a localização espacial do evento danoso, prevalecem as RR[17].

Este arco espacial de aplicação mais ampla deriva da definição de transportador, entidade que celebra um contrato de transporte com o carregador (n.º 5 do artigo 1.º).

---

[16] As RR, contudo, distinguem o "contentor" da "embalagem" no artigo 1.24. Para além da reutilização, o contentor acondiciona as mercadorias de forma adequada. Vide KENGUEP, E., *ob. cit.*, pps 9.

[17] Ou seja, no modo não marítimo pode não ser aplicável a convenção especial do respetivo modo, nem este instrumento ser aplicável a todos os intervenientes o que coloca obstáculos sérios à segurança jurídica do texto.

Por outro lado, o contrato de transporte convencionalmente definido abrange o transporte por mar, bem como o transporte por outros meios em complemento à via marítima" (n.º 1 do artigo 1.º) o que significa que a responsabilidade do transportador pode abarcar, igualmente, segmentos terrestres.

As RR estabelecem que o transporte poderá ter início com o embarque e desembarque da mercadoria – no porto ou mesmo fora dele – podendo ser realizado por via terrestre (artigo 11.º).

Nos termos do seu artigo 5.º e que convoca o elemento de estraneidade ou de internacionalidade para a aplicação convencional, as RR exigem que o local de recebimento e de entrega ou o local do porto de embarque e de desembarque das mercadorias estejam situados em diferentes Estados e que sejam parte das RR.

Ou seja, o carácter de internacionalidade do transporte afare-se pela conexão entre países distintos, não sendo relevante a nacionalidade da embarcação, do transportador, das partes, dos carregadores, dos consignatários e dos demais interessados (n.º 2 do artigo 5.º).

Embora a intenção mitigada seja a de considerar as RR aplicáveis aos transportes de linhas regulares, o artigo 6.º[18] vem exprimir esta ideia de forma negativa, ou seja, vem excluir certos negócios da aplicação das RR:

i) Os contratos utilizados em linhas regulares que incluam cartas-partidas ou outros contratos de utilização do navio ou de locação de espaços a bordo; e

ii) Os contratos de transporte em linhas não regulares exceto quando não incluam cartas-partidas ou outros contratos de utilização do navio ou de locação de espaços a bordo e incluam a emissão de um documento de transporte ou um documento eletrónico de transporte.

Desta forma, as RR aplicam-se às linhas regulares sempre que o transporte não se baseie num contrato de fretamento (nem noutro contrato para a utilização do navio ou de espaço a bordo) e às linhas não regulares que não se fundem naqueles mesmos documentos e quando, simultaneamente, seja emitido um documento de transporte ou um documento eletrónico de transporte.

---

[18] Vide artigos 6.º e 7.º das RR.

648   *Duarte Lynce de Faria*

Apesar do disposto no artigo 6.º e ainda que as RR não sejam aplicáveis no caso concreto, o artigo 7.º salvaguarda a sua aplicabilidade entre o transportador e o destinatário, a parte controladora ou o portador (que não seja parte originária numa carta-partida ou num contrato de transporte excluído da aplicação das RR). Porém, as RR não se aplicam entre as partes de um contrato de transporte (i.e., o transportador e o carregador originais) que sejam excluídas pela aplicação do artigo 6.º

d) As partes integrantes da obrigação contratual à luz da Convenção e o novo regime de responsabilidade solidária

Uma das principais inovações da Convenção reside na modificação – e ampliação – das partes integrantes do contrato de transporte marítimo.

De facto, a Convenção inova ao vincular, para além das clássicas figuras do transportador *("carrier"),* carregador *("shipper")* e do consignatário *("consignee"),* novas entidades às obrigações do contrato.

O n.º 6 do artigo 1.º define como "Parte Executante" *("Performing Party")* aquela que, sem ser o transportador, executa ou se compromete a executar quaisquer das obrigações do transportador que emergem de um contrato de transporte, em relação ao recebimento, embarque, manuseio, estiva, transporte, guarda, desembarque e entrega das mercadorias, desde que tais partes ajam, direta ou indiretamente, por solicitação do transportador ou sob seu controlo ou supervisão.

Por outro lado, define-se a figura de "Parte Executante Marítima" *("Maritime Performing Party")* como sendo aquela entidade que executa ou se comprometa a executar quaisquer das obrigações do transportador em virtude de um contrato de transporte, durante o período que medeia entre a operação de embarque das mercadorias (no porto de carregamento) de um navio e a operação de desembarque (do porto de descarga) de um navio.

As RR também inovam ao adotarem os conceitos de responsabilidade civil de matriz continental, como a responsabilidade (ou culpa) *"in eligendo"* (responsabilidade por atos das pessoas que atuam sob sua supervisão, designadamente, os seus trabalhadores) e *"in vigilando".*

Na verdade, estabelece-se que o transportador é, também, responsável por atos ou omissões de qualquer "Parte Executante", do comandante e da tripulação ou de quaisquer pessoas que executem ou se comprometam a executar quaisquer obrigações do transportador vertidas num contrato de transporte, desde que tais partes ajam, direta ou indiretamente, por solicitação do transportador ou sob o seu controlo ou sua supervisão (artigo 18.º).

Para além disso, no artigo 19.º, prevê-se a vinculação da "Parte Executante Marítima" às obrigações do transportador contratual (e o benefício dos seus meios de defesa), quando:

i) Tenha recebido as mercadorias num Estado contratante; ou
ii) Tenha entregado as mercadorias num Estado contratante; ou
iii) Tenha executado as operações sobre as mercadorias num porto de um Estado contratante.

E o evento causador da perda, dano ou atraso tenha tido lugar:

i) No período entre a chegada das mercadorias ao porto de embarque e a largada do porto de desembarque; ou
ii) No período de guarda das mercadorias; ou
iii) Sempre que esteja no exercício de atividades que lhe tenham sido delegadas pelo transportador.

Por outro lado, a "Parte Executante Marítima" é igualmente responsável e sujeita às obrigações contratuais do transportador se tiver recebido as mercadorias com perda, dano ou avaria ou que tenham sido entregues ao destinatário com atraso. Beneficia, todavia, do estatuto aplicável ao transportador e previsto nos artigos 17.º e 59.º para efeitos de arguição de exceções e de outros meios de defesa. No artigo 20.º, prevê-se a responsabilidade solidária entre o transportador e a "Parte Executante Marítima" dentro dos limites estabelecidos na referida Convenção.

Uma outra figura importante e que consta da Convenção é o "Portador" (*"Holder"*), ou seja, a pessoa portadora do documento negociável de transporte – "à ordem" ou com a identificação do carregador, do consignatário ou do endossatário.

Importa, ainda, fazer referência à "Parte Controladora" (*Controlling Party*), que, por definição, coincide com a do carregador, salvo se este tiver designado o consignatário ou o carregador "documentário", e que pode transferir o seu direito de controlo para terceiros, desde que previamente notifique o transportador.

Assim, as RR incorporam as características do conhecimento marítimo como título de crédito negociável e como título da propriedade das mercadorias, aliás, com diversas disposições sobre os requisitos do documento de transporte negociável, conforme consta do capítulo 8.º.

Os dois principais direitos da "Parte Controladora", à luz da Convenção, são os seguintes:

i) Instruir ou alterar as instruções dadas em relação ao transportador no que respeita à carga, desde que não altere os termos do contrato de transporte; e

ii) Exigir a entrega da carga no porto de entrega ou escala ou em relação ao transporte rodoviário, em qualquer local do percurso rodoviário.

No que respeita ao carregador, as RR contêm, no capítulo 7.º, oito artigos que lhe impõem uma série de obrigações[19] sendo a principal a de facilitar a informação necessária sobre a mercadoria ao transportador.

Um outro aspeto importante reside no enquadramento do transitário (*"forward agent"* ou *"freight forwarder"*) – o "arquiteto do transporte" – nas RR: pode ser classificado como "transportador", nos termos do artigo 5.º, se celebrar, em nome próprio, um contrato de transporte com um carregador ou, ao invés, "carregador documentário" quando, sendo ou não também carregador, aceite ser designado "carregador" no documento de transporte (ou seja, quando, sendo pessoas diferentes o transitário e o carregador, subsista um negócio entre ambos, distinto do transporte da mercadoria)[20].

Também a responsabilidade do consignatário da carga (*"consignee"*) não vem regulada nas RR, embora, entre as questões mais colocadas, esteja a da sua responsabilidade pelo pagamento dos atrasos no levantamento dos contentores no porto[21].

---

[19] Embora não possa limitar a sua responsabilidade o que, assim sendo, é alvo de variadas críticas o que não é totalmente justo já que se trata de um contrato de transporte cuja correta execução recai sobre o transportador. Vide LÓPEZ, M.R., ob. cit., pps 609ss.

[20] Ou seja, ao transitário, em princípio, será aplicado todo o regime do transportador no 1.º caso mas nem todo o regime do carregador, no 2.º caso pois é preciso averiguar se, no caso concreto, é ou não unicamente carregador ou carregador documentário.

[21] De facto, os consignatários são meros intermediários na compra e venda de mercadorias e os próprios INCOTERMS aplicáveis – CFR (custo e frete) e CIF (custo, seguro e frete) – são cláusulas de compra venda internacional cujos efeitos não ultrapassam a esfera jurídica das partes contratantes – o vendedor (exportador) e o comprador (importador). Assim, o consignatário não intervém no contrato de transporte, o qual é celebrado entre o vendedor/expedidor e o transportador marítimo. Contudo, ao receber o conhecimento de

e) Os documentos eletrónicos de transporte

As RR deixam de utilizar a expressão "conhecimento de carga" e substituem-na pela figura do "documento de transporte" a que se adita que não é exigida a sua emissão para que as RR sejam aplicáveis ao contrato o que pode levar a pensar que os B/L *(bill of lading)* terão os dias contados ou, pelo menos, afirmamos nós, como títulos de crédito[22], como se depreende da utilização das plataformas eletrónicas.

O capítulo 3.º constitui uma das grandes novidades ao permitir a utilização de documentos eletrónicos de transporte – embora, desde os anos 90, se tenha tentado introduzir o conhecimento de carga eletrónico em projetos como o famoso BOLERO[23] – num momento em que as únicas plataformas eletrónicas que tiveram êxito foram as intraportuárias, i.e., as que permitiram dar passos dentro de cada porto e agilizar os processos dos navios, das mercadorias e dos tripulantes com as autoridades e com o demais operadores e agentes como é o caso, em Portugal, da "Janela Única Portuária" (JUP)[24].

As RR atualizam os conceitos tradicionais do transporte marítimo e criam um novo regime para a utilização dos registos eletrónicos de transporte e estabelecem regras para a substituição dos documentos negociáveis de transporte pelos registos eletrónicos negociáveis de transporte, nos termos do artigo 10.º do capítulo 3.º. O transportador obriga-se a emitir uma declaração expressa de que os títulos negociáveis originais foram substituídos pelas versões eletrónicas.

Ou seja, a desmaterialização dos documentos foi também uma clara intenção do legislador internacional, substituindo a emissão de documentos pelos documentos ou registos eletrónicos no comércio marítimo internacional.

---

carga original e ao efetuar o desembaraço aduaneiro da mercadoria importada, o consignatário pratica atos que corroboram a sua adesão aos termos e condições previstos nesse título de crédito, que acaba por ser instrumento do contrato de transporte.

[22] Vide López, M.R., ob. cit., pps 613ss.

[23] Iniciais da estrutura *"Bill of Lading Electronic Registry Organisation"* do Reino Unido.

[24] Tem sido difícil o mercado aceitar os documentos eletrónicos de transporte exceto quando os intervenientes estão inseridos numa plataforma eletrónica como a relatada e quando não se utilizam documentos de transporte como títulos de crédito mas, ao invés, meros *"sea waybills"*.

f) A navegabilidade

Também na questão da navegabilidade do meio existem diferenças em relação aos regimes anteriores já que a diligência devida se aferia, apenas, no início de cada viagem. Nas RR, o transportador deve exercer a "diligência devida" para disponibilizar um navio em condições de navegabilidade – antes, no início e durante toda a viagem.

Por "diligência devida" deve entender-se o dever do transportador em disponibilizar o navio em condições de navegabilidade, bem como armar, equipar e aprovisionar o navio. Por fim, o transportador deverá preparar o navio e deixar em bom estado os porões, frigoríficos e todas as outras partes em que as mercadorias serão acondicionadas, para a sua receção, transporte e conservação (artigo 14.º).

g) As cláusulas de exoneração de responsabilidade

Nas RR, tal qual ocorre nas demais Convenções, o transportador é responsável pelas perdas e pelas avarias na carga, assim como pelo atraso na sua entrega ao destinatário.

No entanto, no que respeita às cláusulas de exoneração de responsabilidade, a Convenção enumera uma série de situações em que o transportador se pode exonerar da sua responsabilidade pelas perdas e avarias à carga, bem como pelos atrasos na sua entrega.

Configuram cláusulas de exoneração de responsabilidade as seguintes quinze (n.º 3 do artigo 17.º):

    i. atos de Deus (caso fortuito ou de força maior);

    ii. perigos ou acidentes do mar;

    iii. guerras, hostilidades, conflitos armados, pirataria, terrorismo, motins e tumultos;

    iv. quarentena; interferência ou impedimentos criados pelo governo e/ou autoridades públicas, detenção e arresto;

    v. greves;

    vi. incêndio a bordo;

    vii. defeitos latentes no navio não descobertos durante a "diligência devida" realizada para o colocar em condições de navegabilidade;

    viii. ato ou omissão do carregador, ou de qualquer parte que atue em nome do carregador;

As Regras de Roterdão – As Alterações mais Significativas   653

ix. embarque, manuseio, acomodação e desembarque da carga, caso haja acordo com outro responsável para este fim;

x. perdas e avarias decorrentes do vício oculto da mercadoria;

xi. insuficiência ou embalagem defeituosa;

xii. salvamento ou tentativa de salvamento de vida no mar;

xiii. medidas plausíveis para salvar ou para tentar salvar carga no mar;

xiv. medidas plausíveis para evitar ou para tentar evitar danos ao meio ambiente; e

xv. situações em que o transportador sacrifique a carga para preservar a segurança da propriedade e afastar o perigo à vida humana.

Estas cláusulas de exoneração assemelham-se às consagradas nas Regras de Haia e nas Regras de Haia-Visby (n.º 2 do artigo 4.º) cujo elenco é o seguinte:

i. erros da navegação ou de condução do navio;

ii. incêndio;

iii. perigos ou acidentes do mar;

iv. atos de Deus (caso fortuito ou de força maior);

v. guerra;

vi. pirataria;

vii. arresto, detenção ou apreensão judicial;

viii. quarentena por motivos de higiene ou sanidade;

ix. ato ou omissão do carregador ou do proprietário das mercadorias e de seus agentes ou representantes;

x. greves;

xi. motins e perturbações civis;

xii. alteração da rota para salvamentos ou tentativas de salvamento de vidas ou bens no mar;

xiii. dano resultante de vício próprio da mercadoria;

xiv. embalagem inadequada;

xv. identificação precária da carga;

xvi. vícios ocultos na embarcação; e

xvii. qualquer outra causa que não advenha de ato do transportador ou dos seus agentes.

Ora, a principal novidade das RR reside no facto de não incluírem, como causa de exoneração, a chamada "falta náutica " (i.e., os erros de navegação ou da condução do navio) uma vez que com a atual tecnologia disponível a bordo e com os atuais equipamentos, é possível e desejável excluir os erros de navegação.

Por outro lado e mesmo que assim não fosse, o erro de navegação é abrangido pelo conceito de responsabilidade do armador por atos negligentes ou por omissão dos seus trabalhadores (ou pessoas sobre as quais exerce supervisão) – *"in eligendo"* e *"in vigilando"* – no conceito hodierno de risco da atividade.

Exatamente em razão desta última questão, a Convenção dispõe, no n.º 4 do artigo 19.º, que os trabalhadores (ou quem aja legitimamente em seu nome) do transportador ou da chamada "Parte Executante", incluindo os tripulantes, não podem ser considerados responsáveis.

Para além destas cláusulas de exoneração, vários países vieram a adotar outras na sua legislação interna mas que, de forma mais ou menos genérica, também podem ser aplicáveis aos contratos internacionais como fonte de Direito Internacional.

Estão neste caso o vício de origem da mercadoria e a ausência ou a interrupção do nexo de imputação causal entre o agente e o dano e, neste caso, desde que sobre o agente não impenda uma presunção de culpa pela não entrega da mercadoria em devidas condições ao destinatário. É o caso do Brasil nos termos, respetivamente, do artigo 1.º do Decreto n.º 2.681/12 e do artigo 396.º do Código de Comércio brasileiro.

Recorde-se que, nas Regras de Hamburgo, existe, apenas, uma cláusula de exoneração e que se traduz na possibilidade da sua atuação quando as perdas, as avarias e os atrasos tiverem origem em ações realizadas com o objetivo de salvar vidas humanas ou bens no mar (n.º 6 do artigo 5.º).

h) A obrigação de notificar o transportador por faltas, avarias ou atrasos

Um dos aspetos mais inovadores das RR consiste na alteração da figura da presunção de entrega da mercadoria por parte do transportador. Assim, a Convenção dispõe que se presume a entrega da carga ao destinatário de acordo com o contrato, exceto se o destinatário vier a reclamar as perdas e as avarias no ato do recebimento ou, no máximo, em sete dias.

No entanto e passado aquele prazo sem que haja reclamação inicial, o destinatário não verá precludido o direito de reclamar as perdas e danos, embora tenha contra si a presunção de entrega do transportador, como se referiu. A exceção ocorre, exclusivamente, no caso de atraso da entrega já que o prazo inicial é alargado para vinte e um dias.

Nas Regras de Haia e nas Regras de Haia-Visby, o prazo de reclamação inicial da carga ao transportador é de três dias, exceto se existir cláusula contratual que determine prazo diverso (n.º 6 do artigo 3.º). Nas Regras de Hamburgo, o prazo é de 24 horas para perdas e avarias aparentes. Em caso de avarias não aparentes, o prazo é de quinze dias, contados a partir da data do recebimento da mercadoria (n.ºs 1 e 2 do artigo 19.º).

i) O transporte de mercadorias no convés

Em relação ao transporte de carga no convés, as RR abarcam esta situação desde que tal transporte seja permitido por lei (tendo em conta o tipo de navio, o tipo de carga e o seu acondicionamento) ou, dito de outra forma, que a carga seja transportada por contentores apropriados e que o convés seja adequado para receber a carga.

Mais ainda: para além da possibilidade legal, a Convenção parece autorizar o transporte no convés se as partes previamente tiverem acordado ou existir tal costume ou prática (cf. artigo 25.º)

Nas Regras de Hamburgo, o transporte de carga no convés só é permitido se o conhecimento de embarque ou documento similar assim autorizarem, ou tal prática se sediar nos usos e costumes, bem como em casos de imposição legal (cf. artigo 9.º).

Nas Regras de Haia e nas Regras de Haia-Visby e de acordo com a alínea c) do artigo 1.º, devem ser preenchidos dois requisitos para que o transporte no convés seja permitido: o 1.º, reconhecendo que a carga está corretamente condicionada no convés; e o 2.º, que tal facto conste no conhecimento de carga.

Assim, as RR estipulam um regime mais claro e simples para o transporte de carga no convés do navio, muito semelhante ao de Hamburgo.

j) A limitação de responsabilidade

Em relação à limitação da responsabilidade, as RR limitam a responsabilidade do transportador a 875 SDRs por volume[25] ou 3 SDRs por quilograma do peso bruto da carga (cf. artigo 59.º).

---

[25] 1 SDR equivale a US$ 1, 53640, ou seja, 875 SDRs = US$ 1.344,35 e 3 SDRs = US$ 4,61 (atualizar in http://www.inf.org). As Convenções unimodais implicitamente consideradas nos trabalhos das RR foram as seguintes: *"Convention on the Contract for*

Nas Regras de Haia, a limitação de responsabilidade do transportador marítimo é de 100 libras esterlinas (cf. n.º 5 do artigo 4.º). Nas Regras de Haia-Visby, a limitação de responsabilidade do transportador marítimo é de 667, 67 SDRs por volume ou 2 SDRs por quilograma das mercadorias perdidas ou avariadas, consoante a maior (cf. alínea a) do n.º 5 do artigo 4.º). Já nas Regras de Hamburgo, a responsabilidade do transportador é limitada a 835 SDRs por unidade ou 2,5 SDR por quilograma, consoante a maior (cf. artigo 6.º).

Outra inovação das RR é a limitação da responsabilidade do transportador referente às perdas e danos decorrentes do atraso da entrega da carga no lugar de destino. Neste caso, a indemnização deve ser limitada à quantia equivalente a duas vezes e meia o valor do frete pago pela carga que foi entregue com atraso (cf. artigo 60.º).

Assim, o regime de Roterdão relativo à limitação da responsabilidade do transportador é mais favorável aos carregadores do que os regimes consagrados pelas Convenções anteriores[26].

k) A prescrição

As RR estipulam o prazo de dois anos (igual às Regras de Hamburgo e de 1 ano para as Regras de Haia e as Regras de Haia-Visby) para a proposição das ações judiciais de reclamação das avarias da carga e de atrasos do transportador referente à sua entrega ao destinatário (cf. artigo 62.º).

---

the International Carriage of Goods by Road" (Genebra, 1956, "CMR"), *"Convention concerning International Carriage by Rail"* (Berna, 1980, "COTIF"), *"Convention for the Unification of certain Rules relating to International Carriage by Air"* (Varsóvia, 1929 e Montreal, 1999 e *"Budapest Convention on the Contract for the Carriage of Goods by Inland Waterways"* (Budapeste, 2000, CMNI).

[26] De notar, contudo, que o limite é, ainda, bastante inferior ao previsto nas convenções unimodais de transporte (CMR, COTIF, Montreal e Budapeste, respetivamente, para o transporte rodoviário, para o transporte ferroviário, para o transporte aéreo e para o transporte fluvial), sendo o valor mais próximo de 8, 33 SDR (CMR) ainda distante do valor das RR o que dificulta a responsabilização do segmento não marítimo quando se desconhece o momento do dano nas mercadorias que apenas são verificáveis normalmente no destino como é ocaso da carga contentorizada.

Contudo, cabe às partes alargarem aquele prazo se assim o desejarem (cf. artigo 63.º), prazo ainda que poder ser distinto se a ação for intentada em país em que a lei determine prazo diverso (cf. artigo 64.º).

l) O contrato de volume

É um dos conceitos mais inovadores das RR e tem a sua origem nos *"services contracts"* de origem norte-americana, já largamente utilizados no comércio internacional anglo-saxónico para os transportes não regulares de *"commodities"*, ou seja, de granéis líquidos e de granéis sólidos, permitindo a contratualização do transporte de grandes quantidades por um período de tempo longo e garantindo uma estabilização dos preços dos fretes.

Por outro lado, a novidade não é assim tão grande se pensarmos que os *"tariff agreements"* e os *"services contracts"* subscritos já hoje na Europa – sobretudo, nos tráfegos para os Estados Unidos – correspondem, substancialmente em muitos casos, a verdadeiros "contratos de volume".

A sua definição (artigo 1.º) contempla-o como um contrato de transporte que prevê o transporte de uma quantidade determinada de mercadorias em várias viagens durante um período convencionado em que a quantidade a transportar pode ser expressa por um mínimo, por um máximo ou por uma margem[27].

O contrato de volume prevê, para cada uma das expedições, um fretamento por viagem e é, pelo menos na sua origem e para o transporte de granéis, um contrato para linhas não regulares (*"tramping"*) o que, à partida, significaria que estaria fora do âmbito das RR, quer por ser um transporte não regular quer porque inclui diversas cartas-partidas.

Por um lado, esta situação permite que o contrato de volume seja quase um *"outsider"* das RR – tal o âmbito da liberdade contratual prevalecente sobre a maioria das disposições imperativas da Convenção[28]. Mas, por

---

[27] Vide a posição do *European Shipper Council*, constante do documento A/CN.9/WG.III/WP.64 relativo aos trabalhos preparatórios das RR, designadamente, nos parágrafos 23.º, 24.º e 25.º."

[28] Vide o artigo 80.º das RR.

outro, permite a sua evolução e aplicação ao transporte contentorizado por linha regular, retornando, desta forma, à Convenção[29].

O objetivo foi de transportar para a Convenção a atual prática norte--americana que consagrou a evolução do transporte não regular de granéis e de carga geral para o transporte regular de contentores em que as figuras do fretamento e do *"slot hire"*, a existirem, não têm autonomia para afastar o escopo do contrato de transporte marítimo – o embarque de uma dada mercadoria num navio, o seu transporte e o desembarque no porto de destino.

Na verdade, sabendo que as cartas-partidas estão fora, automática e genericamente, da aplicação das RR, também aos contratos de volume de linha regular não serão aplicáveis as RR, total ou parcialmente, sempre que as partes assim o desejarem e cumprindo o disposto no artigo 80.º.

m) Breve síntese

Pode, pois, afirmar-se que as RR tendem a aplicar-se ao transporte "porta-a-porta" e que, por isso, são fonte de conflitualidade com os regimes internacionais modais terrestres e, eventualmente, também com as leis nacionais. Ora, embora tenham como objetivo a uniformização do regime aplicável, as RR não seguem a uniformidade propugnada pela Convenção

---

[29] No documento A/CN.9/WG.III/WP.66, relativa à posição do CMI nos trabalhos preparatórios das RR, no parágrafo 6.º e a propósito dos contratos de volume em linhas regulares (contentores), afirma-se o seguinte:

"6. Draft article 9 (1) (d) in A/CN.9/WG.III/WP.56 provides that the draft convention does not apply to volume contracts, except as provided in draft article 9 (3). A/CN.9/WG.III/ WP.61 makes a distinction between liner and non-liner transportation. Draft article 9 (2) (a) as set out in A/CN.9/WG.III/WP.61 provides that, subject to draft article 9 (2) (b), the draft convention does not apply to contracts of carriage in non-liner transportation. A volume contract in non-liner transportation thus remains excluded from the scope of application of the draft convention except in situations covered by draft article 9 (2) (b). In liner transportation, draft article 9 (1) as set out in A/CN.9/WG.III/WP.61 only excludes: (a) charterparties, and (b) contracts for the use of a ship or of any space thereon, whether or not they are charterparties. Volume contracts in liner transportation are considered to be contracts of carriage which would not fall within this exclusion and which would accordingly remain within the scope of application of the draft convention (see A/CN.9/WG.III/ WP.61, para. 31)".

Multimodal de 1980 mas, ao invés, o regime de rede *("network")*, i.e., em que as convenções modais prevalecem no respetivo modo, embora, no caso vertente, de forma "limitada".

De facto, para além das RR só serem aplicáveis a um transporte que seja, essencialmente marítimo e também internacional, sempre que o local do dano for desconhecido, prevalecem a RR, na senda do modelo BIMCO *"Combiconbill"*, na forma revista de 1995, aplicável ao "transporte combinado" e do modelo *"Multidoc 95"* (sujeito às Regras da UNCTAD/ICC), aplicável ao transporte multimodal, embora com uma diferença relativamente a estes modelos no que respeita à designação dos tribunais competentes (nestes modelos, a cláusula de jurisdição designa o tribunal do "domicílio do transportador").

Na prática, é muito diferente o transporte de granéis do transporte de contentores pois este tem ínsita a multimodalidade e o transporte "porta-a--porta", o que significa que o transportador tenderá a subcontratar determinados segmentos do transporte, assumindo a responsabilidade pela atuação de terceiros.

O que se passa é que o transportador contratual é, muitas vezes, um NVOCC e o armador é um subcontratado daquele, podendo inverter-se os tradicionais papéis.

Tradicionalmente, o segmento terrestre internacional é regido pela Convenção CMR, o segmento marítimo pelas Regras de Haia e pelas Regras de Haia-Visby e o segmento terrestre interno pela legislação nacional. No caso da aplicação das RR, no 1.º caso a CMR continua a aplicar-se, *ex vis* artigos 26.º e 82.º, no 2.º aplicam-se as RR e, finalmente, no segmento terrestre interno, não havendo qualquer convenção internacional competente, aplicam-se, de forma inovadora, as RR. Para além disso, a responsabilidade do transportador é extensível a qualquer *"performing party"* (por exemplo, um operador de *"ferries"*) tornando, à partida, o regime de responsabilidade dos diversos "transportadores" diretamente acionável judicialmente.

Também quando se desconheça o local do dano, as RR serão aplicáveis, o que acaba por beneficiar os transportadores face ao regime, em geral, mais gravoso das convenções terrestres e pelo facto de ser muito difícil provar o local da ocorrência de um dano no transporte contentorizado.

Pode, pois, afirmar-se que as RR definem de forma precisa as diferentes obrigações das partes, modernizando a envolvente jurídica do contrato de transporte e dando maior proteção às mercadorias, no âmbito da multimodalidade "mitigada" e abrangendo não apenas a responsabilidade das partes contratantes mas, igualmente, a das subcontratantes. Para além disso, as obrigações do transportador foram alargadas como se afere pela agora continuada exigência de manter o navio em bom estado de navegabilidade, exigindo-se, igualmente, ao carregador um dever reforçado de informação.

Por outro lado, o transportador goza de um "direito de controlo" que lhe permite a emissão de instruções respeitantes às mercadorias, podendo prevalecer sobre as originalmente produzidas pelo carregador ou em seu nome. O arco espacial de responsabilidade do transportador foi alargada (porta-a-porta) e o atraso é colocado a par das avarias e dos danos sobre as mercadorias. Os limites de responsabilidade são aumentados (875 SDR ou 3 SDR/kg) e a prescrição do direito do reclamante mantêm o prazo de dois anos das Regras de Hamburgo.

Uma questão estrutural discutível das RR reside na manutenção da lista de "casos excecionados", ou seja, de causas objetivas de exoneração dos danos nas mercadorias por parte do transportador que, desde as Regras de Haia, são tidos como bastante generosos para o transportador (embora daquela lista se tenha retirado a famosa "falta náutica").

Mas as críticas essenciais às RR prendem-se com a extensão e complexidade do seu acervo, fruto, essencialmente, da inovação em algumas matérias, de tentar regular novos espaços do transporte para além do marítimo e de contemplar uma ampla liberdade contratual para o contrato de volume, diga-se, por linha regular (até agora, regulado por um regime imperativo decorrente das Regras de Haia).

Desta situação, resulta uma enorme imprevisibilidade do regime aplicável no segmento não marítimo, tanto mais que, na grande maioria dos casos, não é possível detetar o segmento do transporte em que ocorreu o dano e, consequentemente e, nestes casos, é subsidiariamente aplicável o regime das RR – em vez do regime específico das convenções unimodais: transporte rodoviário (CMR), ferroviário (COTIF/CIM), aéreo (Convenção de Montreal) ou fluvial (Convenção de Budapeste).

Por outro lado, ainda que se apliquem aquelas convenções unimodais ao segmento não marítimo e para o transportador, importa, ainda, relembrar que as *"performing parties"* são também responsáveis nos termos do transportador contratual o que não se passa em boa parte das convenções unimodais o que, igualmente, pode dificultar a sua articulação.

Daí, termos aventado a designação das RR como "Convenção Anfíbia" – já que a designação *"Maritime Plus"* tem apenas a ver com o seu objeto

As Regras de Roterdão – As Alterações mais Significativas

enquanto o termo "anfíbio" traduz a maior dificuldade prática da sua aplicação ao segmento não marítimo, designadamente, o segmento terrestre e que não é, de facto, o seu "meio" e em que a questão do limite de responsabilidade entre os vários convénios aplicáveis é muitíssimo relevante[30].

Quanto a uma das questões de grande atualidade que as RR introduzem – os documentos eletrónicos de transporte – não exigem que as RR entrem em vigor para serem aplicáveis como assim decorre do moderno transporte internacional de contentores[31].

---

[30] Lembre-se que, por exemplo, as diferenças de limitação de responsabilidade do transportador nos citados convénios são muito significativas, desde os 2 SDR's/kg (ou 667, 67 SDR's por volume) das Regras de Haia-Visby, a 3 SDR's/kg (ou 835 SDR's por volume) das RR, a 8, 33 SDR's/kg da CMI, a 17 SDR's/kg da COTIF/CIM e a 19 SDR's/kg da Convenção de Montreal. Na prática, trata-se de uma oscilação média na responsabilidade do transportador entre 3 USD/kg a cerca de 29 USD/kg da mercadoria, sendo, também, a natureza da carga a determinar esta variação, para além do segmento e do modo de transporte.

[31] O protocolo das Nações Unidas conhecido por UN/EDIFACT – *Electronic Data Interchange for Administration, Commerce and Transport* – tem hoje uma aplicação a nível mundial e, no caso vertente, com a mensagem padrão IFCSUM – *Forwarding and Consolidation Summary Message* – que permite a expedição de todo o manifesto de carga por via eletrónica que incorpora, por sua vez, os conhecimentos de carga (B/Ls) e as especificações da mercadoria (*"cargo details"* ou "partidas" em português). A maioria destes conhecimentos de carga são "não negociáveis" (*"seaway bill – not negociable"*), ou seja, não assumem a característica de "título de crédito" (não são endossáveis a terceiros) o que se justifica pela desnecessidade no comércio eletrónico em que as transações são feitas por via eletrónica e em que o B/L perde o eventual sentido creditício uma vez recebida a mercadoria pelo comprador e pago o frete.

A questão que se coloca é a de saber quem paga quando existem danos sobre a mercadoria e, neste caso, o papel das seguradoras é essencial. A título de exemplo, a mútua de seguros "TT Club" (*"International Transport and Logistics Industry's Insurance"*), com mais de 40 anos de experiência na prestação de cobertura da responsabilidade civil na área dos transportes, vem invocando que há uma divergência global entre o impacto das cláusulas dos contratos de seguro, a faturação, os contratos de transporte e as condições gerais de comercialização (STC – *Standard Trade Conditions*) que limitam a responsabilidade (*vide* HOOPER, Graham, *"¿Quién paga cuando se pierde la carga?"*, *in* Revista "Transporte XXI", 01/09/2012, pps. 5).

Neste artigo, o autor refere que a experiência de gestão de reclamações no "TT Club" confirma que boa parte dos proprietários da carga só têm consciência do nível de proteção da mercadoria quando esta já está em trânsito o que implica que, por vezes, o valor completo da carga não é recuperado ou que a proteção do transportador impeça a recuperação do seu valor, através da caducidade e de meios de defesa específicos do transportador.

Assim, apesar da disposição na sistematização das RR e dos temas tratados, dando maior importância às mercadorias e não apenas à responsabilidade dos transportadores, alguns especialistas acreditam que a sua vigência faria proliferar as normas aplicáveis ao transporte internacional marítimo de mercadorias o que aumentaria a complexidade na regulamentação e nos litígios[32].

Esta posição de oposição às RR considera uma opção perigosa a sua entrada em vigor por vir a aditar mais uma convenção às dez já existentes no âmbito do transporte internacional, tornando mais complexa as resoluções e cláusulas contratuais para o transporte marítimo internacional, prejudicando os países exportadores de *"commodities"* que necessitem do transporte marítimo, como é o caso do Brasil.

O autor aconselha, também, que o transportador enfatize que o contrato base limita a sua responsabilidade à de um "transportador" o que implica, igualmente, que o carregador terá que adquirir um seguro sobre a carga para garantir a recuperação do seu valor, no caso de existirem danos sobre a mercadoria e independentemente da responsabilidade de terceiros. Ora, neste quadro, qualquer pequena introdução de novas cláusulas nos contratos de transporte, decorrentes ou não de convenções internacionais, sobretudo das não vigentes (ou das que, embora em vigor, não representam os interesses do comércio internacional que nelas não se revê), implica uma reavaliação das seguradoras e, face à incerteza criada, um aumento dos prémios de seguro fazendo com que, contrariamente ao desejado, os fretes aumentem, baseados nos novos prémios de seguro. A título de exemplo, descrimina-se, de acordo com o citado artigo, os regimes de responsabilidade e os valores monetários (1 SDR = USD 1,53640):

Regime	Natureza	Limitação	Valor (Usd/Ton. Vol.)
UK Warehousing Association	Condições armazenagem UK	100 UKP/tonelada	254 USD
Carriage of Goods by Sea Act	Transporte marítimo USA	500 USD/volume	500 USD
Road Haulage Association	Transporte rodoviário UK	1.300 UKP/tonelada	3.302 USD
British Int. Freight Association	Cond. expedição Ass. Nacional	2 SDR/kg	3.073 USD
Convenio CMR	Transporte int. rodoviário	8, 33 SDR/kg	12.798 USD
Carta de Transporte Ferroviário (CIM)	Transp. internacional ferroviário	17 SDR/kg	26.119 USD
Convenção de Montreal	Transp. aéreo internacional	19 SDR/kg	29.192 USD

[32] Vide OTERO, A., MARTINS, E., "Regras das Convenções Internacionais em Contratos de Transporte Marítimo", Anais do XIX Encontro Nacional do CONPEDI, Fortaleza-CE, 09 a 12 de junho de 2010, Fortaleza, Brasil, pps. 6706.

As Regras de Roterdão – As Alterações mais Significativas   663

Há ainda a posição de quem advogue a ratificação ou adesão às RR[33], mas com o seu retorno imediato ao grupo de trabalho da UNCITRAL para a sua revisão, transformando-a num instrumento multimodal por inteiro e que tome em consideração a *"United Nations Convention on International Multimodal Transport of Goods"*[34].

Porém, outros especialistas oriundos, particularmente, dos países carregadores, defendem que o texto deve ser revisto, de imediato, para que contemple os interesses dos países sem armamento, assegurando um transporte mais seguro e justo das mercadorias pela via marítima.

Em 30 de abril de 2012, coincidindo com a data da ratificação das RR pela República do Congo, o CMI elaborou uma nota, informando que a sua vinculação tinha sido proposta pelo *"Danish Maritime Law Committee"* e pelo *"Norwegian Maritime Law Commission"* aos respetivos governos, chamando a atenção que a Comissão norueguesa recomendara a ratificação "quando os Estados Unidos ou a maioria dos países da União Europeia o fizessem"[35].

Assim, aquela Comissão propugnou a ratificação por forma a assegurar e promover um regime uniforme do transporte internacional de mercadorias, salvaguardando que a Noruega não deveria adotar os capítulos referentes à jurisdição e à arbitragem já que se propunha que o fizesse de forma distinta dos países da União Europeia.

Em vez disso, a Comissão propôs que as normas relativas à jurisdição e à arbitragem, vigentes nos países escandinavos e constantes do respetivo Código Marítimo, deveriam ser mantidas, com as alterações inspiradas nas RR, bem como na sua adaptação à nova Convenção de Lugano de 2007[36] e às correspondentes normas da União Europeia.

---

[33] JOHANSON, S., OLAND, B., PYSDEN, K., RAMBERG J., SCHMITT, D. e TETLEY, W., *"A Response to the Attempt to Clarify Certain Concerns over Rotterdam Rules"*, published 05/08/2009, 01/09/2009, in http://www.mcgill.ca/maritimelaw/sites/mcgill.ca.maritimelaw/files/Summationpdf.pdf.

[34] Após os trabalhos preparatórios da Conferência das Nações Unidas para o Comércio e Desenvolvimento (*United Nations Commission for Trade and Development* – UNCTAD), a 24 de Maio de 1980, as Nações Unidas adotaram em Genebra, a Convenção das Nações Unidas sobre o Transporte Internacional Multimodal de Mercadorias que, contudo, ainda não entrou em vigor.

[35] Vide www.comitemaritime.org., nota informativa de 30/04/2012.

[36] No âmbito da União Europeia, deve citar-se a Convenção de Bruxelas de 1968 relativa à competência judicial e à execução de sentenças em matéria civil e comercial cujo

664   *Duarte Lynce de Faria*

A questão mais importante respeita à multimodalidade "mitigada" contemplada nas RR relativamente à qual a Comissão norueguesa recomendou

---

artigo 67.º regula os critérios de aferição da validade das cláusulas de atribuição exclusiva de jurisdição. Esta Convenção foi modificada pela Convenção de Lugano de 1978 (adesão da Dinamarca, da Irlanda e do Reino Unido ás então Comunidades Europeias), pela Convenção do Luxemburgo de 1982 (adesão da Grécia) e pela Convenção de San Sebastian de 1989 (adesão de Portugal e de Espanha) que vieram, essencialmente, a ampliar o seu âmbito territorial.

Entretanto, ao nível da União Europeia e da EFTA (*"European Free Trade Association"*), foi celebrada a Convenção de Lugano de 1988 que veio a consagrar o quadro regulatório da designação dos tribunais com jurisdição sobre conflitos de natureza civil ou comercial entre pessoas singulares residentes em diferentes países das Partes. Para além disso, a Convenção veio disciplinar o reconhecimento e a execução de sentenças estrangeiras que foi, originalmente, acompanhado nas Comunidades Europeias pela via da citada Convenção de Bruxelas. A Convenção de Lugano de 1988 deu origem à regulação conhecida por "Bruxelas I" (2001) – o Regulamento (CE) n.º 44/2001 do Conselho, de 22 de dezembro de 2000, relativo à competência judiciária, ao reconhecimento e à execução de decisões em matéria civil e comercial – e que substituiu a referida Convenção de Bruxelas. Originalmente, aplicou-se aos membros da União Europeia (exceto à Dinamarca) com uma duração limitada e entrou em vigor a 1 de março de 2002. A Convenção de Lugano de 1988 manteve a sua vigência nas relações com a Noruega, Islândia e Suíça.

Importa ainda relevar que a determinação de um tribunal competente não significa, obrigatoriamente, que se aplique a lei do país desse tribunal. Geralmente, será o domicílio do réu que determina quais os tribunais com jurisdição no caso em concreto, aplicando-se o regime "Bruxelas I" no caso do réu tenha o seu domicílio num país da União Europeia. Em 2005, a Dinamarca assinou um acordo com a União Europeia para a aplicação do regime "Bruxelas I" embora com determinadas prerrogativas quanto à aplicação de partes daquele regime e que entrou em vigor em 2007.

Em 2007, a União Europeia celebrou um novo acordo internacional com a Islândia, Finlândia, Noruega e Dinamarca (a nova Convenção de Lugano que substituiu a de 1988) alinhada com os princípios estabelecidos no Regulamento (CE) n.º 44/2001 do Conselho, de 22 de dezembro de 2000 e que se aplica, também, sempre que residentes de países não comunitários estejam envolvidos, deixando apenas de fora dos países da EFTA o Liechtenstein. Esta Convenção entrou em vigor em 2010.

A entrada em vigor da Convenção de Lugano de 2007 permitiu uma maior uniformização das regras relativas à competência judiciária, ao reconhecimento e à execução de decisões em matéria civil e comercial, na medida em que as regras aplicáveis aos Estados-Membros da União Europeia serão idênticas às aplicáveis à Dinamarca, à Islândia, à Suíça e à Noruega.

Em 2012, a União Europeia decidiu alterar o regime "Bruxelas I" – tendo em vista a sua substituição em 2015 – e que virá, igualmente, regular a possibilidade de cidadãos residentes fora da União Europeia poderem ser acionados nos tribunais dos Estados-membros

As Regras de Roterdão – As Alterações mais Significativas 665

que as convenções unimodais devessem ter uma interpretação "restritiva" – "em linha com os casos mais recentes decididos na Europa" – por forma a evitar conflitos negativos ou positivos de competências.

Assim, para muitos contratos, não haverá um regime obrigatório – o que não se contesta – se bem que a Comissão recomende que as partes deverão especificar o regime subsidiário legal aplicável em cada contrato e que deve ser apenas um em cada transporte, bem como a especificação relativamente aos transportadores "efetivos" (que não contratuais)[37].

A Comissão faz ainda uma breve referência aos documentos de transporte "negociáveis" e defende que são apenas documentos "transferíveis" (*"transferable"*) e nada mais. Tal significa que devem acompanhar a mercadoria, que não valem por si só e que, para além disso e face ao exposto, dizemos nós, deixam de ter ínsita a pura natureza de títulos de crédito ou, de sequer, garantirem uma obrigação[38].

Assim, as funções tradicionais dos conhecimentos de carga (contrato, recibo e título de crédito) no transporte marítimo internacional devem ser flexibilizadas por outros documentos de transporte (não negociáveis) mas, ainda assim, dever-se-á pugnar por alguma uniformização documental, sobretudo a nível do *"e. commerce"* e evitar a inexistência de documentos contratuais (ou seja, a celebração consensual de contratos, valendo a própria oralidade).

É neste contexto de grande insegurança jurídica que se continua a constatar que o comércio marítimo internacional – que congrega mais de 80% do tráfego mundial – necessita de uma disciplina internacional que contemple os transportadores e os carregadores, possibilitando, assim, a uniformização que tanto beneficiaria o comércio mundial.

---

e que conta, contrariamente ao "Bruxelas I", com a vinculação *ab initio* da Dinamarca. Vide http://larevue.ssd.com/The-new-Lugano-convention e http://uk.practicallaw.com.

[37] Note-se que as RR só darão esta proteção às *"performing parties"* apenas na parte marítima do transporte.

[38] *"A pledged in a document cannot be executed by sole transfer of the document"*. Na verdade, com a utilização dos "documentos de transporte eletrónicos", a utilização dos documentos do tipo *"sea waybill"* é, cada vez, mais comum e, como tal, sem recurso aos documentos outrora "negociáveis" o que não significa que o transporte de mercadorias não seja acompanhado por outro tipo de garantias mas asseguradas, diretamente, com as entidades bancárias que intervêm na operação de compra e venda e no transporte e armazenamento da carga.

A experiência anterior parece indicar que o acervo material desta convenção tem primeiro que ser "usada" para, depois, poder vir a constituir "Direito uniforme". Porém, se pelo menos, parcialmente, as suas normas não conseguirem vingar, ainda que apenas na sua materialidade, será muito difícil a sua vigência internacional.

Outra hipótese e já hodierna no Direito do Mar[39], seria a de elaborar um protocolo às RR que revogasse os capítulos menos consensuais das RR mas mantendo uma matriz interpretativa coerente.

Assim, outro caminho possível será o de recolher quais os institutos ou normas que refletem os pontos mais controvertidos das RR (entre transportadores e carregadores) e tentar entender se é possível a suspensão da vigência de algumas delas (ou mesmo a sua leve modificação), mantendo um mínimo de coerência da convenção internacional[40] e tendo como vigência subsidiária material os correspondentes institutos já regulados pelas Regras de Haia-Visby.

É uma solução complexa mas que permite, ainda assim, não estar apenas à espera da decisão de países fulcrais para a vigência das RR, como a China e os Estados Unidos da América (ou das seguradoras que representam os interesses das empresas marítimas desses países), procurando-se isolar os institutos que, pacificamente, já poderão trilhar o seu caminho, contribuindo para a melhoria da segurança jurídica e, por essa via, do comércio mundial.

---

[39] A Convenção das Nações Unidas sobre o Direito do Mar de 10 de dezembro de 1982 necessitou da aprovação do Acordo Relativo à Aplicação da Parte XI da Convenção, adotado pela Assembleia Geral das Nações Unidas a 28 de julho de 1994, para que a Convenção viesse a entrar em vigor (em 16 de novembro de 1994), um ano após o depósito do 60.º instrumento de ratificação, embora a Parte XI tenha sido profundamente alterada, designadamente, não obrigando às transferências dos países desenvolvidos para os países em desenvolvimento conforme tinha sido convencionalmente estabelecido no que respeita à forma de exploração da "Área".

[40] Há normas inovatórias nas RR que já são comummente aceites (como os documentos eletrónicos), outras cuja vigência futura não colocará quaisquer problemas (retirada da "falta náutica") e outras, ainda, que tendem a transformar as RR num instrumento com grande incerteza jurídica. Por outro lado, há questões de forma que devem ser respeitadas como, por exemplo, caso se pretenda retirar a falta náutica das exceções constantes das Regras de Haia e das Regras de Haia-Visby, basta reproduzir as exceções e suprimir aquela outra (artigo 17.º).

ÍNDICE GERAL

Nota Prévia. 5

M. Januário da Costa Gomes

O desafio e as brumas das Regras de Roterdão 5
Homenagem a Mário Raposo. 10

TRANSPORTE MARÍTIMO DE MERCADORIAS: HOJE E AMANHÃ 13
Mário Raposo

1. A Convenção de 1924 e a lei interna portuguesa 13
2. As Regras de Visby e o Protocolo de 1979 17
3. As Regras de Roterdão 18
4. O contrato de volume 21
5. Transporte no convés (Conv. 1924) 24
6. Transporte no convés (Regras de Roterdão) 30
7. Atraso na entrega das mercadorias transportadas 30
8. A entrega das mercadorias sem apresentação do título 35
9. Intermodalidade e Regras de Roterdão 37
10. Incorporação da cláusula compromissória das cartas partidas nos contratos de transporte de mercadorias 39
11. As Regras de Roterdão e as "anti-suit Injunctions" 42
12. O Direito Marítimo Português: problemas e perspectivas 44
13. Um caso exemplar: A Lei de Salvação "Marítima" 46
14. Reflexão final. 50

O TRANSPORTE MULTIMODAL 53
António Menezes Cordeiro

I — ASPETOS GERAIS DO TRANSPORTE. 53

1. Apresentação do tema 53

668 Índice geral

2. Contrato e negócio 55
3. O contrato de transporte 55
4. A natureza 56
5. O transitário 57
6. O reboque, a tração e o fretamento 59

II — O TRANSPORTE MULTIMODAL 60

7. A complexidade potencial 60
8. Um contrato misto 61
9. Uma união de contratos? 62
10. A Convenção de Roterdão (2009) 63
11. Um tipo social 63
12. A dimensão organizatória 64

LA RESPONSABILIDAD DEL PORTEADOR EN LAS REGLAS DE ROTTERDAM 65

Ignacio Arroyo

1. La evolución de la responsabilidad del porteador en el Derecho Marítimo 65
2. El fundamento de la responsabilidad en las Reglas de Rotterdam 68
3. Causas de exoneración de la responsabilidad 72
4. La prueba 72
5. Responsabilidad por actos ajenos 76
6. Responsabilidad de la parte ejecutante marítima y de la parte ejecutante no marítima 78
7. Responsabilidad por retraso 80
8. Limitación de la responsabilidad 80
9. Conclusiones 82

FROM THE HAGUE TO ROTTERDAM: REVOLUTION OR EVOLUTION? 85

Marco Lopez de Gonzalo

IL CONTRATTO DI VOLUME E LE REGOLE DI ROTTERDAM 93

Alfredo Calderale

1. La definizione di contratto di volume nelle Regole di Rotterdam e nelle leggi nazionali 93

Índice geral

2. Analisi economica del contratto di volume....................... 96
3. Il contratto di volume tra formulari e disposizioni legali negli ordinamenti di *civil law* 99
4. La natura giuridica del contratto di volume e dei contratti 'applicativi' negli ordinamenti di *civil law* 116
5. Contratto di volume e *Ocean Liner Service Agreement* 123
6. Il contratto di volume nelle Regole di Rotterdam 131

OS DOCUMENTOS DE TRANSPORTE NAS REGRAS DA HAIA E NAS REGRAS DE ROTERDÃO 141

Alexandre de Soveral Martins

A) OS DOCUMENTOS DE TRANSPORTE NAS REGRAS DA HAIA 141

1. A posição central do documento de transporte 141
2. As Regras de Haia não nos dizem em que consiste o conhecimento de carga nem caracterizam o direito nele mencionado.................. 143
3. As Regras de Haia e as reservas 145
4. As Regras de Haia e o transporte multimodal..................... 145

B) AS REGRAS DE ROTERDÃO 146

1. O contrato de transporte internacional de mercadorias total ou parcialmente por mar 146
2. Os documentos de transporte nas Regras de Roterdão e a sistematização 147
3. Os documentos de transporte e os documentos eletrónicos de transporte 148
4. Os documentos eletrónicos de transporte e os procedimentos a respeitar 150
5. Documentos negociáveis e não negociáveis 151
6. Documentos eletrónicos negociáveis e controlo exclusivo............ 152
7. A escolha do documento...................................... 154
8. Elementos que devem constar dos documentos 154
9. A identificação do transportador............................... 156
10. A falta de elementos e os arts. 38.º e 39.º 157
11. O teor dos documentos e a responsabilidade do transportador 158
12. Reservas... 160
13. Os documentos, o exercício de direitos pela parte controladora e a transferência do direito de controlo................................. 163
14. A transferência dos direitos incorporados....................... 164

670 *Índice geral*

EM TORNO DA RESPONSABILIDADE CIVIL DAS *PARTES EXECUTANTES* FACE ÀS REGRAS DE ROTERDÃO 167
Carlos de Oliveira Coelho

1. Observações preliminares 167
2. Quadros negociais; outras perspectivas........................ 171
3. Parte executante e parte executante marítima 172
4. Parte executante marítima; delimitações....................... 177
5. As partes executantes no direito internacional dos transportes: Antecipações 180
6. Autonomização 184
7. A teoria dos grupos de contratos 186
8. Regimes jurídicos 188
9. Parte executante e responsabilidade civil 189
10. Parte executante e responsabilidade por facto de outrem 193
11. A parte executante marítima; solidariedade 196
12. Natureza jurídica da responsabilidade civil da parte executante marítima 201
13. A responsabilidade civil da parte executante marítima e o *Receptum* ... 202
14. A responsabilidade civil da parte executante marítima e o Código Civil 208
15. Notas conclusivas.. 213

A ENTREGA DAS MERCADORIAS NAS REGRAS DA HAIA E NAS REGRAS DE ROTERDÃO 217
Francisco Costeira da Rocha

1. Introdução 217
2. A entrega das mercadorias nas Regras da Haia e nas Regras de Hamburgo 221
3. A entrega das mercadorias nas Regras de Roterdão 223
   3.1. Considerações gerais.................................... 223
   3.2. A obrigação de aceitar a entrega das mercadorias transportadas 224
   3.3. O direito à quitação 226
   3.4. A entrega das mercadorias no caso de não ter sido emitido um documento de transporte negociável ou um documento eletrónico de transporte negociável.. 228
   3.5. A entrega das mercadorias no caso de ter sido emitido um documento de transporte não negociável que deva ser restituído 232

Índice geral   671

3.6. A entrega das mercadorias no caso de ter sido emitido um documento de transporte negociável ou um documento eletrónico de transporte negociável. 234

3.7. Mercadorias pendentes de entrega. 240

3.8. O direito de retenção sobre as mercadorias transportadas. 244

4. Considerações finais 246

FLETAMENTO, TRANSPORTE MARÍTIMO Y RESPONSABILIDAD CONTRACTUAL 249

[Influencia de las "Reglas De Rotterdam" sobre la tipología de los contratos de utilización del Buque, en el Derecho Español]

José Luis García-Pita y Lastres

I. Introducción: Planteamiento del Problema 250

II. Las *"Reglas De Rotterdam"*: Naturaleza y Objeto. 260

III. Las *"Reglas De Rotterdam"* consideradas desde la Perspectiva del Derecho Comparado 288

    III.1. Consideraciones generales. 288

    III.2. El sistema angloamericano de fletamentos y contratos de transporte. Especial referencia al Derecho norteamericano 297

    III.3. El sistema del "Civil Law", en materia de fletamentos y contratos de transporte: la heterogeneidad de regímenes 347

        III.3.1. Ordenamientos con separación sustantiva entre Fletamento y transporte 359

        III.3.2. Ordenamientos con asimilación del Fletamento y el Transporte. 365

    III.4. La solución de las *"Reglas de Rotterdam"*: un criterio semi-amplio y funcional 373

IV. Fletamento y Contrato de Transporte, en el Derecho Marítimo Español: entre el Código de Comercio y la Nueva Ley de Navegación Marítima 382

    IV.1. Sistema del Código de comercio 382

    IV.2. Sistema de la LNM./2014. 395

V. Responsabilidad del Porteador y Responsabilidad por el Transporte: del Contrato, a la Institución 415

    V.1. Responsabilidad y Contrato, en los contratos náuticos, de explotación o de utilización del Buque: especial referencia al tema del interés. 415

672 *Índice geral*

V.2. Libertad contractual y responsabilidad por el cargamento, en los contratos náuticos, de explotación o de utilización del Buque: la "institucionalización" de la finalidad de transporte 438

VI. Influencia de las "Reglas de Rotterdam" sobre la Tipología de los Contratos de Utilización del Buque, en el Derecho Español 455

PACTOS DE JURISDIÇÃO E CONVENÇÕES DE ARBITRAGEM EM MATÉRIA DE TRANSPORTE MARÍTIMO DE MERCADORIAS . . . 465

Luís de Lima Pinheiro

Introdução 465

I – PACTOS DE JURISDIÇÃO 468

A) Noção e efeitos. 468

B) As cláusulas de jurisdição dos conhecimentos de carga e as Convenções de Bruxelas, Hamburgo e Roterdão sobre transporte marítimo de mercadorias 469

C) Regime estabelecido pelos Regulamentos Bruxelas I e Bruxelas I bis . . . 472

D) Limites colocados à eficácia dos pactos de jurisdição em matéria marítima pela legislação interna 480

II – CONVENÇÕES DE ARBITRAGEM 483

A) Noção, efeitos e modalidades 483

B) As convenções de arbitragem e as Convenções de Bruxelas, Hamburgo e Roterdão sobre transporte marítimo de mercadorias 483

C) Da oponibilidade ao destinatário da mercadoria da cláusula de arbitragem contida na carta-partida referida no conhecimento de carga 488

DIREITO DE CONTROLO E TRANSFERÊNCIA DE DIREITOS NAS REGRAS DE ROTERDÃO 491

Manuel Januário da Costa Gomes

1. O chamado direito de controlo 491

2. O direito de controlo nalgumas convenções e documentos unimodais. . . . 499

3. O conteúdo do direito de controlo. 505

4. Exercício do direito de controlo e execução das instruções 508

5. Circulação ou transferência do direito de controlo 511

Índice geral

6. Tranferência dos direitos incorporados no documento de transporte 513

INTERMEDIACIÓN EN LOS MERCADOS DE TRANSPORTE Y LAS REGLAS DE ROTTERDAM 515

Ana M.ª Tobío Rivas

1. Incidencia de las Reglas de Rotterdam: ausencia de regulación directa de los intermediarios del transporte y aplicación por vía indirecta 516
2. Aspectos generales de la configuración de los intermediarios del transporte en los ordenamientos jurídicos nacionales y en la normativa o instrumentos jurídicos internacionales 518
   2.1. Los intermediarios del transporte como representantes de intereses ajenos 518
   2.2. El distinto ámbito de responsabilidad de los intermediarios del transporte 520
   2.3. Actividades a realizar por los intermediarios del transporte 522
3. Intervención de los intermediarios en el contrato de transporte regulado por las Reglas de Rotterdam: distintos supuestos 524
   3.1. Cuestiones previas: actividades comprendidas en el contrato de transporte 524
   3.2. Distinción de la posición del intermediario como simple representante o comisionista y como operador principal 525
   3.3. En relación con el porteador 527
       3.3.1. Intermediario del porteador 528
       3.3.2. Responsabilidad como porteador 530
   3.4. En relación con el cargador 536
       3.4.1. Intermediario del cargador 536
       3.4.2. Responsabilidad como cargador 537
   3.5. En relación con el destinatario 540
   3.6. Otros supuestos: tenedor, parte controladora, interviniente en un contrato de volumen 541
       3.6.1. Tenedor 541
       3.6.2. Parte controladora 543
       3.6.3. Interviniente en un contrato de volumen 544
4. Intervención de los intermediarios en operaciones accesorias o no al contrato de transporte regulado por las Reglas de Rotterdam 545
5. Conclusiones 546

674 *Índice geral*

LUZES E SOMBRAS SOBRE AS REGRAS DE ROTTERDAM:
A POSIÇÃO DO BRASIL E DA AMÉRICA LATINA 549
Eliane M. Octaviano Martins

1. A Regulamentação Internacional dos Contratos Internacionais de Transporte Marítimo de Mercadorias 549
2. Das "Luzes" sobre as Regras de Rotterdam 554
   2.1. Das responsabilidades do transportador 556
   2.2. Da limitação e excludentes de responsabilidade do transportador.... 559
   2.3. Contratos de Volume 560
   2.4. A responsabilidade do proprietário do navio 561
   2.5. Documentação e transferência de direitos 562
   2.6. Transporte pelo mar e outros modais 563
3. Das "Sombras" sobre as Regras de Rotterdam 564
4. A Posição do Brasil e da América Latina 566
   4.1. A Declaração de Montevidéu 567
   4.2. Os contratos marítimos internacionais de transporte de mercadorias no Direito Brasileiro 568
       4.2.1. Foro competente 569
       4.2.2. Legislação aplicável 570
       4.2.3. A incidência do CDC nos contratos de transporte marítimo de mercadorias 571
           4.2.3.1. Teoria Finalista 571
           4.2.3.2. Teoria Maximalista 573
           4.2.3.3. A teoria prevalente 573
   4.3. O Brasil e as Regras de Rotterdam 573
   4.4. Considerações finais 576

LA LIMITACIÓN DE LA RESPONSABILIDAD DE ACUERDO
A LAS REGLAS DE RÓTERDAM Y SU RELACIÓN CON LA
LIMITACIÓN GLOBAL DE LA RESPONSABILIDAD 579
Norman A. Martínez Gutiérrez

1. Introducción 579
2. Las Reglas de Róterdam 582
   2.1. Limitación de la Responsabilidad por Pérdida o Daños a las Mercancías Transportadas 585

2.1.1. Limitación de la responsabilidad en base a la cantidad de bultos u otra unidad de carga 585

2.1.2. Limitación de responsabilidad en base al peso 587

2.1.3. Declaración de valor y acuerdo entre las partes 589

2.2. Limitación de la Responsabilidad por Pérdidas Causadas por el Retraso 590

2.3. Pérdida del Derecho de Limitación de la Responsabilidad. 592

2.4. Reconocimiento del Derecho de Limitación Global de la Responsabilidad 593

3. Limitación Global de La Responsabilidad en el Transporte de Mercancías por Mar 594

3.1. Personas con Derecho a la Limitación de Responsabilidad 594

3.2. Reclamaciones Sujetas a Limitación. 595

3.3. Conducta que Excluye el Derecho a la Limitación. 596

3.4. Los Límites de la Responsabilidad 596

4. Conclusiones 599

SIM OU NÃO ÀS REGRAS DE ROTERDÃO? 603

REGRAS DE ROTERDÃO – ALGUNS COMENTÁRIOS
NA PERSPETIVA DOS INTERESSES DOS TRANSPORTADORES
DE LINHA REGULAR 605

Mateus Andrade Dias

i. Introdução 605

ii. Ponto partida: as duas questões a colocar e a responder 606

iii. Conclusão 612

"SIM OU NÃO ÀS REGRAS DE ROTERDÃO?" 615

Pedro Viegas Galvão

Nota Prévia. 615

Sim ou não às Regras de Roterdão?. 616

Conclusões 622

Anexo 623

676   *Índice geral*

AS REGRAS DE ROTERDÃO – AS ALTERAÇÕES MAIS
SIGNIFICATIVAS 637

Duarte Lynce de Faria

Introdução 637
a) O escopo da Convenção 644
b) A interpretação e a boa-fé. A noção de "contentor" 644
c) A aplicação noutros modos de transporte 646
d) As partes integrantes da obrigação contratual à luz da Convenção e o
    novo regime de responsabilidade solidária 648
e) Os documentos eletrónicos de transporte 651
f) A navegabilidade 652
g) As cláusulas de exoneração de responsabilidade 652
h) A obrigação de notificar o transportador por faltas, avarias ou atrasos. . . 654
i) O transporte de mercadorias no convés 655
j) A limitação de responsabilidade 655
k) A prescrição 656
l) O contrato de volume 657
m) Breve síntese 658